Ford Mondeo
Gör-det-själv-handbok

RM Jex

Modeller som behandlas

(SV4919/4619 - 3AN1 - 352)

Halvkombi, Sedan & Kombi, inklusive specialversioner

1,8 liter (1798cc) & 2,0 liter (1999cc) 4-cylinder, 2,5 liter (2499cc*) & 3,0 liter (2967cc) V6, inklusive ST220
anges även som 2495cc eller 2544cc

Täcker INTE 1,8-liters direktinsprutade SCi-motorn

En bok i **Haynes serie Gör-det-själv handböcker**

ISBN **978 0 85733 880 8**

Haynes Group Limited
Haynes North America, Inc

www.haynes.com

Ansvarsfriskrivning

Det finns risker i samband med fordonsreparationer. Förmågan att utföra reparationer beror på individuell skicklighet, erfarenhet och lämpliga verktyg. Enskilda personer bör handla med vederbörlig omsorg samt inse och ta på sig risken som utförandet av bilreparationer medför.

Syftet med den här handboken är att tillhandahålla omfattande, användbar och lättillgänglig information om fordonsreparationer för att hjälpa dig få ut mesta möjliga av ditt fordon. Den här handboken kan dock inte ersätta en professionell certifierad tekniker eller mekaniker. Det finns risker i samband med fordonsreparationer.

Den här reparationshandboken är framtagen av en tredje part och är inte kopplad till någon enskild fordonstillverkare. Om det finns några tveksamheter eller avvikelser mellan den här handboken och ägarhandboken eller fabriksservicehandboken, se fabriksservicehandboken eller ta hjälp av en professionell certifierad tekniker eller mekaniker.

Även om vi har utarbetat denna handbok med stor omsorg och alla ansträngningar har gjorts för att se till att informationen i denna handbok är korrekt, kan varken utgivaren eller författaren ta ansvar för förlust, materiella skador eller personskador som orsakats av eventuell felaktig eller utelämnad information.

Innehåll

DIN FORD MONDEO

Inledning till Ford Mondeo	Sidan	**0•4**
Säkerheten främst!	Sidan	**0•6**

Reparationer vid vägkanten

Om bilen inte startar	Sidan	**0•7**
Starthjälp	Sidan	**0•8**
Hjulbyte	Sidan	**0•9**
Att hitta läckor	Sidan	**0•10**
Bogsering	Sidan	**0•10**

Veckokontroller

Inledning	Sidan	**0•11**
Kontrollpunkter i motorrummet	Sidan	**0•11**
Motoroljenivå	Sidan	**0•12**
Kylvätskenivå	Sidan	**0•13**
Spolarvätskenivå	Sidan	**0•13**
Däck – skick och tryck	Sidan	**0•14**
Broms- och kopplingsoljenivå	Sidan	**0•15**
Servooljenivå	Sidan	**0•15**
Torkarblad	Sidan	**0•16**
Batteri	Sidan	**0•16**
Elsystem	Sidan	**0•17**

Smörjmedel och vätskor

	Sidan	**0•18**

Däcktryck

	Sidan	**0•18**

UNDERHÅLL

Rutinunderhåll och service

Serviceanvisningar	Sidan	**1•2**
Underhållsschema	Sidan	**1•3**
Underhållsrutiner	Sidan	**1•7**

Innehåll

REPARATIONER & RENOVERING

Motor och tillhörande system

Reparationer med 1,8- och 2,0-liters bensinmotor kvar i bilen	Sidan **2A•1**
Reparationer med V6 motor kvar i bilen	Sidan **2B•1**
Motor – demontering och reparationer	Sidan **2C•1**
Kyl-, värme- och luftkonditioneringssystem	Sidan **3•1**
Bränsle- och avgassystem	Sidan **4A•1**
Avgasreningssystem	Sidan **4B•1**
Start- och laddningssystem	Sidan **5A•1**
Tändningssystem	Sidan **5B•1**

Växellåda

Koppling	Sidan **6•1**
Manuell växellåda	Sidan **7A•1**
Automatväxellåda	Sidan **7B•1**
Drivaxel	Sidan **8•1**

Bromsar och fjädring

Bromssystem	Sidan **9•1**
Fjädring och styrning	Sidan **10•1**

Kaross och utrustning

Kaross och detaljer	Sidan **11•1**
Karossens elsystem	Sidan **12•1**
Kopplingsscheman	Sidan **12•31**

REFERENS

Mått och vikter	Sidan **REF•1**
Inköp av reservdelar	Sidan **REF•3**
Identifikationsnummer	Sidan **REF•4**
Allmänna reparationsanvisningar	Sidan **REF•5**
Lyftning och stödpunkter	Sidan **REF•6**
Koppla loss batteriet	Sidan **REF•7**
Verktyg och arbetsutrymmen	Sidan **REF•8**
Bilbesiktning	Sidan **REF•10**
Felsökning	Sidan **REF•14**
Alternativa bränslen	Sidan **REF•24**

Sakregister

Sidan **REF•30**

Ford Mondeo-modellerna, som ursprungligen presenterades i mars 1993, finns som fyradörrars sedan, femdörrars halvkombi eller femdörrars kombi. Denna handbok täcker de modeller som tillverkats från och med oktober 2000 och inkluderar det ansiktslyfta urval som presenterades i juli 2003 – på ytan var detta bara en kosmetisk manöver för att snygga till bilens utseende men ett antal viktiga revisioner gjordes också. Serien förenklades och reviderades i maj 2005.

Urvalet av motorer omfattar 1,8 och 2,0-liters Duratec-HE, 2,5 liters V6 Duratec-VE och 3,0 liters V6 Duratec-SE och ST. Alla dessa motorer är utrustade med kamkedjor och har 16 ventiler med undantag av V6-motorn som har 24 ventiler.

Alla motorer är utrustade med den senaste systemstyrningsteknologin Black Oak. Den

tvärställt monterade motorn driver framhjulen genom en 5- eller 6-växlad manuell växellåda med en hydrauliskt manövrerad koppling eller en 4- eller 5-växlad automatväxellåda.

Alla modeller har en hög utrustningsnivå där säkerheten för de åkande vid olyckor prioriteras högt vid utformningen. Alla Mondeo har förar- och passagerarkrockkudde fram. Senare modeller har sidokrockkuddar i framsätet, sidokrockgardiner och bältessträckare – detta utgör det som Ford kallar ett intelligent skyddssystem (Intelligent Protection System) som är utformat för att endast utlösas om det är nödvändigt, specifikt beroende på antalet åkande och omständigheterna kring olyckan och dess svårighetsgrad.

Bromssystemet har skivor runt om, med ABS, nödbromsassistans (EBA) och elektronisk bromskraftsfördelning (EBD) för

extra säkerhet vid bromsning i nödsituationer.

Mondeo har en mycket utvecklad helt oberoende fjädring. Alla modeller har MacPherson fjäderben fram som placeras av tvärställda nedre upphängningsklamrar. Sedan- och halvkombimodeller har också fjäderben bak som är placerade genom Fords Quadralink-anordning av tvär- och länkarmar. Kombins bakre fjädring har separata fjädrar och stötdämpare primärt för att ge maximalt lastutrymme men är även konstruerad för att upprätthålla utomordentlig åkkomfort och dito köregenskaper när bilen är tungt lastad. Servostyrningen är hastighetskänslig vilket ger mer assistans vid parkering och i låga hastigheter.

Under förutsättning att regelbunden service görs bör Mondeo visa sig vara en pålitlig och ekonomisk bil.

Din Ford Mondeo-handbok

Syftet med den här handboken är att hjälpa dig att få så stor glädje av din bil som möjligt. Det kan göras på flera sätt. Det kan hjälpa dig att avgöra vilket arbete som måste utföras (vare sig du gör det, eller överlåter det till en verkstad), ge information om rutinunderhåll och service, och ge en logisk arbetsordning och diagnosprocess när det uppstår slumpmässiga fel. Förhoppningsvis kommer handboken dock att användas till försök att klara av arbetet på egen hand. Vad gäller enklare jobb kan det till och med gå snabbare att ta hand om det själv än att först boka tid på en verkstad och sedan ta sig dit två gånger, en gång för att lämna bilen och en gång för att hämta den. Och kanske viktigast av allt: en hel del pengar kan sparas genom att man undviker de avgifter verkstäder tar ut för att kunna täcka arbetskraft och chefslöner.

Handboken innehåller teckningar och beskrivningar som förklarar de olika komponenternas funktion och utformning. Arbetsgången är beskriven och fotograferad i tydlig ordningsföljd, steg för steg.

Hänvisningar till vänster eller höger avser vänster eller höger för en person som sitter i förarsätet och tittar framåt.

Tack till...

Tack till Draper Tools Limited, som stod för en del av verktygen, samt till alla på Sparkford som hjälpte till att producera den här boken.

Vi strävar efter att ge noggrann information i denna handbok, men tillverkarna gör ibland ändringar i funktion och design under produktionen av en viss modell utan att informera oss. Författarna och förlaget kan inte ta på sig något ansvar för förluster, skador eller personskador till följd av felaktig eller ofullständig information i denna bok.

Att arbeta på din bil kan vara farligt. Den här sidan visar potentiella risker och faror och har som mål att göra dig uppmärksam på och medveten om vikten av säkerhet i ditt arbete.

Allmänna faror

Skållning

• Ta aldrig av kylarens eller expansionskärlets lock när motorn är het.
• Motorolja, automatväxellådsolja och styrservovätska kan också vara farligt varma om motorn just varit igång.

Brännskador

• Var försiktig så att du inte bränner dig på avgassystem och motor. Bromsskivor och -trummor kan också vara heta efter körning.

Lyftning av fordon

• Vid arbete nära eller under ett lyft fordon, använd alltid extra stöd i form av pallbockar eller använd ramper. **Arbeta aldrig under en bil som endast stöds av en domkraft.**

• När muttrar eller skruvar med högt åtdragningsmoment skall lossas eller dras, bör man lossa dem något innan bilen lyfts och göra den slutliga åtdragningen när bilens hjul åter står på marken.

Brand och brännskador

• Bränsle är mycket brandfarligt och bränsleångor är explosiva.
• Spill inte bränsle på en het motor.
• Rök inte och använd inte öppen låga i närheten av en bil under arbete. Undvik också gnistbildning (elektrisk eller från verktyg).
• Bensinångor är tyngre än luft och man bör därför inte arbeta med bränslesystemet med fordonet över en smörjgrop.
• En vanlig brandorsak är kortslutning i eller överbelastning av det elektriska systemet. Var försiktig vid reparationer eller ändringar.
• Ha alltid en brandsläckare till hands, av den typ som är lämplig för bränder i bränsle- och elsystem.

Elektriska stötar

• Högspänningen i tändsystemet kan vara farlig, i synnerhet för personer med hjärtbesvär eller pacemaker. Arbeta inte med eller i närheten av tändsystemet när motorn går, eller när tändningen är på.

• Nätspänning är också farlig. Se till att all nätansluten utrustning är jordad. Man bör skydda sig genom att använda jordfelsbrytare.

Giftiga gaser och ångor

• Avgaser är giftiga. De innehåller koloxid vilket kan vara ytterst farligt vid inandning. Låt aldrig motorn vara igång i ett trångt utrymme, t ex i ett garage, med stängda dörrar.
• Även bensin och vissa lösnings- och rengöringsmedel avger giftiga ångor.

Giftiga och irriterande ämnen

• Undvik hudkontakt med batterisyra, bränsle, smörjmedel och vätskor, speciellt frostskyddsvätska och bromsvätska. Sug aldrig upp dem med munnen. Om någon av dessa ämnen sväljs eller kommer in i ögonen, kontakta läkare.
• Långvarig kontakt med använd motorolja kan orsaka hudcancer. Bär alltid handskar eller använd en skyddande kräm. Byt oljeindränkta kläder och förvara inte oljiga trasor i fickorna.
• Luftkonditioneringens kylmedel omvandlas till giftig gas om den exponeras för öppen låga (inklusive cigaretter). Det kan också orsaka brännskador vid hudkontakt.

Asbest

• Asbestdamm kan ge upphov till cancer vid inandning, eller om man sväljer det. Asbest kan finnas i packningar och i kopplings- och bromsbelägg. Vid hantering av sådana detaljer är det säkrast att alltid behandla dem som om de innehöll asbest.

Speciella faror

Flourvätesyra

• Denna extremt frätande syra bildas när vissa typer av syntetiskt gummi i t ex O-ringar, tätningar och bränsleslangar utsätts för temperaturer över 400 °C. Gummit omvandlas till en sotig eller kladdig substans som innehåller syran. *När syran väl bildats är den farlig i flera år. Om den kommer i kontakt med huden kan det vara tvunget att amputera den utsatta kroppsdelen.*
• Vid arbete med ett fordon, eller delar från ett fordon, som varit utsatt för brand, bär alltid skyddshandskar och kassera dem på ett säkert sätt efteråt.

Batteriet

• Batterier innehåller svavelsyra som angriper kläder, ögon och hud. Var försiktig vid påfyllning eller transport av batteriet.
• Den vätgas som batteriet avger är mycket explosiv. Se till att inte orsaka gnistor eller använda öppen låga i närheten av batteriet. Var försiktig vid anslutning av batteriladdare eller startkablar.

Airbag/krockkudde

• Airbags kan orsaka skada om de utlöses av misstag. Var försiktig vid demontering av ratt och/eller instrumentbräda. Det kan finnas särskilda föreskrifter för förvaring av airbags.

Dieselinsprutning

• Insprutningspumpar för dieselmotorer arbetar med mycket högt tryck. Var försiktig vid arbeten på insprutningsmunstycken och bränsleledningar.

⚠️ **Varning: Exponera aldrig händer eller annan del av kroppen för insprutarstråle; bränslet kan tränga igenom huden med ödesdigra följder**

Kom ihåg...

ATT

• Använda skyddsglasögon vid arbete med borrmaskiner, slipmaskiner etc, samt vid arbete under bilen.

• Använda handskar eller skyddskräm för att skydda händerna.

• Om du arbetar ensam med bilen, se till att någon regelbundet kontrollerar att allt står väl till.

• Se till att inte löst sittande kläder eller långt hår kommer i vägen för rörliga delar.

• Ta av ringar, armbandsur etc innan du börjar arbeta på ett fordon - speciellt med elsystemet.

• Försäkra dig om att lyftanordningar och domkraft klarar av den tyngd de utsätts för.

ATT INTE

• Ensam försöka lyfta för tunga delar - ta hjälp av någon.

• Ha för bråttom eller ta osäkra genvägar.

• Använda dåliga verktyg eller verktyg som inte passar. De kan slinta och orsaka skador.

• Låta verktyg och delar ligga så att någon riskerar att snava över dem. Torka upp olje- och bränslespill omgående.

• Låta barn eller husdjur leka nära en bil under arbetets gång.

Följande sidor är tänkta att vara till hjälp vid hantering av vanligt förekommande problem. Mer detaljerad information om felsökning finns i slutet av boken, och beskrivningar av reparationer finns i bokens olika huvudkapitel.

Om bilen inte startar och startmotorn inte går runt

☐ Om det är en modell med automatväxellåda, kontrollera att växelväljaren står i läge P eller N.
☐ Öppna motorhuven och kontrollera att batterifästena är rena och sitter fast ordentligt.
☐ Slå på strålkastarna och försök starta motorn. Om strålkastarljuset försvagas mycket under startförsöket är batteriet troligen urladdat. Lös problemet genom att använda startkablar (se nästa sida) och en annan bil.

Om bilen inte startar trots att startmotorn går runt som vanligt

☐ Finns det bensin i tanken?
☐ Finns det fukt i elsystemet under motorhuven? Slå av tändningen och torka bort synlig fukt med en torr trasa. Spraya vattenavstötande medel (WD-40 eller liknande) på tändningens och bränslesystemets elektriska kontaktdon som visas nedan. Kontrollera särskilt tändspolens kontaktdon.

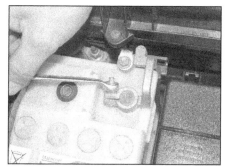

A Kontrollera att batterikablarna är ordentligt anslutna.

B Kontrollera att tändningskassettens kablage är ordentligt anslutet.

C Kontrollera att motorkabelhärvans multikontakter sitter fast ordentligt.

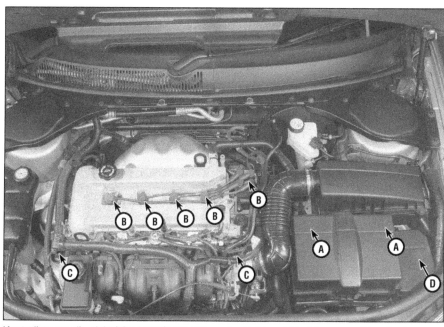

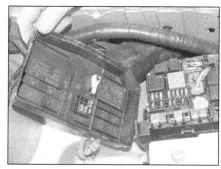

D Kontrollera att alla säkringar i motorrummet är hela.

Kontrollera att alla elektriska kopplingar sitter ordentligt (med tändningen avstängd) och spraya dem med vattenavstötande medel av typen WD-40 om problemet misstänks bero på fukt.

Starthjälp

Tänk på följande när en bil startas med hjälp av ett laddningsbatteri:

✔ Se till att tändningen är avslagen innan laddningsbatteriet ansluts.

✔ Kontrollera att all elektrisk utrustning (strålkastare, värme, vindrutetorkare etc.) är avslagen.

✔ Observera eventuella säkerhets-anvisningar på batteriet.

✔ Kontrollera att laddningsbatteriet har samma spänning som det urladdade batteriet i bilen.

✔ Om batteriet startas med startkablar från en annan bil, får bilarna INTE VIDRÖRA varandra.

✔ Se till att växellådan är i neutralläge (eller i parkeringsläge om det är en automatväxellåda).

Start med startkablar löser problemet för stunden, men det är viktigt att ta reda på vad som orsakar batteriets urladdning.
Det finns tre möjliga orsaker:

1 *Batteriet har laddats ur på grund av upprepade startförsök eller på grund av att strålkastarna lämnats påslagna.*

2 *Laddningssystemet fungerar inte som det ska (generatorns drivrem lös eller trasig, generatorkablarna eller själva generatorn defekt)..*

3 *Batteriet är defekt (elektrolytnivån är låg eller batteriet är utslitet).*

1 Anslut den ena änden av den röda startkabeln till den positiva (+) polen på det urladdade batteriet.

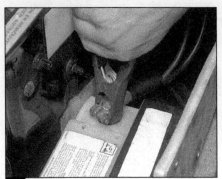

2 Anslut den andra änden av den röda startkabeln till den positiva (+) polen på laddningsbatteriet.

3 Anslut den ena änden av den svarta startkabeln till den negativa (-) polen på laddningsbatteriet.

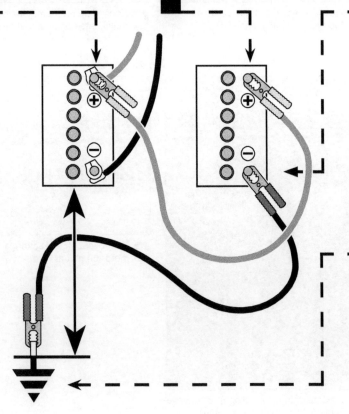

4 Koppla den andra änden av den svarta startkabeln till en bult eller fästbygel, långt från batteriet, i den bil som ska startas.

5 Se till att startkablarna inte kommer i kontakt med fläkten, drivremmarna eller någon annan rörlig del i motorn.

6 Starta motorn med laddningsbatteriet och låt den gå på tomgång. Slå på strålkastarna, bakrutevärmen och värmefläktsmotorn. Koppla sedan loss startkablarna i omvänd ordning mot anslutningen. Slå av strålkastarna etc.

Hjulbyte

 Varning: Byt aldrig hjul om du befinner dig i en situation där du riskerar att bli påkörd av ett annat fordon. Försök att stanna i en parkeringsficka eller på en mindre avtagsväg om du befinner dig på en väg med mycket trafik. Håll uppsikt över passerande trafik när du byter hjul – det är lätt att bli distraherad av arbetet med hjulbytet.

Förberedelser

☐ Vid punktering, stanna så snart det är säkert för dig och dina medtrafikanter.

☐ Parkera om möjligt på plan mark där du inte hamnar i vägen för annan trafik.

☐ Använd varningsblinkers om det behövs.

☐ Använd en varningstriangel (obligatorisk utrustning) för att göra andra trafikanter uppmärksamma på bilens närvaro.

☐ Dra åt handbromsen och lägg i ettan eller backen (P på automatväxellåda).

☐ Blockera det hjul som sitter diagonalt mot det hjul som ska tas bort – några stora stenar kan användas till detta.

☐ Om underlaget är mjukt, använd t.ex. en plankstump för att sprida tyngden.

Hjulbyte

1 Reservhjulet och verktygen förvaras i bagageutrymmet. Vik golvets skyddsöverdrag bakåt och lyft upp täckpanelen, skruva sedan loss behållaren och lyft ut reservhjulet.

2 Skruva loss hållaren och lyft ut domkraften och fälgkorset från reservhjulsbaljan. Bogseringsöglan som skruvas fast finns också i reservhjulsbaljan.

3 Använd den platta änden av fälgkorset för att bända av mittkåpan eller navkapseln för att komma åt hjulmuttrarna om det behövs. Lossa varje mutter ett halvt varv med fälgkorset. Om muttrarna är för hårt åtdragna får du INTE stå på fälgkorset för att lossa dem - kontakta en motororganisation för att få hjälp.

4 Använd lyftpunkten närmast det punkterade hjulet. Lossa kåporna på lyftpunkterna på modeller med sidokjolar. Den främre lyftpunkten sitter 27 cm (11") från tröskelns främre ände och den bakre sitter 10 cm (4") från den bakre änden. Placera domkraftens lyftsadel i lyftpunkten (använd inte domkraften någon annanstans) och vrid domkraftshandtaget tills hjulet är över marken.

5 Skruva loss hjulmuttrarna, observera på vilket sätt de passar (den koniska sidan inåt) och ta bort hjulet. Använd en specialadapter om en låst hjulmutter är monterad.

6 Montera reservhjulet och skruva på muttrarna. Dra åt muttrarna lätt med fälgkorset.

Slutligen. . .

☐ Ta bort hjulblockeringen.

☐ Lägg tillbaka domkraften och verktygen i bilen.

☐ Kontrollera lufttrycket i det nymonterade däcket. Om det är lågt eller om du inte har en tryckmätare med dig, kör långsamt till närmaste bensinstation och justera till rätt tryck.

☐ Se till att det skadade däcket eller hjulet repareras så snart som möjligt.

Varning: Om ett temporärt utrymmes-sparande reservhjul (nödhjul) monteras ska du inte köra fortare än 80 km/h och inte köra genom en automatisk biltvätt.

7 Sänk ner bilen till marken och dra åt hjulmuttrarna helt, montera sedan tillbaka navkapseln eller mittkåpan efter tillämplighet. Se till att hjulmuttrarna dras åt till korrekt moment så snart som möjligt.

Att hitta läckor

Pölar på garagegolvet (eller där bilen parkeras) eller våta fläckar i motorrummet tyder på läckor som man måste försöka hitta. Det är inte alltid så lätt att se var läckan är, särskilt inte om motorrummet är mycket smutsigt. Olja eller andra vätskor kan spridas av fartvinden under bilen och göra det svårt att avgöra var läckan egentligen finns.

 Varning: De flesta oljor och andra vätskor i en bil är giftiga. Vid spill bör man tvätta huden och byta indränkta kläder så snart som möjligt

 Lukten kan vara till hjälp när det gäller att avgöra varifrån ett läckage kommer och vissa vätskor har en färg som är lätt att känna igen. Det är en bra idé att tvätta bilen ordentligt och ställa den över rent papper över natten för att lättare se var läckan finns. Tänk på att motorn ibland bara läcker när den är igång.

Olja från sumpen

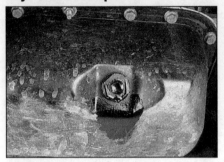

Motorolja kan läcka från avtappningspluggen . . .

Olja från oljefiltret

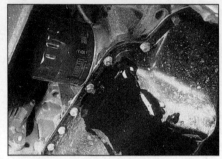

. . . eller från oljefiltrets packning.

Växellådsolja

Växellådsolja kan läcka från tätningarna i ändarna på drivaxlarna.

Frostskydd

Läckande frostskyddsvätska lämnar ofta kristallina avlagringar liknande dessa.

Bromsvätska

Läckage vid ett hjul är nästan alltid bromsvätska.

Servostyrningsvätska

Servostyrningsvätska kan läcka från styrväxeln eller dess anslutningar.

Bogsering

När ingenting annat hjälper kan du behöva bli bogserad hem – eller kanske är det du som får hjälpa någon annan. Bogsering längre sträckor bör överlåtas till en verkstad eller en bärgningsfirma. När det gäller kortare sträckor går det utmärkt att låta en annan privatbil bogsera, men tänk på följande:

☐ Använd en riktig bogserlina – de är inte dyra. Fordonet som bogseras bör ha en skylt med texten BOGSERING i bakrutan.

☐ Slå alltid på tändningen när bilen bogseras, så att rattlåset släpper och blinkers och bromsljus fungerar.

☐ Den främre bogseringsöglan är av det slaget som skruvas i och ligger i reservhjulsbaljan. Bogseringsöglan skruvas in i det gängade

hålet under höger strålkastare som går att komma åt efter utbändning av en kåpa i stötfångaren och är vänstergängad – dvs. den skruvas in medurs. En liknande anordning används till den bakre bogseringsöglan på modeller med bakre standardstötfångare. I modeller med sportstötfångare bak är den bakre bogseringsöglan placerad på höger sida av det nedre spåret eller grillen. Lossa vid behov grillpanelen för att komma åt.

☐ Lossa handbromsen och lägg växeln i friläge innan bogseringen börjar.

☐ I modeller med automatväxellåda, särskilda anvisningar gäller. Undvik att bogsera bilen om du är tveksam, eftersom felaktig bogsering kan leda till skador på växellådan.

☐ Observera att du behöver trycka hårdare än vanligt på bromspedalen när du bromsar eftersom servon bara fungerar när motorn är igång. På samma sätt behöver du använda mer kraft än vanligt för att vrida på ratten.

☐ Föraren av den bogserade bilen måste vara noga med att hålla bogserlinan spänd hela tiden för att undvika ryck.

☐ Försäkra er om att båda förarna känner till den planerade färdvägen innan ni startar.

☐ Bogsera aldrig längre sträcka än nödvändigt och håll lämplig hastighet (högsta tillåtna hastighet vid bogsering är 30 km/tim). Kör försiktigt och sakta ner mjukt och långsamt innan korsningar.

Inledning

Det finns ett antal mycket enkla kontroller som endast tar några minuter i anspråk, men som kan bespara dig mycket besvär och stora kostnader.

Dessa *Veckokontroller* kräver inga större kunskaper eller specialverktyg, och den korta tid de tar att utföra kan visa sig vara väl använd:

☐ Att hålla ett öga på däckens skick och lufttryck förebygger inte bara att de slits ut i förtid utan kan också rädda liv.

☐ Många motorhaverier orsakas av elektriska problem. Batterirelaterade fel är särskilt vanliga och genom regelbundna kontroller kan de flesta av dessa förebyggas.

☐ Om det uppstår en läcka i bromssystemet kanske den upptäcks först när bromsarna slutar att fungera. Vid regelbundna kontroller av bromsoljenivån uppmärksammas sådana fel i god tid.

☐ Om olje- eller kylvätskenivån blir för låg är det betydligt billigare att laga läckan direkt, än att bekosta dyra reparationer av de motorskador som annars kan uppstå.

Kontrollpunkter i motorrummet

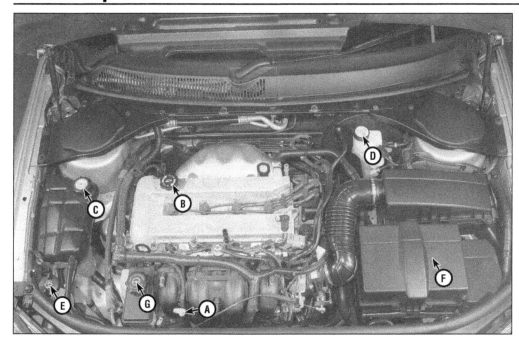

◀ **1.8 liters motor (2.0 liter är liknande)**

A *Oljemätsticka*

B *Oljepåfyllningslock*

C *Kylvätskebehållare (expansionskärl)*

D *Bromsvätskebehållare*

E *Spolarvätskebehållare*

F *Batteri*

G *Servooljebehållare*

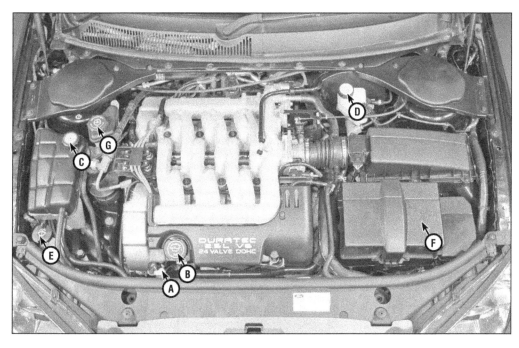

◀ **2.5 liters V6 motor (3.0 liter är liknande)**

A *Oljemätsticka*

B *Oljepåfyllningslock*

C *Kylvätskebehållare (expansionskärl)*

D *Bromsvätskebehållare*

E *Spolarvätskebehållare*

F *Batteri*

G *Servooljebehållare*

Motoroljenivå

Innan du börjar
✔ Se till att bilen står på plan mark.
✔ Oljenivån måste kontrolleras innan bilen körs, eller tidigast 5 minuter efter det att motorn har stängts av.

 HAYNES TiPS *Om oljenivån kontrolleras direkt efter det att bilen har körts, kommer en del av oljan att vara kvar i den övre delen av motorn. Detta ger felaktig avläsning på mätstickan.*

Korrekt oljetyp
Moderna motorer ställer höga krav på oljans kvalitet. Det är mycket viktig att man använder en lämplig olja till sin bil (se *Smörjmedel och vätskor*).

Bilvård
● Om oljan behöver fyllas på ofta bör bilen kontrolleras med avseende på oljeläckor. Lägg ett rent papper under motorn över natten och se om det finns fläckar på det på morgonen. Finns där inga läckor kan det hända att motorn bränner olja.
● Oljenivån ska alltid vara någonstans mellan oljestickans övre och nedre markering (se bild 3). Om oljenivån är för låg kan motorn ta allvarlig skada. Oljetätningarna kan gå sönder om man fyller på för mycket olja.

1 Mätstickan är placerad i motorns främre del (se *kontrollpunkter under motorhuven* för exakt placering). Dra upp oljemätstickan.

2 Använd en ren trasa eller en pappershandduk för att ta bort all olja från mätstickan. Stick in den rena mätstickan i röret och dra ut den igen.

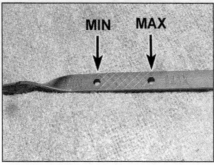

3 Observera oljenivån, som ska vara i området mellan det övre märket (MAX) och det nedre märket (MIN) på mätstickans ände.

4 Olja fylls på genom påfyllningslocket som är placerat ovanpå motorn mot motorns bakre del på alla motorer utom V6-motorer. Skruva loss och ta bort kåpan. Fyll på nivån genom att endast lägga till en liten mängd olja åt gången. Med en tratt minimeras oljespillet. Häll i oljan långsamt och kontrollera på mätstickan så att behållaren fylls med rätt mängd. Överfyll inte.

Kylvätskenivå

 Varning: Skruva aldrig av expansionskärlets lock när motorn är varm, eftersom det finns risk för brännskador. Låt inte behållare med kylvätska stå öppna eftersom vätskan är giftig.

Bilvård

● Ett slutet kylsystem ska inte behöva fyllas på regelbundet. Om kylvätskan behöver fyllas på ofta har bilen troligen en läcka i kylsystemet. Kontrollera kylaren samt alla slangar och fogytor efter stänk och våta märken och åtgärda eventuella problem.

● Det är viktigt att frostskyddsvätska används i kylsystemet året runt, inte bara under vintermånaderna. Fyll inte på med enbart vatten, då sänks koncentrationen av frostskyddsvätska.

1 Kylvätskenivån varierar med motorns temperatur och den syns genom expansionskärlet. När motorn är kall bör kylvätskenivån vara mellan MAX-märket på sidan. . .

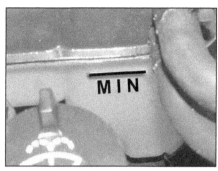

2 . . . och MIN-markeringen på behållaren. När motorn är kall kan kylvätskenivån ligga något över MAX-markeringen.

3 Vänta tills motorn är kall om påfyllning är nödvändig. Skruva försiktigt loss locket till expansionskärlet för att släppa ut övertrycket ur kylsystemet, och ta sedan bort det.

4 Tillsätt en blandning av vatten och frostskyddsmedel till expansionskärlet tills kylvätskan når MAX-märket. Använd frostskyddsmedel av samma typ (och färg) som det som redan finns i systemet. Montera locket ordentligt.

Spolarvätskenivå

Observera: Behållaren under motorhuven fungerar också för bakrutespolaren och strålkastarspolare om sådana finns.

● Spolarvätskekoncentrat rengör inte bara rutan utan fungerar även som frostskydd så att spolarvätskan inte fryser under vintern, då den behövs som mest. Fyll inte på med enbart vatten eftersom spolarvätskan då späds ut och kan frysa.

 Varning: Använd aldrig frostskyddsvätska för kylsystemet i spolarsystemet – det kan skada lacken.

1 Spolarvätskebehållarens påfyllningsrör är placerat i det främre högra hörnet av motorrummet, bakom strålkastaren. Vätskenivån kontrolleras genom borttagning av påfyllningslocket och kontroll av mätstickan som är fäst i locket.

2 Vid påfyllning av behållaren tillsätter du ett spolarvätskekoncentrat i den mängd som rekommenderas på flaskan.

Däck – skick och tryck

Det är viktigt att däcken är i bra skick och att de har rätt tryck. Om ett däck går sönder vid hög hastighet kan det vara väldigt farligt.

Däckens slitage påverkas av körstil – hårda inbromsningar och accelerationer eller tvära kurvtagningar leder till högt slitage. Generellt sett slits framdäcken ut snabbare än bakdäcken. Axelvis byte mellan fram och bak kan jämna ut slitaget, men om detta är effektivt kan du komma att behöva byta ut alla fyra däcken samtidigt!

Ta bort spikar och stenar som fastnat i däckmönstret så att de inte orsakar punktering. Om det visar sig att däcket är punkterat när en spik tas bort, sätt tillbaka spiken för att

märka ut platsen för punkteringen. Byt sedan omedelbart ut det punkterade däcket och lämna in det till en däckverkstad för reparation.

Kontrollera regelbundet däcken med avseende på skador i form av rispor eller bulor, särskilt på däcksidorna. Skruva loss däcken med jämna mellanrum för att rengöra dem invändigt och utvändigt. Undersök hjulfälgarna efter rost, korrosion eller andra skador. Lättmetallfälgar skadas lätt om man kör på trottoarkanten vid parkering. Stålhjul kan också bli buckliga. Om ett hjul är svårt skadat är ett hjulbyte ofta den enda lösningen.

Nya däck ska balanseras när de monteras

men de kan också behöva balanseras om i takt med att de slits ut eller om motvikten på hjulfälgen ramlar av. Obalanserade däck slits ut snabbare än balanserade och orsakar dessutom onödigt slitage på styrning och fjädring. Vibrationer är ofta ett tecken på obalanserade hjul, särskilt om vibrationerna förekommer vid en viss hastighet (oftast runt 70 km/tim). Om vibrationerna endast känns genom styrningen är det troligen bara framhjulen som behöver balanseras. Om vibrationerna däremot känns i hela bilen är det antagligen bakhjulen som är obalanserade. Balansering av hjul ska utföras av en lämpligt utrustad verkstad.

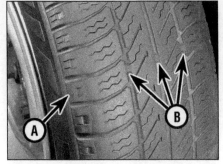
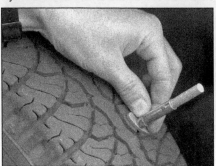

1 Mönsterdjup - visuell kontroll
Originaldäcken har slitagevarningsband (B), som blir synliga när däcken slitits ner till ungefär 1,6 mm. En trekantig markering på däcksidan (A) anger bandens placering.

2 Mönsterdjup - manuell kontroll
Mönsterdjupet kan också kontrolleras med hjälp av en enkel och billig mönsterdjupsmätare.

3 Däcktryck – kontroll
Kontrollera däcktrycket regelbundet när däcken är kalla. Justera inte däcktrycket omedelbart efter det att bilen har använts, det kommer att resultera i felaktigt tryck.

Däckslitage

Slitage på sidorna
Lågt däcktryck (slitage på båda sidorna)
Är trycket i däcken för lågt kommer däcket att överhettas på grund av för stora rörelser och mönstret kommer att ligga an mot underlaget på ett felaktigt sätt. Det bidrar till sämre väggrepp och betydande slitage och risken för punktering på grund av upphettning ökar.
Kontrollera och justera trycket
Felaktig cambervinkel (slitage på en sida)
Reparera eller byt ut fjädringsdetaljer
Hård kurvtagning
Sänk hastigheten!

Slitage i mitten
För högt däcktryck
För högt lufttryck orsakar snabbt slitage av mittersta delen av däcket, dessutom sämre väggrepp, stötigare gång och risk för stöt-skador i korden.
Kontrollera och justera trycket

Om däcktrycket ibland måste ändras till högre tryck avsett för maximal lastvikt eller ihållande hög hastighet, glöm inte att minska trycket efteråt.

Ojämnt slitage
Framdäcken kan slitas ojämnt på grund av felaktig hjulinställning. De flesta däckåterförsäljare och verkstäder kan kontrollera och justera hjulinställningen till en låg kostnad.
Felaktig camber- eller castervinkel
Reparera eller byt ut fjädringsdetaljer
Defekt fjädring
Reparera eller byt ut fjädringsdetaljer
Obalanserade hjul
Balansera hjulen
Felaktig toe-inställning
Justera framhjulsinställningen
Observera: *Den fransiga ytan i mönstret, ett typiskt tecken på toe-slitage, kontrolleras bäst genom att man känner med handen över ytan.*

Broms- och kopplingsvätskenivå

Varning:
● *Var försiktig vid hantering av bromsvätska – den kan skada dina ögon och bilens lack.*
● *Använd inte vätska ur kärl som har stått öppna en längre tid. Bromsvätska drar åt sig fukt från luften vilket kan försämra bromsegenskaperna avsevärt.*

HAYNES TIPS
● *Se till att bilen står på plan mark.*
● *Nivån i vätskebehållaren sjunker en aning allt eftersom bromsklossarna slits. Nivån får dock aldrig sjunka under MIN-markeringen.*

Säkerheten främst!
● Om bromsvätskebehållaren måste fyllas på ofta har bilen fått en läcka i bromssystemet. Detta måste undersökas omedelbart.
● Vid en misstänkt läcka i systemet får bilen inte köras förrän bromssystemet har under-sökts. Ta aldrig några risker med bromsarna.

1 Bromsvätskebehållaren är placerad på vänster sida av motorrummet (vänster sett från förarsätet).

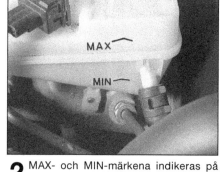

2 MAX- och MIN-märkena indikeras på behållarens sida. Vätskenivån måste alltid hållas mellan dessa två markeringar.

3 Torka först rent området runt påfyllningslocket för att förhindra att det kommer in smuts i hydraulsystemet om påfyllning är nödvändig, skruva sedan loss och ta bort behållarlocket. Undersök behållaren - vätskan ska bytas om det visar sig att den är mörk eller om det syns smuts.

4 Tillsätt vätska försiktigt och se till så att du inte spiller den på omgivande komponenter. Använd bara bromsvätska av angiven typ; om olika typer blandas kan systemet skadas. Skruva på locket ordentligt när vätskan är påfylld och torka bort eventuellt spill.

Power steering fluid level

Innan arbetet påbörjas
✔ Nivån bör kontrolleras när motorn är kall (dvs. innan bilen körs) med hjulen pekande rakt fram.

✔ För att kontrollen ska gå rätt till får ratten inte vridas när motorn har stängts av.

Säkerheten främst!
● Om servostyrningsoljan ofta behöver fyllas på betyder det att systemet läcker, vilket måste undersökas omedelbart.

1 Kylvätskenivån är synlig genom behållaren. När systemet är i arbetstemperatur bör nivån vara upp till MAX-märket på behållarens sida.

2 Om det krävs påfyllning torkar du rent området runt behållarens påfyllningsrör och skruvar loss påfyllningslocket från behållaren.

3 Använd den angivna typen av vätska vid påfyllning och överfyll inte behållaren. Dra åt locket ordentligt när rätt oljenivå uppnåtts.

Torkarblad

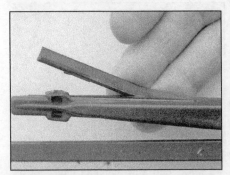

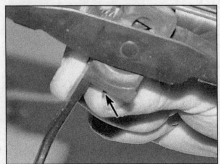

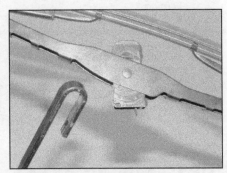

1 Kontrollera torkarbladens skick; Om de är spruckna eller ser slitna ut, eller om rutan inte torkas ordentligt, ska de bytas ut. Torkarbladen ska bytas en gång om året.

2 För att ta bort torkarbladet drar du bort armen helt från rutan tills den låses. Vrid bladet 90°, kläm sedan ihop låsklämman och lossa bladet från armen. Vid montering av det nya bladet måste du se till att bladet låses ordentligt i armen och att bladet är korrekt inriktat.

3 Glöm inte att kontrollera bakrutans torkarblad också (om tillämpligt). Ta bort bladet med en liknande teknik som den för vindrutans torkarblad.

Batteri

Varning: Innan något arbete utförs på batteriet, läs föreskrifterna i 'Säkerheten främst!' i början av denna handbok.

✔ Se till att batterilådan är i gott skick och att klämman sitter ordentligt. Rost på plåten, hållaren och batteriet kan avlägsnas med en lösning av vatten och bikarbonat. Skölj noggrant alla rengjorda delar med vatten. Alla rostskadade metalldelar ska först målas med en zinkbaserad grundfärg och därefter lackeras.

✔ Kontrollera regelbundet (ungefär var tredje månad) batteriets laddningstillstånd enligt kapitel 5A.

✔ Om batteriet är tomt och du måste använda startkablar för att starta bilen, se *Reparationer vid vägkanten*.

1 Batteriet är placerat i det vänstra hörnet framtill i motorrummet. Batteriets utsida bör kontrolleras regelbundet efter skador, som sprickor i höljet eller kåpan.

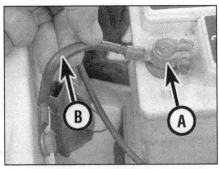

2 Kontrollera att batteriklämmorna är åtdragna (A) för att säkerställa goda elektriska anslutningar. Det ska inte gå att rubba dem. Kontrollera även kablarna (B) beträffande sprickor och skadade ledare.

HAYNES TiPS

Korrosion på batteriet kan minimeras genom att man stryker lite vaselin på batteriklämmorna och polerna när man dragit åt dem.

3 Ta bort kablarna från batteripolerna vid tecken på korrosion (vita porösa avlagringar) och rengör dem med en liten stålborste och montera sedan tillbaka dem. I biltillbehörsbutiker kan man köpa ett särskilt verktyg för rengöring av batteripoler . . .

4 . . . samt batteriets kabelfästen.

Elsystem

✔ Kontrollera alla yttre lampor samt signalhornet. Se aktuella avsnitt i kapitel 12 för närmare information om någon av kretsarna inte fungerar.

✔ Se över alla tillgängliga kontaktdon, kablar och fästklämmor så att de sitter ordentligt och inte är skavda eller skadade.

 Om bromsljus och körriktningsvisare behöver kontrolleras när ingen medhjälpare finns till hands, backa upp mot en vägg eller garageport och sätt på ljusen. Ljuset som reflekteras visar om de fungerar eller inte.

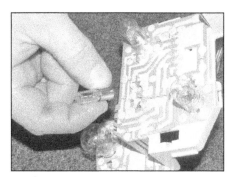

1 Om en blinker, ett bromsljus eller en strålkastare har slutat fungera är det troligt att en glödlampa har gått sönder och måste bytas. Se kapitel 12 för mer information. Om båda bromsljusen har slutat fungera, kan det bero på att brytaren har gått sönder (se kapitel 9).

2 Om mer än en blinker eller strålkastare har slutat fungera är det troligt att antingen en säkring har utlösts eller att det finns ett fel i kretsen (se kapitel 12). Huvudsäkringsdosan sitter under instrumentbrädan på passagerarsidan och man kommer åt den med en spak bakom handskfacket. Säkringsdosan sitter bredvid batteriet – lossa och ta bort kåpan så att du kommer åt den.

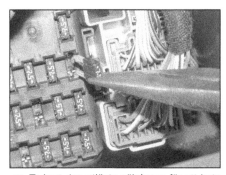

3 Ta bort den utlösta säkringen för att byta den med det plastverktyg som följer med om tillämpligt. Montera en ny säkring med samma kapacitet. Det är viktigt att du hittar orsaken till att säkringen har utlösts (se *Felsökning av elsystemet* i kapitel 12).

Smörjmedel och vätskor

Motor	Multigrade motorolja, viskositet SAE 5W/30, 5W/40 eller 10W/40 till ACEA-A3/B3
Kylsystem	Motorcraft Super Plus 2000 frostskyddsmedel enligt Fords specifikation WSS-M97B44-D
Manuell växellåda..................................	Ford växellådsolja WSD-M2C200C
Automatväxellåda..................................	Automatväxellådsolja Ford specifikation ESP-M2C 166-H
Servostyrningsbehållare	Hydraulvätska Ford WSA-M2C195-A
Bromsvätskebehållare..............................	Hydraulvätska enligt Fords specifikation ESD-M6C57-A, Super DOT 4

Däcktryck (kallt)

Observera: *De tryckvärden som anges här är endast en vägledning för normal användning – kontrollera alltid bilens handbok för mer detaljerad information och information om de tryck som gäller vid körning med full last eller hög hastighet. Siffrorna gäller endast för originaldäck – de rekommenderade trycken kan variera om något annat däckmärke eller någon annan typ av däck monteras. Kontrollera med din däckverkstad.*

	Främre	Bakre
205/50 R 16 däck:		
4-cylindriga motorer	2,3 bar	2,1 bar
V6 motorer	2,5 bar	2,2 bar
205/55 R 16 däck:		
4-cylindriga motorer	2,1 bar	2,1 bar
V6 motorer	2,3 bar	2,2 bar
205/50 R 17 däck:		
4-cylindriga motorer	2,1 bar	2,1 bar
V6 motorer	2,3 bar	2,1 bar
225/40 R 18 däck:		
4-cylindriga motorer	2,2 bar	2,1 bar
V6 motorer	2,4 bar	2,1 bar
Reservhjul av utrymmesbesparande nödhjulstyp	4,2 bar	4,2 bar

Kapitel 1
Rutinunderhåll och service

Innehåll

Allmän information 1
Automatväxellåda – nivåkontroll. 21
Automatväxellådsolja – byte. 25
Avgassystem – kontroll 14
Batteri – underhåll och laddning. 4
Bromssystem – kontroll 16
Bromsvätska – byte 26
Bränslefilter – byte 28
Drivaxelns gummidamask och drivknut – kontroll 13
Dörr och motorhuv – kontroll och smörjning 17
Elsystem – kontroll 6
Frostskyddsmedlets koncentration – kontroll 11
Hjulmutter – åtdragningskontroll 19
Kylvätska – byte. 27
Landsvägsprov. 20

Luftfilter – byte 23
Luftkonditioneringssystem – kontroll 9
Läckage och skick på slangar i motorrummet – kontroll 7
Manuell växellåda – nivåkontroll. 24
Motorolja och filter – byte. 3
Motorrummets kablar – kontroll 8
Multirem – byte. 30
Multirem – kontroll 5
Pollenfilter – byte 18
Rutinunderhåll 2
Styrning, fjädring och hjul – kontroll. 12
Säkerhetsbälte – kontroll 10
Tändstift – byte 22
Underrede och bränsle-/bromsledning – kontroll. 15
Ventilspel – kontroll. 29

Svårighetsgrader

 Enkelt, passer novisen med lite erfarenhet

 Ganska enkelt, passar nybörjaren med viss erfarenhet

 Ganska svårt, passer kompetent hemmamekaniker

 **Svårt,** passer hemmamekaniker med erfarenhet

 Mycket svårt, för professionell mekaniker

Smörjmedel och vätskor .... Se slutet av *Veckokontroller*

Volymer

Motorolja (med filter):
1,8- och 2,0-liters motorer	4,3 liter
2,5- och 3,0-liters motorer	5,7 liter
Skillnad mellan MAX- och MIN-markeringarna på mätstickan......	0,75 till 1,0 liter

Kylsystem:
1,8-liters motorer	8,3 liter
2,0-liters motorer	8,1 liter
2,5-liters motor:	
Manuell växellåda......................................	9,5 liter
Automatväxellåda.......................................	9,7 liter
3,0-liters motorer	9,7 liter
Bensintank	58,5 liter

Manuell växellåda:
5-växlad	1,9 liter
6-växlade	1,75 liter

Automatväxellåda:
4-växlad (tappa av och fyll på):	
2,0-liters motorer	6,0 liter
2,5-liters motorer	6,3 liter
5-växlad (total kapacitet – avtappning och påfyllning inte angiven)..	8,8 liter

Kylsystem

Kylvätskeskydd vid ett blandningsförhållande på 40 % frostskyddsmedel/vatten:
Fryspunkt	–25 °C
Stelningspunkt	–30 °C

Tändningssystem

Tändföljd:
1,8- och 2,0-liters motorer	1-3-4-2
2,5- och 3,0-liters motorer	1-4-2-5-3-6
Cylinder nr. 1 placering....................................	Kamkedjesidan

Tändstift:
1,8- och 2,0-liters motorer upp till sep 2005	Motorcraft AGFS 22FE
1,8- och 2,0-liters motorer från sep 2005...................	Motorcraft AGFS 22IPJ
2,5- och 3,0-liters motorer	Motorcraft AGSF 32FM
Tändstiftsgap (om det går att ställa in, endast för tändstiften ovan) ...	1,3 mm

Observera: *Tändstiftrekommendationerna är korrekta i skrivande stund. Kontrollera med en Ford-verkstad eller tändstiftstillverkare för att få aktuell information.*

Bromssystem

Observera: *Ford lämnar ingen uppgift om minsta tillåtna beläggtjocklek – följande lämnas som en allmän rekommendation.*
Minsta tjocklek för främre och bakre bromsbelägg	1,5 mm

Åtdragningsmoment

	Nm
Automatväxellådans dräneringsplugg:	
4-växlad	27
5-växlad	45
Automatväxellådans påfyllningsplugg (5-växlad)..................	45
Automatväxellådans testplugg (5-växlad)	15
Automatväxellådans växelvajerkåpa (5-växlad)	22
Hjulmuttrar	85
Manuell växellåda påfyllnings-/nivåpluggar:	
5-växlad	45
6-växlad	35
Oljedräneringsplugg:	
1,8- och 2,0-liters motorer	28
2,5- och 3,0-liters motorer	26
Tändstift:	
1,8- och 2,0-liters motorer	12
2,5- och 3,0-liters motorer	14

Underhållsintervallen i denna handbok förutsätter att arbetet utförs av en hemmamekaniker och inte av en verkstad. Detta är de minimiunderhållsintervaller som rekommenderas av oss för bilar som körs dagligen. Om bilen alltid ska hållas i toppskick bör vissa moment utföras oftare. Vi rekommenderar regelbundet underhåll eftersom det höjer bilens effektivitet, prestanda och andrahandsvärde.

Om bilen körs på dammiga vägar, används till bärgning, körs mycket i kösituationer eller korta körsträckor, ska intervallen kortas av.

Var 400:e km eller en gång i veckan
☐ Se Veckokontroller

Var 10 000:e km eller var 6:e månad, det som inträffar först
☐ Byt motoroljan och filtret (avsnitt 3)
Observera: *Täta byten av olja och filter är bra för motorn. Vi rekommenderar byte av olja efter den körsträcka som anges här eller minst två gånger om året om körsträckan är kortare.*

Var 20 000:e km eller var 12:e månad, det som inträffar först
Förutom de åtgärder som räknas upp i föregående service ska följande vidtas:
☐ Kontrollera batteriet och rengör polerna (avsnitt 4)
☐ Kontrollera multiremmen (avsnitt 5)
☐ Kontrollera elsystemet (avsnitt 6)
☐ Kontrollera om det läcker vätska samt slangarnas skick under motorhuven (avsnitt 7)
☐ Kontrollera skicket på motorrummets kablage (avsnitt 8)
☐ Kontrollera skicket på luftkonditioneringssystemets samtliga komponenter (avsnitt 9)
☐ Kontrollera säkerhetsbälten (avsnitt 10)
☐ Kontrollera frostskyddsblandning (avsnitt 11)
☐ Kontrollera styrningen, fjädringen och hjul (avsnitt 12)
☐ Kontrollera drivaxelns gummidamasker och drivknutar (avsnitt 13)
☐ Kontrollera avgassystemet (avsnitt 14)
☐ Kontrollera underredet, och samtliga bränsle-/ bromsledningar (avsnitt 15)
☐ Kontrollera bromssystemet (avsnitt 16)
☐ Kontrollera dörrarna och motorhuven, och smörj gångjärnen och lås (avsnitt 17)
☐ Byt pollenfiltret (avsnitt 18)
☐ Kontrollera alla hjulmuttrar (avsnitt 19)
☐ Landsvägsprov (avsnitt 20)

Var 40 000:e km eller vart 2:e år, det som inträffar först
Förutom de relevanta åtgärder som räknas upp i föregående service ska följande vidtas:
☐ Kontrollera växellådsoljans nivå (avsnitt 21)

Var 60 000:e km eller vart 3:e år, det som inträffar först
Förutom de relevanta åtgärder som räknas upp i föregående service ska följande vidtas:
☐ Byt tändstiften (avsnitt 22)
☐ Byt luftfiltret (avsnitt 23). Observera att detta arbete måste utföras med tätare intervaller om bilen används under dammiga eller smutsiga förhållanden
☐ Kontrollera den manuella växellådans oljenivå (avsnitt 24)
☐ Byt växellådsoljan (avsnitt 25). Observera att detta arbete gäller endast för bilar som används under extrema förhållanden (korta körningar på under 15 kilometer vid minusgrader, omfattande tomgångskörning, körning med släpvagn, terrängkörning)

Vart 3:e år (oberoende av körsträcka)
☐ Byt bromsvätskan (avsnitt 26)
☐ Byt kylvätskan (avsnitt 27)

Var 80 000:e km eller vart 4:e år, det som inträffar först
Förutom de relevanta åtgärder som räknas upp i föregående service ska följande vidtas:
☐ Byt bränslefiltret (avsnitt 28)
☐ Kontrollera ventilspel – endast 1,8 och 2,0 liter (avsnitt 29)
☐ Byt multiremmarna (avsnitt 30).

Översikt över motorrummet på en 2,0-liters modell

1 Oljepåfyllningslock
2 Oljemätsticka
3 Servooljebehållare
4 Spolarvätskebehållare
5 Påfyllningslock till kylvätskans expansionskärl
6 Det främre fjäderbenets övre fäste
7 Tändstift och tändkablar
8 Tändspole
9 Hydraulvätskebehållare broms och koppling
10 Luftrenare
11 Batteri

Översikt över motorrummet på en 2,5-liters V6 modell

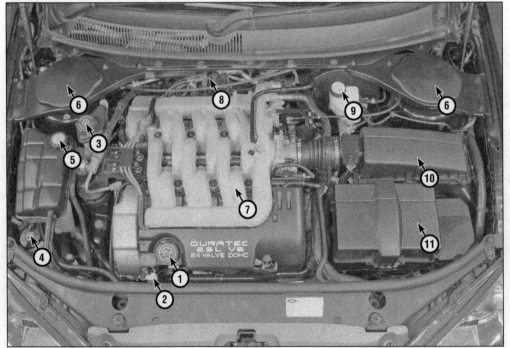

1 Oljepåfyllningslock
2 Oljemätsticka
3 Servooljebehållare
4 Spolarvätskebehållare
5 Påfyllningslock till kylvätskans expansionskärl
6 Det främre fjäderbenets övre fäste
7 Övre insugsgrenrör
8 Tändspole
9 Hydraulvätskebehållare broms och koppling
10 Luftrenare
11 Batteri

Främre översikt underifrån på 2,0-litersmodell

1 Motoroljans dräneringsplugg
2 Oljefilter
3 Manuell växellåda påfyllnings-/
   nivåplugg
4 Bränsle- och bromsledningar
5 Avgasrör
6 Styrstag
7 Länkarmar
   framhjulsupphängning
8 Bakre motorfästlänk
9 Drivaxel
10 Främre bromsoken
11 Manuell växellåda
12 Främre hjälpram
13 Luftkonditioneringskompressor

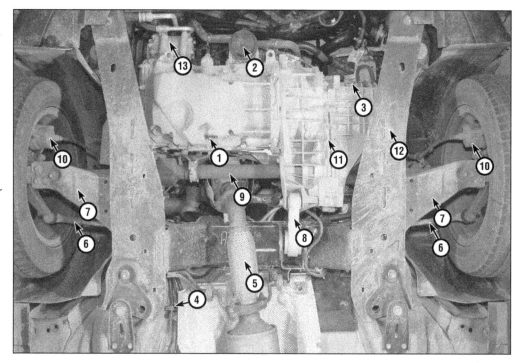

Främre översikt underifrån på 2,5-liters V6 modell

1 Motoroljans dräneringsplugg
2 Oljefilter
3 Manuell växellåda påfyllnings-/
   nivåplugg
4 Bränsle- och bromsledningar
5 Avgasrör
6 Styrstag
7 Länkarmar
   framhjulsupphängning
8 Bakre motorfästlänk
9 Drivaxel
10 Främre bromsoken
11 Manuell växellåda
12 Främre hjälpram
13 Luftkonditioneringskompressor

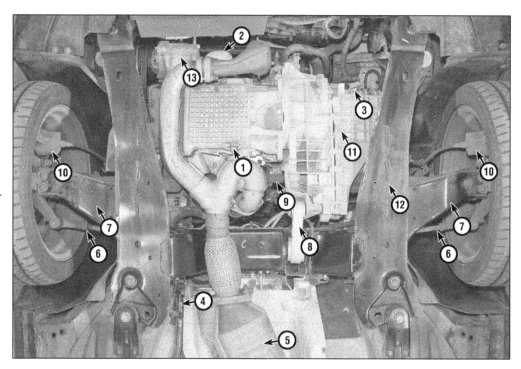

Vy bakre underrede – sedan- och halvkombimodeller

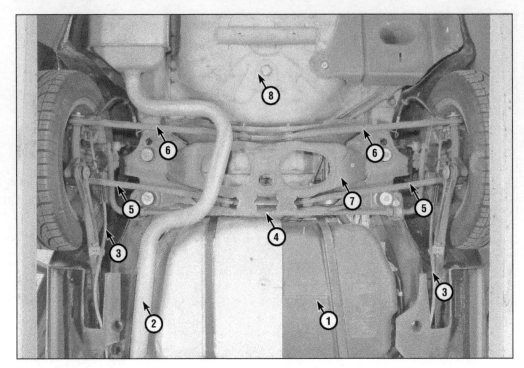

1 Bränsletank
2 Avgasrör
3 Handbromsvajrar
4 Bakre krängningshämmare
5 Bakfjädringens främre nedre länkarm
6 Länkarm bakhjulsupphängning
7 Tvärbalk bakhjulsupphängning
8 Reservhjulsbalja

Vy bakre underrede – kombimodeller

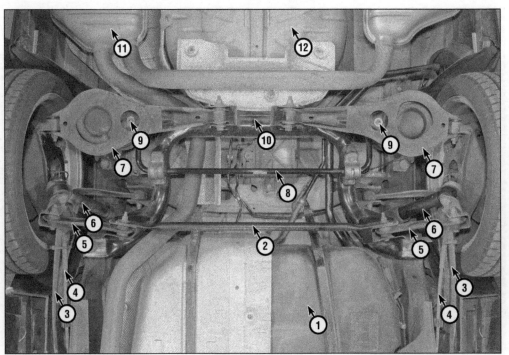

1 Bränsletank
2 Bakfjädringens tvärbalk
3 Bakfjädring tvärstag/spindel
4 Handbromsvajrar
5 Bakfjädringens främre nedre armar
6 Fjädringsben bakhjulsupphängning
7 Länkarmar bakhjulsupphängning
8 Bakre krängningshämmare
9 Fästen bakre krängningshämmarlänk
10 Bakfjädringens tvärbalk
11 Bakre avgassystem
12 Reservhjulsbalja

1 Allmän information

1 Detta kapitel är utformat för att hjälpa hemmamekanikern att underhålla bilen för säkerhet, ekonomi, lång livslängd och optimala prestanda.

2 Kapitlet innehåller ett underhållsschema samt avsnitt som i detalj behandlar posterna i schemat. Bland annat behandlas användbara saker som kontroller, justeringar och byte av komponenter. På de tillhörande bilderna av motorrummet och bottenplattan visas de olika delarnas placering.

3 Om du utför service på bilen i enlighet med körsträckan/underhållsschemat innehåller följande avsnitt ett planerat underhållsprogram som bör leda till en lång och tillförlitlig livslängd. Underhållsprogrammet är heltäckande, så om man väljer att bara underhålla vissa delar, men inte andra, vid angivna tidpunkter går det inte att garantera samma goda resultat.

4 När du utför service på din bil upptäcker du att många av tillvägagångssätten kan – och bör – grupperas tillsammans på grund av just det tillvägagångssätt som utförs eller på grund av två komponenters närhet till varandra som annars inte är relaterade till varandra. Om bilen lyfts av någon orsak kan t.ex. kontroll av

avgassystemet utföras samtidigt som styrning och fjädring kontrolleras.

5 Det första steget i underhållsprogrammet består av förberedelser innan arbetet påbörjas. Läs igenom relevanta avsnitt. Gör sedan upp en lista på vad som behövs och skaffa fram verktyg och delar. Rådfråga en specialist på reservdelar eller vänd dig till återförsäljarens serviceavdelning om problem uppstår.

2 Rutinunderhåll

1 Om underderhållsschemat följs noga från det att bilen är ny och om täta kontroller görs av vätskenivåer och de delar som är utsatta för kraftigt slitage i enlighet med denna handbok hålls motorn i bra skick och behovet av extra arbete minimeras.

2 Ibland går motorn dåligt på grund av bristande underhåll. Detta är ännu mer troligt vid köp av en begagnad bil som inte har fått regelbundna och täta underhållskontroller. I sådana fall kan extra arbeten behöva utföras, utöver det normala underhållet.

3 Om motorslitage misstänks ger ett kompressionstest (se relevant del i kapitel 2) värdefull information när det gäller de inre huvuddelarnas totala prestanda. Ett kompressionsprov kan användas för att avgöra

omfattningen på det kommande arbetet. Om provet avslöjar allvarligt inre slitage är det slöseri med tid och pengar att utföra underhåll på det sätt som beskrivs i detta kapitel, om inte motorn först renoveras.

4 Följande åtgärder är de som oftast behövs för att förbättra prestanda för en motor som går dåligt:

I första hand

a) Rengör, undersök och kontrollera batteriet (se Veckokontroller och avsnitt 4).
b) Kontrollera alla motorrelaterade oljor och vätskor (se Veckokontroller).
c) Kontrollera multiremmens skick och spänning (avsnitt 5).
d) Byt tändstiften (se avsnitt 22).
e) Kontrollera luftfiltrets skick och byt vid behov (avsnitt 23).
f) Byt bränslefiltret (avsnitt 28).
g) Kontrollera att samtliga slangar är i gott skick och leta efter läckor (avsnitt 7 och 15).

5 Om ovanstående åtgärder inte har någon inverkan ska följande åtgärder utföras:

Sekundära åtgärder

Allt som anges under I första hand, plus följande:

a) Kontrollera laddningssystemet (kapitel 5A).
b) Kontrollera tändningssystemet (kapitel 5B).
c) Kontrollera bränslesystemet (se kapitel 4A).
d) Byt tändkablarna (se kapitel 5B).

Var 10 000:e km eller var 6:e månad

3 Motorolja och filter - byte

1 Frekventa oljebyten är det viktigaste förebyggande underhållet som hemmamekanikern kan ge motorn eftersom åldrande olja blir tunnare och förorenad vilket leder till förtida motorslitage.

2 Innan du börjar arbetet plockar du fram alla verktyg och allt material som behövs. Se även till att ha gott om rena trasor och tidningar till hands för att torka upp eventuellt spill. Helst ska motoroljan vara varm, eftersom den då rinner ut lättare och mer avlagrat slam följer med. Se dock till att inte vidröra avgassystemet eller andra heta delar vid arbete under bilen. Använd handskar för att undvika skållning och för att skydda huden mot irritationer och skadliga föroreningar i begagnad motorolja.

3 Dra åt handbromsen ordentligt och lyft sedan upp bilen och stötta upp den på pallbockar (se Lyftning och stödpunkter). Ta, om det är tillämpligt, bort motorns undre skyddskåpa.

4 Ta bort oljepåfyllningslocket, och skruva loss dräneringspluggen (på sumpens baksida)

ett halvt varv Placera avtappningsbehållaren under dräneringspluggen – ta loss tätningsbrickan (se bild och Haynes tips).

5 Ge oljan tid att rinna ut, och observera att det kan bli nödvändigt att flytta behållaren när oljeflödet minskar.

6 Torka av avtappningspluggen med en ren trasa och sätt på en ny tätningsbricka när all olja tappats ur. Montera en ny tätningsbricka, rengör området kring pluggen och skruva in den. Dra åt pluggen till angivet moment.

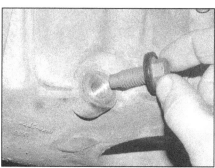

3.4 Ta bort motorns dräneringsplugg (2,0-liters motor)

7 Flytta behållaren i läge under oljefiltret som sitter på motorblockets främre sida.

1,8- och 2,0-liters motorer

8 Skruva loss oljefiltrets plastkåpa från

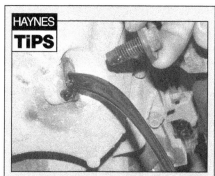

Om det går, försök pressa pluggen mot sumpen när den skruvas loss för hand de sista varven. Flytta undan pluggen snabbt när den lossar från gängorna så att oljeflödet som kommer ut från sumpen rinner ner i tråget och inte in i din ärm.

3.8a Skruva loss oljefiltrets plastkåpa...

3.8b ... ta sedan bort och kassera papperselementet (2,0-liters motor)

oljefiltrets nederdel, ta sedan bort och kassera papperselementet **(se bilder)**.

9 Ta bort O-ringen och ersätt den med en ny **(se bild)**. Rengör filterhuset och kåpan.

10 Stryk på ett tunt lager ren motorolja på den nya O-ringstätningen och sätt dit den på kåpan **(se bild)**.

11 Placera det nya papperselementet på kåpan, skruva sedan in enheten i filterhuset och dra åt ordentligt för hand **(se bild)**. Montera tillbaka stänkskyddet under motorn om det är tillämpligt.

V6 motorer

12 Lossa filtret med ett oljefilterverktyg om det behövs, och skruva sedan loss det för hand **(se bild)**. Töm ut oljan från filtret i behållaren.

13 Torka bort all olja, smuts och slam från filtrets tätningsyta på motorn med en ren trasa. Kontrollera det gamla filtret så att ingen del av gummitätningen sitter fast på motorn. Om någon del av tätningen fastnat ska den försiktigt avlägsnas.

14 Lägg ett tunt lager ren motorolja på tätningsringen på det nya filtret, och skruva sedan fast det på motorn **(se bild)**. Dra åt filtret ordentligt, men endast för hand – använd **inte** något verktyg. Montera tillbaka stänkskyddet under motorn om det är tillämpligt.

Alla motorer

15 Ta bort den gamla oljan och alla verktyg under bilen och sänk ner den.

16 Ta bort mätstickan och skruva loss oljepåfyllningslocket från ventilkåpan. Fyll motorn med rätt klass och typ av olja (se *Veckokontroller*). En oljekanna eller tratt kan minska spillet. Häll först i hälften av den angivna mängden olja. Vänta sedan några minuter så att oljan hinner rinna ner i sumpen. Fortsätt fylla på små mängder i taget till dess att nivån når det nedre märket på mätstickan. Om ytterligare ungefär 1,0 liter olja fylls på kommer nivån att höjas till stickans maximinivå. Montera påfyllningslocket.

17 Starta motorn och låt den gå några minuter; kontrollera att det inte förekommer något läckage. Observera att det kan ta ett par sekunder innan oljetryckslampan släcks sedan motorn startats första gången efter ett oljebyte. Detta beror på att oljan cirkulerar runt i kanalerna och det nya filtret innan trycket byggs upp.

18 Stäng av motorn och vänta ett par minuter på att oljan ska rinna tillbaka till sumpen. När den nya oljan har cirkulerat runt motorn och fyllt filtret ska oljenivån kontrolleras igen, fyll på mer vid behov.

19 Ta hand om den använda motoroljan på ett säkert sätt och i enlighet med *Allmänna reparationsanvisningar*.

3.9 Ta bort O-ringstätningen från den nedre kåpan (2,0-liters motor)

3.10 Smörj den nya O-ringstätningen med lite motorolja (2,0-liters motor)

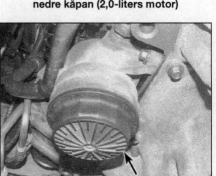

3.11 Oljefiltrets placering (2,0-liters motor)

3.12 Använd en nyckel av kedjetyp för att ta bort oljefiltret (V6-motor)

3.14 Smörj filtrets tätningsring med ren motorolja innan du monterar filtret på motorn (V6-motor)

Var 20 000:e km eller var 12:e månad

4 Batteri - underhåll och laddning

⚠️ **Varning: Vissa föreskrifter måste följas vid kontroll och service av batteriet. Det finns även vätgas, som är mycket antändbar, i battericellerna och därför måste all tänd tobak och alla andra öppna lågor och gnistor hållas borta från batteriet. Elektrolyten inne i batteriet är faktiskt utspädd svavelsyra som leder till personskador om den skvätter på huden eller i ögonen. Det förstör dessutom kläder och lackerade ytor. När du kopplar loss batteriet, lossa den negativa (jord) kabeln först och anslut den sist.**

Observera: *Se Koppla loss batteriet mot slutet av handboken innan du kopplar loss batteriet.*

Allmänt

1 Ett förebyggande rutinunderhållsprogram för batteriet i bilen är det enda sättet att garantera snabba och tillförlitliga starter. För allmänt underhåll hänvisas till *Veckokontroller* i början av denna handbok. Det finns information om starthjälp även på handbokens framsida. Se kapitel 5A för ytterligare information om montering av batteriet.

Elektrolytnivå i batteriet

2 Kontrollera elektrolytnivån i alla sex battericellerna i modeller som inte är utrustade med ett tätat eller "underhållsfritt" batteri.
3 Nivån måste vara ungefär 10 mm över plattorna. detta kan visas genom maximi- och miniminivålinjer som är markerade på batteriets ytterhölje.
4 Använd en skruvmejsel för att lossa påfyllnings-/ventilationslocket och tillsätt destillerat vatten om nivån är låg. Överfyll inte – detta kan faktiskt göra batteriet obrukbart. För att förbättra åtkomsten till mittkåporna kan det vara vettigt att ta bort batteriets nedhållningsklämma.
5 Sätt på och dra åt locket ordentligt igen och torka sedan upp eventuellt spill.
Varning: Överfyllning av cellerna kan göra att elektrolyten spills ut under perioder med tung laddning vilket orsakar korrosion eller skada.

Laddning

⚠️ **Varning: När batterier laddas genereras vätgas som är väldigt explosiv och lättantändlig. Rök inte och låt ingen öppen låga komma i närheten av batteriet. Om batteriet laddas inomhus måste du se till att detta görs i ett väl ventilerat utrymme. Använd ögonskydd om du är i närheten av batteriet under laddning. Se dessutom till att laddaren har kopplats loss innan batteriet ansluts eller kopplas loss från laddaren.**

6 Långsam-laddning är det bästa sättet att återställa ett batteri som är så urladdat att det inte klarar att starta motorn. Det är dessutom ett bra sätt att bibehålla batteriets laddning i en bil som endast körs några mil mellan starterna. Att underhålla batteriladdningen är särskilt viktigt på vintern när batteriet måste arbeta hårdare för att starta motorn och elektriska tillbehör som tömmer batteriet används mer.
7 Kontrollera batterilådan för instruktioner om att ladda batteriet En del underhållsfria batterier kan kräva en särskilt låg laddningsgrad eller andra speciella förhållanden för att inte skadas.
8 Det är bäst att använda en batteriladdare på en eller två ampere (ibland kallad "sipprings"-laddare). De är de säkraste och utsätter batteriet för minst påfrestning. De är dessutom de billigaste. För snabbare laddning kan du använda en laddare med högre strömstyrka men använd inte en laddare som är klassad för mer än 1/10 av batteriets kapacitet ampere/timme (dvs. inte mer än 5 ampere normalt). Speciella snabbladdare som påstås kunna ladda batteriet på 1-2 timmar är inte att rekommendera, eftersom de kan orsaka allvarliga skador på batteriplattorna genom överhettning. Denna typ av laddning bör endast användas i nödsituationer.
9 Den genomsnittliga tid som krävs för att ladda ett batteri bör framgå av de instruktioner som följer med laddaren. En allmän regel är att en laddare laddar ett batteri på 12 till 16 timmar.

5 Multirem – kontroll

Allmänt

1 Huvuddrivremmen är av platt, tandad typ och den är placerad på motorns högra ände. Den driver generatorn, vattenpumpen (1,8 och 2,0-liters motorer), servostyrningspumpen och luftkonditioneringskompressorn från motorns vevaxelremskiva **(se bilder)**.

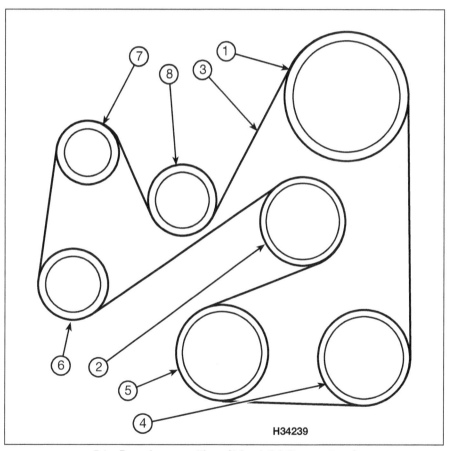

H34239

5.1a Dragning av multirem (1,8 och 2,0-liters motorer)

1	*Servostyrningspumpens remskiva*	5	*Vevaxelns remskiva*
2	*Remskiva vattenpump*	6	*Spännhjul*
3	*Multirem*	7	*Generatorns remskiva*
4	*Remskiva för luftkonditioneringskompressor*	8	*Överföringsremskiva*

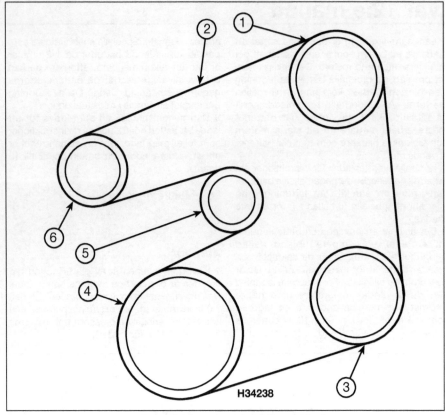

5.1b Multirem dragning (V6 motor)

1 Servostyrningspumpens remskiva
2 Multirem
3 Remskiva för luftkonditioneringskompressor
4 Vevaxelns remskiva
5 Spännhjul
6 Generatorns remskiva

2 I modeller med V6-motor drivs vattenpumpen av en extra drivrem på vänster sida av motorn. Remmen är av tandad typ och drivs av den främre insugskamaxeln.

3 Att multiremmen är i gott skick och korrekt spänd är kritiskt för motorns funktion. På grund av deras sammansättning och de höga påfrestningar som de utsätts för töjs drivremmarna ut och försämras när de blir äldre. De måste därför undersökas regelbundet.

HAYNES TiPS

En läcka i kylsystemet syns normalt som vita eller frostskyddsmedelfärgade avlagringar på området runt läckan

Kontroll

4 Öppna och stötta upp motorhuven med motorn avstängd. Lossa de högra hjulmuttrarna, hissa upp framvagnen och ställ den på pallbockar för att lättare komma åt motorns högra sida (se Lyftning och stödpunkter). Ta bort hjulet. I modeller fram till juli 2003 tar du bort multiremskåpan (två fästanordningar) från insidan av hjulhuset. Ta bort motorns undre skyddskåpa. Ta dessutom bort det bakre avsnittet av det inre hjulhusfodret som är fäst med två ytterligare bultar om det behövs. I modeller efter juli 2003 tar du bort den nedre stänkskärmen (tre fästanordningar) från insidan av hjulhuset.

5 Använd en inspektionslampa eller en liten ficklampa och rotera motorn med en skiftnyckel på vevaxelremskivans bult, kontrollera hela drivremmens längd med avseende på sprickor, avskiljning av gummit och slitna räfflor. Kontrollera också om det finns fransning, och blankslitning som gör att remmen ser blank ut.

6 Båda sidorna av drivremmen bör undersökas vilket innebär att du måste vrida drivremmen för att kontrollera undersidan. Använd fingrarna för att känna drivremmen på platser där du inte kan se den. Om du är osäker när det gäller drivremmens

tillstånd ska den bytas enligt beskrivningen i avsnitt 30.

7 Ta dessutom bort huvudkåpan (eller vattenpumpens drivremskåpa) från motorns överdel i modeller med V6-motor. Undersök drivremmen enligt beskrivningen i punkterna 5 and 6.

Drivremsspänning

8 Multiremmen spänns av en automatisk sträckare – det krävs inga regelbundna kontroller och manuella "justeringar" är inte möjliga. Det enda undantaget är vattenpumpens drivrem i modeller med V6-motor – här används en "elastisk" drivrem utan sträckare.

9 Om du misstänker att drivremmen slirar och/eller har blivit lös eller att sträckaren på något annat sätt har blivit felaktig måste den bytas. Se kapitel 2A eller 2B.

Drivrem – byte

10 Se avsnitt 30.

6 Elsystem – kontroll

1 Kontrollera funktionen hos alla yttre lampor och körriktningsvisare (fram och bak).
2 Kontrollera att instrumentbrädan, dess belysning och varningslampor, brytarna och deras funktionslampor fungerar tillfredsställande.
3 Kontrollera att signalhornet (signalhornen) fungerar tillfredsställande.
4 Kontrollera att all annan elektrisk utrustning fungerar tillfredsställande.
5 Om ett fel misstänks kan alla viktiga elektriska tillbehör kontrolleras med bilens egen GEM-styrmodul enligt beskrivningen i kapitel 12.

7 Läckage och skick på slangar i motorrummet – kontroll

1 Undersök motorns fogytor, packningar och tätningar efter tecken på vatten- eller oljeläckage. Var speciellt uppmärksam på områdena kring topplocket, oljefiltret och sumpfogen. Tänk på att med tiden är ett litet läckage från dessa områden helt normalt, så leta efter tecken på allvarliga läckor. Om ett läckage påträffas, byt den defekta packningen eller tätningen enligt beskrivning i relevant kapitel i denna handbok.
2 Kontrollera även säkerheten och skicket för alla motorrelaterade rör och slangar och alla bromssystemets rör och slangar samt bränsleledningarna. Kontrollera att alla kabelskor eller fästklämmor sitter ordentligt fast, och att de är i god kondition. Trasiga eller saknade klämmor kan leda till skav på slangar, rör eller kablage. Detta kan i sin tur leda till allvarligare fel i framtiden.
3 Undersök noga alla kylar- och värmeslangar

utmed hela deras längd. Byt alla slangar som är spruckna, svällda eller åldrade. Sprickor är lättare att se om slangen trycks ihop. Var extra uppmärksam på slangklämmorna som håller fast slangarna vid kylsystemets komponenter. Slangklämmor kan punktera slangarna med läckor i kylsystemet som följd. Om slangklämmor av krimptyp används kan det vara en god idé att uppdatera dem med jubileumsklämmor.

4 Undersök kylsystemets alla delar (slangar, fogytor etc.) och leta efter läckor **(se Haynes tips)**.

5 Om några problem föreligger med någon systemkomponent, byt komponenten eller packningen enligt beskrivningen i kapitel 3.

6 Undersök bränsletanken och påfyllningsröret med avseende på hål, sprickor och andra skador med bilen upplyft. Anslutningen mellan påfyllningsröret och tanken är speciellt kritisk. Ibland läcker ett påfyllningsrör av gummi eller en slang beroende på att slangklämmorna är för löst åtdragna eller att gummit åldrats.

7 Kontrollera noggrant alla gummislangar och metallrör som leder från bränsletanken. Leta efter lösa anslutningar, åldrade slangar, veckade ledningar och andra skador. Var extra uppmärksam på ventilationsrör och slangar som ofta är lindade runt påfyllningsröret och som kan bli igensatta eller veckade. Följ ledningarna från bilens front och undersök dem hela vägen. Byt skadade delar vid behov. Ta tillfället i akt att på liknande sätt undersöka alla bromsrör och bromsledningar på bilens underrede när bilen är upplyft.

8 Kontrollera säkerheten för alla bränsle-, vakuum- och bromsslangkopplingar och röranslutningar och undersök alla slangar med avseende på böjar, skavning och slitage.

9 Kontrollera servostyrningens skick samt automatväxellådans vätskerör och slangar.

8 Motorrummets kablar – kontroll

1 Dra åt handbromsen och öppna motorhuven med bilen parkerad på plan mark. Använd en kontrollampa eller en liten elektrisk ficklampa och kontrollera alla synliga kablar i och under motorrummet.

2 Du ska leta efter kablar där man tydligt kan se att de har skavts mot vassa kanter, eller mot fjädringar som rör sig/växellådskomponenter och/eller multiremmen, p.g.a. att kablarna har fastnat eller klämts mellan slarvigt monterade komponenter. Du ska också leta efter kablar som har smält p.g.a. att de har kommit i kontakt med varmt gjutgods i motorn, kylvätskerör etc. I de flesta fall förorsakas skador av den här typen av felaktig dragning vid ihopsättningen efter tidigare åtgärder.

3 Beroende på hur omfattande problemet är kan skadade kablar repareras genom att de sätts ihop där de är trasiga eller genom att en ny bit kabel fogas in med hjälp av lödning,

för att se till att det blir en stark anslutning. Isoleringen förbättras med självhäftande tejp eller värmekrympande slangar, beroende på tillämplighet. Om skadan är omfattande och kan påverka bilens fortsatta pålitlighet är den bästa lösningen på lång sikt att byta ut hela kabelsektionen, även om det kan verka dyrt.

4 När skadan har åtgärdats, se till att kabelhärvan dras om korrekt, så att den inte kommer emot andra delar, inte sträcks eller veckas, sitter fast på ett säkert sätt med de plastklämmor, styrningar och buntband som finns till hands.

5 Kontrollera alla elektriska kontaktdon och se till att de är rena, sitter fast ordentligt och är spärrade med plastflikar eller kabelklämmor, beroende på vad som passar. Om något kontaktdon visar yttre tecken på korrosion (ansamlingar av vita eller gröna avlagringar, eller rostränder) eller är smutsigt, ska det kopplas loss och rengöras med rengöringsmedel för elektriska kontaktdon. Om kontaktstiften är kraftigt korroderade måste kontaktdonet bytas. Observera att detta kan innebära att hela den aktuella delen av kablaget måste bytas – kontakta din lokala Ford-verkstad för mer information.

6 Om filtret avlägsnar all korrosion så att kontaktdonet är i gott skick, är det en bra idé att packa kontaktdonet i ett lämpligt material som inte släpper igenom smuts och fukt, så att det inte bildas korrosion igen. En Ford-verkstad kan rekommendera en lämplig produkt.

7 Kontrollera skicket på batteriets anslutningar – gör om anslutningarna eller byt ut kablarna om du hittar något fel (se kapitel 5A). Använd samma teknik för att se till att alla jordpunkter i motorrummet ger god elektrisk kontakt, att kontaktytorna mellan metall och metall är rena, samt att de är ordentligt fästa.

9 Luftkonditioneringssystem – kontroll
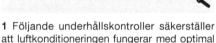

1 Följande underhållskontroller säkerställer att luftkonditioneringen fungerar med optimal effektivitet:

a) *Kontrollera multiremmen (se avsnitt 5).*
b) *Kontrollera systemets slangar med avseende på skador och läckor.*
c) *Undersök om kondensorflänsarna är förorenade av löv, insekter eller annat. Använd en ren färgpensel för att borsta rent kondensorn. Kondensatorn är monterad framför kylaren.*
d) *Kontrollera att dräneringsröret från förångarens främre del inte är igentäppt. Observera att medan systemet arbetar är det normalt att klar vätska (vatten) droppar från röret i sådan mängd att en ganska stor vattenpöl kan bildas under bilen när den står parkerad.*

2 Det är en bra idé att sätta på systemet i

ungefär 30 minuter minst en gång i månaden, i synnerhet på vintern. Om det inte används under en längre period kan tätningarna bli hårda och gå sönder.

3 Eftersom luftkonditioneringssystemet är så komplext och det behövs specialutrustning för att underhålla det, är ingående feldiagnoser och reparationer inte inkluderade i den här handboken.

4 Den vanligaste orsaken till dålig kylning är helt enkelt att det finns för lite kylmedium. Om en försämring av luftkylningen kan märkas kan följande snabba kontroll vara till hjälp för att avgöra om kylmedienivån är låg.

5 Hetta upp motorn till normal arbetstemperatur.

6 Ställ in luftkonditioneringens temperaturväljare på den kallaste inställningen, och ställ in fläkten på den högsta. Öppna dörrarna så att luftkonditioneringssystemet inte stängs av så snart det har kylt ner passagerarutrymmet.

7 Om det inte används under en längre period kan tätningarna bli hårda och gå sönder. En sida ska vara kall och den andra varm. Om det inte är någon kännbar skillnad mellan de två rören är någonting fel på kompressorn eller systemet. Det kan bero på för lite kylmedium, men det kan också bero på något annat. Ta bilen till en verkstad eller till en specialist på luftkonditionering för bilar.

10 Säkerhetsbälte – kontroll

1 Kontrollera att säkerhetsbältena fungerar ordentligt och är i gott skick. Undersök om bältesväven är fransad eller har revor. Kontrollera att bältena dras tillbaka mjukt och inte kärvar i spolarna.

2 Kontrollera att säkerhetsbältets fästbultar är åtdragna och dra åt dem till angivet moment om det är nödvändigt (kapitel 11).

11 Frostskyddsmedel koncentration – kontroll

1 Kylsystemet ska fyllas på med rekommenderat frostskyddsmedel och rostskyddsvätska. Efter ett tag kan vätskans koncentration sjunka på grund av påfyllningar (detta kan man undvika genom att fylla på med rätt blandning av frostskyddsmedel) eller vätskeförlust. Om det är uppenbart att kylvätskan har läckt är det viktigt att man utför de reparationer som krävs innan man fyller på med ny vätska. Exakt vilken blandning av frostskyddsvätska och vatten som ska användas beror på väderförhållandena. Blandningen ska innehålla minst 40 % frostskyddsmedel men inte mer än 70 %. Läs uppställningen över blandningsförhållanden

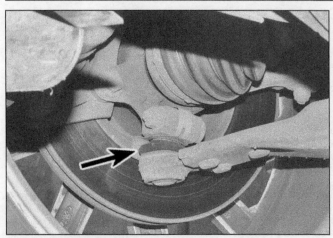

12.2a Kontrollera kulledens dammkåpor. . .

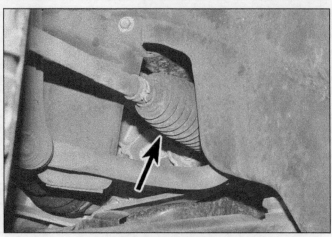

12.2b . . . och kuggstångsdamaskerna med avseende på förstörelse och sprickor

på behållaren till frostskyddsmedlet innan du fyller på kylvätska. Använd frostskyddsvätska som uppfyller biltillverkarens specifikationer.

2 När motorn är helt kall kan expansionskärlets påfyllningslock försiktigt tas bort. Om motorn inte är helt kall, lägg en trasa över locket innan du tar bort det, och ta bort locket långsamt så att eventuellt tryck kan ta sig ut.

3 Frostskyddsmedelmätarna går att köpa i biltillbehörsbutiker. Dra upp lite kylvätska från expansionskärlet och observera hur många plastbollar som flyter i testverktyget. Normalt sett ska två eller tre bollar flyta om frostskyddsmedlets koncentration är korrekt, men följ tillverkarens instruktioner.

4 Om koncentrationen är felaktig måste man antingen ta bort en del kylvätska och fylla på frostskyddsmedel, eller tömma ut den gamla kylvätskan och fylla på ny kylvätska i rätt koncentration.

12 Styrning, fjädring och hjul – kontroll

Framfjädring och styrning

1 Lyft upp bilens front och stötta den ordentligt på pallbockar (se *Lyftning och stödpunkter*).

2 Gör en okulärbesiktning av kulledens dammkåpor och damasken till styrningens kuggstång med avseende på bristningar, skavning eller åldring **(se bilder)**. Slitage på någon av dessa delar gör att smörjmedel läcker ut och att smuts och vatten kan tränga in, vilket snabbt sliter ut spindellederna eller styrinrättningen.

3 Kontrollera servooljeslangarna och leta efter tecken på skavning och åldrande och undersök rör- och slanganslutningar efter oljeläckage. Leta även efter läckor under tryck från styrinrättningens gummidamasker, vilket indikerar trasiga tätningar i styrinrättningen.

4 Ta tag i hjulet upptill och nedtill och försök rucka på det **(se bild)**. Ett ytterst litet spel kan märkas, men om rörelsen är stor krävs en

närmare undersökning för att fastställa orsaken. Fortsätt rucka på hjulet medan en medhjälpare trycker på bromspedalen. Om spelet försvinner eller minskar markant är det troligen fråga om ett defekt hjulnavlager. Om spelet finns kvar när bromsen är nedtryckt rör det sig om slitage i fjädringens leder eller fästen.

> **HAYNES TiPS** *Hjullagerslitage åtföljs normalt av ett mullrande eller brummande ljud vid körning i en viss hastighet eller vid kurvtagning. Om du upptäcker spel under kontrollen i avsnitt 4, med bilen utväxlad, vrider du runt hjulet flera gånger för hand. Även om det är svårt att skilja mellan hjullagerbuller och buller från drivaxlar och bromsbackar bör en jämförelse med det andra framhjulet avslöja om lagret är slitet.*

5 Greppa sedan hjulet på sidorna och försök rucka på det igen. Märkbart spel beror antingen på slitage på hjulnavlager eller på styrstagets spindelleder. Om den yttre kulleden är sliten kommer den synliga rörelsen att vara tydlig. Om den inre spindelleden misstänks vara sliten kan detta kontrolleras genom att man placerar handen över kuggstångens gummidamask och tar tag om styrstaget. När

![12.4 Kontroll av slitaget i framhjulsupphängningen och navlagren]

12.4 Kontroll av slitaget i framhjulsupphängningen och navlagren

hjulet ruckas kommer rörelsen att kännas vid den inre spindelleden om den är sliten.

6 Använd en stor skruvmejsel eller ett plattjärn och leta efter glapp i fjädringsfästenas bussningar genom att bända mellan relevant komponent och dess fästpunkt. En del rörelser kan förväntas eftersom fästena är tillverkade av gummi men onormalt slitage bör vara uppenbart. Kontrollera även skicket på synliga gummibussningar, leta efter bristningar, sprickor eller föroreningar i gummit.

7 Ställ bilen på marken och låt en medhjälpare vrida ratten fram och tillbaka ungefär en åttondels varv åt vardera hållet. Det ska inte finnas något, eller bara ytterst lite, spel mellan rattens och hjulens rörelser. Om så inte är fallet ska du observera de kulleder och fästen som har beskrivits tidigare noggrant. Kontrollera dessutom rattstångens kardanknutar med avseende på slitage och kontrollera kuggstångsstyrningens drev.

Bakfjädring

8 Klossa framhjulen, lyft sedan upp bilens bakre del och stötta den på pallbockar (se *Lyftning och stödpunkter*).

9 Arbeta enligt den tidigare beskrivningen av den främre fjädringen och kontrollera de bakre navlagren, fjädringens bussningar och fjäderbenets eller stötdämparnas fästen (efter tillämplighet) med avseende på slitage.

Stötdämpare

10 Leta efter tecken på oljeläckage kring fjäderbenet/stötdämparen eller gummidamasken runt kolvstången. Om vätska observeras är stötdämparen felaktig inuti och bör bytas. **Observera:** *Stötdämpare måste alltid bytas i par på samma axel.*

11 Stötdämparens effektivitet kan kontrolleras genom att bilen gungas i de båda främre hörnen. I normala fall ska bilen återta planläge och stanna efter en nedtryckning. Om den höjs och återvänder med en studs är troligen stötdämparen defekt. Undersök dessutom stötdämparens övre och nedre fästen med avseende på tecken på slitage.

Hjul

12 Skruva bort däcken med jämna mellanrum för att rengöra dem invändigt och utvändigt. Undersök hjulfälgarna efter rost, korrosion eller andra skador. Hjul med lättmetallegering skadas lätt av trottoarkanter vid parkering. Stålhjul kan få bucklor. Det finns specialistföretag som reparerar lättmetallfälgar men ibland är byte av fälgen den enda avhjälpande åtgärd som är möjlig.

13 Det är viktigt att hjulets och däckets balans upprätthålls, inte bara för att undvika överdrivet däckslitage utan även för att undvika slitage i styrnings- och fjädringskomponenter. Obalans i hjulet märks ofta genom vibrationer i bilens kaross. Det är också vanligt att vibrationerna märks extra tydligt i ratten. Det bör noteras att slitage eller skador på fjädrings- eller styrningskomponenter i sin tur kan leda till överdrivet däckslitage. Ovala eller obalanserade däck, skadade fälgar och slitna/felinställda hjullager hamnar också i denna kategori. Balansering råder vanligtvis inte bot på vibrationer som uppstått p.g.a. denna typ av slitage.

14 Hjulbalansering kan utföras antingen med hjulet på eller av bilen. Om hjulet balanseras när det sitter på bilen, se till att hjulets och navets förhållande till varandra markeras på något sätt före den efterföljande hjulborttagningen, så att det kan sättas tillbaka i det ursprungliga läget.

15 Kontrollera nu även reservhjulet med avseende på skador.

13 Drivaxelns gummidamask och drivknut – kontroll

1 Drivaxelns gummidamasker är väldigt viktiga eftersom de förhindrar att smuts, vatten och främmande material kommer in i och skadar drivknutarna. Yttre föroreningar kan leda till att materialet åldras snabbare, och därför rekommenderar vi att du då och då tvättar gummidamaskerna med tvål och vatten.

2 Vrid ratten till stopp, rotera sedan varje framhjul i tur och ordning med bilen upphissad och säkert uppstöttad på pallbockar. Undersök konditionen för de yttre drivknutarnas gummidamasker, och tryck på damaskerna så att vecken öppnas **(se bild)**. Leta efter sprickor eller tecken på att gummit åldrats, vilket kan göra att fettet läcker ut och att vatten och smuts kommer in i leden. Kontrollera även damaskernas klamrar vad gäller åtdragning och skick. Upprepa dessa kontroller på de inre drivknutarna. Om skador eller åldrande upptäcks bör damaskerna bytas enligt beskrivningen i kapitel 8.

3 Kontrollera samtidigt de yttre drivknutarnas allmänna skick genom att hålla fast drivaxeln och samtidigt försöka vrida hjulen. Upprepa kontrollen för de inre drivknutarna genom att hålla fast oket på den inre drivknuten,

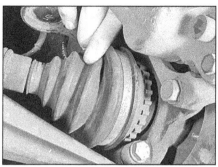

13.2 Kontrollera drivaxeldamaskerna för hand med avseende på sprickor och/eller läckande fett

samtidigt som du försöker rotera drivaxeln.

4 Varje märkbar rörelse i drivknuten är ett tecken på slitage i knuten, slitage i drivaxelräfflingen eller på lösa fästmuttrar till drivaxeln.

14 Avgassystem – kontroll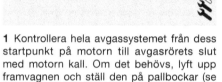

1 Kontrollera hela avgassystemet från dess startpunkt på motorn till avgasrörets slut med motorn kall. Om det behövs, lyft upp framvagnen och ställ den på pallbockar (se *Lyftning och stödpunkter*). Ta bort motorns undre skyddskåpor om det är nödvändigt för fullständig åtkomst till avgassystemet.

2 Kontrollera avgasrören och deras anslutningar med avseende på bevis på läckor, allvarlig korrosion och skador **(se bild)**. Kontrollera att alla byglar och gummifästen är i god kondition och att de sitter ordentligt; Läckage i någon fog eller annan del visar sig vanligen som en sotfläck i närheten av läckan.

3 Skrammel och andra oljud kan ofta spåras till avgassystemet, i synnerhet fästbyglarna och gummifästena **(se bild)**. Förbise inte lösa värmeskydd till avgassystemet eller möjligheten att de interna mellanväggarna i en ljuddämpare kan vara källan till skrammel. Försök att flytta rören och ljuddämparna. Om komponenterna kan komma i kontakt med karossen eller fjädringsdelarna fäster du systemet med nya fästen. Skilj kullederna åt i

14.3 Missa inte avgassystemets gummifästen och värmeskydd

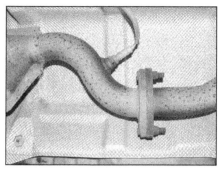

14.2 Kontrollera skicket på avgassystemet

annat fall (om möjligt) och vrid rören så mycket som krävs för att få ytterligare spel.

15 Underrede och bränsle-/ bromsledning – kontroll

1 Undersök underredet och hjulhusen grundligt med avseende på tecken på skador och korrosion med bilen upplyft och stöttad på pallbockar (se *Lyftning och stödpunkter*). Undersök undersidan av sidokarmunderstyckena extra noga samt alla områden där lera kan samlas. Kontrollera dessutom de inre kanterna längst ner på alla dörrar.

2 När du upptäcker korrosion och rost, tryck och knacka hårt på panelen med en skruvmejsel, och kontrollera om det finns allvarlig korrosion som kräver reparationsarbete.

3 Om panelen inte är allvarligt korroderad ska du ta bort rosten och applicera ett nytt lager underredsbehandling. I kapitel 11 finns mer information om karossreparationer.

4 Undersök samtidigt de PVC-belagda nedre panelerna med avseende på stenskottsskador och allmänt skick.

5 Undersök alla bränsle- och bromsledningar på underredet för att se om det finns skador, rost, korrosion och läckage. Kontrollera speciellt de bakre bromsrören där de passerar över bränsletanken. Se även till att rören sitter fast ordentligt i klämmorna **(se bild)**. Kontrollera om PVC-lagret på ledningarna är skadat, där ett sådant finns.

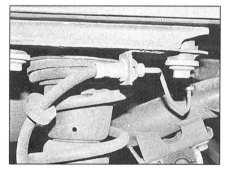

15.5 Kontrollera bromsrören och slangarna

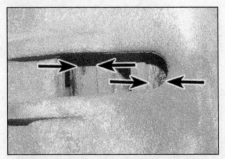

16.2 Kontrollera tjockleken för beläggets friktionsmaterial genom bromsokets kontrollfönster

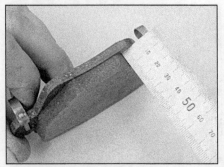

16.3 Kontrollera beläggens tjocklek med en stållinjal

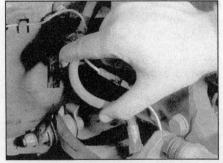

16.7 Kontrollera den böjliga bromsslangens skick

16 Bromssystem – kontroll

Främre skivbromsar

1 Dra åt handbromsen. Lyft sedan upp framvagnen och ställ den på pallbockar (se *Lyftning och stödpunkter*). Ta bort hjulen för att komma åt bromsoken bättre.
2 Titta genom inspektionsfönstret i bromsoket och kontrollera att friktionsbeläggens tjocklek på bromsklossarna inte understiger den rekommenderade minimitjocklek som anges i Specifikationer **(se bild)**.
3 Om det är svårt att fastställa de inre beläggens exakta tjocklek eller om du är bekymrad över klossarnas skick ska du ta bort dem från bromsoken för ytterligare kontroll (se kapitel 9) (se bild).
4 Kontrollera bromsoket på andra sidan på samma sätt.
5 Om någon av bromsklossarna är nedsliten till, eller under, den angivna gränsen ska *alla fyra* bromsklossarna bak på bilen bytas ut tillsammans.
6 Kontrollera båda främre bromsskivor enligt beskrivningen i kapitel 9.
7 Innan hjulen monteras igen ska du kontrollera alla bromsledningar och -slangar enligt beskrivningen i kapitel 9. Du ska i synnerhet kontrollera de böjliga slangarna i närheten av bromsoken, där de kan flytta sig mest. Böj dem mellan fingrarna och kontrollera att detta inte avslöjar

tidigare dolda sprickor, skärmärken eller klyvningar **(se bild)**.
8 Avsluta med att montera tillbaka hjulen och sänka ner bilen. Dra åt hjulmuttrarna till angivet moment.

Bakre skivbromsar

9 Klossa framhjulen, lyft sedan upp bilens bakre del och stötta den på pallbockar (se *Lyftning och stödpunkter*). Demontera bakhjulen.
10 Proceduren för att kontrollera bromsarna bak är ungefär densamma som den som beskrivs i punkterna 1 till 8 ovan.

Handbroms

11 Dra åt handbromsen ordentligt med bilen på en liten lutning och kontrollera att den håller bilen stilla, lossa sedan spaken och kontrollera att det inte finns något motstånd mot att bilen rör sig. Om det behövs, kan handbromsen justeras enligt beskrivningen i kapitel 9.

17 Dörr och motorhuv – kontroll och smörjning

1 Kontrollera att dörrarna, motorhuven och bakrutan/bakluckan stängs ordentligt. Kontrollera att motorhuvens säkerhetsspärr fungerar som den ska. Kontrollera att dörrhållarremmarna fungerar.

18.8a Ta bort de tre skruvarna framför passagerarsidans torped...

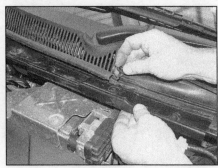

18.8b ... observera att en av dem håller fast torpedens värmeskydd

2 Smörj gångjärnen, dörrhållarremmarna, låsblecken och motorhuvens spärr lätt med lite olja eller fett.

18 Pollenfilter – byte

1 Luften som kommer in i bilens ventilationssystem passerar genom ett väldigt fint veckat luftfilterelement av papper som tar bort partiklar av pollen, damm och andra luftburna främmande partiklar. För att säkerställa filtrets fortsatta effektivitet måste detta filters element bytas med jämna mellanrum. Underlåtenhet att byta elementet leder dessutom till minskat luftflöde in i passagerarutrymmet vilket försämrar ventilationen.
2 Det finns två sätt att komma åt pollenfiltret för demontering. Den första metoden är den som rekommenderas av Ford och man kan nog hävda att den är säkrare. Vi har dock upptäckt att den andra metoden också fungerar fint när vi provade den på våra projektbilar.

Metod 1

3 Demontera vindrutans torkararmar enligt beskrivningen i kapitel 12.
4 Öppna motorhuven. Ta bort totalt fem skruvar och ta av den mittre fogplattan framför vindrutans torpedavsnitt. Lossa och ta bort båda torpedsektionerna från området framför vindrutan och observera att de placeras i en spårad remsa som är monterad längst ner på vindrutan.
5 Tryck på och lossa de två övre klämmorna (om tillämpligt - på senare modeller verkar filtret inte klämmas på plats) och ta bort pollenfiltret från dess hus.
6 Torka rent huset, sätt sedan in det nya filtret och observera pilar för monteringsriktning (pilar som indikerar luftflödet ska peka in i bilen, dvs. bakåt). Kontrollera att klämmorna är i korrekt ingrepp (om tillämpligt).
7 Montera tillbaka torpedavsnitten och montera sedan tillbaka torkararmarna enligt beskrivningen i kapitel 12.

Metod 2

8 Ta bort de tre skruvarna framför passagerarsidans fönstertorped med motorhuven öppen. Observera att mittskruven även håller fast torpedens värmeskydd av metall – lyft av värmeskyddet, notera hur det är monterar **(se bilder)**.

9 Passagerarsidans torped måste nu lyftas uppåt i ytteränden för att lossa dess placeringssträng från den spårade remsan som är fastklämd under vindrutans bas **(se bild)**. En liten flatbladig skruvmejsel kan användas med försiktighet om det är nödvändigt för att försiktigt bända torpedens sträng uppåt – när det väl har påbörjats bör den lossna längs hela sin längd när panelen dras upp. Strängen är kontinuerlig längs med hela torpedplåtens längd.

10 När torpedplåten är nästan fri för du panelen åt sidan för att lossa inneränden från förarsidans torpedplåt. Det bör nu vara möjligt att ta bort panelen helt och hållet för att komma åt pollenfiltret **(se bild)**.

11 Tryck och lossa de två övre fästklämmorna (om tillämpligt - på senare modeller verkar filtret inte vara klämt på plats) och ta bort pollenfiltret från dess hus **(se bild)**.

12 Torka rent huset, sätt sedan in det nya filtret, följ eventuell monteringsriktning som anges av pilar (pilar som indikerar luftflödet bör peka in i bilen, dvs. bakåt) **(se bild)**. Kontrollera att de övre klämmorna är korrekt i ingrepp (om tillämpligt).

13 Passa in torpedplåten tillbaka på plats genom att först klämma fast förarsidans torpedplåt i inneränden. Panelen får inte placeras så att dess lokaliseringssträng sitter i spåret vid vindrutans bas – detta kan kräva att man prövar sig fram en del. Panelen kanske även måste tryckas ner försiktigt längs med dess längd för att placera strängen i spåret – våld ska naturligtvis inte användas så här nära vindrutan.

14 Montera slutligen tillbaka värmeskyddet framtill på de två torpederna och fäst den och passagerarsidans torped med de tre skruvarna. Stäng motorhuven när arbetet är klart.

19 Hjulmutter – åtdragningskontroll

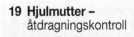

1 Dra åt handbromsen, klossa hjulen och lägg i 1:ans växel (eller P).

2 Ta bort hjulets kåpa (eller hjulets mittkåpa) med den platta sidan av det fälgkors som finns i verktygslådan om det behövs för att komma åt muttrarna.

3 Kontrollera att alla hjulmuttrar är åtdragna med en momentnyckel (se specifikationerna).

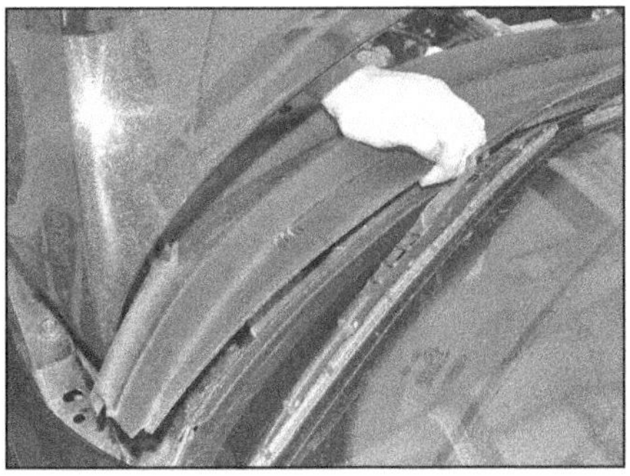

18.9 Lyft upp torpedplåten i ytteränden. . .

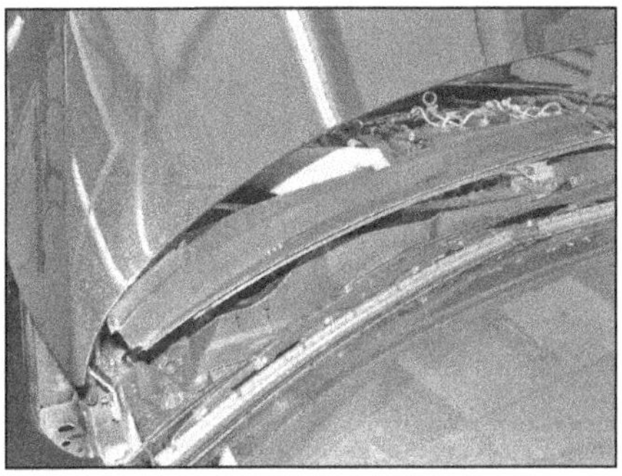

18.10 . . . dela den sedan i mitten och ta bort den

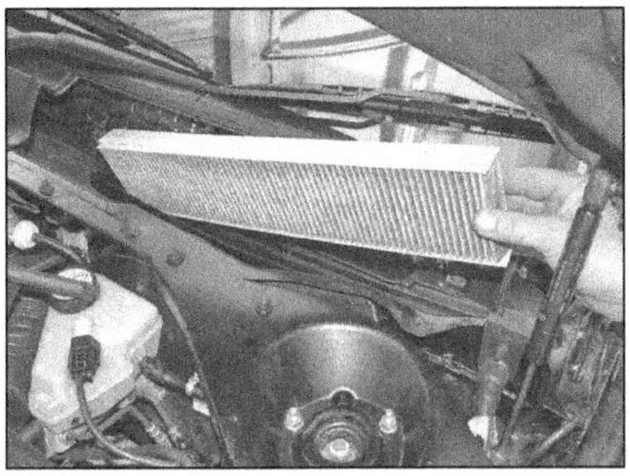

18.11 Ta bort pollenfiltret

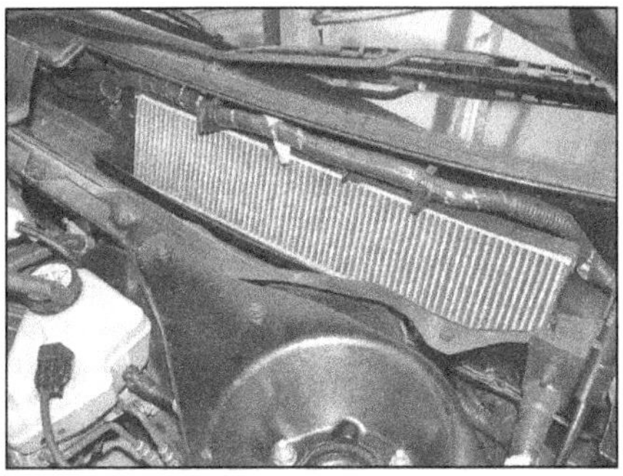

18.12 Korrekt monterat pollenfilter

20 Landsvägsprov

Instrument och elektrisk utrustning

1 Kontrollera funktionen hos alla instrument och den elektriska utrustningen.

2 Kontrollera att instrumenten ger korrekta utslag och slå på all elektrisk utrustning i tur och ordning för att kontrollera att den fungerar som den ska.

Fjädring och styrning

3 Kontrollera om bilen uppför sig onormalt i styrning, fjädring, köregenskaper och vägkänsla.

4 Kör bilen och var uppmärksam på ovanliga vibrationer eller ljud.

5 Kontrollera att styrningen känns positiv, utan överdrivet fladder eller kärvningar, och lyssna efter fjädringsmissljud vid kurvtagning och gupp.

Drivaggregat

6 Kontrollera motorns, kopplingens, växellådans och drivaxlarnas funktion.

7 Lyssna efter onormala ljud från motorn, kopplingen och växellådan.

8 Kontrollera att motorn går jämnt på tomgång, och att den inte tvekar vid acceleration.

9 Kontrollera att kopplingens funktion är mjuk och progressiv, att drivningen tas upp jämnt och att pedalvägen inte är för lång om det är tillämpligt. Lyssna även efter missljud när kopplingspedalen är nedtryckt.

10 Kontrollera att alla växlar kan läggas i jämnt och utan missljud, och att växelspakens rörelse inte är onormalt vag eller hackig.

11 På modeller med automatväxellåda, kontrollera att alla växlingar är ryckfria, mjuka och fria från ökning av motorvarvet mellan växlar. Kontrollera att alla växelpositioner kan väljas när bilen står stilla.

12 Lyssna efter ett metalliskt klickljud från bilens främre del när den körs sakta i en cirkel med fullt rattutslag. Utför kontrollen åt båda hållen. Om ett klickande hörs indikerar detta slitage i drivaxelleden (se Kapitel 8).

Bromssystem

13 Kontrollera att bilen inte drar åt ena sidan vid inbromsning och att hjulen inte låses vid hård inbromsning.

14 Kontrollera att ratten inte vibrerar vid inbromsning.

15 Kontrollera att handbromsen fungerar ordentligt, utan för stort spel i spaken, och att den kan hålla bilen stillastående i en backe.

16 Testa bromsservon (om det är tillämpligt) enligt följande. Tryck ner fotbromsen fyra eller fem gånger för att släppa ut vakuumet. Starta sedan motorn. När motorn startar ska pedalen ge efter märkbart medan vakuumet byggs upp. Låt motorn gå i minst två minuter och stäng sedan av den. Om bromspedalen nu trycks ner igen ska det gå att höra ett väsande ljud från servon medan pedalen trycks ner. Efter ungefär fyra eller fem nedtryckningar ska väsandet inte längre höras, och pedalen ska kännas betydligt fastare.

Var 40 000:e km eller vart 2:e år

21 Automatväxellåda – nivåkontroll

4-växlade växellådan

1 Automatväxellådsoljan måste hela tiden hålla rätt nivå. Låg vätskenivå kan leda till att utväxlingen slirar eller slutar fungera, medan för hög nivå kan leda till skumbildning, läckage och skadad växellåda.

2 Växellådans vätskenivå bör endast kontrolleras när växellådan är varm (vid dess normala arbetstemperatur). Om bilen har körts mer än 15 km (25 i kallt väder), är växellådan varm. **Observera:** *Om bilen precis har körts en lång tid i hög hastighet eller i stadstrafik i varmt väder eller om den har dragit en släpvagn går det inte att få en korrekt vätskenivå. Låt vätskan flöda så att den kyls ner under ungefär 30 minuter under dessa omständigheter.*

3 Parkera bilen på plan mark, dra åt handbromsen ordentligt och starta motorn. När motorn är i tomgång trampar du ner

21.4 Ta bort automatväxellådans mätsticka från röret (4-växlad)

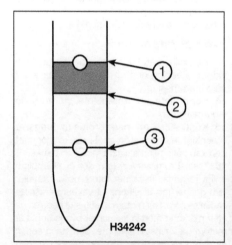

21.6 MIN- och MAX-märken mätsticka växellådsolja (4-växlad)

1 MAX-märke   3 Nedre hålmärke
2 MIN-märke   (KÖR INTE)

bromspedalen och flyttar växelväljaren genom alla lägen tre gånger och slutar i P.

4 Låt motorn gå på tomgång och ta bort mätstickan från dess rör **(se bild)**. Notera skick och färg på vätskan på mätstickan.

5 Torka bort vätskan från mätstickan med en ren trasa. Sätt tillbaka mätstickan i röret tills locket sluter tätt.

6 Dra ut mätstickan igen och observera vätskenivån. Nivån bör ligga mellan MAX- och MIN-markeringen **(se bild)**.

7 Om nivån ligger på MIN-markeringen, stäng av motorn och fyll på med angiven automatväxellådsolja genom mätstickans rör. Använd en ren tratt om det behövs **(se bild)**. Se till att det inte kommer in smuts i växellådan vid påfyllningen.

8 Fyll på lite olja i taget och kontrollera nivån mellan varje påfyllning enligt beskrivningen ovan tills nivån är korrekt.

9 Om växellådsolja behöver fyllas på regelbundet tyder det på läckage, vilket bör identifieras och åtgärdas omedelbart.

10 Vätskans skick ska kontrolleras i samband med nivåkontrollen. Om vätskan på mätstickan är svart eller mörkt rödbrun, eller om den luktar bränt, ska den bytas ut. Om osäkerhet råder beträffande vätskans skick kan dess färg och lukt jämföras med ny vätska.

5-växlade växellådan

11 För att kontrollera vätskenivån korrekt krävs det ett Ford diagnosverktyg för att verifiera vätsketemperaturen. Gör det själv mekanikern som inte har tillgång till detta verktyg kan använda det alternativa tillvägagångssätt som anges nedan men vätskenivån bör sedan kontrolleras av en Ford-verkstad så snart som möjligt efteråt.

Med diagnosverktyg

12 Anslut först verktyget till diagnosuttaget – växellådsvätskans temperatur måste inledningsvis vara under 30 °C.

13 Dra åt handbromsen ordentligt och lyft sedan upp bilen och stötta upp den på pallbockar (se *Lyftning och stödpunkter*). Ta bort de tre bultarna och

21.7 Tillsätt automatväxellådsolja genom oljemätstickans rör (4-växlad)

ta av växelväljarvajerkåpan får att komma åt testpluggen, sänk sedan ner bilen till marken.

14 Starta motorn. När motorn är i tomgång trampar du ner bromspedalen och flyttar växelväljaren genom alla lägen tre gånger och slutar i P. Låt motorn gå på tomgång tills vätskenivån kontrolleras.

15 När vätsketemperaturen når 30 °C flyttar du växelväljaren från P till D och tillbaka till P igen.

16 Lyft upp bilens framdel och bakdel och stötta upp den ordentligt på pallbockar med handbromsen fortfarande åtdragen (se *Lyftning och stödpunkter*). **Observera:** *Bilen måste stå plant för en precis kontroll och bilen måste stöttas upp ordentligt eftersom motorn måste vara igång.*

17 Kontrollera att vätsketemperaturen är mellan 35°C och 45°C.

18 Placera ett lämpligt kärl under växellådan, skruva sedan loss testpluggen **(se bild)**. Testpluggen sitter i mitten av dräneringspluggen och innehåller en rörförlängning till vätskenivåhöjden inne i växellådan. Ta bort och kassera pluggtätningen.

Varning: Använd lämpliga handskar som skydd mot skållning.

19 Om ingen vätska kommer ut genom testpluggen skruvar du av påfyllningspluggen från växellådans överdel och tillsätter ny vätska tills den kommer ut genom testhålet. När vätskan slutar att tömmas är nivån korrekt.

20 Montera tillbaka påfyllnings- och testpluggarna tillsammans med nya tätningar och dra åt till angivet moment. Montera tillbaka växelväljarvajern och dra åt skruvarna till angivet moment.

21 Slå av motorn och sänk ner bilen till marken.

22 Lossa diagnosverktyget.

Utan diagnosverktyg

23 För att kontrollera vätskenivån med tillräcklig noggrannhet måste vätskan vara i arbetstemperatur. Ett sätt att åstadkomma detta skulle vara att ta bilen på en kort tur (på 8 till 16 km) – du bör dock inte göra detta om

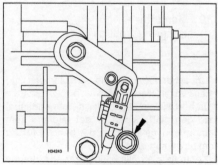

21.18 Testplugg (5-växlad)

du vet att vätskenivån är låg eftersom det kan leda till skador.

24 Dra åt handbromsen fast, lyft sedan upp bilens främre del och stötta upp den ordentligt på pallbockar (se *Lyftning och stödpunkter*). **Observera:** *Bilen måste stå plant för en precis kontroll och bilen måste stöttas upp ordentligt eftersom motorn måste vara igång.*

25 Skruva loss växelväljarens kabelkåpa för att komma åt testpluggen.

26 Trampa ned bromspedalen och flytta växelväljaren genom alla lägen tre gånger med motorn på tomgång, börja med P. Låt motorn gå på tomgång tills vätskenivån kontrolleras.

27 Trampa slutligen på bromspedalen och flytta växelväljaren från P till D och tillbaka igen till P.

28 Placera ett lämpligt kärl under växellådan, skruva sedan loss testpluggen. Testpluggen sitter i mitten av dräneringspluggen och innehåller en rörförlängning till vätskenivåhöjden inne i växellådan. Ta bort och kassera pluggtätningen.

Varning: Använd lämpliga handskar som skydd mot skållning.

29 Om ingen vätska rinner ut från testpluggen skruvar du loss påfyllningspluggen från växellådans överdel och tillsätter ny vätska till det kommer ut vätska från testhålet. När vätskan slutar att tömmas är nivån korrekt.

30 Montera tillbaka påfyllnings- och testpluggarna tillsammans med nya tätningar och dra åt till angivet moment. Montera tillbaka växelväljarvajern och dra åt skruvarna till angivet moment.

31 Slå av motorn och sänk ner bilen till marken.

32 Det är lämpligt att låta en Ford-verkstad slutligen bekräfta vätskenivån med ett diagnosverktyg så snart som möjligt.

Var 60 000:e km eller vart 3:e år

22 Tändstift – byte

1 Det är av avgörande betydelse att tändstiften fungerar som de ska för att motorn ska gå jämnt och effektivt. Det är viktigt att tändstiften är av en typ som passar motorn. lämpliga typer specificeras i början av detta kapitel eller i bilens ägarhandbok Om rätt typ används och motorn är i bra skick ska tändstiften inte behöva åtgärdas mellan de schemalagda bytesintervallen. Rengöring av tändstift är sällan nödvändig och ska inte utföras utan specialverktyg, eftersom det är lätt att skada elektrodernas spetsar.

2 Ta bort motorns övre skyddskåpa, enligt beskrivningen i kapitel 2A eller 2B om det behövs **(se bild)**.

3 Utför följande på V6-modeller:
a) Ta bort vattenpumpens drivremskåpa från motorns växellådsände – kåpan fästs av tre bultar.
b) Ta bort insugsgrenrörets övre del enligt beskrivningen i kapitel 2B.
c) Skruva loss fästbultarna från insugsgrenrörets fördelningskontrollmotor (IMRC) för att komma åt pluggarna på cylindrarnas framsida. Ställ undan motorn – det finns ingen anledning att lossa kablaget eller reglagevajern.
d) Tändstiften är numrerade från motorns kamkedjeände – 1 till 3 längs den bakre raden och 4 till 6 längs den främre.

4 Lossa försiktigt tändkablarna från tändstiften **(se bild)**. De ursprungliga ledningarna är positionsmärkta men om de tidigare har bytts ska de märkas så att de motsvarar den cylinder som ledningarna betjänar.

5 Skruva loss tändstiften från topplocket med en tändstiftsnyckel, en lämplig hylsnyckel eller en djup hylsa med förlängningsstång **(se bilder)**. Håll hylsan rakt riktad mot tändstiftet – om den tvingas åt sidan kan porslinsisolatorn brytas av.

6 En undersökning av tändstiften ger en god indikation om motorns skick. När ett

stift skruvats ur ska det undersökas enligt följande:

7 Om isolatorns spets är ren och vit, utan avlagringar indikerar detta en mager bränsleblandning eller ett stift med för högt värmetal (ett stift med högt värmetal överför värme långsammare från elektroden medan ett med lågt värmetal överför värmen snabbare).

8 Om isolatorns spets är täckt med en hård svartaktig avlagring, indikerar detta att bränsleblandningen är för fet. Om tändstiftet är svart och oljigt är det troligt att motorn är ganska sliten, förutom att bränsleblandningen är för fet. Om isolatorns spets är täckt med en ljusbrun till gråbrun avlagring, är bränsleblandningen korrekt och motorn är troligen i bra skick.

9 Om multielektrodstift är monterade är alla elektrodavstånd förinställda och inga försök att böja elektroderna bör göras – montera kontakterna direkt från paketet.

10 Om enkla standardelektrodstift monteras är tändstiftets elektrodavstånd av stor betydelse. Tändstiftets elektrodavstånd är av avgörande betydelse. Är det för stort eller för litet, kommer gnistans storlek och dess effektivitet att vara starkt begränsad. Gapet ska ställas in på det värde som anges av tillverkaren.

11 För att ställa in avståndet mäter du det med ett bladmått eller en mätare för mätning av tändstiftsavstånd och böjer sedan försiktigt den yttre elektroden tills korrekt avstånd

22.2 Ta bort motorns övre skyddskåpa (2,0-liters motor)

22.4 Lossa tändkablarna från tändstiften

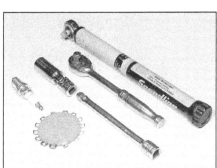

22.5a Verktyg som krävs för demontering av tändstiften, avståndsjustering och återmontering

22.5b Ta bort tändstiften

22.11a Om enkla elektrodstift monteras ska elektrodavståndet kontrolleras med ett bladmått...

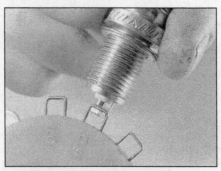

22.11b ... eller en trådmätare ...

22.12 ... och justera avståndet genom att böja elektroden om det behövs

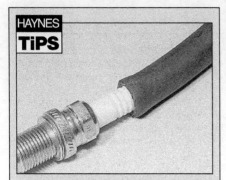

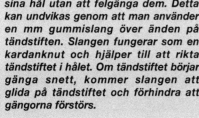

Det är ofta svårt att placera tändstift i sina hål utan att felgänga dem. Detta kan undvikas genom att man använder en mm gummislang över änden på tändstiften. Slangen fungerar som en kardanknut och hjälper till att rikta tändstiftet i hålet. Om tändstiftet börjar gänga snett, kommer slangen att glida på tändstiftet och förhindra att gängorna förstörs.

har uppnåtts. Centrumelektroden får inte böjas eftersom detta kan spräcka isolatorn och förstöra tändstiftet, om inget värre. Om bladmått används ska avståndet vara så stort att det rätta bladet precis ska gå att skjuta in **(se bilder)**.

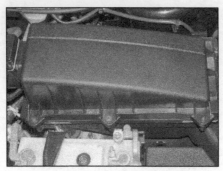

23.1a Luftrenarenhetens placering (V6-motor)

12 Det finns speciella verktyg för justering av tändstiftselektrodernas avstånd i de flesta motortillbehörsbutiker eller hos en del tändstiftstillverkare **(se bild)**.
13 Innan tändstiften monteras tillbaka, kontrollera att de gängade anslutningshylsorna sitter tätt och att tändstiftens utsidor och gängor är rena **(se Haynes tips)**.
14 Ta loss gummislangen (om du använt en sådan) och dra åt stiftet till angivet moment med hjälp av en tändstiftshylsa och momentnyckel. Upprepa med de resterande tändstiften.
15 Anslut tändkablarna till tändstiften.
16 Avsluta med att montera motorns övre skyddskåpa.

23 Luftfilter – byte

1 Luftfilterelementet är placerat i luftrenarenheten i på vänster sida i motorrummet, bakom batteriet. Skruva loss skruvarna och lyft av luftrenarkåpan **(se bilder)**.
2 Ta bort kåpan helt om det krävs ytterligare arbetsspel. Lossa kåpan från luftflödesmätaren på 1,8 och 2,0-liters motorer, lossa luftinloppsslangens klämma och ta bort den från luftflödesmätaren på V6-motorer.
3 Lyft ut elementet, observera dess monteringsriktning och torka ur huset **(se bild)**.
4 Om rutinunderhåll utförs, måste elementet bytas oavsett skick.
5 Observera att det lilla skumfiltret i höger hörn bak på luftrenarhuset måste rengöras när filterinsatsen byts på modeller med fyrcylindrig motor.
6 Om du kontrollerar elementet av någon annan anledning ska du undersöka dess nedre yta. Om det är oljigt eller mycket smutsigt, byt elementet. Om det endast är måttligt dammigt kan det återanvändas genom att det blåses rent med tryckluft.
7 Montera det nya elementet genom att göra demonteringen i omvänd ordningsföljd.

23.1b Skruva loss skruvarna och lyft kåpan...

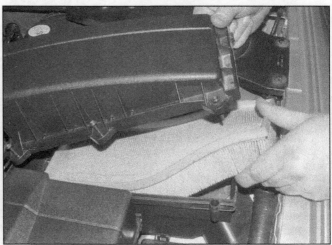

23.3 ... ta sedan bort luftfilterinsatsen

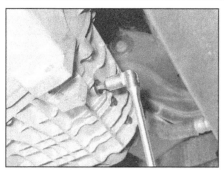

24.3a Använd en lämplig insexnyckel eller hylsa, skruva loss. . .

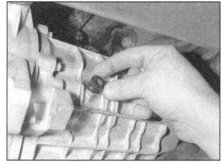

24.3b . . . och ta bort växellådans oljepåfyllnings-/nivåplugg (5-speed)

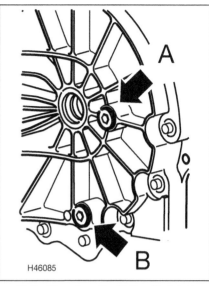

H46085

24.3c Placering oljepåfyllare 6-växlad växellåda/nivå- (A) och urtappningsplugg (B)

24 Manuell växellåda – nivåkontroll

1 Den manuella växellådan har ingen mätsticka. För att kontrollera oljenivån ska du lyfta upp bilen och ställa den ordentligt på pallbockar. Se till att bilen står stadigt.
2 Ta bort motorns undre skyddskåpor som togs bort för att förbättra åtkomligheten.
3 I 5-växlade modeller är påfyllnings-/nivåpluggen placerad på den nedre främre sidan av växellådshuset medan 6-växlade modeller har pluggen baktill bakom vänster drivaxel. Använd en lämplig insexnyckel eller hylsa, och var försiktig eftersom pluggen antagligen kommer att sitta väldigt hårt **(se bilder)**.
4 Om smörjmedelsnivån är korrekt ska oljan nå upp till hålets nedre kant.
5 Använd en spruta eller en plastflaska och ett rör för att fylla på mer om växellådan behöver mer smörjmedel (om oljenivån inte når upp till hålet) **(se bild)**.
6 Sluta fylla på växellådan när smörjmedlet börjar rinna ut genom hålet, vänta sedan tills oljeflödet upphör.
7 Montera tillbaka påfyllnings-/nivåpluggen, och dra åt den till angivet moment. Kör bilen en kort sträcka och leta sedan efter läckor.
8 Om olja behöver fyllas på regelbundet kan det tyda på läckage, vilket bör identifieras och åtgärdas omedelbart.

25 Automatväxellådsolja – byte

1 Parkera bilen på stadigt, jämnt underlag och slå av motorn. Dra åt handbromsen och lägg i P. Lyft upp framvagnen och ställ den på pallbockar (se *Lyftning och stödpunkter*).
2 Beroende på modell kan det vara nödvändigt att ta bort motorns undre skyddskåpa för att komma åt växellådans dräneringsplugg. Pluggen är monterad på växellådshusets bas.

4-växlade växellådan

3 Ta bort mätstickan för växellådsvätska.

4 Vidta lämpliga försiktighetsåtgärder mot brännskador eller skållning om motorn och växellådan är varma (använd handskar), placera en lämplig behållare under växellådans dräneringsplugg.
5 Lossa och ta bort dräneringspluggen **(se bild)**, och låt kylvätskan rinna ner i behållaren.
6 Rengör dräneringspluggen omsorgsfullt och montera tillbaka pluggen (med en ny tätning) när oljeflödet har minskat.
7 Ta bort vätskebehållaren underifrån bilen.
8 Växellådan fylls på genom oljemätstickans rör. Använd en liten tratt och var väldigt försiktig för att undvika att smuts kommer in i växellådan när den fylls på.
9 Se avsnitt 21 när ungefär halva den angivna "tömnings- och påfyllningsmängden" har fyllts på och slutför nivåkontrollen.
10 Montera motorns undre skyddskåpa (i förekommande fall) och sänk ner bilen.

5-växlade växellådan

Observera: *Ingen vätskemätsticka är monterad på denna växellåda och vätskenivån kan endast kontrolleras på ett korrekt sätt med ett speciellt diagnosverktyg från Ford som övervakar vätsketemperaturen. Hemmamekanikern kan dock utföra en adekvat nivåkontroll under förutsättning att bilen kan köras för att få upp vätskan till rätt temperatur. Självklart ska bilen inte köras med en okänd mängd växellådsvätska eftersom detta kan leda till skador. Därför bör den avtappade vätskan sparas och mängden mätas noggrant så att samma mängd ny olja kan användas vid påfyllningen.*

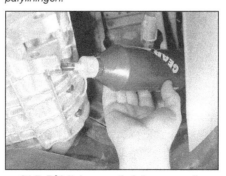

24.5 Påfyllning av olja i den manuella växellådan (5-växlad)

11 Vidta lämpliga försiktighetsåtgärder mot brännskador eller skållning om motorn och växellådan är varma (använd handskar), placera en lämplig behållare under växellådans dräneringsplugg. Var försiktig så att så lite vätska som möjligt förloras vid avtappningen – se kommentaren ovan.
12 Lossa och ta bort dräneringspluggen, och låt kylvätskan rinna ner i behållaren. Ta bort tätningen från pluggen – en ny bör användas vid återmonteringen.
13 Skruva loss påfyllningspluggen från växellådan.
14 Rengör dräneringspluggen omsorgsfullt och montera tillbaka pluggen (med en ny tätning) när oljeflödet har minskat.
15 Ta bort vätskebehållaren under bilen och mät mängden urtappad vätska.
16 Växellådan fylls genom påfyllningspluggens öppning. Använd en liten tratt och var väldigt försiktig för att undvika att smuts kommer in i växellådan när den fylls på. Avsluta med att fylla på växellådan med samma mängd olja som har tömts ut.
17 Montera motorns undre skyddskåpa (i förekommande fall) och sänk ner bilen.
18 Se avsnitt 21 och slutför nivåkontrollen.

25.5 Automatväxellådans dräneringsplugg (4-växlad)

Vart 3:e år (oberoende av körsträcka)

26 Bromsvätska – byte

Rutinen liknar den för att lufta hydraulsystemet, som beskrivs i kapitel 9, förutom att bromsvätskebehållaren ska tömmas genom sifonering, och att den gamla vätskan måste rinna ut ur kretsen när en del av kretsen ska luftas.

Observera: *Enligt Ford tas inte gammal vätska bort från ABS-systemets hydraulik om systemet inte luftas i kombination med deras diagnostiska utrustning WDS2000. Det kan därför vara värt att fundera på att låta en Ford-verkstad utföra detta arbete även om mängden återstående gammal vätska kan vara ganska liten.*

27 Kylvätska – byte

Observera: *Om det frostskyddsmedel som används är Fords eget eller av likvärdig kvalitet anger Ford att kylvätskan inte behöver bytas under bilens livslängd. Om bilens historik är okänd, om frostskyddsmedlet är av sämre kvalitet eller om du föredrar att följa konventionella serviceintervaller bör kylvätskan bytas enligt följande.*

 Varning: Se kapitel 3 och observera varningarna. Ta aldrig bort expansionskärlets påfyllningslock när motorn är igång, eller precis har stängts av, eftersom kylsystemet är varmt och den ånga som kommer ut, och den skållheta kylvätskan, kan förorsaka allvarliga skador. Om motorn är varm, kan den elektriska kylfläkten starta även om motorn inte är igång. Var därför noga med att hålla undan händer, hår och löst hängande kläder vid arbete i motorrummet.

Avtappning av kylsystemet

 Varning: Vänta till dess att motorn är helt kall innan arbetet påbörjas.

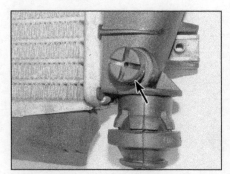

27.3 Kylarens dräneringsplugg (visas med kylaren borttagen)

1 För att tömma systemet ska du först ta bort expansionskärlets påfyllningslock. Placera en tjock trasa över expansionskärlets lock, vrid sedan locket moturs till det första stoppet och vänta på att eventuellt tryck ska släppas ut, tryck sedan ner det och vrid det längre moturs för att ta bort det.

2 Om det krävs ytterligare arbetsutrymme drar du åt handbromsen, lyfter sedan upp bilens främre del och stöttar upp den på pallbockar (se *Lyftning och stödpunkter*).

3 Ta bort kylarens underskydd, placera sedan ett stort tömningstråg under och skruva loss kylarens dräneringsplugg **(se bild)**. Låt vätskan rinna ner i behållaren. När arbetet är klart, dra åt dräneringspluggen och montera tillbaka underskyddet. Vid behov, sänk ner bilen.

Spolning av kylsystemet

4 Om kylvätskebyte inte utförts regelbundet eller om frostskyddet spätts ut, kan kylsystemet med tiden komma att förlora i effektivitet p.g.a. att kylvätskekanalerna sätts igen av rost, kalkavlagringar och annat. Kylsystemets effektivitet kan återställas genom att systemet spolas ur.

5 För att undvika förorening ska kylsystemet spolas oberoende av motorn.

Spolning av kylare

6 Lossa den övre och nedre slangen och alla andra relevanta slangar från kylaren enligt beskrivningen i kapitel 3.

7 Stick in en trädgårdsslang i det övre kylarinloppet. Spola in rent vatten i kylaren och fortsätt spola till dess att rent vatten rinner ur kylarens nedre utlopp.

8 Om det efter en rimlig tid fortfarande inte kommer ut rent vatten kan kylaren spolas ur med kylarrengöringsmedel. Det är viktigt att tillverkarens anvisningar följs noga. Om kylaren är svårt förorenad, demontera kylaren, stick in slangen i nedre utloppet och spola ur kylaren baklänges.

Spolning av motor

9 Ta bort termostaten enligt beskrivningen i kapitel 3 och lossa sedan slangen provisoriskt om kylarens övre slang har lossats från motorn.

10 Lossa de övre och nedre kylarslangarna från kylaren och stick in en trädgårdsslang i den övre kylarslangen. Spola in rent vatten i motorn och fortsätt att spola till dess att rent vatten rinner ur nedre slangen.

11 När spolningen är avslutad, montera termostaten och anslut slangarna enligt beskrivning i kapitel 3.

Frostskyddsblandning

12 Ford anger att om frostskyddsmedlet är av den typ som systemet fylldes med först i fabriken (se *Smörjmedel och vätskor*) kommer det att klara sig under bilens hela livslängd. Detta beror på om det används i den rekommenderade koncentrationen,

inte har blandats med någon annan typ av frostskyddsmedel eller tillsats och att påfyllning endast görs med detta frostskyddsmedel blandat med vatten när det är nödvändigt. Om någon annan typ av frostskyddsmedel läggs till gäller inte livstidsgarantin längre. För att återställa livstidsskyddet måste systemet tappas ur och spolas ur grundligt innan färsk kylvätskeblandning hälls i.

13 Om bilens bakgrund (och därmed kvaliteten på frostskyddsvätskan) är okänd, rekommenderas ägare att tömma och backspola systemet ordentligt innan det fylls på med ny kylvätskeblandning. Om relevant frostskyddsmedelskvalitet används kan kylvätskan lämnas kvar under bilens hela livslängd.

14 Om frostskyddsvätska av ett annat fabrikat än Fords används måste kylvätskan bytas regelbundet för att få ett motsvarande skydd. Den konventionella rekommendationen är att byta kylvätska vart tredje år.

15 Om frostskyddsvätskan används enligt Fords specifikationer anges skyddsnivåerna i avsnittet Specifikationer i detta kapitel. För att få det rekommenderade *standard-blandningsförhållandet* för frostskyddsvätska ska 40 % (volym) av frostskyddsvätskan blandas med 60 % rent, mjukt vatten. Om du använder en annan typ av frostskyddsvätska, följ tillverkarens instruktioner för att få det korrekta förhållandet **(se Haynes tips)**.

16 Innan frostskyddsmedlet hälls i ska kylsystemet tappas ur helt och helst spolas igenom. Samtliga slangar ska kontrolleras beträffande kondition och tillförlitlighet. Ny frostskyddsvätska kommer snabbt att hitta svagheter i systemet.

17 När kylsystemet fyllts med frostskyddsmedel är det klokt att sätta en etikett på expansionskärlet som anger frostskyddsmedlets typ och koncentration, samt datum för påfyllningen. Varje efterföljande påfyllning ska göras med samma typ och koncentration av frostskyddsmedel. Vid påfyllning med frostskyddsmedel enligt Fords specifikation kan du notera att en blandning på 50/50 är tillåten enbart av bekvämlighetsskäl.

 Det är ovanligt att kylsystemet tappas ur helt – en liten mängd blir kvar. Om systemet har spolats omfattande med rent vatten är denna kvarvarande mängd faktiskt vanligt vatten. Av denna anledning fyller en del människor systemet med den nödvändiga mängden rent frostskyddsmedel (hälften av den totala kapaciteten för en blandning på 50 %) och slutför sedan fyllning med enbart vatten. Detta säkerställer att den kylvätska som detta ger (när den har blandats inne i motorn) inte "späds ut" med gammal kylvätska eller vatten som är kvar i systemet.

Påfyllning av kylsystemet

18 Kontrollera innan påfyllningen inleds att alla slangar och slangklämmor är i gott skick och att klämmorna är väl åtdragna. Observera att frostskyddsblandning måste användas året runt för att förhindra korrosion på motorns komponenter (se följande underavsnitt).

19 Fyll långsamt på systemet tills kylvätskenivån når MAX-märket på expansionskärlet **(se Haynes tips)**.

1,8- och 2,0-liters modeller

20 Starta motorn och låt den gå med 2500 varv/minut under 10 sekunder med påfyllningslocket avtaget – detta flödar värmekretsen.

21 Slå av motorn, fyll sedan expansionskärlet till 15 mm över MAX-märket.

22 Montera tillbaka påfyllningslocket, starta sedan motorn och kör den på 2500 varv/minut under 8 minuter eller tills motorn når normal arbetstemperatur.

23 Håll motorvarvtalet på 2500 varv/minut under ytterligare 3 minuter, öka sedan motorvarvtalet till 4000 varv/minut under 5 sekunder.

24 Sänk motorvarvtalet till 2500 varv/minut under 3 minuter och slå av motorn.

25 Kontrollera kylsystemet med avseende på läckor, låt sedan motorn svalna under minst 30 minuter.

26 Ta bort påfyllningslocket och fyll på kylvätskenivån upp till MAX-märket på expansionskärlet.

V6-modeller

27 Montera tillbaka expansionskärlets påfyllningslock.

28 Starta motorn och låt den gå på tomgång tills den når sin normala drifttemperatur.

29 Låt motorn gå på tomgång ytterligare 5 minuter och slå sedan av den.

30 Låt motorn svalna under minst 30 minuter.

31 Ta bort påfyllningslocket och fyll på kylvätskenivån till MAX-märket på expansionskärlet.

Luftfickor

32 Om det, efter avtappning och påfyllning av systemet, uppstår nya symptom på överhettning beror detta nästan säkert på att luft har fastnat någonstans i systemet, vilket förorsakar en luftficka och begränsar kylvätskeflödet. Luft fastnar vanligtvis på grund av att systemet fylls på för snabbt.

33 Om du misstänker att det finns en luftficka, försök då först att försiktigt klämma på alla synliga kylarslangar. En kylvätskeslang som är full av luft känns helt annorlunda än en slang fylld med kylvätska när man klämmer på den. När systemet har fyllts på försvinner de flesta luftfickor efter att systemet har svalnat och fyllts upp.

34 När motorn är igång och har arbetstemperatur, slå på värmeenheten och värmefläkten och kontrollera att det kommer ut värme. Om det finns tillräckligt med kylvätska i systemet kan bristande värme bero på en luftficka i systemet.

35 Luftfickor kan få allvarligare konsekvenser än att minska värmeeffekten – en svår luftficka kan minska kylvätskeflödet runt motorn. Kontrollera att kylarens övre slang är varm när motorn har nått arbetstemperatur. En kall överslang kan orsakas av en luftficka (eller av en stängd termostat).

36 Om problemet kvarstår, stäng av motorn och låt den svalna **helt**, innan du skruvar loss expansionskärlets påfyllningslock eller lossar slangklämmorna och klämmer på slangarna för att få ut den instängda luften. I värsta fall kan systemet behöva tömmas delvis eller helt (den här gången kan kylvätskan sparas för återanvändning) och spolas för att få bort problemet.

Kontroll trycklock

37 Rengör trycklocket (expansionskärl) och inspektera tätningen inne i locket med avseende på skador eller slitage. Om det förekommer tecken på skador på tätningen byter du trycklocket. Om kåpan är gammal är det värt att överväga montering av en ny kåpa för sinnesfridens skull - de är inte dyra. Om trycklocket saknas kommer för mycket tryck in i systemet vilket kan leda till att slangar, kylaren eller värmepaketet går sönder.

Var 80 000:e km eller vart 4:e år

28 Bränslefilter – byte

⚠ *Varning: Innan arbetet påbörjas, se föreskrifterna i Säkerheten främst! i början av denna handbok och följ dem till punkt och pricka. Bensin är en ytterst brandfarlig vätska och säkerhetsföreskrifterna för hantering kan inte nog betonas.*

1 Bränslefiltret är placerat i det främre högre hörnet i bränsletanken precis framför bilens högra bakre lyftpunkt **(se bild)**. Filtret spelar en viktig roll när det gäller att hålla smuts och andra främmande föremål borta från bränslesystemet, och måste därför bytas regelbundet, eller närhelst du har anledning att misstänka att det är igentäppt.

2 Innan bränsleledningarna, som kan innehålla trycksatt bränsle, rörs måste eventuellt resttryck släppas ut ur systemet enligt följande beskrivning.

3 Öppna säkringsdosan i motorrummet och ta bort bränslepumpens säkring med tändningen avslagen.

4 Starta motorn, om möjligt – om motorn inte startar, låt den drivas av startmotorn i några sekunder.

5 Om motorn startar, låt den gå på tomgång tills den stannar. Dra runt motorn ett eller ett par varv med startmotorn för att säkerställa att trycket är helt utjämnat och slå sedan av tändningen.

⚠ *Varning: Denna procedur utjämnar endast övertrycket som krävs för att motorn ska kunna gå – kom ihåg att bränsle fortfarande finns kvar i systemets komponenter och vidtag nödvändiga säkerhetsåtgärder innan någon del demonteras.*

6 Lossa batteriets minusledning (se *Koppla loss batteriet* mot slutet av handboken).

7 Höj den bakre, högra sidan av bilen med en domkraft och ställ den stadigt på pallbockar.

8 Använd en trasa för att torka upp utspillt bränsle, lossa bränslematningen och utloppsröranslutningarna från filtret genom att klämma ihop de utstickande låstapparna på varje anslutning och försiktigt dra av filterröret **(se bild)**. Där anslutningarna är färgkodade går det inte att förväxla rören. Om båda anslutningarna har samma färg måste du göra en anteckning om vilket rör som går till vilken rörtapp och vara noga med att ansluta dem rätt vid återmonteringen.

9 Observera pilarna och/eller andra markeringar på filtret som visar bränsleflödets riktning (mot motorn), skruva loss de bultar som håller fast filterbygeln på underredet, ta

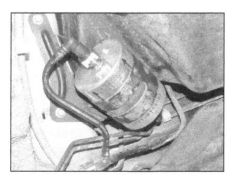

28.1 Bränslefiltrets placering framför bränsletankens högersida

28.8 Lossa bränsleledningarna från bränslefiltret

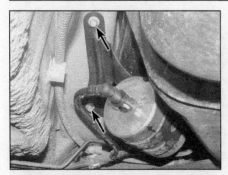

28.9a Bränslefilterfästets fästbultar

28.9b Bränslefilter fästbult

30.5 Ta bort vattenpumpens drivrem (V6-motor)

bort fästbygeln, lossa sedan fästbulten och för ut filtret **(se bilder)**. Observera att filtret fortfarande innehåller bränsle. Det är viktigt att undvika spill och minska risken för brand.

10 Vid monteringen för du filtret in i dess klämma så att pilen som finns på det är riktad åt samma håll som noterades vid borttagningen av det gamla filtret. Dra åt klämbulten tills filtret precis hindras från att röra sig, montera sedan tillbaka fästet på karossen och dra åt fästbultarna.

11 Sätt varje röranslutning på dess (korrekta) filterrör och tryck ner den tills låstapparna klickas fast i sitt spår.

12 Sätt tillbaka bränslepumpens säkring och återanslut batteriets jordanslutning. Slå sedan av och på tändningen fem gånger för att trycksätta systemet. Kontrollera om det finns tecken på bränsleläckage runt filteranslutningarna innan du sänker ner bilen och startar motorn.

29 Ventilspel – kontroll

Observera: *Detta arbete gäller endast för 1,8 och 2,0-liters motorer.*
Se kapitel 2A.

30 Multirem – byte

Observera: *Detta är en försiktighetsåtgärd och inte en del av Fords schema. Ford anger att drivremmen bör hålla minst tre gånger*

denna körsträcka. Dessa remmar försämras dock med stigande ålder och med tanke på den olägenhet som det innebär om remmen går sönder under körning kan det vara lämpligt att montera en ny rem med detta intervall.

1 Öppna och stötta upp motorhuven med motorn avstängd. Lossa de högra hjulmuttrarna, hissa upp framvagnen och ställ den på pallbockar för att lättare komma åt motorns högra sida (se *Lyftning och stödpunkter*). Ta bort hjulet, ta sedan bort det nedre stänkskyddet (tre fästanordningar) under hjulhuset.

2 Ta bort drivremskåpan från motorns överdel om du byter vattenpumpens drivrem i modeller med V6-motor.

3 Om den befintliga drivremmen ska monteras tillbaka ska den märkas eller också ska tillverkarens märken på dess platta yta observeras så att den kan monteras på samma sätt.

4 Vrid spännaren medurs för att släppa trycket på drivebelt Beroende på modell och utrustning har sträckaren antingen ett sexkantsbeslag till en nyckel eller en hylsa resp. ett fyrkantigt hål som ett spärrhandtag från en hylsnyckelsats kan monteras i. **Observera:** *I en del modeller med V6-motor är ingen sträckare monterad på vattenpumpens drivrem och remmen måste skäras av för att kunna demonteras.*

5 För av drivremmen från drivremskivan och lossa sträckaren igen **(se bild)**. Arbeta nerifrån eller från motorrummet i den mån det är nödvändigt och notera drivremmens dragning, för den av de återstående remskivorna och ta bort den.

6 Kontrollera remskivorna och se till att deras spår är rena och ta bort alla spår av olja och fett. Kontrollera att sträckaren fungerar korrekt

med kraftigt fjädertryck som känns när dess remskiva roteras medurs och en mjuk återgång till gränsen för dess rörelse när den lossas.

7 Om det är den gamla remmen som sätts på plats, var noga med att följa de markeringar och anteckningar som gjordes vid demonteringen, så att remmen löper i samma rotationsriktning som tidigare. För att passa drivremmen anordnar du den på de spårade remskivorna så att den centreras i deras spår och inte överlappar deras lyfta sidor (observera att drivremmens platta yta är i ingrepp på en eller flera remskivor) samt är korrekt dragen. Börja uppifrån och arbeta neråt för att sluta vid den nedre remskivan. rotera spännarremskivan medurs, slira på drivremmen på den nedre remskivan, lossa sedan sträckaren igen.

8 Montera först remmen runt vattenpumpens remskiva om du monterar en ny vattenpumpsdrivrem i modeller med V6-motor där en sträckare inte används. Montera remmen runt den bakre halvan av kamaxelns remskiva så långt som möjligt och försök se till att remmens räfflor ligger i remskivans räfflor. Låt en medhjälpare dra runt motorn i sin vanliga riktning (mot bilens främre del) och styr på remmen på remskivan helt och hållet när detta görs.

9 Använd en skiftnyckel som är placerad på vevaxelremskivans bult för att rotera vevaxeln minst två varv medurs för att stabilisera drivremmen på remskivorna, kontrollera sedan att drivremmen är korrekt monterad.

10 Montera tillbaka komponenterna, och sänk sedan ner bilen till marken. Montera tillbaka hjulet och dra åt hjulmuttrarna till angivet moment.

Kapitel 2 Del A:
Reparationer med motorn i bilen, 1,8- och 2,0-liters motor

Innehåll

Allmän information 1
Avgasgrenrör – demontering, kontroll och återmontering 7
Insugsgrenrör – demontering och montering 6
Kamaxelkåpa – demontering och montering 5
Kamaxlar och ventillyftare – demontering, kontroll och montering . . 11
Kamkedja, sträckare och styrningar – demontering, undersökning och
    återmontering 10
Kamkedjekåpa – demontering och montering 9
Kompressionsprov – beskrivning och tolkning. 3
Motor/växellåda – demontering och montering .... se kapitel 2C
Motorns/växellådans fästen – kontroll och byte 20
Motorolja och filter – byte. .... se kapitel 1

Multirem – kontroll och byte. .... se kapitel 1
Oljefilterhus – demontering och montering 16
Oljepump – demontering, kontroll och montering 15
Oljetryckvarningslampa kontakt – demontering och montering 17
Reparationer som kan utföras med motorn i bilen. 2
Sump – demontering och montering 14
Svänghjul/drivplatta – demontering, kontroll och montering 19
Topplock – demontering och montering. 13
Ventilspel – kontroll och justering. 12
Vevaxelns oljetätningar – byte 18
Vevaxelns remskiva – demontering och montering 8
Övre dödpunkt för cylinderkolv nr 1 – placering 4

Svårighetsgrad

Enkelt, passar novisen med lite erfarenhet	Ganska enkelt, passar nybörjaren med viss erfarenhet	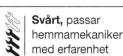 Ganska svårt, passar kompetent hemmamekaniker	Svårt, passar hemmamekaniker med erfarenhet	Mycket svårt, för professionell mekaniker

Specifikationer

Allmänt

Motortyp .... Fyra cylindrar, 16 ventiler, dubbla överliggande kamaxlar
Motorkod:
    1,8-liters modeller. .... CDBB, CGBA/B och CHBA/B
    2,0-liters modeller. .... CJBA/B
Volym:
    1,8-liters modeller. .... 1798 cc
    2,0-liters modeller. .... 1999 cc
Lopp:
    1,8-liters modeller. .... 83.0 mm
    2,0-liters modeller. .... 87,5 mm
Kolvslag – alla modeller .... 83.1 mm
Kompressionsförhållande. 10.8: 1
Utgående effekt:
    1,8-liters modeller:
        CGBA/B .... 81 kW (110 PS) vid 5500 varv/minut
        CDBB och CHBA/B .... 92 kW (125 PS) vid 6000 varv/minut
    2,0-liters modeller. .... 107 kW (145 PS) vid 6000 varv/minut
Tändföljd .... 1-3-4-2 (cylinder 1 på kamkedjesidan)
Vevaxelns rotationsriktning. .... Medurs (sett från bilens högra sida)

Kamaxlar

Kamaxelns axialspel .... 0,09 till 0,24 mm
Avgasnockens höjning .... 7,7 mm
Lyfthöjd insugsnock:
    1,8 liter:
        CGBA/B .... 7,4 mm
        CDBB och CHBA/B .... 8,5 mm
    2,0 liter .... 8,8 mm
Kamaxellagertappens diameter .... 24,96 till 24,98 mm
Spel mellan kamaxellagren. .... 0,055 till 0,060 mm

Ventillyftare

Ventilspel (kall motor):

Intag	0,22 till 0,28 mm
Avgas	0,27 till 0,33 mm

Smörjning

Motoroljevolym (inklusive filter)	Se kapitel 1
Motoroljetryck	3,5 bar @ 2000 varv/minut
Motoroljetyp/specifikation	se slutet av *Veckokontroller*

Åtdragningsmoment

	Nm
Avgasgrenrörets fästmuttrar	55
Avgasgrenrörets värmesköld bultar	10
Bultar mellan avgasgrensrörsfäste och motorblocket	25
Bultar mellan drivaxelfäste och motorblocket	48
Bultar mellan motor och växellåda	48
Bultar mellan oljeavskiljare och motorblock	10
Bultar mellan oljepumpen och motorblocket:	
Steg 1	10
Steg 2	23
Bultar mellan servostyrningspumpen och motorblock	18
Bultar mellan sump och växellåda	40
Bultar mellan sumpen och motorblock	25
Främre avgasrör till grenrör	46
Generatorns övre bult	25
Hjulmuttrar	85
Insugsgrenrörets fästbultar	18
Kamaxeldrevets fästbultar	65
Kamaxelgivarens fästbult	6
Kamaxelkåpans bultar	10
Kamaxellageröverfallets bultar:	
Steg 1	7
Steg 2	16
Kamkedjekåpa:	
Nedre täckplugg	12
Övre täckplugg	10
Kamkedjekåpans bultar:	
Alla andra bultar (inklusive nedre bultar)	10
Bultar 9, 20, 21 & 22	48
Kamkedjesträckarens bultar	10
Kamkedjestyrningens fästbultar	10
Knackgivarbult	20
Kylvätskepumpens remskiva bultar	25
Motorblockets täckplugg	20
Motorns/växellådans fästen:	
Bakre motorfästlänkens muttrar/bultar	80
Bultar mellan vänster fästbygel och växellåda:	
Automatväxellåda	80
Manuell växellåda	90
Muttrar mellan höger fäste och innerskärmen	80
Muttrar mellan höger fäste och motor	80
Vänster fästets centrummutter*	133
Vänster fästets yttre muttrar*	48
Multiremmens mellanskiva	25
Muttrar mellan momentomvandlare och drivplatta*	36
Oljefilterhusets bultar	25
Oljepumpdrevets bult	25
Oljepumpens kedjespännarbult	10
Oljepumpskedjans styrbultar	10
Oljetryckvarningslampa brytare	15
Sumpens oljedräneringsplugg	28
Svänghjul/drivplattans bultar*:	
Steg 1	50
Steg 2	80
Steg 3	112
Topplocksbultar*:	
Steg 1	5
Steg 2	15

Steg 3	45
Steg 4	Vinkeldra ytterligare 90°
Steg 5	Vinkeldra ytterligare 90°
Vevaxellägesgivarens fästbultar	7
Vevaxelns packboxbultar	10
Vevaxelns remskiva bult*:	
Steg 1	100
Steg 2	Vinkeldra ytterligare 90°

Använd nya muttrar/bultar

1 Allmän information

Vad innehåller detta kapitel

Denna del av kapitel 2 ägnas åt reparationer som är möjliga när motorn fortfarande är monterad i bilen och inkluderar de specifikationer som är relevanta för dessa tillvägagångssätt. I och med att dessa tillvägagångssätt baseras på antagandet att motorn är monterad i bilen gäller en del av de steg för förberedande isärtagning som anges inte om motorn har demonterats från bilen och placerats på ett stöd.

Information när det gäller demontering och montering av motor/växellåda och motorrenovering kan hittas i del C i detta kapitel som dessutom inkluderar de specifikationer som är relevanta för dessa tillvägagångssätt.

Motor

Detta är en ny motor som har utvecklats i Japan tillsammans med Mazda. Dess viktigaste mål var att reducera bränsleförbrukningen, motorns vikt, bulleremissionerna och föroreningsnivåerna. Den har dessutom ökat vridmoment och ökad utgående effekt.

Motorn, som är känd genom Fords interna kodnamn Duratec-HE, är av fyrcylindrig in-line typ, som är tvärställt monterad framtill i bilen med kopplingen och växellådan på vänster sida.

Frånsett insugsgrenröret av plast är de kompletta motorgjutningarna gjorda av aluminiumlegering.

Huvudlageröverfallen är inbyggda i en ram som håller fast vevaxeln i cylinderblocket för att hjälpa till att förstärka enheten och reducera motorns vibrationer. Det finns inga servicearbeten som är tillåtna på vevaxelenheten eftersom det är en fin tolerans i lagerspelen och lagerskålarna. Om det finns någon anledning till reparation i detta område måste hela motorblocket och vevaxelenheten bytas som en enhet.

Båda kamaxlarna drivs av samma tysta, underhållsfria och länkade kamkedja. Varje kamaxel driver åtta ventiler via konventionella ventillyftare utan justeringsmellanlägg. Om det finns slitage och om ventilspelet kräver justering finns de nya ventillyftarna i olika storlekar för att få det korrekta spelet.

Vardera kamaxeln roterar i fem lager som är linjeborrade direkt i topplocket och de lageröverfallen. Detta innebär att lageröverfall inte finns tillgängliga separat från topplocket och inte får bytas ut mot överfall från en annan motor.

Vattenpumpen är bultad på motorblockets högra ände och drivs tillsammans med servostyrningspumpen, luftkonditioneringskompressorn (om en sådan finns) och generatorn via en platt multirem av typen "polyvee" från vevaxelns remskiva.

Smörjningssystem

Smörjningen ombesörjs av en excentriskt arbetande rotorpump som sitter på höger sida av vevhuset och förses med olja genom en oljesil i sumpen. Pumpen tvingar olja genom ett externt monterat filter av elementtyp – på en del versioner även av en oljekylare monterad på oljefiltrets fäste så att ren motorolja som kommer in i motorns kanaler kyls av motorns kylsystem. Från filtret pumpas oljan in i en huvudkanal i motorblocket/vevhuset, varifrån den sedan fortsätter till vevaxeln (ramlagren) och topplocket.

Vevstakslagren förses med olja via kanaler i vevaxeln. Så länge oljetillförseln till vevaxel- och kamaxellagren och lyftarna står under tryck smörjs kamnockarna och ventilerna, liksom motorns alla övriga komponenter, genom att de duschas med olja.

2 Reparationer som kan utföras med motorn i bilen

Följande större reparationer går att utföra utan att man behöver lyfta ut motorn ur bilen. Man bör dock observera att arbeten som förutsätter att sumpen demonteras kräver noggrann planering, särskilt om man inte har så stor erfarenhet eller inte har tillgång till så mycket verktyg och utrustning. Se relevant text för mer detaljer.

a) Kompressionstryck – kontroll.
b) Ventilkåpa – demontering och montering.
c) Kamremskåpor – demontering och montering.
d) Kamkedja – byte.
e) Kamkedjans spännare och drev – demontering och montering.
f) Kamaxlar och ventillyftare – demontering och montering.
g) Topplock – demontering, renovering och montering.
h) Topplock och kolv – sotning.
i) Sump – demontering och montering.
j) Vevaxelns oljetätningar – byte.
k) Oljepump – demontering och montering.
l) Svänghjul/drivplatta – demontering och montering.
m) Motor-/växellådsfästen – demontering och montering.

Rengör motorrummet och motorns yttre med någon typ av avfettningsmedel innan något arbete påbörjas. Det gör arbetet enklare och bidrar till att hålla smuts borta från motorns insida.

Beroende på vilka komponenter som berörs kan det vara en god idé att först ta bort motorhuven så att motorn blir mer lättåtkomlig (se kapitel 11, om så behövs). Täck över framskärmarna så att inte lacken skadas. Det finns speciella skydd för detta ändamål, men ett gammalt täcke eller filt går också bra.

Om det uppstår vakuum-, avgassystems-, olje- eller kylvätskeläckage som indikerar att en komponent/packning eller tätning behöver bytas kan reparationerna generellt utföras med motorn i bilen. Insugs- och avgasgrenrörets packningar, sumpens packning, vevaxeloljetätningar och topplockspackningen går att komma åt med motorn på plats.

Yttre komponenter som insugs- och avgasgrenröret, sumpen, oljepumpen, vattenpumpen, startmotorn, generatorn och bränslesystemets komponenter kan tas bort för reparation med motorn på plats.

I och med att topplocket kan tas bort utan att motorn lyfts ut kan även service av kamaxeln och ventilkomponenter utföras med motorn i bilen vilket även gäller för byte av kamkedja och drev.

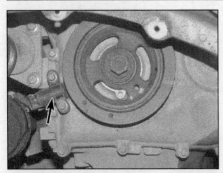

4.7 ÖD-givare (markerad med pil) under höger hjulhus

3 Kompressionstest – beskrivning och tolkning

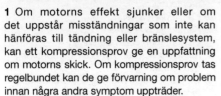

1 Om motorns effekt sjunker eller om det uppstår misständningar som inte kan hänföras till tändning eller bränslesystem, kan ett kompressionsprov ge en uppfattning om motorns skick. Om kompressionsprov tas regelbundet kan de ge förvarning om problem innan några andra symptom uppträder.

2 Motorn måste vara helt uppvärmd till normal drifttemperatur, oljenivån måste vara korrekt, batteriet måste vara helt laddat och tändstiften måste vara borttagna. Dessutom behövs en medhjälpare.

3 Avaktivera tändningssystemet genom att koppla loss tändspolens elektriska kontaktdon.

4 Se kapitel 12, leta reda på och ta bort bränslepumpssäkringen från säkringsdosan. Starta motorn och låt den gå tills den stannar. Om motorn inte startar, dra runt den på startmotorn i cirka 10 sekunder. Bränslesystemet ska nu vara tryckutjämnat vilket hindrar bränsle som inte har förbränts

från att dränka katalysatorn när motorn körs under testet.

5 Montera en kompressionsprovare vid tändstiftshålet för cylinder 1 – helst den typ av provare som skruvas fast i hålet.

6 Låt medhjälparen trampa gaspedalen i botten och dra runt motorn på startmotorn; efter ett eller två varv bör kompressionstrycket byggas upp till maxvärdet och sedan stabiliseras. Anteckna det högsta värdet.

7 Upprepa testet på återstående cylindrar och notera trycket på var och en.

8 På grund av det stora utbudet av provare, och variationerna i startmotorns hastighet när motorn dras runt, får man ofta fram olika värden vid kompressionsprovet. Av den anledningen uppger Ford inga faktiska kompressionstrycksvärden. Alla cylindrar ska producera ungefär samma tryck; skillnader som är större än 10 % tyder på ett fel.

9 Om trycket i någon av cylindrarna är avsevärt lägre än i de andra kan provet upprepas sedan en tesked ren motorolja har hällts in genom cylinderns tändstiftshål.

10 Om tillförsel av olja tillfälligt förbättrar kompressionen är det ett tecken på att det är slitage på kolvringar eller lopp som orsakar tryckfallet. Om ingen förbättring sker tyder det på läckande/brända ventiler eller trasig topplockspackning.

11 Lågt tryck i två angränsande cylindrar är med stor säkerhet ett tecken på att topplockspackningen mellan dem är trasig. Om det finns kylvätska i motoroljan bekräftar detta felet.

12 Om en cylinder har omkring 20 % lägre tryck än de andra och motorns tomgång är något ojämn, kan detta orsakas av en sliten kamlob.

13 Om kompressionen är anmärkningsvärt hög är förbränningskammaren antagligen täckt med sotavlagringar. I så fall bör topplocket demonteras och sotas.

14 När provet är klart, sätt tillbaka tändstiften, återanslut tändningssystemets spole och montera bränslepumpsslangen.

4 Övre dödpunkt för kolv nr 1 – placering

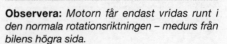

Observera: *Motorn får endast vridas runt i den normala rotationsriktningen – medurs från bilens högra sida.*

Allmänt

1 Den övre dödpunkten (ÖD) är den högsta punkt i cylinderloppet som varje kolv når när vevaxeln roterar. Medan varje kolv når ÖD både längst upp i kompressionstakten och igen längst upp i avgastakten avser ÖD positionen för kolv nr 1 längst upp i dess kompressionstakt när det gäller tidsinställning av motorn.

2 Den är användbar för flera serviceåtgärder för att kunna placera motorn i ÖD.

3 Kolv och cylinder nr 1 är på motorns högra sida (kamaxel) (höger och vänster avser alltid sett från förarsätet).

Placera ÖD

4 Ta bort tändstiften för att motorn ska gå runt lättare (kapitel 1).

5 Lossa batteriets minusledning (jord) (se *Koppla loss batteriet* mot slutet av handboken).

6 Dra åt handbromsen. Lyft sedan upp framvagnen och ställ den på pallbockar (se *Lyftning och stödpunkter*). Demontera höger framhjul.

7 Ta bort kåpan under det främre högra hjulhuset för att exponera vevaxelremskivan och ÖD-givaren **(se bild)**.

8 Det finns ett inställningshål i motorblockets bakre del (under generatorn) för placering av vevaxeln i ÖD **(se bilder)**. Skruva loss inställningshålets plugg och sätt in ett inställningsstift (303-507 – finns hos Ford-verkstäder eller hos en verktygsleverantör).

9 Använd en skiftnyckel eller en hylsa på vevaxelremskivans bult för att rotera

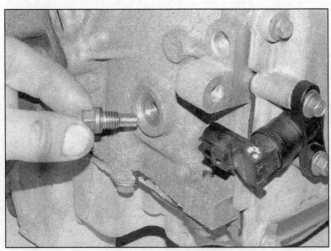

4.8a Ta bort inställningshålets plugg . . .

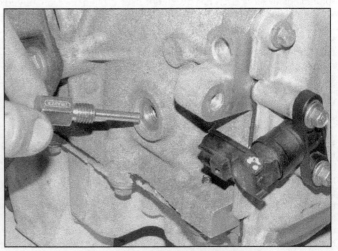

4.8b . . . och sätt in inställningstiftet

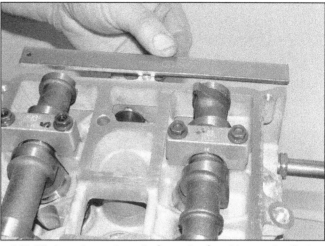

4.10 Sätt in en M6-bult genom remskivan för att justera för ÖD
4.12 För in verktyget/metallstången i spåren i kamaxelns ände

vevaxeln medurs tills den stoppar mot inställningsstiftet.

10 Det finns ett bulthål i vevaxelns remskiva som bör ligga i linje med gängan i kamkedjekåpan. Sätt in en bult (M6 x 18 mm) för att placera remskivan vid ÖD **(se bild)**.

11 Kolv nummer 1 och 4 är nu i ÖD, en av dem i kompressionstakten. För att ta reda på vilken cylinder som är i kompressionstakt måste kamaxelkåpan tas bort (enligt beskrivningen i avsnitt 5).

12 Använd Ford serviceverktyg 21-162B. Du kan enkelt tillverka ett eget verktyg med hjälp av en 5 mm tjock plåtbit. Det är viktigt att plåten har den tjockleken. Längden och bredden spelar mindre roll, men de bör ligga mellan 180 till 230 mm respektive 20 till 30 mm. Om cylinder 1 är i kompressionstakten – låt verktyget vila på topplockets fogyta och låt det glida in i urtaget på de båda kamaxlarnas vänstra ändar **(se bild)**.

13 Kamaxelinställningsverktyget bör glida in i båda springorna utan problem samtidigt som den vilar på topplockets fogyta. Om en kamaxel endast är lite felinställd är det tillåtet att använda en skruvnyckel med öppen ände för att vrida kamaxeln försiktigt tills verktyget passa.

14 Om båda kamaxelspåren är under nivån för topplockets fogytor (de är bearbetade betydligt excentriskt) vrider du vevaxeln ett helt varv medurs och monterar verktyget igen. Det bör nu passa enligt beskrivningen i det tidigare avsnittet. **Observera:** *Inställningsstiftets och vevaxelremskivans låsbult måste tas bort innan motorn vrids runt.*

15 Använd inte de låsta kamaxlarna för att förhindra vevaxeln från att rotera – använd endast de låsmetoder som beskrivs i avsnitt 8 för demontering av vevaxelns remskiva.

16 Med ÖD väl inställd för kompressionstakten i cylinder 1 kan man ställa in det för var och en av de övriga cylindrarna genom att vrida vevaxeln medurs i omgångar om 180° och hålla reda på tändföljden (se Specifikationer).

17 Se till att inställningsstiftet och placeringsbulten till vevaxelns remskiva har tagits bort innan motorn vrids runt igen.

5 Kamaxelkåpa – demontering och montering

Demontering

1 Lossa batteriets minusledning (jord) (se *Koppla loss batteriet* mot slutet av handboken).

5.2 Lossa slangen och ta bort motorns toppkåpa

5.4 Lossa kabelhärvan från kamaxelkåpan

2 Lossa ventilationsslangen från motorns övre plastkåpa, lossa sedan kåpan från motorns överdel **(se bild)**.

3 Lossa det elektriska kontaktdonet från kamaxelgivaren **(se bild)**.

4 Lossa kabelhärvan från kamaxelkåpan **(se bild)**.

5 Lossa den positiva vevhusventilationens (PCV) slang från kamaxelkåpan **(se bild)**.

6 Skruva loss plastkåpans stift från pinnbultarna, notera var de sitter.

7 Koppla loss tändkablarna försiktigt från tändstiften och lossa kablarna från kåpan.

5.3 Lossa kablagekontaktdonet från kamaxelgivaren

5.5 Använd fjäderklämmorna för att ta bort vevhusventilationsslangen från ventilkåpan

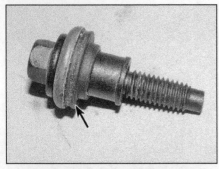

5.9 Kontrollera gummitätningen (markerade med pil) på kamaxelkåpans fästbultar med avseende på skador

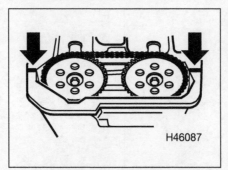

5.11 Applicera en tunn droppe med tätningsmedel på kamkåpans kulleder

5.12 Sätt in bultarna i kamaxelkåpans packning och se till att den är i spåret

silikontätningsmedel (Ford artikelnummer WSE-M4G323-A6) eller likvärdigt på fogen mellan topplocket och kamkåpan **(se bild)**.

12 Sätt in fästbultarna, slutför med gummitätningar och distansbricka vid varje bults placering, montera sedan tillbaka kåpan på topplocket **(se bild)**. Börja med alla bultar åtdragna med fingrarna och se till att packningen sitter kvar i sitt spår.

13 Dra åt bultarna till angivet moment, i den ordningsföljd som visas **(se bild)**. Montera tillbaka de tre fäststiften till motorns övre plastkåpa på kåpans fästpinnbultar på det sätt som noterades vid demonteringen.

14 Återstoden av hopsättningen görs i omvänd ordning jämfört med demonteringen. Se till att tändkablarna sitter korrekt var och en är numrerad och kan dessutom identifieras genom numreringen på sin respektive pol på spolen.

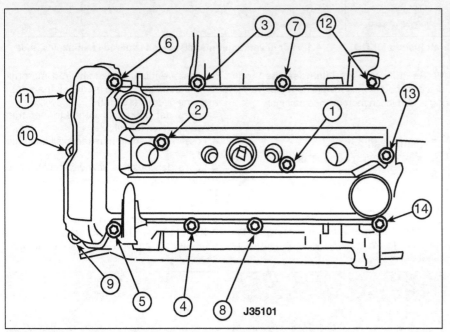

5.13 Ordningsföljd för åtdragning av kamaxelkåpan

8 Skruva loss topplockkåpans fästbultar och ta bort kåpan.

9 Kassera kåpans packning. Den måste bytas ut varje gång kåpan demonteras. Kontrollera att tätningsytorna är oskadade och att gummitätningen på varje fästbult är funktionsduglig **(se bild)**; byt slitna eller skadade tätningar.

Montering

10 Vid återmonteringen rengör du kåpans och topplockspackningens ytor noggrant. Sätt sedan dit en ny packning på kåpan och se till att den passar med gummitätningarna och distanshylsorna.

11 Applicera en tunn sträng med

6 Insugsgrenrör – demontering och montering

> ⚠ **Varning: Bensin är mycket brandfarligt och därför måste extra säkerhetsåtgärder vidtas vid arbete på någon del av bränslesystemet. Rök inte och låt inte öppna lågor eller oskyddade glödlampor komma in i eller i närheten av arbetsområdet. Arbeta inte i ett garage där en naturgasapparat är monterad (till exempel en tork eller vattenvärmare). Om du får bränsle på huden, tvätta genast bort det med tvål och vatten. Ha en brandsläckare som är klassad för bensinbränder till hands och se till att du vet hur den används.**

Demontering

1 Dra åt handbromsen. Lyft sedan upp framvagnen och ställ den på pallbockar (se *Lyftning och stödpunkter*).

2 Lossa batteriets minusledning (jord) *Koppla loss batteriet* mot slutet av handboken.

3 Lossa ventilationsslangen från motorns övre plastkåpa, lossa sedan kåpan från motorns överdel.

4 Ta bort oljemätstickans rör och insugsgrenrörets nedre fästbult under bilen **(se bild)**.

5 Lossa fästklämman och lossa luftinloppsröret från gasspjällhuset **(se bild)**.

6.4 Nedre fästskruv insugsgrenrör (markerad med pil)

6.5 Lossa fästklämman och ta bort luftinsugsröret

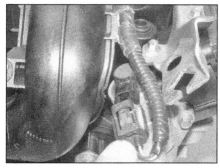

6.6 Vrid den yttre kabeln för att lossa den från monteringskonsolen

6.7a Lossa kablagekontaktdonet från gasspjällets lägesgivare (TP)...

6.7b ... och luftregleringsventilen för tomgång (IAC)

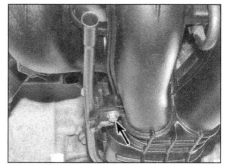

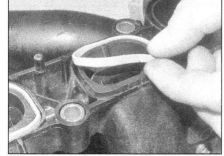

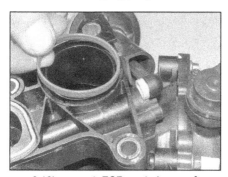

6.10 Ta bort den övre fästskruven till oljemätstickans rör (markerad med pil)

6.12a Montera en av de fyra packningarna till insugsgrenröret...

6.12b ... och EGR packningen på insugsgrenröret

6 Lossa den inre gasvajern från gasspjällslänksystemet, vrid sedan den yttre vajern för att lossa den från fästbygeln **(se bild)**.

7 Skruva loss de två elektriska kontaktdonen från gasspjällspositionsgivaren och styrventilen för tomgångsluft (IAC) **(se bilder)**.

8 Dra försiktigt vakuumslangarna (till bromsarna, bränslepulsdämparen och avluftningsventilen) för att lossa dem från insugsgrenröret.

9 Lossa kabelhärvan från insugsgrenrörets överdel (lossa den från alla relevanta kontaktdon och fästklämmor och markera eller märk dem när de kopplas), flytta sedan kabelhärvan till ena sidan av motorrummet.

10 Ta bort den övre fästbulten **(se bild)** och ta bort mätstickan från motorn. Byt O-ringen längst ner i oljemätstickans rör vid hopsättningen.

11 Skruva loss bultarna som håller fast insugsgrenröret vid topplocket och ta bort det. Var försiktig så att du inte skadar ömtåliga komponenter när grenrörsenheten förs ut ur motorrummet.

Montering

12 Montera i omvänd ordningsföljd mot demonteringen. Tänk på följande:

a) Kontrollera att topplockets och grenrörets fogytor är rena. Eftersom gummipackningar används är det enda som borde behövas en avtorkning med ett lämpligt lösningsmedel. Skrapande eller för mycket användning av slipande material bör undvikas på grund av risken för skador på båda ytorna.

b) Under förutsättning att de relevanta

fogytorna är rena och plana är en ny packning tillräcklig för att säkerställa att fogen blir gastät. **Använd** inte någon typ av silikonbaserat tätningsmedel på någon del av bränslesystemet eller insugsgrenröret.

c) Montera nya packningar på de fyra insugsportarna på EGR-porten i grenröret **(se bilder)**, placera sedan grenröret på topplocket och sätt in fästbultarna. Dra åt bultarna jämnt till det moment som anges i Specifikationerna i början av detta kapitel. Arbeta från mitten och utåt för att undvika att grenröret blir skevt.

d) Montera tillbaka de återstående delarna i omvänd ordning – dra åt alla fästanordningar till angivet moment.

e) Montera en ny O-ringstätning på nederkanten av oljemätstickans rör.

f) Se till att allt kablage är korrekt draget och att kontaktdonen är ordentligt återanslutna.

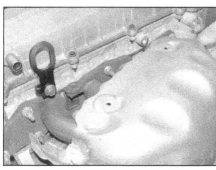

7.4a Ta bort den övre delen av avgasgrenrörets värmeskydd...

g) Kontrollera att gasvajern är korrekt justerad och att gasspjällets länksystem löper mjukt innan du startar motorn.

h) Varmkör motorn och leta efter tecken på läckage i bränsle-, insugs- och/eller vakuumsystemet.

i) Provkör bilen och kontrollera att alla komponenter som rubbats fungerar korrekt.

7 Avgasgrenrör – demontering, kontroll och återmontering

⚠ **Varning: Motorn måste vara helt kall när arbetet påbörjas.**

Demontering

1 Dra åt handbromsen. Lyft sedan upp framvagnen och ställ den på pallbockar (se *Lyftning och stödpunkter*).

2 Lossa batteriets minusledning (jord) (se *Koppla loss batteriet* mot slutet av handboken).

3 Lossa ventilationsslangen från motorns övre plastkåpa, lossa sedan kåpan från motorns överdel.

4 Skruva loss fästbultarna och ta bort värmeskyddets övre del, skruva sedan loss de nedre fästbultar och ta bort den nedre delen av avgasgrenröret **(se bilder)**.

5 Spåra tråden tillbaka från lambdasonden i grenrörets nedåtgående rör och lossa det elektriska kontaktdonet. Skruva loss de två fästmuttrarna för att lossa avgassystemets

7.4b ... ta sedan bort värmeskyddets fästbultar (markerade med pil)

7.5 Skruva loss de två fästbultarna (markerade med pil) från det främre avgasröret

b) Montera tillbaka grenröret, och dra åt bultarna jämnt till det moment som anges i Specifikationerna i början av detta kapitel.
c) Montera en ny packning på det främre röret (om ett sådant finns).
d) Kör motorn och kontrollera med avseende på avgaser.

8 Vevaxelns remskiva – demontering och montering

7.6 Skruva loss de fyra bultarna (markerade med pil) för att ta bort grenrörets nedre fästbygel

7.7 Pinnbultarna kan skruvas loss med en torxhylsa för extra spel

Varning: Remskivans och vevaxelns tidsinställningsdrev kilas inte på plats – de hålls på plats enbart av vevaxelns fästbult och tidsinställningspositionen går förlorad när bulten skruvas loss. Se till att motorn är inställd på ÖD (se avsnitt 4) innan remskivan tas bort.

Observera: Vevaxelremskivans bult sitter väldigt hårt och ett fasthållningsverktyg av något slag behövs för att förhindra att remskivan roterar när bulten skruvas loss. Ford använder ett specialverktyg (205-072/15-030A) men ett hemmagjort grenat verktyg som kan tillverkas av en tjock metallremsa med bultar i ändarna som passar i remskivans spår. Det krävs en ny fästbult och friktionsbricka till remskivan (som passar in bakom remskivan) vid återmonteringen.

Demontering

främre neråtrör från grenröret från bilens undersida **(se bild)**.
6 Skruva loss fästbultarna och ta bort avgasgrenrörets nedre fästbygel **(se bild)**.
7 Ta bort muttrarna och ta lossa avgasgrenröret och packningen. Var försiktig så att du inte skadar ömtåliga komponenter när grenrörsenheten förs ut ur motorrummet. Vid borttagning av grenröret med motorn i bilen går det att få extra mellanrum genom att skruva loss pinnbultarna från topplocket. det krävs en honhylsa av torxtyp **(se bild)**.

Kontroll

8 Rengör också fogytorna på motorblocket/vevhuset och hållaren med en skrapa för att bli kvitt alla spår av gammal packning – var försiktig så att det inte blir repor eller hack i ytorna. Avfetta sedan ytorna med något

lämpligt lösningsmedel. Kontrollera grenröret och topplocket med avseende på skevhet om packningen har läckt. Detta kanske måste göras på en bilverkstad. Slipa om det är nödvändigt.
Varning: Vid skrapning måste du vara väldigt försiktig så att du inte urholkar eller repar topplockets känsliga aluminiumyta.
9 Under förutsättning att båda fogytorna är rena är en ny packning tillräckligt för att se till att fogen blir gastät. Använd inte någon typ av tätningsmedel för avgassystem ovanför katalysatorn.

Montering

10 Montera i omvänd ordningsföljd mot demonteringen. Tänk på följande:
a) Montera en ny grenrörspackning över topplocksbultarna.

1 Lossa drivremmen. Ta antingen bort den helt eller fäst bara upp den så att den inte är i vägen för vevaxelns remskiva, beroende på vilket arbete som ska utföras (se kapitel 1).
2 Ställ motorn i ÖD (se avsnitt 4). **Observera:** Motorn får endast vridas runt i den normala rotationsriktningen – medurs från bilens högra sida.
3 Vevaxeln måste nu låsas för att förhindra rotation samtidigt som remskivans bult skruvas loss. Om du inte har tillgång till Ford-verktyget (eller om ett ersättningsverktyg inte har tillverkats) fortsätter du på följande sätt:
a) Ta bort gummipluggen från balanshjulskåpan eller, på automater, skruva los den lilla metalltäckplattan från sumpen och använd en stor skruvmejsel eller något liknande för att låsa svänghjulet/drivplattans kronhjulskuggar samtidigt som en medhjälpare lossar remskivans bult. Var försiktig så att du inte skadar kuggarna eller de omgivande gjutningarna vid användning av denna metod.
b) Om motorn/växellådan har tagits bort och separerats ska svänghjulet/drivplattan låsas med ett låsverktyg **(se bild).**
4 Skruva loss remskivans bult och ta bort remskivan. Ta loss den friktionsbricka som är monterad bakom remskivan, om tillämpligt.

Montering

5 Montera i omvänd ordningsföljd mot demonteringen. Se till att motorn inte har flyttat sig från sin inställning på ÖD (se avsnitt 4).
6 En ny fästbult måste användas **(se bild)**.

8.3 Använd ett låsverktyg för att hålla svänghjulet

8.6 Använd en ny fästskruv vid återmonteringen av remskivan

9.3 Lossa de tre fästbultarna (markerade med pil)

9.7 Lossa kablagekontaktdonet från vevaxelns lägesgivare

9.9 Skruva loss fästbultarna och flytta kylvätskeexpansionskärlet till ena sidan

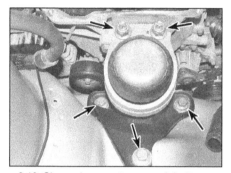

9.10 Skruva loss muttrarna och bultarna (markerade med pil) och ta bort motorfästet

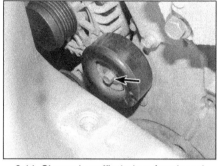

9.11 Skruva loss fästbulten (markerad med pil) och ta bort tomgångsremskivan

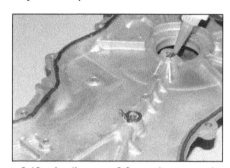

9.13a Applicera en 3,0 mm droppe med tätningsmedel runt kamkedjekåpan inklusive de inre bulthålen

Om en friktionsbricka har varit monterad bakom remskivan bör en ny användas innan remskivan återmonteras. Ford anger dessutom att det krävs en friktionsbricka om den inbyggda brickan till den nya remskivans bult är mindre än 5,5 mm tjock – konsultera din verkstads delleverantör om det krävs förtydliganden.

7 Håll remskivan (eller lås svänghjulet) med samma metod som vid demontering av bultar och dra sedan åt den nya bulten till det moment och den vinkel som anges i början av detta kapitel. En vinkelmätare rekommenderas till steg 2 för exakthet.

9 Kamkedjekåpa – demontering och montering

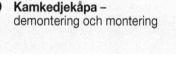

Demontering

1 Ta bort kamaxelkåpan enligt beskrivningen i avsnitt 5.
2 Dra åt handbromsen. Lyft upp framvagnen och ställ den på pallbockar (se *Lyftning och stödpunkter*). Ta bort höger framhjul och ta bort kåpan under höger hjulhus fram.
3 Lossa vattenpumpens fästbultar ungefär tre varv **(se bild)**.
4 Ta bort multiremmen (kapitel 1).
5 Ta bort servostyrningspumpen enligt beskrivningen i kapitel 10.
6 Ta bort vevaxelns remskiva (avsnitt 8).
7 Koppla loss vevaxelpositionsgivarens (CKP) kontaktdon **(se bild)**.

8 Skruva loss fästbultarna och ta bort vattenpumpens remskiva.
9 Skruva loss fästbultarna och flytta kylvätskeexpansionskärlet åt sidan, lossa den nedre kylvätskeslangen om det behövs **(se bild)**.
10 Stötta upp motorn med en garagedomkraft och en träbit under sumpen, skruva sedan loss de muttrar/bultar som håller fast motorns/växellådans högra fäste och ta bort fästet från motorn **(se bild)**.
11 Skruva loss och ta bort multiremmens tomgångsremskiva **(se bild)**.
12 Skruva loss kamkedjekåpans fästbultar (notera deras respektive placeringar) och ta bort kåpan från motorn.

Montering

13 Återmonteringen sker i omvänd ordning jämfört med demonteringen. Observera följande punkter:
a) Ta bort tätningsmedel från tidsinställningskåpan, cylinderblocket och topplockets fogytor. Rengör också fogytorna på motorblocket/vevhuset och hållaren med en skrapa för att bli kvitt alla spår av gammal packning – var försiktig så att det inte blir repor eller hack i ytorna. Avfetta sedan ytorna med något lämpligt lösningsmedel. Kontrollera fogytorna med avseende på skevhet om packningen har läckt – detta kanske måste göras på en bilverkstad.
b) Applicera en tunn sträng med silikontätningsmedel (Ford artikelnummer WSE-M4G323-A6) runt kamkedjekåpan

och bulthålen *(se bild)*. **Observera:**
Kåpan måste sättas tillbaka inom 10 minuter från det att tätningsmedlet läggs på.
c) *Dra åt kamkedjekåpans bultar till det moment som anges i början av det här kapitlet, följ den ordningsföljd som visas och observera att alla bultar dras åt till samma moment (se bild).*

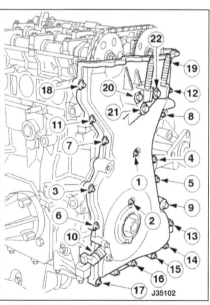

5.13b Ordningsföljd för åtdragning av kamkedjekåpan

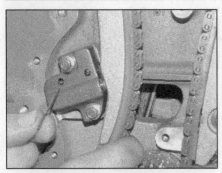

10.4 Tryck emot kamkedjestyrningen och sätt in ett låsstift (ungefär 1,5 mm)

10.6 Använd en skruvnyckel för att hålla kamaxlarna samtidigt som du skruvar loss fästbultarna

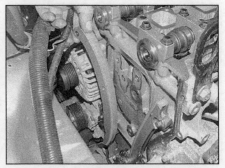

10.7a Ta bort sträckarens styrning från svängtappen. . .

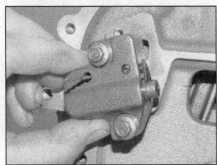

10.7b . . . skruva sedan loss fästbultarna (markerade med pil) för att ta bort den fasta styrningen

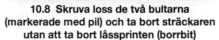

10.8 Skruva loss de två bultarna (markerade med pil) och ta bort sträckaren utan att ta bort låssprinten (borrbit)

10 Kamkedja, sträckare och styrningar – demontering, kontroll och återmontering

Demontering

1 Demontera kamaxelkåpan enligt beskrivningen i avsnitt 5.

2 Ställ motorn i ÖD enligt beskrivningen i avsnitt 4. **Observera:** *Motorn får endast vridas runt i den normala rotationsriktningen – medurs från bilens högra sida.*

3 Ta bort kamkedjekåpan enligt beskrivningen i avsnitt 9.

4 Lossa kamkedjesträckaren genom att sätta in en liten skruvmejsel i åtkomsthålet i sträckaren och lossa spärrmekanismen. Tryck mot kamkedjestyrningen för att trycka in kolven

i sträckarens hus, när den är helt intryckt sätter du in en låssprint (ungefär 1,5 mm) för att låsa kolven i sitt hoptryckta läge **(se bild)**.

5 Håll fast kamaxlarna i sexkanten på axlarna med en fast nyckel för att förhindra att de roterar.

6 Medan kamaxeln hålls i position, skruva loss kamaxeldrevets fästbultar och ta bort dreven och kamkedjan. Försök inte att vrida runt vevaxeln innan kamkedjan har återmonterats **(se bild)**.

7 Lossa den fasta kamkedjestyrningen och ta bort sträckarens kamkedjestyrning från dess svängtapp på topplocket om det behövs **(se bilder)**.

8 Lossa de två fästskruvarna och ta bort kamkedjesträckaren från motorblocket för att ta bort sträckaren men var försiktig så att du inte tar bort låsstiftet **(se bild)**.

9 För att ta bort kamkedjedrevet från vevaxeln måste oljepumpens drivkedja tas bort enligt beskrivningen i avsnitt 15. Markera drevet; på så vis kan du vara säker på att du sätter tillbaka den på rätt sätt.

Kontroll

Observera: *Se till att alla komponenter identifieras för placering för att säkerställa korrekt återmontering.*

10 Rengör alla komponenter grundligt och torka dem.

11 Undersök kedjespännaren och spännarens styrning med avseende på onormalt slitage eller andra skador. Kontrollera att styrningarna inte har några djupa spår som orsakats av kamkedjan.

12 Kontrollera om kamkedjan är sliten. Håll den horisontellt och kontrollera hur mycket rörelse det finns i kedjelänkarna. Om du är osäker, jämför den med en ny kedja. Byt om det behövs.

13 Undersök kuggarna på kamaxel- och vevaxeldreven med avseende på onormalt slitage.

14 Innan kamkedjesträckaren återmonteras måste kolven tryckas ihop och låsas tills den återmonteras (om detta inte gjordes redan vid demonteringen). För att göra detta sätter du in en liten skruvmejsel i åtkomsthålet i sträckaren och lossar spärrmekanismen. Fäst sträckaren lätt i ett skruvstäd med mjuka klämbackar och tryck ihop kolven långsamt. Använd inte för mycket kraft och se till att kolven förblir i linje med sin cylinder. När den är helt hoptryckt sätter du in en låssprint/trådstav med 1,5 mm i diameter i det speciella hålet för att låsa kolven i sitt hoptryckta läge.

Montering

15 Om det inte redan är monterat för du på vevaxeldrevet (och bricka om en sådan finns) på vevaxeln. Se till att den monteras tillbaka på samma sätt som noterades vid demonteringen (se avsnitt 15 för ytterligare information om återmontering av oljepumpens drivkedja).

16 Montera tillbaka sträckaren på motorblocket och dra åt fästbultarna till angivet moment. Var försiktig så att du inte tar bort låssprinten **(se bild)**.

17 Montera tillbaka kamkedjestyrningen och dra åt de två fästbultarna, för sedan tillbaka kamkedjestyrningens sträckare på plats på den övre svängtappen **(se bild)**.

10.16 Montera tillbaka kamkedjesträckaren (fortfarande i låst läge) på motorblocket

10.17 Återmontering av kamkedjestyrningen på motorn

10.19 Montera tillbaka kamaxeldreven, tillsammans med kamkedjan

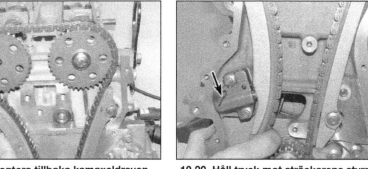

10.20 Håll tryck mot sträckarens styrning och ta bort sträckarens låsstift (markerad med pil)

10.22 Använd en öppen skruvnyckel på sexkanten på kamaxlarna för att förhindra att de roterar

18 Montera tillbaka insugskamaxelns drev på kamaxeln. Dra INTE åt kamaxeldrevets fästbultar på det här stadiet.
19 Montera tillbaka kamkedjan och drevet med kamkedjan runt avgaskamaxeldrevet, mata kamkedjan runt vevaxeldrevet och insugskamaxelns drev **(se bild)**.
20 Håll tryck på sträckarens styrning och ta bort sträckarens låssprint med kamkedjan på plats. Detta spänner sedan kamkedjan **(se bild)**.
21 Kontrollera att motorn fortfarande är ställd på ÖD (enligt beskrivningen i avsnitt 4).
22 Dra åt kamaxeldrevets fästbultar till angivet moment i specifikationerna i början av detta kapitel. **Observera:** *Använd en fast nyckel på sexkanten på kamaxlarna för att förhindra att de vrids runt* **(se bild)**.
23 Återmontera kamkedjekåpan enligt beskrivningen i avsnitt 9.

24 Ta bort kamaxelns låsplatta och vevaxelns inställningsstift och vrid runt motorn (i motorns rotationsriktning) två hela varv. Montera tillbaka kamaxelns låsplatta och inställningsstift för att se till att motorn fortfarande är satt till ÖD (se avsnitt 4 för ytterligare information).
25 Montera tillbaka kamaxelkåpan enligt beskrivningen i avsnitt 5.

11 Kamaxlar och ventillyftare – demontering, kontroll och återmontering

Demontering

1 Demontera kamaxelkåpan enligt beskrivningen i avsnitt 5.

2 Ta bort inställningshålets plugg och sätt in inställningsstiftet för att placera vevaxeln på ÖD (303-507 – kan erhållas från Ford-verkstäder eller från en verktygsleverantör). Se avsnitt 4 för ytterligare information.
3 Ta bort kamkedjekåpans nedre och övre täckpluggar för att komma åt kamkedjesträckaren och kamkedjestyrningen **(se bilder)**.
4 Lossa kamkedjesträckaren genom att sätta in en liten skruvmejsel i det nedre åtkomsthålet i kamkedjekåpan och lossa spärrmekanismen i sträckaren **(se bild)**.
5 Vrid försiktigt runt avgaskamaxeln (med en fast nyckel på sexkanten på axeln) i den normala rotationsriktningen för att lossa kamkedjesträckaren **(se bild)**.
6 Håll avgaskamaxeln i position, sätt in en bult (M6 x 25 mm) i det övre åtkomsthålet i kamkedjekåpan för att låsa sträckarens styrskena på plats **(se bild)**.
7 Lossa kamaxeldrevets fästbultar när kamaxeln hålls i läge (med en fast nyckel på axeln sexkantsyta).
8 Använd ett buntband eller liknande och fäst kamkedjan på kamaxeldreven.
9 Ta bort kamaxeldrevets fästbultar och ta bort dreven komplett med kamkedjan från kamaxeln. Använd ett lämpligt stycke tråd för att fästa dreven och kamkedjan för att förhindra att de faller in i kamkåpan.
10 Arbeta i den ordningsföljd som visas

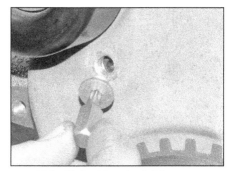

11.3a Ta bort kamkedjekåpan . . .

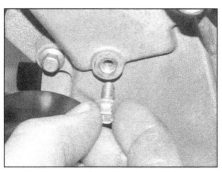

11.3b . . . och de övre täckpluggar

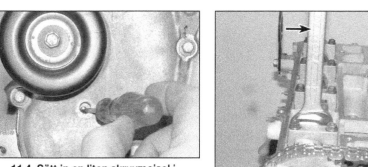

11.4 Sätt in en liten skruvmejsel i det nedre åtkomsthållet för att lossa kamkedjesträckaren

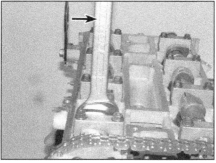

11.5 Vänd avgaskamaxeln i pilens riktning för att lossa kamkedjesträckaren

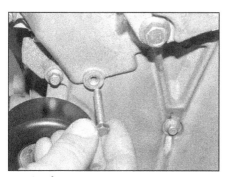

11.6 Håll avgaskamaxeln, sätt in en bult för att låsa sträckarens styrskena

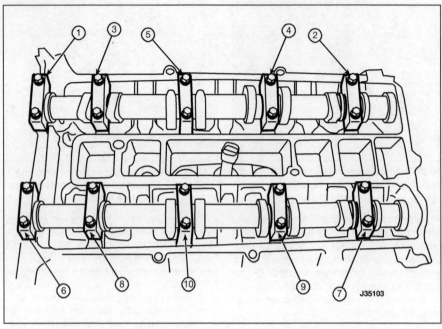

11.10 Ordningsföljd för att lossa bultarna till kamaxellageröverfallen

(se bild), lossa kamaxellageröverfallets bultar stegvis med ett halvt varv åt gången. Arbeta enligt beskrivningen så att trycket av ventilfjädrarna mot överfallen minskas gradvis och jämnt.

11 Ta bort kamaxelns lageröverfall och notera märkena, ta sedan bort kamaxlarna. Insugskamaxlarna känns igen på referensnocken för kamaxelns positionsgivare; därför finns det inget behov att märka kamaxlarna (se bilder).

12 Ta 16 små, rena plastbehållare och numrera dem 1 till 16. Använd en gummipipett för att ta bort varje ventillyftare i tur och ordning och placera dem i behållarna. Byt inte ut ventillyftarna mot varandra eftersom de är av olika storlek. mellanlägget är en del av ventillyftaren (se bilder). Det finns ventillyftare av olika storlekar vid slitage på ventilerna eller reparation på topplocksenheten.

Kontroll

13 När kamaxlarna och ventillyftare har demonterats, är det lämpligt att kontrollera slitaget (repor, gropar etc.) och eventuell ovalitet. Byt dem om så behövs.

14 Mät varje ventillyftares ytterdiameter (se bild) – vidta åtgärder upptill och nertill på varje ventillyftare, sedan en andra uppsättning med rät vinkel mot den första Om något av måtten avviker betydligt från de andra är ventillyftaren konisk eller oval och måste bytas ut. Mät den inre diametern på respektive topplockslopp om nödvändig utrustning finns tillgänglig. Om ventillyftarna eller topplocksloppen är överdrivet slitna behövs nya ventillyftare och/eller ett nytt topplock.

15 Undersök kamaxlarnas nockar och titta efter repor, gropbildning eller spår av skärning (gnidningsslitage) och överhettning (blå, missfärgade partier). Sök efter områden där lobernas ytlager kan ha flagnat (se bild). Byt komponenten om den uppvisar något av dessa tecken.

16 Undersök om kamaxellagertapparna och topplockets lagerytor visar spår av slitage eller gropbildning. Byt komponenten om den uppvisar något av dessa tecken.

17 Använd en mikrometer och mät varje

11.11a Observera identifieringsmärkena (markerade med pil) på kamaxelageröverfallen. . .

11.11b . . . och referensnocken (markerad med pil) på insugskamaxeln till positionsgivaren

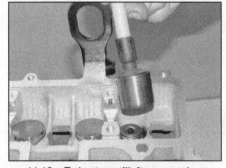

11.12a Ta bort ventillyftaren med en gummisugkopp

11.12b Observera tjockleksnumret under ventillyftaren. Det finna andra storlekar

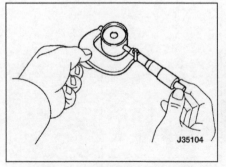

11.14 Mät ventillyftarnas tjocklek med en mikrometer

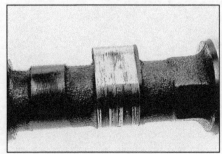

11.15 Kontrollera kamloberna med avseende på punktkorrosion, slitage och sprickmärken – detta är omfattande sprickor

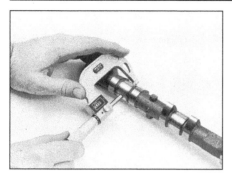

11.17 Mät varje axeltapps diameter med en mikrometer

11.18a Lägg en remsa Plastigauge på varje kamaxeltapp

11.18b Jämför den krossade Plastigaugens bredd med omslaget

axeltapps diameter på flera ställen **(se bild)**. Om en mätning skiljer sig betydligt från de övriga ska kamaxeln bytas.

18 För att kontrollera lagertappens löpande lagerspel använder du ett lämpligt lösningsmedel och en ren luddfri trasa för att rengöra alla lagerytor noggrant, sedan monterar du tillbaka kamaxlarna och lageröverfallen med en sträng Plastigauge över varje tapp **(se bild)**. Dra åt lageröverfallens bultar till angivet moment (rotera inte kamaxlarna), ta sedan bort lageröverfallen och använd den skala som finns för att mäta de hoptryckta trådarnas bredd **(se bild)**. Skrapa av Plastigauge med fingernageln eller kanten på ett kreditkort – repa eller böj inte tapparna eller lageröverfallen.

19 Om ett lagers löpande lagerspel befinns vara slitet utanför de specificerade slitagegränserna ska en ny kamaxel monteras och kontrollen upprepas. Är spelet fortfarande för stort måste topplocket bytas.

20 Ta bort ventillyftarna, rengör lagerytorna omsorgsfullt och montera tillbaka kamaxlarna och lageröverfallen för att kontrollera kamaxelns axialspel. Dra åt lageröverfallets bultar till angivet moment. Kontrollera sedan axialspelet med hjälp av en mätklocka, fästad på topplocket så att dess spets vilar mot kamaxelns högra ände.

21 Knacka försiktigt in kamaxeln så långt det går mot mätklockan, nollställ denna och knacka därefter bort kamaxeln så långt som möjligt i riktning från mätaren. Anteckna mätvärdet. Om det uppmätta axialspelet uppnår eller överskrider angiven gräns, montera en ny kamaxel och upprepa mätningen. Är spelet fortfarande för stort måste topplocket bytas.

Montering

22 Olja frikostigt in topplockets ventillyftarhål och ventillyftarna vid hopsättningen **(se bild)**. Sätt försiktigt tillbaka lyftarna på topplocket och se till att varje lyftare sätts tillbaka i det ursprungliga loppet. Det krävs lite lirkande för att lyckas passa in ventillyftarna rätt i sina lopp.

23 Vrid tillbaka motorn ungefär 45° så att det inte finns några kolvar längst upp i cylindrarna.

24 Smörj kamaxellagren och nockarna frikostigt **(se bild)**. Se till att varje kamaxel

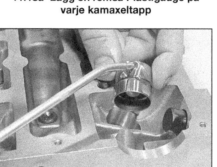

11.22 Smörj rikligt vid återmontering av de hydrauliska ventillyftarna

har sin ursprungliga placering, sätt tillbaka kamaxlarna och placera dem så att skåran i den vänstra änden är i princip parallell med, och precis ovanför, topplockets fogyta.

25 Alla kamaxellageröverfall har ett identifieringsnummer och en bokstav inetsad. Avgaskamaxelns lageröverfall är numrerade i ordningsföljden E1 till E5 och insugskamaxelns lageröverfall I1 till I5 **(se bild 11.11a)**.

26 Dra åt kamaxellageröverfallens bultar långsamt och med ett varv i sänder och se till

11.24 Applicera ren motorolja på kamloberna och axeltapparna innan en kamaxel återmonteras

att varje överfall hålls i rät vinkel mot topplocket när det dras åt och arbeta i den sekvens som visas **(se bild)** tills varje överfall kommer i kontakt med topplocket. Gå därefter varvet runt i samma ordningsföljd ännu en gång och dra åt bultarna till angivet moment för steg . Gör sedan om samma arbetsgång och dra åt dem till momentet för steg. Arbeta enligt beskrivningen så att trycket av ventilfjädrarna mot överfallen ökas gradvis och jämnt.

27 Montera kamaxelns inställningsverktyg –

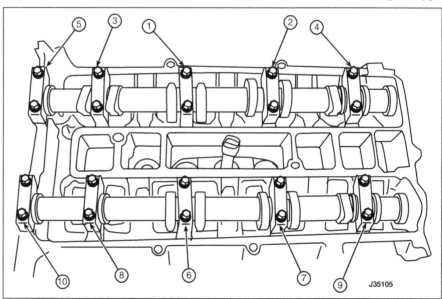

11.26 Ordningsföljd för att åtdragning av bultarna till kamaxellageröverfallen

**11.27 Montera kamaxelinställnings-
verktyget för att ställa ÖD-läget**

**12.3 Mät spelet mellan kamlobens bas och
ventillyftaren med ett bladmått**

**12.6 Ventillyftaren har ett nummer graverat
på insidan**

det bör glida på plats enligt beskrivningen i avsnitt 4 **(se bild)**.
28 Montera tillbaka kamaxeldreven, tillsammans med kamkedjan, på kamaxelns ände. Dra INTE åt kamaxeldrevets fästbultar på det här stadiet. Ta bort buntbanden från kamkedjan och kamaxeldreven.
29 Ta bort låsbulten till sträckarens styrskena från det övre åtkomsthålet i kamkedjekåpan. Det kan vara nödvändigt att hålla lite tryck mot sträckarens styrskena för att ta bort låsbulten.
30 Vrid runt motorn (i rotationsriktningen) ungefär 45° till ÖD. Se avsnitt 4 för ytterligare information.
31 Dra åt kamaxeldrevets fästbultar till angivet moment när kamaxeln hålls på plats (genom att använda en fast nyckel på axelns sexkant).
32 Ta bort kamaxelns inställningsverktyg och vevaxelns inställningsstift och dra runt motorn två hela varv (i motorns rotationsriktning – medurs eller mot bilens front). Montera tillbaka kamaxelns inställningsverktyg och inställningsstift för att se till att motorn fortfarande är satt till ÖD (se avsnitt 4 för ytterligare information).
33 Montera tillbaka kamkedjekåpan och sänk ner täckpluggarna – bestryk täckpluggarna med ett lämpligt tätningsmedel för att förhindra läckor.
34 Montera tillbaka kamaxelkåpan enligt beskrivningen i avsnitt 5.

12 Ventilspel – kontroll och justering
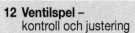

Kontroll

1 Demontera kamaxelkåpan enligt beskrivningen i avsnitt 5.
2 Ställ motorn i ÖD på cylinder nr 1 enligt beskrivningen i avsnitt 4. Insugs- och avgaskamloberna i cylinder nr 1 pekar uppåt (men inte vertikalt) och ventilspelen kan kontrolleras.
3 Arbeta på varje ventil, mät spelet mellan kamaxelnockens bas och ventillyftarna med bladmått **(se bild)**. Notera vilken bladtjocklek som krävs för att få en fast glidmontering

på alla ventiler till cylinder nr 1. Spelen anges i Specifikationerna. Observera att spelen för insugs- och avgasventiler är olika. Insugskamaxeln sitter framtill på motorn och avgaskamaxeln baktill. Notera alla fyra spelen.
4 Vrid nu vevaxeln 180° medurs så att ventilerna i cylinder nr 3 pekar uppåt. Kontrollera och notera de fyra ventilspelen för cylinder nr 3. Spelen för cylinder 4 och 2 kan kontrolleras varje gång som vevaxeln har dragits runt 180°.

Justering

Observera: *Att låta ventillyftarna byta plats mellan placeringarna för att korrigera ventilspelen ökar slitaget på grund av att komponenterna inte överensstämmer.*
5 Om det krävs justering måste ventillyftarna bytas genom att kamaxlarna tas bort enligt beskrivningen i avsnitt 11.
6 Om ventilspelet var för litet måste en tunnare ventillyftare monteras. Om ventilspelet i stället är för stort måste ventillyftaren bytas mot en tjockare. Ventillyftaren har ett nummer graverat på insidan **(se bild)**. Om märket saknas eller är oläsligt krävs det en mikrometer för att fastställa ventillyftarens tjocklek.
7 När du känner till ventillyftarnas tjocklek och ventilspelet går det att beräkna den nya ventillyftarens tjocklek på följande sätt:

Räkneexempel – för litet spel

Önskat spel (A) = 0,25 mm
Uppmätt spel (B) = 0,20 mm
Ventillyftarnas
 tjocklek hittad (C) = 2,55 mm
Nödvändig
 tjocklek (D) = C + B − A = 2,50 mm

Räkneexempel – för stort spel

Önskat spel (A) = 0,30 mm
Uppmätt spel (B) = 0,36 mm
Ventillyftarnas
 tjocklek hittad (C) = 2,19 mm
Nödvändig
 tjocklek (D) = C + B − A = 2,25 mm

8 Montera tillbaka kamaxlarna enligt beskrivningen i avsnitt 11 med ventillyftare av korrekt tjocklek monterade i topplocket.
9 Kontrollera ventilspelet enligt beskrivningen i punkterna 2 till 4. Om några spel fortfarande

inte är inom specifikationerna utför du justeringen igen.
10 Anteckna gärna tjockleken hos distansbrickan på varje plats, det underlättar framtida justeringar. De ventillyftare som krävs för framtida ventilspelsinställning kan köpas i förväg när väl spelet och de befintliga ventillyftartjocklekarna är kända.
11 När alla spel är korrekta monterar du tillbaka kamaxelkåpan enligt beskrivningen i avsnitt 5.

13 Topplock – demontering och montering

Demontering

1 Öppna motorhuven och lossa batteriets minusledning (jord) (se *Koppla loss batteriet* mot slutet av handboken) med bilen parkerad på plan mark.
2 När du lossar vakuumledningar, kylvätske- och emissionsslangar, kabelanslutningar, jordremsor och bränsleledningar som en del av följande tillvägagångssätt måste de alltid märkas tydligt så att de kan sättas ihop korrekt.

 Maskeringstejp och/eller bättringslackapplikator fungerar bra för märkning av objekt. Ta digitalbilder eller skissa delarnas och fästbyglarnas placering.

3 Dränera kylsystemet enligt beskrivningen i kapitel 1.
4 Demontera insugsgrenröret enligt beskrivningen i avsnitt 6.
5 Ta bort avgasgrenröret och värmeskydden enligt beskrivningen i avsnitt 7.
6 Demontera kamaxelkåpan enligt beskrivningen i avsnitt 5.
7 Ta bort kamkedjan och dreven enligt beskrivningen i avsnitt 10.
8 Släpp trycket i bränslesystemet enligt metod 2 eller 3 som beskrivs i kapitel 4A, avsnitt 2.
9 Lossa bränslematningsröret från

bränslefördelarskenan **(se bild)** – se kapitel 4A för mer information. Plugga igen eller sätt lock på alla öppna beslag för att förhindra att smuts tränger in etc.

10 Lossa kylvätskeslangarna från kylvätskehuset på topplockets vänstra ände **(se bild)**.

11 Lossa och ta bort den övre fästbulten från generatorn **(se bild)**.

12 Lossa bulten som håller fast jordledningen och lossa den från topplocket över generatorenheten **(se bild)**.

13 Demontera kamaxlarna och ventillyftarna enligt beskrivningen i avsnitt 11.

14 Arbeta i den ordningsföljd som visas (se bild) och lossa de tio topplocksbultarna stegvis och med ett varv åt gången. Ta bort varje bult i tur och ordning och se till att det finns nya bultar för hopsättningen. Dessa bultar utsätts för mycket stora påfrestningar och måste därför alltid bytas ut, oberoende av vilket skick de verkar vara i, varje gång de rubbas.

15 Gör en sista kontroll för att se att ingenting fortfarande är anslutet till topplocket och att ingenting är i vägen för att ta bort det. Lyft av topplocket. Ta hjälp om möjligt, topplocket är tungt. Ta bort packningen och kassera den, observera stiftens placering.

Montering

16 Topplockets och motorblockets fogytor måste vara helt rena innan topplocket sätts tillbaka. Ta bort alla packningsrester och allt sot med en plast- eller treskrapa; och rengör även kolvkronorna. Var mycket försiktig, eftersom aluminiumlegeringen lätt kan skadas. Se dessutom till att sotet inte kan komma in i olje- och vattenkanalerna – detta är särskilt viktigt för smörjningssystemet eftersom sot kan blockera oljetillförseln till någon av motorns komponenter. Försegla vattenkanaler, oljekanaler och bulthål i motorblocket med tejp och papper. Rengör alla kolvarna på samma sätt.

13.9 Lossa bränslematningsröret från bränslefördelarskenan

13.11 Ta bort den övre fästbulten från generatorfästet

> **HAYNES TiPS**
> *Lägg lite fett i springan mellan kolvarna och loppen för att hindra sot från att tränga in. Använd en liten borste när alla kolvar är rengjorda, för att ta bort alla spår av fett och kol från öppningen. Torka sedan bort återstoden med en ren trasa.*

17 Kontrollera motorblockets och topplockets fogytor efter hack, djupa repor och andra skador. Vid onormalt slitage

13.10 Lossa slangarna från kylarhuset

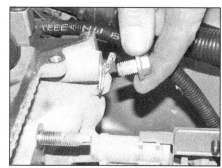

13.12 Lossa jordledningen från topplocket

kan bearbetning vara det enda alternativet till byte.

18 Kontrollera topplockspackningens yta med en stållinjal om den misstänks vara skev. Se del C i detta kapitel om det behövs.

19 Torka rent topplockets och motorblockets fogytor. Kontrollera att styrstiften är på plats i motorblocket och att alla topplockets bulthål är fria från olja.

20 Placera en ny packning över stiften på motorblockets yta, se till att det monteras korrekt. Den trapetsformade kuggen (2,0-liters motorer) eller de två trapetsformade kuggarna (1,8-liters motor) som sticker ut från en av packningens kanter pekar mot bilens bakdel **(se bild)**.

21 Rotera vevaxeln moturs så att kolven i cylinder nr 1 sänks till ungefär 20 mm före ÖD och undvik därigenom risken för kontakt ventil/kolv och skador under hopsättningen.

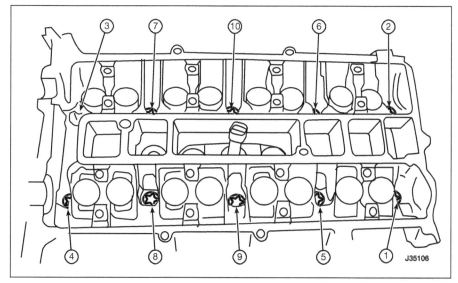

13.14 Ordningsföljd för att lossa topplocksbultarna

13.20 Observera den trapetsformade kuggen (markerad med pil) baktill på topplockspackningen (2,0-liters motor)

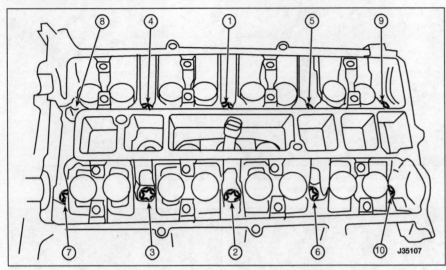

13.23a Dra åt topplocksbultarna i den ordningsföljd som visas

22 Montera tillbaka topplocket och placera det på stiften. Montera nya topplocksbultarna; sätt försiktigt in var och en av dem i sitt hål och skruva in för hand och dra åt med bara fingrarna.

23 Arbeta stegvis och i den ordningsföljd som visas, använd först en momentnyckel, sedan ett vanligt förlängningsskaft och en vinkelmätare för att dra åt topplocksbultarna (se bilder). Detta slutförs i steg som finns i specifikationsavsnittet i början av detta kapitel. Observera: När topplocksbultarna har dragits åt korrekt enligt detta tillvägagångssätt behöver de inte efterdras och de får inte momentdras igen.

24 Montera tillbaka lyftarna, kamaxlarna, och kamkedjan enligt beskrivningen i avsnitt 10 och 11.

25 Återstoden av hopsättningen görs i omvänd ordning jämfört med demonteringen, observera följande punkter:

a) Se tillvägagångssättet för återmontering i relevant avsnitt och dra åt alla muttrar och bultar till de angivna åtdragningsmomenten.

b) Fyll på kylsystemet, och fyll på olja.

c) Starta motorn och låt den uppnå normal arbetstemperatur. Leta sedan efter kylvätskeläckage vid alla fogar och skarvar som rubbats.

14 Sump – demontering och montering

Demontering

1 Lossa och ta bort motorns övre skyddskåpa.

2 Ta bort luftrenarenheten och lufttrumman enligt beskrivningen i kapitel 4A.

3 Dra ut oljemätstickan, ta sedan bort den övre skruven till oljemätstickans rör.

4 Lossa alla bultar som håller fast växellådan på motorn som går att komma åt uppifrån ungefär 10 mm – ta inte bort dem helt.

5 Lossa vänster framhjulsmuttrar. Dra åt handbromsen. Lyft sedan upp framvagnen och ställ den på pallbockar (se *Lyftning och*

stödpunkter). Ta bort det vänstra framhjulet.

6 Tappa av motoroljan, rengör sedan och montera tillbaka motorns oljedräneringsplugg, dra åt den till angivet moment. Observera: *Om dräneringspluggen är skadad kommer det att behövas en ny plugg.* Även om det inte är nödvändigt för själva isärtagningen, är det ändå lämpligt att skruva loss och kasta oljefiltret, så att det kan bytas samtidigt med oljan (se kapitel 1).

7 Skruva loss mätstickrörets nedre fästbultar, och ta bort röret från motorn. Byt O-ringen längst ner i oljemätstickans rör vid hopsättningen.

8 Ta bort det främre vänstra hjulhusfodret som hålls fast av totalt nio fästanordningar.

9 Ta bort motorns bakre fästlänk, se avsnitt 20 om det behövs. Om du tar bort det bakre fästet ökar motorns rörelser men motorn får fortfarande stöd på sitt högra och vänstra fäste. De vänstra fästbultarna måste dock sedan lossas och det är lämpligt att placera en solid garagedomkraft under växellådan innan detta görs. Om det är tillgänglig, använd ett stödstag för att hänga upp motorn (se bild).

10 Använd en domkraft som är placerad under för säkerhetsskull och lossa fästets vänstra bultar från växellådan bara några varv. Ta inte bort bultarna – det är ytterst viktigt för säkerheten att de förblir tillräckligt monterade för att stötta upp växellådan. För att flytta sumpen måste växellådan separeras delvis från motorn och detta är möjligt om fästbultarna lossas.

11 Arbeta nerifrån och lossa eventuellt återstående bultar som håller fast växellådan på motorn ungefär 10 mm – återigen, ta inte bort dem helt.

12 I modeller med automatväxellåda tar du bort starmotorn enligt beskrivningen i kapitel 5A. Ta bort gummikåpan från balanshjulskåpan för att komma åt de fyra muttrarna som håller fast momentomvandlaren på drivplattan – dra runt motorn med en skruvnyckel på vevaxelremskivan tills det går att komma åt var och en av muttrarna och skruva loss dem en och en.

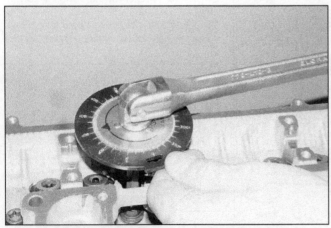

13.23b Använd en vinkelmätare för de slutliga stegen

14.9 En stödstång är bästa sättet att hänga upp motorn/växellådan för demontering av sumpen

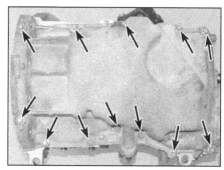

14.15a Skruva loss sumpens fästbultar (markerade med pil) . . .

13 Ta bort raden med fyra bultar på kamkedjekåpans bas på motorns kamkedjeände.

14 Dra försiktigt bort växellådan från motorn ungefär 8 mm och håll domkraften under växellådan som en försiktighetsåtgärd.

 Om sumpen sitter fast tar du bort dräneringspluggen och använder sedan en kraftig skruvmejsel *(inlindad i en trasa eller kartong för att skydda dräneringspluggens gängor) i dräneringspluggens hål som ett verktyg för att bända upp pluggen.*

15 Skruva loss sumpens fästskruvar stegvis, inklusive de fyra skruvarna mellan sumpen och växellådan **(se bilder)**. Använd en skrapa eller ett annat bredbladat verktyg för att bryta upp tätningsmedlet runt sumpen och var försiktig så att inte sumpens och motorblockets fogytor skadas. Det är inte lämpligt att bända mellan fogytorna eftersom detta kan leda till en läcka.

16 Sänk ner sumpen och ta bort den med motorn/växellådan.

Montering

17 Rengör och avfetta motorblockets/vevaxelns och sumpens fogytor grundligt vid hopsättningen och använd sedan en ren trasa för att torka ur sumpen.

18 Stryk på en droppe tätningsmedel med 3 diameter (Ford nr. WSE-M4G323-A4, eller liknande) på sumptråget, på insidan av bulthålen **(se bild)**. **Observera:** *Sumpen måste sättas tillbaka inom 5 minuter från det att tätningsmedlet läggs på.*

19 Passa in sumpen och sätt in fästbultarna, dra inte åt dem på det här stadiet.

20 Använd en stållinjal, rikta in sumpen mot motorblocket på kamkedjeänden. Dra åt fästbultarna till angivet moment stegvis i den ordningsföljd som visas med sumpen hållen på plats **(se bilder)**.

21 Montera tillbaka bultarna som håller fast sumpen på växellådan och dra åt dem till angivet moment.

22 Dra åt alla bultar som håller fast växellådan på motorn underifrån till angivet moment.

23 Dra åt fästbultarna till det vänstra

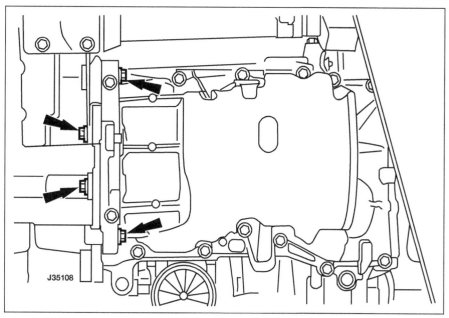

14.15b . . . och de fyra bultar mellan sumpen och växellådan

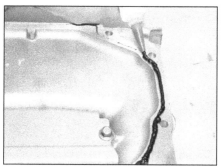

14.18 Applicera en 3.0 mm bred sträng av tätningsmedel på sumpens fläns

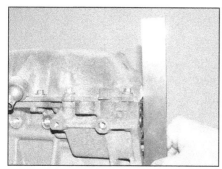

14.20a Använd en stållinjal för att rikta in sumpen mot motorblocket

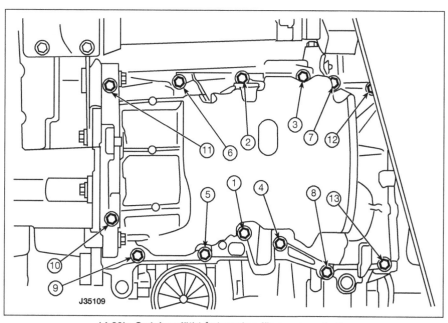

14.20b Ordningsföljd åtdragning för sumpens bultar

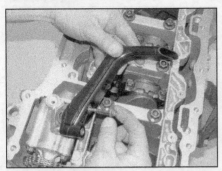

15.3 Ta bort de två bultar som håller fast oljeupptagarröret på pumpen

15.4 Skruva loss fästbultarna (markerade med pil), och ta bort kedjestyrningen och sträckaren

15.5 Håll oljepumpens drev samtidigt som du skruvar loss dess fästbult

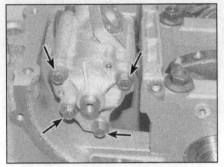

15.7 Skruva loss de fyra fästbultarna (markerade med pilar) för att ta bort oljepumpen

15.11 Använd en av fästbultarna för att placera den nya packningen på oljepumpen

15.12 Montera en ny O-ring (markerad med pil) på oljeupptagarröret

motorfästet till angivet moment. Montera tillbaka motorns bakre fästlänk och dra åt muttrarna/bultarna till angivet moment. Ta bort garagedomkraften under växellådan.

24 I modeller med automatväxellåda monterar du tillbaka muttrarna som håller fast momentomvandlaren på drivplattan och drar åt dem till angivet moment. Montera tillbaka startmotorn enligt beskrivningen i kapitel 5A.

25 Montera tillbaka och dra åt kamkedjekåpans nedre bultar till angivet moment.

26 Montera tillbaka oljemätstickans rör i sumpen, använd en ny O-ring. Sätt dit och dra åt rörets nedre fästbult.

27 Montera tillbaka vänster hjulhusfoder, montera sedan tillbaka vänster framhjul och sänk ner bilen. Dra åt hjulmuttrarna till angivet moment.

28 Dra åt alla bultar som håller fast växellådan på motorn som går att komma åt till angivet moment.

29 Montera tillbaka och dra åt den övre bulten till oljemätstickans rör och montera sedan tillbaka mätstickan.

30 Montera tillbaka luftrenaren och lufttrumman enligt beskrivningen i kapitel 4A.

31 Låt det tätningsmedel som används på sumpen härda tillräckligt länge innan motorolja fylls på.

32 Montera ett nytt oljefilter om det har demonterats och fyll sedan på motorn med olja enligt beskrivningen i kapitel 1A.

33 Kontrollera med avseende på tecken på oljeläckor när motorn har startats om och värmts upp till normal arbetstemperatur.

15 Oljepump – demontering, kontroll och återmontering

Observera: *I teorin är den här åtgärden möjlig när motorn är monterad i bilen. I praktiken kräver åtgärden så mycket förebyggande isärtagning och är så svår att utföra på grund av den begränsade åtkomligheten att motorn först bör tas bort från bilen. Alla bilder som används i detta avsnitt är med motorn uttagen ur bilen och motorn upp och ner på en arbetsbänk.*

Demontering

1 Ta bort kamkedjan enligt beskrivningen i avsnitt 10.

2 Demontera sumpen enligt beskrivningen i avsnitt 14.

3 Lossa de två bultar som håller fast oljepumpens oljeupptagarrör på pumpen **(se bild)**. Kassera O-ringen/packningen.

4 Skruva loss de två fästbultar och ta bort oljepumpens kedjestyrning, skruva sedan loss fästbulten och ta bort kedjesträckaren **(se bild)**.

5 Håll fast oljepumpens drev för att förhindra att de roterar och lossar drevets fästbult **(se bild)**.

6 Skruva loss bulten och ta bort oljepumpsdrevet tillsammans med oljepumpens drivkedja.

7 Skruva loss pumpen från motorblocket/vevhuset **(se bild)**. Ta loss och kasta packningen.

Kontroll

8 I skrivande stund fanns det ingen information om demontering av oljepumpen. Om oljepumpen är defekt måste hela pumpen bytas. Om motorn byggs om efter att ha körts en väldigt lång körsträcka är det lämpligt att montera en ny oljepump i alla fall.

Montering

9 Rengör och avfetta alla delar noggrant, särskilt fogytorna på pumpen, sumpen och motorblocket/vevhuset. Rengör också fogytorna på motorblocket/vevhuset och hållaren med en skrapa för att bli kvitt alla spår av gammal packning – var försiktig så att det inte blir repor eller hack i ytorna. Avfetta sedan ytorna med något lämpligt lösningsmedel.

10 Oljepumpen måste flödas när den sätts tillbaka. Häll ren motorolja i den och vrid den inre pumpskivan några varv.

11 Montera den nya packningen på plats på oljepumpen med en av fästbultarna för att placera den, montera tillbaka pumpen på motorblocket/vevhuset och sätt in fästbultarna, dra åt dem till angivet moment **(se bild)**.

12 Montera den nya O-ringen/packningen på plats, montera tillbaka pumpen och dra åt dess fästbultar ordentligt **(se bild)**.

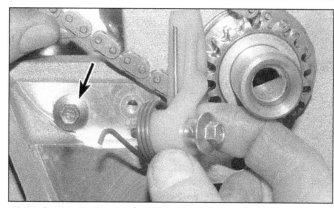

15.13 Rikta in de plana ytorna (markerade med pilar) på oljepumpens drivaxel och oljepumpsdrevet vid återmonteringen

15.14 Se till att fjädern på sträckaren är fastkrokad bakom bulten (markerad med pil) för att spänna kedjan

13 Montera tillbaka oljepumpens drivkedja helt med oljepumpsdrevet **(se bild)** och dra åt fästbulten till angivet moment. Håll oljepumpens drev (med samma metod som vid demontering) för att förhindra att det roterar vid åtdragning av drevets fästbult.
14 Montera tillbaka oljepumpskedjans sträckare på motorblocket, se till att fjädern sitter korrekt **(se bild)**. Dra åt fästbulten till angivet moment.
15 Montera tillbaka oljepumpens kedjestyrning på motorblocket och dra åt de två fästbultarna till angivet moment.
16 Montera tillbaka kamkedjan enligt beskrivningen i avsnitt 10.
17 Montera sumpen enligt beskrivningen i avsnitt 14.

16 Oljefilterhus – demontering och montering

1 Tappa av kylsystemet (se kapitel 1).
2 Om oljefilterelementet kräver byte skruvar du loss oljefilterlocket från filterhuset (se kapitel 1A) – samla upp eventuell olja som kommer ut i ett droppträg.
3 Lossa kontaktdonet från oljetryckskontakten på filterhuset. **Observera:** *En separat oljekylare kan vara fastbultad på oljefilterhuset i en del modeller och den har två kylvätskeslangar som går till den. Lossa de två kylvätskeslangarna*

från oljekylaren, lossa fästbulten och ta bort oljekylaren från filterhusets överdel om det behövs. Byt O-ringstätningen vid återmonteringen.
4 Skruva loss fästbultarna från filterhuset och ta bort huset från motorblocket **(se bild)**, var beredd på vätskespill Kasta packningen.
5 Ta bort eventuella packnings- eller tätningsrester ordentligt från motorblockets och oljefilterhusets fogytor vid hopsättningen.
6 Montera i omvänd ordningsföljd mot demonteringen. Tänk på följande:
a) Byt alla packningar **(se bild)***, O-ringar och tätningar som har rörts.*
b) Dra åt husets fästbultar till angivet moment.
c) Fyll på kylsystemet (se kapitel 1).
d) Montera tillbaka (eller byt) oljefiltret, kontrollera sedan motoroljenivån och fyll på så mycket som krävs (se Veckokontroller).
e) Kontrollera med avseende på täcken på olje- eller kylvätskeläckor när motorn har startats om och värmts upp till normal arbetstemperatur.

17 Brytare till varningslampa för oljetryck – demontering och montering

Demontering

1 Strömställaren är fastskruvad i oljefilterhuset på motorblockets främre del **(se bild)**.

2 Öppna motorhuven och lossa batteriets minusledning (jord) (se *Koppla loss batteriet* mot slutet av handboken) med bilen parkerad på fast och plan mark.
3 Lyft upp bilens främre del om det behövs och stötta upp den ordentligt på pallbockar eftersom detta ger bättre åtkomst till brytaren.
4 Lossa kontaktdonet från brytaren, och skruva loss den; Var beredd på oljespill.

Montering

5 Återmonteringen utförs i omvänd ordningsföljd mot demonteringen; Lägg på ett tunt lager med lämpligt tätningsmedel på kontaktens gängor och dra åt den till angivet moment. Kontrollera motoroljans nivå och fyll på om det behövs (se *Veckokontroller*). Kontrollera med avseende på tecken på oljeläckor när motorn har startats om och värmts upp till normal drifttemperatur.

18 Vevaxelns oljetätningar – byte

Oljetätning på kamkedjeänden

1 Ta bort vevaxelns remskiva enligt beskrivningen i avsnitt 8 av detta kapitel.
2 Använd en skruvmejsel och bänd loss den gamla oljetätningen från kamremskåpan. Var försiktig så att du inte skadar kamkåpans och

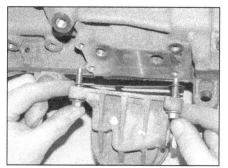

16.4 Skruva loss fästbultarna och ta bort filterhuset från motorblocket

16.6 Använd en av fästbultarna för att placera den nya packningen på filterhuset

17.1 Oljetryckskontakten är fastskruvad på oljefilterhuset

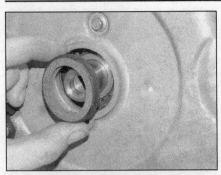

18.4a Se till att oljetätningarna förblir fyrkantiga när de sätts in i kåpan

18.4b En hylsa av korrekt storlek kan användas för montering av den nya tätningen

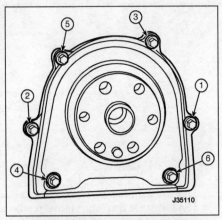

18.13 Ordningsföljd för åtdragning av oljetätningshållarens fästbultar

vevaxelns yta. Om oljetätningen håller tätt, borra försiktigt två hål diagonalt mitt emot varandra i den andra oljetätningen och för sedan in självgängande skruvar och använd en tång för att dra ut tätningen.

3 Torka rent sätet i kamkåpan och vevaxelns spets.

4 Bestryk den nya oljetätningens yttre omkrets och kanter med ren motorolja, fäst den sedan i motorblocket genom att trycka in den i motorblocket i rät vinkel. Använd en stor hylsa eller ett stort metallrör för att driva in oljetätningen tills den är i jämnhöjd med kamkåpan. Se till att oljetätningen förblir kvadratisk när den sätts in. Torka bort eventuell överflödig olja **(se bild)**.

5 Montera tillbaka vevaxelns remskiva enligt beskrivningen i avsnitt 8 av detta kapitel.

Oljetätning på växellådsänden

6 Demontera växellådan (se tillämpligt avsnitt av kapitel 7).

7 På modeller med manuell växellåda, ta bort kopplingsenheten (se kapitel 6).

8 Skruva loss svänghjulet/drivplattan (avsnitt 19).

9 Demontera sumpen (se avsnitt 14).

10 Skruva loss fästbultarna och ta bort oljetätningshållaren från motorblocket. Om tillämpligt, ta bort och kassera packningen. **Observera:** *Tätningen och hållaren köps som en enhet.*

11 Rengör tätningens säte och vevaxeln. Putsa av alla grader eller vassa kanter som kan vara orsak till skadan på tätningen. Rengör också fogytorna på motorblocket/vevhuset och hållaren med en skrapa för att bli kvitt alla spår av gammal packning – var försiktig så att det inte blir repor eller hack i ytorna. Avfetta sedan ytorna med något lämpligt lösningsmedel.

12 Använd en specialhylsa för att föra tätningen över vevaxeln. Om ingen sådan är tillgänglig gör du en styrning av ett tunt blad av plast eller något liknande, smörjer den nya tätningens läppar och vevaxelklacken med olja, passar sedan in oljetätningens hållare samtidigt som styrningen för tätningens läppar över vevaxelklacken.

13 Flytta spindeln till korrekt position och dra åt dess bultar i korrekt ordningsföljd till angivet

moment och var försiktig så att du inte skadar oljetätningen **(se bild)**.

14 Torka bort överflödig olja eller fett. Resten av ihopsättningen sker i omvänd ordning mot demonteringen. Se tillämpliga ställen i texten för närmare beskrivning när så behövs. Starta motorn och leta efter spår av oljeläckage.

19 Svänghjul/drivplatta – demontering, kontroll och återmontering

Demontering

1 Demontera växellådan (se tillämpligt avsnitt av kapitel 7).

2 Ta bort kopplingen (kapitel 6) om tillämpligt.

3 Använd en körnare eller färg för att göra inställningsmärken på svänghjulet/drivplattan och vevaxeln för att säkerställa korrekt inställning vid återmonteringen.

4 Förhindra att svänghjulet/drivplattan roterar genom att låsa krondrevets kuggar eller genom att bulta fast ett band mellan svänghjulet/ drivplattan och motorblocket/vevhuset **(se bild)**. Lossa bultarna.

5 Ta bort varje bult i tur och ordning och se till att nya bultar tas fram för hopsättningen. Dessa bultar utsätts för allvarliga påfrestningar och måste därför bytas oavsett deras synbara skick så fort de rubbas.

6 Ta bort svänghjul/drivplattan från vevaxeländen. **Observera:** *Var försiktig vid demontering av svänghjulet/drivplattan eftersom det är en väldigt tung komponent.*

19.4 Lås svänghjulet/drivplattan medan bultarna (markerade med pilar) tas bort

Kontroll

7 Rengör svänghjulet/drivplattan från fett och olja. Undersök ytan efter sprickor, nitspår, brända områden och repor. Lättare repor kan tas bort med smärgelduk. Leta efter spruckna eller trasiga krondrevskuggar. Lägg svänghjulet/drivplattan på slätt underlag och använd en linjal för att kontrollera eventuell skevhet.

8 Rengör och kontrollera fogytorna på svänghjulet/drivplattan och vevaxeln. Om vevaxelns packbox läcker ska den bytas (se avsnitt 18) innan svänghjulet/drivplattan återmonteras.

9 Rengör svänghjulets/drivplattans inneryta noggrant när det/den är demonterat/ demonterad. Rengör de gängade bulthålen i vevaxeln grundligt – detta är viktigt eftersom tätningsmedel är kvar i gängorna, bultarna sätter sig under en tid och de behåller inte sina korrekta åtdragningsmoment.

Montering

10 Vid återmonteringen monterar du svänghjulet/drivplattan på vevaxeln så att bulthålen är inriktade – det passar bara åt ena hållet – kontrollera detta med hjälp av de märken som gjordes vid demonteringen. Applicera ett lämpligt tätningsmedel på de nya bultarnas gängor och sätt sedan in bultarna **(se bild)**.

11 Spärra svänghjulet/drivplattan på samma

19.10 Applicera lämplig låsvätska på de nya bultarnas gängor vid återmonteringen

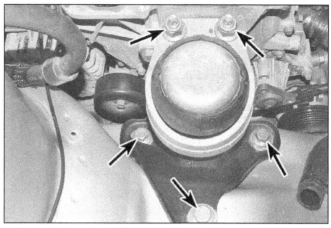

19.11 Dra åt de nya bultarna med hjälp av den metod som
används vid isärtagningen för låsning av svänghjulet/drivplattan

20.10a Ta bort de två låsmuttrar och tre fästbultar (markerade
med pilar) . . .

sätt som vid demonteringen. Dra åt de nya
bultarna till angivet moment. Arbeta i diagonal
ordningsföljd för att få en jämn åtdragning och
bygg upp det slutliga åtdragningsmomentet i
tre steg (se bild).
12 Resten av ihopsättningen sker i omvänd
ordning mot demonteringen. Se tillämpliga
ställen i texten för närmare beskrivning när så
behövs.

20 Motorns-/växellådans fästen
– kontroll och byte

Allmänt

1 Motorns/växellådans fästen behöver sällan
åtgärdas, men trasiga eller slitna fästen måste
bytas omedelbart, annars kan den extra
belastningen på drivaxelkomponenterna leda
till skador eller slitage.
2 Samtidigt som separata fästen kan
demonteras och monteras tillbaka individuellt
om mer än ett rubbas åt gången – till exempel
om motorn/växellådsenheten demonteras från
sina fästen – måste de sättas ihop och deras
fästanordningar dras åt på den position som
märktes ut vid demonteringen.
3 Vid hopsättningen får motor-/
växellådsenheten inte tas upp av fästena
förrän alla är korrekt i linje med de märken som

gjordes vid demonteringen. Dra åt motorns/
motorfästenas fästanordningar till angivna
momentnyckelinställningar.

Kontroll

4 Vid kontrollen måste motorn/
växellådsenheten vara aningen lyft, så att
dess tyngd inte vilar på fästena.
5 Lyft upp framvagnen och ställ den stadigt
på pallbockar. Placera en domkraft under
sumpen, med en stor träkloss mellan sumpen
och lyftsadeln. Lyft sedan försiktigt motorn/
växellådan precis så mycket som krävs för att
avlasta fästena.

> ⚠ **Varning: Placera INTE någon del
> av kroppen under motorn när den
> bara stöttas av en domkraft.**

6 Kontrollera fästena för att se om gummit
har spruckit, hårdnat eller lossnat från
metalldelarna. Ibland delas gummit ända ner
till mitten.
7 Kontrollera om det finns glapp mellan
någon av fästbyglarna och motorn/växellådan
eller karossen (använd en stor skruvmejsel
eller ett bräckjärn och försök röra på fästena).
Om du noterar ett glapp, sänk ner motorn
och kontrollera fästmuttrarnas och bultarnas
åtdragning.

Byte

Observera: *I följande avsnitt förutsätts att
motorn stöttas upp under sumpen enligt
beskrivningen tidigare.*

Höger fäste

8 Ta bort kylvätskeexpansionskärlet från
höger innerskärm, enligt beskrivningen i
kapitel 3.
9 Märk ut fästets placering på höger
innerskärm.
10 Med motorn/växellådan stöttad skruvar
du loss de två låsmuttrarna från motorhöljet,
lossar sedan de tre fästbultarna på
innerskärmens panel och tar bort fästet från
bilen (se bilder).
11 Dra åt alla skruvinfästningar till angivna
moment. Dra åt de två låsmuttrarna på
motorhuset först, lossa sedan lyften eller
domkraften så att fästbygeln kan vila på den
inre skärmpanelen. Rikta in märken som
gjordes vid demonteringen. Dra sedan åt
fästbultarna ordentligt.

Vänster fäste

Observera: *Fästmuttrarna är självlåsande och
måste därför bytas när de rubbas.*
12 Skruva loss fästklämman från
luftinloppsslangen (se bild), lyft sedan av den
kompletta luftrenarenheten och ta bort den
från bilen (se kapitel 4A).
13 Observera fästets placering och skruva
sedan loss den mittre fästmuttern för att lossa
fästet från växellådan med växellådan stöttad
(se bild).
14 Skruva loss de fyra yttre fästmuttrarna

20.10b . . . och ta bort fästet från bilen

20.12 Skruva loss fästklämman och ta bort
luftintagsslangen

20.13 Skruva loss fästmuttern

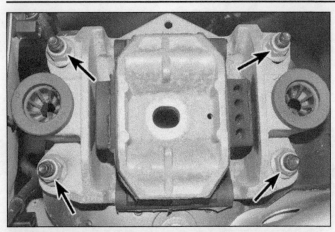

20.14 Skruva loss de fyra yttre fästmuttrar (markerade med pilar)

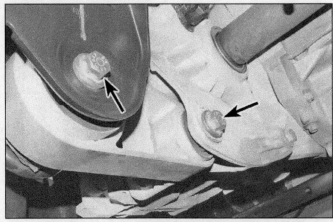

20.16a Skruva loss bultarna (markerade med pilar) . . .

för demontering av fästet från fästbygeln (se bild). För att ta bort fästbygeln skruvar du loss fästbultarna och fästbygeln från vänster innerskärmspanel.

15 Vid återmonteringen byter du de självlåsande muttrarna. Rikta in fästet igen i det läge som noterats vid demonteringen, dra sedan åt alla fästanordningar till angivet moment.

Bakre fäste

16 Skruva loss fästet från hjälpramen genom att skruva loss fästets mittbultar (se bilder). Även om demontering av det bakre fästet ökar motorns rörelser förblir motorn säkert stöttad på de högra och vänstra fästena under förutsättning att de inte har rubbats.

17 Se till att bultarna är ordentligt åtdragna till angivet moment vid återmonteringen.

20.16b . . . och ta bort fästet från kryssrambalken och växellådan

Kapitel 2 Del B:
Reparationer med V6 motor kvar i bilen

Innehåll

Allmän information 1
Avgasgrenrör – demontering och montering 7
Insugsgrenrör – demontering och montering. 6
Kamaxelns oljetätning – byte 11
Kamaxlar, ventillyftare och vipparmar – demontering, kontroll och
    montering 12
Kamkedjekåpa – demontering och montering 9
Kamkedjor, sträckare och styrningar – demontering, undersökning och
    montering 10
Kompressionsprov – beskrivning och tolkning. 3
Motor/växellåda – demontering och montering . . . . se kapitel 2C
Motorns/växellådans fästen – kontroll och byte 20
Motorolja och filter – byte. . . . . se kapitel 1

Multirem – kontroll och byte. . . . . se kapitel 1
Oljekylare – demontering och montering 16
Oljepump – demontering, kontroll och montering 15
Oljetryckvarningslampa kontakt – demontering och montering 17
Reparationer som kan utföras med motorn i bilen. 2
Sump – demontering och montering 14
Svänghjul/drivplatta – demontering, kontroll och montering . . . 19
Topplock – demontering och montering. 13
Ventilkåpa – demontering och montering. 5
Vevaxelns oljetätningar – byte 18
Vevaxelns remskiva – demontering och montering 8
Övre dödpunkt för cylinderkolv nr 1 – placering 4

Svårighetsgrad

Enkelt, passar novisen med lite erfarenhet	**Ganska enkelt,** passar nybörjaren med viss erfarenhet	**Ganska svårt,** passar kompetent hemmamekaniker
Svårt, passar hemmamekaniker med erfarenhet	**Mycket svårt,** för professionell mekaniker	

Specifikationer

Allmänt

Motortyp . . . . Sex cylindrar, V6 24 ventiler, i två rader med tre cylindrar, dubbla överliggande kamaxlar på varje rad (fyra kamaxlar totalt – "quad-cam")

Motorkod:
    2,5 liter, Duratec-VE . . . . LCBD
    3,0-liter, Duratec-SE . . . . REBA
    3,0-liter, Duratec-ST (ST220) . . . . MEBA
Volym:
    2,5 liter . . . . 2499cc (anges även som 2495 eller 2544cc)
    3,0-liter 2967cc
Lopp :
    2,5 liter . . . . 81.66 mm
    3,0 liter . . . . 89.0 mm
Slaglängd . . . . 79,5 mm
Kompressionsförhållande:
    2,5 liter . . . . 9.7 : 1
    3,0-liter . . . . 10,0 : 1
Utgående effekt:
    2,5 liter, Duratec-VE . . . . 125 kW (170 PS) vid 6250 varv/minut
    3,0-liter, Duratec-SE (utom ST220). . . . . 150 kW (204 PS) vid 6000 varv/minut
    3,0-liter, Duratec-ST (ST220) . . . . 166 kW (226 PS) vid 6150 varv/minut
Tändföljd . . . . 1-4-2-5-3-6 (cylinder 1 vid den bakre radens kamkedjeände)
Vevaxelns rotationsriktning. . . . . Medurs (sett från bilens högra sida)

Topplock

Kamaxellagrets diameter . . . . 26,987 till 27,012 mm
Den hydrauliska ventillyftarens håldiameter. . . . . 16,018 till 16,057 mm
Topplockets buktighet (maximalt). . . . . 0,08 mm

Kamaxlar

Kamaxellagertappens diameter . . . . 26,926 till 26,936 mm
Spel mellan kamaxellagertappen och topplocket . . . . 0,0125 till 0,038 mm
Kamaxelns axialspel. . . . . 0,025 till 0,165 mm

Smörjning

Motoroljevolym (inklusive filter)	Se kapitel 1
Oljetryck	3,1 bars @ 1500 varv/minut
Oljepump spel (inre till yttre rotor max.)	0,18 mm

Åtdragningsmoment

	Nm
Avgasgrenrör	20
Bult mellan jordkabel och växellåda	25
Bultar mellan motor och växellåda	48
Främre avgasrör till grenrör	40
Främre krängningshämmar till hjälpram	48
Främre motorlyftögla bult	112
Hjulmuttrar	85
Insugsgrenrör	10
Kamaxelgivare	10
Kamaxellageröverfall	10
Kamaxelpackbox hus till främre topplock	10
Kamkedjekåpa på motorblock	25
Kamkedjesträckare på motorblock	25
Kamkedjestyrningar på motorblock	25
Knackgivare till topplock	34
Kylvätskerör till topplock	6
Kylvätskeslang till topplock	10
Momentomvandlare till drivplatta	36
Motorns/växellådans fästen:	
Bultar mellan vänster fästbygel och växellåda:	
Automatväxellåda	80
Manuell växellåda	90
Främre och bakre krängningshämmare:	
Bultar mellan fäste och hjälpram	48
Genomgående bult	80
Höger motorfäste*	83
Höger motorfäste på motorblocket*	47
Vänster fästets centrummutter*	133
Vänster fästets yttre muttrar*	48
Oljeavskiljare till motorblock	10
Oljekylare till motorblock	55
Oljekylarrör till växellåda	23
Oljemätstickans rör till transportrör	10
Oljepump på cylinderblock	11
Oljepumpskåpa	10
Oljeskvalpplåten till sumpen	10
Oljeskvalpplåten till vevhus	10
Oljetryckskontakt	14
Sump	25
Sumpens oljedräneringsplugg	26
Svänghjul/drivplatta på vevaxel	80
Topplockets ventilkåpa	10
Topplocksbultar:	
Steg 1	40
Steg 2	Vinkeldra ytterligare 90°
Steg 3	Lossa 360°
Steg 4	40
Steg 5	Vinkeldra ytterligare 90°
Steg 6	Vinkeldra ytterligare 90°
Upptagarrör oljepump:	
M6	10
M8	25
Vevaxelns lägesgivare på kamkåpan	10
Vevaxelns remskiva/vibrationsdämpare centrumbult*:	
Steg 1	120
Steg 2	Lossa 360°
Steg 3	50
Steg 4	Vinkeldra ytterligare 90°

Använd nya muttrar/bultar

1 Allmän information

Vad innehåller detta kapitel

Denna del av kapitel 2 ägnas åt reparationer av motorn när den är kvar i bilen. Alla åtgärder som rör demontering och montering av motorn samt översyn av motorblock/topplock finns i kapitel 2C.

De flesta av åtgärderna som tas upp i detta kapitel bygger på antagandet att motorn fortfarande sitter i bilen. Om du använder informationen vid en fullständig översyn där motorn redan har tagits bort är många av nedanstående steg inte relevanta.

Motor

Motorn, även känd genom Fords interna kodnamn Duratec-VE, -SE eller -ST är av V6-typ och den är tvärställt monterad framtill i bilen med växellådan på vänster sida. Motorn är konstruerad helt i aluminium och har två cylinderrader med tre cylindrar i varje. Varje cylinder har fyra ventiler, två insugs- och två avgas vilket ger totalt 24 ventiler.

Vevaxeln går i fyra huvudlager, lagret på svänghjuls-/drivplattänden omfattar tryckbrickor på varje sida av lagerskålen för kontroll av vevaxelns axialspel. Vevstakarnas storändar roterar i horisontellt delade lager av skåltyp. Kolvarna är anslutna till vevstakarna med helt flytande kolvbultar som fästs med låsringar i kolvarna. Lättmetallkolvarna är försedda med tre kolvringar – två kompressionsringar och en oljekontrollring. Efter tillverkning mäts cylinderlopp och kolvar och delas in i tre klasser som måste kombineras noggrant för att spelet mellan kolv och cylinder ska bli det rätta; Överstorlekar för att göra omborrning möjlig finns inte.

Insugs- och avgasventilerna stängs av spiralfjädrar; de arbetar i styrningar som är påkrympta i topplocken på samma sätt som ventilsätesinsatserna.

Kamaxlarna på varje rad drivs av en dubbel kamkedja (en för den främre raden och en för den bakre raden) som var och en driver de tolv ventilerna på varje rad via självjusterande hydrauliska ventillyftare vilket eliminerar behovet av rutinkontroller och justeringar av ventilspelen. Med undantag av den främre radens insugskamaxlar som roterar i fem lager roterar de återstående kamaxlarna i fyra lager som är linjeborrade direkt i topplocket och lageröverfallen. Detta innebär att lageröverfall inte finns tillgängliga separat från topplocket och inte får bytas ut mot överfall från en annan motor.

Vattenpumpen är fastbultad på motorblockets växellådsände och drivs av drivremmen från en remskiva som är fäst i den vänstra änden av den främre radens insugskamaxel.

Smörjning

Smörjningen ombesörjs av en excentriskt arbetande rotorpump som sitter på höger sida av vevhuset och förses med olja genom en oljesil i sumpen. Pumpen tvingar olja genom ett externt monterat fullflödesfilter av patrontyp – på en del versioner av motorn är en oljekylare monterad på oljefiltrets fäste så att ren olja som kommer in i motorns kanaler kyls av motorns huvudkylsystem. Från filtret pumpas oljan in i en huvudkanal i motorblocket/vevhuset, varifrån den sedan fortsätter till vevaxeln (ramlagren) och topplocket.

Den motor som täcks i detta kapitel har hydrauliska ventillyftare som använder smörjsystemets oljetryck för att ta upp spelet mellan varje vipparmsspets och dess respektive ventilskaft. Därför finns det inget behov av regelbunden kontroll och justering av ventilspelen men det är ytterst viktigt att olja av god kvalitet samt rekommenderad viskositet och dito specifikationer används i motorn och att denna olja alltid byts vid de rekommenderade intervallerna. Vid kallstart av motorn är det en liten fördröjning under tiden som det fullständiga oljetrycket byggs upp i alla delar av motorn, i synnerhet i ventillyftarna. ventilens komponenter kan därför mycket väl "skramla" under ungefär 10 sekunder eller så och sedan tystna. Detta är ett normalt tillstånd och det är inte något att oroa sig för under förutsättning att alla ventillyftare tystnar snabbt och förblir tysta.

När bilen har stått still under flera dagar kan ventilkomponenterna "slamra" längre än normalt eftersom nästan all olja har tömts från motorns övre komponenter och lagerytor. Samtidigt som detta bara är att förvänta är det nödvändigt att vara försiktig så att inte motorn skadas under dessa omständigheter – undvik körning med höga varvtal tills ventillyftarna har fyllts på med olja och fungerar normalt. Håll motorn på högst hög tomgång (maximalt 2000 till 2500 varv/minut) med bilen stillastående under 10 till 15 sekunder eller tills oljudet upphör. *Kör inte motorn i mer än 3000 varv/minut förrän ventillyftarna är helt laddade med olja igen och oljudet har upphört.*

2 Reparationer som kan utföras med motorn i bilen

1 Följande reparationer kan utföras utan att motorn tas bort från bilen:
a) *Insugs- och avgasgrenrör – demontering och montering.*
b) *Kamkedjor, sträckare och styrning – demontering och montering.*
c) *Kamaxlar och ventillyftare – demontering och montering.*
d) *Topplock – demontering och montering.*

e) *Sump – demontering och montering.*
f) *Oljepump – demontering och montering.*
g) *Vevaxelns oljetätningar – byte.*
h) *Svänghjul/drivplatta – demontering och montering.*
i) *Motor-/växellådsfäste – demontering och montering.*

2 Även om det går att ta bort kolvarna och vevstakarna med motorn kvar i bilen efter demonteringen av sumpen är det bättre för motorn att tas bort med tanke på renligheten och förbättrad åtkomst. Den här proceduren beskrivs i kapitel 2C.

3 Kompressionstest – beskrivning och tolkning

1 Om motorns effekt sjunker eller om det uppstår misständningar som inte kan hänföras till tändning eller bränslesystem, kan ett kompressionsprov ge en uppfattning om motorns skick. Om kompressionsprov tas regelbundet kan de ge förvarning om problem innan några andra symptom uppträder.

2 Motorn måste vara helt uppvärmd till normal arbetstemperatur, oljenivån måste vara korrekt, batteriet måste vara fulladdat och tändstiften måste vara borttagna. Dessutom behövs en medhjälpare.

3 Deaktivera tändsystemet genom att koppla loss tändspolens eller DIS-enhetens elektriska kontaktdon.

4 Se kapitel 12, leta reda på och ta bort bränslepumpssäkringen från säkringsdosan. Starta motorn och låt den gå tills den stannar. Om motorn inte startar, dra runt den på startmotorn i cirka 10 sekunder. Bränslesystemet ska nu vara tryckutjämnat vilket hindrar bränsle som inte har förbränts från att dränka katalysatorn när motorn körs under testet.

5 Montera en kompressionsprovare vid tändstiftshålet för cylinder 1 – helst den typ av provare som skruvas fast i hålet.

6 Låt medhjälparen trampa gaspedalen i botten och dra runt motorn med startmotorn; efter ett eller två varv bör kompressionstrycket byggas upp till maxvärdet och sedan stabiliseras. Anteckna det högsta värdet.

7 Upprepa testet på återstående cylindrar och notera trycket på var och en.

8 På grund av det stora utbudet av provare, och variationerna i startmotorns hastighet när motorn dras runt, får man ofta fram olika värden vid kompressionsprovet. Av den anledningen uppger Ford inga faktiska kompressionstrycksvärden. Alla cylindrar ska producera ungefär samma tryck; skillnader som är större än 10 % tyder på ett fel.

9 Om trycket i någon av cylindrarna är avsevärt

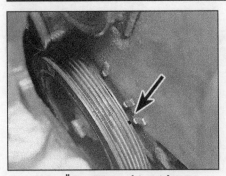

4.6a ÖD-märken på kamkåpan

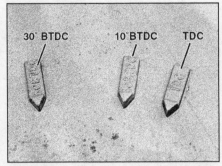

4.6b Inställningsmarkeringar på kamkåpan

4.7 Dessa märken måste peka mot varandra när kolv nr 1 är i ÖD i kompressionstakten

lägre än i de andra kan provet upprepas sedan en tesked ren motorolja har hällts in genom cylinderns tändstiftshål. Om tillförsel av olja tillfälligt förbättrar kompressionen är det ett tecken på att det är slitage på kolvringar eller lopp som orsakar tryckfallet. Om ingen förbättring sker tyder det på läckande/brända ventiler eller trasig topplockspackning.

10 Lågt tryck i två angränsande cylindrar är med stor säkerhet ett tecken på att topplockspackningen mellan dem är trasig. Om det finns kylvätska i motoroljan bekräftar detta felet.

11 När provet är klart, sätt tillbaka tändstiften, återanslut tändningssystemets spole och montera bränslepumpsslangen.

4 Övre dödpunkt för kolv nr 1 – placering

> ⚠ **Varning: När motorn vrids för att lokalisera ÖD ska den alltid vridas i den normala rotationsriktningen.**

1 Den övre dödpunkten (ÖD) är den högsta punkt i cylindern som varje kolv når när vevaxeln roterar. Varje kolv når ÖD i kompressionstakten och återigen i avgastakten men ÖD avser i allmänhet kolvens läge i kompressionsslaget. Inställningsmarkeringarna på vibrationsdämparen som är monterad framför vevaxeln hänvisar till kolv nummer ett i ÖD i kompressionstakten.

2 Kolv nr 1 är på höger sida av den bakre raden med kolv 2 och 3 på samma rad. Kolv nr 4 är på den främre radens högra ände med kolv 5 och 6 på samma rad.

3 Ta bort alla tändstift (kapitel 1). Detta gör det lättare att vrida runt motorn. Det går att ta bort framhjulet och det främre hjulhusfodret för bättre åtkomst om så önskas.

4 Motorn kan vridas runt med en hylsa på vevaxelremskivans mittbult. På en modell med manuell växellåda kan den alternativt vändas genom att bilens högra sida lyfts upp så att hjulet är precis ovanför marken och genom att hjulet dras runt med fyrans växel ilagd.

5 Vrid runt motorn medurs och känn efter kompressionstryck från tändstiftshål nr 1. För att göra detta sätter du temporärt in en lämplig plugg (till exempel en skruvmejsels handtag) över tändstiftshålet. Det är viktigt att kompressionstakten känns annars placerar följande tillvägagångssätt kolv nr 1 i ÖD i avgastakten istället för i kompressionstakten.

6 Fortsätt att vrida runt motorn tills vevaxelremskivans kilspår på vevaxeln är i läget klockan 11. Tändinställningsmärket på remskivans måste vara exakt i linje med ÖD-pilen på kamkåpan. **Observera:** *I en del modeller kan det finnas två ytterligare inställningsmarkeringar på kamremskåpan som visar 10° och 30° för den övre dödpunkten (se bilder).*

7 Om det behövs för ytterligare en kontroll kan topplockskåporna tas bort (se avsnitt

5) och inställningsmarkeringarnas position på de bakre kamaxeldreven kontrolleras. Med kolv nr 1 i ÖD i kompressionstakten måste märkena peka mot varandra **(se bild).**

8 När motorn har placerats på ÖD för kolv nr 1 kan ÖD lokaliseras för alla övriga cylindrar genom att vevaxeln vrids 120° och tändföljden följs (se Specifikationerna). Märk vevaxelremskivan med 120° intervaller efter ÖD-skåran. Om du vrider runt motorn till det första märket efter ÖD-läge för nr 1 placeras kolv nr 4 i ÖD. Ytterligare 120° placerar kolv nr 2 i ÖD.

5 Topplockskåpa – demontering och montering

Främre topplockskåpa

Demontering

1 Ta bort det övre insugsgrenröret enligt beskrivningen i avsnitt 6 i detta kapitel.

2 Skruva loss de bultar som håller fast insugsgrenrörets fördelningskontrollsmanöverdon (IMRC) på den främre topplockskåpan och lossa kablaget och kabeln och lägg dem på ena sidan. Lossa kablaget om det behövs **(se bilder).**

3 Observera tändkablarnas placering och märk dem om det behövs. Lossa tändkablarna

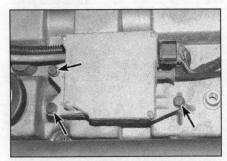

5.2a Skruva loss bultarna (markerade med pilar) och ta bort IMRC-manöverdonet från ventilkåpan. . .

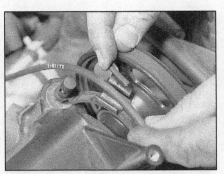

5.2b . . . lossa sedan kabeln från klämmorna i närheten av vattenpumpens remskiva

5.2c Lossa kablaget från IMRC-manöverdonet om det behövs

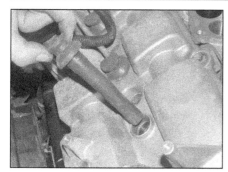

5.3a Lossa tändkablarna från tändstiften . . .

5.3b . . . och ta bort ledningsstödet från överdelen av höger motorfäste

5.4 Lossa vevhusventilationsslangen från ventilkåpans ovansida

5.6 Ta bort den främre ventilkåpan

5.8a Placera de nya tändstiftshål-packningarna i topplockskåpan. . .

5.8b . . . montera sedan den yttre packningen i spåret

från tändstiften och ta bort ledningsstödet från höger motorfäste **(se bilder)**.

4 Lossa vevhusets ventilationsslang från ventilkåpans ovansida **(se bild)**.

5 Lossa kabelhärvans fästbygel från topplockskåpans fästpinnbultar i båda ändarna av topplockskåpan.

6 Använd den visade ordningsföljden **(se bild 5.8c)**, skruva loss topplockskåpans bultar. Lyft av kåpan och ta bort packningarna med alla bultar borttagna **(se bild)**.

Montering

7 Kontrollera att kåpans och topplockets fogytor är perfekt rena. Applicera en droppe silikontätningsmedel (Ford artikelnummer WSE-M4G323-A4 eller något likvärdigt) på 8 mm på kullederna mellan kamkåpan

och topplocket och vattenpumpens drivremskivshus och topplocket. Observera instruktionerna som följer med tätningsmedlet eftersom monteringen normalt måste slutföras inom några minuter efter appliceringen av tätningsmedlet.

8 Placera den nya tändstiftshålspackningen i topplockskåpan, montera sedan den yttre packningen i spåret **(se bilder)**. Montera topplockskåpan och dra åt fästbultarna till angivet moment i den ordningsföljd som visas **(se bild)**. Se till att O-ringstätningarna sitter korrekt på bultarna.

9 Fäst kablaget på topplockkåpans pinnbultar.

10 Återanslut tändkablarna till tändstiften och ledningsstödet på höger motorfäste.

11 Montera tillbaka kablaget till insugsgrenrörets fördelningskontroll-manöverdon (IMRC) och stötta upp det.

12 Montera tillbaka det övre insugsgrenröret tillsammans med nya packningar enligt beskrivningen i avsnitt 6 i detta kapitel. Dra åt fästbultarna i ordningsföljden nedan **(se bild)**.

Bakre topplockskåpan

Demontering

13 Ta bort det övre insugsgrenröret enligt beskrivningen i avsnitt 6 av detta kapitel.

14 Observera tändkablarnas placering och identifiera dem om det behövs. Lossa tändkablarna från tändstiften och från ledningsstödet på höger motorfäste.

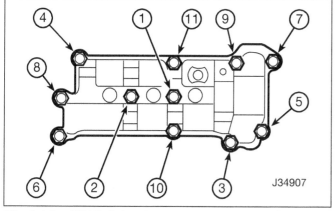

5.8c Ordningsföljd för åtdragning av de främre topplockskåpsbultarna

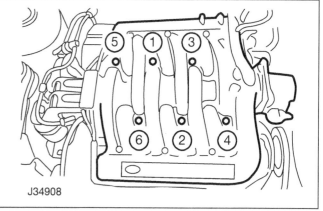

5.12 Ordningsföljd för åtdragning för de övre insugsgrenrörsbultarna

5.15 Ta bort tändspolenheten tillsammans med jordkabeln och dämparen

5.18 Ta bort kabelhärvans stödfäste från höger sida av den bakre topplockskåpan

5.19 Skruva loss bultarna och lyft av den bakre topplockskåpan

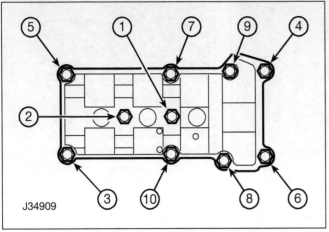

J34909

5.21a Ordningsföljd för åtdragning av de bakre topplockskåpsbultarna

5.21b Notera O-ringstätningarna på kåpans fästbultar

15 Skruva loss bultarna och ta bort tändspolen, tillsammans med jordkabel och dämpare **(se bild)**.

16 Lossa kontaktdonen och flytta spolen och dämparen åt sidan.

17 Lossa kabelhärvans fästbygel från topplockskåpans fästpinnbultar i båda ändarna av topplockskåpan.

18 Lossa kablaget och skruva loss kabelhärvans fästbygel från topplockskåpan **(se bild)**.

19 Använd den visade ordningsföljden i omvänd ordning **(se bild 5.21a)**, skruva loss topplockskåpans bultar. Lyft av kåpan och ta bort packningen med alla bultar borttagna **(se bild)**.

Montering

20 Kontrollera att kåpans och topplockets fogytor är perfekt rena. Applicera en droppe med lämpligt tätningsmedel med en diameter på 8 mm på kullederna mellan kamkåpan och topplocket. Observera instruktionerna som följer med tätningsmedlet eftersom monteringen normalt måste slutföras inom några minuter efter appliceringen av tätningsmedlet.

21 Placera nya packningar i tändstiftshålen i topplockskåpan, montera sedan den yttre packningen i spåret. Montera topplockskåpan och dra åt fästbultarna till angivet moment i den ordningsföljd som visas **(se bild)**. Se

till att O-ringstätningarna sitter korrekt på bultarna **(se bild)**.

22 Montera tillbaka kabelhärvan baktill på topplockskåpan och dra åt skruven (skruvarna).

23 Återmontera kabelhärvans främre fäste på båda ändarna av topplockskåpans fästpinnbultar.

24 Montera tillbaka tändspolen/dämparenheten och dra åt bultarna. Återanslut kablaget och montera tillbaka jordkabeln.

25 Återanslut tändkablarna till tändstiften och ledningsstödet på höger motorfäste.

26 Montera tillbaka det övre insugsgrenröret tillsammans med nya packningar enligt beskrivningen i avsnitt 6 i detta kapitel.

6 Insugsgrenrör – demontering och montering

Övre grenrör

Demontering

1 Lossa batteriets minusledning (jord) (se *Koppla loss batteriet* mot slutet av handboken).

2 Skruva loss de tre fästbultarna och ta bort vattenpumpens drivremskåpa från den främre cylinderradens överdel **(se bilder)**.

6.2a En av kåpans två bultar håller fast en kylvätskeslangklämma

6.2b Skruva loss bultarna (markerade med pilar) och lyft upp plastkåpan från den främre radens överdel

6.3a Lossa vevhusventilationsslangarna
från den främre delen av luftkanalen. . .

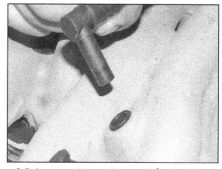

6.3b . . . och luftkanalens bakre del

6.5 Lossa vakuumslangen från det övre
grenröret

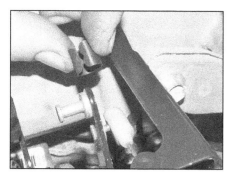

6.6a Lossa fästklämman. . .

6.6b . . . ta bort låsklämman . . .

6.6c . . . och ta bort gasvajern

3 Lossa vevhusventilationsslangarna från
varje sida av den lufttrumma som leder från
luftrenaren till gasspjällhuset **(se bilder)**.
4 Lossa de två klämmorna och lossa
lufttrumman från gasspjällhuset och
luftrenaren. Ta bort kanalen.
5 Lossa bromsvakuum servoslang från det
övre insugsgrenröret **(se bild)**.
6 Använd en skruvmejsel för att bända bort
fästklämmorna, lossa sedan gaspedalen och
hastighetsstyrvajrarna från fästbygeln **(se bilder)**.
7 Lossa och ta bort gasvajerns fästbygel.
8 Lossa kablaget från styrventilen för
tomgångsluft (IAC) och gasspjällpositions-
givaren **(se bilder)**.
9 Lossa vakuumslangen från avgasåterförings-
ventilen, skruva sedan loss ventilens fästbultar
och ta loss packningen om tillämpligt. Om det
behövs, ta bort ventilen från röret **(se bilder)**.

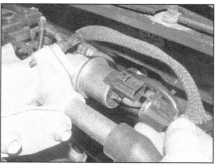

6.8a Lossa kablaget från styrventilen för
tomgångsluft. . .

6.8b . . . och gasspjällets lägesgivare

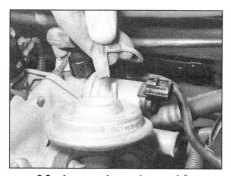

6.9a Lossa vakuumslangen från
avgasåterföringsventilen

6.9b Skruva loss bultarna. . .

6.9c . . . och ta loss packningen från
avgasåterföringsventilen

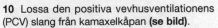

6.10 Lossa den positiva vevhusventilationens (PCV) slang från det övre insugsgrenröret

6.11a Lossa kablaget. . .

6.11b . . . och vakuumslangarna från EGR vakuumregulatorn

10 Lossa den positiva vevhusventilationens (PCV) slang från kamaxelkåpan **(se bild)**.
11 Om tillämpligt lossar du kablaget och vakuumslangarna från EGR-vakuumregulatorn **(se bilder)**. Lossa dessutom kolkanisterreningens magnetventil från dess fästbygel utan att lossa slangarna om tillämpligt.
12 Skruva stegvis loss insugsgrenrörets övre fästbultar i omvänd ordning mot den som visas **(se bild 5.12)**, och ta bort det övre grenröret. Ta loss packningarna från det nedre insugsgrenröret. Ta loss gummiisolatorerna från fästbultarna och kontrollera dem – om de inte är funktionsdugliga, byt dem **(se bilder)**.

Montering

13 Rengör det övre och nedre insugsgrenrörets fogytor.
14 Placera nya packningar på det nedre grenröret, montera sedan tillbaka det övre grenröret. Sätt i bultarna och dra åt till angivet

moment i den ordningsföljd som visas **(se bild 5.12)**.
15 Återanslut vakuumslangen och kablaget till EGR vakuumregulatorn. Montera tillbaka kolkanisterreningens magnetventil på dess fästen om den har tagits bort.
16 Återanslut PCV slangen på insugsgrenrörets tapp.
17 Montera tillbaka avgasåterföringsventilen tillsammans med en ny packning och dra åt bultarna. Återanslut vakuumslangen.
18 Återanslut kablaget till gasspjällets lägesgivare och styrventilen för tomgångsluft.
19 Återanslut gaspedalen och styrvajrarna på fästbygeln och fäst dem med klämman.
20 Återanslut bromsvakuum servo-slangen(arna) till övre insugsgrenrör.
21 Montera tillbaka lufttrumman och dra åt fasthållningsklämmorna.
22 Återanslut styrventilen för tomgångsluft till lufttrumman.

23 Återanslut vevhusets ventilationsslang på varje sida av lufttrumman.
24 Montera tillbaka plastkåpan på den främre cylinderraden och dra åt fästbultarna.
25 Återanslut batteriets minusledning (jord) när arbetet slutförs.

Nedre grenrör

Demontering

26 Tryckutjämna bränslesystemet enligt beskrivningen i kapitel 4A.
27 Lossa batteriets minusledning (jord) (se *Koppla loss batteriet* mot slutet av handboken).
28 Ta bort det övre insugsgrenröret enligt beskrivningen tidigare i detta avsnitt.
29 Lossa bränslematnings- och bränslereturledningarna. För ytterligare information om bränsleledningarna och beslagen, se kapitel 4A, avsnitt 3.
30 Lossa kabelhärvan från bränslefördelarskenans överdel och insprutningsventilerna.
31 Koppla loss vakuumslangen från bränsletrycksregulatorn.
32 Lossa stången eller kabeln till insugsgrenrörets fördelningskontroll manöverdon (IMRC) från benet och fästbygeln på den främre topplockskåpan och lossa vakuumslangen från IMRC:s vakuummagnetventil.
33 Skruva stegvis loss insugsgrenrörets nedre fästskruvar i omvänd ordning mot den som visas **(se bild 6.38)**.
34 Lyft av det nedre insugsgrenröret från topplocken och ta loss packningarna med alla bultar borttagna **(se bilder)**.

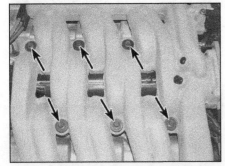

6.12a Övre fästbultar till insugsgrenröret (markerade med pilar)

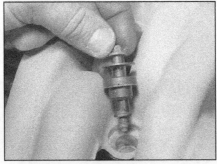

6.12b Fästbultar och gummiisolatorer

6.12c Ta bort det övre insugsgrenröret. . .

6.12d . . . och packningarna

6.34a Skruva loss och ta bort bultarna. . .

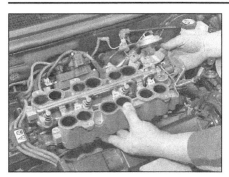

6.34b ... ta sedan bort det nedre insugsgrenröret från topplocket ...

6.34c ... och ta loss packningarna

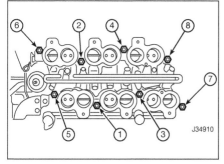

6.38 Ordningsföljd för åtdragning av de nedre insugsgrenrörsbultarna

35 Rengör grenrörets och topplockets fogytor och var försiktig så att du inte skadar aluminiumytorna.

Montering

36 Placera de nya packningarna på topplocket och se till att de placeras korrekt.
37 Placera försiktigt det nedre insugsgrenröret på packningarna och se till att de inte placeras felaktigt.
38 Sätt in bultarna och dra åt dem stegvis till angivet moment i den ordningsföljd som visas **(se bild)**.
39 Återanslut IMRC-vakuumslangen eller manöverdonsstången.
40 Återanslut vakuumslangen till bränsletrycksregulatorn.
41 Dra om kablaget tvärs över bränslefördelarskenans överdel och anslut anslutningskontakterna till insprutningsventilerna, återanslut alla andra kontaktdon som har lossats.
42 Återanslut bränsleledningen.
43 Återanslut batteriets minusledning (jord) när arbetets slutförs.

7 Avgasgrenrör – demontering och montering

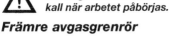

⚠ **Varning: Motorn måste vara helt kall när arbetet påbörjas.**

Främre avgasgrenrör

Demontering

1 Lossa batteriets minusledning (jord) (se *Koppla loss batteriet* mot slutet av handboken).
2 Skruva loss de tre fästbultarna och ta bort plastkåpan från cylinderradens överdel, lossa sedan lambdasondens kablagekontaktdon från motorns växellådsände.
3 Skruva loss anslutningsmuttern och lossa EGR-överföringsröret från avgasgrenröret om sådant finns.
4 Tappa ur kylsystemet och ta bort kylarens nedre slang om det är nödvändigt för att få mer arbetsutrymme. På 3,0-liters motorer, ta bort kylfläkten och kåpan enligt beskrivningen i kapitel 3.
5 Skruva loss avgassystemets främre rör

(Y-rör) från avgasgrenrören på 2,5 liters motorer. Montera tillbaka den främre katalysatorn enligt beskrivningen i kapitel 4B på 3,0 liters motorer.
6 Skruva loss fästmuttrarna och ta bort avgasgrenröret från pinnbultarna på topplocket. Ta bort packningen och kassera den tillsammans med fästmuttrarna **(se bilder)**.
7 Om det behövs, skruva loss lambdasonden enligt beskrivningen i kapitel 4B.
8 Rengör avgasgrenrörets och topplockets fogytor.

Montering

9 Om den har tagits bort, montera tillbaka lambdasonden och dra åt den till angivet moment enligt beskrivningen i kapitel 4B.
10 Placera en ny packning på topplockets pinnbultar.
11 Montera tillbaka avgasgrenröret och dra åt de nya fästmuttrarna till angivet moment.
12 På 2,5-liters motorer återansluter du det främre avgasröret (Y-rör) till avgasgrenröret och drar åt skruvarna till angivet moment. Montera tillbaka den främre katalysatorn enligt beskrivningen i kapitel 4B på 3,0 liters motorer.
13 Om den har tagits bort, återanslut kylarens nedre slang och dra åt klämman. Fyll på kylsystemet enligt beskrivningen i kapitel 1. På 3,0-liters motorer, montera tillbaka kylfläkten och kåpan enligt beskrivningen i kapitel 3.
14 Återanslut EGR-överföringsröret om tillämpligt och dra åt anslutningsmuttern.

15 Återanslut lambdasondens kablage, montera tillbaka plastkåpan på den främre cylinderraden och dra åt fästbultarna.
16 Anslut batteriets minusledning (jord) när arbetet slutförs.

Bakre avgasgrenrör

Demontering

17 Lossa batteriets minusledning (jord) (se *Koppla loss batteriet* mot slutet av handboken).
18 Lossa höger framhjulsmuttrar. Dra åt handbromsen. Lyft sedan upp framvagnen och ställ den på pallbockar (se *Lyftning och stödpunkter*). Demontera höger framhjul.
19 Ta bort generatorn enligt beskrivningen i kapitel 5A. Skruva dessutom loss och ta bort generatorns fästbygel från motorblocket.
20 Ta bort (den bakre) katalysatorn från avgassystemet enligt beskrivningen i kapitel 4B. Skruva loss avgassystemets främre rör (Y-rör) från avgasgrenrören på 2,5 liters motorer.
21 Skruva loss och ta bort lambdasonden från grenröret enligt beskrivningen i kapitel 4B.
22 Skruva loss anslutningsmuttern om en sådan finns och lossa EGR-överföringsröret från avgasgrenröret.
23 Skruva loss den bult som håller fast det bakre motorfästets krängningshämmare och flytta motorn framåt något och stötta upp den med en *träbit*. **Observera:** *Var försiktig så att du inte skadar några komponenter när du flyttar motorn framåt.*

7.6a Ta bort det främre avgasgrenröret...

7.6b ... och ta bort packningen

2B•10 Reparationer med V6 motor kvar i bilen

7.24a Ta bort det bakre avgasgrenröret...

7.24b ... och ta bort packningen

24 Skruva loss fästmuttrarna och ta bort avgasgrenröret från pinnbultarna på topplocket. Ta bort packningen och kassera den tillsammans med fästmuttrarna **(se bilder)**.
25 Rengör avgasgrenrörets och topplockets fogytor.

Montering

26 Placera en ny packning på topplockets pinnbultar.
27 Montera tillbaka avgasgrenröret och dra åt de nya fästmuttrarna till angivet moment.
28 Ta bort träbiten, och montera tillbaka bulten som håller fast motor/växellådsfästets krängningshämmare.
29 Återanslut EGR-överföringsröret om tillämpligt och dra åt anslutningsmuttern.
30 Montera tillbaka lambdasonden på grenröret enligt beskrivningen i kapitel 4B.
31 Montera tillbaka det främre avgasröret

(Y-rör) och katalysatorn enligt beskrivningen i kapitel 4A och 4B.
32 Återmontera generatorns fästbygel och dra åt bultarna, återmontera sedan generatorn enligt beskrivningen i kapitel 5A.
33 Montera tillbaka höger hjul och sänk ner bilen på marken. Dra åt hjulmuttrarna till angivet moment.
34 Återanslut batteriets minusledning (jord) när arbetet slutförs.

8 Vevaxelns remskiva – demontering och montering

Demontering

1 Lossa batteriets minusledning (jord) (se *Koppla loss batteriet* mot slutet av handboken).

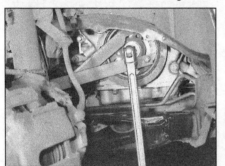

8.5 Håll vevaxeln stilla med hjälp av en saxstång samtidigt som remskivans bult lossas

8.6 Ta bort vevaxelremskivans bult och bricka

8.7a Använd en avdragare för att ta bort vevaxelremskivan från vevaxeländen

8.7b Ta bort vevaxelremskivan

2 Lossa höger framhjulsmuttrar. Dra åt handbromsen. Lyft sedan upp framvagnen och ställ den på pallbockar (se *Lyftning och stödpunkter*). Demontera det högra hjulet.
3 Ta bort höger hjulhusfoder enligt beskrivningen i kapitel 11.
4 Använd en hylsa i den fyrkant som finns, vrid huvuddrivremmens sträckare medurs och för av remmen från motorns högra ände. Lossa sträckaren försiktigt.
5 Vevaxelns remskiva måste nu hållas stilla när bulten är lossad. I modeller med manuell växellåda ber du en medhjälpare att lägga i fyrans växel och trampa ned fotbromspedalen ordentligt. I modeller med automatväxellåda tar du bort skyddet från balanshjulskåpan och ber en medhjälpare att sätta i en bredbladig skruvmejsel med kuggarna på startmotorns krondrev. Alternativt kan remskivan hållas stilla genom att en metallstång bultas fast på den med hjälp av de skruvhål som finns eller med en saxstång **(se bild)**.
6 Lossa bulten och ta bort brickan **(se bild)**. När monteringen är klar momentdras bulten tills den ger efter och en ny bult måste därför användas vid återmonteringen.
7 Använd en lämplig avdragare för att dra av vevaxelns remskiva från vevaxelns ände. Om woodruffkilen är lös tar du ut den från spåret i vevaxeln och förvarar den på en säker plats **(se bilder)**.
8 Rengör vevaxelremskivan och vevaxelns ände.

Montering

9 Applicera ett lämpligt tätningsmedel på kilspåret på remskivans insida. Om den tas bort lokaliserar du woodruffnyckeln i vevaxelns spår och kontrollera att den är parallell med vevaxelns yta.
10 Placera remskivan på vevaxeln och låt den gå i ingrepp med kilen. Använd den gamla bulten och brickan till remskivan för att dra på remskivan helt på vevaxeln. Skruva loss bulten och kassera den.
11 Sätt i den nya bulten och dra åt den till angivet moment samtidigt som vevaxeln hålls fast med specialverktyget enligt beskrivningen i avsnitt 5. Observera att bulten dras åt i fyra steg enligt beskrivningen i specifikationerna **(se bilder)**.

8.11a Använd en momentnyckel för att dra åt vevaxelremskivans bult

8.11b Använd en vinkelskiva för att dra åt vevaxelremskivans bult till angiven vinkel

9.6 Motorstödstång som är fäst på höger fäste på motorblocket

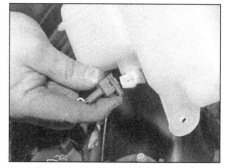

9.7a Lossa kablaget till brytaren för varning om låg kylvätskenivå

12 Ta bort fasthållningsverktyget och montera tillbaka kåpan på balanshjulskåpan i modeller med automatväxellåda.
13 Montera tillbaka multiremmen på motorns högra ände enligt beskrivningen i kapitel 1.
14 Montera tillbaka höger hjulhusfoder enligt beskrivningen i kapitel 11.
15 Montera tillbaka höger hjul och sänk ner bilen till marken. Dra åt hjulmuttrarna till angivet moment.

9 Kamkedjekåpa – demontering och montering

Demontering

1 Lossa batteriets minusledning (jord) (se *Koppla loss batteriet* mot slutet av handboken).

Dra åt handbromsen och lossa sedan det högra hjulets muttrar. Lyft upp framvagnen och ställ den på pallbockar (se *Lyftning och stödpunkter*). Demontera höger framhjul.
2 Tappa ur motoroljan (se kapitel 1).
3 Ta bort topplockskåporna enligt beskrivningen i avsnitt 5.
4 Ta bort generatorn enligt beskrivningen i kapitel 5A. Skruva loss generatorns fäste från motorblocket och kamkåpan.
5 Ta bort vevaxelns remskiva enligt beskrivningen i avsnitt 8.
6 Stötta upp motorns vikt med en lyft eller en motorstödstång. Om kamkåpan tas bort för att ta bort topplocken, måste lyften anslutas på höger fäste på motorblocket **(se bild)**.
7 Lossa kablaget från brytaren för varning för låg kylvätskenivå (om en sådan finns), skruva sedan loss kylvätskeexpansionskärlet och placera behållaren på ena sidan. Om kamkåpan

tas bort för att ta bort topplocken tappar du ur kylsystemet och tar bort expansionskärlet helt och hållet när slangarna har lossats **(se bilder)**.
8 Märk ut det högra motorfästets placering, skruva sedan loss muttrarna och bultarna och ta bort fästet och fästbygeln, observera alla jordkablars placering.
9 Lossa bultarna som håller fast remskivan på servostyrningspumpen.
10 Använd en hylsa i den fyrkant som finns och vrid multiremssträckaren medurs och för av remmen från drivhjulen. Lossa sträckaren försiktigt.
11 Skruva loss bultarna helt och ta bort remskivan från servostyrningspumpen, ta sedan bort pumpen enligt beskrivningen i kapitel 10 men undvik att lossa hydraulvätskeslangarna. Placera pumpen på mellanväggen tillsammans med hydraulledningarna **(se bilder)**.
12 Lossa kablaget från kamaxelgivaren på

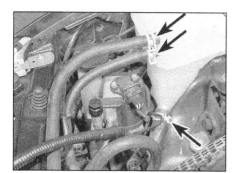

9.7b Kylvätskeslangar på expansionskärl

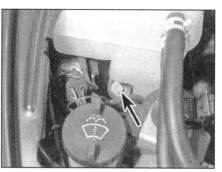

9.7c Expansionskärlets främre fästbult

9.7d Ta bort expansionskärlet

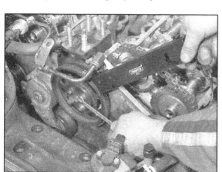

9.11a Använd en bandtång för att hålla remskivan samtidigt som bultarna skruvas loss

9.11b Ta bort servostyrningspumpens remskiva

9.11c Ta bort servostyrningspumpen med hydraulledningarna fortfarande anslutna

9.12 Lossa kablagekontaktdonet från kamaxelgivaren (markerad med pil)

9.16 Pinnbultarna ovanpå tidsinställ-ningskåpan (fäste servostyrningspump)

9.17 Ta bort kamkåpans bultar

9.18 Ta bort kamkåpan från motorn

9.20 Montering av en ny oljetätning till vevaxeln med kamkåpan på bänken

9.21 Applicera tätningsmedel på kullederna mellan ramlagerhållaren och blocket

kamkåpans övre del. Om det behövs, kan givaren därefter tas bort (se bild).

13 Ta bort sumpen enligt beskrivningen i avsnitt 14.

14 Lossa kablaget från vevaxelns lägesgivare på kamkåpans nedre del. Om det behövs, kan givaren därefter tas bort.

15 Om det är nödvändigt för att få bättre arbetsutrymme skruvar du loss luftkonditioneringskompressorn och placerar den på ena sidan. Koppla inte loss kylmedieslangarna från kompressorn.

16 Markera noggrant bultarnas och pinnbultarnas placering på kamkåpan för att säkerställa korrekt återmontering. Gör vid behov en ritning över bultarnas placering (se bild).

17 Skruva stegvis loss bultarna från

kamkåpan i omvänd ordning mot den som visas (se bild och bild 9.23).

18 Ta bort kamkåpan från styrstiften på motorn och ta bort den över vevaxelns nos. Ta försiktigt bort kåpan från motorrummet och se till att den inte skadas eftersom det finns väldigt lite utrymme att röra sig på mellan motorn och innerskärmens panel. Ta bort packningen från kåpan (se bild).

19 Rengör kamkåpans, motorblockets och topplockets kontaktytor men var försiktig så att inte aluminiumytorna skadas.

20 Byt vevaxelns oljetätning enligt beskrivningen i avsnitt 18 om det behövs. Alternativt kan den monteras när tidsinställningskåpan är på plats (se bild). Ta dessutom bort multiremssträckaren från kamkåpan om det behövs.

Montering

21 Applicera silikontätningsmedel (Ford delnummer WSE-M4G323-A4 eller något likvärdigt) som strängar, 6,0 mm långa, på kullederna mellan topplocket och motorblocket samt mellan ramlagerhållaren och motorblocket (se bild).

22 Placera nya packningar i kamkedjans spår (se bild).

23 Återmontera kamkåpan med packningar och se till att den placeras korrekt på stiften. Sätt in bultarna och pinnbultarna på sina ursprungliga platser och dra först åt dem enbart för hand. Dra slutligen åt bultarna stegvis till angivet moment i den ordningsföljd som visas (se illustration).

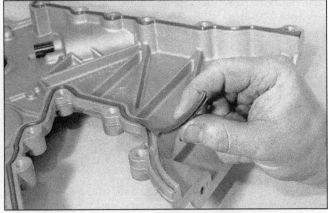

9.22 Placera en ny packning i kamkåpans spår

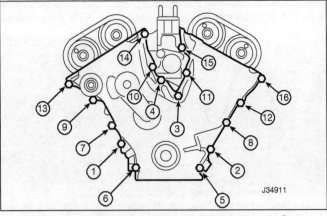

9.23 Ordningsföljd för åtdragning av tidsinställningskåpans bultar/pinnbultar

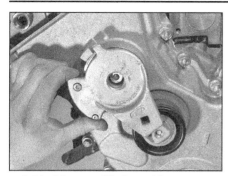

9.24a Montera tillbaka multiremmens sträckare. . .

9.24b . . . och fäst den med specialbulten

9.24c Återmontering av multiremmens mellandrev

24 Montera tillbaka multiremssträckaren på kamkåpan om den har tagits bort (se bilder).
25 Montera tillbaka luftkonditionerings-kompressorn enligt beskrivningen i kapitel 3 och dra åt bultarna om den är demonterad.
26 Montera tillbaka sumpen enligt beskrivningen i avsnitt 14.
27 Montera tillbaka vevaxelns lägesgivare och kamaxelgivaren, och återanslut kablaget.
28 Montera tillbaka servostyrningspumpen enligt beskrivningen i kapitel 10 och dra åt bultarna till angivet moment. Montera tillbaka remskivan och dra åt bultarna.
29 Placera remmen på dess remskivor och lossa sträckaren enligt beskrivningen i kapitel 1A.
30 Montera tillbaka motorns högra fäste och fästbygel på deras tidigare noterade placeringar och dra åt muttrarna och bultarna till angivet moment. Se till att jordkablar som har tagits bort monteras tillbaka på motorfästet. Montera tillbaka expansionskärlet och dra åt fästskruvarna.
31 Ta bort motorlyften.
32 Montera tillbaka vevaxelns remskiva enligt beskrivningen i avsnitt 8.
33 Montera tillbaka generatorns fästbygel och generatorn enligt beskrivningen i kapitel 5A.
34 Montera tillbaka topplockskåpan enligt beskrivningen i avsnitt 5.
35 Återanslut batteriets minusledning (jord).
36 Montera tillbaka höger hjul och sänk ner bilen till marken. Dra åt hjulmuttrarna till angivet moment.
37 Fyll på motorn med olja (se kapitel 1).

10 Kamkedjor, sträckare och styrningar – demontering, kontroll och återmontering

Demontering

1 Ställ motorn i ÖD på cylinder nr 1 enligt beskrivningen i avsnitt 4.
2 Ta bort kamkedjekåpan enligt beskrivningen i avsnitt 9.
3 För av vevaxelpositionsgivarens pulsring från den främre delen av vevaxeln och observera hur den är monterad. Markera givaren; på så vis kan du vara säker på att du sätter tillbaka den på rätt sätt (se bild).
4 Skruva in vevaxelremskivans bult provisoriskt i vevaxelns ände så att vevaxeln kan vridas runt med en hylsa.
5 Observera att kamkedjan till en viss rad

10.3 För av vevaxellägesgivarens pulsring från vevaxelns framände

måste tas bort med vevaxeln i relevant demonteringsposition för den aktuella raden. Detta säkerställer att kamaxlarna har ett jämnt ventilfjädertryck över hela sin längd. För att ta bort den bakre kamkedjan vrider du vevaxeln tills vevaxelremskivans kilspår är i läget klockan 3.
6 Om det inte finns några märken på kamkedjan märker du länkarna i förhållande till drevets inställningsmarkeringar med små färgklickar som en hjälp för återmonteringen. Om det är märken på kedjan är det osannolikt att de är inriktade mot markeringarna på drevet men de kan användas vid återmonteringen av kedjorna. Originalmärkena kan vara i form av kopparlänkar eller vitmålade punkter.
7 Skruva loss den främre kamkedjesträckaren, ta sedan bort sträckarens styrning från dess styrbult (se bilder).
8 Skruva loss den fixerade kamkedjestyrningen från den bakre kamkedjan (se bild).

10.7a Skruva loss bultarna . . .

10.7b . . . och ta bort den bakre kamkedjasträckare

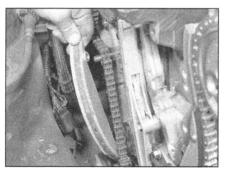

10.7c Ta bort den bakre kamkedjesträckarens styrning

10.8 Ta bort kamkedjesträckarens styrning till den bakre kamkedjan

10.9a Lossa den bakre kamkedjan från vevaxeldrevet . . .

10.9b . . . och kamaxeldrev

10.10 Ta bort kamkedjans bakre vevaxeldrev

10.14a Skruva loss bulten . . .

10.14b . . . och ta bort den främre kamkedjasträckare . . .

11 Ta bort insugs- och avgaskamaxlarna från den bakre motorbanken enligt beskrivningen i avsnitt 12. Detta är för att förhindra skador på ventilen när motorn vrids runt.

12 För att ta bort den främre kamkedjan monterar du först tillbaka bulten till vevaxelns remskiva, sedan vrider du runt vevaxeln framåt ett och tre fjärdedels varv tills vevaxelremskivans kilspår är i läget klockan 11.

13 Om det inte finns några märken på kamkedjan märker du länkarna i förhållande till drevets inställningsmarkeringar med små färgklickar som en hjälp för återmonteringen. Om det är märken på kedjan är det osannolikt att de är inriktade mot markeringarna på drevet men de kan användas vid återmonteringen av kedjorna. Originalmärkena kan vara i form av kopparlänkar eller vitmålade punkter.

14 Skruva loss den främre kamkedjesträckaren, ta sedan bort sträckarens styrning från dess styrbult (se bilder).

15 Lossa den främre kamkedjan från vevaxeln och kamaxeldreven och ta bort den från motorn (se bilder). Om den ska återanvändas, se till att den identifieras för placering för att säkerställa korrekt återmontering.

16 Skruva loss den fixerade kamkedjestyrningen från den främre kamkedjan (se bild).

17 För av det främre kamkedjedrevet från vevaxeln och notera hur det är monterat. Markera drevet; på så vis kan du vara säker på att du sätter tillbaka den på rätt sätt (se bild).

9 Lossa den bakre kamkedjan från vevaxeln och kamaxeldreven och ta bort dem från motorn (se bilder). Om den ska återanvändas, se till att den identifieras för placering för att säkerställa korrekt återmontering.

10 Ta bort bulten till vevaxelns remskiva, för sedan det bakre kamkedjedrevet från vevaxeln och notera åt vilket håll det är monterat. Markera drevet; på så vis kan du vara säker på att du sätter tillbaka den på rätt sätt (se bild).

10.14c . . . och sträckarstyrning

10.15a Lossa den främre kamkedjan från vevaxeldrevet . .

10.15b . . . och kamaxeldrevet

10.16 Fast kamkedjestyrning till den främre kamkedjan

10.17 För det främre kamkedjedrevet från vevaxeln

10.25 Montera den främre kamkedjan på kamaxeldreven, se till att inställningsmarkeringarna är i linje

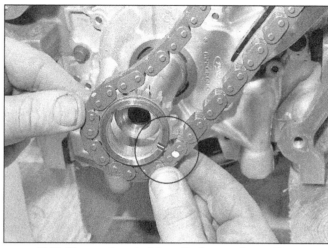

10.26 Placera drevet på framtill på vevaxeln, se till att inställningsmarkeringarna är i linje

Kontroll

Observera: *Se till att alla komponenter identifieras för placering för att säkerställa korrekt återmontering.*

18 Rengör alla komponenter grundligt och torka dem.

19 Undersök kedjesträckarna och sträckarstyrningarna med avseende på onormalt slitage eller andra skador. Kontrollera att styrningarna inte har några djupa spår som orsakats av kamkedjorna.

20 Kontrollera om kamkedjorna är slitna. Håll dem horisontellt och kontrollera hur mycket rörelser det finns i kedjelänkarna. Om du är osäker, jämför den med nya kedjor. Byt om det behövs.

21 Undersök kamaxelns kuggar och vevaxeldrevet med avseende på onormalt slitage och skador. Observera att dreven är integrerade med kamaxlarna och om de är för mycket slitna måste hela kamaxeln bytas.

22 Innan kamkedjesträckarna återmonteras måste deras kolvar tryckas in och låsas tills de monteras tillbaka. För att göra detta sätter du in en liten skruvmejsel i åtkomsthålet i sträckaren och lossar spärrmekanismen. Fäst sträckaren lätt i ett skruvstäd med mjuka klämbackar och tryck ihop kolven långsamt. Använd inte för mycket kraft och se till att kolven förblir i linje med sin cylinder. När den är

helt hoptryckt sätter du in en pappersklämma eller något liknande t.ex. en trådstav med 1,5 mm i diameter i det speciella hålet för att låsa kolven i sitt hoptryckta läge.

Montering

23 Vrid vevaxeln så att vevaxelremskivans kilspår är i läget klockan 11. Detta är placeringen för återmontering av den främre kamkedjan. **Observera:** *Motorn bör fortfarande vara i denna position eftersom den främre kamkedjan var den sista delen som togs bort.*

24 Montera tillbaka den fasta kamkedjestyrningen på den främre kamremmen och dra åt fästbultarna.

25 Lägg på den främre kamaxelkedjan på kamaxeldreven, se till att färgmärkena/kopparlänkarna på kamkedjan är i linje med inställningsmarkeringarna på utsidan av kamaxeldreven **(se bild)**.

26 Placera kamaxeldrevet i kamkedjan och se till att inställningsmarkeringarna är korrekt inriktade, montera sedan tillbaka drevet och lägg i det med kilen **(se bild)**. Kedjans främre lopp måste vara mot den fasta styrningen men det bakre loppet är löst på det här stadiet.

27 Montera sträckarens styrning på dess styrbult, montera sedan tillbaka sträckaren (och adapterplattan i förekommande fall)

och dra åt fästbultarna till angivet moment. Kontrollera att positionsmärkena fortfarande är i linje, ta sedan bort trådstaven på 1,5 mm för att lossa sträckaren. Den inbyggda fjädern är väldigt stark och den behövs för att hålla kedjestyrningen mot spänningen och lossa den långsamt **(se bilder)**.

28 Vrid vevaxeln medurs så att kilspåret på vevaxelns remskiva är i läget klockan 3. Detta är placeringen för återmontering av den bakre kamkedjan.

29 Montera tillbaka insugs- och avgaskamaxlarna på den bakre motorbanken enligt beskrivningen i avsnitt 12.

30 För på det bakre kamkedjedrevet på vevaxeln.

31 Montera tillbaka kamkedjestyrningen till den bakre kamkedjan och dra åt fästbultarna.

32 Lägg på den bakre kamkedjan på kamaxel- och vevaxeldreven och se till att färgmarkeringarna/kopparlänkarna är i linje med inställningsmarkeringarna på drevens utsida. Kedjans främre lopp måste vara mot den fasta styrningen men det bakre loppet är löst på det här stadiet.

33 Montera tillbaka sträckarens styrning på styrbulten, montera sedan tillbaka sträckaren (och adapterplattan i förekommande fall) och dra åt fästbultarna till angivet moment. Kontrollera att inställningsmarkeringarna

10.27a Placera kamkedjans sträckare på blocket. Observera den svetsade stång som håller fast sträckarens kolv

10.27b Dra åt sträckarens fästbultar

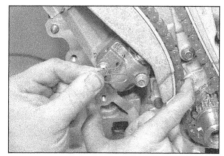

10.27c Håll kedjestyrningen mot fjäderspänningen vid borttagningen av låsringsstaven

fortfarande är i linje och ta sedan bort tråden för att lossa sträckaren.

34 För på vevaxelpositionsgivarens pulsring på vevaxelns främre del och se till att kilspåret med blåmålad markering är i ingrepp med kilen. Ringen kan märkas FRAM **(se bild)**.

35 Montera provisoriskt tillbaka vevaxelremskivans bult och vrid motorn medurs två hela varv så att vevaxeln placeras i läget klockan 11. **Observera:** *När motorn har vridits runt är kamkedjans inställningsmarkeringar inte längre inriktade mot märkena på dreven men inställningsmarkeringarna på de bakre kamaxeldreven måste vara riktade mot varandra.*

36 Montera tillbaka kamkåpan enligt beskrivningen i avsnitt 9.

11 Kamaxelns oljetätning – byte

Observera: *Det finns endast en kamaxelpackbox på den främre insugskamaxelns vänstra ände. Detta beror på att kamaxeln driver vattenpumpen med hjälp av en drivrem. Dreven på kamaxlarnas kemkedjeände är inkapslade i kamkåpan. Kontrollera att det finns delar eftersom tätningen kanske säljs som en del av huset och inte finns som en separat artikel.*

1 Lossa batteriets minusledning (jord) (se *Koppla loss batteriet* mot slutet av handboken).

2 Skruva loss de tre fästbultarna och ta bort

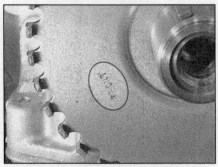

10.34 Vevaxellägesgivarens pulsring har ett FRONT-märke på sig

vattenpumpens drivremskåpa från den främre cylinderradens överdel.

3 Ta bort vattenpumpens drivrem genom att flytta sträckaren mot kamaxeln. Ta bort drivremmen från remskivorna, och lossa sträckaren. **Observera:** *I modeller där en sträckare inte är monterad måste drivremmen skäras av – naturligtvis krävs det då en ny rem för återmontering.*

4 Remskivan måste tas bort från kamaxeln. För att göra detta, använd en lämplig avdragare.

5 Om tätningen kan erhållas separat använder du en skruvmejsel för att försiktigt bända upp oljetätningen från dess hål men ser till så att kamaxeln eller hålet inte skadas.

6 Om tätningen levereras tillsammans med huset är det nödvändigt att skruva loss huset från topplocket och ta bort packningen.

7 Torka rent kamaxeln och loppet i

oljetätningshuset eller topplockets yta för oljetätningshuset.

8 Stryk på ren motorolja på den nya oljetätningens yttre kanter och tätningsläpp om tätningen går att få tag i separat, använd sedan en lämplig hylsa eller ett lämpligt metallrör för att driva in oljetätningen i sitt hål i huset och se till att den hålls i rät vinkel. Torka bort eventuell överflödig olja.

9 Montera en ny packning på oljetätningshuset, bestryk sedan oljetätningens tätningsläpp med ren motorolja om tätningen levereras tillsammans med huset. Montera huset på topplocket samtidigt som du styr på oljetätningen på kamaxelns ände. Sätt sedan in och dra åt fästbultarna till angivet moment.

10 Tryck fast remskivan på kamaxeln med hjälp av en bult som är inskruvad i mitthålet, tillsammans med en mutter och brickor. Remskivans ytteryta måste vara i jämnhöjd med kamaxelns ände för att säkerställa korrekt inriktning mot vattenpumpens remskiva och sträckare. Om remskivan är väldigt tight förvärmer du den med en varmluftspistol före monteringen.

11 Montera tillbaka vattenpumpens drivrem enligt beskrivningen i kapitel 1, avsnitt 30.

12 Montera tillbaka plastkåpan på den främre cylinderraden och dra åt fästbultarna.

13 Anslut batteriets minusledning (jord) när arbetet slutförs.

12 Kamaxlar, vipparmar och ventillyftare – demontering, kontroll och montering

Observera: *Alla kamaxlar, lageröverfall, hydrauliska ventillyftare och vipparmar måste märkas med deras placeringar för att se till att de monteras på de ursprungliga placeringarna i topplocket.*

Demontering

1 Ta bort topplockskåporna och kamkåpan enligt beskrivningen i avsnitt 5 och 9.

2 Skruva in vevaxelremskivans bult provisoriskt i vevaxelns ände så att vevaxeln kan vridas runt med en hylsa.

3 Ta bort kamkedjorna enligt beskrivningen i avsnitt 10. Observera att kamkedjan till en viss rad måste tas bort med vevaxeln i relevant demonteringsposition för den aktuella raden. Detta säkerställer att kamaxlarna har ett jämnt ventilfjädertryck längs hela sin längd. Om det tillvägagångssätt som beskrivs i avsnitt 10 följs korrekt kommer kamaxlarna att vara i korrekt positioner.

4 Flytta vattenpumpdrivremmens sträckare uppåt mot kamaxeln och ta bort drivremmen om du tar bort den främre radens insugskamaxel – om ingen sträckare är monterad måste drivremmen skäras av. Skruva dessutom loss och ta bort de bultar som håller fast huset på vänster ände av topplockets främre del – vattenpumpens remskiva kan vara kvar i sin position **(se bilder)**. Alternativt kan vattenpumpens remskiva tas från kamaxeln, och skruva loss huset **(se bilder)**.

12.4a Ta bort vattenpump remskivans drivrem

12.4b Skruva loss huset från topplockets vänstra ände

12.4c Använd en avdragare för att dra av vattenpumpens remskiva. . .

12.4d . . . skruva sedan loss huset

12.5a Kamaxellagerlöverfallen är numrerade från motorns kamkedjeände. . .

12.5b . . . med motsvarande nummer på topplocket

12.6 Ta bort ett kamaxellageröverfall

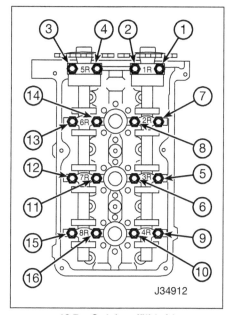

12.7a Ordningsföljd vid lossning av bultarna till de bakre kamaxellageröverfallen

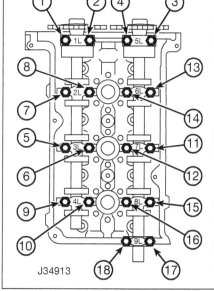

12.7b Ordningsföljd vid lossning av bultarna till de främre kamaxellageröverfallen

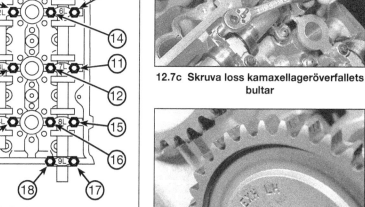

12.7c Skruva loss kamaxellageröverfallets bultar

5 Kontrollera att kamaxellageröverfallen är märkta så att de kan återmonteras korrekt. Siffrorna har bokstaven R eller L för att indikera vilken rad de är monterade på. Den "högra raden" är den bakre raden och den "vänstra raden" är den främre raden **(se bilder).**

6 Arbeta på en rad åt gången, ta bort trycklageröverfallen först – de är numrerade 1L och 5L (eller 1R och 5R). Dessa kåpor måste tas bort helt innan du lossar de resterande bultarna. Skruva loss bultarna och ta bort trycklagerlocken **(se bild).**

7 Använd den angivna ordningsföljden och skruva loss de bultar som håller fast kamaxellageröverfallen på topplocket stegvis. Se till att lageröverfallen lyftas jämnt med kamaxlarna, och ta sedan bort lageröverfallen **(se bilder). Observera:** Om lageröverfallen

12.8a Markering på avgaskamaxelns främre drev

sitter fast knackar du lätt på dem med en mjuk klubba eftersom de sitter på stift i topplocket.

8 Märk kamaxlarna (insugs- och avgas-/ främre eller bakre motorrad) och lyft upp dem direkt från topplocket **(se bilder).**

12.8b Markering på insugskamaxelns bakre drev

12.8c Ta bort den främre insugskamaxeln . . .

12.8d . . . och den främre avgaskamaxeln

12.9 Ta bort vipparmarna

12.10 Ta bort de hydrauliska ventillyftarna

12.21a Återmontering av kamaxellageröverfallen

9 Observera vipparmarnas monterade placering. Ta bort vipparmarna från huvudet, håll dem identifierade med avseende på placering genom att placera dem i en behållare som är märkt med deras placeringar **(se bild)**.
10 Ta bort de hydrauliska ventillyftarna från deras hål i topplocket och placera dem i en behållare som är märkt med deras placeringar **(se bild)**.

Kontroll

11 Med kamaxlarna och de hydrauliska ventillyftarna borttagna kontrollerar du var och en med avseende på tydligt slitage (sprickor, punktkorrosion och ovalitet). Byt dem om det behövs.
12 Mät varje ventillyftares ytterdiameter med en mikromätare – vidta åtgärder upptill och nertill på varje ventillyftare, sedan en andra uppsättning med rät vinkel mot den första. Om en mätning skiljer sig betydligt från de övriga är ventilyftaren konisk eller

mycket oval och måste bytas. Mät den inre diametern på respektive topplockslopp om nödvändig utrustning finns tillgänglig. Jämför mätresultaten med de angivna värdena i Specifikationer. Om ventillyftarna eller topplocksloppen är överdrivet slitna behövs nya ventillyftare och/eller ett nytt topplock.
13 Om ett det hörs ett ljud från toppänden finns det anledning att misstänka en felaktig hydraulisk ventillyftare, i synnerhet om ljudet är kvar efter en inledande kallstart. Detta kontroleras dock bäst med motorn igång.
14 Undersök kamloberna och sök efter repor, punktkorrosion och spår av överhettning. Sök efter områden där lobernas ytlager kan ha flagnat. Byt kamaxeln om det behövs.
15 Undersök kamaxellagertapparna och topplockets lagerytor med avseende på synligt slitage eller punktkorrosion. Om onormalt slitage är uppenbart kan det vara nödvändigt att få tag i ett nytt eller rekonditionerat topplock.

16 Använd en mikrometer och mät varje axeltapps diameter på flera ställen. Om diametern på någon av axeltapparna underskrider det angivna värdet måste kamaxeln bytas ut. Om du har tillgång till en mikrometer för inre mått mäter du hålens inre diametrar i topplocket och i locken.
17 Kamaxelns axialspel kan kontrolleras med en mätklocka i kontakt med kamaxelns ände. Flytta kamaxeln helt ena vägen och nollställ mätaren, flytta den sedan den andra vägen och kontrollera axialspelet. Vid onormalt slitage, montera nya kåpor på kamaxeln.

Montering

18 Arbeta på den främre raden, smörj de hydrauliska ventillyftarna och placera dem i sina relevanta hål i topplocket.
19 Smörj vipparmarna och placera dem i sina relevanta placeringar i topplocket.
20 Smörj insugs- och avgaskamaxelns axeltappar, placera sedan kamaxlarna i topplocket i deras relevanta positioner. Se till att vevaxelremskivans kilspår är i läget klockan 11 innan du monterar kamaxellageröverfallen.
21 Placera lageröverfallen i korrekt läge på topplocket. Sätt in bultarna och handdra dem stegvis först tills de är helt åtdragna. Dra slutligen åt bultarna stegvis till angivet moment i den ordningsföljd som visas **(se bilder)**.
22 Montera tillbaka den främre kamkedjan enligt beskrivningen i avsnitt 10.
23 Arbeta på den bakre raden, smörj de hydrauliska ventillyftarna och placera dem i de relevanta hålen i topplocket.
24 Smörj vipparmarna och placera dem i de relevanta positionerna i topplocket.
25 Smörj insugs- och avgaskamaxlarnas tappar, placera sedan kamaxlarna i topplocket i de relevanta positionerna. Se till att vevaxelremskivans kilspår är i läget klockan 3 innan du monterar kamaxellageröverfallen.
26 Placera lageröverfallen i korrekt läge på topplocket. Sätt in bultarna och handdra dem stegvis först tills de är helt åtdragna. Dra slutligen åt bultarna stegvis till angivet moment i den ordningsföljd som visas **(se bild)**.
27 Montera tillbaka den bakre kamkedjan enligt beskrivningen i avsnitt 10.
28 Montera tillbaka kamkåpan och topplockskåporna enligt beskrivningen i avsnitt 9 och 5.

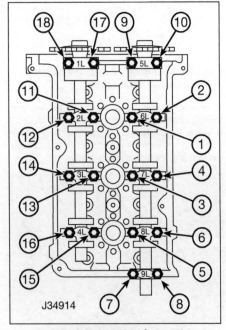

11.21b Ordningsföljd åtdragning för bultarna till de främre kamaxellageröverfallen

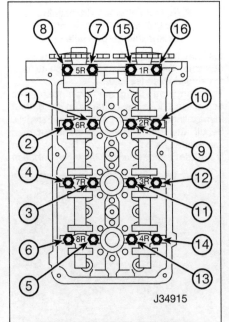

12.26 Ordningsföljd åtdragning för bultarna till de bakre kamaxellageröverfallen

29 Om huset är demonterat monterar du tillbaka det på den främre insugskamaxeln tillsammans med en ny packning och trycker sedan på vattenpumpens remskiva **(se bilder)**. Montera tillbaka vattenpumpens drivrem enligt beskrivningen i kapitel 1A, avsnitt 30.

13 Topplock – demontering och montering

Demontering

1 Lossa batteriets minusledning (jord) (se *Koppla loss batteriet* mot slutet av handboken). För att få mer arbetsutrymme tar du bort batteriet och luftrenarenheten.
2 Dränera kylsystemet enligt beskrivningen i kapitel 1.
3 Ta bort det övre och nedre insugsgrenröret enligt beskrivningen i avsnitt 6.
4 Tappa ur motoroljan (se kapitel 1).
5 Ta bort kamkedjorna enligt beskrivningen i avsnitt 10. **Observera:** *Om bara det bakre topplocket ska tas bort är det endast nödvändigt att ta bort den bakre kamkedjan. Om det främre topplocket ska tas bort är det fortfarande nödvändigt att ta bort den bakre kamkedjan.*
6 Montera tillbaka det högra motorfästet provisoriskt (borttaget i avsnitt 5) och ta bort lyften.
7 Ta bort kamaxlarna, vipparmen och hydrauliska ventillyftarna enligt beskrivningen i avsnitt 12.

Bakre topplock

8 Skruva loss och ta bort lambdasonden från det bakre avgasgrenröret (se kapitel 4B). Skruva dessutom loss motorns bakre lyftögla och avgastryckgivaren från topplocket **(se bild)**.
9 Lossa slangarna till avgasåterföringsventilens baktrycks omvandlare från röret mellan avgasåterföringsventilen och avgasgrenröret.
10 Lossa kablaget från avgasåterföringsventilens baktrycks omvandlare och avgasåterföringsenheten.
11 Skruva loss anslutningsmuttern och lossa avgasåterföringsventilens rör från det bakre avgasgrenrör.
12 Lossa klämmorna och lossa slangarna

12.29a Återmontering av huset och ny packning på insugskamaxeln

från kylvätskeanslutningsröret på topplockens vänstra sida. Lossa dessutom kablaget från temperaturgivaren på röret.
13 Skruva loss bultarna och ta bort anslutningsröret för kylvätska från den bakre delen av topplocket. Ta bort röret från det främre topplocket och ta loss O-ringarna. Observera att den övre bulten har en tappförlängning.
14 Det bakre avgasgrenröret kan tas bort på det här stadiet eller alternativt kan det tas bort tillsammans med topplocket och separeras på bänken (se avsnitt 7).
15 Lossa varje topplocksbult ett varv i sänder och följ de ordning som visas **(se bild)**. Med alla bultar lösa, ta bort dem tillsammans med sina brickor. Det är lämpligt att topplocksbultarna byts som en självklarhet.
16 Lyft försiktigt upp det bakre topplocket

13.8 Ta bort avgastryckgivaren och fästbygeln från det bakre topplocket

12.29b Använd en gängad stång och mutter för att pressa på vattenpumpens remskiva

från motorblocket och placera det på bänken. Ta loss packningen från blocket.
17 Skruva loss avgasgrenröret från topplocket och ta loss packningen.

Främre topplock

18 Ta bort vattenpumpen enligt beskrivningen i kapitel 3. Om det behövs, ta bort termostathuset och slangarna **(se bilder)**.
19 Lossa klämmorna och lossa slangarna från kylvätskeanslutningsröret på topplockens vänstra sida. Lossa dessutom kablaget från temperaturgivaren på röret **(se bild)**.

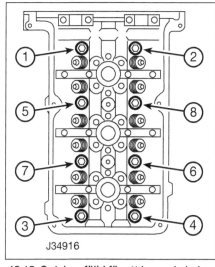

J34916

13.15 Ordningsföljd för att lossa de bakre topplocksbultarna

13.18a Ta bort vattenpumpen

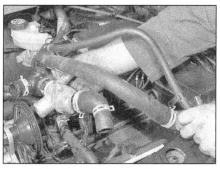

13.18b Ta bort termostathuset och slangarna

13.19 Lossa slangarna från kylvätskeröret

13.20 Ta bort anslutningsröret

20 Skruva loss bultarna och ta bort anslutningsröret för kylvätska från den bakre delen av topplocket. Ta bort röret från det främre topplocket och ta loss O-ringarna. Observera att den övre bulten har en tappförlängning **(se bild)**.
21 Lossa klämman och lossa kylarens nedre slang från kröken på det främre topplocket, skruva sedan loss kröken.
22 Dra ut oljemätstickans rör.
23 Det främre avgasgrenröret kan tas bort på det här stadiet eller alternativt kan det tas bort tillsammans med det främre topplocket och separeras på bänken (se avsnitt 7). Om du bestämmer dig för att ta bort topplocket tillsammans med grenröret lossar du luftkonditioneringskompressorn från motorblocket och placerar den på den främre tvärbalken och tar dessutom bort oljefiltret. Detta ger ytterligare utrymme för att lyfta det nedåtgående avgasröret från motorrummet.

13.24c ... och ta bort dem tillsammans med brickorna

13.25b Motor med det främre topplocket och packningen borttagna

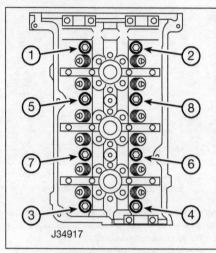

J34917

13.24a Ordningsföljd för att lossa de främre topplocksbultarna

24 Lossa varje topplocksbult ett varv i sänder och följ de ordning som visas **(se bild)**. Med alla bultar lösa, ta bort dem tillsammans med sina brickor och kontrollera om de är skadade **(se bilder)**. Det är lämpligt att topplocksbultarna byts som en självklarhet.
25 Lyft försiktigt av det främre topplocket från motorblocket och placera det på bänken. Ta loss packningen från blocket **(se bild)**.
26 Skruva loss avgasgrenröret från topplocket och ta loss packningen.

Montering

27 Topplockens och motorblockets fogytor måste vara perfekt rena innan topplocken

13.25a Lyft av den främre topplockspackningen från motorblocket

13.31 Placera den främre topplockspackningen på motorblocket

13.24b Skruva loss topplocksbultarna ...

återmonteras. Ta bort alla packningsrester och allt sot med en plast- eller träskrapa; och rengör även kolvkronorna. Var mycket försiktig, eftersom aluminiumlegeringen lätt kan skadas. Se dessutom till att sotet inte kan komma in i olje- och vattenkanalerna – detta är särskilt viktigt för smörjningssystemet eftersom sot kan blockera oljetillförseln till någon av motorns komponenter. Försegla vattenkanaler, oljekanaler och bulthål i motorblocket med tejp och papper. Rengör alla kolvarna på samma sätt.

> **HAYNES TiPS** *Lägg lite fett i springan mellan kolvarna och loppen för att hindra sot från att tränga in. Använd en liten borste när alla kolvar är rengjorda, för att ta bort alla spår av fett och kol från öppningen. Torka sedan bort återstoden med en ren trasa.*

28 Kontrollera fogytorna på motorblocket och topplocket och leta efter hack, djupa repor och andra skador. Om de är små kan de försiktigt filas bort men om de är stora är slipning eller byte den enda lösningen.
29 Kontrollera topplockspackningens yta med en stållinjal om den misstänks vara skev. Se del C i detta kapitel om det behövs.
30 Torka ren topplockens och motorblockets fogytor. Kontrollera att styrstiften är på plats i motorblocket och att alla topplockets bulthål är fria från olja.

Främre topplock

31 Placera den främre topplockspackningen på motorblocket **(se bild)**.
32 Rengör avgasgrenrörets och topplockets ytor, montera sedan tillbaka avgasgrenröret tillsammans med en ny packning och dra åt bultarna (se avsnitt 7). Alternativt kan avgasgrenröret återmonteras efter återmonteringen av topplocket på motorblocket.
33 Sänk försiktigt ner det främre topplocket på packningen och se till att det är i linje med styrstiften.
34 Sätt in topplocksbultarna tillsammans med brickor och dra åt dem för hand till att börja med.

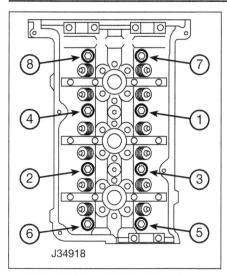

J34918

13.35a Ordningsföljd för åtdragning av topplockskåpsbultarna (fram visas, bak är snarlik)

35 Använd en momentnyckel för att dra åt topplocksbultarna till momentsteg 1 i den ordningsföljd som visas **(se bilder)**.
36 Dra åt bultarna i de återstående steg som anges i specifikationerna. Använd en vinkelskivshylsa för att säkerställa korrekt vinkel för vinkeldragningen **(se bild)**.
37 Montera tillbaka avgasgrenröret tillsammans med en ny packning om det är tillämpligt.
38 Sätt in oljemätstickan.
39 Montera tillbaka kröken på det främre topplocket tillsammans med en ny packning och dra åt bultarna. Återanslut kylarens nedre slang och dra åt klämman.
40 Montera tillbaka anslutningsröret tillsammans med en ny packning och O-ringar och dra åt bultarna. Återanslut slangarna och dra åt klämmorna. Återanslut kablaget till temperaturgivarna, montera sedan tillbaka vattenpumpen enligt beskrivningen i kapitel 3.

Bakre topplock

41 Observera: *Om detta tillvägagångssätt används under en motorrenovering måste du se till att det högra motorfästet är bultat på plats på motorblocket innan du återmonterar det bakre topplocket eftersom det är omöjligt att montera fästet mellan det främre och bakre topplocket när de redan är monterade **(se bild)**.*
42 Placera den bakre topplockspackningen på topplocket **(se bild)**.
43 Rengör avgasgrenrörets och topplockets ytor, montera sedan tillbaka grenröret tillsammans med en ny packning och dra åt bultarna (se avsnitt 7). Alternativt kan avgasgrenröret återmonteras efter återmonteringen av topplocket på motorblocket.
44 Sänk försiktigt ned det bakre topplocket på packningen och se till att det är i linje med styrstiften.
45 Sätt in topplocksbultarna tillsammans med brickor och dra åt dem för hand först.

13.35b Åtdragning av topplockskåpsbultarna med en momentnyckel

13.41 Höger motorfäste måste monteras före monteringen av den bakre delen av topplocket

46 Använd en momentnyckel för att dra åt topplocksbultarna till momentsteg 1 i den ordningsföljd som visas **(se bild 13.35a)**.
47 Dra åt bultarna i de återstående stegen som finns i specifikationerna. Använd en vinkelskivshylsa för att säkerställa korrekt vinkel för vinkeldragningen.
48 Montera tillbaka avgasgrenröret tillsammans med en ny packning om det är tillämpligt.
49 Montera tillbaka kylvätskeanslutningsröret tillsammans med en ny packning och O-ringar och dra åt bultarna. Återanslut slangarna och dra åt klämmorna. Återanslut kablaget till temperaturgivarna.
50 Montera tillbaka avgasåterföringsventilens rör på avgasgrenröret och dra åt anslutningsmuttern.
51 Återanslut kablaget till avgasåterförings-ventilens baktrycks omvandlare.
52 Återanslut avgasåterföringsventilens baktrycks omvandlare till röret mellan avgasåterföringsventilen och avgasgrenröret.
53 Montera tillbaka lambdasonden på det bakre avgasgrenröret (se kapitel 4B).

Främre och bakre topplock

54 Montera tillbaka kamaxlarna, hydrauliska ventillyftarna och vipparmarna enligt beskrivningen i avsnitt 12.
55 Stötta upp motorns vikt med lyften, ta sedan bort det högra motorfästet för att montera tillbaka kamkedjorna och kamkåpan.
56 Montera tillbaka kamkedjorna och kåpan enligt beskrivningen i avsnitt 10, montera

13.36 Använd ett vinklat hylsfäste för att vinkeldra topplocksbultarna

13.42 Placera den bakre topplockspackningen på motorblocket

sedan tillbaka motorfästet och ta bort lyften.
57 Montera tillbaka det övre och nedre insugsgrenröret enligt beskrivningen i avsnitt 6.
58 Montera tillbaka batteriet och luftrenaren. Återanslut batteriets minusledning (jord).
59 Fyll på motorn med olja enligt beskrivningen i kapitel 1.
60 Fyll på kylsystemet enligt beskrivningen i kapitel 1.
61 Starta motorn och kör till normal arbetstemperatur. Kontrollera att det inte förekommer något läckage.

14 Sump – demontering och montering

Demontering

1 Dra åt handbromsen. Lyft sedan upp framvagnen och ställ den på pallbockar (se *Lyftning och stödpunkter*).
2 Tappa ur motoroljan enligt beskrivningen i kapitel 1. När arbetet är klart, rengör dräneringspluggen och hålet, montera tillbaka pluggen och dra åt den till angivet moment.
3 Skruva loss muttrarna och bultarna och ta bort avgassystemets Y-rör från de främre nedåtgående rörens nederkant och avgassystemets mellersta del.
4 Lossa avgassystemets stödfäste från

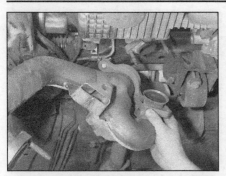

14.4a Ta bort avgassystemets Y-rör från dess placering under sumpen

14.4b Avgassystemets stödfäste på sumpens bakdel

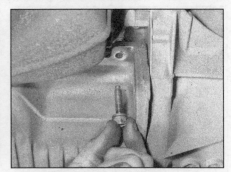

14.6a Skruva loss bultarna . . .

14.6b . . . och sänk ner sumpen från motorblocket

14.7 Ta bort skvalpskottet från sumpen

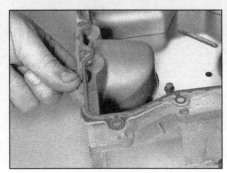

14.9 Placera en ny packning på sumpen

pinnbultarna på den bakre delen av sumpen **(se bilder)**.

5 Skruva loss och ta bort de nedre flänsbultarna som håller fast sumpen vid växellådan.

6 Observera pinnbultarnas placering på sumpen, skruva sedan av och ta bort bultarna men lämna kvar två motsatta bultar på plats. Stötta upp sumpen, och ta bort de sista två

14.11 Ordningsföljd för åtdragning av sumpbultar

bultarna. Sänk ner sumpen från motorn. Ta loss packningen och kassera den **(se bilder)**.

Montering

7 Rengör sumpens och motorblockets kontaktytor noggrant. Kontrollera dessutom sumpens insida. Om det behövs, skruva loss och ta bort skvalpskottet **(se bild)**. Montera tillbaka skvalpskottet och dra åt bultarna efter rengöringen.

8 Applicera en sträng silikontätningsmedel (Ford delnummer WSE-M4G323-A4 eller något likvärdigt) på lederna mellan kamkåpan och motorblocket, på motorblockets nederdel.

9 Placera en ny packning på sumpen **(se bild)**. Fäst den med lite fett om det behövs.

10 Lyft upp sumpen och packningen på motorblockets nederkant och sätt in flera bultar för att hålla den på plats. Se till att packningen blir kvar på plats. Sätt in de

14.13 Återmontering av avgassystemets stödfästbygel

återstående bultarna och dra sedan åt dem för hand.

11 Dra åt bultarna till angivet moment, i den ordningsföljd som visas **(se bild)**.

12 Sätt i och dra åt de nedre flänsbultarna som håller fast sumpen vid växellådan.

13 Lossa avgassystemets stödfäste från pinnbultarna på den bakre delen av sumpen **(se bild)**.

14 Montera tillbaka avgassystemets Y-rör på de främre nedåtrörens nederdel och den mellersta avgassystemsektionen och dra åt de nya muttrarna och bultarna.

15 Sänk ner bilen på marken, fyll sedan motorn med ny motorolja enligt beskrivningen i kapitel 1.

15 Oljepump – demontering, kontroll och återmontering

Demontering

1 Ta bort kamkedjorna och dreven enligt beskrivningen i avsnitt 10. Detta tillvägagångssätt inkluderar demontering av sumpen enligt beskrivningen i avsnitt 14.

2 Skruva loss flänsbultarna och stödmuttern och ta bort oljepumpens upptagarrör och filter. Ta loss O-ringen från pumpen.

3 Skruva loss skruvarna och ta bort oljeskvalpplåten från vevhuset även om det inte är avgörande på det här stadiet.

4 Lossa fästbultarna stegvis en i sänder i omvänd ordningsföljd jämfört med den som

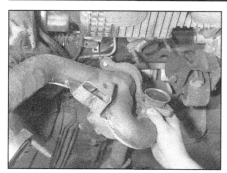

15.4a Skruva loss bultarna . . .

15.4b . . . och ta bort oljepumpen från motorblocket

15.5 Ta bort kåpan från oljepumpen

15.6a Oljepump och rotor med kåpan demonterad

15.6b Ta bort den inre rotorn . . .

15.6c . . . och yttre rotor

visas **(se bild 15.11)**. Ta bort oljepumpen från motorblocket med alla bultar borttagna **(se bilder)**.

Kontroll

5 Skruva loss skruvarna med en torx-nyckel och ta bort kåpan från oljepumpen **(se bild)**.
6 Observera identifieringsmärkena på den inre och yttre rotorn, ta sedan bort rotorerna. Punkten på de yttre rotorytorna är riktade mot kåpan men kåpan på de inre rotorytorna är riktade mot karossen **(se bilder)**.
7 Skruva loss pluggen och ta bort övertrycksventilen, fjädern och tryckkolven **(se bild)**.
8 Rengör komponenterna grundligt och undersök dem med avseende på slitage och skador. Om rotorerna eller karossen är för mycket repade eller skadade måste hela oljepumpen bytas. Om komponenterna fortfarande är användbara monterar du först tillbaka övertrycksventilens komponenter och drar åt pluggen. Smörj rotorerna med färsk motorolja och sätt in dem i stommen, se till att identifieringsmärkena placeras på det sätt som noterades vid demonteringen **(se bild)**.
9 Montera tillbaka pumpkåpan och dra åt skruvarna till angivet moment **(se bild)**.
10 Före återmontering av oljepumpen ska den flödas genom att färsk motorolja hälls i uppdragarrörets flänsöppning. Vrid rotorerna för hand så att oljan kommer in i de interna hålen.

Montering

11 Placera den inre rotorn så att den är

inriktad mot kamaxelns platta del, placera sedan oljepumpen på motorblocket. Sätt i bultarna och dra åt till angivet moment i den ordningsföljd som visas **(se bild)**.

12 Montera tillbaka luftspjället på vevhuset om det har demonterats och dra åt bultarna.
13 Placera oljepumpens upptagarrör och filter i oljepumpen tillsammans med en ny

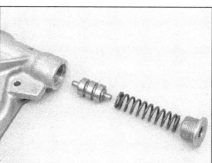

15.7 Komponenter avlastningsventil

15.9 Dra åt oljepumpskåpans täckskruvar

15.8 Smörj rotorerna med ren motorolja innan kåpan monteras

15.11 Ordningsföljd för oljepumpens fästbultar

16.5 Ta bort oljekylaren och O-ringen

O-ring, sätt sedan in flänsbultarna och dra åt till angivet moment. Sätt dit och dra åt muttern.
14 Montera tillbaka kamkedjorna och dreven enligt beskrivningen i avsnitt 10, och sumpen enligt beskrivningen i avsnitt 14.

16 Oljekylare – demontering och montering

Demontering

1 Oljekylaren är placerad på motorblockets framsida mellan oljefiltret och motorblocket. Dränera kylsystemet enligt beskrivningen i kapitel 1.
2 Dra åt handbromsen. Lyft sedan upp framvagnen och ställ den på pallbockar (se *Lyftning och stödpunkter*). Ta bort stänkskyddet från kylarens nederdel.
3 Lossa klämmorna och lossa kylvätskeslangarna från oljekylaren.
4 Placera ett kärl under oljefiltret, skruva sedan loss och ta bort oljefiltret. Håll oljefiltret upprätt för att förhindra oljesspill.
5 Notera placeringen av oljekylarens tappar, skruva av muttern och dra tillbaka oljekylaren från pinnbulten. Ta loss O-ringen (se bild). Var beredd på spill av olja och kylvätska.

Montering

6 Rengör motorblocket och oljekylarens och oljefiltrets kontaktytor.
7 Placera oljekylaren på tappen tillsammans med en ny O-ring. Placera kylvätsketapparna på det sätt som du noterade vid demonteringen, dra sedan åt muttern till angivet moment.
8 Stryk på lite ny motorolja på oljefiltrets tätningsring, skruva sedan på den på tappen och dra åt ordentligt enbart med händerna. Rengör oljefiltret och kylaren.
9 Återanslut slangarna och dra åt klämmorna.
10 Återmontera stänkskölden på radiatorns nederkant och sänk ner bilen på marken.
11 Fyll på kylsystemet enligt beskrivningen i kapitel 1.
12 Kontrollera och fyll på motoroljenivån om det behövs enligt beskrivningen i *Veckokontroller*.

17 Brytare till varningslampa för oljetryck – demontering och montering

Demontering

1 Kontakten till oljetryckvarningslampan är placerad framtill på motorblocket, bredvid oljefiltret.
2 Dra åt handbromsen. Lyft sedan upp framvagnen och ställ den på pallbockar (se *Lyftning och stödpunkter*). Ta bort stänkskyddet från kylarens nederdel.
3 Lossa kablaget, skruva sedan loss brytaren från motorblocket.

Montering

4 Sätt in brytaren och dra åt till angivet moment.
5 Återanslut kablaget.
6 Återmontera stänkskölden på radiatorns nederkant och sänk ner bilen på marken.
7 Kontrollera och fyll på motoroljenivån om det behövs enligt beskrivningen i *Veckokontroller*.

18 Vevaxelns oljetätningar – byte

Oljetätning på kamkedjeänden

1 Ta bort vevaxelns remskiva enligt beskrivningen i avsnitt 8 av detta kapitel.
2 Använd en skruvmejsel och bänd loss den gamla oljetätningen från kamremskåpan. Var försiktig så att du inte skadar ytan på kamkåpan och vevaxeln. Om oljetätningen håller tätt, borra försiktigt två hål diagonalt mitt emot varandra i oljetätningen och för sedan in självgängande skruvar och använd en tång för att dra ut tätningen.
3 Torka rent sätet i kamkåpan och vevaxelns spets.
4 Bestryk den nya oljetätningens yttre omkrets och kanter med ren motorolja, fäst den sedan i motorblocket genom att trycka in den i motorblocket i rät vinkel. Använd en stor hylsa eller ett stort metallrör för att driva in oljetätningen tills den är i jämnhöjd med kamkåpan. Se till att oljetätningen förblir kvadratisk när den sätts in. Torka bort eventuell överflödig olja.
5 Montera tillbaka vevaxelns remskiva enligt beskrivningen i avsnitt 8 av detta kapitel.

Oljetätning på växellådsänden

6 Demontera växellådan enligt beskrivning i kapitel 7A eller 7B.
7 Ta bort svänghjulet eller drivplattan (efter tillämplighet) enligt beskrivningen i avsnitt 19.
8 Ta bort adapterplattan från motorn.

9 Använd en skruvmejsel och bänd loss den gamla oljetätningen från topplocket. Var försiktig så att du inte skadar ytan på oljetätningens säte och vevaxel. Om oljetätningen håller tätt, borra försiktigt två hål diagonalt mitt emot varandra i oljetätningen och för sedan in självgängande skruvar och använd en tång för att dra ut tätningen.
10 Torka rent sätet i blocket och vevaxeln.
11 Bestryk den nya oljetätningens yttre omkrets och kanter med ren motorolja, starta den sedan i motorblocket genom att trycka in den i motorblocket i rät vinkel. Använd en stor hylsa eller ett stort metallrör för att driva in oljetätningen tills den är i jämnhöjd med motorblockets ytteryta. Se till att oljetätningen förblir kvadratisk när den sätts in. Torka bort eventuell överflödig olja.
12 Placera adapterplattan på stiften i motorblocket.
13 Montera tillbaka svänghjulet eller drivplattan (efter tillämplighet) enligt beskrivningen i avsnitt 19.
14 Montera tillbaka växellådan enligt beskrivningen i kapitel 7A eller 7B.

19 Svänghjul/drivplatta – demontering, kontroll och återmontering

Demontering

1 Demontera växellådan enligt beskrivning i kapitel 7A eller 7B.
2 Ta bort kopplingen enligt beskrivningen i kapitel 6 i modeller med manuell växellåda – detta är ett bra tillfälle att kontrollera eller byta kopplingens komponenter.
3 Gör inställningsmärken på svänghjulet/ drivplattan och vevaxeln som en hjälp vid återmonteringen.
4 Förhindra att svänghjulet/drivplattan roterar genom att låsa krondrevets kuggar eller genom att bulta fast ett band mellan svänghjulet/drivplattan och motorblocket vevhuset. Skruva loss och ta bort bultarna (se bild).
5 Ta bort svänghjulet/drivplattan från vevaxeln men var försiktig så att du inte tappar den –

19.4 Ta bort svänghjulets bultar . . .

19.5 ... lyft sedan av svänghjulet från vevaxeln

den är väldigt tung **(se bild)**. Observera att svänghjulet på 3,0 liters motorer är av dubbel typ.

6 Ta bort adapterplattan från stiften på topplocket om det är nödvändigt **(se bild)**.

Kontroll

7 Rengör svänghjulet/drivplattan från fett och olja. Undersök ytan efter sprickor, nitspår, brända områden och repor. Lättare repor kan tas bort med smärgelduk. Leta efter spruckna eller trasiga krondrevskuggar. Lägg svänghjulet/drivplattan på slätt underlag och använd en linjal för att kontrollera eventuell skevhet.

8 Rengör och kontrollera fogytorna på svänghjulet/drivplattan och vevaxeln. Om vevaxelns packbox läcker ska den bytas (se avsnitt 18) innan svänghjulet/drivplattan återmonteras.

9 Rengör svänghjulets/drivplattans inneryta noggrant när det/den är demonterat/demonterad. Rengör de gängade bulthålen i vevaxeln grundligt och rengör dessutom bultarnas gängor – detta är viktigt eftersom gammalt tätningsmedel är kvar i gängorna, bultarna sätter sig under en tid och de behåller inte sina korrekta åtdragningsmoment.

Montering

10 Placera adapterplattan på motorblockets stift.

11 Montera tillbaka svänghjulet/drivplattan på vevaxeln och rikta in de tidigare gjorda märkena (skruvhålen är anordnade så att svänghjulet/drivplattan endast passar i ett läge). Applicera ett lämpligt tätningsmedel

19.6 Ta bort adapterplattan

på bultarnas gängor och sätt sedan in dem och dra åt dem stegvis till angivet moment samtidigt som svänghjulet/drivplattan hålls stilla enligt den metod som beskrivs i avsnitt 4.

12 På modeller med manuell växellåda sätter du tillbaka kopplingen enligt beskrivningen i kapitel 6.

13 Montera tillbaka växellådan enligt beskrivningen i kapitel 7A eller 7B (efter tillämplighet).

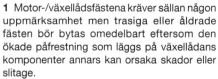

20 Motorns-/växellådans fästen – kontroll och byte

1 Motor-/växellådsfästena kräver sällan någon uppmärksamhet men trasiga eller åldrade fästen bör bytas omedelbart eftersom den ökade påfrestning som läggs på växellådans komponenter annars kan orsaka skador eller slitage.

2 Samtidigt som separata fästen kan tas bort och monteras tillbaka individuellt om mer än ett rubbas åt gången – till exempel om motor-/växellådsenheten demonteras – måste de sättas ihop och dras åt i den ordningsföljd som beskrivs i kapitel 2C för återmontering av motorn.

Kontroll

3 Skruva loss de två skruvar som håller fast kylvätskeexpansionskärlet på höger innerskärmspanel och placera provisoriskt behållaren på ena sidan för att komma åt höger motorfäste. Ta bort batteriet (kapitel 5) och luftrenaren (kapitel 4) för åtkomst till det

vänstra motorfästet. För att komma åt de främre och bakre krängningshämmarna, dra åt handbromsen, och lyft sedan upp framvagnen och ställ den på pallbockar (se *Lyftning och stödpunkter*). Användning av en spegel hjälper till att visa motorfästet från alla vinklar.

4 Kontrollera om gummifästena är spruckna, förhårdnade eller skilda från metallen på något ställe. Byt fästet om du ser tecken på sådana skador.

5 Kontrollera att fästmuttrarna/bultarna är hårt åtdragna; använd en momentnyckel om möjligt

6 Använd en stor skruvmejsel eller spak och kontrollera med avseende på slitage i fästet genom att försiktigt bända mot det för att kontrollera det med avseende på fritt spel. Där detta inte är möjligt, låt en medhjälpare vicka på motorn/växellådan framåt/bakåt och i sidled, medan du studerar fästet. Visst spel finns även hos nya komponenter, men kraftigt slitage märks tydligt. Om för stort spel förekommer, kontrollera först att muttrarna/bultarna är ordentligt åtdragna, och byt sedan slitna komponenter enligt beskrivningen nedan.

Byte

Höger fäste

7 Skruva loss de tre fästbultarna och ta bort vattenpumpens drivremskåpa från den främre cylinderradens överdel.

8 Skruva loss skruvarna och lägg kylvätskeexpansionskärlet åt sidan.

9 Stötta upp motorns vikt med en lämplig lyft. Om endast höger fäste ska bytas är det tillåtet att försiktigt stötta upp motorns vikt med en garagedomkraft och en bit trä.

10 Märk motorfästets placering för korrekt återmontering, skruva sedan loss muttrarna och ta bort fästet. Notera hur jordkabeln sitter placerad **(se bilder)**. Observera: *Muttrarna är självlåsande och måste bytas.*

11 Skruva loss fästet från karosspanelen.

12 Montera ett nytt fäste på karosspanelen och dra åt bultarna till angivet moment.

13 Placera fästbygeln på fästet och motorn och placera den på det sätt som noterades före demonteringen. Montera nya muttrar och dra åt till angivet moment. Om tillämpligt, se till att jordkabeln sitter på den plats som tidigare har noterats.

14 Sänk ner motorn och ta bort lyften.

20.10a Skruva loss höger motorfästets muttrar och bultar ...

20.10b ... observera jordkabelns placering

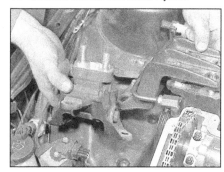

20.10c Demontera motorns högra fästbyglar

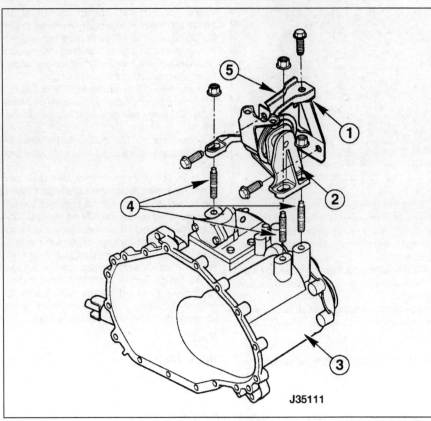

20.22 Bult karossfästbygel vänster motorfäste

15 Montera tillbaka expansionskärlet och dra åt fästskruvarna.

16 Montera tillbaka plastkåpa på den främre cylinderraden och dra åt fästbultarna.

Vänster fäste

17 Ta bort batteriet enligt beskrivningen i kapitel 5A.

18 Ta bort luftfiltret och huset enligt beskrivningen i kapitel 4A.

19 Skruva loss de tre fästbultarna och ta bort vattenpumpens drivremskåpa från den främre cylinderradens överdel.

20 Stötta växellådans vikt med en lämplig lyft. Om endast vänster fäste ska bytas är det tillåtet att försiktigt stötta upp växellådans vikt med en garagedomkraft och en bit trä.

21 Märk motorfästets placering för korrekt återmontering, skruva sedan loss de muttrar som håller fast fästet på pinnbultarna på växellådan (se bild). Observera: Muttrarna är självlåsande och måste bytas.

20.21 Vänster motor-/växellådsfäste (en manuell växellåda visas – den automatiska växellådan är snarlik)

1 Karossfästbygel	3 Växellåda	5 Platta (i förekommande
2 Fästbygel växellåda	4 Pinnbultar	fall)

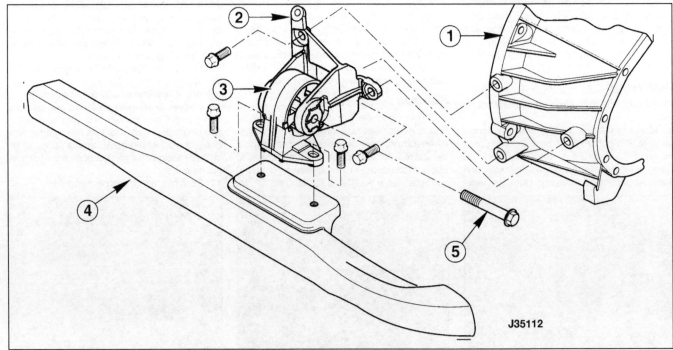

20.30 Den främre krängningshämmaren

1 Växellåda	2 Fästbygel	3 Fäste	4 Kryssrambalk	5 Genomgående bult

20.38a Den bakre krängningshämmaren visad från bilens undersida

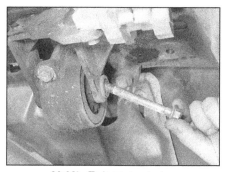

20.38b Ta bort den bakre krängningshämmarens mittbult

20.38c Ta bort den bakre krängningshämmaren

22 Skruva loss bultarna och ta bort fästet från karosspanelen **(se bild)**.
23 Montera ett nytt fäste på karosspanelen och dra åt bultarna till angivet moment.
24 Placera fästbygeln på fästet och växellådan och placera den på det sätt som noterades före demonteringen. Montera nya muttrar och dra åt till angivet moment.
25 Sänk ner växellådan och ta bort lyften.
26 Montera tillbaka plastkåpa på den främre cylinderraden och dra åt fästbultarna.
27 Montera tillbaka luftfiltret och huset enligt beskrivningen i kapitel 4A.

28 Montera tillbaka batteriet enligt beskrivningen i kapitel 5A.

Främre krängningshämmar

29 Dra åt handbromsen. Lyft sedan upp framvagnen och ställ den på pallbockar (se *Lyftning och stödpunkter*).
30 Skruva loss de skruvar som håller fast den främre krängningshämmaren på hjälpramen och skruva dessutom loss den genomgående bulten. Ta bort krängningshämmaren **(se bild)**.
31 Skruva loss fästbygeln från växellådan om det behövs.

32 Montera tillbaka fästbygeln på växellådan och dra åt bultarna till angivet moment.
33 Placera den nya främre krängningshämmaren i fästbygeln och sätt in den genomgående bulten.
34 Sätt in de bultar som håller fast den främre krängningshämmaren på hjälpramen och dra åt till angivet moment.
35 Dra åt den genomgående bulten till angivet moment.
36 Sänk ner bilen på marken.

Bakre krängningshämmar

37 Dra åt handbromsen. Lyft sedan upp framvagnen och ställ den på pallbockar (se *Lyftning och stödpunkter*).
38 Skruva loss muttrarna/bultarna och den genomgående bulten och ta bort den bakre krängningshämmaren från dess fästbygel **(se bilder)**. Använd vid behov en garagedomkraft och ett träblock för att lyfta växellådan något. Observera att på vissa modeller med automatväxellåda är en extra dämpare monterad i en fästbygel under hjälpramen.
39 Skruva loss fästbygeln från växellådan om det behövs **(se bild)**.
40 Montera tillbaka fästbygeln på växellådan och dra åt bultarna till angivet moment.
41 Placera den bakre krängningshämmaren i sina fästen och dra åt muttrarna/bultarna till angivet moment. I modeller med automatväxellåda placerar du en gummidämpare på fästbygeln på hjälpramen och drar åt muttrarna till angivet moment.
42 Sätt in den genomgående bulten och dra åt till angivet moment.
43 Sänk ner bilen på marken.

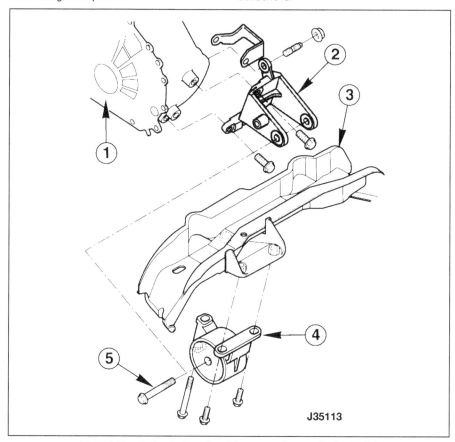

J35113

20.38d Den bakre krängningshämmaren (manuell växellåda)

1 Växellåda	3 Främre kryssrambalk	5 Genomgående bult
2 Fästbygel	4 Fäste	

20.39 Ta bort den bakre krängnings-hämmarens fäste från växellådan

Kapitel 2 Del C:
Motor – demontering och reparationer

Innehåll

Allmän information och föreskrifter 1
Motor – första start efter översyn. 10
Motor/växellåda – demontering – metoder och rekommendationer . 3
Motor/växellåda – kraftöverföring, isärtagning och montering 4
Motorrenovering – allmän information 2
Motorrenovering – isärtagning 5
Motorrenovering – ordning vid hopsättning 9
Topplock – ihopsättning 8
Topplock – isärtagning 6
Topplock och ventilkomponenter – rengöring och kontroll 7

Svårighetsgrad

Enkelt, passar novisen med lite erfarenhet	**Ganska enkelt,** passar nybörjaren med viss erfarenhet 	**Ganska svårt,** passar kompetent hemmamekaniker 	**Svårt,** passar hemmamekaniker med erfarenhet	**Mycket svårt,** för professionell mekaniker

Specifikationer

Motorkoder

1,8-liters modeller.	CGBA/B (110 PS), CDBB, CHBA/B (125 PS)
2,0-liters modeller.	CJBA/B
2,5 liter	LCBD
3,0 liter:	
Utom ST220	REBA
ST220	MEBA

4-cylindriga motorer

Observera: *På grund av de fina monteringstoleranserna är inga servicearbeten tillåtna på motorblocket och vevaxeln. I händelse av ett eventuellt fel måste hela motorblocket, kolvarna och vevenheten bytas som en enhet.*

Ventilslag:	Insugning	Avgas
1,8 liter:		
CGBA/B	7,4 mm	7,7 mm
CDBB, CHBA/B	8,5 mm	7,7 mm
2,0 liter	8,8 mm	7,7 mm
Spel mellan ventilskaft och styrning (kall motor)	0,22 till 0,28 mm	0,27 till 0,33 mm
Ventilskaftets diameter	5,465 till 5,480 mm	5,470 till 5,485 mm

V6 motorer

Observera: *Ford säger att på V6-motorer kan cylinderloppen inte borras om eller henas, vevhuset inte efterslipas, huvudlagren inte bytas och att det nedre vevhuset inte kan återanvändas när det väl har tagits bort. Inget moment anges för huvud- eller storändslager i skrivande stund.*

Topplock

Max. tillåten avvikelse på packningens yta	0,08 mm
Ventilsätesvinkel:	
Ventilsäte inklusive vinkel.	90°
Ventilsätets bredd, intag.	1,1 till 1,4 mm
Ventilsätets bredd, avgas.	1,4 till 1,7 mm

Ventiler

	Insug	Avgas
Ventilhuvudets diameter.	32,0 mm	26,0 mm
Spel mellan ventilskaft och styrning.	0,020 till 0,069 mm	0,045 till 0,094 mm

Åtdragningsmoment

Se kapitel 2A eller 2B Specifikationer

1 Allmän information och föreskrifter

Vad innehåller detta kapitel

Denna del av kapitel 2 ägnas åt demontering och montering av motorn/växellådan, åt de reparationer som kräver demontering av motorn/växellådan från bilen och renovering av motorkomponenter. Här ingår de specifikationer som krävs för dessa åtgärder. Se del A eller B (beroende på motortyp) för fler specifikationer och åtdragningsmoment.

Allmän information

Informationen sträcker sig från råd om förberedelser inför renovering och inköp av nya delar till detaljerade beskrivningar av hur man demonterar, monterar och kontrollerar motorns inre komponenter steg för steg.

Följande avsnitt har skrivits med utgångspunkten att motorn har tagits bort från bilen. Mer information om reparationer med motorn monterad, liksom om demontering och montering av externa komponenter vid en fullständig renovering, finns i del A och B i det här kapitlet.

När motorn ses över måste man först ta reda på vilka reservdelar som finns att tillgå. I skrivande stund finns väldigt få under- eller överdimensionerade komponenter för motorrenovering. I många fall är den enklaste och bästa lösningen rent ekonomiskt att bruka en bytesenhet.

Varning: Även om det går att ta bort kolvarna och vevaxeln på 4-cylindriga bensinmotorer går det inte att utföra något arbete på motorblocket. På grund av de fina toleranserna i lagerskålarna är inga serviceåtgärder tillåtna på motorblocket/vevhusenheten. I händelse av ett eventuellt fel måste hela motorblocket, kolvarna och vevenheten bytas som en enhet.

Varning: Även om det går att ta bort kolvarna och vevaxeln på V6 bensinmotorer går det i skrivande stund inte att utföra något arbete på motorblocket. Ford säger att cylinderloppen inte kan borras om eller henas, vevhuset inte kan efterslipas, huvudlagren inte kan bytas och att det nedre vevhuset inte kan återanvändas när det väl har tagits bort.

2 Motorrenovering – allmän information

Observera: *Vid en översyn är det vanligt att man byter kolvringarna och borrar om och/ eller henar cylinderloppen. om borrningen görs av en motorverkstad monteras dessutom nya kolvar och kolvringar i överstorlek – alla dessa åtgärder förutsätter naturligtvis att du har tillgång till nya lämpliga delar.*

Det är inte alltid lätt att bestämma när eller om en motor ska totalrenoveras eftersom ett antal faktorer måste tas med i beräkningen.

En lång körsträcka är inte nödvändigtvis ett tecken på att bilen behöver renoveras, lika lite som en kort körsträcka garanterar att det inte behövs någon renovering. Förmodligen är servicefrekvensen den viktigaste faktorn. En motor som har fått regelbundna olje- och filterbyten och annat nödvändigt underhåll bör gå bra i flera tusen mil. En vanskött motor kan däremot behöva en översyn redan på ett tidigt stadium.

Onormalt stor oljeåtgång är ett symptom på att kolvringar, ventiltätningar och/ eller ventilstyrningar behöver åtgärdas. Kontrollera att oljeåtgången inte beror på oljeläckage innan du drar slutsatsen att ringarna och/eller styrningarna är slitna. Testa cylinderkompressionen eller tryckförlusten (del A eller B i det här kapitlet) för att avgöra hur omfattande arbete som krävs.

Minskad motorstyrka, hackig körning, knackningar eller metalliska motorljud, kraftigt ventilmekanismljud och hög bensinkonsumtion är också tecken på att en renovering kan behövas, i synnerhet om dessa symptom visar sig samtidigt. Om en grundlig service inte hjälper kan en större mekanisk genomgång vara den enda lösningen.

En motorrenovering innebär att alla interna delar återställs till de specifikationer som gäller för en ny motor. **Observera:** *Kontrollera alltid först vilka delar som finns innan du planerar ett renoveringsarbete – se avsnitt 1.*

I allmänhet gås ventilerna också igenom vid en översyn, eftersom de vanligtvis inte är i perfekt skick vid den här tidpunkten. När motorn genomgår en översyn kan andra komponenter, t.ex. startmotorn och generatorn, också bytas eller renoveras, och du kan hitta de delar som behövs. Slutresultatet bör bli en motor som nästan är i nyskick och som kan gå många problemfria mil. **Observera:** *Kritiska kylsystemskomponenter som slangar, drivrem, termostat och kylvätskepump måste bytas vid en motoröversyn. Kylaren måste kontrolleras noggrant så att den inte är tilltäppt eller läcker (se kapitel 3). I regel ska oljepumpen bytas när en motor renoveras.*

Innan du påbörjar renoveringen av motorn bör du läsa igenom hela beskrivningen för att bli bekant med omfattningen och förutsättningarna för arbetet. Det är inte svårt att göra en motoröversyn, men det tar tid. Räkna med att bilen inte kommer att gå att använda under minst två veckor, särskilt om delarna måste tas till en verkstad för reparation eller renovering. Kontrollera att det finns reservdelar tillgängliga och skaffa nödvändiga specialverktyg och andra hjälpmedel i förväg. Större delen av arbetet kan utföras med vanliga handverktyg, även om ett antal precisionsmätverktyg krävs för att avgöra om delar måste bytas ut. Ofta kan en verkstad ansvara för inspektion av delar och ge råd om renovering och byten. **Observera:** *Vänta alltid tills motorn har*

tagits isär helt och tills alla delar (särskilt motorblock och vevhus) har kontrollerats innan du beslutar om vilken service och vilka reparationer som måste överlåtas till en verkstad. Eftersom motorblockets skick blir den avgörande faktorn när man bedömer om den ursprungliga motorn ska repareras eller om man ska köpa en ny, ska du aldrig köpa delar eller låta en verkstad utföra reparationer på andra delar innan motorblocket/vevhuset har undersökts noggrant. Generellt sett är tiden den största kostnaden vid en översyn, så det lönar sig inte att betala för att sätta in slitna eller undermåliga delar.

Slutligen, den renoverade motorn kommer att få längsta möjliga livslängd med minsta möjliga problem om monteringen utförs omsorgsfullt i en absolut ren miljö.

3 Motor/växellåda – demontering – metoder och rekommendationer

Om du har beslutat att en motor måste demonteras för renovering eller större reparationer bör följande förberedande åtgärder vidtas.

Det är mycket viktigt att man har ett lämpligt ställe att arbeta på. Tillräckligt med arbetsutrymme behövs, samt plats för att förvara bilen. Även om du inte har tillgång till en verkstad eller ett garage behöver du åtminstone en plan, jämn, ren arbetsyta av betong eller asfalt.

Om motorrummet och motorn/växellådan rengörs innan motorn demonteras blir det lättare att hålla verktygen rena och i ordning.

Motorn kan endast tas bort tillsammans med växellådan; Bilens kaross måste ha ordentligt stöd och lyftas upp tillräckligt högt för att motorn/växellådan ska kunna lossas som en enda enhet och sänkas ner till marken. motor- och växellådsenheten kan sedan tas bort underifrån bilen och tas isär. En motorlyft eller ett linblock kommer också att behövas. Kontrollera att lyftutrustningen är gjord för att klara större vikt än motorns och växellådans gemensamma vikt. Säkerheten är av största vikt. Arbetet med att lyfta ut motorn ur bilen innehåller flera farliga moment.

Om det är första gången du demonterar en motor bör du ha en medhjälpare. Det underlättar mycket om en erfaren person kan bistå med råd och hjälp. Det finns många tillfällen när en person inte kan utföra alla arbeten som krävs vid demontering av motorn/ växellådan från bilen samtidigt. Säkerheten är av största vikt, med tanke på att arbete av denna typ innehåller flera farliga moment. En andra person bör alltid finnas till hands för att kunna vara till hjälp när det behövs.

Planera arbetet i förväg. Låna eller köp alla de verktyg och all utrustning du behöver innan du påbörjar jobbet. I den utrustning som krävs för att montera och demontera motorn och växellådan på ett säkert och relativt enkelt sätt, och som kan behöva hyras eller lånas, ingår (förutom motorlyften) en kraftig garagedomkraft, ett par stadiga pallbockar, träklossar och ett mothåll för motorn (en låg plattform med hjul, som tål tyngden från motorn och växellådan, så att enheten lätt kan flyttas när den är på marken). En fullständig uppsättning nycklar och hylsnycklar (enligt beskrivningen i slutet av denne bok) kommer att behövas, samt trasor och rengöringsmedel för att torka upp spill av olja, kylvätska och bränsle. Se till att du är ute i god tid om motorhissen måste hyras, och utför alla arbeten som går att göra utan den i förväg. Det sparar både pengar och tid.

Räkna med att bilen inte kan användas under en längre tid. Vissa åtgärder bör överlåtas till en verkstad eftersom man inte kan utföra dem utan tillgång till specialutrustning. Verkstäder är ofta fullbokade, så det är lämpligt att fråga hur lång tid som kommer att behövas för att renovera eller reparera de komponenter som ska åtgärdas redan innan motorn demonteras.

Var metodisk när motorn tas ut ur bilen och de externa komponenterna kopplas loss. Om kablar och slangar märks när de tas bort kommer återmonteringen att gå mycket enklare.

Var alltid mycket försiktig vid demontering och montering av motorn/växellådan. Oförsiktighet kan leda till allvarliga skador. Om det behövs är det bättre att vänta på hjälp, istället för att riskera personskador och/eller skada på bildelarna genom att fortsätta ensam. Genom att planera arbetet noggrant och inte stressa kan arbetet (trots att det är omfattande) slutföras framgångsrikt.

4 Motor/växellåda – demontering, isärtagning och montering

Varning: Bensin är mycket brandfarligt. Vidtag därför extra säkerhetsåtgärder vid arbete på någon del av bränslesystemet. Rök inte och låt inte öppna lågor eller oskyddade glödlampor komma in i eller i närheten av arbetsområdet och arbeta inte i ett garage där en naturgasapparat är monterad (till exempel en tork eller vattenvärmare). Om du får bränsle på huden, tvätta genast bort det med tvål och vatten. Ha en brandsläckare som är klassad för bensinbränder till hands och se till att du vet hur den används.

Observera: Läs igenom hela avsnittet och anvisningarna i föregående avsnitt, innan du påbörjar arbetet. Motorn och växellådan demonteras som en enhet, sänks ner till marken och demonteras underifrån, separeras sedan utanför bilen.

Demontering

1 Parkera bilen på fast, plan mark, dra åt

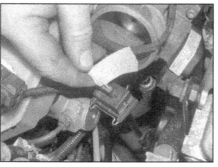
4.5 Märk kablaget och slangarna när de lossas (TPS – gasspjällägesgivare)

handbromsen ordentligt och lossa de muttrar som håller fast de båda hjulen.
2 Placera skyddskåpor på skärmarna och motorrummets främre tvärbalk. Ta bort motorhuven enligt beskrivningen i kapitel 11 för bättre åtkomst till motorlyften.
3 Lossa batteriets minusledning (jord) (se *Koppla loss batteriet* mot slutet av handboken). Åtkomsten underlättas om även batteriet tas bort (se kapitel 5A).
4 Tryckutjämna bränslesystemets tryck (se relevant del av kapitel 4).
5 När du lossar vakuumledningar, kylvätske- och emissionsslangar, kabelhärvkontaktdon, jordremsor och bränsleledningar ska de alltid märkas tydligt så att de kan sättas ihop korrekt **(se bild)**.

> **HAYNES TiPS** *Under borttagning av motorn är det bra att anteckna placeringen av alla fästbyglar, buntband, jordpunkter, etc., samt hur kablar, slangar och elektriska anslutningar är fästa och dragna runt motorn och motorrummet. Ett effektivt sätt att göra detta är att ta en rad foton av de olika komponenterna innan de kopplas från eller tas bort.*

6 Lossa ventilationsslangen från motorns övre plastkåpa, lossa/skruva sedan loss kåpan från motorns överdel om tillämpligt.
7 Lossa plastkåporna från fjädringsbenen på båda sidorna av bilen, lossa sedan fästets

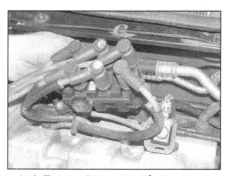
4.10 Ta bort tändspolen från den bakre kamaxelkåpan (V6-modeller)

4.7 Lossa plastkåporna och lossa det övre fästets fästmuttrar

tre övre fästmuttrar (inte den mittre bulten) ungefär fyra varv vardera **(se bild)**.
8 Tappa ur kylsystemet enligt beskrivningen i den relevanta delen av kapitel 1.
9 Ta bort luftrenaren och inloppskanalen enligt beskrivningen i relevant del av kapitel 4.
10 På V6-motorer lossar du fästbultarna och tar bort tändspolen från den bakre kamaxelkåpan, du lossar dessutom avdunstningsregleringens (EVAP) magnetventil från fästbygeln **(se bild)**.
11 Lossa gasvajern från gasspjällets länksystem enligt beskrivningen i kapitel 4A – lossa även kabeln till farthållarens manöverdon om en sådan finns (se kapitel 12). Fäst kabeln (kablarna) så att de går fritt från motorn/växellådan.
12 Märk alla vakuumslangar, kablageanslutningar och kylvätskeslangar för att säkerställa korrekt återmontering. Följ motorns/växellådans slangar och kabelstam och lossa dem från eventuella fästklämmor och lossa dem sedan. Bitar av maskeringstejp med påskrivna siffror eller bokstäver fungerar bra. Om det finns en möjlighet till förväxling när det gäller anslutningar eller dragning ska du göra en skiss av dragningen eller notera denna.
13 Skruva loss jordkabeln från kablarna till motorn från vänster innerskärmspanel bakom strålkastarna i V6-modeller. Kablarna till motorn måste nu lossas från drivlinans styrmodul (PCM). Borra ur nitarna för att ta bort kåpan från modulen. Skruva loss bulten och lossa multikontakten För att förhindra att damm eller smuts tränger in täcker du multipluggen och PCM med polyetenfolie eller också placerar du den i en polyetenpåse. Ta bort kabelhärvan på motorn.
14 På modeller med 4 cylindrar, lossa servoledningens fästbygel från kamaxelkåpan. I V6-modeller lossar du servostyrningsledningen från vänster motorfäste.
15 Skruva loss fästbultarna och ta bort kylvätskeexpansionskärlet från innerskärmens.
16 Lossa bränsletillförselledningens anslutning till motorn eller högtryckspumpen med bränsletrycket utsläppt (se kapitel 4A)

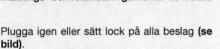

4.16 Notera färgkodningen på bränsle-
matnings- och returledningarna när de lossas

4.30 Fäst kedjorna/banden i lyftöglorna på
topplocket

Plugga igen eller sätt lock på alla beslag (se bild).

17 Ta bort kylfläktmotorn och kåpan enligt beskrivningen i kapitel 3.

18 På modeller med manuell växellåda märker du ut deras placeringar, sedan lossar du växlingslänksystemets vajrar från växellådan (se kapitel 7A för information). Bänd dessutom ut fjäderklämman och lossa kopplingens hydraulrör (se kapitel 6), lossa röret från fästbygeln och plugga igen röröppningen för att förhindra att det kommer in smuts och för att förhindra förlust av vätska.

19 På modeller med automatväxellåda lossar du växelvajern och vätskekylarens rör från växellådan enligt beskrivningen i kapitel 7B.

20 Lossa kontaktdonet(en) till lambdasonden(rna).

21 Skruva loss motor/växellåda jordledningen(ar) från växellådan. Lossa kablagekontaktdonet från backljuskontakten på växellådans överdel och kablagekontaktdonet (kablagekontaktdonen) från bilens hastighetsgivare – se kapitel 7A eller 7B.

22 Lyft bilen och stötta upp den ordentligt på pallbockar, det måste finnas tillräckligt med mellanrum under bilen så att motor/växellådan kan sänkas och tas bort. Ta bort de båda hjulen och motorns underkåpa om en sådan finns. Om motorn ska demonteras tömmer du ur motoroljan och tar bort oljefiltret (se relevant del av kapitel 1). Tappa ur växellådan enligt beskrivningen i den relevanta delen av kapitel 7.

23 Ta bort den främre delen av avgassystemet enligt beskrivningen i kapitel 4A.

24 Ta bort den främre hjälpramen enligt beskrivningen i kapitel 10.

25 Ta bort drivaxlarna enligt beskrivningen i kapitel 8. Skruva loss fästbygeln till höger drivaxels mittlager från den bakre delen av motorblocket.

26 Ta bort multiremmen (se tillämpligt avsnitt av kapitel 1).

27 I modeller med luftkonditionering kopplar du loss kompressorns elektriska kontaktdon och skruvar loss kompressorn från motorn. Fäst den så att den går fritt från motorn/växellådan (utan att lossa systemets slangar) så långt som möjligt.

28 Skruva loss servostyrningspumpen (se

kapitel 10); fäst den så att den går fritt från motorn/växellådan (utan att lossa systemets slangar – om möjligt) så långt som möjligt.

29 Motor-/växellådsenheten bör nu endast hänga på vänster och höger fäste med alla komponenter som ansluter den till resten av bilen lossade eller borttagna och fästa utom räckhåll för enheten. Gör en slutkontroll för att se att så är fallet, se sedan till att karossen är ordentligt stöttad, tillräckligt högt för att möjliggöra borttagning av motor/växellådsenheten underifrån. Ta med motorlyftens höjd i beräkningen i förekommande fall.

30 Fäst lyftkedjor/lyftband i lyftöglorna på topplocket och ta bort motorns/växellådans vikt (se bild). Skruva loss de muttrar och bultar som håller fast höger fästbygel och vänster fästbygel på bilens innerskärmspaneler och ta bort fästena från motor-/växellådsenheten (se relevant del av kapitel 2).

31 Om en sådan är tillgänglig ska en låg vagn placeras under motor-/växellådsenheten för att underlätta en enkel demontering under bilen. Om motorn alternativt sänks ner på en gammal matta eller kartong skyddas den av detta och det blir lättare att flytta den vid behov.

32 Fäst en tjock kartongbit över kylarens bak yta som en försiktighetsåtgärd mot eventuell skada vid demontering (eller återmontering) av motorn.

33 Gör en slutkontroll för att se till att ingenting annat förblir anslutet till motorn/växellådan.

34 Sänk ner motorn/växellådan till marken, se till att ingenting fastnar och var försiktig så att kylarenheten inte skadas. Ta en medhjälpare till hjälp under detta arbete eftersom det kan bli nödvändigt att luta enheten något för att komma åt underredet. Det är nödvändigt att vara väldigt försiktig för att se till att inga komponenter fångas och skadas under demonteringen.

35 Lossa lyften – var beredd att stötta motor när den kommer ner så att den inte faller. Ta bort motorn/växellådan underifrån bilen.

Isärtagning

36 Stötta upp enheten på lämpliga träbitar på en arbetsbänk (eller om en sådan saknas

på en ren yta på verkstadsgolvet) med motor-/växellådsenheten demonterad.

37 Ta bort täckpluggen för att komma åt momentomvandlarens fästmuttrar/fästbultar i modeller med automatväxellåda. Vrid vevaxeln för att rikta in varje i tur och ordning genom åtkomsthålet – se kapitel 7B.

38 Se till att motorn och växellådan är ordentligt stöttad, lossa sedan och ta bort de återstående bultar som håller fast växellådshuset på motorn. Observera korrekt monterade placeringar för varje bult (och relevanta fästbyglar) när de tas bort för att använda detta som en referens vid återmonteringen. Se relevant del av kapitel 7 när du skiljer växellådan från motorn.

39 Ta försiktigt bort växellådan från motorn och se till att växellådans vikt i modeller med manuell växellåda inte får hänga på den ingående axeln när den är i ingrepp med kopplingslamellen – se kapitel 7A. I modeller med automatisk växellåda måste du se till att momentomvandlaren tas bort från motorn tillsammans med växellådan – se kapitel 7B.

40 Kontrollera fästena när motorn/växellådan är demonterad. Byt ut om de är utslitna eller skadade. Kontrollera på liknande sätt alla kylvätske- och vakuumslangar samt dito rör (se relevant del av kapitel 1); komponenter som normalt är dolda kan nu kontrolleras riktigt och bör bytas om du är osäker på deras skick. I modeller med manuell växellåda tar du tillfället i akt och renoverar kopplingens komponenter (se kapitel 6). Många anser att det är en god arbetsrutin att byta kopplingsenheten som en självklarhet när stora motorrenoveringsarbeten utförs. Kontrollera dessutom skicket för alla komponenter (till exempel växellådans oljetätningar) som har påverkats vid demonteringen och byt sådana som eventuellt har skadats eller är slitna.

Montering

41 Återmonteringen sker i omvänd ordning jämfört med demonteringen. Observera följande punkter.

a) Dra åt alla hållare till angivet moment (där sådant angetts); om inställningar inte är angivna i specifikationsavsnittet i kapitel 2A eller 2B hänvisas du till specifikationsavsnittet i relevant kapitel i denna handbok.

b) Förutom de punkter som nämns i punkt 42 ovan ska du alltid byta eventuella låsringar och självlåsande muttrar som påverkas av demonteringen.

c) Om kablage etc. har fästs med buntband som det var nödvändigt att skära bort vid demonteringen måste du se till att det fästs med nya buntband vid återmonteringen.

d) Montera tillbaka växellådan på motorn enligt beskrivningen i kapitel 7A eller 7B.

e) För motor-/växellådsenheten under bilen, fäst lyften och lyft enheten på plats tills höger och vänster fäste kan sättas ihop igen. dra endast åt de (nya) muttrarna lätt på det här stadiet. Lossa inte lyften ännu. motor-/växellådsenhetens vikt får inte tas upp av fästena förrän alla är korrekt inriktade.

f) Montera tillbaka och justera, om det är tillämpligt, alla motorrelaterade komponenter och system med hänvisning till de berörda kapitlen.

g) Tillsätt kylvätska, motorolja och växellådsolja efter behov (se Veckokontroller och relevant del av kapitel 1).

d) Kör motorn och kontrollera med avseende på funktion och läckage. Stäng av motorn och kontrollera vätskenivåerna igen.

Observera: Kom ihåg att hjulinställningen och styrvinklarna måste kontrolleras fullständigt och noggrant så snart som möjligt och nödvändiga justeringar måste göras i och med att den främre fjädringens hjälpram och styrinrättningen har rubbats. Detta arbete utförs bäst av en erfaren mekaniker som använder riktig kontrollutrustning; bilen bör därför lämnas till en Ford-verkstad eller en person med likvärdig kvalifikation för åtgärder.

5 Motoröversyn – ordningsföljd vid isärtagning

Varning: Se varningarna i avsnitt 1.

1 Det är betydligt enklare att demontera och arbeta med motorn om den placeras i ett portabelt motorställ. Sådana ställ kan oftast hyras från en verkstad. Innan motorn monteras i stället ska svänghjulet/drivplattan demonteras så att ställets bultar kan dras ända in i motorblocket/vevhuset.

2 Om det inte finns något ställ tillgängligt går det att ta isär motorn om man stöttar upp den på pallbockar, på en rejäl arbetsbänk eller på golvet. Var noga med att inte välta eller tappa motorn om du jobbar utan ställ.

3 Om du ska skaffa en renoverad motor ska alla yttre komponenter demonteras först, för att kunna överföras till den nya motorn (på

exakt samma sätt som om du skulle utföra en fullständig renovering själv). **Observera:** Var noga med att notera detaljer som kan vara till hjälp eller av vikt vid återmonteringen när de externa komponenterna demonteras från motorn. Anteckna monteringslägen för packningar, tätningar, distanser, stift, brickor, bultar och andra smådelar. Detta inkluderar följande externa komponenter:

a) Generator, startmotor och fästbyglar (kapitel 5A).

b) Tändningssystem, tändkablar (eller tändspolar) och tändstiften, osv. (kapitel 1 och 5B).

c) Kylsystem/termostathus (kapitel 3).

d) Oljemätsticka och oljemätstickans rör.

e) Alla komponenter till bränsleinsprutningssystemet (kapitel 4A).

f) Alla elektriska brytare och givare samt motorkabelknippet (relevanta delar av kapitel 4 och 5).

g) Insugs- och avgasgrenrör (del A eller B i detta kapitel).

h) Motor/växellådsfästen (del A eller B i detta kapitel).

i) Svänghjul/drivplatta (del A eller B i detta kapitel).

4 Om du har tillgång till en "kort" motor (som består av motorblocket/vevhuset, vevaxeln, kolvarna och vevstakarna ihopsatt) måste även topplocket, sumpen, oljepumpen oljefilterkylaren/oljefilterhuset och kamkedjorna tas bort.

5 Om du planerar en grundlig översyn kan motorn demonteras och de invändiga delarna kan tas bort i följande ordning:

a) Insugs- och avgasgrenrör (del A eller B i detta kapitel).

b) Kamkedja(or), sträckare och remskivor (del A eller B i detta kapitel).

c) Topplock (del A eller B i detta kapitel).

d) Svänghjul/drivplatta (del A eller B i detta kapitel).

b) Sump (del A eller B i detta kapitel).

f) Oljepump (Del A eller B i detta kapitel).

6 Kontrollera att alla nödvändiga verktyg finns innan demonteringen och renoveringen inleds. Se introduktionssidorna mot slutet av denna handbok för ytterligare information.

6 Topplock – isärtagning

Observera: Nya och renoverade topplock finns att köpa från tillverkarna och motorspecialister. På grund av att det krävs vissa specialverktyg för isärtagnings- och kontrollmetoderna och att nya delar kanske inte finns tillhanda (se avsnitt 1) kan det vara mer praktiskt och ekonomiskt för hemmamekanikern att köpa ett renoverat topplock än att ta isär, kontrollera och renovera det ursprungliga topplocket.

1 Ta bort alla externa komponenter som måste tas bort för att undvika risken för skador om topplocket ska repareras (eller bearbetas).

2 Ta bort det bakre kylvätskeutloppshuset tillsammans med dess packning/O-ring om tillämpligt.

3 Använd en ventilfjäderkompressor och tryck ihop varje ventilfjäder i tur och ordning tills knastren kan tas bort med topplocket på ena sidan. Du behöver en speciell ventilfjäderkompressor för att komma åt längst in i topplocket utan att riskera att skada ventillyftarnas lopp. Den här typen av kompressorer finns numera hos de flesta välsorterade motortillbehörsbutikerna. Lossa kompressorn och lyft bort fjäderns övre säte och fjädern (se bild).

4 Om fjädersätet inte lossnar så att de delade insatshylsorna syns när ventilfjäderkompressorn är nedskruvad, knacka lätt ovanpå verktyget med en lätt hammare, direkt ovanför det övre sätet. Detta frigör sätet för borttagning av knastren.

5 Lossa ventilfjäderkompressorn och ta bort det övre fjädersätet och ventilfjädern (se bilder).

6 Ta bort ventilen genom förbränningskammaren. Om den fastnar i styrningen (och inte kommer igenom), tryck in den igen och slipa bort graderna på området runt knasterspåren med en fin fil eller en slipsten. på 4-cylindriga motorer måste du vara försiktig så att du inte märker ventillyftarnas hål.

7 Använd en tång eller ett specialverktyg för att ta loss oljetätningarna till ventilfjäderns nedre säte/ventilskaft från ventilstyrningen

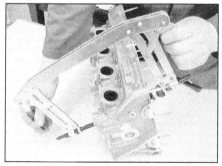

6.3 Tryck ihop ventilfjädrarna med en hoptryckare

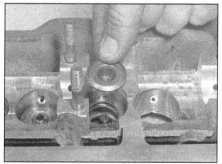

6.5a Ta bort det övre fjädersätet. . .

6.5b . . . och ventilfjädrarna

6.7a Använd ett demonteringsverktyg för att ta loss spindelns oljetätning. . .

6.7b . . . ta sedan bort det nedre fjädersätet (om tillämpligt)

6.8 Använd tydligt märkta behållare för att identifiera komponenter och för att hålla ihop matchade enheter

(se bilder). Observera: *I en del modeller är tätningen och det nedre fjädersätet en komplett enhet.*

8 Det är mycket viktigt att ventilerna förvaras tillsammans med sina knaster, fjädersäten och fjädrar, och i rätt ordning (förutsatt att de inte är så slitna att de ska bytas). Om de ska återanvändas, förvara dem i märkta plastpåsar eller liknande små behållare **(se bild)**.

7 Topplock och ventilkomponenter – rengöring och kontroll

1 Om topplock och ventilkomponenter rengörs noga och sedan inspekteras blir det lättare att avgöra hur mycket arbete som måste läggas ner på ventilerna under motorrenoveringen. **Observera:** *Om motorn har blivit mycket överhettad har topplocket troligen blivit skevt, kontrollera noggrant om så är fallet.*

Rengöring

2 Använd ett lämpligt avfettningsmedel för att ta bort alla spår av oljeavlagringar från topplocket och var särskilt noggrann med axellagren, ventillyftarnas hål, oljekanalerna, ventilstyrningarna och om tillämpligt, de hydrauliska ventillyftarnas hål.
3 Skrapa bort alla spår efter gammalt packningsmaterial och gammal tätningsmassa från topplocket och var försiktig så att ytorna inte skäras eller urholkas.
4 Skrapa bort sot från förbränningskammare och portar och tvätta topplocket noggrant med fotogen eller lämpligt lösningsmedel.
5 Skrapa bort eventuella sotavlagringar från ventilerna, använd sedan en eldriven stålborste för att ta bort avlagringar från ventilhuvuden och skaft.

Kontroll

Observera: *Var noga med att utföra hela granskningsproceduren nedan innan beslut fattas om en verkstad behöver anlitas för någon åtgärd. Gör en lista med alla komponenter som behöver åtgärdas.*

Topplock

6 Undersök topplocket noggrant och sök efter sprickor, tecken på kylvätskeläckage och

andra skador. Förekommer sprickor måste topplocket bytas ut.
7 Använd en stållinjal och ett bladmått för att kontrollera att topplockpackningens yta inte har deformerats, kontrollera topplocket på ett antal olika sätt för att hitta en eventuell deformering **(se bild)**. Om den är skev kan den eventuellt slipas.
8 Undersök ventilsätena i förbränningskamrarna. Om de är mycket gropiga, spruckna eller brända måste de bytas ut eller skäras om av en specialist på motorrenoveringar. Om de bara är lätt gropiga kan detta tas bort genom att ventilhuvudena och sätena slipas in med fint slipmedel enligt beskrivningen nedan.
9 Om ventilstyrningarna är slitna, vilket visar sig genom att ventilen rör sig från sida till sida, måste du sätta dit nya styrningar. Mät diametern på de befintliga ventilskaften (se nedan) och styrningarnas lopp. Beräkna sedan spelet och jämför resultatet med det angivna värdet. Om spelet är för stort byter du ventilerna eller styrningarna efter behov.
10 Det är bäst att låta en motorrenoveringsspecialist sköta bytet av ventilstyrningarna.
11 Om ventilsätena ska skäras om måste det göras efter att styrningarna har bytts ut.

Ventiler

12 Undersök huvudet på varje ventil och kontrollera om det är gropigt, bränt, sprucket eller allmänt slitet och om ventilskaftet är repat eller slitet. Vrid ventilen och kontrollera om den verkar böjd. Leta efter gropar och onormalt

slitage på spetsen av varje ventilskaft. Byt alla ventiler som visar tecken på slitage eller skador.
13 Om en ventil verkar vara i gott skick ska ventilskaftet mätas på flera punkter med en mikrometer **(se bild)**. Stora skillnader mellan de avlästa värdena indikerar att ventilskaftet är slitet. I båda dessa fall måste ventilen/ ventilerna bytas ut.
14 Om ventilerna är i någorlunda gott skick ska de poleras i sina säten för att garantera en smidig och gastät tätning. Om sätet endast är lite gropigt eller om det har skurits om ska det slipas in med slipmassa för att få rätt yta. Grov ventilslipmassa ska inte användas, om inte ett säte är svårt bränt eller har djupa gropar. Om så är fallet ska topplocket och ventilerna undersökas av en expert som avgör om ventilsätena ska skäras om eller om ventilen eller sätesinsatsen måste bytas ut.
15 Ventilslipning går till på följande sätt. Lägg topplocket upp och ner på en arbetsbänk. Stötta med ett träblock i varje ände så att ventilskaften går fria.
16 Smörj en aning ventilslipmassa (av rätt grovhet) på sätesytan och tryck ner ett sugslipningsverktyg över ventilhuvudet. Slipa ventilhuvudet med en roterande rörelse ner till sätet, lyft ventilen ibland för att omfördela slipmassan **(se bild)**. Om en lätt fjäder placeras under ventilen går det lättare.
17 Om grov slipmassa används, arbeta tills ventilhuvudet och fästet får en matt, jämn yta. Torka sedan bort den använda slipmassan och upprepa arbetet med fin slipmassa.

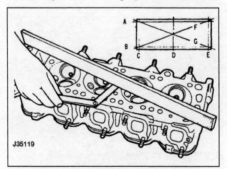

7.7 Kontrollera topplockets yta med avseende på skevhet på de angivna plana ytorna

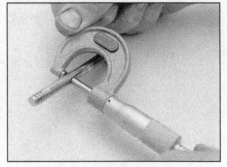

7.13 Mät ventilskaftens diameter med en mikrometer

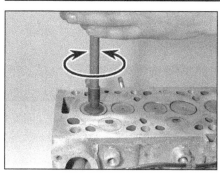

7.16 Slipa in ventilerna med en fram och återgående rotationsrörelse

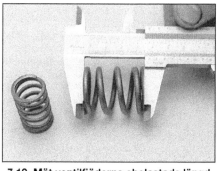

7.19 Mät ventilfjäderns obelastade längd

7.20 Kontrollera ventilfjädrarnas vinkelräthet

När en mjuk, obruten ring med ljusgrå matt yta uppstått på både ventilen och sätet är inslipningen färdig. Slipa inte in ventilerna längre än vad som är absolut nödvändigt, då kan sätet sjunka in i topplocket för tidigt.

18 Tvätta noga bort alla spår av slipmassa med fotogen eller lämpligt lösningsmedel när alla ventiler har slipats in. Sätt sedan ihop topplocket.

Ventilkomponenter

19 Undersök ventilfjädrarna med avseende på tecken på skador och missfärgning och mät dessutom deras fria längd genom att jämföra var och en av de befintliga fjädrarna med en ny komponent **(se bild)**.

20 Placera varje fjäder på en platt yta och kontrollera vinkelrätheten **(se bild)**. Om någon fjäder är skadad, skev eller har förlorat spänsten, skaffa en hel uppsättning med nya fjädrar.

21 Kontrollera de övre ventilsätena och ventilknastren och sök efter uppenbara tecken på slitage och sprickor. Alla delar där det föreligger tvivel om skicket ska bytas, eftersom det uppstår omfattande skador om de går sönder när motorn är igång. Skadade eller slitna delar måste bytas. Det nedre ventilfjädersätets/-skaftets oljetätningar måste bytas som standardåtgärd om de har rubbats.

22 Kontrollera ventillyftarna (hydrauliska eller konventionella) enligt beskrivningen i del A eller B i detta kapitel.

8 Topplock – hopsättningen

1 Oavsett om topplocket har lämnats bort för reparation eller inte är det viktigt att det är rent innan du påbörjar ihopsättningen. Se till att få

bort alla metallpartiklar och skavande smuts som kan finnas kvar efter åtgärder som t.ex. ventilslipning eller topplocksslipning. Använd tryckluft om du har tillgång till det för att blåsa ur alla oljehål och genomföringar.

> ⚠️ **Varning: Bär skyddsglasögon vid arbete med tryckluft.**

2 Börja i ena änden av topplocket och smörj in och montera den första ventilen. Applicera molybdendisulfidbaserat fett eller ren motorolja på ventilskaftet, och sätt tillbaka ventilen **(se bild)**. Om originalventilerna återanvänds är det viktigt att de sätts tillbaka i sin originalstyrning. Om nya ventiler monteras ska de sättas på de platser där de slipats in.

3 Montera plastskyddet som följer med den nya ventilfjäderns nedre säte/oljetätningar på ventilskaftets ände om tillämpligt. Doppa en ny ventilskaftsoljetätning i ren motorolja, sätt sedan på den nya tätningen rakt på styrningens överdel – var försiktig så att skafttätningen inte skadas när den passerar över ventilens ändyta. Använd en lämplig hylsa med lång räckvidd eller ett speciellt monteringsverktyg för att trycka den på plats ordentligt **(se bilder)**, ta bort skyddshylsan.

4 Montera ventilfjädern och det övre sätet **(se bilder)**.

5 Tryck ihop fjädern med en ventilfjäderkompressor och montera ventilknastren i skaftspåret. Stryk på en liten klick fett på alla ventilknaster för att hålla dem på plats, vid behov. Lossa långsamt

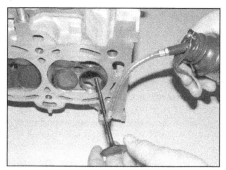

8.2 Olja in ventilskaften innan de återmonteras

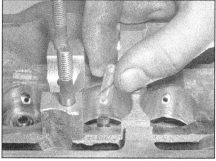

8.3a Montera en skyddshylsa över ventilskaftet innan du monterar ventilskaftet

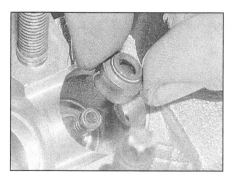

8.3b Tryck skafttätningen över ventilen och på ventilstyrningens ovansida. . .

8.3c . . . använd sedan ett långt beslag för att installera tätningen

8.4 Montera ventilfjädern och det övre sätet

8.5 Använd fett för att hålla de två halvorna av det delade knastret i spåret

kompressorn och se till att ventilknastren hamnar rätt **(se bild)**.

6 Använd en hammare med en träbit placerad emellan (för att förhindra att ventilskaftets ände skadas) när ventilerna monteras, knacka försiktigt på ventilskaftets ände så att komponenterna stabiliseras.

7 Upprepa proceduren för de återstående ventilerna. Se till att sätta tillbaka ventilenhetens komponenter till deras ursprungliga placering – förväxla dem inte!

8 Montera tillbaka ventillyftarna och kamaxlarna enligt beskrivningen i del A eller B i detta kapitel.

9 Motorrenovering – ordning vid hopsättning

1 Innan återmonteringen påbörjas, se till att alla nya delar och nödvändiga verktyg finns tillgängliga. Läs igenom hela monteringsordningen för att bli bekant med de arbeten som ska utföras, och för att kontrollera att alla nödvändiga delar och verktyg för återmontering av motorn finns till hands. Förutom alla vanliga verktyg och delar kommer även fästmassa för gängor att behövas. En lämplig sorts tätningsmedel krävs också till de fogytor som inte har några packningar. Det är lämpligt att tillverkarens

egna produkter som är speciellt utformade för detta ändamål används.

Varning: Vissa typer av mycket flyktiga RTV-tätningsmedel kan förstöra lambdasonden. Se till att eventuella RTV-tätningsmedel som används inte är lättflyktiga och att de uppfyller Fords specifikationer för användning på motorer med lambdasonde.

2 För att spara tid och undvika problem rekommenderas att ihopsättningen av motorn sker i följande ordningsföljd:

a) *Oljepump (del A eller B i detta kapitel).*
b) *Sump (del A eller B i detta kapitel).*
c) *Svänghjul/drivplatta (del A or B i detta kapitel).*
d) *Topplock (del A eller B i detta kapitel).*
e) *Kamkedja(or), sträckare och remskivor (del A eller B i detta kapitel).*
f) *Insugs- och avgasgrenrör (del A eller B i detta kapitel).*
g) *Motorns externa komponenter och hjälpaggregat.*

3 På det här stadiet ska alla motorns komponenter vara helt rena och torra och alla fel reparerade. Alla komponenterna ska läggas ut på en fullständigt ren arbetsyta eller i separata behållare.

10 Motor – första start efter översyn

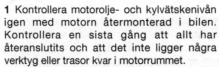

1 Kontrollera motorolje- och kylvätskenivån igen med motorn återmonterad i bilen. Kontrollera en sista gång att allt har återanslutits och att det inte ligger några verktyg eller trasor kvar i motorrummet.

2 Ta bort tändstiften (se kapitel 1).

3 Avaktivera tändningssystemet genom att koppla loss tändspolens elektriska kontaktdon. Ta bort bränslepumpens säkring från säkringsdosan (se kapitel 12 – kopplingsscheman).

⚠️ *Varning: För att förhindra skador på katalysatorn är det viktigt att deaktivera bränslesystemet.*

4 Vrid runt motorn på startmotorn tills

oljetryckslampan slocknar. Om lampan inte slocknar efter flera sekunders vevande, kontrollera motoroljenivån och att oljefiltret sitter ordentligt. Om dessa ser ut som de ska, kontrollera oljetrycksgivarens kablage och fortsätt inte förrän oljan garanterat pumpas runt i motorn med tillräckligt tryck.

5 Montera tillbaka tändstiften, och anslut alla tändstift (HT) kablar (kapitel 1). Återanslut tändspolens kablage, montera tillbaka bränslepumpens säkring, brytaren på tändningen och lyssna om bränslepumpen kan höras; Den kommer att gå lite längre än vanligt på grund av tryckbristen i systemet.

6 Starta motorn. Observera att det kan ta lite längre tid än vanligt eftersom bränslesystemets komponenter måste fyllas.

7 Låt motorn gå på tomgång och undersök om det förekommer läckage av bränsle, kylvätska eller olja. Bli inte orolig om det luktar konstigt eller ryker från delar som blir varma och bränner bort oljeavlagringar. Om de hydrauliska ventillyftarna har rubbats kan det höras en del ventildrevsbuller först. Detta bör försvinna så snart oljan cirkulerar helt runt motorn och så snart normalt tryck är återställt i ventillyftarna.

8 Låt motorn gå på tomgång tills du känner att det cirkulerar varmt vatten i den övre slangen, kontrollera att den går tillräckligt bra på tomgång och med normal hastighet, och stäng sedan av den.

9 Kontrollera oljan och kylvätskan igen efter några minuter enligt beskrivningen i *Veckokontroller* och fyll på om det behövs.

10 Om topplocksbultarna har dragits åt enligt anvisningarna finns det ingen anledning att dra åt dem igen när motorn körs för första gången efter ihopsättningen – Ford uppger att bultarna inte ska dras åt igen.

11 Om nya komponenter som kolvar, kolvringar eller vevaxellager har monterats måste motorn köras in de första 500 km. Kör inte motorn på full gas och låt den inte arbeta vid låga varvtal på någon växel under inkörningsperioden. Vi rekommenderar att oljan och oljefiltret byts efter denna period.

Kapitel 3
Kyl-, värme- och luftkonditioneringssystem

Innehåll

Allmän information och föreskrifter 1
Frostskyddsmedelsblandning . . . . Se kapitel 1
Kylare och expansionskärl – demontering, kontroll och montering . . 6
Kylarens kylfläkt(ar) – kontroll, demontering och montering 4
Kylsystem – kontroll . . . . Se kapitel 1
Kylsystemets slangar – demontering och byte 2
Kylvätska – byte . . . . se kapitel 1
Kylvätskenivå – kontroll . . . . Se Veckokontroller
Kylvätsketemperaturgivare – kontroll, demontering och montering... 5
Luftkonditioneringssystem – allmän information och föreskrifter. . . . 10
Luftkonditioneringssystemets komponenter – demontering och montering 11
Multirem – kontroll och byte. . . . . se kapitel 1
Reglage för värmeenhet/luftkonditionering – demontering och montering 9
Termostat – demontering, kontroll och montering 3
Vattenpump – demontering och montering 7
Värme-/förångarhus – demontering och montering. 12
Värme-/ventilationssystemets komponenter – demontering och montering 8

Svårighetsgrad

| Enkelt, passar novisen med lite erfarenhet | Ganska enkelt, passar nybörjaren med viss erfarenhet | Ganska svårt, passar kompetent hemmamekaniker | Svårt, passar hemmamekaniker med erfarenhet | Mycket svårt, för professionell mekaniker |

Specifikationer

Kylvätska
Typ av frostskyddsmedel . . . . Se Smörjmedel och vätskor på sidan 0•18
Kylsystemets kapacitet . . . . Se kapitel 1

Expansionskärlets påfyllningslock
Öppningstryck . . . . 124 till 145 kpa

Luftkonditioneringssystem
Kylmedium R134a

Åtdragningsmoment | Nm
Kylarens stödfästbygel. 10
Kylmedieanslutning till ackumulatorn. 8
Kylmedieanslutning till luftkonditioneringskompressor 20
Luftkonditioneringens ackumulator/avfuktare 8
Luftkonditioneringens högtryck avstängningsbrytare 8
Luftkonditioneringens lågtryck avstängningsbrytare 3
Luftkonditioneringskompressor:
    Utom V6 motorer 25
    V6 motorer 20
Luftkonditioneringskondensator. 10
Termostathus:
    1,8- och 2,0-liters motorer 10
    V6 motorer 18
Vattenpump 10
Vattenpumpens remskiva (1,8 och 2,0-liters motorer) 25

1 Allmän information och föreskrifter

Motorns kylsystem

Alla bilar som behandlas i den här handboken har ett trycksatt motorkylningssystem där kylvätskecirkulationen kontrolleras av en termostat. Kylvätskan cirkuleras av en vattenpump av skovelhjulstyp som är remdriven från vevaxelns remskiva på fyrcylindriga motorer eller remdriven av en remskiva som är fäst på den främre insugskamaxeln på V6-motorer.

På 1,8 och 2,0-liters motorer är vattenpumpen placerad till höger framtill på motorn och drivs av multiremmen som även driver generatorn, servostyrningspumpen och luftkonditioneringskompressorn. På V6-motorer sitter vattenpumpen framtill till vänster på motorn och drivs av kamaxeln med en liten drivrem.

På 1,8 och 2,0-liters motorer är termostaten placerad i returslangen från motorblocket till vattenpumpen på motorns vänstra sida. Vanligtvis är termostaten monterad tillsammans med ett ECU-styrt uppvärmningselement för att minska uppvärmningstiderna vid kallstart av motorn – när kylvätskan når en viss temperatur slås elementet av. På V6-motorer är termostaten placerad i returslangen från motorblocket till vattenpumpen på motorns vänstra sida.

Kylvätskan rinner genom motorblocket runt varje cylinder. I topplocket (topplocken) leder gjutna kylvätskekanaler kylvätskan runt insugs- och avgasöppningarna. Under uppvärmningen förhindrar den stängda termostaten att kylvätskan cirkulerar genom kylaren. I stället återgår kylvätskan genom kylröret på motorns framsida till kylarens nedre slang. Värmeenheten matas från termostathusets baksida. När motorn närmar sig normal arbetstemperatur öppnas termostaten och låter varm kylvätska passera genom kylaren, där den kyls ner innan den återvänder till motorn.

Kylaren är av aluminium och försedd med plastbehållare i ändarna. I modeller med automatväxellåda är vätskekylaren inbyggd i vänster behållare. Kylsystemet försluts med ett trycksäkert påfyllningslock på expansionskärlet. Trycket i systemet höjer kylvätskans kokpunkt och ökar kylarens effektivitet. När motorn har normal arbetstemperatur expanderar kylvätskan, och överskottet förs till expansionskärlet. När systemet kyls ner förs överskottet automatiskt tillbaka från kärlet till kylaren. En eller två elektriska kylfläktar (beroende på modell) är monterade bakom fläkten och regleras av en termostatkontakt.

Värme- och ventilationssystem

Värmesystemet består av en fläkt och ett värmepaket (värmeelement) i värmeenheten, med slangar som ansluter paketet till motorns kylsystem. Varm kylvätska cirkulerar genom värmepaketet. Inkommande frisk luft till ventilationssystemet passerar genom ett pollenfilter som är monterat under vindrutans torpedplåt. Ventilationssystemets luftfördelning regleras av ett antal elektroniskt manövrerade falluckor i värmarhuset. När värmereglagen manövreras öppnas falluckorna för att leda luften till valda områden i passagerarutrymmet. När fläktreglaget aktiveras tvingar fläkten luften genom enheten beroende på vilken inställning som valts.

I modeller som är utrustade med automatisk klimatreglering visar en digital display temperaturen, fläkthastigheten, defrosterläget och luftflödesriktningen.

Luftkonditioneringssystem

se avsnitt 10.

Föreskrifter

Kylsystem

Försök inte ta bort expansionskärlets påfyllningslock eller på annat sätt göra ingrepp i kylsystemet medan motorn är varm. Risken för allvarliga brännskador är mycket stor. Om expansionskärlets påfyllningslock måste tas bort innan motorn och kylaren har svalnat helt (trots att detta är mot rekommendationerna) måste trycket i kylsystemet först utjämnas. Täck locket med ett tjockt lager tyg för att hindra skållning. Skruva sedan långsamt upp påfyllningslocket tills ett svagt väsande hörs. När väsandet har upphört, vilket visar att trycket har släppts ut, skruvar du långsamt av påfyllningslocket tills det kan tas bort. Om fler brusande ljud hörs väntar du tills de har slutat innan du skruvar upp locket helt. Håll dig hela tiden på betryggande avstånd från påfyllningshålet.

Låt inte frostskyddsmedel komma i kontakt med huden eller bilens lackade ytor. Spola omedelbart bort eventuellt spill med stora mängder vatten. Låt aldrig frostskyddsmedel ligga kvar framme. Eftersom det kan vara livsfarligt vid förtäring.

Om motorn är varm, kan den elektriska kylfläkten starta även om motorn inte är igång. Var därför noga med att hålla undan händer, hår och löst hängande kläder vid arbete i motorrummet.

Luftkonditioneringssystem

Om ett luftkonditioneringssystem finns monterat, är det viktigt att följande särskilda säkerhetsprocedurer följs vid arbete på någon del av systemet, dess kringkomponenter eller över huvud taget enheter som kräver att systemet kopplas loss. Om systemet av någon anledning måste tömmas bör detta överlåtas åt en Ford-verkstad eller en kylsystemspecialist.

Kylmediet får inte komma i kontakt med en öppen låga. Om så sker skapas en giftig gas. **Låt inte** vätskan komma i kontakt med huden eller ögonen.

2 Kylsystemets slangar – ifrånkoppling och byte

Observera: *Se föreskrifterna i avsnitt 1 i detta kapitel innan du börjar arbeta.*

1 Om de kontroller som beskrivs i relevant del av kapitel 1 avslöjar en felaktig slang måste den bytas enligt följande.

2 Töm först kylsystemet (se relevant del av kapitel 1); Om det inte är dags att byta frostskyddsmedel kan den återanvändas förutsatt att den samlas upp i en ren behållare.

3 Lossa slangklämmorna från den aktuella slangen. Nästan alla standardklämmor som har monterats på fabriken är av fjädertyp som lossas genom att dess spetsar trycks ihop med en tång samtidigt som klämman tas bort från slangens tapp. Dessa klämmor kan vara krångliga att använda, de kan klämma gamla slangar och de kan bli mindre effektiva när de åldras varför de kan ha uppdaterats med skruv-klämmor (lossas genom att skruven vrids).

4 Lossa kablar, vajrar eller andra slangar som kan vara anslutna till den slang som tas bort. Gör noteringar för referenser vid återmonteringen om det behövs.

5 Observera särskilt att kylarslangsanslutningarna är ömtåliga; använd inte onödigt mycket kraft när du ska ta bort slangarna. Om en slang visar sig vara svår att ta bort kan du försöka lossa den genom att rotera slangändarna innan du försöker lossa den – om detta misslyckas försöker du försiktigt bända upp slangens ände med en liten skruvmejsel för att "bryta" tätningen.

 Om slangen är stel kan lite tvålvatten användas som smörjmedel, eller så kan slangen mjukas upp med ett bad i varmvatten. Skär upp slangen med en vass kniv om ingenting annat hjälper. Slitsa den sedan så att den kan skalas av i två delar. Detta kan verka drastiskt om slangen i övrigt är felfri, men det är mycket billigare än att tvingas köpa en ny kylare.

6 Bestryk tapparna med diskmedel eller ett lämpligt gummismörjmedel för att underlätta monteringen innan den nya slangen monteras. Använd **inte** olja eller smörjfett, det kan angripa gummit.

7 Montera slangklämmorna på slangändarna, och placera slangen på pinnbultarna Vid återmontering av slangklämmorna är det bra att tänka på hur lätt det blir att ta bort dem i framtiden – se till att skruvbeslaget eller fjäderspetsarna går att komma åt.

8 Sätt på varje slangände helt på dess utgång, kontrollera att slangen har stabiliserats korrekt och att den är korrekt dragen, för sedan varje klämma längs slangen tills den är bakom

uttagets trattformade ände innan den dras åt ordentligt. Ändarna måste klämmas ihop på klämmor av fjädertyp, klämman måste placeras över utloppets utvidgade ände och sedan lossas. Överdra inte klämmor av skruvtyp eftersom detta kan skada slangarna (liksom anslutningarna).

9 Fyll på kylsystemet enligt beskrivningen i kapitel 1. Kör motorn och kontrollera att inget bränsleläckage förekommer.

10 Kontrollera slangklämmornas åtdragning igen på nya slangar efter några hundra kilometer.

3 Termostat – demontering, kontroll och återmontering

Observera: *Se föreskrifterna i avsnitt 1 i detta kapitel innan du börjar arbeta.*

1 När termostaten åldras reagerar den långsammare på ändringar i vattentemperaturen ("lat"). Till sist kan den fastna i öppet eller stängt läge, vilket orsakar problem. En termostat som fastnar i öppet läge leder till att uppvärmningen sker mycket långsamt, medan en termostat som fastnar i stängt tillstånd leder till snabb överhettning.

2 Kontrollera kylvätskenivån innan termostaten utpekas som orsaken till ett problem med kylsystemet. Om systemet läcker, eller om det inte fyllts på ordentligt, kan det finnas en luftficka i systemet (se Kylvätskebyte i kapitel 1).

3 Om motorn verkar ta lång tid att värma upp (baserat på värmarens utgående värde) kan termostaten fastna i öppet läge. Tro inte nödvändigtvis på temperaturmätarens utslag – en del mätare verkar registrera väldigt högt under normal körning.

4 En lång uppvärmningsperiod kan antyda att termostaten saknas – den kan ha tagits bort eller missats av misstag av en tidigare ägare eller mekaniker. Kör inte bilen utan termostat - motorstyrningssystemets ECU förblir i uppvärmningsläget längre än nödvändigt, vilket ökar avgasutsläppen och försämrar bränsleekonomin.

5 Om motorn överhettas, kontrollera temperaturen på kylarens övre slang med handen. Om slangen inte är het, trots att motorn är det, har termostaten förmodligen fastnat i stängt läge, vilket hindrar kylvätskan i motorn från att ta sig till kylaren. Byt termostaten. Återigen kan detta problem dessutom bero på ett luftlås (se tillvägagångssättet för byte av kylvätska i kapitel 1).

6 Om kylarens övre slang är varm innebär detta att kylvätskan flödar (minst till kylaren) och att termostaten är öppen. Se avsnittet *Feldiagnos* i slutet av denna handbok för att få hjälp med att spåra möjliga fel i kylsystemet men en avsaknad av utmatning från värmare antyder nu definitivt ett luftlås eller en blockering.

7 Gör följande för att få en uppfattning om i fall

3.19 Termostathus på V6-motor

termostaten fungerar som den ska när motorn värms upp, utan att demontera systemet.

8 Med motorn helt kall, starta motorn och låt den gå på tomgång. Kontrollera temperaturen på kylarens övre slang. Kontrollera temperaturen som anges av kylvätsketemperaturmätaren med jämna mellanrum och stäng av motorn omedelbart om överhettning indikeras.

9 Den översta slangen ska vara kall en stund medan motorn värms upp och ska sedan snabbt bli varm när termostaten öppnas.

10 Ovanstående är inte ett exakt eller definitivt test av termostatens funktion, men om systemet inte fungerar som beskrivits, demontera och testa termostaten enligt beskrivningen nedan.

Demontering

11 Dränera kylsystemet enligt beskrivningen i kapitel 1. Om kylvätskan är förhållandevis ny eller i gott skick kan du tömma ut den i en ren behållare och återanvända den.

1,8- och 2,0-liters motorer

12 Ta bort höger strålkastare enligt beskrivningen i kapitel 12, avsnitt 7.

13 Skruva loss muttern och lossa servostyrningspumpens matningslednings-fäste från vattenpumpen.

14 Lossa kablaget från uppvärmnings-elementen på termostathuset.

15 Observera placeringen av slangarna på termostathuset, lossa klämmorna och ta bort dem.

16 Skruva loss bultarna och ta bort termostathuset från motorblocket. Ta loss packningen/O-ringstätningen och kassera den; använd en ny en vid återmonteringen.

17 Det går inte att separera termostaten från huset.

V6 motorer

18 Skruva loss och ta bort den övre kåpan från vattenpumpens remskiva.

19 Lossa klämmorna och lossa slangarna från termostathuset och kåpan **(se bild)**. Ta bort hus- och kåpa enheten från motorrummet.

20 Skruva loss de två bultarna och ta bort kåpan, observera sedan hur termostaten är monterad och ta bort den från huset med enheten på bänken. Ta loss O-ringstätningen från termostatens omkrets och kassera den.

Använd en ny en vid återmonteringen.

Kontroll

Observera: *Byt termostaten om det föreligger minsta tvivel om dess funktion - termostater är vanligtvis inte dyra. Kontrollen innefattar upphettning i eller ovanför en öppen kastrull med kokande vatten, vilket innebär risk för brännskador. En termostat som har använts i mer än fem år kan redan ha sett sina bästa dagar.*

21 Om termostaten förblir i öppet läge vid rumstemperatur är det fel på den och den måste bytas.

22 Kontrollera om det finns en öppningstemperaturmärkning instansad på termostaten.

23 Använd en termometer och en behållare med vatten. Värm vattnet tills temperaturen motsvarar den angivna temperaturen på termostaten. Om ingen markering hittas startar du testet med vattnet varmt och värmer det långsamt tills det kokar.

24 Häng upp den (stängda) termostaten i ett snöre i vattnet och kontrollera att maximal öppning äger rum inom två minuter eller innan vattnet kokar.

25 Ta bort termostaten och låt den svalna, kontrollera att den går att stänga helt.

26 Om termostaten inte öppnas och stängs enligt beskrivningen, eller om den fastnat i något läge, måste den bytas.

Montering

27 Monteringen sker i omvänd ordningsföljd mot demonteringen. Tänk på följande:
a) *Rengör alla fogytor ordentligt före hopsättningen.*
b) *Byt alla tätningar och packningar, och smörj de nya O-ringarna med vaselin eller silikonfett för att underlätta monteringen.*
c) *Dra åt alla bultar till angivet moment (där sådant angetts).*
d) *Se till att kylvätskeslangens klämmor placeras så att de inte stör några andra komponenter och så att de går lätt att ta bort i framtiden.*
e) *Fyll på kylsystemet (se kapitel 1).*

4 Kylarens kylfläkt(ar) – kontroll, demontering och montering

Observera: *Se föreskrifterna i avsnitt 1 i detta kapitel innan du börjar arbeta.*

Kontroll

1 Kylarens kylfläkt regleras av motorstyrningssystemets ECU som agerar med utgångspunkt från den information som den får från kylvätsketemperaturgivaren. Dubbla fläktar är monterade på alla förutom 1,8 och 2,0-liters modeller med manuell växellåda. Om dubbla fläktar eller fläktar med två hastigheter är monterade sker styrningen

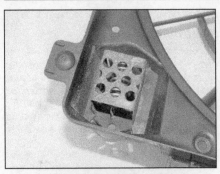

4.1 Resistorenhet för kylfläkts hastighetsstyrning

4.8 Ta bort kylarens nedre fästbyglar

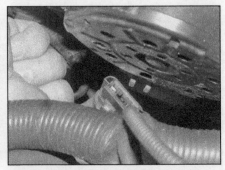

4.9a Lossa kablaget till den elektriska kylfläktens motor. . .

4.9b . . . och kontaktdonet . . .

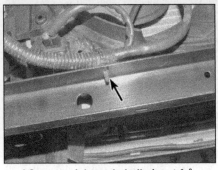

4.9c . . . och lossa kabelknippet från kryssrambalken

4.10 Lossa avluftningskylslangen från klämman på kåpan

genom en motståndsenhet som är fäst i fläktskyddets nedre vänstra hörn **(se bild)** – detta kan bytas separat vid fel.

2 Kontrollera först relevanta säkringar och reläer (se kapitel 12).

3 Koppla loss det elektriska kontaktdonet och använd säkrade testkablar för att ansluta fläkten direkt till batteriet för att testa fläktmotorn. Om fläkten fortfarande inte fungerar, byt motorn.

4 Om motorn visar sig vara i gott skick ligger felet i temperaturgivaren för kylvätska (se avsnitt 5 för testdetaljer) i kabelhärvan (se kapitel 12 för testdetaljer) eller i motorstyrningssystemet (se relevant del av kapitel 4).

Demontering

5 Lossa batteriets minusledning (se *Koppla loss batteriet* mot slutet av handboken).

6 Dra åt handbromsen. Lyft sedan upp framvagnen och ställ den på pallbockar (se *Lyftning och stödpunkter*). Ta, om det är tillämpligt, bort motorns undre skyddskåpa.

7 Ta bort stänkskölden under kylaren.

8 Använd snöre eller buntband för att stötta upp kylarens vikt, skruva sedan loss bultarna som håller fast kylarens nedre fästbyglar på den främre hjälpramen. Ta bort fästena, observera att de är handanpassade och att de är märkta för att säkerställa korrekt återmontering **(se bild)**.

9 Lossa kablaget från kylfläktsmotorerna och lossa kabelhärvorna från kåpan och hjälpramen **(se bilder)**. I V6-modeller har anslutningskontakten en fjäderklämma som måste lossas.

10 Lossa avluftnings kylslang från klämman på kåpan **(se bild)**.

11 Skruva loss de muttrar som håller fast kylfläktens motorer och kåpa på kylaren. För försiktigt den elektriska kylfläktenheten uppåt från sidofästbyglarna, sänk sedan ner den och ta bort den från bilens undersida **(se bilder)**.

Montering

12 Monteringen sker i omvänd ordningsföljd mot demonteringen.

5 Kylvätsketemperaturgivare – kontroll, demontering och montering

Observera: *Se föreskrifterna i avsnitt 1 i detta kapitel innan du börjar arbeta.*

1 I alla modeller utom modeller med V6-motor

4.11a Skruva loss den högra fästmuttern. . .

4.11b . . . och vänster fästmutter . . .

4.11c . . . sänk sedan den elektriska kylfläkten från bilens undersida

5.2 Kylvätsketemperaturgivare på V6-motorn på 2,5 liter

6.3 Lossa kylarens övre slang

6.4 Expansionskärl på kylaren

skruvas givaren in i utloppshusets vänstra ände på topplocket.

2 I modeller med V6-motor sitter givaren framför bypass-huset på motorns vänstra sida **(se bild)**.

Kontroll

3 Kontrollera säkringarna först om kylvätsketemperaturmätaren är ur funktion (se kapitel 12).

4 Om mätaren vid något tillfälle anger "hot" ska du konsultera avsnittet *Felsökning* mot slutet av handboken för att få hjälp att spåra möjliga fel i kylsystemet.

5 Om mätaren indikerar "hot" strax efter det att motorn har kallstartats kopplar du loss det elektriska kontaktdonet till temperaturgivaren för kylvätska. Om mätarens värden nu sjunker ska den bytas. Om värdena förblir höga kan kablaget till mätaren kortas till jord eller också är mätaren defekt.

6 Stäng av motorn om mätaren inte indikerar när motorn har värmts upp och man vet att säkringarna är i gott skick. Koppla loss givarens elektriska kontaktdon och använd en testkabel för att ansluta den vida/röda tråden till en ren jordningspunkt (bar metall) på motorn. Slå på tändningen utan att starta motorn. Om mätaren nu indikerar "het" byter du givaren.

7 Om mätaren fortfarande inte fungerar kan kretsen vara öppen eller också kan mätaren vara felaktig. Se kapitel 12 för mer information.

Demontering

8 Tappa ur kylsystemet (se kapitel 1) och ta bort motorns övre skyddskåpa.

9 På 1,8 och 2,0-liters motorer, ta bort tändspolenheten (se kapitel 5B).

10 På V6 motorer, ta bort vattenpumpens drivremskåpa. Se relevant del av kapitel 4 och lossa luftinloppsslangen från luftrenarhuset. Åtkomsten underlättas om även batteriet tas bort (se kapitel 5A).

11 Lossa det elektriska kontaktdonet från givaren.

12 Skruva loss givaren och ta bort den.

Montering

13 Ta bort eventuella spår av gammalt tätningsmedel från givarens placering, för sedan på en lätt beläggning av tätningsmedel på givarens gängor. Skruva i givaren, dra åt den ordentligt och återanslut dess kablage.

14 Fyll på kylsystemet enligt beskrivningen i kapitel 1 och kör motorn. Kontrollera att det inte förekommer något läckage.

6 Kylare och expansionskärl – demontering, kontroll och återmontering

Observera: *Se föreskrifterna i avsnitt 1 i detta kapitel innan du börjar arbeta. Om anledningen till att kylaren demonteras är*

att den läcker, tänk på att mindre läckor ofta kan åtgärdas genom att man tillför kylartätningsmedel till kylvätskan med kylaren på plats.

Kylare

Demontering

1 Dränera kylsystemet enligt beskrivningen i kapitel 1. Om kylvätskan är förhållandevis ny eller i gott skick kan du tömma ut den i en ren behållare och återanvända den.

2 Ta bort kylarens elektriska kylfläkt enligt beskrivningen i avsnitt 4. Detta tillvägagångssätt inkluderar borttagning av kylarens nedre fästbyglar.

3 Lossa klämmorna och lossa den övre och nedre slangen från kylaren **(se bild)**.

4 Lossa klämman och lossa expansionskärlets slang från kylaren **(se bild)**.

5 Stötta upp luftkonditioneringskondensatorns vikt med buntband eller ett snöre, skruva sedan loss de bultar som håller fast den på kylaren **(se bilder)**.

⚠ *Varning: Koppla inte loss någon av kylmedieslangarna.*

6 Lossa kylaren, sänk den försiktigt och ta bort den från bilens undersida **(se bild)**. Var försiktig så att du inte skadar kylarens flänsar eftersom de böjs lätt.

7 Ta bort kylarens fästbussningar av gummi från de övre och nedre fästbyglarna och undersök dem med avseende på slitage och

6.5a Stötta upp luftkonditioneringskondensatorn med buntband. . .

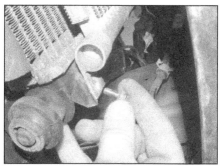

6.5b . . . skruva sedan loss kondensatorns fästbultar

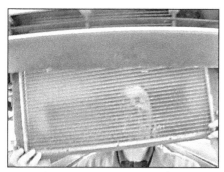

6.6 Sänk ner kylaren underifrån bilen

6.7 Kontrollera kylarens fästbussningar

skador **(se bild)**. Vid kraftigt slitage skaffar du nya innan du återmonterar kylaren.

Kontroll

8 När du har tagit bort kylaren kan du söka efter läckage och skador på den. Om den behöver repareras, låt en specialist på kylare eller en verkstad utföra arbetet, eftersom särskilda arbetsmetoder krävs.
9 Insekter och smuts kan tas bort från kylaren med en trädgårdsslang eller en mjuk borste. Var försiktig så att du inte böjer kylfenorna.

Montering

10 Återmonteringen görs i omvänd ordning jämfört med demonteringen men fyll på kylsystemet enligt beskrivningen i kapitel 1.

Expansionskärl

Demontering

11 Ta bort expansionskärlets påfyllningslock

för att släppa ut eventuellt tryck med motorn helt sval, sug sedan upp alla kylvätska från behållaren. Om det inte är dags att byta kylvätskan kan den återanvändas förutsatt att den hålls ren.
12 Lossa alla slangar från kylaren.
13 Skruva loss behållarens två fästbultar och ta bort den, koppla loss det elektriska kontaktdonet till lågnivåbrytaren för kylvätska (om en sådan finns).
14 Skölj ur kärlet och kontrollera att det inte finns några sprickor eller nötningar. Byt det om det är skadat.

Montering

15 Återmonteringen utförs i omvänd ordningsföljd mot demonteringen. Fyll på kylsystemet med korrekt blandning av frostskyddsmedel och vatten enligt beskrivningen i kapitel 1.

7 Vattenpump – demontering och montering

Observera: *Se föreskrifterna i avsnitt 1 i detta kapitel innan du börjar arbeta.*

Demontering

1 Dränera kylsystemet enligt beskrivningen i kapitel 1. Om kylvätskan är förhållandevis ny eller i gott skick kan du tömma ut den i en ren behållare och återanvända den.

1,8- och 2,0-liters motorer

2 Lossa fästskruvarna till vattenpumpens

remskiva ett halvt varv innan du tar bort remmen. Alternativt kan de lossas senare om det finns en lämplig remskivshållare.
3 Dra åt handbromsen. Lyft sedan upp framvagnen och ställ den på pallbockar (se *Lyftning och stödpunkter*). Demontera höger framhjul.
4 Arbeta under det högra främre hjulhuset, skruva loss bultarna och ta bort stänkskölden för att komma åt motorns högra ände.
5 Notera remdragningen. Vrid sträckaren medurs, för sedan drivremmen från remskivorna och ta bort dem från motorrummet. Märk ut åt vilket håll remmen sitter om den ska återmonteras.
6 Skruva loss bultarna och ta bort remskivan från vattenpumpen **(se bilder)**.
7 Skruva loss fästmuttrarna och ta bort vattenpumpen från motorn. Ta loss O-ringstätningen och kassera den **(se bilder)**. Använd en ny en vid återmonteringen, observera dessutom att Ford anger att tätningen bör smörjas med 'Merpol' fett.

V6 motorer

8 Ta bort luftrenaren enligt beskrivningen i kapitel 4A.
9 Ta bort termostathuset enligt beskrivningen i avsnitt 3.
10 Ta bort vattenpumpens drivrem genom att vrida sträckaren medurs med en hylsa **(se bild)** – i senare V6-motorer används inte en sträckare utan det enda sättet att få av remmen är att skära av den. För av drivremmen från remskivorna och ta bort den från motorrummet.

7.6a Använd en remskivshållare vid borttagningen av vattenpumpens remskiva (1,8 och 2,0-liters motor)

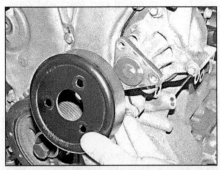

7.6b Ta bort vattenpumpens remskiva (1,8- och 2,0-liters motor)

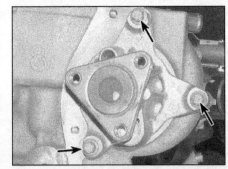

7.7a Skruva loss fästbultarna. . .

7.7b . . . ta bort vattenpumpen . . .

7.7c . . . och ta bort O-ringstätningen (1,8- och 2,0-liters motor)

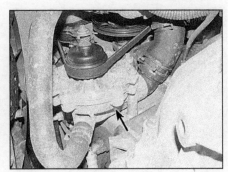

7.10 Vattenpump och drivrem (V6 motor)

11 Skruva loss de fästbultar som håller fast vattenpumpen på motorns vänstra sida stegvis **(se bild)**. **Observera:** *Skovelhjulet är fäst på huset med de återstående fem bultarna. Varken skovelhjulet eller dess packning kan erhållas separat.*

12 Lossa klämmorna och lossa slangarna, och ta bort pumpen från motorn.

Montering

13 Monteringen utförs i omvänd ordningsföljd mot demonteringen men dra åt fästbultarna/muttrarna till angivet moment. Fyll på kylsystemet enligt beskrivningen i kapitel 1.

8 Värme-/ventilationssystemets komponenter – demontering och montering

Värmefläktens motor

Demontering

1 Lossa och ta bort den nedre klädselpanelen i passagerarsidans fotutrymme **(se bild)**.

2 Demontera handskfacket enligt beskrivningen i kapitel 11.

3 Lossa kablaget från värmefläktmotorn **(se bild)**.

4 Skruva loss fästskruvarna och sänk ner fläktmotorn från värmarhuset **(se bilder)**.

Montering

5 Montera tillbaka i omvänd ordningsföljd mot demonteringen.

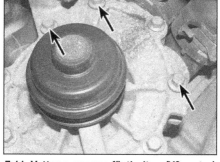

7.11 Vattenpumpens fästbultar (V6 motor)

Värmeväxlare

Demontering

6 Dra åt handbromsen. Lyft sedan upp framvagnen och ställ den på pallbockar (se *Lyftning och stödpunkter*).

7 Dränera kylsystemet enligt beskrivningen i kapitel 1. Om kylvätskan är förhållandevis ny eller i gott skick kan du tömma ut den i en ren behållare och återanvända den.

8 Lossa de två klämmorna på mellanväggens motorsida och lossa kylvätskeslangarna från värmepaketets tappar **(se bild)**. Identifiera slangarnas placering för korrekt återmontering. Lossa dessutom vattendräneringsslangen från avtappningsanslutningen på värmepaketet.

9 Demontera mittkonsolen enligt beskrivningen i kapitel 11.

10 Skruva loss de två nedre och den enda bakre skruven som håller fast det bakre

8.1 Ta bort den nedre klädselpanelen från passagerarsidans fotutrymme

8.3 Koppla loss kablarna . . .

fotutrymmets luftstyrning på värmepaketet, lossa sedan klämmorna och ta bort luftstyrningen **(se bilder)**. Om klämmorna är åtsittande trycker du uppåt och styr dem samtidigt som du lossar dem.

8.4a . . . skruva sedan loss fästskruvarna . . .

8.4b . . . och sänk ner värmefläktmotorn från huset

8.8 Lossa slangarna från värmepaketets tappar på mellanväggen

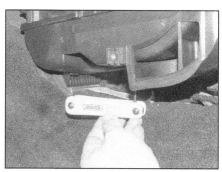

8.10a Lossa de nedre skruvarna. . .

8.10b . . . och den enkla bakre skruven . .

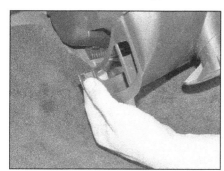

8.10c . . . och ta bort luftledningen från det bakre fotutrymmet

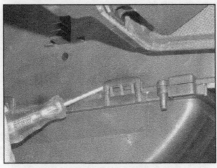

8.11a Ta bort de främre klämmorna...

8.11b ... lossa sidklämmorna ...

8.11c ... och sänk ner värmepaketet och huset på golvet

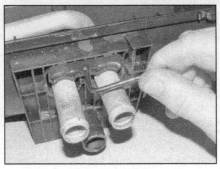

8.12 Ta bort gummitätningen från värmepaketets tappar

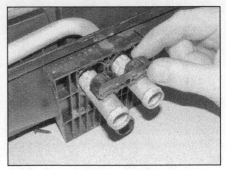

8.13a Skruva loss skruven...

8.13b ... ta bort plastklämman ...

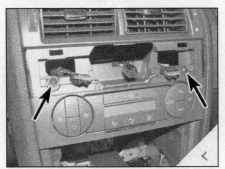

8.13c ... ta sedan bort värmepaketet från huset

11 Ta bort de främre klämmorna, lossa sedan sidoklämmorna och sänk ner värmepaketet och huset till golvet **(se bilder)**. Ta bort den från bilens insida.

12 Placera värmepaketet på bänken och ta bort gummitätningen från tappen**(se bild)**.

13 Skruva loss skruven och ta bort plastklämman, och ta sedan bort värmepaketet från huset **(se bilder)**. Var beredd på en del spill av kylvätska genom att placera ut trasor på bilens golv.

Montering

14 Monteringen sker i omvänd ordningsföljd mot demonteringen. Fyll på kylsystemet enligt beskrivningen i kapitel 1.

Värmarhus

Demontering och montering

15 Tillvägagångssättet vid demontering och montering av värmarhuset påminner om tillvägagångssättet för luftkonditioneringens värmar-/förångarhus som beskrivs i avsnitt 11.

Pollenfilter

Demontering och montering

16 Se kapitel 1.

---

9 Reglage för värmeenhet/ luftkonditionering – demontering och montering

Observera: *I modeller med mycket utrustning med satellitnavigering med pekskärm är värmereglagen en del av pekskärmsenheten och de är placerade nertill på ena sidan.*

9.3a Det finns två skruvar till instrumentbrädans mittenpanel ovanför värmekontrollpanelen...

och montering av värmarhuset påminner om tillvägagångssättet för luftkonditioneringens värmar-/förångarhus som beskrivs i avsnitt 11.

Den kompletta enheten kan tas bort enligt beskrivningen i kapitel 12, avsnitt 24 men värmereglagen är en del av den. Värmestyrmodulen på enhetens bakre del kan dock erhållas separat.

Demontering

1 Lossa batteriets minusledning (se *Koppla loss batteriet* mot slutet av handboken).

2 Ta bort radion/CD-spelaren och klockan enligt beskrivningen i kapitel 12 (själva klockan behöver inte skruvas loss men dess infattning måste tas bort).

3 De skruvar som håller fast mittenpanelen på instrumentbrädan måste nu tas bort. Det finns två skruvar över värmarkontrollpanelen och ytterligare två på vardera sidan om radioöppningen **(se bilder)**.

4 Arbeta i fotutrymmet på vardera sidan och ta bort konsolens främre sidopaneler. För att

9.3b ... och ytterligare två på vardera sidan om radioöppningen

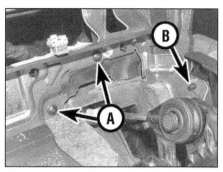

9.6a Metallstödfästets två mittskruvar (A)
– observera ett sidostift (B)

9.6b Konsolskruven på varje sida fäster
även metallstödfästet

9.6c Ta bort metallstödfästet

göra detta bänder du ut kåpan och skruvar loss den främre skruven som är placerad nära mellanväggen, sedan lossar du försiktigt de fem övre klämmorna och en nedre klämma. Ta bort panelerna.

5 Arbeta enligt beskrivningen i kapitel 11, avsnitt 29, punkt 4 och 5, ta bort klädselpanelen.

6 Ta bort stödfästbygeln från mittkonsolen. Denna fästbygel är fäst med två skruvar i mitten och med mittkonsolens främre skruv på vardera sidan. Fästbygeln placeras dessutom på två stift från mittkonsolen – när de fyra skruvarna tas bort drar du försiktigt konsolens främre "ben" utåt för att lossa stiften och fästbygeln kan tas bort **(se bilder)**.

7 Det går nu att ta bort instrumentbrädans mittre panel. Dra ut panelen vid basen för att lossa klämmorna, dra sedan ut den längst upp för att lossa de mittre ventilationsöppningarna från kanalerna bakom dem **(se bilder)**.

8 När mittpanelen är fri sträcker du in handen bakom och lossar de två anslutningskontakterna från värmekontrollpanelen – kontakterna är fästa med spakar med gångjärn som måste styras åt sidan för att de ska gå att lossa **(se bild)**.

9.7a Dra ut instrumentbrädans mittpanel i basen. . .

9 Värmekontrollpanelen är fäst på insidan av instrumentbrädans mittpanel med fyra skruvar – ta bort skruvarna och ta bort panelen **(se bild)**. Det framgår att panelen är en enhet utan delar (inte ens glödlampor) som kan erhållas separat.

Montering

10 Monteringen sker i omvänd ordningsföljd mot demonteringen. Se till att anslutningskontakterna på värmekontrollpanelen är ordentligt anslutna och låsta på plats med hjälp av spakarna med gångjärn.

9.7b . . . sedan på överdelen för att lossa ventilationsöppningarna

10 Luftkonditioneringssystem
– allmän information och föreskrifter

Allmän information

Luftkonditioneringssystemet består av en kondensor monterad framför kylaren, en förångare är monterad bredvid värmepaketet, en kompressor drivs av en multirem, en ackumulator/avfuktare och rören som ansluter

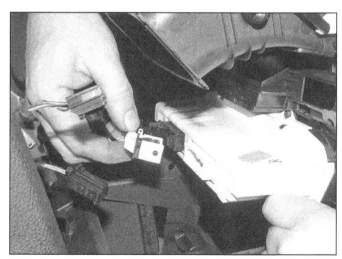

9.8 Lossa anslutningskontakterna till värmekontrollpanelen

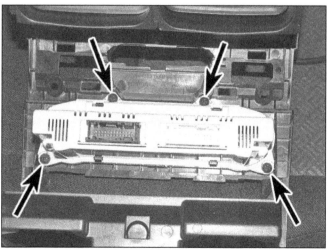

9.9 Värmekontrollpanelens fästskruvar

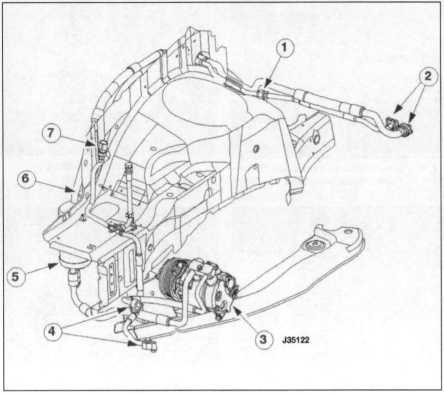

10.1 Luftkonditioneringssystemets komponenter

1 Förångare värmepaketets mynning
2 Anslutningar kylarpaket förångare
3 Luftkonditioneringskompressor
4 Anslutningar kondensor värmepaket
5 Ackumulator/avfuktare
6 Lågtryck avstängningsbrytare
7 Högtryck avstängningsbrytare

alla de ovan nämnda komponenterna **(se bild)**.

Kyldelen av systemet fungerar på samma sätt som i ett vanligt kylskåp. Kylmedia i gasform sugs in i en remdriven kompressor och passerar en kondensor som är monterad framför kylaren, där värmen avges och gasen övergår till flytande form. Vätskan passerar genom en expansionsventil till en förångare där den omvandlas från vätska under högt tryck till gas under lågt tryck. Denna förändring åtföljs av ett temperaturfall som kyler ner förångaren. Kylgasen återvänder till kompressorn och cykeln börjar om.

Luft som blåses genom förångaren passerar luftfördelningsenheten där den blandas med varm luft som blåses genom värmepaketet för att uppnå den önskade temperaturen i passagerarutrymmet.

Värmedelen av systemet fungerar precis som i modeller utan luftkonditionering.

Föreskrifter

Varning: Luftkonditioneringssystemet är mycket högt trycksatt. Lossa inte några fästen och ta inte bort några komponenter förrän systemet har tömts. Luftkonditioneringens kylmedium måste tappas ut korrekt i en godkänd behållare på återförsäljarens verkstad eller en specialverkstad där man kan ta hand om kylmediet R134a. Bär alltid skyddsglasögon när luftkonditioneringssystemet komponenter lossas.

Om ett luftkonditioneringssystem finns monterat, är det viktigt att följande särskilda säkerhetsproceduer följs vid arbete på någon del av systemet, dess kringkomponenter eller över huvud taget enheter som kräver att systemet kopplas loss.

a) Även om det kylmedium som används – R134a – är mindre skadligt för miljön än R12 som tidigare användes, är det fortfarande ett mycket farligt ämne. På grund av risken för köldskador får mediet inte komma i kontakt med huden eller ögonen. Det får heller inte tömmas ut i stängda utrymmen – även om det inte är giftigt finns risk för kvävning. Kylmediet är tyngre än luft och får därför aldrig tömmas ut över en grop.

b) Kylmediet får inte komma i kontakt med öppen eld eftersom en giftig gas då bildas. Under vissa omständigheter kan denna bilda en explosiv blandning med luft. Av samma orsak är det mycket farligt att röka i närheten av kylmedium, särskilt om ångan inhaleras genom en tänd cigarett.

c) Töm aldrig systemet ut i atmosfären. R134a är visserligen inte en ozonförstörande kolfluorklorid som R12, men är däremot en kolvätefluorid som skadar miljön genom att bidra till växthuseffekten om den släpps ut i atmosfären.

d) Kylmediet R134a får inte blandas med R12. Systemet har andra tätningar (nu gröna, tidigare svarta) och andra fixturer som kräver andra verktyg, så det finns ingen risk att de två typerna av kylmedium oavsiktligt förväxlas.

e) Om systemet måste lossas av någon anledning ska en Ford-verkstad eller en kyltekniker anförtros denna uppgift.

f) Det är mycket viktigt att systemet töms på ett professionellt sätt innan någon form av värme (svetsning, lödning, hårdlödning etc.) används i närheten av systemet, innan bilen ugnstorkas i temperaturer högre än 70 °C efter omlackering, samt innan någon del av systemet kopplas loss.

11 Luftkonditioneringssystemets komponenter – demontering och montering

Varning: Luftkonditionerings- systemet är mycket högt trycksatt. Lossa inte några fästen och ta inte bort några komponenter förrän systemet har tömts. Luftkonditioneringens kylmedium måste tappas ut korrekt i en godkänd behållare på återförsäljarens verkstad eller en specialverkstad där man kan ta hand om kylmediet R134a. Täck genast över eller plugga igen rörledningarna när de har kopplats loss, så att ingen fukt kommer in i systemet. Bär alltid skyddsglasögon när luftkonditioneringssystemet komponenter lossas.
Observera: Det här avsnittet tar upp delarna i själva luftkonditioneringssystemet. Avsnitten 8 och 9 tar upp delar som är gemensamma för värme- och ventilationssystemet.

Kondensor

Demontering

1 Låt en Ford-verkstad eller luftkonditioneringsspecialist tömma ur kylmediet.
2 Dra åt handbromsen. Lyft upp framvagnen och ställ den på pallbockar (se *Lyftning och stödpunkter*).
3 Ta bort kylarens nedre stänksköld.
4 Lossa kylmedieslangarna från kondensorn och sätt omedelbart lock på öppningarna så att smuts och vätska inte tränger in **(se bilder)**. Kassera O-ringstätningarna och skaffa nya för återmonteringen.
5 Skruva loss bultarna som håller fast luftkonditioneringskondensatorn vid kylaren, och ta bort den underifrån bilen.

11.4a Lossa den övre köldmedelsledningen. . .

11.4b . . . och de nedre fästmuttrar

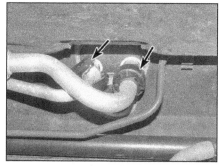

11.21 Fjäderlås till låsklämmorna till luftkonditioneringens köldmedelsledning

Montering

6 Monteringen sker i omvänd ordningsföljd mot demonteringen. Tänk på följande:

a) Montera nya O-ringstätningar på kylmedierören vid återanslutningen. O-ringstätningarna måste beläggas med ren kylmedieolja före återmonteringen.

b) Låt den specialist som laddade ur luftkonditioneringssystemet tömma, ladda och läcktesta det.

Värme-/förångarhus

Observera: *Specialverktyg 412-081 behövs för denna justering.*

Demontering

7 Låt en Fordverkstad eller luftkonditioneringsspecialist tömma ur kylmediet.

8 Dra åt handbromsen. Lyft sedan upp framvagnen och ställ den på pallbockar (se *Lyftning och stödpunkter*).

9 Lossa batteriets minusledning (se *Koppla loss batteriet* mot slutet av handboken).

10 Dränera kylsystemet enligt beskrivningen i kapitel 1. Om kylvätskan är förhållandevis ny eller i gott skick kan du tömma ut den i en ren behållare och återanvända den.

11 Lossa klämmorna och lossa kylvätskeslangarna från värmepaketet på mellanväggens motorsida. Identifiera slangarnas placering för korrekt återmontering.

12 Lossa vattendräneringsslangen från tömningsanslutningen på värmepaketet.

13 Demontera instrumentbrädan enligt beskrivningen i kapitel 11.

14 Ta bort luftkanalen, dra sedan tillbaka gummilisten från höger dörröppning och ta bort torpedsidans klädselpanel.

15 Skruva loss jordkabeln från A-stolpen, lossa det elektriska huvudkontaktdonet och lossa de två anslutningskontakterna från den centrala elektronikmodulen (GEM).

16 Lossa kabelhärvan från värmar/förångarhuset. Lossa dessutom och koppla loss kabelhärvan till ventilationsmanöverdonet.

17 Lossa fläktmotorn och resistorkablaget. Lossa dessutom temperaturgivaren och handbromsvarningslampan.

18 Lossa den adaptiva säkerhets-systemmodulens och den centrala kopplings-dosans kablage.

19 Skruva loss skruvarna och ta bort vindrutans luftkanal.

20 Ta bort tändspolen i modeller med V6-motor.

21 Lossa låsklämmorna till kylmedieledningens fjäderlåskoppling **(se bild)**.

22 Använd specialverktyget 412-081 för att lossa vänster och höger kylmedieslangar från förångarvärmepaketet. Kassera O-ringstätningarna.

23 Skruva loss och ta bort värmarens/förångarens värmepaketshus fästmutter från mellanväggen.

24 Lossa kabelhärvan och ta bort mellanväggens tvärbalk från bilens insida.

25 Ta bort värmar/förångarhuset från bilens innerutrymme. Var beredd på en del spill av kylvätska genom att placera ut trasor på bilens golv.

Montering

26 Monteringen utförs i omvänd ordningsföljd mot demonteringen, men montera nya O-ringstätningar. O-ringstätningarna måste beläggas med ren kylmedieolja före återmonteringen. Låt samma specialist som tömde systemet fylla på, täthetstesta och vakuumsuga det.

Kompressor

Demontering

27 Låt en Fordverkstad eller luftkonditionerings-specialist tömma ur kylmediet.

28 Dra åt handbromsen. Lyft sedan upp framvagnen och ställ den på pallbockar (se *Lyftning och stödpunkter*). Ta bort kylarens nedre stänkskydd.

29 På V6-modeller skruvar du loss och tar bort kompressorns värmeskydd.

30 Lossa kablaget från luftkonditioneringens kompressor.

31 Ta bort multiremmen enligt beskrivningen i kapitel 1.

32 Skruva loss bulten och lossa anslutningsblocket från kompressorn. Kassera O-ringstätningarna och skaffa nya för återmonteringen. Tejpa över eller plugga igen kompressorns öppningar och ledningsändar för att förhindra att damm och smuts tränger in.

33 Stötta upp luftkonditionerings-kompressorn, skruva sedan loss fästbultarna. Sänk ner kompressorn från motorn. **Observera:** *Håll kompressorn plant vid hantering och förvaring. Om kompressorn har skurit eller om du hittar metallpartiklar i kylmedierören måste systemet spolas ur av en AC-mekaniker och ackumulatorn/avfuktaren måste bytas.*

Montering

34 Monteringen utförs i omvänd ordningsföljd mot demonteringen men montera O-ringstätningarna efter beläggning av dem med köldmedelsolja och dra åt fästbultarna till angivet moment.

35 Låt samma specialist som tömde systemet fylla på, täthetstesta och vakuumsuga det.

Ackumulator/avfuktare

Observera: *Specialverktyg 412-069 behövs för denna justering.*

Demontering

36 Låt en Fordverkstad eller luftkonditioneringsspecialist tömma ur kylmediet.

37 Dra åt handbromsen. Lyft sedan upp framvagnen och ställ den på pallbockar (se *Lyftning och stödpunkter*). Demontera höger framhjul. Ta bort kylarens nedre stänkskydd.

38 Ta bort hjulhusfodret under höger framskärm.

39 Koppla loss kablaget från lågtryck avstängningsbrytaren **(se bild)**.

40 Skruva loss anslutningen och lossa den nedre kylmedieledningen från ackumulatorn

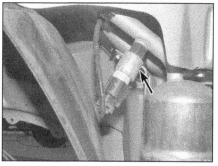

11.39 Luftkonditioneringens lågtryck avstängningsbrytare

11.40 Sänk ner köldmedelsledningens anslutning till ackumulatorn/avfuktaren

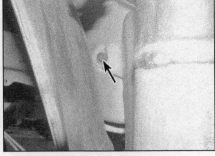

11.43 Skruva loss ackumulatorns/avfuktarens fästbultar

(se bild). Kassera O-ringstätningarna och skaffa nya för återmonteringen.

41 Använd Fords specialverktyg 412-069 för att lossa den övre köldmedieledningen från ackumulatorn. Kassera O-ringstätningarna och skaffa nya för återmonteringen. Tejpa över eller plugga igen ackumulatorns öppningar och ledningsändar för att förhindra att damm och smuts tränger in.

42 Skruva loss spolarvätskebehållaren från innerskärmens panel och lägg den åt sidan. Vid behov kan den främre stötfångaren tas bort för att ge mer arbetsutrymme (se kapitel 11).

43 Skruva loss fästbultarna och ta bort ackumulatorn/avfuktaren under skärmen **(se bild)**.

Montering

44 Monteringen utförs i omvänd ordning mot demonteringen men montera nya O-ringstätningar efter beläggning av dem med ren köldmedieolja och dra åt fästbultarna till angivet moment.

45 Låt samma specialist som tömde systemet fylla på, täthetstesta och vakuumsuga det.

Lågtryck avstängningsbrytare

 Varning: Detta arbete utförs bäst av en verkstad eller en reparatör av luftkonditioneringar i bilar.

Demontering

46 Dra åt handbromsen. Lyft sedan upp framvagnen och ställ den på pallbockar (se *Lyftning och stödpunkter*).

47 Skruva loss de nedre och främre bultar som håller fast höger hjulhusfoder och bind upp fodret åt ena sidan för att komma åt brytaren.

48 Lossa kablaget från brytaren.

49 Anslut en säkrad testkabel på 20 ampere mellan stift 1 och stift 4 till brytarens kablage, starta sedan motorn och ställ luftkonditioneringsbrytaren i läget ON. **Observera:** *Luftkonditioneringskompressorn MÅSTE gå under demonteringen av avstängningsbrytaren för lågryck.*

50 Skruva loss brytaren och kassera O-ringstätningarna. **Observera:** *Kontrollera att lågtryck avstängningsventilen stängs helt efter borttagningen av brytaren för att förhindra förlust av kylmedium.* Införskaffa nya tätningar för återmonteringen.

Montering

51 Monteringen utförs i omvänd ordning mot demonteringen men montera nya O-ringstätningar efter beläggning av dem med ren köldmedieolja och dra åt brytaren endast till angivet moment.

Högtryck avstängningsbrytare

Demontering

52 Högtryck avstängningsbrytaren är placerad i motorrummet bredvid servoolja behållaren.

53 Lossa kablaget från brytaren.

54 Skruva loss brytaren och kassera O-ringstätningarna. **Observera:** *Kontrollera att högtryck avstängningsventilen stängs*

helt efter borttagningen av brytaren för att förhindra förlust av kylmedium. Införskaffa nya tätningar för återmonteringen.

Montering

55 Monteringen utförs i omvänd ordning mot demonteringen men montera nya O-ringstätningar efter beläggning av dem med ren köldmedieolja och dra åt brytaren endast till angivet moment.

12 Värme-/förångarhus – demontering och montering

Isärtagning

1 Skruva loss de fyra skruvarna och ta bort blandningsluckans manöverdon enhet med huset på bänken.

2 Skruva loss de tre skruvarna och ta bort manöverdonet till luftintagets blandningslucka.

3 Ta bort värmepaketet enligt beskrivningen i avsnitt 8.

4 Skruva loss de två skruvarna och ta bort förångarens övre hus.

5 Ta bort gummitätningen, skruva sedan loss fästbulten till förångarens värmepaket.

6 Skruva loss de två skruvarna och ta bort förångarens nedre hus.

7 Ta bort förångarens värmepaket.

8 Ta bort värmefläktmotorn enligt beskrivningen i avsnitt 8.

9 Skruva loss skruven och ta bort värmefläktmotorns resistor.

10 Lossa klämmorna och fästflikarna och ta bort det övre huset på värmefläktens motor.

11 Ta bort packningen och lossa fästflikarna, separera sedan motorn från det övre huset.

12 Ta bort klämmorna och lossa fästflikarna, separera sedan värmepakets förångarhus.

13 Ta bort klämman och lossa fästflikarna, separera sedan värmaren och värmepakets förångarhus.

14 Observera deras placering, dra sedan ut de tre blandningsluckorna och axlarna.

Ihopsättning

15 Monteringen sker i omvänd ordningsföljd mot demonteringen.

Kapitel 4 Del A:
Bränsle- och avgassystem

Innehåll

Allmän information och föreskrifter 1
Avgasgrenrör – demontering och montering . . . . se kapitel 2A eller 2B
Avgassystem – allmän information och byte av komponenter 14
Brytare för bränsleavstängning – demontering och montering 10
Bränslefilter – byte . . . . se kapitel 1
Bränsleinsprutningssystem – allmän information 11
Bränsleinsprutningssystem – kontroll och feldiagnos 12
Bränsleinsprutningssystems komponenter – demontering och
  montering 13
Bränsleledningar och kopplingar – allmän information 3
Bränslepump/bränsletryck – kontroll 7
Bränslepumpens/bränslemätarens sändarenhet – demontering och
  montering 8
Bränslesystem – tryckutjämning 2
Bränsletank – demontering, kontroll och montering 9
Gaspedal – demontering och montering 6
Gasvajer – demontering och montering 5
Insugsgrenrör – demontering och montering . . . . . . se kapitel 2A or 2B
Luftfilter – byte . . . . se kapitel 1
Luftrenare och luftkanaler – demontering och montering 4

Svårighetsgrad

Enkelt, passar novisen med lite erfarenhet		Ganska enkelt, passar nybörjaren med viss erfarenhet		Ganska svårt, passar kompetent hemmamekaniker		Svårt, passar hemmamekaniker med erfarenhet		Mycket svårt, för professionell mekaniker	

Specifikationer

Allmänt

Systemtyp	Sekvensstyrd, elektronisk bränsleinsprutning (Sequential Electronic Fuel injection – SEFi)
Rekommenderat bränsle (minsta oktanklass)	95 RON blyfri
Tomgångsvarvtal:	
4-cylindriga motorer	700± 50 varv/minut
V6 motor	725± 50 varv/minut
Tomgångsbränsleblandning (CO-nivå):	
4-cylindriga motorer	0,5 % maximum
V6 motor	0,5 % maximum

Insugslufttemperaturgivare

Resistans (vid 20 °C)	38 kilohm (38 000 ohm) ungefär

Åtdragningsmoment

	Nm
Avgassystem:	
3,0-liters V6 motor:	
Böjligt rör till katalysator	55
Katalysator till grenrör	25
Katalysator till motor	23
Huvudsystemets muttrar och bultar	47
Bränslefiltrets fästbultar	10
Bränslefördelarskena:	
4-cylindriga motorer	25
V6 motorer	10
Bränslepump/sändarenhetens låsring	85
Bränsletank stödband fästbultar	25
Bränsletrycksavlastningsventil (V6 motor)	8
Bränsletrycksregulatorns bultar	6
Insugsgrenrörets inställningsventil	10
Insugslufttemperaturgivare (V6 motorer)	23
Kamaxelgivare (4-cylindriga motorer)	6
Skruvar mellan gasspjällhuset och insugsgrenröret	10
Tomgångsstyrventilens bultar	10
Vevaxelns hastighets-/lägesgivare:	
Skruv givare på fästbygel	8
Vevhusskruv fästbygel på motorblock	21

2.6a Kåpan på avlastningsventilen för bränsletryck på bränslefördelarskenan på V6-motorn

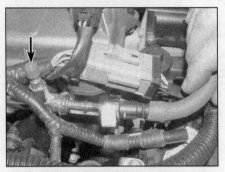

2.6b ... och på 4-cylindriga motorer

1 Allmän information och föreskrifter

Bränslesystemet består av en plasttank (som är monterad under karossen, under baksätena), bränsleslangar och metalledningar, en elektrisk bränslepump som är monterad i bränsletanken och ett elektroniskt bränsleinsprutningssystem (som beskrivs mer detaljerat i avsnitt 11)

Avgassystemet består av ett avgasgrenrör (två på V6-motorn), främre avgasrör, katalysator(er) och en bakre del som har två eller tre ljuddämpare. Utbytesavgassystemet för service består av tre eller fyra sektioner. Systemet är upphängt med gummifästen i hela sin längd.

Man bör vara oerhört försiktig vid hantering av antingen bränsle- eller avgassystemet. Bränsle är en potentiellt explosiv vätska och man bör vara oerhört försiktig vid hantering av bränslesystemet. Avgassystemet kräver försiktighet eftersom det arbetar vid väldigt höga temperaturer. Allvarliga brännskador kan bero på kontakt med en del av avgassystemet och risken för brand är alltid närvarande. I synnerhet katalysatorn körs med väldigt höga temperaturer.

Vid borttagning av powertrain styrmodulen (PCM), vidrör inte PCM-polerna eftersom det finns risk för att statisk elektricitet kan skada de interna elektroniska komponenterna.

 Varning: Många av rutinerna i detta kapitel kräver att bränsleslangar och anslutningar kopplas loss,

3.3 Lossa bränsleledningens snabbkoppling

vilket kan resultera i bränslespill. Innan du utför arbeten på bränslesystemet bör du ta del av de föreskrifter som ges i Säkerheten först! i början av denna handbok och följ dem till punkt och pricka. Bensin är en ytterst brandfarlig vätska och säkerhetsföreskrifterna för hantering kan inte nog betonas.

2 Bränslesystem – tryckutjämning

Observera: *Se varningen i avsnitt 1 innan du fortsätter.*

⚠ **Varning: Följande procedur utjämnar bara trycket i bränslesystemet. Kom ihåg att det fortfarande finns bränsle kvar i systemets komponenter och vidta nödvändiga säkerhetsåtgärder innan någon del kopplas loss.**

1 Det bränslesystem som avses i detta kapitel definieras som bränsletanken och den tankmonterade bränslepumpen/bränslemätargivaren, bränslefördelarskenan, bränsleinjektorerna och bränsleledningarnas metallrör och böjliga slangar mellan dessa komponenter. Alla komponenter innehåller bränsle som är under tryck när motorn är igång och/eller när tändningen är påslagen.

2 Trycket ligger kvar en tid efter det att tändningen slagits av. Systemet måste tryckutjämnas innan något arbete utförs på någon av dessa komponenter.

3 Kom ihåg följande oberoende av vilken tryckutsläppsmetod som används:
a) Plugga igen de lossade rörändarna för att minimera bränsleförlusten och förhindra att smuts tränger in i bränslesystemet.
b) Observera att när väl bränslesystemet har tryckutjämnats och tömts (även delvis) tar det betydligt längre tid att starta om motorn – kanske dras motorn runt flera sekunder innan systemet har fyllts på och trycket är återställt.

Metod 1

4 Den enklaste tryckutjämningsmetoden

är att lossa bränslepumpens elförsörjning. Ta bort bränslepumpens säkring (se kopplingsscheman eller dekalen på relevant säkringsdosa för exakt placering) med tändningen av och försök starta motorn – låt motorn gå i tomgång tills den stoppar på grund av bränslebrist. Dra runt motorn ett eller ett par varv med startmotorn för att säkerställa att trycket är helt utjämnat och slå sedan av tändningen – glöm inte att montera tillbaka säkringen.

Metod 2

5 Placera en lämplig behållare under den koppling eller anslutning som ska lossas och ha en stor trasa redo för att torka upp eventuellt bränsle som rinner ut och inte samlas upp i behållaren. Lossa långsamt anslutningen eller anslutningsmuttern för att undvika plötsligt utsläpp av tryck, och placera en stor trasa runt anslutningen för att fånga upp eventuellt bränslespill som kan sprutas ut. .

Metod 3

6 Fords metod är att använda serviceverktyget 23-033 monterat på bränslefördelarskenans trycktest-/utjämningsbeslag. Beslaget består av en ventil av Schrader typ med en plastkåpa på bränslefördelarskenan (se bilder) och verktyget fungerar som en kran genom att det trycker in ventilens kärna.

3 Bränsleledningar och kopplingar – allmän information

Observera: *Se varningen i avsnitt 1 innan du fortsätter.*

1 Snabbkopplingar används på alla anslutningar i bränslematnings- och returledningarna. **Observera:** *Bränsle tillförselledningarna identifieras av en vid anslutning med snabbkoppling och returledningarna identifieras av en röd anslutning med snabbkoppling.*

2 Släpp ut trycket i systemet enligt beskrivningen i avsnitt 2 och jämna ut tanktrycket genom att ta bort bränslepåfyllningslocket innan någon av bränslesystemets komponenter tas bort.

3 Lossa de utstickande låstapparna på varje bränsleledningsanslutning genom att klämma ihop dem och försiktigt dra isär kopplingen **(se bild)**. Torka upp eventuellt utspillt bränsle med en trasa. Där anslutningarna är färgkodade går det inte att förväxla rören. Om båda anslutningarna har samma färg måste du göra en anteckning om vilket rör som går vart och vara noga med att ansluta dem rätt vid återmonteringen.

4 En annan typ av snabbkoppling som används på Mondeo har en plastklämma (ofta röd eller vit) som bänds ut ur kopplingen för att lossa den. Vid återmonteringen

trycker du ihop kopplingen fast, trycker sedan klämman bakåt till jämnhöjd för att fästa den.

5 Om det inte finns några låstappar på bränsleledningens anslutning krävs det ett specialverktyg för att lossa snabbkopplingen – verktyget expanderar den inbyggda spiralfjädern så att kopplingens två avsnitt kan lossas. Ett egentillverkat redskap kan tillverkas av ett spiralformat stycke av plast runt bränsleröret som sedan kan föras längs bränsleröret till anslutningen för att lossa spiralfjädern.

6 Tryck ihop dem tills de är låsta för att återansluta en av dessa kopplingar. Slå på tändningen för att trycksätta systemet och

kontrollera om det finns några tecken på bränsleläckage runt den förstörda kopplingen innan du försöker starta motorn.

7 Kontrollprocedurer för bränsleledningarna finns beskrivna i kapitel 1.

8 Använd alltid originalbränsleledningar och slangar vid byte av komponenter av bränslesystemet. Montera inte ersättningar som konstruerats av sämre eller otillräckligt material. I annat fall kan du orsaka en bränsleläcka eller en brand.

9 Observera hur alla slangar och rör är dragna och de olika klämmornas riktning innan du avlägsnar eller kopplar loss någon del av bränslesystemet för att säkerställa korrekt återmontering.

4 Luftrenare och luftkanaler – demontering och montering

Luftrenare

4-cylindriga motorer

1 Lossa batteriets minusledning (jord) (se *Koppla loss batteriet* mot slutet av handboken).

2 Skruva loss fästklämman och lossa luftuttagsröret och ventilationsslangen från luftrenarens övre hus **(se bild)**.

3 Ta bort luftrenarenheten genom att lyfta den

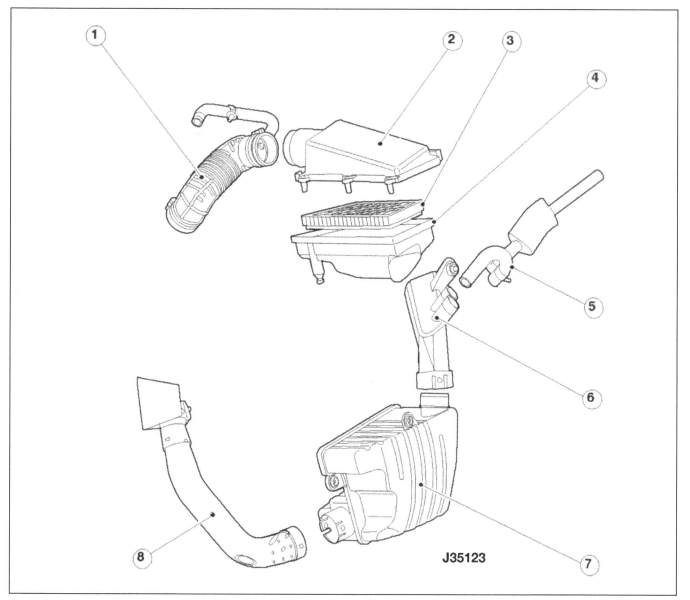

4.2 Luftrenarenhet och kanaler (4-cylindriga motorer)

1 Utloppsrör luftrenare
2 Luftrenarhusets kåpa
3 Luftrenarinsats
4 Luftrenarhus
5 Inställningsrör luftintag
6 Insugsrör luftrenare
7 Resonator
8 Insugsrör luftrenare

uppåt ut ur dess genomföringar och lossa den från luftinloppsröret under innerskärmens panel.

4 Återmonteringen utförs i omvänd ordningsföljd mot demonteringen. Se till att husets stift sitter korrekt i sina genomföringar och att insugsröret hamnar helt i luftrenarhuset.

V6 motor

5 Lossa batteriets minusledning (jord) (se *Koppla loss batteriet* mot slutet av handboken).
6 Koppla loss kablarna från luftflödesgivaren **(se bild)**.
7 Koppla loss luftbypasslangen och vevhusets ventilationsslang från luftrenaren.
8 Lossa fästklämman och lossa utloppsslangen från luftrenarhuset.

9 Lyft luftrenaren från dess placeringsgenomföringar och lossa samtidigt insugsröret från vänster sida.
10 Återmonteringen utförs i omvänd ordningsföljd mot demonteringen. Se till att husets stift sitter korrekt i sina genomföringar och att luftinsugsröret och ventilationsslangarna hamnar helt i luftrenarhuset.

Luftintagsresonator

4-cylindriga motorer

11 Ta bort luftrenarhuset enligt beskrivningen i början av detta avsnitt.
12 Skruva loss luftintagsröret övre fästbult från vänster innerskärmspanel.
13 Lossa vänster framhjulsmuttrar. Klossa

bakhjulen, lyft upp bilens främre del och ställ den på pallbockar (se *Lyftning och stödpunkter*).
14 Ta bort vänster framhjul och hjulhusfoder (kapitel 11).
15 Arbeta under vänster framskärm och ta bort det övre insugsröret och inställningsröret från resonatorn.
16 Skruva loss fästbultarna och ta bort resonatorn underifrån vänster innerskärmspanel. Om tillämpligt lossar du dimstrålkastarnas kablageblockskontaktdon från resonatorn.
17 För att ta bort det övre insugsröret tar du bort kylargrillen enligt beskrivningen i kapitel 11.
18 Återmonteringen utförs i omvänd ordningsföljd mot demonteringen.

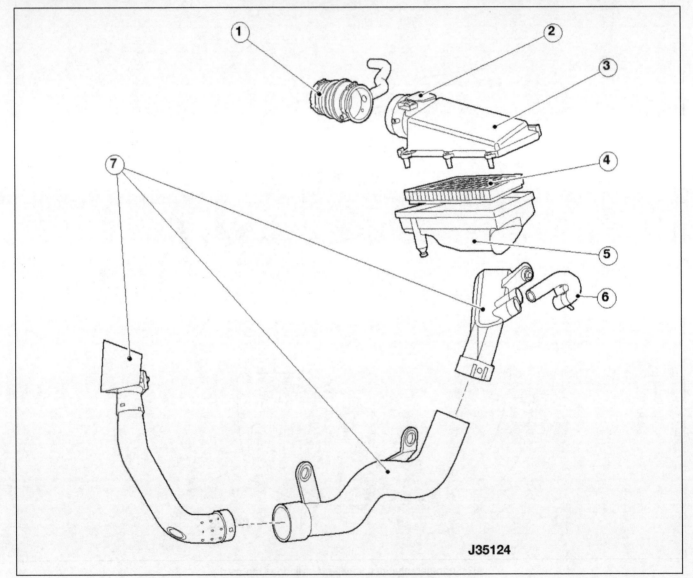

4.6 Luftrenarenhet och kanaler (V6-motor)

1 Utloppsrör luftrenare	3 Luftrenarhusets kåpa	5 Luftrenarhus	7 Insugsrör luftrenare
2 Luftflödesmätare	4 Luftrenarinsats	6 Inställningsrör luftintag	

Luftintagsrör

V6 motor

19 Utför tillvägagångssättet för demontering och montering av resonatorn på de 4-cylindriga motorerna i detta avsnitt, förutom i punkt 16, skruva loss fästbultarna och ta bort luftinsugsröret från deras placering under vänster skärm.
20 Återmonteringen utförs i omvänd ordningsföljd mot demonteringen.

5 Gasvajer – demontering och montering

4-cylindriga motorer

Demontering

1 Lossa ventilationsslangen från motorns över plastkåpa, lossa sedan kåpan från motorns överdel.
2 Lossa gaspedalens innerkabel från gasspjällets länksystem, vrid sedan den yttre kabeln för att lossa den från fästbygeln **(se bilder)**. Lossa kabeln från eventuella klämmor eller band som håller fast den.
3 Arbeta i passagerarutrymmet och var precis jämte gaspedalens överdel. Dra ut ändbeslaget och kragen från pedalen, lossa sedan kabelns inre tråd genom spåret i pedalen **(se bild)**. Bind en bit snöre runt vajeränden.
4 Återgå till motorrummet och dra ut kabeln genom mellanväggen tills snöret kan lossas och kabeln kan tas bort.

Montering

5 Återmonteringen utförs i omvänd ordningsföljd mot demonteringen; använd snöret för att dra kabeln genom mellanväggen.

V6 motor

Observera: *Även om följande tillvägagångssätt tar upp hela kabeln kan delarna pedal till manöverdon och manöverdon till gasspjäll av kabeln erhållas separat och de kan bytas och monteras tillbaka var för sig. Modifiera tillvägagångssättet på nödvändigt sätt om du gör detta.*

Demontering

6 Gasvajern består av en primär och en

5.2a Lossa den inre gaspedalvajern från gasspjällets länksystem...

5.2b ... vrid sedan den yttre kabeln för att lossa den från fästbygeln

5.3 Lossa kabeln (markerad med pil) från urtaget på pedalens överdel

sekundär vajer. Den primära kapseln är ansluten till gaspedalen och antispinnsystemets manöverdon. Den sekundära kabeln är ansluten till antispinnsystemets manöverdon och gasspjällhusets kvadrant.
7 Dra ut klämman och lyft av den sekundära yttre kabeln från stödfästet **(se bild)**.
8 Lossa den inre kabeln från kvadranten eller spaken på gasspjällhuset. Vid behov, bänd bort fjäderklämman **(se bilder)**.
9 Haka loss sekundärkabeln från klämman.
10 Lossa kablaget från antispinnsystemets motor.
11 Ta försiktigt bort kåpan från antispinnsystemets motor.
12 Lossa den sekundära inre kabeln från motorns övre kvadrant, lossa sedan den sekundära kabeln från fästet på motorn.
13 Lossa buntbandet och lossa den primära innerkabeln från motorns nedre kvadrant. Lossa den primära kabeln från fästet på motorn.

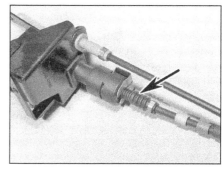

5.7 Yttre kabel och justeringsbeslag

14 Inne i bilen, koppla loss den primära innervajern från gaspedalen Bind en bit snöre runt vajeränden.
15 Återgå till motorrummet och dra ut kabeln genom mellanväggen tills snöret kan lossas och kabeln mellan pedalen och manöverdonet kan tas bort.

Montering

16 Återmonteringen utförs i omvänd ordningsföljd mot demonteringen. Använd snöret för att dra kabeln pedal till manöverdon genom mellanväggen. Se till att varje vajerände ansluts till korrekt manöverdons kvadrant.

Justering

Observera: *Båda avsnitten av kabeln måste justeras tillsammans även om endast en har rubbats.*
17 Ta bort metallklämman från justeraren till varje kabelsektion **(se bild)** och smörj justerarnas genomföringar med såpvatten.

5.8a Bänd bort fjäderklämman...

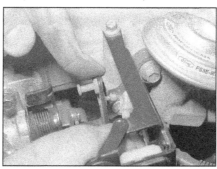

5.8b ... och koppla loss den inre kabeln från spaken

5.17 Placering av antispinnsystemets manöverdon till gasspjällhusets kabeljusterare (markerad med pil)

18 Ta bort eventuell slak vajer genom att dra ut de båda yttre vajrarna så mycket som möjligt från deras respektive justerare.
19 Koppla loss antispinnsystemets manöverdons elektriska kontaktdon och bänd bort dess kåpa. Lås fast båda remskivorna i varandra genom att trycka in ett låsstift (en pinndorn eller ett liknande verktyg i lämplig storlek) i deras inriktningshål. Lossa ändnipplarna på kabeln mellan manöverdonet och gasspjällhuset från gasspjällets länksystem.
20 Låt en medhjälpare trampa ner gaspedalen helt. Den yttre kabeln pedal till manöverdon flyttar sig tillbaka till justeringen. Håll den där och montera tillbaka klämman.
21 Anslut ändnippeln till kabeln mellan manöverdonet och gasspjällhuset och kontrollera att den yttre kabelgenomföringen är korrekt fäst i husets fäste.
22 Låt medhjälparen trampa ner gaspedalen helt igen. Kabeln mellan manöverdonet och gasspjällhusets yttre flyttar sig tillbaka till justeraren. Håll den där och montera tillbaka klämman.
23 Ta bort låssprinten från remskivorna. Kontrollera att gasspjället rör sig mjukt och lätt från helt stängt till helt öppet läge och tillbaka igen när medhjälparen trampar ner och släpper gaspedalen. Justera om kabeln (kablarna) om det behövs.
24 När inställningen är korrekt monterar du tillbaka kåpan och det elektriska kontaktdonet på antispinnsystemets manöverdon.

6 Gaspedal – demontering och montering

Demontering

1 Arbeta på förarplatsens fotutrymme och sträck dig upp till gaspedalens överdel. Dra ut ändbeslaget och kragen från pedalen, lossa sedan kabelns inre tråd genom spåret i pedalen.
2 Skruva loss fästmuttrarna och bulten, och ta bort pedalenheten **(se bild)**.

Montering

3 Monteringen utförs i omvänd ordningsföljd mot demonteringen. I V6-modeller måste du kontrollera korrekt inpassning av gasvajern enligt beskrivningen i avsnitt 5.

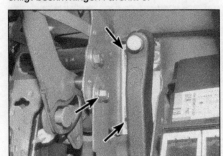

6.2 Skruva loss fästmuttrarna och fästbulten (markerade med pil) för att ta bort gaspedalenheten

7 Bränslepump/bränsletryck – kontroll

Observera: Se varningen i avsnitt 1 innan du fortsätter.

Bränslepump – funktionskontroll

1 Slå på tändningen och lyssna efter bränslepumpen (ljudet av en elektrisk motor som går kan höras under baksätet). Om vi förutsätter att det finns tillräckligt med bränsle i tanken bör pumpen starta och gå i ungefär en eller två sekunder och sedan stoppa.
Observera: Om pumpen går kontinuerligt hela tiden medan tändningen är påslagen, körs det elektroniska styrsystemet i backupläget (eller "Limp home"), som Ford kallar "Limited Operation Strategy – körning med begränsad funktion" (LOS). Detta indikerar med största säkerhet ett fel i drivlinans styrmodul (PCM) och bilen bör därför tas till en Ford-verkstad för ett fullständigt test av hela systemet med korrekt diagnosutrustning. Slösa inte tid med att försöka testa systemet utan sådana hjälpmedel.
2 Lyssna efter missljud från bränsletrycksregulatorn vid bränslereturen. Det bör gå att känna hur bränslet pulserar i regulatorn och i matningsslangen från bränslefiltret. Skulle pumpen inte gå alls bör du kontrollera säkringen, reläet och kablarna (se kapitel 12).

Bränsletryck – kontroll

3 En bränsletrycksmätare som är utrustad med en adapter så att den passar schraderventilen på bränslefördelningsskenans test-/tryckbeslag (känns igen på dess blå plastlock och är placerad på bränslematningsledningens anslutning och bränslefördelningsskenan) krävs för följande tillvägagångssätt. Har du tillgång till Fords specialverktyg 23-0332 (se avsnitt 2), kan det anslutas till ventilen och en vanlig tryckmätare anslutas till verktyget.
4 Använder du serviceverktyget måste du se till att kranen är vriden moturs helt och hållet innan du ansluter den till ventilen. Anslut tryckmätaren till serviceverktyget. Om du använder en bränsletrycksmätare med egen adapter ska den anslutas enligt tillverkarens instruktioner.
5 Starta motorn och låt den gå på tomgång. Observera mätarens utslag så snart trycket stabiliseras och jämför det med tillverkarens rekommendationer.
   a) Är trycket för högt, kontrollera om någon bränslereturledning är blockerad. Om flödet är fritt i ledningen, byt bränsletrycksregulatorn.
   b) Är trycket för lågt, kläm samman bränslereturledningen. Byt bränsletrycksregulatorn, i förekommande fall, om trycket då stiger. Skulle trycket inte stiga, kontrollera bränslematningsledningen, bränslepumpen och bränslefiltret.

6 Om tillämpligt, lossa vakuumslangen från bränsletrycksregulatorn; trycket som visas på mätaren bör öka. Observera ökningen i trycket och jämför den med tillverkarens rekommendationer. Om tryckökningen avviker från det angivna värdet, bör du kontrollera vakuumslangen och tryckregulatorn.
7 Återanslut regulatorns vakuumslang och stäng av motorn. Bekräfta att bränsletrycket är kvar på den angivna nivån fem minuter efter det att motorn har stängts av.
8 Lossa bränsletryckmätaren. Se till att täcka beslaget med en trasa innan den lossas. Torka upp all eventuellt utspilld bensin.
9 Kör motorn och kontrollera att inget bränsleläckage förekommer.

8 Bränslepumpens/bränslemätarens sändarenhet – demontering och montering

Observera: Se varningen i avsnitt 1 innan du fortsätter. Ford anger att serviceverktyget 310-069 (en stor hylsnyckel med utstickande kuggar som griper tag i bränslepumpen/sändarenhetens spår) används för detta arbete. Även om det finns alternativ, som visas nedan, rekommenderas ägare verkligen att skaffa detta verktyg innan arbetet påbörjas med tanke på de svårigheter som har upplevts vid demontering och montering av pumpen/sändarenheten. Det kommer att behövas hjälp av en medhjälpare.

Demontering

1 Ta bort bensintanken enligt beskrivningen i avsnitt 9.
2 Lossa bränslepumpens/sändarenhetens fästring genom att vrida den moturs. Som nämnts ovan rekommenderar Ford användning av serviceverktyget 310-069. För personer som inte har tillgång till sådan utrustning kan en hammare och drift eller en tång med glidleder fungera som ersättning **(se illustration)**.
3 Vrid bränslepumpen/bränslemätarens sändarenhet moturs och ta bort den från bränsletanken. Var försiktig så att du inte skadar flottörarmen. Flottörens arm är monterad på en fjäderbelastad förlängning så att den ska hållas nära mot tankens botten. Observera tätningsringen; Den måste bytas ut varje gång kåpan demonteras.

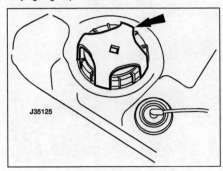

J35125

8.2 Ford serviceverktyg används för att lossa pumpens/sändarens låsring

Montering

4 Se till att sändarenheten inte skadas och att filtret över basen på pumpens upptagare är ren vid återmonteringen.

5 Sätt in bränslepumpen/sändarenheten i bränsletanken tills pilarna på bränsletanken och pumpen/sändarenheten är inriktade.

6 Använd en ny tätningsring när du monterar tillbaka bränslepumpen/sändarenhetens fästring (Fords serviceverktyg innebär det bästa sättet att hålla ringen i rät vinkel mot tanken och att vrida den samtidigt).

7 Återstoden av tillvägagångssättet för återmontering av bränsletanken sker i omvänd ordningsföljd jämfört med beskrivningen i avsnitt 9.

9 Bränsletank – demontering, kontroll och montering

Observera: *Se varningen i avsnitt 1 innan du fortsätter.*

Demontering

1 Eftersom det inte finns någon avtappningsplugg till bränsletanken är det bättre att utföra demonteringen när tanken är nästintill tom **(se bild)**. Tryckutjämna först bränslesystemet enligt beskrivningen i avsnitt 2 och jämna ut tanktrycket genom att ta bort bränslepåfyllningslocket.

2 Sug ut eller handpumpa det återstående bränslet från tanken. Placera alternativt ett rent kärl under bränslefiltret, lossa sedan matningsröret och anslut ett slangstycke från filtret till kärlet. Slå på tändningen och låt bränslepumpen tömma tanken i kärlet. Se till att vidta alla nödvändiga försiktighetsåtgärder för att förhindra risken för brand. Återanslut slangen efter tömning av tanken.

3 Se till att tändningen är avslagen.

4 Skruva loss eller fäll ner den bakre sittdynan (se kapitel 11). Bänd loss genomföringen från golvet för att komma åt bränslepumpen **(se bild)**.

5 Lossa kablaget från bränslepump/sändarenheten, och bränslematnings- och returrör från enheten **(se bild)**. Om bränsleledningarna inte är märkta märker du dem och deras respektive anslutningar tydligt. Plugga igen slangarna för att förhindra läckage och förorening av bränslesystemet.

6 Klossa framhjulen, lyft sedan upp bilens bakre del och stötta den på pallbockar (se *Lyftning och stödpunkter*).

7 Ta bort bränslefiltret enligt beskrivningen i kapitel 1.

8 Haka loss avgassystemets gummifästen. Sänk ner systemet på ett lämpligt stöd så att den främre fogen mellan det nedåtgående röret och avgasgrenröret inte sträcks eller ta bort det helt enligt beskrivningen i avsnitt 14.

9 Skruva loss fästmuttrarna, och ta bort avgassystemets bakre värmeskydd från underredet.

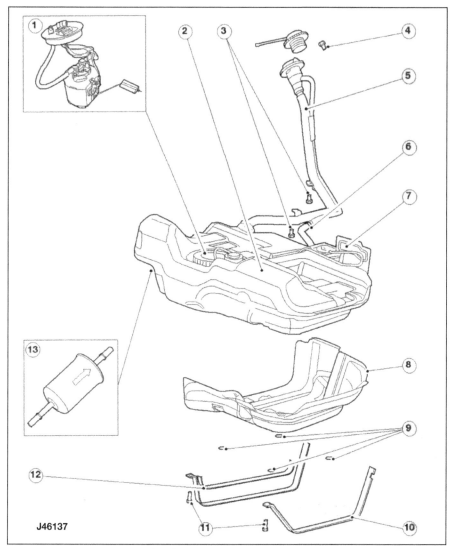

J46137

9.1 Bränsletank – systemritning

1 Bränslepump/sändarenhet
2 Bränsletank
3 Påfyllningsrörets nedre fästbultar
4 Övre fästbult påfyllningsrör
5 Påfyllningsrör bränsletank
6 Ventilationsslang påfyllningsrör
7 Värmeskydd – kombimodeller
8 Bränsletankens värmeskydd
9 Fästklämmor värmeskydd
10 Fästband bränsletank
11 Fästbultar stödband
12 Stödband isolator
13 Bränslefilter

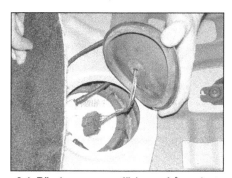

9.4 Bänd upp genomföringen från golvet för att komma åt bränslepumpens/sändarenhetens kablage

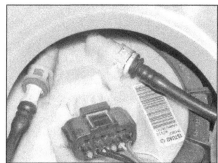

9.5 Observera att bränsleledningsändarna kan vara färgkodade för att möjliggöra återmontering

10.3 Fästskruvar till bränsleavstängningsbrytaren (markerade med pilar)

10 På modeller med strålkastarnivågivare monterad tar du bort givaren enligt beskrivningen i kapitel 12.

11 Skruva loss krängningshämmarens anslutningslänk. Sänk ned stången så långt som möjligt – ta bort stången helt om du så önskar (se kapitel 10).

12 Stötta upp tanken med en garagedomkraft och en träbit.

13 Skruva loss skruven framtill på varje fästrem, vrid sedan banden (vrid dem 90°) i den andra änden för att lossa dem. Kontrollera att remmarna och deras placeringar på underredet är i bra skick.

14 Sänk ned behållaren tillräckligt för att lossa kolfiltrets ångslang från anslutningen baktill på tankens överdel. Lossa låstapparna och lossa bränslepåfyllningsröret från bränsletanken.

15 Se till att inga bränslerör eller kontaktdon fortfarande är anslutna. Ta bort tanken från bilen, lossa den från påfyllningsrörets tapp.

Varning: Var försiktig när du sänker bränsletanken eftersom det fortfarande finns bränsle kvar på insidan. Detta bränsles vikt flyttar runt i tanken när den sänks om den inte hålls i plan.

16 Om det behövs, kan du ta bort bränsletankens påfyllningsrör. Den är fäst med en enda skruv i påfyllningsöppningen och med två skruvar på underredet. **Observera:** *I en del modeller kan det vara nödvändigt att sänka den bakre tvärbalken för att komma åt att ta bort påfyllningsröret (se kapitel 10 för information om den bakre tvärbalken).*

Kontroll

17 Kontrollera bränsletanken efter tecken på skador. Eventuella avlagringar inne i tanken bör tas bort antingen genom urspolning med ren vätska eller genom ångtvätt.

18 Eventuella reparationer på bränsletanken eller påfyllningsröret bör utföras av en yrkesman/yrkeskvinna som har erfarenhet av detta kritiska och potentiellt farliga arbete. Även efter rengöring och spolning av bränslesystemet blir det kvar explosiva ångor som antänds vid reparation av tanken.

Montering

19 Monteringen sker i omvänd ordningsföljd mot demonteringen.

10 Brytare för bränsleavstängning – demontering och montering

Demontering

1 Lossa batteriets minusledning (jord) (se *Koppla loss batteriet* mot slutet av handboken).

2 Ta bort klädselpanelen från vänster fotutrymme.

3 Skala av det ljudisolerande materialet från brytaren och skruva loss de två fästskruvarna **(se bild)**.

4 Lossa kablaget, och ta bort brytaren.

Montering

5 Återmonteringen utförs i omvänd ordningsföljd mot demonteringen. Se till att brytaren återställs genom att trycka på den röda knappen.

11 Bränsleinsprutningssystem – allmän information

1 Alla modeller är utrustade med sekvensstyrd flerpunktsinsprutning (SFI) som regleras av motorstyrningssystemet Visteon "Black Oak".

Bränslematning och luftinduktion

2 En elektrisk bränslepump som är placerad inne i bränsletanken matar bränsle under tryck till bränslefördelarskenan som distribuerar det till insprutningsventilerna. Ett filter mellan bränslepumpen och bränslefördelarskenan skyddar systemets komponenter. En tryckregulator reglerar trycket i systemet i förhållande till undertrycket i insugskanalen. Från bränslefördelarskenan sprutas bränslet in i insugs portarna alldeles ovanför insugsventilerna genom fyra insprutnings munstycken.

3 Den mängd bränsle som matas av insprutningsventilerna regleras exakt av drivlinans styrmodul (PCM). PCM använder signalerna från motorhastighets-/vevaxelpositionsgivaren och kamaxelgivaren

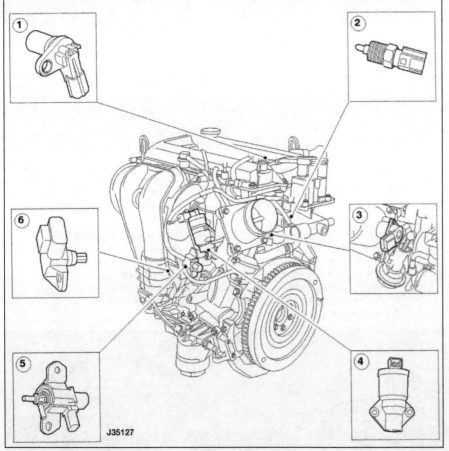

11.6a Placering av bränsleinsprutningen, tändningen och avgassystemets komponenter i fyrcylindriga modeller

1 Kamaxelgivare
2 Kylvätsketemperaturgivare
3 Gasspjällets lägesgivare
4 Styrventil tomgångsluft

5 Insugsgrenröret inställningsventil
6 Absoluttryckgivare temperatur och grenrör

för att utlösa varje insprutningsventil separat i cylindrarnas tändföljd (sekvensstyrd insprutning).

4 Luftinduktionssystemet består av ett luftfilterhus, en luftflödesgivare (MAF) på V6-motorer, en temperaturgivare och grenrörets absoluttryckgivare (T-MAP) på 4-cylindriga motorer, inloppskanalen och ett gasspjällhus. MAF- och T-MAP-givarna är informationssamlande enheter för PCM.

MAF-givarna mäter volym och temperatur på den luft som passerar genom insugsröret till motorn. T-MAP givaren mäter lufttrycket och temperaturen i insugsgrenröret. PCM använder dessa signaler för att beräkna massa/tryck för den luft som kommer in i motorn.

5 Gasspjället inne i gasspjällhuset regleras av föraren genom gaspedalen. När ventilen öppnas ökar mängden luft som kommer in i motorn. Gasspjällets potentiometer fästs

på gasspjället och informerar PCM om gasspjällets position. PCM beräknar den relevanta insprutningsperioden och reglerar insprutningsventilens öppningstider.

Elektroniskt styrsystem

6 Motorstyrningssystemet "Black Oak" reglerar bränsleinsprutningen med hjälp av en mikrodator som är känd som PCM (drivlinans styrmodul) **(se bilder)**. PCM

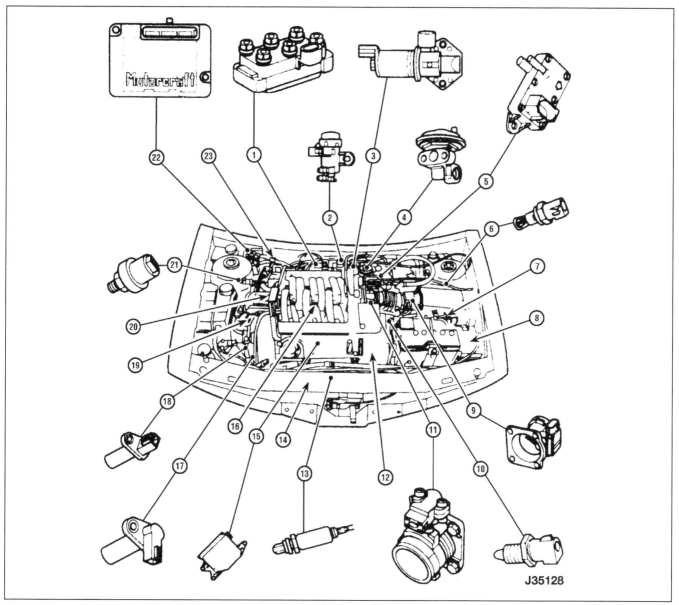

11.6b Placering av bränsleinsprutningens, tändningens och avgassystemets komponenter i V6-modeller

1 Tändspole
2 Elektronisk vakuumregulator
3 Styrventil tomgångsluft (IAC)
4 EGR-ventil
5 Elektronisk tryckdifferensgivare (DPFE)
6 Insugslufttemperaturgivare (IAT)
7 Luftrenare
8 Batterikopplingsdosa
9 Luftflödesmätare (MAF)

10 Kylvätsketemperaturgivare (ECT)
11 Gasspjällhus och gasspjällägesgivare (TP)
12 Drivremskåpa vattenpump
13 Uppvärmd lambdasonde (HO_2S)
14 Främre katalysator (baktill på den bakre delen av avgasgrenröret)
15 Insugsgrenrörets fördelningskontroll (IMRC)
16 Övre insugsgrenrör

17 Kamaxelgivare (CMP)
18 Vevaxelns lägesgivare (CKP)
19 Fäste hydraulmotor
20 Höger motorfäste
21 Tryckgivare servostyrning (PSPS)
22 Styrenhet kraftöverföring (PCM) eller elektronikstyrenhet (ECU)
23 Serviceplugg (oktanjustering)

tar emot signaler från ett antal givare som övervakar insugsluftens massa/tryck och temperatur, kylvätsketemperatur, kamaxel- och vevaxelläge, gasspjälläge och avgasernas syreinnehåll. Signalerna behandlas av PCM för att fastställa vilken insprutningstid som krävs för optimalt förhållande luft/bränsle. Givarna och tillhörande PCM-reglerade reläer är placerade över hela motorrummet.

7 Om en givare inte fungerar riktigt tar en backup-krets över för att ge körbarhet tills problemet har identifierats och lösts. I följande avsnitt beskrivs komponenterna i bilens elektroniska styrsystem.

Drivlina styrmodul

8 Denna komponent är hjärtat i hela motorstyrningssystemet och reglerar bränsleinsprutningen, tändningen och avgasreningssystemen. Den styr även undersystem som kylarens kylfläkt, luftkonditioneringen och den automatväxellådan i förekommande fall.

Luftflödesgivare

V6 motor

9 Massluftflödesgivaren bygger på ett "hot-wire"-system, där ECU:n tar emot en kontinuerligt varierande (analog) spänningssignal, vilken avspeglar luftmängden som sugs in i motorn. Eftersom luftmassan varierar med temperaturen (kall luft är tätare än varm luft) ger mätning av luftmassan PCM ett väldigt exakt sätt att bestämma korrekt mängd av bränsle som krävs för att uppnå det idealiska blandningsförhållandet för luft/bränsle.

T-MAP givare

4-cylindriga motorer

10 T-MAP-givaren mäter temperaturen och lufttrycket i insugsgrenröret. PCM använder då dessa signaler för att beräkna lufttrycket i grenröret. Om grenrörsvakuumet är högt (t.ex. motorn i tomgång) är grenrörets absoluttryck lågt och PCM matar mindre bränsle. Om grenrörsvakuumet är lågt (t.ex. gasspjället helt öppet) är grenrörets absoluttryck högt och PCM matar mer bränsle.

Vevaxelns hastighets-/ lägesgivare

11 Detta är en induktiv pulsgenerator som är fastbultad på kamkedjekåpan. Givaren skannar utskärningar som gjorts på en tidsinställningsskiva som sitter på vevaxelns kamkedjeände. Spåret mellan det 35:e och 36:e hålet (motsvarar 50° före ÖD) saknas – detta steg i de inkommande signalerna används av PCM för att bestämma vevaxelläget (dvs. kolven).

Kamaxelgivare

12 I 4-cylindriga modeller bultas kamaxelgivaren fast på den främre vänstra kamaxelkåpan och den utlöses av en hög punkt på insugskamaxeln. I V6-modeller är

kamaxelgivaren monterad på höger sida av det främre topplocket och utlöses av en hög punkt på den främre insugskamaxeln. Sensorn fungerar på samma sätt som vevaxelns hastighets-/lägesgivare och genererar en serie pulser. Detta ger PCM en referenspunkt så att den kan ta reda på tändföljden och manövrera insprutarna i relevant ordningsföljd.

Kylvätsketemperaturgivare:

13 Denna komponent, som skruvas in i kylvätskehuset på vänster sida av topplocket på 4-cylindriga modeller eller in i kylvätskeanslutningen på V6-modeller, är en NTC-termistor (Negative Temperature Coefficient - negativ temperaturkoefficient) – det vill säga en halvledare vars elektriska motstånd minskar när dess temperatur ökar. Den förser PCM:n med en kontinuerligt varierande (analog) spänningssignal som avspeglar motorns temperatur. Detta används för att finslipa de beräkningar som har gjorts av PCM vid bestämning av korrekt mängd bränsle som krävs för att uppnå det idealiska blandningsförhållandet luft/bränsle.

Insugslufttemperaturgivare

14 På 4-cylindriga modeller är denna komponent en del av absoluttryckgivaren för temperatur och grenrör (T-MAP) som är monterad i insugsgrenröret. I V6-modeller är den placerad i luftrenarhuskåpan tillsammans med luftflödesmätare (MAF). Givaren är en NTC-termistor – se föregående punkt – som förser PCM med en signal som motsvarar temperaturen i den luft som förs in i motorn. Detta används för att finslipa de beräkningar som har gjorts av PCM vid bestämning av korrekt mängd bränsle som krävs för att uppnå det idealiska blandningsförhållandet luft/bränsle.

Gasspjällets potentiometer

15 Denna monteras på gasspjällventilens ände för att förse PCM med en konstant varierande (analog) spänningssignal som motsvarar gasspjällets öppning. Detta gör det möjligt för PCM att registrera förarens input vid bestämning av den mängd bränsle som krävs av motorn.

ABS-hjulsensorer

16 Tidigare Mondeo hade en bilhastighetsgivare monterad på växellådan. Nu har givaren tagits bort och fordonets hastighetsinformation tillhandahålls istället av bilens ABS-hjulsensor. PCM använder informationen för att fastställa bränslekartläggningen och för att styra funktioner som bränsleavstängning vid överhettning, tomgångsstrategin vid stillastående och för att tillhandahålla information till färd dator- och farthållarsystemen (om sådana finns).

Servostyrningens tryckbrytare

17 Detta är en tryckmanövrerad brytare som skruvas in i styrsystemets högtrycksrör. Dess kontakter är normalt slutna och öppnas när

systemet når ett angivet tryck – vid mottagning av denna signal ökar PCM tomgångsvarvtalet för att kompensera för den ökade belastningen på motorn.

Luftkonditioneringssystem

18 Två tryckmanövrerade brytare och kompressorkopplingens solenoid är anslutna till PCM för att aktivera den och ta reda på hur systemet fungerar. PCM kan öka tomgångsvarvtalet eller slå av systemet så att normal funktion och körbarhet inte påverkas negativt. Feldiagnos ska överlåtas åt en verkstads serviceavdelning eller en annan kvalificerad reparationsanläggning.

Tomgångsluftstyrventil

19 Styrventilen för tomgångsluft (IAC) upprätthåller ett stabilt tomgångsvarvtal genom att variera den mängd luft som kommer in i motorn genom en extra luftpassage. Ventilen aktiveras av en signal från PCM.

Insugsgrenrör fördelningskontroll manöverdon

4-cylindriga motorer

20 Insugsgrenrörets fördelnings-kontrollmanöverdon (IMRC) driver fyra plattor (en för varje cylinder) i insugsgrenrörets genomgångar. Dessa plattor kallas virvelplattor och reducerar tvärsnittet i insugspassagerna vid låga hastigheter och detta ökar insugsluftens virvlande vilket gör att blandningen antänds effektivare runt tändstiftet. Detta i sin tur reducerar avgasutsläppen och bränsleförbrukningen.

Insugsgrenrörets inställningsventil

4-cylindriga motorer

21 Insugsgrenrörets (IMT) inställnings-ventil styr insugsgrenrörets fördelningskontrolls-manöverdon via ett vakuumrör, detta ger sedan korrekt placering av virvelplattorna beroende på vakuumet i insugsgrenröret.

Automatväxellådans givare

22 Förutom förarens reglage har den 4-växlade växellådan hastighetsgivare, en vätsketemperaturgivare (inbyggd i magnetventilenheten och en växelväljarlägesgivare). Alla dessa är anslutna till PCM så att den kan styra växellådan genom magnetventilenheten. På femväxlade växellådor finns det en växelväljarlägesgivare och en växellådsstyrmodul (Transmission Control Module - TCM). Se kapitel 7B för mer information.

Lambdasonde avgassystem

23 Avgassystemets lambdasonde ger kontinuerlig återkoppling till modulen – styrning med "sluten slinga" – vilket gör att blandningen kan anpassas så att arbetsförhållandena blir optimala för katalysatorn. Se kapitel 4B för ytterligare information.

12 Bränsleinsprutningssystem – kontroll och feldiagnos

Observera: *Se varningen i avsnitt 1 innan du fortsätter.*

Kontroll

1 Kontrollera alla jordanslutningar för täthet Kontrollera allt kablage och alla elanslutningar som är kopplade till systemet. Lösa elanslutningar och dåliga jordanslutningar kan orsaka problem som liknar allvarligare funktionsfel.

2 Kontrollera att batteriet är fulladdat och att dess ledningar är korrekt åtdragna. PCM och givarna är beroende av en precis matningsspänning för exakt mätning av bränslet.

3 Kontrollera luftfilterelementet – ett smutsigt eller delvis tilltäppt filter försämrar prestanda och ekonomi avsevärt (se kapitel 1).

4 Kontrollera att alla säkringar som skyddar de kretsar som hör till motorstyrningssystemet är i gott skick med hjälp av den information som finns i kapitel 12 och i kopplingsschemana. Montera nya säkringar om det behövs och kontrollera samtidigt att alla reläer är ordentligt insatta i sina hylsor.

5 Kontrollera luftintagskanalerna efter tecken på skador. Kontrollera dessutom skicket på de vakuumslangar som är anslutna till insugsgrenröret.

6 Lossa luftkanalerna från gasspjällhuset, och kontrollera gasspjällventilen för smuts, kol eller rester. **Observera:** *Ett varningsmärke på huset anger uttryckligen att husets lopp och gasspjället har en speciell beläggning och inte får rengöras med lösningsmedel som förgasarrengöringsmedel eftersom detta kan skada den.*

7 Placera en skruvmejsel eller ett stetoskop mot varje insprutningsventil, en i sänder, med motorn igång. Lyssna efter ett klickande ljud som indikerar korrekt funktion.

8 Stäng av motorn och koppla loss det elektriska kontaktdonet från insprutningsventilen om en insprutningsventil inte fungerar korrekt. Kontrollera resistansen mellan insprutningsventilens poler och jämför din avläsning med de relevanta Ford-specifikationerna. Om resistansen inte är den som specificeras konsulterar du en Ford-verkstad innan du byter insprutningsventilen men ett värde på noll eller obegränsat är en definitiv indikering på ett fel.

9 Ojämn tomgång, minskade prestanda och/eller ökad bränsleförbrukning kan även orsakas av förorenade bränsleinsprutningsventiler. Det finns bränsletillsatsmedel för rengöring av smutsiga insprutningsventiler i biltillbehörsbutiker.

10 Om dessa kontroller inte visar på problemets orsak ska bilen tas till en lämpligt utrustad Ford-verkstad för test. Det finns ett kablagekontaktdon i motorstyrkretsen som en speciell elektronisk diagnostestare kan kopplas in i – kontaktdonet är placerat under rattstången. Testaren lokaliserar felet snabbt

och enkelt och minskar därigenom behovet att testa alla systemkomponenter individuellt vilket är ett tidskrävande arbete som dessutom innebär en risk att PCM skadas.

Drivlina styrmodul

11 Försök inte "testa" PCM med någon typ av utrustning. Om man tror att det är felaktigt tar du bilen till en Ford-verkstad för att få hela det elektroniska styrsystemet kontrollerat med hjälp av riktig diagnosutrustning. PCM bör endast betraktas som felaktig och bytas om alla andra möjligheter har eliminerats.

Luftflödesgivare

12 Provning av denna komponent ligger utanför vad en gör hemmamekaniker kan göra och bör överlåtas till en Ford-verkstad.

T-MAP givare

13 Provning av denna komponent ligger utanför vad en hemmamekaniker kan göra och bör lämnas till en Ford-verkstad.

Vevaxelns hastighets-/lägesgivare

14 Lossa det elektriska kontaktdonet från givaren.

15 Använd en ohmmätare för att mäta resistansen mellan givarens poler. Jämför denna avläsning med den som Ford specificerar och byt givaren om den indikerade resistansen inte är inom det angivna området.

16 Sätt in givarens elektriska kontaktdon när arbetet slutförs.

Kamaxelgivare

17 Tillvägagångssättet beskrivs i punkterna 14 till 16.

Kylvätsketemperaturgivare

18 Se kapitel 3.

Insugslufttemperaturgivare

19 Lossa det elektriska kontaktdonet från givaren.

20 Använd en ohmmätare för att mäta resistansen mellan givarens poler. Beroende på temperaturen på givarens spets varierar den uppmätta resistansen men vid 20 °C bör den vara i enlighet med specifikationsavsnittet i detta kapitel. Om givarens temperatur varierar – genom att placera den i en frys en stund eller genom att värma den försiktigt – bör dess resistans ändras i enlighet med detta.

21 Om de erhållna resultaten visar att givaren är felaktig ska den bytas.

Gasspjällets potentiometer

22 Ta bort motorns plastkåpa vid behov och koppla loss potentiometerns elektriska kontaktdon.

23 Använd en ohmmätare, mät resistansen mellan enhetens poler – först mellan den mittersta polen och de två yttre, sedan från den mittersta till den återstående yttre polen. Resistansen bör börja inom de gränser som anges i Fords specifikationer och bör ändras jämnt när gasspjället flyttas från helt stängt läge (tomgång) till helt öppet läge och tillbaka igen.

24 Om den uppmätta resistansen avviker betydligt från det angivna värdet, om det

finns några avbrott i kontinuiteten eller om avläsningen fluktuerar ojämnt när gasspjället manövreras är potentiometern felaktig och måste bytas.

ABS-hjulsensor

25 Se kapitel 9.

Servostyrningens tryckbrytare

26 Lossa det elektriska kontaktdonet från givaren.

27 Använd en ohmmätare för att mäta resistansen mellan brytarens poler. Med motorn avstängd eller i tomgång med hjulen i rakt fram-läge bör en liten eller ingen resistans mätas upp. Med motorn i full gång och styrningen helt låst bör tryckökningen i systemet öppna brytarkontakterna så att oändligt motstånd nu mäts upp.

28 Om de erhållna resultaten visar att brytaren är felaktig ska den bytas.

Tomgångsluftstyrventil

29 Lossa kablaget från tomgångsstyrventilen, anslut sedan en matning på 12-volt till ventilens poler – plus till pol 37 och minus till pol 21. Ett distinkt klick ska höras varje gång kontakt uppstår och bryts. Om inte mäter du resistansen mellan polerna. Om resistansen inte är den som specificeras, byt ventilen.

Insugsgrenrör fördelningskontroll manöverdon

30 Insugsgrenrörets fördelningskontrollsmanöverdon är vakuummanövrerat. Kontrollera vakuumröret med avseende på bristningar och korrekt montering, kontrollera dessutom för att se till att rören inte är tilltäppta. Kontrollera att manöverdonets länksystem till virvelplåtarna kan röra sig fritt. **Observera:** *Virvelplattorna bör vara i stängt läge när motorn är avstängd.*

Insugsgrenrörets inställningsventil

31 Insugsgrenrörets inställningsventil är elektriskt driven och reglerar vakuumet. Kontrollera vakuumrören med avseende på bristningar och korrekt montering och kontrollera dessutom för att säkerställa att rören inte är tilltäppta.

Feldiagnos

32 De olika komponenterna i bränsle-, tänd- och avgasreningssystemen (glöm inte att samma PCM styr undersystem som kylarens kylfläkt, luftkonditioneringen och automatväxellådan om det är relevant) är så nära sammanlänkade att det vid diagnos av en felaktig komponent kan vara nästan omöjlig att spåra den vid användning av traditionella metoder.

33 För att hitta fel snabbt och korrekt är PCM utrustad med en inbyggd självdiagnosfunktion som upptäcker fel i systemets komponenter. När ett fel uppstår identifierar PCM felet och sparar det i sitt minne och kör (i de flesta fall) systemet med hjälp av värden som är förprogrammerade ("kartlagda") i dess minne. God körbarhet bibehålls sålunda så att den kan köras till en verkstad för tillsyn.

34 Eventuella fel som kan ha uppstått sparas i PCM när systemet är anslutet (via det inbyggda diagnosuttaget under rattstången) till speciell diagnosutrustning från Ford (WDS2000) – detta leder användaren till den defekta kretsen så att ytterligare tester kan lokalisera felets exakta placering.

35 Nedan finns det tillvägagångssätt som skulle följas från början av en Ford-mekaniker för att spåra ett fel. Om bilens motorstyrningssystem utvecklar ett fel läser du igenom tillvägagångssättet och avgör hur mycket du kan försöka beroende på din kompetens och erfarenhet och den utrustning som du har tillgång till eller om det är enklare att låta din lokala Ford-verkstad ta hand om bilen.

a) *Förberedande kontroller.*

b) *Utläsning eller beskrivning av felkoder*.*

c) *Kontrollera tändningsinställningen och det grundläggande tomgångsvarvtalet. Kontrollera felkoderna igen för att fastställa om felet har åtgärdats eller inte*.*

d) *Utför en grundläggande kontroll av tändningssystemets komponenter. Kontrollera felkoderna igen för att fastställa om felet har åtgärdats eller inte*.*

e) *Utför en grundläggande kontroll av bränslesystemets komponenter. Kontrollera felkoderna igen för att fastställa om felet har åtgärdats eller inte*.*

f) *Om fel fortfarande inte är lokaliserade ska ett systemtest utföras*.*

* *Reparationer som är markerade med en asterisk kräver speciell testutrustning från Ford för diagnos.*

Preliminära kontroller

Observera: *När dessa kontroller utförs för att spåra ett fel måste du komma ihåg att om felet har uppstått endast en kort tid efter det att någon del av bilen har fått service eller renoverats är det första ställe som ska kontrolleras den plats där arbetet utfördes, hur orelaterat det än kan förefalla, för att se till att inga slarvigt återmonterade komponenter orsakar problemet.*

36 Om du spårar orsaken till ett "partiellt" motorfel, till exempel brist på prestanda ska du, förutom de kontroller som skildras i stora drag nedan, kontrollera kompressionstrycket (se relevant del av kapitel 2) och tänk på möjligheten att en av de hydrauliska ventillyftarna på V6-motorer kan vara defekt vilket ger ett felaktigt ventilspel. Kontrollera dessutom att bränslefiltret har bytts med de rekommenderade intervallerna.

37 Kom ihåg att larmet/spärrsystemet kan vara ansvarigt om systemet verkar vara helt dött.

38 Den första kontrollen för en person utan speciell testutrustning är att slå på tändningen och lyssna efter bränslepumpen (ljudet av en elektrisk motor som går kan höras under baksätet); om vi förutsätter att det finns tillräckligt med bränsle i tanken bör pumpen starta och gå i ungefär en eller två sekunder och sedan stoppa. Om pumpen går kontinuerligt hela tiden medan tändningen är påslagen, körs det elektroniska styrsystemet i backupläget (eller "Limp home"), som Ford kallar "Limited Operation Strategy – körning med begränsad funktion" (LOS). Detta

indikerar nästan säkert ett fel i själva PCM och bilen bör därför tas till en Ford-verkstad för ett fullständigt test av det kompletta systemet med hjälp av korrekt diagnosutrustning. Slösa inte tid med att försöka testa systemet utan sådana hjälpmedel.

39 Efter kontrollen av bränslepumpen finns det fortfarande en hel del feldiagnoser som är möjliga utan speciell testutrustning. Se den information som ges i början av detta avsnitt.

40 Arbeta metodiskt runt motorrummet och kontrollera noggrant att alla vakuumslangar och rör är ordentligt fastsatta och korrekt dragna, utan tecken på sprickor, bristningar eller åldrande som kan orsaka luftläckor, samt att inga slangar har fastnat, är vikta eller så snävt böjda att luftflödet hindras. Kontrollera alla anslutningar och skarpa böjar och byt eventuella skadade och deformerade slanglängder.

41 Kontrollera bränsleledningarna. Arbeta från bränsletanken, via filtret, till bränslefördelarskenan (även matnings- och returslangarna). Byt dem som läcker, är klämda eller vikta.

42 Kontrollera att gasvajern är korrekt fäst och justerad. Byt vajern om du är tveksam om dess skick eller om den verkar vara stel eller ryckig när den används. Se avsnitt 5 för ytterligare information, om det behövs.

43 Om du är osäker på gasspjällets funktion tar du bort luftkanalerna från gasspjällhuset och kontrollerar att gasspjällventilen rör sig jämnt och lätt från helt stängt till helt öppet läge och tillbaka igen samtidigt som en medhjälpare trampar ner gaspedalen. Om ventilen visar tecken på styvhet, kärvning eller på att rörelsen hindras på något annat sätt (och om man vet att gasvajern är i gott skick) sprejar du gasspjällets länksystem med genomträngande smörjmedel, låter det verka och upprepar kontrollen.

44 Kör motorn på tomgång. Arbeta från luftinsuget på innerskärmspanelen och kontrollera lufttrumman med avseende på luftläckor. Dessa avslöjas vanligen genom sugande eller väsande ljud. Om en läcka upptäcks någonstans ska fästklämman dras åt och/eller de defekta komponenterna bytas ut, vad som är tillämpligt.

45 Kontrollera avgassystemet med avseende på läckor enligt beskrivningen i avsnitt 14.

46 Man kan göra ytterligare en kontroll av de elektriska anslutningarna genom att man vickar på systemets alla elektriska kontaktdon i tur och ordning medan motorn går på tomgång. Ett felaktigt kontaktdon visar sig omedelbart genom motorns reaktion när kontakten bryts och sedan sluts igen.

47 Slå av motorn. Om felet ännu inte har identifierats är nästa steg att kontrollera tändningsspänningen med en motoranalysator med ett oscilloskop – utan ett sådant instrument är de enda möjliga testerna att ta bort och kontrollera varje tändstift i tur och ordning, för att kontrollera ledningsanslutningarna och motstånd samt för att kontrollera tändspolens anslutningar och resistans. Se relevanta avsnitt av kapitel 1 och 5B.

48 Det slutliga steget i dessa förberedande kontroller skulle vara att använda en avgasanalysator för att mäta CO-nivån i avgassystemets ändrör. Denna kontroll kan inte utföras utan speciell testutrustning – kontakta din lokala Ford-verkstad för information.

Felsökningsutrustning

Observera: *Testaren Ford WDS 2000 måste användas, denna testare visar felet utan referens till en felkod. Använd inte testaren STAR – använd endast testaren WDS2000.*

49 De förberedande kontroller som skildras i stora drag bör eliminera majoriteten av fel från motorstyrningssystemet. Om felet ännu inte är identifierat är nästa steg att ansluta Fords diagnosutrustning (WDS2000). Detta guidar mekanikern genom ett tillvägagångssätt, leder honom sedan till ett specifikt område för undersökning och för att korrigera felet.

Grundläggande kontroll av bränslesystemet

50 Om kontrollerna hittills inte har eliminerat felet är nästa steg att utföra en grundläggande kontroll av bränslesystemets komponenter.

51 Om vi antar att de förberedande kontrollerna har fastställt att bränslefiltret troligen inte är tilltäppt och dessutom att det inte finns några läckor i systemet är nästa steg att kontrollera bränsletrycket (se avsnitt 7). Kontrollera insprutningsventilerna (se början av detta avsnitt) och det positiva vevhusventilationssystemet om detta är korrekt.

Tomgångsvarvtal och bränsleblandning

52 Både tomgångsvarvtalet och blandningsförhållandet kontrolleras av ECU:n och kan inte justeras. Inställningarna kan endast kontrolleras med hjälp av speciell diagnosutrustning.

53 Om tomgångsvarvtalet och bränsleblandningen antas vara felaktig ska du ta bilen till en Ford-verkstad för ett test av hela systemet.

13 Bränsleinsprutnings systems komponenter – demontering och montering

Observera: *Se varningen i avsnitt 1 innan du fortsätter.*

Drivlina styrmodul

Varning: Modulen är ömtålig. Var försiktig så att du inte tappar den eller utsätter den för någon annan typ av stöt och utsätt den inte för extrema temperaturer och låt den inte bli våt. Vidrör inte PCM-polerna eftersom det finns risk för att statisk elektricitet kan skada de interna elektroniska komponenterna.

Observera: *Vid byte av drivlinans styrmodul måste du observera att den måste programmeras om för den specifika modellen av en Ford-verkstad med diagnosutrustningen WDS2000. Underlåtenhet att göra detta* *leder till att PCM går över till inställningarna för begränsad drift (LOS) vilket ger dåliga prestanda och dålig ekonomi.*

1 Lossa batteriets minusledning (jord) (se *Koppla loss batteriet* mot slutet av handboken).
2 Lossa plastkåpan och ta bort de tre fästmuttrarna från höger benet. **Observera: Lyft INTE** upp bilen med domkraft när dessa muttrar är borttagna.
3 Lossa de fyra fästbultarna från höger fjäderbens övre fästanslag och ta bort det från bilen.
4 En säkerhetssköld är fastnitad över PCM och det är nödvändigt att borra ur niten (nitarna) för att ta bort skölden och jordkabeln.
Varning: PCM:s jordkabel är ansluten bakom säkerhetssköldens nit. Var försiktig så att inte jordkabeln skadas när du borrar igenom niten.
5 Lossa kabelhärvan från höger innerskärmspanel.
6 Skruva loss fästbulten och lossa kablagekontaktdonet från PCM – täck över multikontakten med en polyetenpåse för att förhindra att damm och smuts tränger in i den.
7 Lossa den centrala elektronikmodulen (GEM) från PCM-fästbygeln (enligt beskrivningen i kapitel 12) från bilens insida.
8 Skruva loss fästmuttern och ta bort PCM:en och fästbygeln från fotutrymmet.
9 Återmonteringen sker i omvänd ordningsföljd mot demonteringen. När batteriet har kopplats ur måste informationen om tomgångsstyrningen och andra funktionsvärden programmeras in i enhetens minne på nytt. till dess kan det hända att motorn går ryckigt eller ojämnt, att tomgången är felaktig samt att motorns allmänna prestanda försämras. För att ECU:n ska kunna lära om dessa värden, starta motorn och låt den gå så nära tomgångsvarvtalet som möjligt tills den når normal arbetstemperatur. Låt den sedan gå på 1 200 varv/minut i cirka två minuter. Kör därefter bilen så långt som möjligt – cirka 8 km varierad körning räcker oftast – för att slutföra återinlärningen.

Luftflödesgivare

V6 motor

10 Lossa batteriets minusledning (jord) (se *Koppla loss batteriet* mot slutet av denna handbok).
11 Lossa kontaktdonet från luftflödesgivaren **(se bild)**.
12 Demontera luftrenaren enligt beskrivningen i avsnitt 4. Skruva loss och ta bort givarens fästbultar och ta bort givaren från luftrenarkåpan.
13 Återmonteringen utförs i omvänd ordningsföljd mot demonteringen. Se till att givaren och luftrenarkåpan sitter fast korrekt och ordentligt så att det inte är några luftläckor.

T-MAP givare

4-cylindriga motorer

14 Lossa batteriets minusledning (jord) (se *Koppla loss batteriet* mot slutet av handboken).

13.11 Lossa kontaktdonet från luftflödesgivaren (V6 motor)

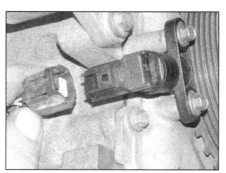

13.20a Lossa the kontaktdonet från vevaxelns lägesgivare (4-cylindriga motorer)

Lossa ventilationsslangen från motorns övre plastkåpa, lossa sedan kåpan från motorns överdel.
15 Lossa kontaktdonet från temperatur- och absoluttryckgivaren **(se bild 11.6a)**.
16 Skruva loss fästskruven och ta bort givaren från insugsgrenröret **(se bild)**.

Vevaxelns hastighets-/lägesgivare

17 Lossa batteriets minusledning (jord) (se *Koppla loss batteriet* mot slutet av handboken).
18 Dra åt handbromsen. Lyft sedan upp framvagnen och ställ den på pallbockar (se *Lyftning och stödpunkter*).
19 Ta bort höger framhjul och lossa sedan fästskruvarna/hållarna och ta bort hjulhusfodret (se kapitel 11).

13.23a Lossa kontaktdonet från kamaxelgivaren (4-cylindriga motorer)

13.16 Skruva loss fästskruven (markerad med pil) för att ta bort T-MAP-givaren (4-cylindriga motorer)

13.20b På V6-motorer är vevaxellägesgivaren (markerad med pil) placerad till höger om vevaxelns remskiva

20 Koppla loss kablaget från givaren **(se bilder)**.
21 Skruva loss fästbulten och ta bort givaren.
22 Återmonteringen utförs i omvänd ordningsföljd mot demonteringen.

Kamaxelgivare

23 Kamaxelgivaren är placerad på kamaxelkåpans främre vänstra ände i 4-cylindriga modeller. I V6-modeller är givaren placerad i kamkedjekåpan bredvid det främre insugskamaxeldrevet **(se bilder)**.
24 I modeller med 4-cylindriga motorer lossar du ventilationsslangen från motorns övre plastkåpa och lossar sedan kåpan från motorns överdel.
25 Lossa givarens kontaktdon. Ta bort fästbulten, och givaren från kamaxelkåpan

13.23b På V6-mototer är kamaxelgivaren placerad på den övre främre kanten på kamkedjekåpan

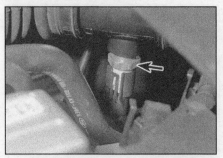

13.28 Temperaturgivare insugsluft (markerad med pil) är inskruvad på resonatorns undersida

13.33a Lossa gasspjällgivarens anslutningskontakt på en 4-cylindrig motor. . .

13.33b . . . och på V6 motorn

(4-cylindriga motorer) eller kamkedjekåpan (V6 motorer); var beredd på en del oljespill.
26 Montera i omvänd ordningsföljd mot demonteringen. Tänk på följande:

a) *Applicera vaselin eller ren motorolja på givartätningens O-ring.*

b) *Placera givaren helt i kamaxelkåpan/ kamkedjekåpan och torka av eventuellt överflödigt smörjmedel innan den fästs.*

c) *Dra åt bulten till angivet moment.*

Kylvätsketemperaturgivare

27 Se kapitel 3.

Insugslufttemperaturgivare

V6 motor

28 Ta bort luftflödesgivaren så att du kommer åt temperaturgivaren **(se bild)**.
29 Lossa dess klämma, koppla loss givarens elektriska kontaktdon, skruva sedan loss givaren från resonatorn, lufttrumman eller luftrenarhuset.
30 Återmonteringen utförs i omvänd ordningsföljd mot demonteringen. Dra åt givaren till angiven momentnyckelinställning. Om det överdras kan dess koniska gänga spräcka resonatorn, kanalen eller luftrenarhuset.

Gasspjällets lägesgivare

31 Lossa ventilationsslangen från motorns övre plastkåpa och lossa sedan kåpan från motorns överdel i modeller med 4-cylindrig motor.
32 Ta bort vattenpumpsremskivans skydd i modeller med V6-motor. Om det behövs, ta bort PCV slangen från lufttrumman.
33 Loss anslutningskontakten. Skruva loss

13.41 Skruva loss fästbultarna och ta bort gasspjällhuset (4-cylindriga motorer)

fästskruvarna och demontera enheten från gasspjällshuset **(se bilder)**. Tvinga inte givarens mittplatta att rotera längre än sitt normala arbetssvep. I annat fall skadas enheten allvarligt.
34 Montera i omvänd ordningsföljd mot demonteringen. Tänk på följande:

a) *Det är viktigt att givaren vänds åt rätt håll; placera dess mitt på den D-formade gasspjällsaxeln (med gasspjället stängt) och rikta in givarkroppen så att bultarna lätt passar in i gasspjällshuset.*

b) *Dra åt skruvarna ordentligt (men överdra dem inte för då spricker givaren).*

ABS-hjulsensorer

35 Se kapitel 9.

Servostyrningens tryckbrytare

36 Tryckbrytaren är placerad i högtrycksröret från servostyrningspumpen. Lossa kablage-kontaktdonet och skruva loss brytaren från röret.

Gasspjällhus

4-cylindriga motorer

37 Lossa batteriets minusledning (jord) (se *Koppla loss batteriet* mot slutet av handboken).
38 Lossa ventilationsslangen från motorns övre plastkåpa, lossa sedan kåpan från motorns överdel. Lossa fästklämmorna och ta bort luftintagsröret från gasspjällhuset.
39 Lossa gasvajern från gasspjällets länksystem (se avsnitt 5). Lossa även farthållarens manöverdonskabel om en sådan finns.
40 Lossa anslutningskontakten från gasspjällägesgivarens elektriska kontaktdon.
41 Ta bort gasspjällhusets fästskruvar **(se bild)**,

13.48 Skruva loss fästbultarna (markerade med pil) och ta bort gasspjällhuset (V6 motor)

lossa sedan gasspjällhuset och packningen från insugsgrenröret. Kassera packningen - den måste bytas varje gång den rubbas.
42 Använd en mjuk borste och ett lämpligt flytande rengöringsmedel för att rengöra gasspjällhusets yttre och blås sedan igenom alla passager med tryckluft.
Varning: Rengör inte gasspjällets lopp, gasspjället eller gasspjällets lägesgivare genom att skrapa eller med ett lösningsmedel. Torka bara av dem försiktigt med en ren mjuk trasa.
43 Återmonteringen utförs i omvänd ordningsföljd mot demonteringen. Montera en ny packning, och dra åt skruvarna till angivet moment.

V6 motor

44 Lossa batteriets minusledning (jord) (se *Koppla loss batteriet* mot slutet av handboken).
45 Ta bort luftrenaren och lufttrumman (se avsnitt 4). Ta dessutom bort skölden till vattenpumpens remskiva.
46 Lossa kablaget från gasspjällets lägesgivare och lossa kablaget från pinnbulten. Lägg kablaget åt sidan.
47 Lossa gasvajern och hastighetsstyrningskabeln (i förekommande fall) från gasspjällhuset.
48 Skruva loss fästbultarna och muttern och ta bort gasspjällhuset från det övre insugsgrenröret **(se bild)**. Ta loss packningen.
49 Använd en mjuk borste och ett lämpligt flytande rengöringsmedel för att rengöra gasspjällhusets yttre, blås sedan rent alla passager med tryckluft.
Varning: Rengör inte gasspjällets lopp, gasspjället eller gasspjällets lägesgivare genom att skrapa eller med ett lösningsmedel. Torka bara av dem försiktigt med en ren mjuk trasa.
50 Återmonteringen utförs i omvänd ordningsföljd mot demonteringen. Montera en ny packning, och dra åt bultarna och muttern till angivet moment.

Bränslefördelarskena och bränsleinsprutare

4-cylindriga motorer

Observera: *Följande tillvägagångssätt beskriver demontering av bränslefördelarskenan, komplett med insprutningsventiler och pulsdämpare, för*

att möjliggöra att insprutningsventilerna får service på en ren arbetsyta.
51 Tryckutjämna bränslesystemet enligt beskrivningen i avsnitt 2. Utjämna trycket i tanken genom att ta bort bränslepåfyllningslocket.
52 Lossa batteriets minusledning (jord) (se *Koppla loss batteriet* mot slutet av handboken).
53 Lossa ventilationsslangen från motorns övre plastkåpa, lossa sedan kåpan från motorns överdel.
54 Lossa kablaget från elanslutningarna.
55 Lossa bränsleförsörjningsledningen från bränslefördelarskenans ände med snabbkopplingen (se avsnitt 3) – använd en ren trasa eller en pappershandduk för att suga upp eventuellt utspillt bränsle **(se bild)**.
56 Lossa vakuumröret från bränslepulsdämparen **(se bild)**.
57 Skruva loss bultarna som håller fast bränslefördelarskenan, och ta bort den tillsammans med insprutningsventilerna. Töm eventuellt kvarvarande bränsle i en lämplig ren behållare.
58 Ta loss bränslefördelarskenans mellanlägg från topplocket **(se bild)**.
59 Fäst skenan försiktigt i ett skruvstäd som är utrustat med mjuka backar. Lossa låsspetsarna längst upp på insprutningsventilen för att ta bort insprutningsventilerna från bränslefördelarskenan. Placera insprutningsventilerna i en ren förvaringsbehållare **(se bild)**.
60 Kassera tätningarna/O-ringarna från bränsleinjektorerna och ersätt dem med nya **(se bilder)**.
61 Ytterligare provning av insprutningsventilerna ligger utanför det som en hemmamekaniker normalt klarar av. Om du är osäker på en insprutningsventils status kan den testas på en verkstad.
62 Montera i omvänd ordningsföljd mot demonteringen. Tänk på följande:
a) *Smörj varje (ny) tätning/O-ring med ren motorolja före återmonteringen.*
b) *Placera varje insprutningsventil omsorgsfullt i bränslefördelarskenans urholkning och se till att fästklämmorna placeras korrekt ovanpå insprutningsventilerna.*
c) *Dra åt bränslefördelarskenans fästbultar till angivet moment.*
d) *Återanslut bränslematningens snabbkoppling enligt beskrivningen i avsnitt 3.*
e) *Se till att ventilationsslangen, vakuumslangen och kablaget är korrekt dragna och fästa med de klämmor eller band som finns med.*
f) *Avsluta med att slå på tändningen för att aktivera bränslepumpen och trycksätta systemet, utan att dra runt motorn. Kontrollera att det inte finns några tecken på bränsleläckage kring de isärtagna anslutningarna och skarvarna innan du försöker starta motorn.*

V6 motor

63 Tryckutjämna bränslesystemet enligt beskrivningen i avsnitt 2. Utjämna

13.55 Lossa bränsleledningens snabbkoppling

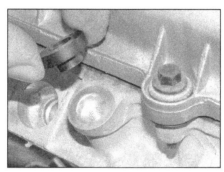

13.58 Ta loss bränslefördelarskenans mellanlägg från topplocket

13.60a Ta bort insprutningsventilerna från bränslefördelarskenan . . .

13.66a Använd en liten skruvmejsel för att lossa fästklämmorna. . .

11.21 Lossa vakuumröret (markerat med pil) från bränslepulsdämparen

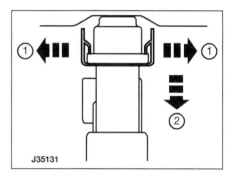

13.59 Lossa låsspetsarna för att ta bort insprutningsventilerna

trycket i tanken genom att ta bort bränslepåfyllningslocket.
64 Lossa batteriets minusledning (jord) (se *Koppla loss batteriet* mot slutet av handboken).
65 Ta bort det övre insugsgrenröret enligt beskrivningen i kapitel 2B.

66 Lossa kabelhärvan från insprutningsventilerna, och lägg dem åt sidan **(se bild)**.
67 Lossa bränsletillförselledningen från bränslefördelarskenans ände med snabbkopplingen (se avsnitt 3).
68 Skruva loss fästbultarna och ta

13.60b . . . och ta bort O-ringstätningarna

13.66b . . . flytta sedan kabelhärvan åt sidan

13.68a Skruva loss fästbultarna . . .

13.68b . . . och ta bort bränslefördelarskenan

13.71 Sätt in insprutningsventilerna i det nedre insugsgrenröret

bort bränslefördelarskenan från det nedre insugsgrenröret **(se bilder)**. Insprutningsventilerna kan följa med skenan eller också kan de vara kvar i insugsgrenröret.
69 Skjut försiktigt insprutningsventilerna från det nedre insugsgrenröret eller bränslefördelarskenan och placera dem i en ren behållare.
70 Ta bort och kassera alla O-ringstätningar. Ytterligare provning av insprutningsventilerna ligger utanför det som en hemmamekaniker normalt klarar av. Om du är osäker på en insprutningsventils status kan den testas på en verkstad.
71 Montera i omvänd ordningsföljd mot demonteringen. Tänk på följande:
a) *Smörj varje (ny) O-ringstätning med ren motorolja före återmonteringen och montera tillbaka insprutningsventilerna i det nedre insugsgrenröret före monteringen av bränslefördelarskenan på dem(se bild).*
b) *Dra åt bränslefördelarskenans bultar till angivet moment.*
c) *Avsluta med att slå på tändningen för att aktivera bränslepumpen och trycksätta systemet, utan att dra runt motorn. Kontrollera att det inte finns några tecken på bränsleläckage kring de isärtagna anslutningarna och skarvarna innan du försöker starta motorn.*

Bränsletrycksregulator

72 Tryckutjämna bränslesystemet enligt beskrivningen i avsnitt 2. Utjämna trycket i tanken genom att ta bort bränslepåfyllningslocket.

73 Lossa batteriets minusledning (jord) (se *Koppla loss batteriet* mot slutet av handboken).
74 På V6 modeller, ta bort det övre insugsgrenröret enligt beskrivningen i kapitel 2B.
75 Koppla loss vakuumslangen från regulatorn. Skruva loss skruvarna och ta bort regulatorn. Ta loss O-ringstätningen. Sug upp utspillt bränsle med en ren trasa.
76 Montera i omvänd ordningsföljd mot demonteringen. Tänk på följande:
a) *Byt regulatorns O-ringstätning när regulatorn rubbas. Smörj den nya O-ringen med ren motorolja vid monteringen.*
b) *Placera regulatorn ordentligt och dra åt bultarna till angivet moment.*
c) *Avsluta med att slå på av tändningen fem gånger för att aktivera bränslepumpen och trycksätta systemet utan att dra runt motorn. Kontrollera att det inte finns några tecken på bränsleläckage kring de isärtagna anslutningarna och skarvarna innan du försöker starta motorn.*

Tomgångsluftstyrventil

77 Lossa batteriets minusledning (jord) (se *Koppla loss batteriet* mot slutet av handboken).
78 Lossa ventilationsslangen från motorns övre plastkåpa och lossa sedan kåpan från motorns överdel i modeller med 4-cylindriga motorer.
79 Koppla loss kablaget från styrventilen **(se bilder)**.
80 Skruva loss de två fästbultar (4-cylinder)

eller muttrar (V6), och ta bort ventilen från insugsgrenröret **(se bild)**. Ta loss packningen.
81 I och med att ventilens individuella komponenter inte kan erhållas separat och hela enheten måste bytas om den antas vara defekt finns det inget att förlora på att försöka spola ur kanalerna med förgasarrengöringsmedel eller något liknande lösningsmedel. Detta kräver inte mycket tid eller kraft och kan mycket väl undanröja felet.
82 Montera i omvänd ordningsföljd mot demonteringen. Tänk på följande:
a) *Rengör fogytorna ordentligt och montera alltid en ny packning så fort ventilen störs.*
b) *Dra åt fästbultarna till angivet moment och vinkel.*
c) *När kablarna och batteriet åter har anslutits startar du motorn och låter den gå på tomgång. Låt den uppnå normal arbetstemperatur och kontrollera sedan att tomgången är jämn och att inge luft insugsläckor märks. Slå på alla elektriska laster (strålkastare, uppvärmd bakruta etc.) och kontrollera att tomgångsvarvtalet fortfarande är korrekt.*

Insugsgrenrör fördelningskontroll manöverdon

4-cylindriga motorer

83 Ta bort gasspjällhuset enligt beskrivningen i punkterna 37 till 42.
84 Lossa manöverdonets arm från insugsgrenrör virvelplåt länksystem **(se bild)**.
85 Lossa vakuumrör från manöverdon till insugsgrenrör fördelningskontroll **(se bild)**.

13.79a Lossa kablaget från reglerventilen för tomgångsluft (4-cylindriga motorer)

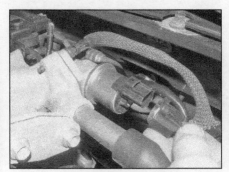

13.79b Lossa kablaget från reglerventilen för tomgångsluft (V6-motor)

13.80 Skruva loss de två fästbultarna (med pilar) (4-cylindriga motorer)

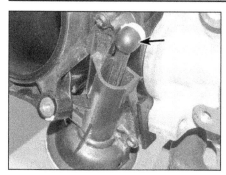

13.84 Lossa manöverdonets arm (markerad med pil) från länksystemet

13.85 Lossa vakuumröret (markerad med pil) från ställdonet

13.89 Lossa kablagets kontaktdon från insugsgrenrörets löparstyrenhet

86 Skruva loss fästskruvarna och ta bort manöverdon till insugsgrenrör fördelningskontroll.
87 Montera i omvänd ordningsföljd mot demonteringen. Tänk på följande:
 a) *Rengör fogytorna ordentligt och montera alltid en ny packning.*
 b) *Dra åt bultarna ordentligt.*
 c) *När kablarna och batteriet åter har anslutits startar du motorn och låter den gå på tomgång. Låt den uppnå normal arbetstemperatur och kontrollera sedan att tomgången är jämn och att inge luft insugsläckor märks. Slå på alla elektriska laster (strålkastare, uppvärmd bakruta etc.) och kontrollera att tomgångsvarvtalet fortfarande är korrekt.*

V6 motor
88 Skruva loss fästbultarna och ta bort plastkåpan från den främre kamaxelkåpan.
89 Lossa kablagets kontaktdon från insugsgrenrörets fördelningsstyrenhet **(se bild)**.
90 Skruva loss fästbultarna och ta bort insugsgrenrörets styrenhet från kamaxelkåpan **(se bild)**.
91 Lossa styrkabeln från gasspjällhusets länksystem.
92 Återmonteringen utförs i omvänd ordningsföljd mot demonteringen.

Insugsgrenrörets inställningsventil

4-cylindriga motorer
93 Lossa batteriets minusledning (jord) (se *Koppla loss batteriet* mot slutet av handboken).
94 Lossa ventilationsslangen från motorns övre plastkåpa, lossa sedan kåpan från motorns överdel.
95 Lossa kontaktdonet från insugsgrenrörets inställningsventil.
96 Lossa vakuumrören från insugsgrenrörets inställningsventil **(se bild)**.
97 Skruva loss de två fästbultar och ta bort ventilen från insugsgrenröret.
98 Montera i omvänd ordningsföljd mot demonteringen. Tänk på följande:
 a) *Rengör fogytorna ordentligt och montera alltid en ny packning.*
 b) *Dra åt fästbultarna till angivet moment och vinkel.*

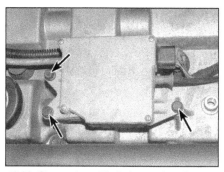

13.90 Skruva loss fästbultarna (markerade med pilar) och ta bort styrenheten

 c) *När kablarna och batteriet åter har anslutits startar du motorn och låter den gå på tomgång. Låt den uppnå normal arbetstemperatur och kontrollera sedan att tomgången är jämn och att inge luft insugsläckor märks. Slå på alla elektriska laster (strålkastare, uppvärmd bakruta etc.) och kontrollera att tomgångsvarvtalet fortfarande är korrekt.*

14 Avgassystem – allmän information och byte av komponenter

⚠️ **Varning: Kontroll och reparation av komponenter i avgassystemet bör utföras endast när systemet har kylts av komplett. Detta gäller i synnerhet för katalysatorn som körs i väldigt höga temperaturer.**

Allmän beskrivning
1 4-cylindriga modeller är utrustade med ett avgassystem som består av en grenrörsanslutning till ett främre böjligt nedåtgående rör, en katalysator och ett bakre avsnitt som omfattar två ljuddämpare **(se bild)**.
2 I modeller med V6-motor utom 3,0 liters ST består avgassystemet av två avgasgrenrör (ett från varje rad) med ett anslutande Y-rör, katalysator och ett bakre avsnitt med tre ljuddämpare **(se bild)**.
3 V6-modeller med ST-motorn på 3,0 liter har ett nytt avgassystem som är utformat för att reducera baktryck som har två katalysatorer

13.96 Lossa vakuumrören (markerade med pil) från ventilen

– en för varje cylinderrad. Ett anslutande Y-rör matar till två flexibla avsnitt som sedan ansluts till det bakre systemet som har fyra ljuddämpare totalt.
4 Hela avgassystemet är monterat med gummiupphängningar.

Byte
5 Om någon del av avgassystemet är skadad eller sliten kommer uppstår det kraftigt buller och vibrationer.
6 Utför regelbundna kontroller av avgassystemet för att kontrollera säkerheten och skicket. Leta efter eventuellt skadade eller böjda delar, öppna fogar, hål, lösa anslutningar, för mycket korrosion eller andra defekter som kan släppa in avgaser i bilen. Delar av avgassystemet som har försämrats bör bytas.
7 Om avgassystemets komponenter är extremt korroderade eller hoprostade kanske det inte går att separera dem. I detta fall sågar du helt enkelt av de gamla komponenterna med en bågfil och tar bort eventuellt kvarvarande korroderat rör med ett kallt stämjärn. Se till att använda säkerhetsglasögon för att skydda ögonen och använd handskar för att skydda händerna.
8 Här följer några enkla riktlinjer att följa vid reparation av avgassystemet:
 a) *Arbeta bakifrån och framåt vid demonteringen av avgassystemets komponenter.*
 b) *Applicera penetrationsvätska på flänsmuttrarna innan de skruvas loss.*
 c) *Använd nya packningar och gummifästen vid montering av avgassystemets komponenter.*

d) Applicera antikärvningsmassa på alla gängor på avgassystemets pinnbultar under hopsättningen.

e) Observera att på en del små modeller är neråtröret fäst på grenröret med två spiralfjädrar, fjädersäten och en självlåsande mutter på varje. Om en sådan finns drar du åt muttrarna tills de sopparna på bultklackarna. Fjädrarnas tryck är då tillräckligt för att få en tät anslutning. Överdra inte muttrarna för att åtgärda en läcka - pinnbultarna förskjuts. Byt packningen och fjädrarna om en läcka hittas.

f) Se till att det finns tillräckligt spel mellan nymonterade delar och alla punkter på underredet för att undvika överhettning av golvplattan och en eventuell skada på den invändiga mattan och isoleringen. Var särskilt uppmärksam med katalysatorn och dess värmeskydd.

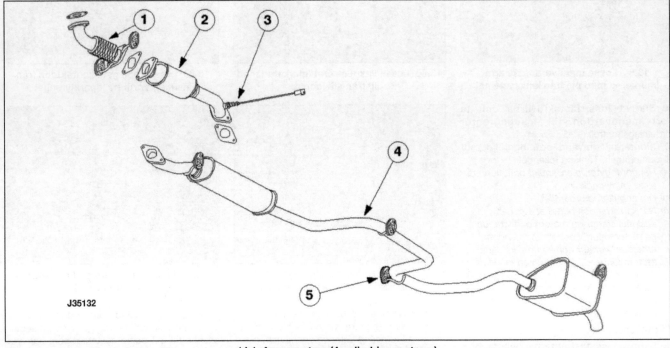

J35132

14.1 Avgassystem (4-cylindriga motorer)

1 Böjligt rör
2 Katalysator

3 Uppvärmd lambdasonde
4 Ljuddämpar- och avgasrörsenhet

5 Fästbygelfäste endast på kombi

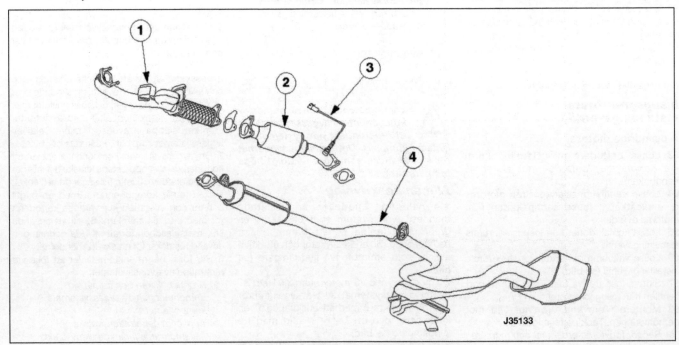

J35133

14.2 Avgassystem (V6-motor, utom ST, 3,0 liter)

1 Dubbelt böjligt rör/Y-rör   2 Katalysator   3 Uppvärmd lambdasonde   4 Ljuddämpar- och avgasrörsenhet

Kapitel 4 del B:
Avgasreningssystem

Innehåll

Allmän information och föreskrifter 1
Avdunstningsregleringssystem – kontroll och byte av komponenter 2
Avgasåterföringssystem (EGR) – kontroll och byte av komponenter 4
Katalysator – allmän information och föreskrifter 6

Katalysator – demontering och montering 7
Lambdasonde – kontroll och byte 5
Vevhusventilationssystem – byte av komponenter 3

Svårighetsgrad

Enkelt, passar novisen med lite erfarenhet	**Ganska enkelt,** passar nybörjaren med viss erfarenhet	**Ganska svårt,** passar kompetent hemmamekaniker	**Svårt,** passar hemmamekaniker med erfarenhet	**Mycket svårt,** för professionell mekaniker

Specifikationer

Åtdragningsmoment	Nm
Avgasåterföringsventilens fästbultar	25
Avgasåterföringsventilens utloppsröranslutning	
(1,8 och 2,0-liters modeller)	55
Avgassystem böjligt rör till katalysator	46
Avgassystem böjligt rör till mellanrör	46
Bultar mellan EGR-kylare och fästbygel	10
Bultar mellan EGR-kylare på grenrör	37
Fjäderbenets övre fästmuttrar	30
Flänsmuttrar DPF	46
Katalysator till grenrör: (3,0-liters modeller)	25
Katalysatorns fästbultar (3,0-liters modeller)	23
Lambdasonde	48
Muttrar mellan katalysator och avgassystemet	46
Oljeavskiljarens bultar	10
Värmeskyddets fästbultar	10

1 Allmän information och föreskrifter

1 Alla bensinmodeller är utformade för blyfri bensin, och styrs av Fords motorstyrningssystem EEC-V för bästa kompromiss mellan körbarhet, bränsleförbrukning och avgasutsläpp. Dessutom finns ett antal system som minimerar andra skadliga utsläpp.
2 En positiv vevhusventilationsstyrsystem (PCV) som reducerar frigöringen av föroreningar från motorns smörjsystem och en katalysator som reducerar föroreningarna i avgaserna är monterad.
3 Ett avgasåterföringssystem (EGR) är monterat för att ytterligare reducera emissionerna. Dessutom är ett avdunstningsregleringssystem monterat som reducerar frigöring av gasformiga kolväten från bränsletanken.

Utsläppskontroll vevhus

4 I 4-cylindriga modeller är vevhusventilations-systemets viktigaste komponenter oljeseparatorn som är monterad på motorblockets/vevhusets främre del (kylaren) bakom insugsgrenröret och den positiva vevhusventilationsventilen (PCV) som sitter i en gummigenomföring i separatorns vänstra övre ände. De tillhörande rören består av ett vevaxelventilrör och två böjliga slangar som ansluter PCV-ventilen till en anslutning på insugsgrenrörets vänstra ände och en vevaxelventilationsslang som ansluter topplocket till luftrenarenheten. I V6-modeller är systemet liknande men oljeseparatorn är placerad upptill på motorblocket mellan topplocken under insugsgrenröret. Ett litet skumfilter i luftrenaren förhindrar att smuts dras in direkt i motorn.
5 Dessa komponenters funktion är att reducera emissionen av oförbrända kolväten från vevhuset och att minimera bildandet av oljeslam. Genom att se till att ett undertryck genereras i vevhuset, i synnerhet vid tomgång, och genom att frisk luft induceras positivt i systemet dras de oljeångor och genomblåsningsgaser som ansamlas i vevhuset ut från detsamma genom oljeseparatorn och in i insugsområdet och förbränns sedan i motorn under den normala förbränningen.
6 Systemet behöver ingen annan översyn än regelbunden kontroll av att slangar, ventiler och oljeavskiljare inte är blockerade samt i övrigt är i gott skick.

Avgasrening

7 För att minimera mängden föroreningar som släpps ut i atmosfären är alla modeller försedda med en katalysator i avgassystemet. Systemet är av typen sluten slinga där två lambdasonder i avgassystemet förser bränsleinsprutnings-/tändningssystemets ECU med konstant feedback vilket gör det möjligt för ECU att justera blandningen så att katalysatorn får bästa möjliga förhållanden att arbeta i. En lambdasonde är placerad i avgasgrenröret, tillsammans med katalysatorns andra nedströms, för att övervaka katalysatorns effektivitet.
8 Lambdasonderna har ett inbyggt värmeelement som styrs av styrmodulen via lambdasondens relä för att snabbt få upp sondspetsen till optimal arbetstemperatur. Sondens spets är känslig för syre, och sänder en spänning till styrmodulen som varierar i enlighet med mängden syre i avgaserna. Om insugets luft-/bränsleblandning är för fet blir avgaserna syrefattiga, så att givaren skickar en signal med låg spänning. Spänningen ökar allt eftersom blandningen blir magrare och mängden syre i avgaserna ökar.
9 Maximal omvandlingseffekt för alla större föroreningar uppstår när bränsleblandningen hålls vid den kemiskt korrekta kvoten för fullständig förbränning av bensin, som är 14,7 delar (vikt) luft till 1 del bensin (den stökiometriska kvoten). Sondens signalspänning ändras ett stort steg vid denna punkt och styrmodulen använder detta som referens och korrigerar bränsleblandningen efter detta genom att modifiera insprutningens pulsbredd.

Avdunstningsreglering

10 Det monterade avdunstningsreglerings-systemet (EVAP) består av avluftningsventilen, aktivt kolfilterkanistern och en serie anslutande vakuumslangar. Det är inte mycket som kan utföras som rutinunderhåll, förutom att kontrollera att vakuumslangarna inte sitter i kläm eller är skadade. Vårdslöst utfört underhåll kan leda till att slangarna kläms sönder – var alltid noga med att dra såväl dessa som övriga slangar rätt. Detta system är monterat för att minimera utsläpp av oförbränna kolväten till atmosfären.
11 Bränsletankens påfyllningslock är tätat och ett kolfilter är monterat på bränsletanken. Kolkanistern förvarar bensinångor som genereras i tanken när bilen är parkerad. När motorn är igång tas ångorna bort från kolkanistern under ledning av PCM via kolkanisterns magnetreningsventil. Ångorna dras in i insugsgrenröret för att förbrännas av motorn under den normala förbränningen.
12 För att säkerställa att motorn går korrekt när den är kall och/eller i tomgång och för att skydda katalysatorn från effekterna av en för fet blandning öppnas inte kolkanisterringens magnetventil av PCM förrän motorn är helt uppvärmd och går på dellast. Magnetventilen slås sedan på och av så att lagrad ånga kan passera in i insugsgrenröret. Avluftningsventilen är placerad på en fästbygel vid tändspolen, baktill till vänster på motorn på fyrcylindriga motorer (vänster sett från förarsätet) och på den bakre topplockskåpan på V6-motorer.

Avgasåterföring

13 För att reducera kväveoxidemissioner (NOx) återförs en del avgaser genom avgasåterföringsventilen till insugsgrenröret. Detta leder till att förbränningstemperaturerna sänks. Systemet består av avgasåterförings-ventilen, EGR-systemets differentialtryckgivare för avgaserna och diverse givare. PCM programmeras att genera det idealiska EGR-ventilslaget för alla driftförhållanden.
14 På modeller med 4 cylindrar, är avgasåterföringsventilen monterad på topplockets växellådsände. I V6-modeller är en EGR-vakuumregulator placerad på mellanväggen.

2 Avdunstningsregleringssystem – kontroll och byte av komponenter

Kontroll

1 Dålig tomgång, motorstopp och dåliga köregenskaper kan orsakas av en trasig kolfiltervakuumventil, ett skadat kolfilter, trasiga eller spruckna slangar eller slangar som anslutits till fel ställen. Kontrollera om bränslepåfyllningslockets packning är skadad eller deformerad.
2 Bränslespill eller bränsleförlust kan orsakas av flytande bränsle som läcker från bränsleledningarna, en sprucken eller skadad kolkanister, en kolfiltervakuumventil som inte fungerar och lossade, felaktigt dragna, böjda eller skadade ång- eller styrningsslangar.
3 Undersök alla slangar som är anslutna till kolfiltret efter veck, läckor och sprickor längs hela deras längd. Reparera eller byt om det behövs.
4 Undersök kolfiltret. Om det är sprucket eller skadat ska det bytas. Leta efter bränsleläckor från kolfiltrets botten. Om bränsle läcker ut, byt kolfilter och kontrollera slangarna och deras dragning.
5 Om kolkanisterns avluftningsmagnetventil antas vara defekt kopplar du loss dess elektriska kontaktdon och lossar dess vakuumslangar. Anslut ett 12 volts batteri direkt över ventilpolerna. Kontrollera att luft kan flöda genom ventilpassagerna när solenoiden spänningssätts och att ingenting kan passera när solenoiden inte är spänningssatt. Anslut alternativt en ohmmeter för att mäta resistansen mellan solenoidens uttagen – inget utslag eller ett oändligt motstånd antyder ett problem. Byt magnetventilen om den är defekt.
6 Ytterligare testning bör överlåtas till en verkstads serviceavdelning.

Avluftningsventil – byte

7 Lossa batteriets minusledning (jord) (se *Koppla loss batteriet* mot slutet av handboken). Lossa ventilationsslangen från motorns övre plastkåpa och lossa sedan kåpan från motorns överdel i modeller med 4-cylindrig motor.
8 Lossa slangen(arna) från magnetventilen, notera var de sitter.

9 Lossa ventilens elektriska kontaktdon, lossa sedan magnetventilen från fästet **(se bilder)**.
10 Återmonteringen utförs i omvänd ordningsföljd mot demonteringen.

Kolfilter – byte

Sedan och halvkombimodeller

Observera: *Läs igenom detta tillvägagångssätt noggrant innan arbetet påbörjas och se till att den utrustning som krävs för att utföra det på ett säkert sätt med minsta möjliga risk för skador och för att rikta in tvärbalken med tillräcklig noggrannhet vid återmonteringen finns på plats.*

11 Lossa bakhjulsmuttrarna. Klossa framhjulen, lyft upp bilens bakre del och ställ den på pallbockar (se *Lyftning och stödpunkter*).
12 Ta bort avgassystemet enligt beskrivningen i kapitel 4A.
13 Om en sådan finns, ta bort strålkastarens nivågivare enligt beskrivningen i kapitel 12.
14 Se till att den bakre delen av bilens kaross stöttas upp ordentligt på pallbockar, stötta sedan upp bakfjädringens tvärbalk med en domkraft. Ta bort hjulen och skruva loss fjädringsbenets övre fästbultar (två på varje sida).
15 Använd vit färg eller något liknande (använd inte en ritsspets med vass spets som kan skada underredets skyddslager så att det börjar rosta) för att märka ut det exakta förhållandet mellan tvärbalken och underredet. Skruva loss de fyra fästbultarna. Sänk ner tvärbalken ungefär 75 mm på domkraften och stötta den ordentligt.

⚠ **Varning: Var försiktig när du sänker tvärbalken så att du inte lägger någon spänning på bromsslangarna och fjädringsdelarna.**

16 Skruva loss de två bakersta fästbultarna till kolkanisterns fästbygel.
17 Lossa de två slangarna från kolkanisterenheten och observera hur de är monterade.
18 Skruva loss kolkanisterns främre fästbult. Ta bort kolkanisterenheten.
19 Lossa vattenavskiljningslådans kåpa, lossa sedan kolkanistern genom att trycka den åt ena sidan och lossa den från kolkanisterns fästbygel **(se bilder)**.
20 Montera kolkanistern på dess fästbygel

2.9a Lossa kablagekontaktdonet från avluftningsventilen (4-cylindriga modeller)...

och montera tillbaka enheten i bilen vid hopsättningen, dra åt fästbultarna ordentligt och se till att de två slangarna är ordentligt återanslutna till de ursprungliga anslutningarna.
21 Passa in tvärbalken och montera tillbaka tvärbalkens bultar, dra endast åt dem lät i det här stadiet. Tvärbalken måste nu riktas in på underredet. Ford anger att serviceverktyget 205-316 (15-097-A) ska användas och det är ett par koniska styrningar med fästen som håller fast dem i tvärbalken när den monteras tillbaka. I och med att arbetsdiametern för dessa verktyg är 20,4 mm och motsvarande inriktningshål i tvärbalken och underredet är 21 mm och 22 mm i diameter finns det en betydande inbyggd möjlig tolerans vid tvärbalkens inriktning även om korrekt verktyg används.
22 Om dessa verktyg inte är tillgängliga riktar du in tvärbalken med ögonmått och centrerar tvärbalkens inriktningshål mot de som finns på underredet och tar hjälp av de märken som gjordes vid demonteringen. Använd alternativt en konisk pryl som kopplingsjusteringsverktyg eller en djup hylsnyckel av lämplig storlek. När tvärbalken är inriktad så exakt som möjligt drar du åt bultarna till angivet moment (se kapitel 10 Specifikationer) utan att rubba dess position. Kontrollera inriktningen igen när bultarna är ordentligt åtdragna.
23 Återstoden av återmonteringen sker i omvänd ordning jämfört med demonteringen.
24 Kom ihåg att om den bakre fjädringens tvärbalk har rubbats måste hjulinställningen och styrvinklarna kontrolleras och alla nödvändiga inställningar göras så snart

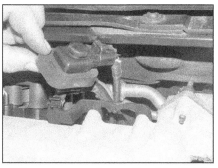

2.9b ...lossa sedan ventilen från fästet (V6 modeller)

som möjligt. Detta arbete utförs bäst av en erfaren mekaniker som använder riktig kontrollutrustning. bilen bör därför lämnas till en Ford-verkstad eller en person med likvärdig kvalifikation för åtgärder.

Kombimodeller

25 Lossa batteriets minusledning (jord) (se *Koppla loss batteriet* mot slutet av handboken).
26 Klossa framhjulen, lyft sedan upp bilens bakre del och stötta den på pallbockar (se *Lyftning och stödpunkter*).
27 Lossa de två slangarna från kolkanisterenheten och observera hur de är monterade.
28 Skruva loss kolkanisterenhetens fästskruvar och ta bort enheten genom att lossa den från det främre fästet **(se bild)**.
29 Lossa vattenavskiljningslådans kåpa, lossa sedan kolkanistern genom att trycka den åt ena sidan och lossa den från kolkanisterns fästbygel **(se bild 2.19a och 2.19b)**.
30 Fäst kolkanistern i dess fästbygel och montera tillbaka enheten i bilen vid återmonteringen. Dra åt fästbulten ordentligt och se till att de två slangarna återansluts sina ursprungliga anslutningar.

3 Vevhusventilationssystem – byte av komponenter

Avgasåterföringsventil

1 Ventilen är pluggad i oljeseparatorn som är fastbultad på motorblocket. Ta bort

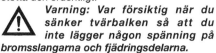

2.19a Lossa vattenavskiljningslådans kåpa...

2.19b ...och lossa kolkanistern från fästbygeln genom att trycka den åt ena sidan

2.28 Skruva loss fästbultarna (markerade med pil) för att ta bort kolkanistern

3.2a Använd en skruvmejsel för att lossa klämmorna. . .

3.2b . . . dra sedan ventilen uppåt för att ta bort den från oljeseparatorn

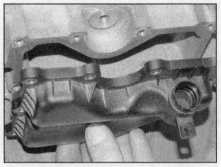

3.4 Skruva loss och ta bort oljeseparatorn från motorblocket

insugsgrenrörets enligt beskrivningen i kapitel 2A (4-cylindriga motorer) eller 2B (V6 motor) för bättre åtkomst.

2 Lossa låsklämmorna med en skruvmejsel och dra den positiva vevhusventilationsventilen (PCV) uppåt för att ta bort den från oljeseparatorn (se bilder) den kan nu spolas eller bytas beroende på vilket som krävs.

Oljeavskiljare

4-cylindriga modeller

3 Ta bort insugsgrenröret (se kapitel 2A).
4 Lossa oljeseparatorn från motorblocket/ vevhuset och ta bort den. Ta bort och kassera packningen (se bild).
5 Spola ur eller byt oljeseparatorn vid behov.
6 Montera en ny packning, och dra åt bultarna ordentligt vid hopsättningen (se bild).
7 Återstoden av återmonteringen sker i omvänd ordning jämfört med demonteringen.

V6 modeller

8 Ta bort insugsgrenröret (se kapitel 2B).
9 Du får antingen lossa slangen som leder till avskiljaren eller dra loss avgasåterföringsventilen.
10 Skruva loss bultarna och ta bort separatorn från motorblockets överdel (mellan de två topplocken), ta loss packningen (se bild).
11 Om du inte redan gjort det, demontera avgasåterföringsventilen från avskiljaren. Tvätta ur oljeavskiljaren med lämpligt lösningsmedel

(som t.ex. motoravfettningsmedel) och se till att alla kanaler är rena.
12 Monteringen sker i omvänd ordningsföljd mot demonteringen. Använd en ny packning och dra åt fästbultarna ordentligt.

PCV-slang(ar)

13 Slangarna har skjutpassning på PVC-ventilen och insugsgrenröret och kan endast bytas när insugsgrenröret har tagits bort (se relevant del av kapitel 2).
14 Tvätta oljeseparatorn och ventilen i ett lämpligt lösningsmedel (till exempel motoravfettningsmedel) och se till att alla passager är fria. Kontrollera att det inte finns några tecken på skador på slangarna, särskilt i ändarna. Om ventilen sitter med en O-ring som tätning, bör du kontrollera O-ringens skick innan ventilen sätts tillbaka.
15 Monteringen sker i omvänd ordningsföljd mot demonteringen. Se till att slangarna återmonteras stadigt och på rätt plats och med samma dragning som tidigare.

4 Avgasåterföringssystem (EGR) – kontroll och byte av komponenter

Kontroll

Avgasåterföringsventil

1 Starta motorn och låt den gå på tomgång.
2 Lossa vakuumslangen från avgasåterförings-

ventilen, och anslut en vakuumpump istället för slangen.
3 Applicera vakuum på avgasåterförings-ventilen. Vakuum ska vara stabil, och motorn bör gå dåligt.
  a) Om vakuumet inte förblir stadigt och om motorn inte går jämnt måste avgasåterföringsventilen bytas och kontrolleras igen.
  b) Om vakuumet förblir stabilt men motorn ändå går dåligt tar du bort avgasåterföringsventilen och kontrollerar att ventilen och insugsgrenröret inte är tilltäppta. Rengör och byt delar vid behov och kontrollera igen.

Avgasåterföringssystem

4 Eventuell ytterligare kontroll av systemet kräver specialverktyg och testutrustning. Ta bilen till en verkstad för kontroll.

Avgasåterföringsventil – byte

4-cylindriga modeller

5 Lossa batteriets minusledning (jord) (se Koppla loss batteriet mot slutet av handboken).
6 Lossa ventilationsslangen från motorns övre plastkåpa, lossa sedan kåpan från motorns överdel.
7 Dränera kylsystemet enligt beskrivningen i kapitel 3.
8 Skruva loss fästklämmorna och ta bort luftintagsröret från gasspjällshuset till luftfilterhuset (se bild).

3.6 Se till att stiftet (markerat med pil) på den nya damasken är korrekt placerat

3.10 Oljeseparator på V6-modeller

4.8 Ta bort luftintagsröret från gasspjällshuset

4.9 Lossa kontaktdonet från avgasåterföringsventilen

4.11 Skruva loss de två fästbultarna och ta bort avgasåterföringsventilen

4.14 Återmontering av avgasåterförings ventilen tillsammans med en ny packning

9 Koppla loss den elektriska kontakten från avgasåterföringsventilen **(se bild)**.
10 Lossa kylvätskeslangen från avgasåterföringsventilen.
11 Ta bort ventilens fästbultar, och ta bort ventilen från topplockets växellådsände **(se bild)**.

V6 modeller

12 Lossa batteriets minusledning (jord) (se *Koppla loss batteriet* mot slutet av handboken).
13 Ta bort luftflödesgivaren och ta bort tomgångsluft styrventilen enligt beskrivningen i kapitel 4A, avsnitt 13.
14 Lossa vakuumslangen, skruva loss hylsmuttern som håller fast EGR röret vid ventilen, ta bort ventilens fästbultar, och ta bort ventilen från insugsgrenröret **(se bild)**. Se till att rörets ände inte skadas eller deformeras när ventilen är demonterad och notera ventilens packning. Denna måste bytas varje gång ventilen rubbas.
15 Observera att metallröret från ventilen till själva grenröret inte bör rubbas – det är inte tillgängligt separat från grenröret. Kontrollera dock att rörets ändbeslag är ordentligt fäst när grenröret tas bort **(se bild)**.
16 Kontrollera att ventilen inte fastnar och att det inte finns kraftiga sotavlagringar. Rengör ventilen eller byt den om sådana hittas.
17 Återmonteringen utförs i omvänd ordningsföljd mot demonteringen. Applicera en bestrykning av antikärvningsmassa på

hylsmutterns gängor, montera en ny packning och dra åt ventilbultarna till angivet moment.

Byte EGR-rör

V6 modeller

18 Lossa styrventilröret för tomgångsluft från luftrenaren och det övre insugsgrenröret.
19 Skruva loss avgasåterföringsventilrörets hylsmutter från avgasåterföringsventilen och lossa röret.
20 Lossa vänster framhjulsmuttrar. Klossa framhjulen, lyft upp bilens bakre del och ställ den på pallbockar (se *Lyftning och stödpunkter*). Ta bort vänster framhjul och hjulhusfoder.
21 Ta bort EGR-rörets mutter från avgasgrenröret och ta bort röret **(se bild)**.
22 Monteringen sker i omvänd ordningsföljd mot demonteringen. Applicera antikärvningsmassa på muttrarna på rörets båda ändar.

Avgas differential tryckgivare

V6 modeller

23 Denna komponent mäter skillnaden i tryck mellan avgaserna genom en stryphylsa (ett hinder) i avgasåterföringssystemets (EGR) rör och skickar en spänningssignal till PCM som motsvarar tryckskillnaden.
24 Provning av denna komponent ligger utanför det som hemmamekanikern klarar och bör överlåtas till en Ford-verkstad.

Byte

25 Differentialens tryckgivare är placerad bredvid EGR-magnetventilen på topplockets vänstra sida.
26 Gör en anteckning om hur vakuumslangarna sitter till återmonteringen (de har olika diameter) och koppla sedan loss dem från givarens portar.
27 Lossa givarens anslutningskontakt, skruva sedan loss givarens fästbultar och ta bort sensorn från dess placering **(se bild)**.
28 Monteringen sker i omvänd ordningsföljd mot demonteringen. Se till att slangarna sätts tillbaka på rätt plats. **Observera:** *Kontrollera packningens tillstånd och byt dem vid behov.*

5 Lambdasonde – kontroll och byte

Kontroll

1 Lambdasonden går endast att testa genom anslutning av en speciell diagnosutrustning på givarens kablage och att kontrollera att spänningen varierar från låga till höga värden när motorn körs. **Försök inte** "testa" någon del av systemet med någonting annat än korrekt testutrustning. Detta ligger utanför hemmamekanikerns område och bör lämnas till en Ford-verkstad. **Observera:** *De flesta modeller har två givare – en före och en efter katalysatorn. Detta möjliggör effektivare*

4.15 Kontrollera EGR-rörets ändbeslag i insugsgrenröret när grenröret tas bort men rubba det inte

4.21 Ta bort EGR-röret på V6 modeller

4.27 Koppla loss anslutningskontakten från avgasdifferentialtryckgivare

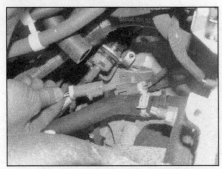

5.3a Lossa lambdasondens kontaktdon

5.3b Den bakre givarens kablagekontaktdon är fastklämd på hjälpramens bakdel

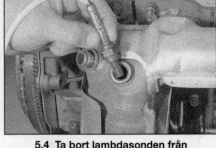

5.4 Ta bort lambdasonden från avgasgrenröret på V6-modeller

övervakning av avgaserna och snabbare respons. Katalysatorns allmänna effektivitet kan också kontrolleras. Givaren efter katalysatorn kallas ibland övervakningsgivare.

Byte

Observera: Givaren är känslig och fungerar inte om man tappar den eller slår på den eller om rengöringsmaterial används på den.

2 Ta bort de bultar som håller fast det värmeskydd som är monterat över avgasgrenröret och lyft bort värmeskyddet för att komma åt givaren om tillämpligt.

3 Följ kablaget bakåt från givarkroppen till anslutningskontakten och koppla loss den. I modeller med två givare är anslutningskontakten för den bakersta givaren normalt fastklämd på den bakre hjälpramen under bilen **(se bilder)**. Observera hur kablarna är dragna, de får inte komma i kontakt med avgassystemets heta delar.

4 Lyft och stötta upp bilens främre del om det behövs för att ta bort givaren underifrån. Skruva loss givaren från avgassystemets främre nedåtgående rör på 4-cylindriga modeller eller från avgasgrenröret på V6-modeller **(se bild)**. Ta loss packningen (om en sådan finns).

5 Det kan vara bra att rengöra givaren innan den monteras tillbaka, särkilt om spetsen verkar smutsig. Var emellertid mycket försiktig, eftersom spetsen tar skada av slipmedel och av vissa lösningsmedel. Fråga en Ford-verkstad innan du rengör givaren.

6 Monteringen sker i omvänd ordningsföljd mot demonteringen. Tänk på följande:

a) Stryk lite antikärvmedel på givarens gängor – var noga med att inget kommer på givarspetsen – och dra åt givaren till angivet moment.

b) Återanslut kablaget. Se till att det går fritt från alla heta avgaskomponenter.

c) Om det behövs, kan bevis på att givaren fungerar erhållas genom att man får avgasutsläppen kontrollerade och jämförda med den siffra som Ford rekommenderar. Kom ihåg att en felaktig givare har genererat en felkod - om denna kod fortfarande är loggad i PCM:s elektroniska minne kontaktar du din Ford-verkstad för att läsa felkoden som finns kvar i minnet.

6 Katalysator – allmän information och föreskrifter

Allmän information

1 Katalysatorn minskar mängden skadliga utsläpp genom att kemiskt omvandla de giftigare avgaserna till sådana som (åtminstone teoretiskt) är mer ofarliga. Det är vad man kallar en "oxiderande" kemisk reaktion, som sker genom tillsats av syre.

2 Inuti katalysatorn finns en vaxkaksliknande konstruktion, tillverkad av keramiskt material och belagd med ädelmetallerna palladium, platina och rodium (de "katalytiska" ämnen som underlättar den kemiska reaktionen). Den kemiska reaktionen alstrar värme, vilket i sin tur gynnar reaktionen – därför blir katalysatorn mycket het när bilen körs en längre sträcka.

3 Det säger sig nästan självt, att den keramiska konstruktionen inuti katalysatorn är ganska bräcklig och inte tål omild behandling. Eftersom katalysatorn arbetar vid hög temperatur, bör man undvika att köra ner bilen i djupt, stående vatten (t.ex. vid översvämning). Den termiska belastningen på den heta katalysatorn när den sänks ner i kallt vatten kan få det keramiska innanmätet att spricka, vilket kan leda till att katalysatorn "sätts igen" – en vanlig haveriorsak. Du kan kontrollera en katalysator som skadats på detta sätt genom att skaka den (slå inte på den!) – ett skramlande ljud tyder på att den troligen är skadad.

Föreskrifter

4 Katalysatorn är en tillförlitlig och enkel anordning som inte kräver något underhåll. Det finns dock några punkter som bör uppmärksammas för att katalysatorn skall fungera ordentligt under hela sin livslängd.

a) Använd INTE blybensin (eller bensin med blyersättning, LRP) i en bil som är utrustad med katalysator – blyet (eller andra tillsatser) bildar en beläggning över ädelmetallerna och reducerar deras katalysförmåga och förstör med tiden hela katalysatorn.

b) Underhåll alltid tändnings- och bränslesystemen regelbundet enligt tillverkarens underhållsschema (se kapitel 1).

c) Om motorn börjar misstända ska bilen inte köras alls (eller kortast möjliga sträcka) förrän felet är åtgärdat.

d) STARTA INTE bilen genom att knuffa eller bogsera igång den – då dränks katalysatorn i oförbränt bränsle, vilket leder till att den överhettas då motorn inte startar.

e) Slå INTE av tändningen vid höga motorvarvtal, dvs. rusa inte motorn alldeles innan du slår av den.

f) Använd INTE tillsatser i olja eller bensin. Dessa kan innehålla ämnen som skadar katalysatorn.

g) Kör INTE bilen om motorn bränner så mycket olja att den avger synlig blårök.

h) Kom ihåg att katalysatorn arbetar vid mycket höga temperaturer. Parkera därför INTE bilen på torr undervegetation, över långt gräs eller över högar med döda blad efter en lång körning.

i) Som redan nämnts, bör du i möjligaste mån undvika att köra genom djupa vattensamlingar. Den plötsliga avkylningen kan spräcka den keramiska vaxkaka konstruktionen så att den inte går att reparera.

j) Tänk på att katalysatorn är ÖMTÅLIG – slå inte på den med några verktyg under servicearbetet, och hantera den varsamt om den av någon anledning behöver tas bort.

k) I vissa fall kan det lukta svavel (som ruttna ägg) om avgaserna. Det är vanligt för många bilar med katalysator, och har mer att göra med bensinens svavelinnehåll än med själva katalysatorn.

l) Märker du en påtaglig effektförlust kan det bero på att katalysatorn är igensatt. Detta kan helt enkelt uppstå som en följd av förorening efter en lång körsträcka men kan bero på att det keramiska elementet har spruckit och kollapsat invändigt (se avsnitt 3). I så fall är en ny katalysator det enda botemedlet.

m) Katalysatorn bör hålla minst 160 000 kilometer på en väl underhållen bil som körs ordentligt – om katalysatorn inte längre är effektiv måste den bytas.

7 Katalysator – demontering och montering

1 Lossa batteriets minusledning (jord) (se *Koppla loss batteriet* mot slutet av handboken).

Utom 3,0-liters ST modeller

2 Klossa bakhjulen, lyft sedan upp den främre delen av bilen och stötta upp den på pallbockar (se *Lyftning och stödpunkter*).
3 Lossa kontaktdonet(en) från lambdasonde(erna), och lossa kablaget från bilens undersida.
4 Skruva loss de två fästmuttrar och lossa röret från katalysatorn. Kassera packningen. För att undvika eventuella skador på den böjliga rördelen bakom den första flänsfogen har Fords tekniker fäst två tjocka metallremsor, en på vardera sidan, med bandklämmor utmed hela det böjliga partiet.
5 Skruva loss de två fästmuttrar och lossa katalysatorn från avgassystemets mellanrör. Kassera packningen.
6 Monteringen sker i omvänd ordningsföljd mot demonteringen. Tänk på följande:
   a) *Använd nya muttrar, bultar och packningar om det behövs.* **Observera:** *Avgastätningsmedel ska inte användas på någon del av avgassystemet framför katalysatorn (mellan motorn och katalysatorn) – även om tätningsmedlet inte innehåller några tillsatsämnen som kan skada katalysatorn, kan delar av det lossna och förorena katalysatorelementet, vilket kan resultera i lokal överhettning.*
   b) *Dra åt alla fästen till det angivna momentet.*

3,0-liters ST modeller

Främre katalysator

7 Ta bort de tre bultar som håller fast tändspolspaketet på motorns främre del och flytta det åt ena sidan utan att lossa tändkablarna.

8 Klossa bakhjulen, lyft sedan upp bilens front och stötta upp den på pallbockar (se *Lyftning och stödpunkter*).
9 Skruva loss de två fästmuttrar och lossa röret från katalysatorn. Kassera packningen. För att undvika eventuella skador på den böjliga rördelen bakom den första flänsfogen har Fords tekniker fäst två tjocka metallremsor, en på vardera sidan, med bandklämmor utmed hela det böjliga partiet.
10 Lossa kontaktdonet från lambdasonden, och ta loss kablaget underifrån bilen. För att undvika risken för skador på givaren vid demonteringen av omformaren är det lämpligt att givaren skruvas loss och demonteras först.
11 Ta bort den enda bult som håller fast omformaren på sitt stödfäste.
12 Stötta upp katalysatorn, skruva sedan loss de tre flänsmuttrarna och ta bort den under bilen. Byt flänsmuttrarna om de är i dåligt skick.
13 Monteringen sker i omvänd ordningsföljd mot demonteringen. Tänk på följande:
   a) *Använd nya muttrar, bultar och packningar om det behövs.* **Observera:** *Avgastätningsmedel ska inte användas på någon del av avgassystemet framför katalysatorn (mellan motorn och katalysatorn) – även om tätningsmedlet inte innehåller några tillsatsämnen som kan skada katalysatorn, kan delar av det lossna och förorena katalysatorelementet, vilket kan resultera i lokal överhettning.*
   b) *Ford rekommenderar att omvandlarens tre pinnbultar skruvas loss och byts om omvandlaren rubbas.*
   c) *Dra åt alla fästen till det angivna momentet.*

Bakre katalysator

Observera: *Demontering av den bakre katalysatorn på 3,0 liters ST-modeller kräver att den främre hjälpramen tas bort vilket gör att detta är ett särskilt svårt arbete för hemmamekanikern.*
14 Ta bort insugsgrenrörets övre del enligt beskrivningen i kapitel 2B.

15 Skruva loss de två muttrar som håller fast kabelhärvan på den bakre kamaxelkåpan och lyft av den. Lossa anslutningskontakten från den bakre lambdasonden, alldeles ovanför kabelknippet.
16 Skruva loss och ta bort lambdasonden från det bakre avgasgrenröret.
17 Skruva loss de tre bultar som håller fast avgasgrenrörets värmeskydd.
18 Klossa bakhjulen, lyft sedan upp bilens front och stötta upp den på pallbockar (se *Lyftning och stödpunkter*).
19 Skruva loss de tre flänsmuttrar som håller fast katalysatorn på grenröret – byt dessa muttrar om de är i dåligt skick.
20 Ta bort den främre kryssrambalken enligt beskrivningen i kapitel 10.
21 Ta bort generatorn enligt beskrivningen i kapitel 5A.
22 Lossa anslutningskontakten, skruva sedan loss och ta bort den nedströms lambdasonden från katalysatorn.
23 Skruva loss muttrarn och två bultar, ta bort katalysatorns värmeskydd och för det framåt mot motorns växellådsände och sedan neråt.
24 Stötta upp katalysatorn, skruva sedan loss de två bultar som håller fast omvandlaren i dess stödfäste. Ta bort den från bilens undersida och ta loss packningen – en ny måste användas vid återmonteringen.
25 Monteringen sker i omvänd ordningsföljd mot demonteringen. Tänk på följande:
   a) *Använd nya muttrar, bultar och packningar om det behövs.* **Observera:** *Avgastätningsmedel ska inte användas på någon del av avgassystemet framför katalysatorn (mellan motorn och katalysatorn) – även om tätningsmedlet inte innehåller några tillsatsämnen som kan skada katalysatorn, kan delar av det lossna och förorena katalysatorelementet, vilket kan resultera i lokal överhettning.*
   b) *Ford rekommenderar att omvandlarens tre pinnbultar skruvas loss och byts om omvandlaren rubbas.*
   c) *Dra åt alla fästen till det angivna momentet.*

Kapitel 5 Del A:
Start- och laddningssystem

Innehåll

Batteri – allmän information, rekommendationer och urkoppling . . . 1
Batteri – demontering och montering. 2
Batteri – kontroll. 3
Batteri – kontroll, underhåll och laddning. . . . . se kapitel 1
Generatorborstar och spänningsregulator – byte 7
Laddningssystem – allmän information och föreskrifter. 4
Laddningssystem – kontroll 5

Multirem – kontroll och byte. . . . . se kapitel 1
Startmotor – demontering och montering 10
Startmotor – kontroll och renovering 11
Startsystem – allmän information och föreskrifter 8
Startsystem – test 9
Växelströmsgenerator – demontering och montering 6

Svårighetsgrader

Enkelt, passer novisen med lite erfarenhet	Ganska enkelt, passar nybörjaren med viss erfarenhet	Ganska svårt, passer kompetent hemmamekaniker	Svårt, passer hemmamekaniker med erfarenhet	Mycket svårt, för professionell mekaniker

Specifikationer

Allmänt
Systemtyp . . . . 12 volt, negativ jord

Batteri
Typ . . . . Bly-kalcium
Effekt . . . . 60 till 70 Ah (beroende på modell)

Åtdragningsmoment   Nm
Generatorns fästmuttrar/-bultar. 47
Startmotorns fästbultar:
    4-cylindriga motorer. 25
    V6 motor. 35

---

1 Allmän information och föreskrifter

Allmän information

Motorns elsystem innefattar systemen för tändning, laddning och start. Eftersom dessa fungerar tillsammans med motorn tas de upp separat från övriga elektriska funktioner som belysning, instrument etc. (som tas upp i kapitel 12).

Föreskrifter

Vidta alltid följande försiktighetsåtgärder när du arbetar med elsystemet:

a) Var mycket försiktig när du arbetar med motorns elektriska delar. De skadas lätt om de kontrolleras, ansluts eller hanteras felaktigt.

b) Lämna aldrig tändningen påslagen under lång tid när motorn inte är igång.

c) Lossa inte batterikablarna när motorn är igång.

d) Bibehåll korrekt polaritet när du ansluter batterikablar från en annan bil vid starthjälp – se "Starthjälp" i början av den här handboken.

e) Koppla alltid ifrån minusledaren först och återanslut den sist, annars kan batteriet kortslutas av det verktyg som används för att lossa ledningsklämmorna.

Det är dessutom en god idé att gå igenom den säkerhetsrelaterade informationen om motorns elsystem som visas i Säkerheten först! i början av den här handboken innan du påbörjar någon åtgärd i det här kapitlet.

Urkoppling av batteriet

Se Koppla loss batteriet mot slutet av handboken.

2.2 Lossa alltid batteriets (–) jordledning först

2 Batteri –
demontering och montering

Demontering

1 Lossa batterikåpan och ta bort den från batteriets överdel.
2 Lossa batteriets minusledning (jord) (se *Koppla loss batteriet* mot slutet av handboken) **(se bild)**.
3 Skruva loss de två fästmuttrarna och ta bort batteriets hållningsklämma **(se bild)**.
4 Lyft ut batteriet – var försiktig eftersom batteriet är tungt. Använd bärhandtaget om batteriet är utrustat med ett sådant.
5 Om det behövs, kan batterilådan och dess stödfäste också tas bort. Lossa de två klämmorna från fackets bas, lyft sedan ut det – lossa motorrummets säkringsdosa från sidan vid behov. Arbeta uppifrån och ta bort stödfästets bultar och lossa de två jordkablarna från fästbygeln. Observera hur den är monterad, lossa kabelhärvan från fästbygeln om det är nödvändigt. Skruva loss bultarna som håller fast fästbygeln vid innerskärmen, och ta bort fästbygeln.
6 Om du byter batteri, se till att du byter det mot ett identiskt batteri med samma dimensioner, spänningskapacitet, kallstartskapacitet etc. Sluthantera det gamla batteriet på ett ansvarsfullt sätt. Många kommuner har anläggningar för insamling och hantering av liknande produkter. Batterier innehåller svavelsyra och bly och får inte kastas i soporna.

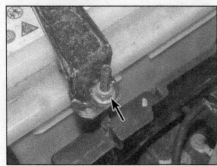

2.3 Skruva los låsmuttrar (en av två som är markerade med pil)

Montering

7 Återmonteringen sker i omvänd ordningsföljd mot demonteringen. **Observera:** *När batteriet har lossats kräver motorstyrningssystemet ungefär 8 km körning för att lära sig de optimala inställningarna. Under denna period kanske motorn inte fungerar normalt. Se Koppla loss batteriet mot slutet av handboken.*

3 Batteri – kontroll

Kontroll

1 Det enklaste sättet att testa ett batteri är med en voltmätare (eller multimeter inställd på spänningsprovning) – anslut voltmätaren tvärs över batteripolerna och observera korrekt polaritet. För att kontrollen ska ge korrekt utslag får batteriet inte ha laddats på något sätt under de senaste sex timmarna. Om så inte är fallet, tänd strålkastarna under 30 sekunder och vänta 5 minuter innan batteriet kontrolleras. Alla andra kretsar ska vara frånslagna, kontrollera att dörrarna och bakluckan verkligen är stängda när kontrollen görs.
2 Om det avlästa spänningsvärdet är under 12 volt är batteriet i dåligt skick. Under 11,5 volt och batteriet behöver laddning. Så lite som 11,0 volt brukar vara tillräckligt för att starta motorn även om man inte kan lita på ett batteri i detta skick. Ett utslag på runt 10,0 volt antyder att en av de sex battericellerna har dött – ett vanligt sätt för moderna batterier att sluta fungera.
3 Ta bort batteriet från bilen om det ska laddas (avsnitt 2) och ladda det enligt beskrivningen längre fram i detta avsnitt.

Lågunderhåll batteri

4 Om bilen har en kort årlig körsträcka är det lämpligt att kontrollera elektrolytens densitet var tredje månad för att fastställa batteriets laddningstillstånd. Använd en hydrometer för att göra kontrollen och jämför resultaten med verktygstillverkarens instruktioner (normalt finns det en färgkodad skala på hydrometrar som säljs för batteriprovning).
5 Om batteriet misstänks vara defekt, kontrollera först elektrolytens densitet i varje cell. En betydande variation mellan cellerna indikerar förlust av elektrolyt eller försämring av de interna lamellerna.
6 Om variationen mellan cellerna är tillfredsställande men batteriet ändå är urladdat ska det alltid laddas enligt beskrivningen senare i detta avsnitt.

Underhållsfritt batteri

7 Om det monterade batteriet är livstidsförseglat och underhållsfritt kan elektrolyten inte testas eller fyllas på. Batteriets skick kan därför bara kontrolleras med en batteriindikator eller en voltmätare.

Laddning

Observera: *Följande är endast avsett som riktlinjer. Se alltid tillverkarens rekommendationer (som ofta är tryckta på en dekal som är fäst på batteriet) och lossa alltid båda polledningarna innan du laddar ett batteri.*

Lågunderhåll batteri

8 Det är lämpligt att ta bort cellkåporna om möjligt under laddning men observera att batteriet avger potentiellt explosiv vätgas när det laddas. Små mängder av elektrolyt (syra) kan dessutom komma ut när batteriet närmar sig full laddning. Om du tar bort cellkåporna kan du kontrollera om alla sex cellerna tar emot laddning – efter en stund bör elektrolyten börja bubbla. Om en cell inte bubblar kan detta indikera att den inte längre fungerar och att batteriet inte längre är funktionsdugligt.
9 Ladda batteriet med en styrka på 3,5 till 4 ampere och fortsätt att ladda batteriet med denna styrka tills det inte längre sker någon ytterligare ökning av densiteten under en period på fyra timmar.
10 Alternativt kan en droppladdare som laddar med 1,5 ampère användas över natten.
11 Speciella snabbladdare som påstås kunna ladda batteriet på 1-2 timmar är inte att rekommendera, eftersom de kan orsaka allvarliga skador på batteriplattorna genom överhettning.
12 Observera att elektrolytens temperatur aldrig får överskrida 38°C när batteriet laddas.

Underhållsfritt batteri

13 Denna batterityp tar avsevärt längre tid att ladda fullt än standardtypen. Tidsåtgången beror på hur urladdat batteriet är, men det kan ta ända upp till tre dygn.
14 En laddare av konstantspänningstyp krävs. Den ställs in till mellan 13,9 och 14,9 volt med en laddström understigande 25 A. Med denna metod bör batteriet vara användbart inom 3 timmar med en spänning på 12,5 V, men detta gäller ett delvis urladdat batteri. Full laddning kan som sagt ta avsevärt längre tid.
15 Om batteriet ska laddas från att ha varit helt urladdat (mindre än 12,2 volt), bör du överlåta laddningen åt en bilverkstad eller en Ford-återförsäljare, eftersom laddströmmen är högre och batteriet måste övervakas konstant under laddningen.

4 Laddningssystem – allmän information och föreskrifter

Allmän information

Laddningssystemet innefattar generatorn, en intern spänningsregulator, en varningslampa för urladdning (eller "tändning"), batteriet, och kablarna mellan alla dessa delar. Laddningssystemet tillför elektrisk ström till tändningssystemet, belysningen, radion etc. Generatorn drivs av multiremmen på motorns högra ände.

Syftet med spänningsregulatorn är att begränsa generatorns spänning till ett förinställt värde. Detta förhindrar ojämnheter i strömförsörjningen, överbelastning av kretsen etc. vid förhöjd spänningseffekt.

Laddningssystemet kräver i normala fall inget underhåll. Drivremmen, batteriet, kabel och kontakter ska däremot kontrolleras vid de intervall som anges i kapitel 1A eller 1B.

Varningslampan på instrumentbrädan ska tändas när startnyckeln vrids till läge II eller III och ska sedan släckas när motorn startas. Om den fortsätter att lysa eller om den tänds när motorn är igång är det fel på laddningssystemet. Om lampan inte tänds när startnyckeln vrids trots att glödlampan fungerar (se kapitel 12), är det fel på generatorn.

Föreskrifter

Var väldigt försiktig när du ansluter elektriska anslutningar till en bil som är utrustad med en generator och observera följande:

a) När du återansluter kablar från batteriet till generatorn, se till att polariteten blir rätt.

b) Lossa kablarna från generatorn och batteripolerna innan bågsvetsutrustning används för att reparera någon del av bilen.

c) Starta aldrig motorn med en batteriladdare ansluten.

d) Koppla alltid ifrån båda batterikablarna innan du använder en batteriladdare.

e) Generatorn drivs av en motordrivrem som kan orsaka allvarliga personskador om du fastnar med handen, håret eller kläderna i den när motorn är igång.

f) Eftersom generatorn är ansluten direkt till batteriet kan den avge en ljusbåge eller orsaka brand om den överbelastas eller kortsluts.

g) Täck över generatorn med en plastpåse och fäst den med gummiband innan du ångtvättar eller högtryckstvättar motorn **(glöm inte att ta bort plastpåsen innan du startar motorn igen).**

h) Koppla aldrig ur generatorn när motorn är igång.

5 Laddningssystem – kontroll

1 Om ett fel uppstår i laddningskretsen, förutsätt inte automatiskt att det beror på generatorn. Kontrollera först följande:

a) Kontrollera multiremmens spänning och skick – byt den om den är sliten eller försämrad (se kapitel 1).

b) Se till att generatorns fästbultar och fästmuttrar är åtdragna.

c) Undersök generatorns kabelnät och generatorns elanslutningar. De måste vara i gott skick och åtdragna.

d) Kontrollera de stora huvudsäkringarna i motorrummet (se kapitel 12). Om en

säkring är utlöst reparerar du kretsen och byter säkringen (bilen startar inte och/eller tillbehören fungerar inte om säkringen är utlöst).

e) Starta motorn och kontrollera generatorn med avseende på onormala ljud – till exempel kan ett tjutande eller gnisslande ljud indikera ett svårt slitet lager eller en svårt sliten borste.

f) Se till att batteriet är fulladdat. En enda dålig battericell kan orsaka överladdning av generatorn.

g) Koppla ifrån batterikablarna (först minuskabeln, sedan pluskabeln). Kontrollera att batteripolerna och ledningsklämmorna inte har utsatts för korrosion. Rengör dem ordentligt vid behov (se veckovisa kontroller). Återanslut batteriets minusledare.

h) Sätt in en testlampa mellan batteriets minuspol och den lossade jordledningsklämman:
   1) Om testlampan inte tänds återansluter du klämman och fortsätter till nästa steg.
   2) Om testlampan tänds finns det en kortslutning i bilens elsystem. Kortslutningen måste repareras innan laddningssystemet kan kontrolleras.
   3) Lossa generatorns kabelhärva för att hitta kortslutningen. Om lampan slocknar är det fel på generatorn. Om lampan fortsätter att lysa tar du bort varje säkring tills den slocknar – detta ger dig besked om vilken komponent som är kortsluten.

2 Använd en voltmätare och kontrollera batterispänningen med stillastående motor. Den ska vara cirka 12 volt.

3 Starta motorn och kontrollera batterispänningen igen. Öka motorvarvtalet tills voltmätarutslaget är stabilt. Det ska nu vara ungefär 13,5 – 14,6 volt.

4 Sätt på så många elektriska tillbehör som möjligt (t.ex. strålkastare, bakrutedefroster, och värmefläkt) och kontrollera att generatorn håller regulatorspänningen runt 13-14 volt. Spänningen kan sjunka och sedan stiga igen. Man kanske behöver öka motorvarvtalet något, även om laddningssystemet fungerar som det ska.

5 Om spänningsvärdet är högre än

den angivna laddningsspänningen ska spänningsregulatorn bytas.

6 Om spänningen inte ligger inom dessa värden kan felet vara slitna borstar, svaga borstfjädrar, defekt spänningsregulator, defekt diod, kapad fasledning eller slitna/skadade släpringar. Borstarna och släpringarna kan kontrolleras men om felet består bör generatorn bytas eller lämnas till en bilelektriker för test och reparation.

6 Generator – demontering och montering

Demontering

1 Lossa batteriets minusledning (jord) (se *Koppla loss batteriet* mot slutet av handboken).

2 På motorer med 4 cylindrar, ta bort den övre plastkåpan från motorn, och skruva loss generatorns övre fästbult **(se bild)**. Ta bort kabelhärvans stödfäste.

3 Lossa höger framhjulsmuttrar. Dra åt handbromsen. Lyft sedan upp framvagnen och ställ den på pallbockar (se *Lyftning och stödpunkter*). Ta bort höger framhjul och hjulhusfoder – ta dessutom bort styrinrättningens damaskstänkskydd som är fäst med en enda bult. Ta, om det är tillämpligt, bort motorns undre skyddskåpa.

4 Utför följande på 3,0 liters V6 ST-motorer:

a) Se kapitel 10 om det behövs, lossa överdelen av den främre krängningshämmarlänken från höger fjädringsben (använd en 5 mm insexnyckel för att förhindra att kulleden snurrar när muttern skruvas loss).

b) Ta bort den bakre genomgående bulten från motorns bakre rullbegränsare enligt beskrivningen i kapitel 2B – detta gör att motorn kan svänga framåt vilket ger mer utrymme vid den bakre delen. Kila motorn ordentligt framåt temporärt med hjälp av en bit trä och se till så att inga rör eller slangar spänns.

c) Ta bort muttern och två bultar till katalysatorns värmeskydd. För värmeskyddet mot motorns växellådsände och sedan neråt.

6.2a Ta bort generatorns övre fästbult (4-cylindriga modeller). . .

6.2b . . . och lossa kabelfästet

6.6 Ta bort kylningskanalen från generatorns bakre del (4-cylindriga modeller)

6.7 Lossa kablagets poler från generatorn

6.10 Ta bort generatorn genom höger hjulhus fram

7.2 Ta bort tre skruvar och ta bort ändkåpan (Bosch generator). . .

5 Ta bort multiremmen enligt beskrivningen i kapitel 1.

6 På motorer med 4 cylindrar, lossa fästklämmorna och ta bort kylkanalen från generatorn **(se bild)**.

7 Koppla loss kablagets kontaktdon från generatorns bakre del, skruva sedan loss muttern för att lossa kabelpolen från generatorn **(se bild)**.

8 Lossa styrstagsändens ytterände enligt beskrivningen i kapitel 10 för att skapa mer utrymme för demontering av generatorn.

9 Lossa den övre fästbulten och lossa kabelhärvans stödfäste på V6-motorer.

10 Ta bort de två nedre fästbultarna och ta bort generatorn genom höger hjulhus **(se bild)**.

11 Skruva loss de fyra fästmuttrarna och ta bort plastkåpan från generatorns baksida om det behövs.

12 Om du byter generatorn, ta med den gamla. Se till att den nya eller renoverade enheten är identisk med den gamla generatorn. Kontrollera anslutningarna. De ska ha samma antal, storlek och placering

som anslutningarna på den gamla generatorn. Kontrollera till sist identifieringsmarkeringarna. De är instansade på huset eller tryckta på en etikett eller skylt som är fäst på huset. Se till att dessa nummer och remskivor är identiska på de båda generatorerna.

Montering

13 Återmonteringen sker i omvänd ordning mot demonteringen. Se relevanta kapitel i denna handbok om det behövs. Dra åt alla muttrar och bultar till angivet åtdragningsmoment.

7 Generatorborstar och spänningsregulator – byte

Observera: *Denna arbetsbeskrivning förutsätter att rätt delar har införskaffats. I skrivande stund fanns inga separata generatorkomponenter från Ford att köpa som reservdelar. Du kan dock hitta vissa delar, t.ex. borstar, hos en specialist på bilelektronik och även få hjälp med att montera dem.*

1 Ta bort generatorn från bilen (se avsnitt 6) och placera den på en ren arbetsbänk.

Demontering

2 Skruva loss fästskruvarna/muttrarna, och ta bort generatorn ändkåpa **(se bild)**.

3 Ta bort de två fästskruvarna till spänningsregulatorn/borsthållaren och skjut försiktigt av kablaget från kontaktdonet om tillämpligt.

4 Ta bort the spänningsregulatorn/borsthållaren **(se bild)**.

5 Mät varje borstes exponerade längd och kontrollera med en bilelektrisk specialist om de är för mycket slitna.

6 Se till att alla borstar löper smidigt i sina hållare.

7 Kontrollera att släpringarna – de ringar av koppar som varje borste bärs upp på – är

7.4a . . . ta sedan bort regulator-/borsthållarenheten (fäst med två skruvar)

7.4b Fästskruvar regulator/borsthållare (Motorcraft generator)

rena **(se bild)**. Torka dem med en trasa fuktad i lösningsmedel. Om någon av dem verkar repig eller svärtad, ta med generatorn till en specialist för råd.

Montering

8 Montera spänningsregulatorn/borsthållaren **(se bild)**. Se till att borstarna hålls korrekt i släpringarna och att de trycks ihop i sina hållare. Dra åt skruvarna ordentligt och om det är tillämpligt, montera tillbaka tråden i sitt kontaktdon
9 Montera den bakre kåpan och dra åt skruvarna/muttrarna ordentligt.
10 Montera tillbaka generatorn (se avsnitt 6).

8 Startsystem – allmän information och föreskrifter

Allmän information

Startsystemets enda funktion är att vrida runt motorn tillräckligt snabbt för att den ska starta.

Startsystemet består av batteriet, startmotorn, startmotorns solenoid och de kablar som ansluter dessa enheter. Solenoiden är monterad direkt på startmotorn.

Magnetventilen/startmotorn är monterad upptill på växellådans bakre del på V6-motorer med undantag av 3,0 liters ST och framtill på motorblocket, bredvid balanshjulskåpan, på 4-cylindriga och 3,0 liters V6 ST-motorer.

När tändningen vrids till läget III aktiveras startmotorns solenoid genom startstyrkretsen. Startmotorns solenoid ansluter då batteriet till startmotorn. Batteriet levererar elektrisk energi till startmotorn som gör det faktiska arbetet med att dra runt motorn.

Startmotorn på en bil som är utrustad med automatväxellåda kan endast användas när växelväljaren är i läget Park eller Neutral (P eller N).

Om larmet är aktiverat kan startmotorn inte startas. Samma sak gäller motorlåsningssystemet (i förekommande fall).

Föreskrifter

Vidta alltid följande försiktighetsåtgärder när du arbetar med startsystemet:
a) *Överdriven användning av startmotorn kan leda till överhettning och allvarliga skador. Kör aldrig startmotorn längre än 15 sekunder åt gången utan att låta den svalna i minst två minuter. Överdriven användning av startmotorn kan leda till att icke förbränt bränsle samlas i katalysatorn, vilket gör att den överhettas när motorn verkligen startar.*
b) *Startmotorn är ansluten direkt till batteriet och kan bilda en elbåge eller orsaka en brand om den hanteras felaktigt, överbelastas eller kortsluts.*
c) *Koppla alltid loss ledningen från batteriets minuspol innan du utför något arbete på startsystemet (se avsnitt 1).*

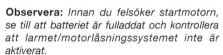

7.7 Kontrollera att släpringarna är rena

9 Startsystem – kontroll

Observera: *Innan du felsöker startmotorn, se till att batteriet är fulladdat och kontrollera att larmet/motorlåsningssystemet inte är aktiverat.*
1 Om startmotorn inte går runt alls när nyckeln vrids runt, se till att växelväljaren på modeller med automatväxellåda är i läget P eller N.
2 Se till att batteriet är fulladdat, och att alla ledningar är hela och åtdragna, vid både batteriets och startmotors anslutningar.
3 Om startmotorn går runt utan att motorn startar, kan det bero på att motorbromsens koppling eller (i förekommande fall) växlarna i startmotorn slirar. I så fall måste startmotorn renoveras eller bytas. (Andra möjligheter är att startmotorns fästbultar sitter väldigt löst, eller att kuggar saknas i svänghjulets krondrev.)
4 Om startmotorn inte startar över huvud taget när tändningsnyckeln vrids runt, men solenoiden klickar, beror problemet på antingen batteriet, solenoidens huvudkontakter, eller startmotorn (motorn kan också ha skurit).
5 Om det inte hörs något klickljud från solenoid när tändningslåset vrids runt är det fel på batteriet, kretsen eller solenoiden.
6 När du ska kontrollera solenoiden ansluter du en testkabel med säkring mellan batteriets pluspol (+) och tändningslåsets anslutning (den lilla anslutningen) på solenoiden. Om startmotorn nu går runt fungerar solenoiden och problemet beror på tändningslåset, växelväljarens lägesgivare (automatväxellåda) eller kablaget.
7 Om startmotorn fortfarande inte fungerar tar du bort den. Borstarna och kommutatorn kan kontrolleras men om felet kvarstår ska motorn bytas eller tas med till en bilelektriker för kontroll och reparation.
8 Om startmotorn drar runt motorn ovanligt långsamt, se först till att batteriet är laddat och att alla polanslutningar är åtdragna. Om motorn har skurit delvis eller om motoroljan har fel viskositet går den runt långsamt.
9 Låt motorn gå tills normal arbetstemperatur har uppnåtts, slå sedan av och avaktivera tändningssystemet genom

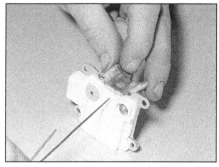

7.8 Sätt in en stång genom det speciella hålet för att hålla borstarna i sitt indragna läge

att koppla loss tändspolens kontaktdon. Ta bort bränslepumpens säkring – se Kopplingsscheman i kapitel 12.
10 Anslut en voltmätare genom att koppla plusledningen till batteriets pluspol och minusledningen till minuspolen.
11 Dra runt motorn och läs av voltmätaren så snart värdet har stabiliseras. Låt inte startmotorn gå mer än 15 sekunder i taget. 10,5 volt eller mer när startmotorn går med normal hastighet är normalt. Om du läser av 10,5 volt eller mer när startmotorn går långsammare beror det på att solenoidens kontakter är brända, att det är fel på motorn eller att förbindelsen är dålig. Om du läser av mindre än 10,5 volt och motorns starthastighet är låg, är det fel på startmotorn eller batteriet.

10 Startmotor – demontering och montering

1 Lossa batteriets minusledning (jord) (se *Koppla loss batteriet* mot slutet av handboken).

4-cylindriga och 3,0-liters ST-modeller

Demontering

2 Dra åt handbromsen. Lyft sedan upp framvagnen och ställ den på pallbockar (se *Lyftning och stödpunkter*).
3 Ta bort motorns undre skyddskåpa, om det är tillämpligt.
4 Ta bort skvalpplåten underifrån kylaren.
5 Skruva loss de två fästmuttrar och lossa kablagefästet från startmotorns pinnbultar/bultar **(se bild)**.
6 Skruva loss muttrarna för att koppla loss kablaget från startmotorns/solenoidens anslutningar **(se bild)**.
7 På modeller med 4 cylindrar, skruva loss fästbulten och ta bort startmotorns bakre stödfästbygel **(se bild)**.
8 Skruva loss de två fästpinnbultarna/bultarna till startmotorn och ta bort startmotorn **(se bild)**.

Montering

9 Återmonteringen sker i omvänd ordningsföljd

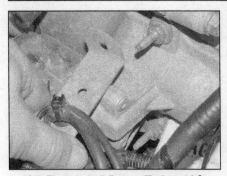

10.5 Flytta kabelhärvans fästbygel från startmotorns pinnbultar/bultar

10.6 Lossa kablaget från startmotor/solenoid

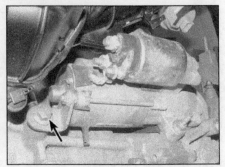

10.7 Skruva loss fästbulten (markerad med pil) från det bakre stödfästet (4-cylindriga modeller)

mot demonteringen. Dra åt bultarna till angivet moment.

V6 modeller utom 3,0 liter ST

Demontering

10 Lossa fästklämmorna från luftintagsslangarna, lossa massluftflödesgivaren och ta bort luftrenaren och luftrenarens fäste.
11 Ta bort batteriet enligt beskrivningen i avsnitt 2. Ta bort batterilådan som lossas med hjälp av de två klämmorna på basen. Ta bort bulten från luftintagsröret, och flytta det åt sidan.
12 Lossa kablaget från startmotorn. Ta bort muttrarna och bulten som håller fast stödfästbygeln på startmotorn och växellådshuset. Ta bort fästbygeln **(se bild)**.
13 På modeller med manuell växellåda, lossa kablaget från backljuskontakten.
14 Skruva loss fästbultarna från startmotorn,

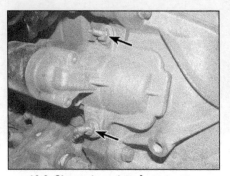

10.8 Skruva loss de två startmotor fästbultar/pinnbultar (markerade med pil)

lossa sedan startmotorn från styrhylsorna på växellådshuset och dra bort den från motorn **(se bilder)**.

Montering

15 Monteringen utförs i omvänd ordningsföljd

10.12 Lossa kablaget och stödfästbygeln från startmotorn

mot demonteringen. Dra åt bultarna till angivet moment.

11 Startmotor– test och renovering

Observera: *I skrivande stund fanns inga separata startmotordelar från Ford att köpa som reservdelar. En specialist på bilelektronik bör kunna tillhandahålla och montera delar, t.ex. borstar.*

Om startmotorn misstänks vara defekt måste den demonteras (enligt beskrivningen i avsnitt 10) och tas till en bilelektriker för kontroll. I majoriteten av fall kan nya startmotorborstar monteras till en rimlig kostnad. Kontrollera dock reparationskostnaderna först, eftersom det kan vara billigare med en ny eller begagnad motor.

10.14a Skruva loss fästbultarna . . .

10.14b . . . och ta bort startmotorn från växellådan

Kapitel 5 Del B:
Tändningssystem

Innehåll

Knackgivare – demontering och montering 6
Tändningsinställning – justering och kontroll 5
Tändningsmodul (CD4E automatväxellåda) – demontering och
   montering 4
Tändningssystem – allmän information och föreskrifter 1
Tändningssystem – kontroll 2
Tändspole – kontroll, demontering och montering 3

Svårighetsgrader

Enkelt, passer novisen med lite erfarenhet	Ganska enkelt, passar nybörjaren med viss erfarenhet	Ganska svårt, passer kompetent hemmamekaniker	Svårt, passer hemmamekaniker med erfarenhet	Mycket svårt, för professionell mekaniker

Specifikationer

Tändningsinställning . . . .   Går inte att ställa in – styrs av PCM (drivlinans styrmodul)

Tändspole
Primär resistans – uppmätt vid spolkontaktens polstift . . . .   0,50 ± 0,05 ohm

Åtdragningsmoment   **Nm**
Knackgivare:
   4-cylindriga modeller   20
   V6 modeller   34

1 Tändningssystem – allmän information och föreskrifter

Allmän information

Tändningssystemet inkluderar tändningsbrytaren, batteriet, vevaxelns hastighets-/lägesgivare, spolen, den primära (lågspänning/LT) och sekundära (högspänning/HT) kablagekretsen och tändstiften. I modeller med den automatiska växellådan CD4E (fyrstegad) är dessutom en separat tändningsmodul monterad vars funktioner är inbyggda i PCM i modeller med manuell växellåda. Tändningssystemet styrs av motorstyrningssystemets drivlinestyrmodul (PCM). Med hjälp av de data som tillhandahålls av informationsgivarna som övervakar diverse motorfunktioner (till exempel motorvarvtal och kolvläge, insugsluftmassa, motorkylvätskans temperatur etc.) säkerställer PCM en perfekt tidsinställd gnista under alla förhållanden (se kapitel 4A). **Observera:** *Tändinställningen*

styrs helt av PCM och kan inte justeras – se kapitel 4A för ytterligare detaljer.

Tändsystemet fungerar följande sätt: modulen ger spänning till tändspolens effektsteg, vilket gör att primärlindningen i spolen magnetiseras. Matningsspänningen avbryts periodiskt av PCM och detta leder till att det primära magnetfältet kollapsar vilket sedan inducerar en mycket högre spänning i de sekundära lindningarna som kallas högspänning (HT). Denna spänning leds till tändstiften via tändkablarna. Elektroderna i tändstiftet har ett tillräckligt litet avstånd för att högspänningen ska kunna föras över som en gnista som antänder bränsle/luftblandningen i cylindern. Ordningsföljden för tidsinställning av händelser är kritisk och regleras av PCM.

Föreskrifter

Vid arbete på tändsystemet ska följande försiktighetsåtgärder vidtas:
a) *Vrid inte runt tändningsnyckeln i mer än 10 sekunder om motorn inte startar.*
b) *Om en separat varvtalsmätare behövs för servicearbete ska du rådfråga verkstadens*

serviceavdelning innan du köper en varvtalsräknare för användning i denna bil – en del varvtalsräknare kanske inte är kompatibla med detta tändningssystem – och anslut den alltid i enlighet med anvisningarna från tillverkaren av utrustningen.
c) *Anslut aldrig tändspolens poler till jord. Detta kan leda till skador på spolen och/ eller PCM eller tändmodulen (beroende på vilken som är monterad).*
d) *Koppla inte ifrån batterikablarna när motorn är igång.*
e) *Se till att tändningsmodulen (om sådan finns) är korrekt jordad.*
f) *Se varningen i början av nästa avsnitt när det gäller HT-spänningen.*

2 Tändsystem – kontroll

 Varning: Var mycket försiktig vid arbete med systemet då tändningen är påslagen. Det

finns risk för en kraftig elektrisk stöt från tändningssystemet. Personer med pacemaker bör inte vistas i närheten av tändningskretsar, komponenter och testutrustning. Slå alltid av tätningen innan du lossar eller ansluter en komponent och vid användning av en multimeter för att kontrollera resistansen.

⚠️ Varning: På grund av den höga spänning som genereras av tändningssystemet är det nödvändigt att vara mycket försiktig när arbeten utförs som innefattar tändningskomponenter. Detta inkluderar inte bara tändningsmodulen/PCM, spolen och tändkablarna utan även tillhörande komponenter som elanslutningar, varvtalsräknare och annan testutrustning.

Allmänt

Observera: Detta är en inledande kontroll av "tändningsdelen" i motorstyrningssystemet som ska utföras som en del av de preliminära kontrollerna av det kompletta motorstyrningssystemet (se kapitel 4A).

1 De flesta fel i elsystemets beror på lösa eller smutsiga anslutningar eller på spårning (oavsiktlig jordning) av högspänning beroende på smuts, fukt eller skadad isolering snarare än på defekta systemkomponenter. Kontrollera allt kablage ordentligt innan en elektrisk komponent döms ut och arbeta metodiskt för att eliminera alla andra möjligheter innan du bestämmer att en viss komponent är defekt.

2 Rutinen att kontrollera gnistan genom att hålla högspänningsledningens spänningsförande ände en liten bit från motorn är definitivt inte lämplig på grund av risken för personskador eller skador på PCM/tändningsmodulen.

Motorn startar inte

3 Om motorn antingen inte går runt alls eller endast går runt väldigt långsamt ska du kontrollera batteriet och startmotorn. Anslut en voltmätare över batteripolerna (mätarens pluspol till batteriets pluspol), deaktivera sedan tändningen genom att lossa kablaget från spolen. Observera det spänningsvärde som erhålls när motorn går runt med startmotorn under maximalt 10 sekunder. Om det avlästa värdet understiger ungefär 10 volt ska först batteriet, startmotorn och laddningssystemet kontrolleras (se kapitel 5A).

Kontrollera tändkablarna och tändspolen

4 Lossa tändkabeln från tändstiftet och anslut den till en kalibrerad testare (finns i de flesta biltillbehörsbutiker). Anslut klämman på testaren till god jord - en bult eller en metallfästbygel på motorn. Om du inte kan få tag i en kalibrerad tändningstestare ska du låta en Ford-verkstad eller något likvärdigt utföra kontrollen. Ingen annan typ av kontroll (t.ex. koppla ett tändstift från en tändkabelände till jord) rekommenderas (se Varningar ovan och i avsnitt 1).

5 Dra runt motorn och iaktta testarens ände för att se om det uppstår ljusblå, väldefinierade gnistor.

6 Om det uppstår gnistor är spänningen som når tändstiften tillräcklig för att tända det. Upprepa kontrollen vid de återstående pluggarna för att se till att alla ledningar är hela och att spolen är användbar. Pluggarna kan dock vara smutsiga eller felaktiga och därför ska de tas bort och kontrolleras enligt beskrivningen i kapitel 1.

7 Om det inte uppstår några gnistor eller intermittenta gnistor kan tändkabeln (tändkablarna) vara defekta.

8 Kontrollera spolens elektriska kontaktdon för att se till att det är rent och sitter ordentlig om det fortfarande inte kommer någon gnista. Kontrollera med avseende på fullständig batterispänning till spole, vid pol 2 på 4-cylindriga motorer och vid pol 4 på V6-motorer. Spolen jordas genom PCM – försök inte kontrollera detta. Kontrollera själva spolen (se avsnitt 3). Gör eventuellt nödvändiga reparationer, upprepa sedan kontrollen igen.

9 All kontroll av dessa system måste överlåtas till en Ford-verkstad eftersom det är risk för att systemet aktiveras av misstag om inte rätt åtgärder vidtas.

3 Tändspole – kontroll, demontering och montering

Varning: se Varningar i avsnitt 2 i detta kapitel innan du fortsätter med något arbete på tändningssystemet.

Kontroll

1 Lossa batteriets minusledning (jord) (se Koppla loss batteriet mot slutet av handboken) när du har kontrollerat att den fullständiga batterispänningen är tillgänglig vid spolens elektriska kontaktdon

2 Koppla loss spolens elektriska kontaktdon om det inte redan är lossat.

3 Använd en ohmmätare för att mäta resistansen i spolens primärlindning. Anslut mätaren mellan spolens polstift på följande sätt. Mät först från det ena yttre stiftet till det mittre stiftet och sedan från det andra yttre stiftet till mitten. Jämför dina värden med spolens primära resistans som finns i specifikationsavsnittet i början av detta kapitel.

4 Lossa tändkablarna – observera deras anslutningar eller märk dem noggrant enligt beskrivningen i kapitel 1. Använd mätaren för att kontrollera att det finns kontinuitet mellan varje par av tändkablarnas poler. På 4-cylindriga modeller ansluts spolens pol 1 och 4 genom deras sekundärlindningar liksom pol 2 och 3. I V6-modeller är pol 1 och 5 anslutna, pol 3 och 4 anslutna och pol 2 och 6 anslutna. Växla nu till den högsta resistansskalan och kontrollera att det inte är någon kontinuitet

3.8 Lossa kablagekontaktdonet till tändspolen (4-cylindrig motor)

mellan ettdera paret av poler och de andra – dvs., på 4-cylindriga modeller, bör det vara oändligt motstånd mellan pol 1 och 2 och 3 - även mellan polen och jord.

5 Om något av testen ovan ger resistansvärden som ligger utanför det angivna området eller andra resultat än de som beskrivs ska spolen bytas. Eventuell ytterligare kontroll ska överlåtas åt en verkstads serviceavdelning eller en annan kvalificerad reparationsanläggning.

Demontering och montering

4-cylindriga modeller

Observera: Tändspolen är monterad på kylvätskehuset som är placerat på topplockets vänstra sida i modeller med 4-cylindrig motor.

6 Lossa batteriets minusledning (jord) (se Koppla loss batteriet mot slutet av handboken).

7 Lossa ventilationsslangen från motorns övre plastkåpa, lossa sedan kåpan från motorns överdel.

8 Koppla loss det elektriska kontaktdonet från spolen, lossa sedan tändkablarna – observera deras anslutningar eller märk dem noggrant enligt beskrivningen i kapitel 1 **(se bild)**.

9 Skruva loss de fyra skruvar som håller fast spolen på kylarhuset **(se bild)**. Ta bort spolenheten från topplocket. **Observera:** Dämparen på spolens sida kan också tas bort, lossa kablagekontaktdonet om det behövs.

10 Återmonteringen utförs i omvänd ordningsföljd mot demonteringen. Se till att

3.9 Skruva los torxskruvarna (markerade med pil) för att lossa tändspolen

Observera att dämparen hålls fast av två av skruvarna

3.12a Lossa kablaget från tändspolen...

3.12b ... och dämparen (V6-motorer)

3.13 Lossa tändkablarna – var och en är märkt med sitt cylindernummer

tändkablarna är korrekt anslutna och dra åt spolens skruvar ordentligt.

V6 modeller

Observera: *I modeller med V6-motor är tändspolen monterad på den bakre ventilkåpan.*

11 Lossa batteriets minusledning (jord) (se *Koppla loss batteriet* mot slutet av handboken).

12 Lossa kablaget från tändspolen och dämparen **(se bilder)**.

13 Notera tändkablarnas placering och lossa dem sedan från tändspolen. Märk ut kablarnas placering för att säkerställa korrekt återmontering, varje ledning är märkt med dess motsvarande cylindernummer **(se bild)**.

14 Skruva loss fästskruvarna och ta bort spolen, observera att jordkabeln är ansluten till en av fästbultarna och att dämparen är ansluten till två av bultarna **(se bilder)**.

15 Monteringen utförs i omvänd ordningsföljd mot demonteringen. Se till att jordledningen ansluts till en av spolens fästskruvar. Se dessutom till att tändkablarna är korrekt anslutna.

4 Tändningsmodul (CD4E automatväxellåda) – demontering och montering

Demontering

1 Lossa batteriets minusledning (jord) (se *Koppla loss batteriet* mot slutet av handboken).

4.3 Skilj tändningsmodulen på modeller med automatväxel – anslutningskontakt (A) och bultar (B)

3.14a En jordkabel är ansluten till en av tändspolens fästbultar...

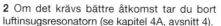

2 Om det krävs bättre åtkomst tar du bort luftinsugsresonatorn (se kapitel 4A, avsnitt 4).

3 Koppla loss det elektriska kontaktdonet från modulen **(se bild)**.

4 Ta bort fästbultarna, och lossa modulen från mellanväggens fäste.

Montering

5 Monteringen utförs i omvänd ordningsföljd mot demonteringen.

5 Tändningsinställning – kontroll och justering

Tändinställningen styrs helt av PCM och kan inte justeras – se kapitel A för ytterligare detaljer. Det går inte bara att inte justera tändningsinställningen, det går inte att

6.1a På 4-cylindriga motorer är knackgivaren (markerad med pil) placerad över oljeseparatorn

3.14b ... och en dämpare till två av fästbultarna

kontrollera den heller förutom med hjälp av den speciella diagnosutrustningen – detta innebär att det är en uppgift för en Ford-verkstad.

6 Knackgivare – demontering och montering

Demontering

1 På 4-cylindriga motorer är knackgivaren fastbultad på motorblockets front under insugsgrenröret. På V6-motorer är den fastbultad baktill på motorn över höger mellandrivaxel **(se bilder)**. **Observera:** *På en del V6-motorer kan en andra knackgivare vara monterad på den främre cylinderraden.*

2 Ta bort insugsgrenröret enligt beskrivningen i kapitel 2A på 4-cylindriga motorer.

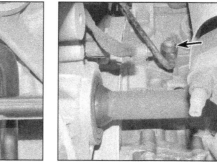

6.1b På V6-motorer är knackgivaren (markerad med pil) placerad på den bakre delen av motorn

3 Följ kablaget från knackgivaren och lossa dess kablageblocks kontaktdon om tillämpligt och lossa kablaget från kabelklämmorna.

4 Skruva loss bulten och ta bort knackgivaren från motorblocket **(se bild)**.

Montering

5 Monteringen utförs i omvänd ordningsföljd mot demonteringen; observera följande punkter:

a) Rengör sensorn och dess plats på motorn.

b) Vrid givaren så mycket moturs som möjligt utan att vidröra topplocket/blocket eller oljeseparatorn på 4-cylindriga modeller **(se bild)**.

c) Sensorns bult **måste** *dras åt till angivet moment för att sensorn ska fungera korrekt.*

6.4 Ta bort knackgivaren (4-cylindrig motor, topplocket borttaget för tydlighetens skull)

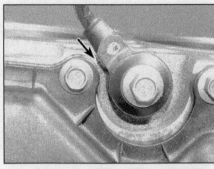

6.5 Lämna ett mellanrum (markerat med pil) vid återmonteringen av knackgivaren (4-cylindriga motorer)

Kapitel 6
Koppling

Innehåll

Allmän information	1	Kopplingskomponenter – demontering, kontroll och montering 5
Koppling – beskrivning och kontroll	2	Kopplingspedal – demontering och montering	4
Kopplingens huvudcylinder – demontering och montering	3	Urtrampningslager (och slavcylinder) – demontering, kontroll och
Kopplingens hydraulsystem – luftning	7	montering	6

Svårighetsgrad

Enkelt, passar novisen med lite erfarenhet	**Ganska enkelt,** passar nybörjaren med viss erfarenhet	**Ganska svårt,** passar kompetent hemmamekaniker	**Svårt,** passar hemmamekaniker med erfarenhet	**Mycket svårt,** för professionell mekaniker

Specifikationer

Allmänt

Typ	Enkel torr lamell, hydrauliskt manövrerad med automatisk justering
Skivans diameter:	
1,8 och 2,0 liter	228 mm
2,5 och 3,0 liter	240 mm
Beläggtjocklek:	
Ny	6,8 mm
Minimum (slitna)	6,0 mm

Åtdragningsmoment

	Nm
Fästmuttrar/bultar till kopplingens huvud-/slavcylinder	10
Kopplingskåpa på svänghjul	29
Kopplingspedalens fästmutter	23

1 Allmän information

Modeller med manuell växellåda är utrustade med ett hydrauliskt drivet enkelt torrlamellkopplingssystem. När kopplingspedalen trampas ner överförs kraft till urtrampningsmekanismen via en huvudcylinder vid pedalens ände och en slavcylinder (som kombineras med urkopplingslagret) vid växellådans ände. Frigöringsmekanismen överför kraft till tryckplattans tallriksfjäder som dras bort från svänghjulet och lossar friktionsskivan.

Svänghjulet sitter på vevaxeln med tryckplattan fastbultad på den. Demontering av svänghjulet beskrivs i relevant del av kapitel 2.

Eftersom många av de tillvägagångssätt som täcks i detta kapitel involverar arbete under bilen måste du se till att den har tillräckligt stöd på pallbockar som är placerade på ett fast, plant golv (se *Lyftning och stödpunkter*).

⚠ *Varning: Den hydraulvätska som används i systemet är bromsvätska, som är giftig. Var försiktig så att vätskan inte kommer i kontakt med huden och framförallt så att den inte kommer i ögonen. Vätskan skadar också färger och kan missfärga mattor etc. Minimera spillet och om du spiller, tvätta genast av med kallt vatten. Slutligen är bromsvätska väldigt lättantändlig och ska hanteras lika försiktigt som bensin.*

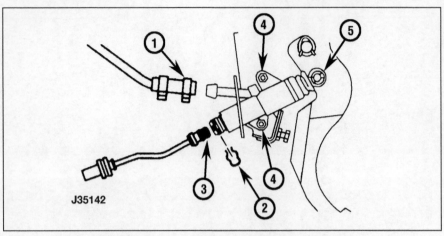

2.5 Kopplingshuvudcylinder och tillhörande beslag

1 Vätsketillförselslang
2 Slangens fästklämma
3 Högtryck vätskerör

4 Huvudcylinderns
fästmuttrar

5 Huvudcylinder till
pedalens låsring

2 Koppling – beskrivning och kontroll

Beskrivning

1 Alla manuella växellådsmodeller är utrustade med en kopplingsenhet med enkel tallriksfjäder av torrlamelltyp. Kåpenheten består av en stålkåpa (monterad med styrhylsor och bultar vid svänghjulets framsida), tryckplattan, och en tallriksfjäder.

2 Kopplingslamellen rör sig fritt på räfflorna på växellådans ingående axel och den hålls på plats mellan svänghjulet och tryckplattan av tallriksfjäderns tryck. Friktionsbelägg är fastnitade på lamellen (drivplattan) som har ett fjädrande nav för att ta upp ryckningar i kraftöverföringen och göra kraftupptagningen smidig.

3 Det centralt monterade urkopplingslagret kommer i kontakt med tallriksfjäderns fingrar.

När kopplingspedalen trycks ner trycker den urtrampningslagret mot tallriksfjäderns fingrar, så att tallriksfjäderns mitt flyttas inåt. När fjäderns mitt trycks inåt svänger fjäderns utsida utåt så att tryckplattan flyttas bakåt och lossar sitt grepp om lamellen.

4 När pedalen släpps upp tvingar tallriksfjädern tryckplattan tillbaka mot lamellens friktionsytor. Lamellen hålls nu fast mellan tryckplattan och svänghjulet och överför på detta sätt motorns kraft till växellådan.

5 Kopplingen är hydrauliskt driven och har en huvudcylinder monterad bakom kopplingspedalen och den får sin tillförsel av hydraulvätska från en kammare i bromsvätskebehållaren (se bild).

6 När kopplingspedalen trampas ner manövreras huvudcylinderns tryckstång och vätsketrycket överförs genom vätskeledningarna till en slavcylinder som är monterad inne i balanshjulskåpan (se bild).

7 Slavcylindern är inbyggd i urtrampningslagret - när slavcylindern arbetar

trycks urtrampningslagret mot tallriksfjäderns fingrar och lossar kopplingen.

8 Den hydrauliska kopplingen är självjusterande.

Kontroll

9 Följande kontroller kan utföras föra att felsöka ett kopplingsproblem:
a) Kontrollera vätskerören från kopplingens huvudcylinder till svänghjulskåpan. Sök efter skador, tecken på läckage samt veck eller bucklor som kan hindra vätskeflödet.
b) Långsam eller dålig funktion kan bero på att det finns luft i vätskan. Systemet kan luftas enligt beskrivningen i avsnitt 7.
c) Kontrollera kopplingspedalen med avseende på onormalt slitage på bussningarna (om tillämpligt) och med avseende på hinder som kan begränsa pedalrörelsen.

3 Kopplingens huvudcylinder – demontering och montering

Observera: Se varningen i avsnitt 1 om riskerna med hydraulvätska innan du fortsätter.

Demontering

1 Lossa batteriets minusledning (jord) (se Koppla loss batteriet mot slutet av handboken).

2 Arbeta inne i bilen, flytta förarsätet helt bakåt för att ge maximalt arbetsutrymme. Ta bort den nedre klädselpanelen från instrumentbrädan på förarsidan som är fäst med fyra skruvar och två övre klämmor. Om tillämpligt lossar du diagnostikkontaktdonet från panelen och/eller lossar kablaget från klimatkontrollgivaren när panelen tas bort.

3 Vrid kopplingspedalens positionsbrytare och lossa den från pedalbygeln. Beroende på modell, lossa kopplingspedalens returfjäder (5-växlade modeller, ovan) eller kopplingspedalens stödfjäder (6-växlade modeller, på sidan) från fästbygeln (se bild).

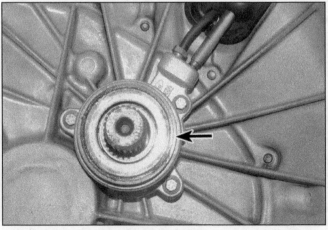

2.6 Kopplingens urkopplingslager (markerat med pil) kombineras med slavcylindern

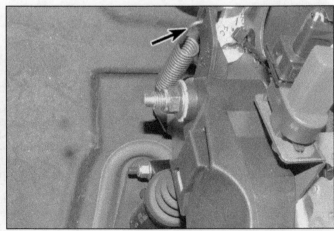

3.3 Haka loss kopplingspedalens returfjäder (markerad med pil) från fästbygeln

4 Räkna med spill av hydraulvätska (bromsvätska) innan du fortsätter – det mesta spillet blir i motorrummet men om tillräckligt med vätska kommer i kontakt med mattan kan den missfärgas eller värre. Placera gott om rena trasor under kopplingspedalen och ha en behållare till hands i motorrummet.

5 Ta bort bromsvätskebehållarens lock och skruva sedan fast det över polyeten- eller plastfolie så att det blir lufttätt. Detta kan minska vätskespillet när ledningarna kopplas loss.

6 Flytta allt kablage och alla slangar åt ena sidan om det behövs för att komma åt vätskeanslutningarna där de passerar genom motorrummets mellanvägg. På 4-cylindriga modeller, ta bort luftrenarens inloppsslang och tryckhuset enligt beskrivningen i relevant del av kapitel 4. I V6-modeller kan det vara nödvändigt att ta bort det övre avsnittet av insugsgrenröret enligt beskrivningen i kapitel 2B.

7 Arbeta i motorrummet, lossa slangklämman och lossa den (övre) vätskematarslangen från kopplingshuvudcylindern **(se bild)**. Plugga igen slangänden för att förhindra vidare vätskeförlust och att det kommer in smuts.

8 Dra ut fjäderklämman åt sidan, dra sedan ut rörbeslaget från cylinderns bas för att ta bort vätskeröret (nedre) **(se bild)**. Plugga igen eller täpp till röränden så att vätskeförlusten minskas och ingen smuts kommer in i systemet.

9 Återgå till fotutrymmet på förarsidan, och skruva loss de två fästmuttrar från huvudcylindern **(se bild)**.

10 Skruva loss kopplingspedalens fästmutter **(se bild)** och ta bort pedalen helt tillsammans med kopplingshuvudcylindern. Lossa fästklämman och huvudcylindern från kopplingspedalen. Var försiktig så att du undviker att spilla kvarvarande vätska på de inre beslagen.

Montering

11 Montering sker i omvänd ordningsföljd, men observera följande:

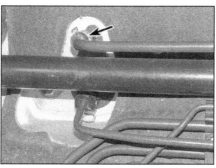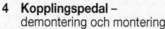

3.7 Lossa slangklämman (markerad med pil) och lossa vätskematningsslangen

a) Dra åt fästmuttrarna till angivet moment.
b) Använd nya klämmor när man sätter tillbaka matningsslangen.
c) Montera tillbaka de komponenter som du eventuellt har tagit bort för att komma åt.
d) Ta bort plastfilmen från undersidan av vätskebehållarens lock och fyll på vätskenivån (se Veckokontroller).
e) Lufta kopplingens hydraulsystem enligt beskrivningen i avsnitt 7.
f) Om vätskenivån i behållaren har minskat väldigt mycket kan även bromssystemet behöva luftas – se kapitel 9.

4 Kopplingspedal – demontering och montering

Demontering

1 Lossa batteriets minusledning (jord) (se *Koppla loss batteriet* mot slutet av handboken).

2 Arbeta inne i bilen, flytta förarsätet helt bakåt för att ge maximalt arbetsutrymme. Ta bort den nedre klädselpanelen från instrumentbrädan på förarsidan som är fäst med fyra skruvar och två övre klämmor. Om tillämpligt lossar du diagnostikkontaktdonet från panelen och/eller

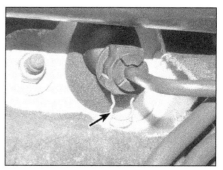

3.8 Ta bort fjäderklämman (markerad med pil) och lossa röret

lossar kablaget från klimatkontrollgivaren när panelen tas bort.

3 Vrid kopplingspedalens lägesbrytare och lossa den från pedalbygeln. Beroende på modell, lossa kopplingspedalens returfjäder (5-växlade modeller, ovan) eller kopplingspedalens stödfjäder (6-växlade modeller, på sidan) från fästbygeln **(se bild 3.3)**.

4 Bänd om möjligt bort låsringen som håller fast huvudcylindern i kopplingspedalen. **Observera:** *Det kan vara nödvändigt att ta bort pedalen helt med huvudcylindern enligt beskrivningen i avsnitt 3.*

5 Skruva loss kopplingspedalens fästmutter och ta bort pedalen från styrbultsaxeln **(se bild 3.10)**.

Montering

6 Applicera lite fett på styrbultsaxeln innan du återmonterar pedalen.

7 Monteringen sker i omvänd ordningsföljd jämfört med demonteringen men se till att eventuella bussningar och distansbrickor (om tillämpligt) är korrekt placerade.

8 Om huvudcylindern har tagits bort tillsammans med kopplingspedalen monterar du tillbaka den enligt beskrivningen i avsnitt 3.

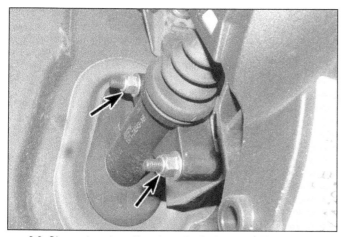

3.9 Skruva loss kopplingshuvudcylinderns två fästmuttrar (markerade med pil)

3.10 Skruva loss kopplingspedalens fästmutter (markerad med pil)

5.3a Skruva loss kopplingskåpans bultar . . .

5.3b . . . använd ett hemmagjort låsverktyg för att hålla fast svänghjulet

5.8 Undersök tallriksfjäderns fingrar med avseende på slitage eller sprickor

5 Kopplingens delar – demontering, kontroll och montering

⚠️ **Varning: Dammet från kopplingsslitage som avlagrats på kopplingskomponenterna kan innehålla hälsovådlig asbest. Blås INTE bort dammet med tryckluft och andas inte in det. ANVÄND INTE bensin eller bensinbaserade lösningsmedel för att tvätta bort dammet. Rengöringsmedel för bromssystem eller T-sprit bör användas för att spola ner dammet i en lämplig behållare. När kopplingens komponenter har torkats rena med trasor måste trasorna och rengöringsmedlet kastas i en tät, märkt behållare.**

Demontering

1 Man kan komma åt kopplingen på två sätt. Motorn och växellådan kan tas bort tillsammans enligt beskrivningen i kapitel 2C och växellådan kan skiljas från motorn på bänken. Annars kan motor vara kvar i bilen och växellådan tas bort separat enligt beskrivningen i kapitel 7A.

2 Kontrollera om det finns några märken som identifierar kopplingskåpans förhållande till svänghjulet när växellådan har separerats från motorn. Om så inte är fallet gör du markeringar med en färgklick eller en ritsspets. Dessa märken används om originalkåpan monteras tillbaka och hjälper till att bibehålla enhetens

balans. En ny tryckplatta kan monteras var som helst där styrstiften tillåter.

3 Skruva loss och ta bort kopplingskåpans sex fästskruvar, arbeta i diagonal ordningsföljd och lossa muttrarna endast ett varv åt gången. Om det behövs kan svänghjulet hållas fast med ett hemmagjort låsverktyg **(se bilder)** eller bred spårskruvmejsel som förs in bland krondrevets kuggar och vilar mot en del av motorblocket.

4 Lossa kopplingskåpan från dess styrstift. Var beredd på att fånga den första lamellen som faller ut när kåpan tas bort. Observera hur friktionsplattan är monterad.

Kontroll

5 Det vanligaste problemet som uppstår i kopplingen är slitage av kopplingslamellen. Kopplingens alla delar ska kontrolleras vid det här steget, särskilt om motorn har gått många mil. Om inte kopplingens delar är så gott som nya är det värt att byta dem alla samtidigt (lamell, tryckplatta och urtrampningslager). Det räcker inte alltid att byta endast en sliten lamell, särskilt om den gamla lamellen slirade och orsakade överhettning i tryckplattan.

6 Undersök kopplingslamellens belägg med avseende på slitage samt skivans nav och kant med avseende på deformation, sprickor, trasiga torsionsfjädrar och slitna räfflor. Friktionsbeläggens yta kan vara mycket glättad men under förutsättning att friktionsmaterialets mönster kan ses tydligt (och beläggets tjocklek är inom de specifikationer som

anges i början av detta kapitel) är detta fullt tillräckligt. Lamellen måste bytas om beläggen har slitits ner till minimumtjocklek som anges i Specifikationer.

7 Om det finns spår av olja någonstans (blank svart missfärgning) måste lamellen bytas och orsaken spåras och åtgärdas. Detta beror på läckage i vevaxelns packbox eller oljetätningen i växellådans ingående axel. Tillvägagångssättet för byte av den tidigare finns i den relevanta delen av kapitel 2. Byte av växellådans ingående axel oljetätning beskrivs i kapitel 7A.

8 Kontrollera de maskinslipade ytorna på svänghjulet och tryckplattan. Om de är spåriga eller djupt repade måste de bytas. Tryckplattan måste också bytas ut om den har tydliga sprickor, om tallriksfjädern är skadad eller fjädertrycket misstänks vara för löst. Var särskilt noga med topparna på fjädrarnas fingrar **(se bild)**, där urtrampningslagret arbetar mot dem.

9 Det är lämpligt att kontrollera urkopplingslagrets skick enligt beskrivningen i avsnitt 6 med växellådan demonterad. Om den har klarat sig så långt är det absolut värt att byta den.

Montering

10 Det är viktigt att ingen olja eller fett kommer i kontakt med lamellens belägg eller tryckplattans och svänghjulets ytor. Därför bör man ha rena händer när man återmonterar kopplingsenheten och torka av tryckplattans och svänghjulets ytor med en ren och torr trasa innan man påbörjar monteringen.

11 Fords mekaniker använder ett specialverktyg för att centrera lamellen på det här stadiet. Verktyget håller skivan centralt på tryckplattan och placerar den i mitten av tallriksfjäderns fingrar **(se bild)**. Om du inte har tillgång till verktyget kan du behöva centrera lamellen efter det att du har satt dit tryckplattan löst på svänghjulet. Se beskrivningen i följande punkter.

12 Placera lamellen mot svänghjulet. Se till att den sitter åt rätt håll. Den kan vara märkt med "FLYWHEEL SIDE". Om den inte är det placerar du den så att det upphöjda navet med dämpningsfjädrarna är riktat bort från svänghjulet **(se bild)**.

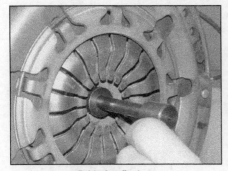

5.11 Använd ett kopplingsjusteringsverktyg för att centralisera kopplingslamellen

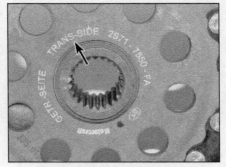

5.12 Märket TRANS-SIDE på växellådssidan av kopplingslamellen

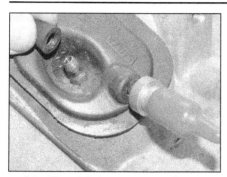

6.3a Ta av luftningsskruvens kåpa. . .

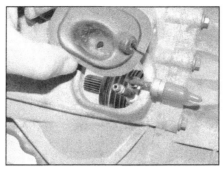

6.3b . . . bänd sedan ut genomföringen från växellådshuset

6.4a Ta bort de tre fästbultarna (markerade med pil). . .

13 Placera kopplingskåpan över stiften. Montera fästbultarna, men dra endast åt dem för hand så att lamellen fortfarande kan röras.
14 Friktionsskivan måste nu centraliseras så att räfflorna på växellådans ingående axel passerar genom räfflorna i mitten av skivans nav när motorn och växellådan griper in i varandra.
15 Centreringen kan utföras genom att man för en rund stång genom hålet i lamellens mitt så att stångens ände vilar i hålet i vevaxelns bakände. Rör stången åt sidorna eller upp och ner så att lamellen flyttas i rätt riktning och blir centrerad. Centreringen kan sedan kontrolleras genom att du tar bort stången och ser efter var lamellens nav befinner sig i förhållande till tallriksfjäderns fingrar, eller genom att du kontrollerar genom tryckplattans sidoöppningar att lamellen är centrerad i förhållande till tryckplattans ytterkant.
16 En annan och mer exakt metod för centrering är att använda ett syftningsverktyg för kopplingar, som finns att köpa i de flesta tillbehörsbutiker (**se bild 5.11**).
17 Dra åt kåpans bultar stegvis i diagonal ordningsföljd till det moment som anges i specifikationerna när kopplingen har centraliserats.
18 Se till att den ingående axelns

räfflor, kopplingslamellernas räfflor och urkopplingslagrets styrhylsa är rena. Applicera en tunn bestrykning av fett med hög smältpunkt på den ingående axelns räfflor.
19 Montera tillbaka växellådan på motorn enligt beskrivningen i kapitel 7A.

6 Urtrampningslager (och slavcylinder) – demontering, kontroll och montering

Observera: *Se varningen i avsnitt 1 om riskerna med hydraulvätska innan du fortsätter.*

Demontering

1 Ta bort växellådan enligt beskrivningen i kapitel 7A.
2 Urkopplingslagret och slavcylindern har kombinerats till en enhet som är placerad i växellådans balanshjulskåpa.
3 Ta bort luftningsskruvens dammkåpa och bänd ut genomföringen från växellådshusets överdel (**se bilder**).
4 Ta bort de tre fästbultarna och dra ut slavcylindern och urtrampningslagret från den ingående axeln (**se bilder**).

Kontroll

5 Kontrollera att lagret snurrar smidigt. Byt

6.4b . . . och ta bort slavcylindern/ urkopplingslagret

det om det verkar kärvt eller strävt när det snurrar runt. Försök inte ta isär, rengöra eller smörja lagret.
6 Reparationssatser kan inte erhållas från Ford. Om ett fel utvecklas måste hela cylindern/urkopplingslagret bytas. **Observera:** *Cylinderenheter bör levereras med en tätning för den ingående axeln redan monterad. Om inte se kapitel 7A och montera en ny tätning.*
7 Kontrollera skicket på alla tätningar och byt dem om det behövs (**se bilder**). Eftersom det är svårt att komma åt vissa av dessa tätningar om de går sönder är det klokt att byta dem som en förebyggande åtgärd.

6.7a Byt den stora O-ringen på slavcylindern. . .

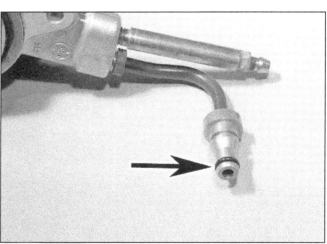

6.7b . . . och den mindre röranslutningens O-ringar

Montering

8 Monteringen av urtrampningslagret sker i omvänd ordningsföljd mot demonteringen. Tänk på följande:

a) *Byt O-ringstätningen mellan cylinder och växellådshus.*

b) *Dra åt fästbultarna till angivet moment.*

c) *Montera tillbaka växellådan enligt beskrivningen i kapitel 7A.*

d) *Lufta systemet enligt beskrivningen i avsnitt 7.*

7 Kopplingens hydraulsystem – luftning

Observera: *Se varningen i avsnitt 1 om riskerna med hydraulvätska innan du fortsätter.*

1 Kopplingens hydraulsystem behöver normalt inte luftas så denna åtgärd krävs bara när systemet har öppnats vid reparation. Men om kopplingspedalen känns trög eller inte svarar när den används kan det, på samma sätt som med bromspedalen, tyda på att systemet behöver luftas.

2 Systemets luftningsskruv är placerad ovanpå balanshjulskåpan.

3 Ta bort batteriet enligt beskrivningen i kapitel 5A och luftrenaren enligt beskrivningen i relevant del av kapitel 4. Flytta rören och kabelhärvan till ena sidan om det är nödvändigt för att nå åtkomstluckan.

4 Ta bort luftningsskruvens lock **(se bild 6.3a)**.

5 Luftning av kopplingen görs nästan på samma sätt som luftningen av bromsarna – se kapitel 9. Se till att nivån i bromsvätskebehållaren hela tiden är gott och väl över MIN-markeringen, annars måste man lufta både kopplings- och bromssystemet.

6 Om konventionell luftning inte fungerar kan det vara nödvändigt att använda en vakuumpumpsats: Ford redskap 416-D001 (23-036A). Sug ut en del av vätskan från behållaren tills nivån är på MIN-markeringen, ta bort luftningsskruvens dammkåpa och anslut slangen från handpumpen. Fyll handpumpsbehållaren med ny hydraulvätska, öppna luftningsskruven och pumpa vätskan bakåt genom slavcylindern/urkopplingslagret upp till behållaren tills den når MAX märket.

7 Avsluta med dra åt luftningsskruven ordentligt och fylla på bromsvätska till MAX-markeringen. Om det är möjligt testar du att kopplingen fungerar innan du återmonterar alla delar som tagits bort.

8 Om det inte går att genomföra luftningen kan det bero på läckage i systemet eller en sliten huvud- eller slavcylinder. I skrivande stund verkar huvud- och slavcylindrarna endast finnas som kompletta enheter. Renovering är alltså inte möjligt.

Kapitel 7 Del A:
Manuell växellåda

Innehåll

Allmän information 1
Backljusbrytare – demontering och montering 7
Drivning hastighetsmätare – allmän information 5
Oljetätningar – byte 6
Växellåda – demontering och montering 8
Växellåda – nivåkontroll . . . . Se kapitel 1

Växellåda – renovering – allmän information 10
Växellådsfäste – kontroll och byte 9
Växellådsolja – avtappning och påfyllning 11
Växelspak – demontering och montering. 3
Växelvajrar – demontering och montering 4
Växelvajrar – justering 2

Svårighetsgrad

Enkelt, passar novisen med lite erfarenhet	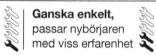	**Ganska enkelt,** passar nybörjaren med viss erfarenhet	**Ganska svårt,** passar kompetent hemmamekaniker		**Svårt,** passar hemmamekaniker med erfarenhet	**Mycket svårt,** för professionell mekaniker	

Specifikationer

Allmänt

Typ	Manuell, fem eller sex växlar framåt och en bakåt. Synkroinkoppling på alla växlar

Identifikationskod:
5-växlad	MTX-75
6-växlad	MMT-6 (Durashift)

Smörjning

Rekommenderade oljor	Se *Smörjmedel och vätskor*

Volym:
5-växlad	1,90 liter
6-växlad	1,75 liter

Åtdragningsmoment

	Nm
Drivaxel/nav fästmutter*	290
Växellåda till motor.	48

Växellådans dränerings/påfylningsplugg:
5-växlad	45
6-växlad	35
Växellådans fästbygel	90
Växellådsfästets centrummutter *	133
Växellådsfästets yttre muttrar*	48
Växelspaksenhet på golv	10
Växlingslänksystem till väljaraxel	23

* *Använd nya muttrar*

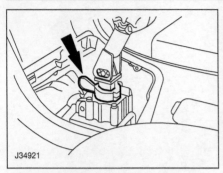

2.3 Fords specialverktyg används för att låsa växelspaken i friläget (5-växlad)

1 Allmän information

Den manuella växellådan är kompakt, tvådelad, har ett hus av lätt aluminiumlegering, innehåller både växellådan och differentialenheterna.

På grund av komplexiteten, att nödvändiga delar och specialverktyg inte är tillgängliga är det inte lämpligt för en hemmamekaniker att utföra reparationer i den manuella växellådan. För läsare som vill ge sig på ombyggnad av växellådan finns det kortfattade kommentarer till ombyggnad av växellådan i avsnitt 10. Den större delen av detta kapitel tar upp demontering och montering.

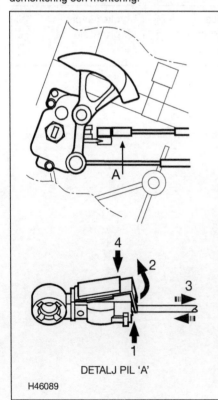

DETALJ PIL 'A'

H46089

2.15 Lossa växelväljarens låsklämma (6-växlad)

2.5 Lossa den röda låsgejden (markerad med pil) för att justera kabeln (5-växlad)

2 Växelvajrar – justering

5-växlad

Observera: *Det speciella Ford-verktyget 308-436 (16-097) kommer att behövas för att utföra följande justering. Detta verktyg låser växelspaken i friläge under justeringen. Om du inte har tillgång till verktyget går det fortfarande att göra justeringen genom att fortsätta med att pröva sig fram helst med hjälp av en medhjälpare som håller växelspaken i friläget.*

1 Lossa batteriets minusledning (jord) (se *Koppla loss batteriet* mot slutet av handboken) och kontrollera att växelspaken är i neutralläge

2 Bänd upp växelspakens klädselpanel baktill inne i bilen för att lossa klämmorna, dra den sedan bakåt för att lossa de främre klämmorna. Lossa damasken från växelspaksknoppen och lyft av panelen. Ta bort skumisoleringsdynan runt spakens bas.

3 Lås växelspaken i friläge med specialverktyget **(se bild)**.

4 Dra åt handbromsen. Lyft sedan upp framvagnen och ställ den på pallbockar (se *Lyftning och stödpunkter*).

5 Lossa justerarna på vajrarna genom att lossa de röda skjutlåsen av plast från vajern på växellådan **(se bild)**.

6 Kontrollera att spakarna på växellådan båda är i friläget, lås sedan de röda skjutlåsen av plast genom att trycka dem bakåt in i kabeln.

7 Ta bort specialverktyget och kontrollera att det går att lägga i alla växlar med växelspaken.

8 Montera tillbaka damasken och klädselpanelen på växelspaken.

9 Återanslut batteriets minusledning (jord).

6-växlad

Observera: *För följande justering krävs Fords specialverktyg 308-451. Detta verktyg låser växelspaken i friläge under justeringen. Om du inte har tillgång till verktyget går det fortfarande att göra justeringen genom att fortsätta med att pröva sig fram helst med hjälp av en medhjälpare som håller växelspaken i friläget.*

10 Kontrollera att växelspaken är i neutralläget.

11 Bänd upp växelspakens klädselpanel

baktill inne i bilen för att lossa klämmorna, dra den sedan bakåt för att lossa de främre klämmorna. Lossa damasken från växelspaksknoppen och lyft av panelen. Ta bort skumisoleringsdynan runt spakens bas.

12 Lås växelspaken i friläget med specialverktyget.

13 Ta bort luftrenaren enligt beskrivningen i kapitel 4A.

14 Använd växelspaken och välj fyrans växel på växellådan. Ta vid behov temporärt bort specialverktyget och be en medhjälpare välja fyrans växel med växelspaken samtidigt som du tittar på växelförararmen.

15 Se till att specialverktyget är på plats och lås växelspaken inne i bilen i friläge. Lossa låsklämman enbart på den (grå) växelvajern genom att trycka fliken inåt i basen och sedan lyfta upp den **(se bild)**.

16 Nu väljaren kabeln lossas, flytta den försiktigt in och ut i låsklämman tills det är fast på plats. Lås fast kabeln genom att trycka ned och in i klämman i basen.

17 Montera tillbaka luftrenaren, se kapitel 4A vid behov.

18 Ta bort specialverktyget från växelspaken och montera tillbaka damaskens klädselpanel.

19 Kör bilen och kontrollera med avseende på korrekt växelval. Upprepa spänningsproceduren om det behövs.

3 Växelspak – demontering och montering

Demontering

1 Lossa batteriets minusledning (jord) (se *Koppla loss batteriet* mot slutet av handboken).

2 Dra åt handbromsen. Lyft upp framvagnen och ställ den på pallbockar (se *Lyftning och stödpunkter*).

3 Ta bort motorns undre skyddskåpa, om det är tillämpligt.

4 Ta bort den relevanta främre delen av avgassystemet (enligt beskrivningen i kapitel 4A) om det behövs för att komma åt undersidan av växelspaken.

5 Ta bort avgassystemets främre värmeskydd, och lossa lambdasondens kabel.

6 Skruva loss fästmuttrarna och lossa spakenheten från golvet **(se bild)**.

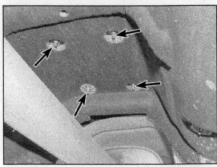

3.6 Skruva loss fästmuttrarna (markerade med pil) för att lossa spakenheten

3.8a Tryck in knappen på sidan (markerad med pil). . .

3.8b . . . och lossa kabeln från växelspaken

7 Bänd upp växelspakens klädselpanel baktill inne i bilen för att lossa klämmorna, dra den sedan bakåt för att lossa de främre klämmorna. Lossa damasken från växelspaksknoppen och lyft av panelen. Ta bort skumisoleringsdynan runt spakens bas.

8 Tryck in sidoknappen för att lossa vajerändbeslagen från växelspakens tappar – observera deras monterade placeringar, lossa sedan vajerringarna från fästbygeln genom att vrida de räfflade kragarna moturs **(se bilder)**.

9 Ta bort växellänksystemet/spaken från mittkonsolen **(se bild)**.

Montering

10 Monteringen sker i omvänd ordningsföljd mot demonteringen. Tänk på följande:

a) Montera en ny packning mellan växelspaksenheten och golvet.

b) Montera den nya växelspaksenhetens fästmuttrar.

c) Om det behövs, justera kablarna enligt beskrivningen i avsnitt 2.

4 Växelvajrar –
demontering och montering

Demontering

5-växlade modeller

1 Vajrarna är placerade på växellådans främre del och de går bäst att komma åt underifrån.

2 Dra åt handbromsen. Lyft upp framvagnen och ställ den på pallbockar (se *Lyftning och stödpunkter*).

3 Ta bort kablarna från stödfästena på växellådan genom att vrida de fjäderbelastade räfflade kragarna medurs. På de 5-växlade enheterna är växelvajern vit och växelvajern är

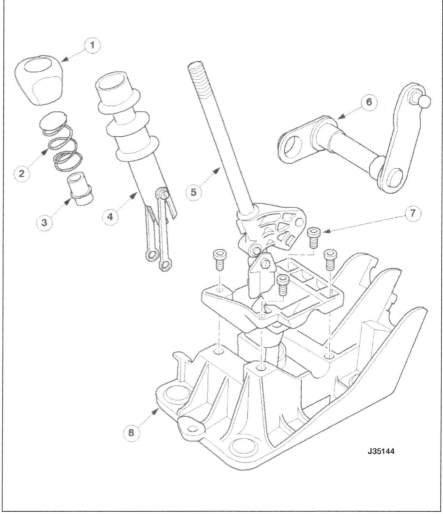

J35144

3.9 Växelspak och hus

1 Växelspaksknopp	4 Utlösning av backen	7 Självgängande skruvar
2 Kompressionsfjäder	5 Växelspak/växellänksystem	8 Nedre hus
3 Fjäderdämpare	6 Växelväljare	växlingslänksystem

4.3a Vrid den fjäderbelastade räfflade kragen moturs. . .

4.3b . . . och ta bort den yttre kabeln från fästbygeln . .

4.3c . . . tryck sedan på knappen och lossa kabeln från växelförararmens kulleder

svart. Tryck på fästknappen i kablarnas ände och lossa dem från växelförararmens kulleder – notera deras monterade placeringar. Ta bort vajrarna nedåt från motorrummet **(se bilder)**.

4 Lossa vajrarna från fästklämmorna på hjälpramen.

6-växlade modeller

5 Vajrarna sitter ovanpå växellådan och de går att komma åt uppifrån **(se bild)**.

6 Ta bort luftrenaren enligt beskrivningen i kapitel 4A.

7 Växelvajern är svart och växelvajern är grå.

Lossa kablarna från kul- och hylslederna på växelförararmarna, kläm sedan ihop flikarna längre ner på kabeln för att lossa kablarna från stödfästet.

Alla modeller

8 Demontera mittkonsolen enligt beskrivningen i kapitel 11.

9 Ta bort växelspaken enligt beskrivningen i avsnitt 3.

10 Dra mattan åt ena sidan (mattan och isoleringen kan behöva skäras till något för att ge plats åt kabelns spännbricka). Skruva loss och lossa adaptern från golvet, ta sedan bort

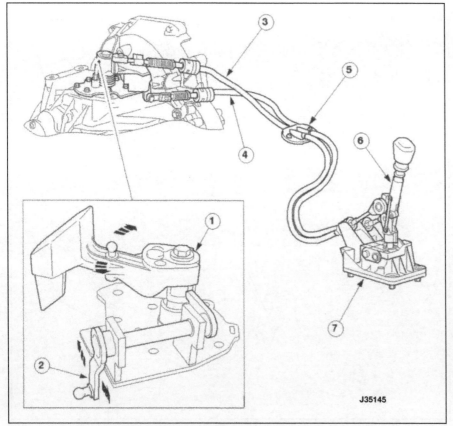

4.3d Växlingsmekanism och vajrar (5-växlad)

1 Växelspak	4 Väljarvajer	6 Växelspak
2 Växelväljare	5 Växelvajerbussning	7 Växlingslänksystem
3 Växelkabel (vit)		

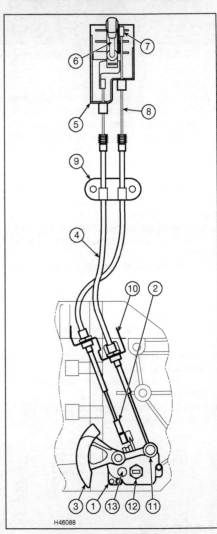

4.5 Växlingsmekanism och kablar (6-växlad)

1 Intern växlings-mekanism	8 Väljarvajer
2 Väljarvajerjusterare	9 Golvadapter-platta
3 Motvikt	10 Fästbygel
4 Växelvajer	11 Byt vajerändens beslag
5 Växelspakshus	12 Backljuskontakt
6 Växelspak	13 Växellåds-ventilation
7 Ändbeslag växelvajer	

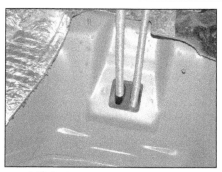

4.10 Kablarna passerar genom en gummiadapter i mellanväggens nedre del

6.3 Bänd ut oljetätningen med en lämplig hävarm.

6.6 Använd en hylsa för att driva in den nya tätningen

kablarna genom mellanväggen och in i bilen **(se bild)**. **Observera:** *Vajrarna får inte böjas eller sno sig eftersom de då kan skadas.*

Montering

11 Monteringen sker i omvänd ordningsföljd mot demonteringen. **Observera:** *Om det behövs, justera vajrarna enligt beskrivningen i avsnitt 2.*

5 Hastighetsmätardrivning – allmän information

Mondeo har en elektronisk hastighetsmätare. Tidigare modeller fick fordonets hastighetssignal från en givare som var fäst på växellådan men denna givare har nu tagits bort. Istället genereras hastighetssignalen av bilens ABS-hjulsensorer.

6 Oljetätningar – byte

Differentialens oljetätningar

1 De olika oljetätningarna är placerade på växellådans sidor där drivaxlarna kommer in i växellådan. Om du misstänker ett läckage vid tätningen, lyft upp bilen och ställ den stadigt på pallbockar. Om tätningen läcker finns det olja på växellådans sida under drivaxeln.
2 Se kapitel 8 och ta bort den aktuella

drivaxeln. Om du tar bort höger drivaxel är det nödvändigt att ta bort mellanaxeln också.
3 Använd en stor skruvmejsel eller hävarm för att försiktigt bända loss oljetätningen från växellådshuset. Se till att inte skada växellådshuset **(se bild)**. **Observera:** *För att förbättra åtkomsten till höger oljetätning kan det vara bra att ta bort avgasrörets främre sektion (se relevant del av kapitel 4)*
4 Torka rent oljetätningens säte i växellådshuset.
5 Applicera lite fett på den nya oljetätningens yttre läpp. Doppa den nya oljetätningen i ren olja och tryck sedan in den något i huset för hand. Se till att den sitter rakt på sitt säte.
6 Använd ett lämpligt rör eller en stor hylsa för att försiktigt pressa in oljetätningen i huset helt tills den tar i sätet **(se bild)**.
7 Montera tillbaka drivaxeln enligt beskrivningen i kapitel 8.
8 Kontrollera oljenivån i växellådan enligt beskrivningen i kapitel 1.

Ingående axelns oljetätning

9 Den ingående axelns oljetätning är monterad i den bakre delen av kopplingens slavcylinder/urkopplingslager. Ta bort urkopplingslagret/slavcylindern enligt beskrivningen i kapitel 6.
10 Bänd försiktigt loss packboxen från slavcylindern med en flatbladig skruvmejsel **(se bild)**.
11 Torka rent vid oljetätningens säte i slavcylindern. Använd ett lämpligt rör eller en stor hylsa för att försiktigt driva in oljetätningen i huset tills den får kontakt med sätet **(se bild)**.

12 Montera tillbaka slavcylindern/urkopplingslagret enligt beskrivningen i kapitel 6, avsnitt 6.

7 Backljuskontakt – demontering och montering

Demontering

1 Backljuskretsen regleras av en brytare som är monterad på växlingsfästet på växellådshusets överdel.
2 Ta bort luftrenaren enligt beskrivningen i kapitel 4A.
3 Lossa det kablage som leder till backljuskontakten på växlingsfästbygelns överdel **(se bild)**.
4 Skruva loss backljuskontakten från huset på växellådan.

Montering

5 Montera i omvänd ordningsföljd mot demonteringen.

8 Växellåda – demontering och montering

Observera: *Läs igenom denna arbetsbeskrivning innan du påbörjar arbetet så att du vet vad den innefattar, särskilt vad gäller lyftutrustning. Beroende på tillgänglig utrustning kan man som hemmamekaniker*

6.10 Bänd upp den ingående axelns oljetätning från slavcylinderns bakre del

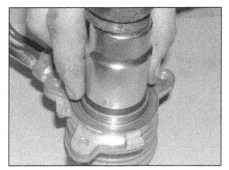

6.11 Använd en hylsa för att driva in den nya tätningen

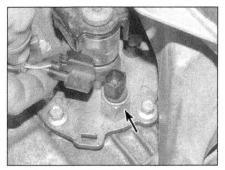

7.3 Lossa kablagekontaktdonet från backljuskontakten (markerad med pil)

8.6a Lossa plastkåporna...

8.6b ... lossa sedan fästmuttrarna ungefär fyra varv vardera

föredra att ta bort motorn och växellådan tillsammans och sedan skilja dem åt på en arbetsbänk, enligt beskrivningen i kapitel 2C.

Demontering

1 Demontera batteriet och batterihyllan enligt beskrivningen i kapitel 5A. Demontera motorns övre skyddskåpa.

2 Om det behövs för bättre åtkomst och för montering av motorlyften kan motorhuven tas bort enligt beskrivningen i kapitel 11.

3 Håll fast kylaren i dess upplyfta läge genom användning av buntband för att fästa den på den övre tvärbalken. Detta är nödvändigt för att hålla fast kylaren när hjälpramen tas bort.

4 Ta bort luftflödesgivaren och intagsröret enligt beskrivningen i kapitel 4A. Ta bort kåpan till vattenpumpens remskiva i V6-modeller.

5 Ta bort luftrenaren enligt beskrivningen i kapitel 4A.

6 Lossa plastkåporna från fjädringsbenens

överdel på båda sidorna av bilen, lossa sedan det övre fästets fästbultar ungefär fyra varv vardera **(se bilder)**.

7 Lossa kablaget från backljuskontakten på växellådan.

8 Skruva loss bulten och ta bort jordpolen från växellådans överdel **(se bild)**.

9 Använd en liten skruvmejsel för att bända ut fästklämman och lossa kopplingens hydraulrör från växellådan (använd en lämplig klämma på den böjliga hydraulslangen för att förhindra läckor) **(se bilder)**. Täck både anslutningen och rörändarna för att minimera vätskeförlusten och förhindra att smuts tränger in i hydraulsystemet. **Observera:** *Trampa INTE ner kopplingspedalen när hydraulslangen/ hydraulröret är lossad/lossat.*

10 Dra åt handbromsen och klossa bakhjulen. Lossa de båda främre hjulens fästbultar och drivaxelns navbultar om de går att komma åt.

11 Lyft upp framvagnen med domkraft och

ställ den på pallbockar. Det måste finnas tillräckligt spel under bilen för att växellådan ska kunna sänkas och demonteras. Ta bort de båda hjulen och motorns underkåpa om en sådan finns.

12 Tappa ur växellådan eller var beredd på en del oljespill när drivaxlarna tas bort.

13 Motorn och växellådan måste nu stöttas eftersom vänster fäste måste lossas. Ford-mekaniker använder ett stödstag som passar i innerskärmarnas överdel – lämpliga motorfäststag finns i verktygsaffärer.

14 Om du inte får tag på något stödstag kan du använda en motorlyft. Med en motorlyft kan du manövrera motorn/växellådan lättare och säkrare.

15 Ta bort den främre kryssrambalken enligt beskrivningen i kapitel 10.

16 Stötta upp växellådan med en garagedomkraft underifrån, lossa sedan fästmuttern från vänster växellådsfäste **(se bild)**, skruva sedan loss de fyra fästbultarna och ta bort fästbygeln från växellådshusets överdel.

17 Ta bort växelvajrarna från stödfästet genom att vrida de fjäderbelastade räfflade kragarna moturs (se avsnitt 4). Tryck på fästknappen i kablarnas ände och lossa dem från växelförararmens kulleder – notera deras monterade placeringar.

18 Ta bort startmotorn enligt beskrivningen i kapitel 5A.

19 Ta bort drivaxlarna enligt beskrivningen i kapitel 8. Plugga igen växellådan för att förhindra att smuts tränger in (eller vätskeförlust om vätskan inte har tappats ur).

20 Arbeta dig runt växellådshuset, lossa och ta bort bultarna som håller fast växellådan på motorn. Lossa eventuella kablage fästbyglar, om tillämpligt.

21 Ta bort växellådan i rät vinkel från motorn och var försiktig så att du inte låter dess vikt hänga på kopplingens lamell. När växellådan är fri sänker du ner den på domkraften och för fram enheten från bilens undersida.

22 Kopplingsdelarna kan nu undersökas enligt beskrivningen i kapitel 6 och bytas om det behövs. (Om de inte är så gott som nya är det värt att byta kopplingsdelarna som standardåtgärd, även om växellådan har tagits bort av någon annan anledning.)

Montering

23 Lyft växellådan på plats med växellådan säkrad på garagedomkraften, för sedan försiktigt på den på motorns bakdel och fäst samtidigt den ingående axeln i kopplingslamellernas räfflor. Använd inte för mycket kraft för att sätta tillbaka växellådan - om den ingående axeln inte lätt glider på plats justerar du vinkeln på växellådan så att den hamnar på rätt nivå, och/ eller vrider den ingående axeln så att räfflorna hakar i lamellen på rätt sätt. Om problemen kvarstår, kontrollera att kopplingslamellen är korrekt centrerad (kapitel 6).

24 Monteringen av växellådan utförs i omvänd arbetsordning, men lägg märke till följande:
a) Dra åt alla muttrar och bultar till angivet moment (om det är tillämpligt).

8.8 Skruva loss fästbulten och ta bort jordpolerna

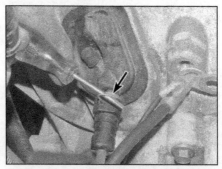

8.9a Bänd ut fästklämman (markerad med pil)...

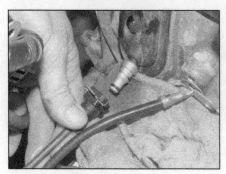

8.9b ... och koppla loss kopplingens hydraulrör

8.16 Ta bort den mittre fästmuttern från vänster växellådsfäste

b) Byt differentialens oljetätningar enligt beskrivningen i avsnitt 6 om det behövs.
c) Montera drivaxeln enligt beskrivningen i kapitel 8.
d) Montera tillbaka den främre hjälpramen enligt beskrivningen i kapitel 10
e) Kontrollera oljenivån i växellådan enligt beskrivningen i kapitel 1.
f) Om det behövs, justera kablarna enligt beskrivningen i avsnitt 2.

25 Gör en slutkontroll av att alla anslutningar har gjorts och att alla bultar är helt åtdragna. Provkör bilen för att kontrollera att växellådan fungerar riktigt, kontrollera sedan växellådan visuellt med avseende på oljeläckage.

9 Växellådsfäste – kontroll och byte

Detta tillvägagångssätt täcks i kapitel 2A eller 2B.

10 Växellåda – renovering – allmän information

1 Renovering av en manuell växellåda är ett svårt arbete för en hemmamekaniker. Arbetet omfattar isärtagning och ihopsättning av flera små delar. Flertalet spelrum måste mätas exakt och ändras med särskilda mellanlägg och låsringar när det behövs. Trots att enheten kan demonteras och monteras av en kompetent hemmamekaniker bör växellådan därför lämnas in till en specialist på växellådor när den behöver renoveras. Det kan gå att köpa rekonditionerade växellådor. Fråga hos återförsäljarens reservdelsavdelning, hos andra bilåterförsäljare eller hos specialister på växellådor. Den tid och de pengar som måste läggas ner på renovering överstiger så gott som alltid kostnaden för en rekonditionerad enhet.

2 Det är ändå inte omöjligt för en oerfaren mekaniker att bygga om en växellåda under förutsättning att han/hon har tillgång till specialverktyg och att arbetet utförs medvetet steg för steg så att ingenting förbises.

3 De nödvändiga verktygen för en renovering omfattar följande: inre och yttre låsringstänger, lageravdragare, skjuthammare, en uppsättning pinndorn, indikatorklocka och möjligen en hydraulisk press. Dessutom behövs en stor, stadig arbetsbänk och ett skruvstäd eller ett växellådsställ.

4 Var noga med att notera var varje del sitter

11.4a Ta bort dräneringspluggen för att tappa ur växellådsolja (5-växlad)

när växellådan demonteras, hur den sitter i förhållande till de andra delarna och hur den hålls fast. Observera hur de är monterade på clipsen för att kunna ge dem samma dragning vid återmonteringen.

5 Innan växellådan tas isär för reparation är det bra att känna till vilken del av växellådan det är fel på. Vissa problem kan härledas till vissa delar i växellådan, vilket gör att det kan vara enklare att undersöka och byta ut delarna. Se felsökningsavsnittet mot slutet av handboken för information om möjliga problemkällor.

11 Växellådsolja – avtappning och påfyllning

1 Detta arbete går mycket snabbare och effektivare om bilen först körs en tillräckligt lång tur för att värma upp motorn och växellådan till normal arbetstemperatur. *Varning: Om tillvägagångssättet ska utföras när växellådan är varm måste du vara försiktig så att du inte bränner dig på avgassystemet eller andra komponenter.*

2 Parkera bilen på plant underlag. Lägg i handbromsen och slå av tändningen. Lyft upp framvagnen med domkraft och ställ den på pallbockar. Skruva loss fästbultar/muttrar och ta bort underkåpan (om tillämpligt).

3 Torka rent området runt dräneringspluggen och placera en lämplig behållare under.

4 Skruva loss dräneringspluggen och låt oljan rinna ut i behållaren **(se bilder)**.

5 Låt all olja rinna ut i kärlet. Akta så att du inte bränner dig om oljan är het.

6 När oljan har slutat tömmas måste du se till att dräneringspluggen är ren och montera tillbaka den på växellådan med en ny bricka. Dra åt fästbulten till angivet moment. Sänk ner bilen.

11.4b Placering oljepåfyllare 6-växlad växellåda/nivå- (A) och urtappningsplugg (B)

11.7 Oljenivåpluggen (markerad med pil) är placerad på växellådshusets framsida (5-växlad)

7 Växellådan fylls på genom nivåplugghålet på främre delen av växellådshuset **(se bild)**. Torka rent området runt nivåpluggen och skruva loss den från huset. Fyll på växellådan med angiven mängd olja av rätt typ. Kontrollera nivån med hjälp av informationen i berörd del av kapitel 1. Montera tillbaka pluggen och dra åt till angivet moment.

8 Kör en liten tur med bilen så att den nya oljan fördelas helt bland växellådans komponenter.

9 Parkera på plan mark när du kommer tillbaka och kontrollera växellådans oljenivå enligt beskrivningen i kapitel 1. Montera tillbaka motorns undre skyddskåpa.

Kapitel 7 Del B:
Automatväxellåda

Innehåll

Allmän information 1
Felsökning – allmänt. 2
Hastighetsgivare – demontering och montering 5
Oljetätningar – byte 7
Smörjning av växellådans länksystem . . . . Se kapitel 1
Växellåda – demontering och montering 8
Växellåda – renovering – allmän information 10
Växellåda oljenivåkontroll. . . . . Se kapitel 1

Växellådans styrenhet (5F31J) – demontering och montering 11
Växellådsolja – byte 9
Växellådsoljekylare (5F31J) – demontering och montering 12
Växelspak – demontering och montering. 4
Växelvajer – demontering, montering och justering 3
Växelväljarlägesgivare – demontering, montering och justering 6
Växlingsknappar på ratt (5F31J) – allmän information 13

Svårighetsgrad

 **Enkelt,** passar novisen med lite erfarenhet |  **Ganska enkelt,** passar nybörjaren med viss erfarenhet |  **Ganska svårt,** passar kompetent hemmamekaniker |  **Svårt,** passar hemmamekaniker med erfarenhet | **Mycket svårt,** för professionell mekaniker

Specifikationer

Allmänt

Växellåda typ:
2,0 liter	CD4E (4-växlad)
2,5 liter	5F31J (5-växlad)

Åtdragningsmoment

	Nm
Drivaxel/nav fästmutter*	290
Hastighetsgivare (CD4E).	13
Muttrar mellan momentomvandlare och drivplatta*	36
Vätskekylarens rör till växellådan:	
CD4E	23
5F31J	40
Växellåda på motor	48
Växellådans dräneringsplugg:	
CD4E	27
5F31J	45
Växellådans fästbygel (5-växlad)	80
Växellådans jordkabel	20
Växellådsfäste yttre muttrar*	48
Växellådsfästets centrummutter *	133
Växelvajer adapter/genomföring	9
Växelvajerkåpan (5F31J)	22
Växelväljare till golvet	9
Växelväljarlägesgivare:	
CD4E	12
5F31J	6

* Använd nya muttrar

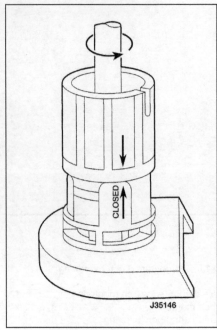

3.3a Vajer ändbeslag pilhuvudmärken i låst (stängd) position

1 Allmän information

CD4E växellåda

Denna väl beprövade växellåda (den har använts på de tidigare Mondeo-modellerna) styrs elektroniskt av motorstyrningens elektroniska styrenhet. Det finns två driftsätt (Economy och Sport) och en förarmanövrerad överväxel inhiberingsbrytare som låser fyrans växel under vissa förhållanden. Med ekonomiläget valt sker växlingarna vid låga motorvarvtal medan växlingarna sker vid höga motorvarvtal med sportläget valt.

Växellådan innefattar en kedjedrivning mellan planetdrevsatserna och slutväxeln. Växellådsvätskan passerar genom en kylare som är placerad i kylaren.

Det finns ingen kickdown-brytare eftersom kickdown styrs av gasspjällets lägesgivare i motorstyrningssystemet.

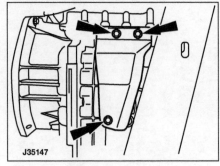

3.3b Ta bort fästbultarna (markerad med pilar) för att ta bort kåpan

Det elektroniska styrsystemet har ett felsäkert läge där växellådan har begränsad funktion så att bilen kan köras hem eller till en verkstad.

5F31J växellåda

Denna växellåda är också bekant under Fords namn Durashift 5-tronic och utvecklades av Jatco – en japansk tillverkare av automatiska växellådor. Det är en helautomatisk elektroniskt styrd konstruktion för framhjulsdrivna bilar.

Växellådans utväxlingar uppnås med tre planetdrevsatser på två axlar. De olika komponenterna drivs eller hålls med hjälp av fyra multilamellkopplingar, multiskivbromsar, en handbroms och två envägskopplingar av rulltyp. En avstängningskoppling till momentomvandlaren (TCC) ser till att bränsleförbrukningen optimeras och denna aktiveras av växellådsstyrenheten beroende på bilens hastighet och motorns belastning.

Växellådan har en styrenhet (som är placerad bakom instrumentbrädan på vänster sida) som beräknar tidsinställningen för växling i enlighet med körstilen. Ytterligare begränsningar av körningen (t.ex. dragning av släpvagn eller körning uppför/utför i bergstrakter eller på branta kullar) tas också med i beräkningen vid beräkningen av tidsinställningen för växling. Växlarna kan väljas antingen automatiskt (växelväljarläge D) eller manuellt av föraren (valt växelläge) med en del modeller som har växlingsknappar monterade på ratten. Den automatiska växellådans område eller den manuellt valda växeln (manuellt växlingsläge) visas i instrumentbrädan.

Växellådsvätskan passerar genom en separat kylare som är placerad framför kylaren.

Vid ett fel på elektroniska komponenter tillhandahåller ett hydrauliskt nödkörningsprogram begränsad funktion för växellådan. Om växellådans styrenhet inte längre kan se till att korrekta växlingar görs kopplar den automatiskt om till nödkörningsläget vilket indikeras av två horisontella rader på växellådsdisplayen i instrumentbrädan. Bilen kan då fortsätta att köra med följande begränsningar:

a) I växelväljarläget D (eller i den valda växlingsbanan) – är fyrans växel ilagd permanent.

b) I växelväljarläge R – går det att välja backen.

c) Maximalt hydraulledningstryck ligger på – detta kan ge en kärv växling.

Alla växellådor

Av säkerhetsskäl är det nödvändigt att ställa tändningen i läge II och att bromspedalen trampas ned för att flytta väljaren från läget P. Om bilens batteri är urladdat fungerar inte växelväljarens lossningsmagnetventil; Om det är nödvändigt att flytta bilen i detta tillstånd tar du bort skyddet i mittkonsolen bredvid växelväljaren och sätter in en nyckel eller ett liknande litet instrument i öppningen. Dra ner lässpaken så att det går att flytta växelväljaren bort från läget P.

2 Felsökning – allmänt

Om det uppstår ett fel i växellådan kontrollerar du först att vätskenivån är korrekt (se kapitel 1). Om det har varit vätskeförlust ska oljetätningarna kontrolleras enligt beskrivningen i avsnitt 7. Kontrollera dessutom slangarna till vätskekylaren med avseende på läckor. De enda kontroller som är möjliga för hemmamekanikern är justering av växelvajern (avsnitt 3) och växelväljarlägesgivaren (avsnitt 6).

Om felet fortfarande kvarstår måste du bestämma om det är ett elektriskt, mekaniskt eller hydrauliskt fel. Detta kräver särskild testutrustning. Arbetet måste följaktligen utföras av en specialist på automatväxellådor eller en Ford-verkstad om du misstänker att det är fel på växellådan.

Ta inte bort växellådan från bilen för en möjlig reparation förrän en professionell feldiagnos har utförts eftersom de flesta tester kräver att växellådan är kvar i bilen.

3 Växelvajer – demontering, återmontering och justering

Demontering

1 Lossa ventilationsslangen från motorns över plastkåpa, lossa sedan kåpan från motorns överdel.

2 Ta bort luftrenarenheten (kapitel 4A) för att komma åt växelvajern som är placerad på växellådans sida.

3 Lossa den inre växelvajerändens beslag utåt från spaken på sidan av växellådan. Vrid den yttre kabel låsringen moturs för att ta bort kabeln från fästbygeln. På 5F31J växellådan, ta bort växelspakens kåpa (se bild).

4 Dra åt handbromsen. Lyft sedan upp framvagnen och ställ den på pallbockar (se Lyftning och stödpunkter).

5 Arbeta under bilen och ta bort värmeskölden över katalysatorn, lossa kablagekontaktdonet till lambdasonden.

Varning: Katalysatorn arbetar med väldigt höga temperaturer. Om det finns en risk för att systemet fortfarande är varmt ska du använda lämpliga kläder/handskar.

6 Arbeta längs den yttre kabeln, lossa kabeln från fästklämmorna under mellanväggen.

7 Flytta växelväljarspaken till läge D.

8 Demontera mittkonsolen enligt beskrivningen i kapitel 11.

9 Lossa växelvajerns fästklämma från växelväljaren, dra ut fäststiftet och tryck ut kabeln från växelväljaren.

10 Dra mattan åt ena sidan (mattan och isoleringen kan behöva skäras till något för att ge plats åt kabelns spännbricka).

11 Skruva loss fästskruven och lossa värmarens luftkanal under instrumentbrädans mitt.

12 Skruva loss fästmuttrarna och lossa adaptern/genomföringen från golvet, ta sedan bort kabeln genom mellanväggen och in i bilen. Observera: Bind en bit ledningstråd på växelvajerns växellådsände och dra igenom den med vajern innan du drar vajern genom mellanväggen. Lossa styrtråden och låt den sitta kvar i mellanväggen inför återmonteringen.

Montering

13 Monteringen utförs i omvänd ordningsföljd mot demonteringen, men justera kabeln enligt följande.

Justering

CD4E

14 Kontrollera att växelväljaren i bilen fortfarande är i läget D.
15 Med den inre vajern bortkopplad från spaken på växellådan kontrollerar du att växelförararmen är i läget D. För att göra detta måste du flytta armen försiktigt uppåt och nedåt tills den är i rätt läge (se bild).
16 Kontrollera att kabel låsringen på växellådsänden fortfarande är upplåst (dvs. vriden 90° moturs).
17 Med växelväljarens båda förararmar, både vid växelväljarspaken och på växellådan, i läge D monterar du vajeränddbeslaget på växelförararmen och vrider sedan låskragen 90° medurs för att låsa den.
18 Starta motorn och flytta växelväljaren genom alla lägen med handbromsen åtdragen och låt varje läge gå i ingrepp.
19 Gör provkörning med bilen för att kontrollera att växellådan fungerar korrekt.

5F31J

20 Kontrollera att växelväljaren i bilen fortfarande är i läget D.
21 Lossa den gula låssprinten från växelväljarens vajerjusteringsmekanism med växelväljarkåpan demonterad (se bild).

22 Flytta växelväljaren på växellådan tills den är i läget D (se bild). Observera: *Punkten på växellådshuset måste vara i linje med hålet på växelväljaren när den är i läget D.*
23 Tryck tillbaka den gula låssprinten i växelväljarvajern för att låsa justeringsmekanismen. Montera tillbaka växelvajerkåpan.
24 Starta motorn, flytta växelväljaren genom alla lägen med handbromsen åtdragen och ge tillräckligt med tid så att varje läge hinner läggas i.
25 Gör provkörning med bilen för att kontrollera att växellådan fungerar korrekt.

4 Växelspak – demontering och montering

Demontering

1 Ta bort mittkonsolen enligt beskrivningen i kapitel 11.
2 Lossa växelvajerns fästklämma från växelväljaren, dra ut fäststiftet och tryck ut vajern från växelväljaren.
3 Dra åt handbromsen. Lyft sedan upp framvagnen och ställ den på pallbockar (se *Lyftning och stödpunkter*).
4 Arbeta under bilen och ta bort värmeskölden över katalysatorn, lossa kablagekontaktdonet till lambdasonden.
Varning: Katalysatorn arbetar med väldigt höga temperaturer. Om det finns en risk för att systemet fortfarande är varmt ska du använda lämpliga kläder/handskar.
5 Skruva loss de fästmuttrar som håller fast växelväljarenheten på golvet.
6 Lossa växelväljarens kablagekontaktdon, ta sedan bort växelväljarenheten från bilens insida. Om tillämpligt, ta loss packningen.

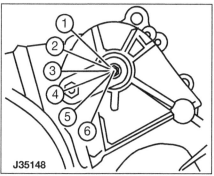

J35148

3.15 Spakpositioner på växellådan

1 Ettans växel	4 Friläge
2 Tvåans växel	5 Back
3 Drivning	6 Parkera

Montering

7 Monteringen sker i omvänd ordningsföljd mot demonteringen, men justera växelvajern enligt beskrivningen i avsnitt 3.

5 Hastighetsgivare – demontering och montering

1 I växellådan CD4E finns det två hastighetsgivare – en är den utgående axelns varvtalsgivare (OSS), som dessutom tillhandahåller information om bilens hastighet och den andra är turbinaxelns varvtalsgivare (TSS). Den utgående axelns hastighetsgivare sitter i differentialen bredvid drivaxeln och turbinaxelns hastighetsgivare sitter i växellådans ändkåpa. Tillvägagångssätten för demontering och montering av båda hastighetsgivarna är desamma.
2 Samma varvtalsgivare är monterade på enheten 5F31J men både OSS och TSS är oåtkomliga utan isärtagning av växellådan

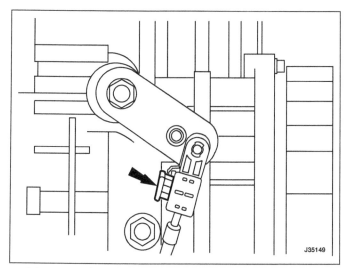

3.21 Lossa låsklämman (markerad med pil) från växelvajern

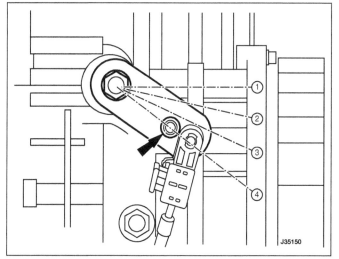

3.22 Justera punkten (markerad med pil) på växellådshuset med hålet i spaken för att välja läget D (drive)

1 Parkera   2 Back   3 Friläge   4 Drivning

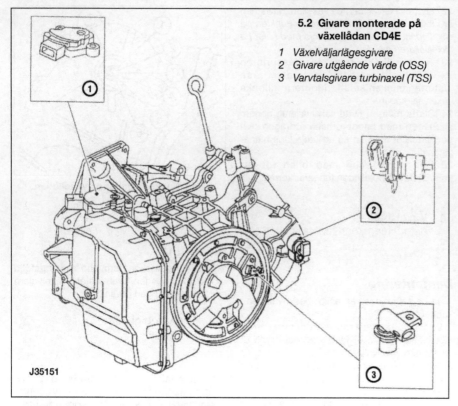

5.2 Givare monterade på växellådan CD4E

1 Växelväljarlägesgivare
2 Givare utgående värde (OSS)
3 Varvtalsgivare turbinaxel (TSS)

J35151

6.4 Multiplugg (markerad med pil) till växelväljarlägesgivaren

vilket bedöms ligga utanför det som en hemmamekaniker klarar.

CD4E växellåda

Demontering

3 Dra åt handbromsen. Lyft sedan upp framvagnen och ställ den på pallbockar (se Lyftning och stödpunkter).
4 Lossa kontaktdonet från hastighetsgivaren **(se bild). Observera**: *Den utgående axelns varvtalsgivarkontaktdon är svartfärgat och kontaktdonet till turbinaxelns varvtalsgivare är vitt.*
5 Skruva loss fästbulten och ta bort hastighetsgivaren från växellådan.
6 Använd en skruvmejsel, ta bort O-ringen

från givaren och kassera den; använd en ny en vid återmonteringen.
7 Torka rent varvtalsgivaren och sätesloppet i växellådshuset.

Montering

8 Monteringen sker i omvänd ordningsföljd mot demonteringen. Tänk på följande:
a) Smörj den nya O-ringen lätt med vaselin innan enheten sätts in i växellådshuset.
b) Dra åt bulten till angivet moment.
c) Starta motorn och flytta växelväljaren genom alla lägen med handbromsen åtdragen och låt varje läge får tid på sig att läggas i.
d) Välj parkeringsläget P och kontrollera växellådsoljans nivå enligt beskrivningen i kapitel 1A eller 1B.

6 Växelväljarlägesgivare – demontering, montering och justering

Observera: Denna kallas även växellådans intervallgivare.

Demontering

1 Demontera batteriet och batterihyllan enligt beskrivningen i kapitel 5A.
2 Ta bort luftrenarenheten enligt beskrivningen i kapitel 4A för att komma åt växelväljarlägesgivaren, som är placerad på växellådan, bättre.
3 Flytta växelväljaren till läget N (neutral).
4 Lossa anslutningskontakten från positionsgivaren **(se bild)**.
5 Skruva loss fästbultarna och ta bort givaren.

Montering och justering

6 Återmonteringen sker i omvänd ordning jämfört med demonteringen men låset ska placeras på det sätt noterats tidigare innan bultarna dras åt.
7 Kontrollera att växelspaken är i neutralläget (se avsnitt 3).
8 Det finns ett specialverktyg från Ford för inriktning av givaren som består av en metallplatta med stift som ska gå i ingrepp med utskärningarna i givaren och axeln **(se bilder)**.

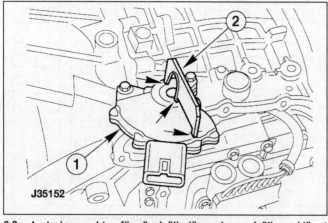

6.8a Justeringsverktyg för växelväljarlägesgivaren (väljaren i läget N) (växellådan CD4E)

1 Givare   2 Justeringsverktyg (stift markerade med pilar)

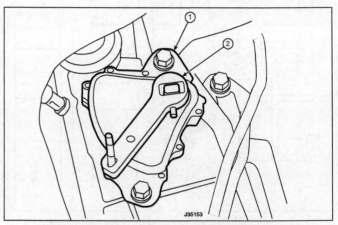

6.8b Justeringsverktyg för växelväljarlägesgivaren (växellådan 5F31J)

1 Växelväljarlägesgivare   2 Justeringsverktyg

9 Vrid givaren på växellådan tills specialverktyget är inriktat, detta är det neutrala läget N i växellådan. Dra åt bultarna med givaren korrekt inriktad och ta sedan bort inriktningsverktyget.

10 Återanslut kontaktdonet till positionsgivaren.

11 Montera tillbaka batteriet och batterilådan enligt beskrivningen i kapitel 5A, och luftrenaren enligt beskrivningen i kapitel 4A.

12 Som en ytterligare kontroll flyttar du växelväljaren till läget park P eller neutral N med handbromsen åtdragen. Motorn bör starta. **Observera:** *Bilen bör inte kunna starta om en annan växel väljs.* Vid val av backen R ska backljusen tändas.

7 Oljetätningar – byte

Sidotätningar växellådsolja differential

1 Tillvägagångssättet är detsamma som det som gäller för den manuella växellådan (se kapitel 7A). **Observera:** *Ford använder ett specialavdragningsverktyg för att ta bort differentialtätningen från växellådshuset.*

Hastighetsgivarens oljetätningar

2 Denna metod beskrivs i avsnitt 5.

8 Växellåda – demontering och montering

Observera: *Läs igenom detta tillvägagångssätt innan du påbörjar arbetet så att du vet vad det innefattar, särskilt vad gäller lyftutrustning. Beroende på tillgänglig utrustning kan man som hemmamekaniker föredra att ta bort motorn och växellådan tillsammans och sedan skilja dem åt på en arbetsbänk, enligt beskrivningen i kapitel 2C.*

Demontering

1 Demontera batteriet och batterihyllan enligt beskrivningen i kapitel 5A. Demontera motorns övre skyddskåpa.

2 Ta bort motorhuven (kapitel 11) om det

8.4a Lossa plastkåporna. . .

behövs för bättre åtkomst och för att montera motorlyften.

3 Lyft upp kylaren och håll den i upplyft läge med hjälp av kabelklämmor genom hålen i den övre tvärbalken. Detta är nödvändigt för att hålla fast kylaren när hjälpramen tas bort.

4 Lossa plastkåporna från fjädringsbenens överdel på båda sidorna av bilen, lossa sedan det övre fästets fästbultar ungefär fyra varv vardera **(se bilder).**

5 Ta bort luftrenaren enligt beskrivningen i kapitel 4A.

6 Dränera kylsystemet enligt beskrivningen i kapitel 1.

7 Om tillämpligt, lossa jordledningen från växellådan **(se bild).**

8 Dra växelvajerns ändbeslag från spaken på växellådan och skruva loss stödfästet. På 5F31J växellådan, ta bort växelspakens kåpa (se avsnitt 3).

9 Dra åt handbromsen och klossa bakhjulen. Lossa framhjulets muttrar, och om möjligt, drivaxelns navmuttrar.

10 Lyft upp framvagnen med domkraft och ställ den på pallbockar. Det måste finnas tillräckligt spel under bilen för att växellådan ska kunna sänkas och demonteras. Ta bort de båda hjulen och motorns underkåpa om en sådan finns.

11 Ta bort den främre kåpan under kylaren genom att bända ut sidoklämmorna och skruva loss fästbultarna.

12 Låt vätskan rinna ner i behållaren. Om en sådan finns kasserar du brickan/packningen, monterar tillbaka brickan/packningen och drar åt till angivet moment när du slutför arbetet.

13 Motorn och växellådan måste nu stöttas.

8.4b . . . lossa sedan fjäderbenets övre fästmuttrar

Ford-mekaniker använder ett stödstag som passar i innerskärmarnas överdel – lämpliga motorfäststag finns i verktygsaffärer.

14 Om du inte får tag på något stödstag kan du använda en motorlyft. Med en motorlyft kan du manövrera motorn/växellådan lättare och säkrare.

15 Ta bort den främre kryssrambalken enligt beskrivningen i kapitel 10.

16 Ta bort drivaxlarna enligt beskrivningen i kapitel 8. Plugga igen växellådan för att förhindra att smuts tränger in (eller vätskeförlust om vätskan inte har tappats ur).

17 Stötta upp växellådan underifrån med en garagedomkraft, skruva sedan loss fästmuttern från vänster växellådsfäste och ta bort fästet från innerskärmspanelen **(se bilder).**

18 På växellådorna CD4E lossar du kontaktdonen från den utgående varvtalsgivaren (OSS), turbinaxelns varvtalsgivare (TSS) och (om en sådan finns) kontaktdonet till strålkastarnas nivågivare.

19 På växellådan 5F31J lossar du de tre multikontaktdonen från växellådshusets ände. Lossa dessutom ventilationsslangen från växellådans överdel.

20 Skruva loss den anslutningsmutter som håller fast röret till den automatiska växellådans vätskekylare på växellådans vänstra sida och även kylarens returrör till växellådan. Lossa rören, och flytta dem åt sidan Plugga igen rörens ändar för att förhindra att smuts tränger in i hydraulsystemet.

21 Ta bort startmotorn enligt beskrivningen i kapitel 5A.

22 Lossa kontaktdonen från

8.7 Jordledningsanslutning (markerad med pil) på växellådan

8.17a Skruva loss fästmutter (markerade med pil) . . .

8.17b . . . skruva sedan loss de fyra fästmuttrarna (markerade med pilar)

växelväljarlägesgivaren ovanpå växellådan. På CD4E växellådor, lossa kontaktdonet från växellådans överdel.

23 Ta bort gummikåpan från startmotorns urholkning i balanshjulskåpan på växellådorna CD4E för att komma åt momentomvandlarens fästskruvar.

24 På växellådorna 5F31J tar du bort kåpan i växellådshusets nedre avsnitt för att komma åt momentomvandlarens fästbultar.

25 Skruva loss och ta bort momentomvandlarens fästbultar. Det är nödvändigt att dra runt motorn med vevaxelremskivans bult så att var och en av de fyra muttrarna kan skruvas loss genom öppningen.

26 Skruva loss fästmuttrarna/fästbultarna och ta bort växellådans fäste från växellådshusets överdel.

27 Med växellådans vikt uppstöttad på en garagedomkraft. Använd säkerhetskedjor eller tillverka en vagga för att stötta växellådan på domkraften.

28 Arbeta dig runt växellådshuset, lossa och ta bort fästbultarna som håller fast växellådan på motorn. Lossa eventuella kablage fästbyglar, om tillämpligt.

29 Ta hjälp av en medhjälpare och ta bort växellådan i rät vinkel från motorn och se till att momentomvandlaren följer med växellådan och inte fortsätter att ha kontakt med drivplattan. Om denna försiktighetsåtgärd inte vidtas finns det en risk för att momentomvandlaren faller ut och skadas.

30 Sänk ner växellådan på marken.

Montering

31 Rengör drivplattans och momentomvandlarens ytor.

32 Kontrollera att momentomvandlaren har kommit in helt i växellådan. Placera en stållinjal

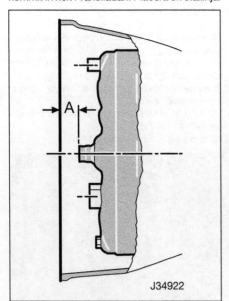

8.32a Momentomvandlarens mittapp måste vara minst 14 mm under växellådsflänsen (dimension A) (växellådan CD4E)

tvärs över växellådsflänsen för att göra detta. Applicera ett tunt lager av högtemperaturfett på mittappen på momentomvandlaren.

a) *Kontrollera att momentomvandlarens mittapp är 14 mm under stållinjalen (se bild).*

b) *Kontrollera att drivplattstapparna är 15,5 mm under stållinjalen på växellådorna 5F31J (se bild).*

Varning: Detta tillvägagångssätt är viktigt för att säkerställa att momentomvandlaren är helt i ingrepp med vätskepumpen. Om den inte är ordentligt ansluten kan det uppstå allvarliga skador.

33 Ta hjälp av en medhjälpare och höj upp växellådan. Placera den på drivplattans baksida. Se till att växellådan riktas in korrekt med styrstiften innan du trycker in den helt i ingrepp med motorn. **Observera**: *Momentomvandlaren måste vara helt i ingrepp med vätskepumpen på korrekt monteringsdjup under hela monteringen.*

34 Arbeta dig runt växellådshuset och montera tillbaka de bultar som håller fast växellådan på motorn. Dra inte åt fästbultarna helt förrän alla bultarna är på plats, dra sedan år dem till angivet moment.

35 Använd fyra nya fästmuttrar, dra åt momentomvandlarens fästmuttrar till angivet moment. Vrid runt motorn så mycket som behövs för att se var och en av muttrarna. **Observera**: *Sätt in alla nya muttrar innan de dras åt helt till angivet moment.*

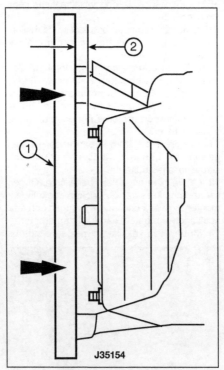

8.32b Tappdjupet på momentomvandlarens drivplatta (2) måste mätas med en stållinjal (1) (växellådan 5F31J)

1 Stållinjal
2 Djup = 15,5 mm

36 Återstoden av återmonteringen sker i omvänd ordningsföljd jämfört med demonteringen. Observera följande särskilda punkter:

a) *Dra åt alla bultar till angivet moment (där sådant angetts).*

b) *Återanslut och justera växelvajern, enligt beskrivningen i avsnitt 3.*

c) *Byt växellådsolja enligt beskrivningen i kapitel 1A eller 1B.*

d *Om en ny enhet har monterats kan det, beroende på typ av växellåda, vara nödvändigt att får växellåds-ECU "matchad" mot motorstyrningens PCM elektroniskt för att säkerställa korrekt funktion – be om råd hos din Ford-verkstad eller hos din specialist på automatväxellådor.*

e) *Kontrollera oljenivån i växellådan och fyll på vid behov när motorn har körts (se kapitel 1).*

f) *Kontrollera slutligen växellådans funktion genom att köra bilen en sväng.*

9 Växellådsolja – byte

Se kapitel 1.

10 Växellåda – renovering – allmän information

Om felet fortfarande kvarstår måste du bestämma om det är ett elektriskt, mekaniskt eller hydrauliskt fel. En diagnos kräver detaljerad kunskap om växellådans funktion och konstruktion samt åtkomst till specialiserad testutrustning och har därför bedömts vara utanför den här handbokens omfattning. Det är därför ytterst viktigt att problem med automatväxellådan hänvisas till en Ford-verkstad eller till en specialist på automatväxellådor för bedömning.

En felaktig växellåda ska inte tas bort innan bilen har bedömts av en verkstad eller specialist eftersom feldiagnosen görs med växellådan ansluten till bilen. Se informationen i avsnitt 2 innan du tar bort enheten.

Observera att om bilen fortfarande är inom garantiperioden är det viktigt att ta bilen till en Ford-verkstad som utför en omfattande diagnos med hjälp av specialutrustning vid ett fel. Om du inte gör det upphör garantin att gälla.

11 Växellådans styrenhet (5F31J) – demontering och montering

Observera: *Växellådsstyrmodulen (TCM) som är monterad på växellådorna 5F31J sitter på den inre mellanväggen bakom instrumentbrädan.*

Demontering

1 Ta bort instrumentbrädan enligt beskrivningen i kapitel 11.
2 Skruva loss fästbultarna och ta bort tvärbalken från mellanväggens insida.
3 Lossa kontaktdonet från växellådans kontrollmodul.
4 Styrmodulen är fastnitad på en fästbygel på den inre mellanväggen. Borra ur nitarna och ta bort modulen från bilen.

Montering

5 Monteringen sker i omvänd ordningsföljd mot demonteringen, montera nya nitar på fästbygeln
Varning: Kontrollera att korrekt växellådsstyrenhet (TCM) för bilen är monterad. I annat fall kan onormala körförhållanden uppstå.

12 Växellådsoljekylare (5F31J) – demontering och montering

Observera: *Ett specialverktyg från Ford behövs nu för att lossa kylarens snabbkopplingar utan skador.*

Demontering

1 Detta tillvägagångssätt ska helst endast utföras när växellådsvätskan är sval och inte omedelbart efter en körning. Om detta tillvägagångssätt måste utföras när vätskan är varm måste försiktighetsåtgärder vidtas för att undvika skållning (använd exempelvis handskar).
2 Demontera den främre stötfångaren enligt beskrivningen i kapitel 11.
3 Bänd ut de två intrycksklämmorna och

ta bort plastkåpan som skyddar kylarens vätskeanslutningar i ena änden.
4 Innan du lossar vätskekylarens anslutningar se kapitel 1 och överväg om du ska tappa ur växellådsvätskan – detta kan vara lämpligt eftersom den mängd vätska som förloras måste fastställas exakt för påfyllningen och vätskan kan släppas ut mer kontrollerat från själva växellådan. Även om växellådan tappas ur först förloras ändå en liten mängd vätska när kylaren öppnas och denna ska också behållas.
5 Ford specialverktyg 307-242 behövs nu för att lossa kylarens två snabbkopplingar. Detta verktyg är en delad krage som förs in i ena halvan av kopplingen och lossar de invändiga tapparna. Om du inte har tillgång till verktyget kan det gå att tillverka något liknande, kanske av ett gammalt bladmått – du måste vara försiktig för att undvika skador på anslutningen. I annat fall kan det uppstå vätskeläckor.
6 Låt vätskan tömmas ut i en lämplig behållare när de två rören har lossats. Det är viktigt att den urtappade vätskan bevaras eftersom en identisk mängd vätska måste användas vid påfyllningen av växellådan (det finns ingen mätsticka eller konventionell nivåplugg).
7 Märk ut de lossade rörens monterade placeringar, kanske genom att linda lite tejp runt dem – de får inte förväxlas vid återmonteringen. Om kylaren tas bort under en viss tid pluggar eller tejpar du igen de öppna anslutningarna för att förhindra att det kommer in smuts eller ytterligare vätskeförlust.
8 Ta bort den övre fästbulten på båda sidorna av kylaren, lyft sedan ut den ur sin fästbygel för att lossa de två nedre placeringstapparna. Töm ut eventuellt kvarvarande vätska från kylaren och förvara den tillsammans med den andra vätskan som har tömts ut.

Montering

9 Monteringen sker i omvänd ordningsföljd mot demonteringen. Tänk på följande:
a) *Passa in kylaren i korrekt läge och sätt in de nedre monteringstapparna i stödfästet. Montera de övre bultarna, och dra åt ordentligt.*
b) *Se till att kylarens anslutningar ansluts ordentligt igen. Till skillnad från demontering krävs det inte något specialverktyg vid återanslutningen av rören – tryck bara ihop anslutningen tills placeringstapparna hörs eller tills du känner att de går i ingrepp. När rören väl är anslutna försöker du dra isär dem försiktigt för att säkerställa god anslutning.*
c) *Avsluta med att fylla på växellådan med samma mängd olja som har tömts ut. Bringa växellådan till arbetstemperatur, kontrollera sedan vätskenivån enligt beskrivningen i kapitel 1 för vätskepåfyllning.*

13 Växlingsknappar på ratt (5F31J) – allmän information

En del modeller med 5-växlad automatväxellåda kan ha manuella växlingsknappar monterade på ratten som kan användas i det manuella växlingsläget. Enligt Ford kan dessa knappar bytas separat och det kan krävas en ny ratt om den är felaktig. När det nya hjulet har monterats finns det inget behov av att få växellådans styrenhet omprogrammerad av en Ford-verkstad – knapparna bör fungera direkt.

Kapitel 8
Drivaxlar

Innehåll

Allmän information 1
Drivaxeldamask och drivknut – kontroll . . . . se kapitel 1
Drivaxelns inre drivaxeldamask – byte 3
Drivaxlar – demontering och montering 2
Drivaxlar – kontroll och byte av drivknut 5
Yttre drivknutsdamask på drivaxel – byte 4

Svårighetsgrad

Enkelt, passar novisen med lite erfarenhet	**Ganska enkelt,** passar nybörjaren med viss erfarenhet	**Ganska svårt,** passar kompetent hemmamekaniker	**Svårt,** passar hemmamekaniker med erfarenhet	**Mycket svårt,** för professionell mekaniker

Specifikationer

Åtdragningsmoment

	Nm
Drivaxel/nav fästmutter*	290
Flexibel koppling rattstång på styrinrättningens kugghjulsaxel*	25
Framfjädring hjälpramens bakre fäste	10
Framfjädring hjälpramens fästbultar.	142
Framfjädringens länkarms nedre kulledsbult	83
Fästbult rattstång på flexibel koppling*	20
Fäste för det främre fjädringsbenets överdel på karossen.	30
Fästmutter till mellanaxelns mittlager.	25
Hjulmuttrar	85
Krängningshämmarlänk och fäste	48
Mellanaxelns mittlager fäste på blocket.	48

* Använd en ny mutter eller bult

1 Allmän information

Drivning överförs från växellådans differential till framhjulen med hjälp av två drivaxlar som har två drivknutar. Höger drivaxel är i två sektioner och har ett stödlager **(se bild)**. På 1,8 och 2,0-liters modeller är drivaxeln av rörkonstruktion medan massiva axlar används på alla övriga modeller.

Varje drivaxel består av tre huvuddelar: den glidande inre drivknuten (av trebenstyp), själva drivaxeln och den yttre drivknuten (fast kula). Den inre änden av vänster trebensknut är fäst i differentialens sidodrev med en låsring. Den inre änden av vänster drivaxel är fäst på mellanaxeln sidodrev med en låsring. Mellanaxeln hålls fast i växellådan av bärlagret, vilket i sin tur stöds av en fästbygel på baksidan av motorblocket. Den yttre drivknuten på båda drivaxlarna är av fast kullagertyp och är fäst framför framnavet med navmuttern. **Observera:** *Ford anger att drivaxelmuttern kan återanvändas upp till fyra gånger men vi rekommenderar att en ny mutter monteras varje gång den lossas – med tanke på det extremt höga moment som den måste dras*

åt med och konsekvenserna för säkerhet om muttern går sönder bedrar snålheten visheten om en ny mutter inte monteras. Drivaxelmuttern är av laminerad konstruktion och vid upprepad återanvändning kan muttern dela sig.

2 Drivaxlar – demontering och montering

Varning: *Vid borttagning av drivaxlarna får den inre drivknuten inte böjas mer än 18° och den yttre drivknuten får inte böjas mer än 45° – med andra ord gäller det att hålla axeln så rak som möjligt. Den yttre drivknuten får inte demonteras från drivaxeln eftersom den är fasttryckt.*
Observera: *Detta tillvägagångssätt omfattar partiell nedsänkning av den främre hjälpramen.*

Demontering

1 Placera framhjulen i rakt fram-läge och sätt ratten i mittläget. Ta bort hjulkåpan (eller mittkåpan) från relevant hjul, dra åt handbromsen och lägg i ettan (manuell växellåda) eller P (automatväxellåda). Lossa navmuttern ungefär ett halvt varv.
2 Lossa de främre fästmuttrarna. Lyft upp framvagnen och ställ den på pallbockar (se *Lyftning och stödpunkter*). Ta bort de båda framhjulen.
3 Arbeta inne i bilen, skruva loss och ta bort fästbulten som håller fast styrningens inre stång på styrinrättningens spårade pinjong. Vrid klämplattan medurs och lossa klämman från kugghjulsaxeln. Kassera bulten eftersom en ny måste användas.
4 Lossa kåpan från relevant fjädringsbens överdel, skruva sedan loss var och en av de tre fästmuttrarna endast fyra varv.
5 Skruva loss och ta bort navmuttern **(se bild)**. En ny navmutter måste användas (se avsnitt 1).
6 Skruva loss fästskruvarna och ta bort skvalpplåten underifrån kylaren.
7 Använd kabelklämmor för att stötta upp kylaren på båda sidorna i den främre delen av motorrummet. Alternativt kan stift sättas in genom hålen i kylarens övre rör. Rören går att komma åt genom öppningarna i den främre tvärbalken.
8 Skruva loss slangfästbygeln (om en sådan finns) under den främre delen av bilen bredvid

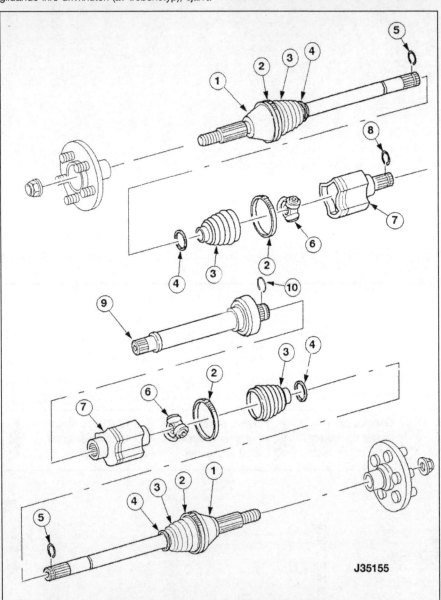

J35155

1.1 Sprängskiss av drivaxlarna (1,8 and 2,0-liters motor)

1 Drivaxel med fast yttre drivknut
2 Fästklämma stor damask
3 Damask
4 Fästklämma liten damask
5 Fästlåsring inre led trebensknut
6 Inre trebensknut
7 Inre ledhus
8 Inre fästlåsring drivaxel
9 Mellanaxel
10 Fästlåsring höger drivaxel till mellanaxel

2.5 Ta bort navmuttern

2.22 Använd en spak för att ta bort vänster drivaxel från växellådan

2.23 Ta bort drivaxelns ytterände från styrspindeln

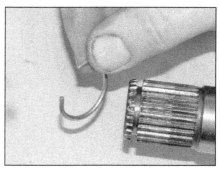

2.25 Ta bort låsringen från vänster drivaxels innerände

vänster kylarstödfäste, skruva sedan bort och ta bort kylarens båda stödfästen.

9 Arbeta under varje hjulhus i tur och ordning och skruva loss krängningshämmarlänken från fjädringsbenet.

10 På 1,8 och 2,0-liters motorer tar du bort avgassystemets böjliga rör från avgassystemets främre del enligt beskrivningen i relevant del av kapitel 4.

11 Ta bort avgassystemets främre nedre Y-rör på V6-motorer enligt beskrivningen i kapitel 4A.

12 Ta bort det bakre motorfästet i enlighet med relevant del av kapitel 2.

13 Lossa kablaget till katalysatorns övervakningsgivare och lossa kablaget från hjälpramen.

14 På modeller med xenonstrålkastare lossar du buntbanden och lossar strålkastarnivågivarens kabelhärva från hjälpramen.

15 Lossa kabelhärvan till kylarens kylfläkt från hjälpramen. Kontrollera runt hjälpramen att det inte finns något som är fäst på den som hindrar att den sänks ner.

16 Stötta upp hjälpramen på en eller två garagedomkrafter. Det kommer att behövas hjälp av en medhjälpare.

17 Notera hur framfjädringens länkarms kulledsklämbult är placerad, skruva sedan loss och ta bort den från spindelenheten.
Varning: Dra inte ned länkarmarna

i detta skede eftersom de bakre hydrobussningarna skadas.

18 Markera noggrant den främre hjälpramens placering på underredet för att säkerställa korrekt återmontering.
Observera: Fords mekaniker använder speciella inriktningssprintar för att placera hjälpramen korrekt vid återmonteringen – vi rekommenderar att du skaffar dessa sprintar för återmonteringen. Skruva loss och ta bort hjälpramens bakre fästbultar, och skruva loss de bakre fästen från hjälpramen.

19 Skruva loss och ta bort hjälpramens främre fästbultar.

20 Sänk ner hjälpramen ungefär 150 mm, håll den så plan som möjligt och se till att länkarmens bakre hydro-bussningar inte belastas eller skadas.

21 Lossa länkarmens kulleder från styrspindlarna och ta bort värmeskydden. Om de sitter hårt knackar du försiktigt ned armarnas yttre ändar med en klubba eller driver in en smal metallkil i spindelklämmorna. Var försiktig så att du inte skadar kulledens gummidamasker.

Vänster drivaxel

22 Sätt in en spak mellan den inre drivaxelknuten och växellådshuset med en tunn bit trä mot huset. Bänd upp den inre kulleden från differentialen **(se bild)**. Om den visar sig vara svår att flytta slår du fast med

handflatan på spaken. Var försiktig så att inte angränsande komponenter skadas och se i synnerhet till att drivaxelns oljetätning i differentialen inte skadas. Var beredd på en del oljespill från växellådan. Stötta drivaxelns inre ände med pallbockar.

23 Tryck drivaxelns yttre ände genom framnavet och styrspindeln **(se bild)**. Använd vid behov en universalavdragare som placeras på navflänsen.

24 Ta bort drivaxeln under bilen.

25 Ta loss låsringen från spåret på drivaxelns innerände och ta fram en ny **(se bild)**.

Höger drivaxel

Observera: Höger drivaxel kan antingen tas bort helt med mellanaxeln från växellådan eller också kan den kopplas loss från den yttre änden av mellanaxeln.

26 Tryck drivaxelns ytterände genom det främre navet och styrspindeln – använd en universalavdragare på navflänsen om det behövs. Bind upp styrspindeln på ena sidan och stötta drivaxelns ytterände mot en pallbock.

27 För att lossa drivaxeln från mellanaxelns ytterände sätter du in en spak mellan den inre drivaxelns kulled och mellanlagerhuset med en tunn träbit mot huset. Bänd upp den inre kulleden från lagerhuset. Detta lossar den interna låsringen. Använd alternativt en mjuk klubba för att driva av huset **(se bilder)**.

2.27a Använd en träklubba för att slå av höger drivaxelhus

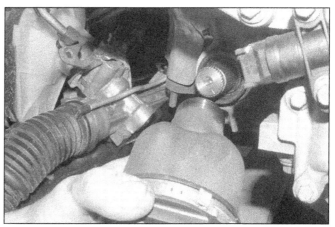

2.27b Lossa höger drivaxel från mellanaxeln

2.28a Märk kåpan med den normala rotationsriktningen. . .

2.28b . . . ta sedan bort kåpan . . .

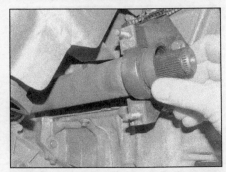

2.28c . . . och ta bort lagret från fästbygeln

2.28d Mellanaxelns stödlager (V6-motor)

2.28e Avgassystemets värmesköld (2,0-liters motor)

2.29 Ta bort mellanaxeln från växellådan

28 För att ta bort mellanaxeln skruvar du loss de muttrar som håller fast drivaxelns stödlager baktill på fästbygeln på motorblocket och om ett sådant finns tar du bort värmeskyddet. Märk locket med kåpan med den normala rotationsriktningen för att säkerställa korrekt återmontering (se bilder).

29 Ta bort mellanaxeln från växellådan (se bild).

30 Ta loss låsringen från spåret på

2.30 Ta bort låsringen från spåret på mellanaxeln

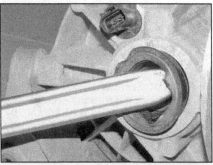

2.31a Bänd ut den gamla oljetätningen

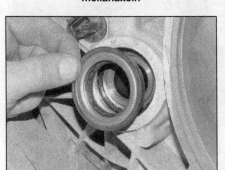

2.31b Placera den nya oljetätningen. . .

2.31c . . . och för in det i växellådshuset

mellanaxelns yttre spårade ände och ta fram en ny när drivaxeln har lossats från mellanaxeln (se bild).

Båda sidor

31 Kontrollera de olika oljetätningarnas skick och byt dem om det behövs enligt beskrivningen i kapitel 7A (manuell växellåda) eller kapitel 7B (automatväxellåda) (se bilder). Kontrollera bärlagret och byt ut det vid behov enligt beskrivningen i avsnitt 5.

Montering

Vänster drivaxel

32 Montera den nya låsringen i spåret på drivaxelns innerände och se till att den sitter korrekt.

33 Sätt in drivaxelns räfflade inneränden i växellådan och låt den gå i ingrepp med räfflorna i differentialens solhjul samtidigt som drivaxeln hålls vågrätt. Var försiktig så att du inte skadar växellådans oljetätning. Tryck in drivaxeln tills låsringen är helt i ingrepp.

34 Dra spindeln utåt och sätt in drivaxelns ytterände genom navet. Vrid drivaxeln för att haka i spårningen i navet och skjut på den helt på navet. Använd vid behov en träklubba för knacka på drivaxelns räfflor tills det går att skruva på navmuttern flera varv.

Höger drivaxel

35 Om den kompletta drivaxeln och mellanaxeln har tagits bort sätter du in mellanaxelns innerände i växellådan och låter den gå i ingrepp med räfflorna på differentialens solhjul samtidigt som du är försiktig så att inte oljetätningen skadas. Placera mellanaxelns

mittlager på dess fästbygel, återmontera kåpan och dra åt fästmuttrarna till angivet moment.

36 Placera en ny låsring i spåret i mellanaxelns ytterände, placera sedan drivaxeln på mellanaxelns räfflor och tryck på den tills den inre låsringen går i ingrepp med spåret i axeln så att det hörs om mellanaxeln har lämnats kvar på plats.

37 Dra spindeln utåt och sätt in drivaxelns ytterände genom navet. Vrid drivaxeln för att haka i spårningen i navet och skjut på den helt på navet. Använd vid behov en träklubba för knacka på drivaxelns räfflor tills det går att skruva på navmuttern flera varv.

Båda sidor

38 Placera kulledernas axeltappar till framfjädringens länkarm längst ner på spindlarna tillsammans med värmeskydden. Sätt in fästbultarna bakifrån (med huvudena riktade bakåt), skruva på muttrarna och dra åt dem till angivet moment.

39 Lyft upp hjälpramen mot underredet och placera den korrekt mot de märken som gjordes vid demonteringen. Använd Fords speciella inriktningssprintar. Montera tillbaka de bakre fästbyglarna, sätt dit fästbultarna och dra åt dem till angivet moment. Se till att hjälpramen inte flyttas under åtdragningen av bultarna.

40 Montera tillbaka kabelhärvan till kylarens kylfläkt på hjälpramen.

41 Fäst kabelhärvan till strålkastarens nivågivare med kabelklämmorna på hjälpramen i modeller med xenonstrålkastare.

42 Återanslut kablaget till katalysatorns övervakningsgivare och fäst kablaget på hjälpramen.

43 Montera tillbaka motorns bakre stöd-/länkisolator enligt beskrivningen i relevant del av kapitel 2.

44 Montera tillbaka avgassystemets böjliga rör på avgassystemets främre del i enlighet med relevant del av kapitel 4 på 1,8 och 2,0-liters motorer.

45 Ta bort avgassystemets främre nedre Y-rör på V6-motorer enligt beskrivningen i kapitel 4A.

46 Montera tillbaka krängningshämmarlänken på fjädringsbenet och dra åt muttern till angivet moment.

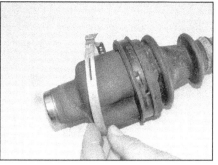
3.4a Ta bort den stora klämman till innerledens damask...

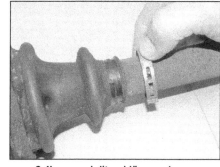
3.4b ... och liten klämma, lossa damasken...

47 Montera tillbaka slangfästbygeln och kylarens stödfästen under bilens front, se till att gummifästena placeras korrekt på kylaren och dra åt bultarna. Ta bort de temporära buntbanden eller stiften från kylaren.

48 Montera tillbaka stänkskölden under kylaren och dra åt skruvarna.

49 Dra åt navmuttern på det här stadiet.

50 Dra åt de övre fästmuttrarna till det främre fjädringsbenet till angivet moment, montera sedan tillbaka plastkåpan.

51 Arbeta inne i bilen, montera tillbaka rattstångsklämman på styrinrättningens pinjong och se till så att rattstången inte vrids från sitt rakt fram-läge. Vrid klämplattan moturs och sätt in den **nya** fästbulten. Dra åt bulten till angivet moment.

52 Kontrollera, och fyll på växellådsolja eller vätska enligt beskrivningen i kapitel 1.

53 Sätt på hjulen, sänk ner bilen och dra åt hjulbultarna till angivet moment.

54 Montera en ny navmutter och dra åt den till angivet moment. Sätt till sist tillbaka hjulsidan (eller mittkåpan).

3 Drivaxelns inre drivaxeldamask – byte

Observera: *Läs varningen i avsnitt 2 innan du fortsätter.*

1 Även om det går att byta damasken genom att helt enkelt lossa drivaxelns innerände från

växellådan (vänster) eller mellanaxeln (höger) är det lämpligt att drivaxeln tas bort helt och att arbetet utförs på en bänk. Om arbetet utförs under bilen kan drivknutarna av misstag vridas utöver de maximala vinklar som beskrivs i avsnitt 2. Observera att om både de inre och yttre damaskerna byts ut samtidigt kan den yttre damasken tas bort från drivaxeln innerände.

2 Ta bort drivaxeln enligt beskrivningen i avsnitt 2 och montera den i ett skruvstäd.

3 Markera drivaxelns placering i förhållande till drivknutskåpan så att återmonteringen blir korrekt.

4 Observera den monterade placeringen för båda de inre fästklämmorna till ledens damask, lossa sedan klämmorna från damasken och för damasken en liten bit bakåt på drivaxeln **(se bilder)**.

5 Ta bort det inre ledhuset från trebensknuten. Var beredd på att några av lagerrullarna faller ut i och med att huset flyttas – identifiera deras placering med en färgklick och tejp **(se bilder)**. Gräv ut fettet från leden och damasken.

6 Kontrollera att du har markerat placeringen av drivaxelns inre ände i förhållande till den räfflade trebensknuten. Om inte, gör en lätt markering med en körnare på de två objekten, så att återmonteringen blir korrekt. Du kan också markera med lite färg på drivaxeln och ena änden av trebensknuten.

7 Ta loss låsringen som håller fast trebensknuten på drivaxeln **(se bild)**.

8 Använd en avdragare för att dra bort

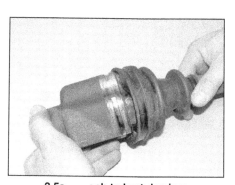
3.5a ... och ta bort den inre drivknutskåpan från trebensknuten

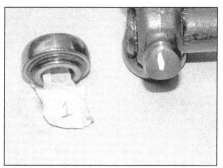
3.5b Identifiera rullarnas position

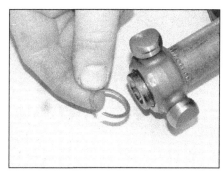
3.7 Ta bort låsringen som håller fast den inre trebensknuten på drivaxeln

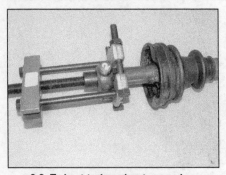

3.8 Ta bort trebensknuten med en avdragare.

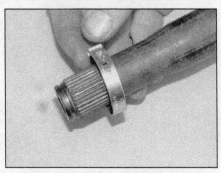

3.11a För på den lilla klämman. . .

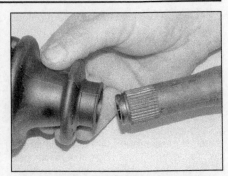

3.11b . . . följt av damasken och den stora klämman

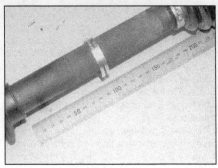

3.11c Kontrollera avståndet mellan de inre och yttre damaskerna

3.12a Driv på trebensknuten helt på drivaxelns räfflor. . .

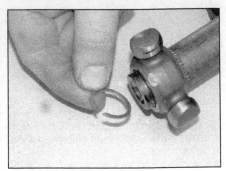

3.12b . . . och montera den nya låsringen

drivaxelns trebensknut och för av damasken **(se bild)**.

9 Om den yttre damasken också ska bytas ut, ta bort den enligt beskrivningen i avsnitt 4.

10 Rengör drivaxeln och skaffa en ny låsring

3.13 Montera rullarna på deras tidigare noterade positioner. . .

till drivknuten. Damaskens fästklämmor måste också bytas ut.

11 Skjut på den nya damasken på drivaxeln tillsammans med de nya klämmorna. Se till att damasken placeras på sin tidigare noterade position på drivaxeln, dra sedan åt klämman med liten diameter **(se bilder)**. Avståndet mellan de inre och yttre damaskerna måste vara:

1,8- och 2,0-liters manuell växellåda modeller: 180,0 mm

Modeller med 2,0-liters motor och automatväxellåda: 160,0 mm

V6-modeller: 165,5 mm

12 Sätt tillbaka trebensknuten på drivaxelns spårning, om det behövs använd en mjuk klubba och en hylsnyckel för att få på den helt på spårningen. Den måste sättas på med

den sneda ytan framåt (mot drivaxeln), och med de tidigare gjorda markeringarna i linje. Säkra den när den sitter på plats med en ny låsring. Se till att låsringen har hakat i sitt spår ordentligt **(se bilder)**.

13 Placera lagerrullarna på trebensknuten på deras tidigare noterade placeringar och använd fett för att hålla dem på plats **(se bild)**.

14 Packa in tillräckligt med drivknutsfett i trebensknuten och ledens hus **(se bild)**.

15 För på ledhuset på trebensknuten helt, placera damasken i specialspåret och se till att den inte vrids eller deformeras **(se bilder)**.

16 Sätt in en liten skruvmejsel under damaskens läpp på husänden. Detta gör det möjligt för fångad luft att komma ut, sedan dra tillbaka ledhuset 20 mm från dess helt

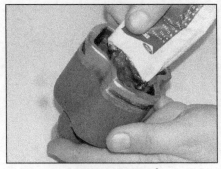

3.14 . . . och fyll drivknutskåpan med drivknutsfett

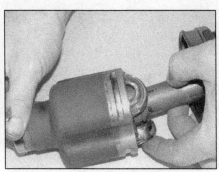

3.15a För på huset på trebensknuten. . .

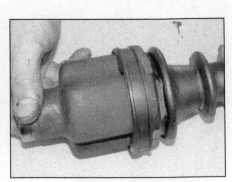

3.15b . . . och placera damasken i det särskilda spåret

3.16a Använd en skruvmejsel för att släppa ut den infångade luften. . .

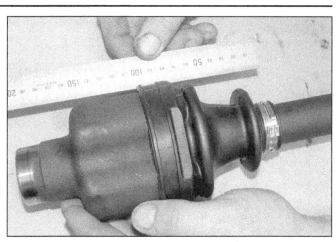

3.16b . . . dra sedan tillbaka vridknutskåpan 20 mm

inne-läge – detta är det normala driftläget **(se bilder)**.

17 Montera och dra åt fästklämmorna. Om möjligt, använd specialverktyget för att dra åt klämmorna **(se bild)**.

18 Montera tillbaka drivaxeln enligt beskrivningen i avsnitt 2.

4 Yttre drivknutsdamask på drivaxel – byte

Observera: *Läs varningen i avsnitt 2 innan du fortsätter. Den yttre drivknuten är påtryckt på drivaxeln och får inte tas bort.*

1 Den yttre drivaxeldamasken tas bort genom att den inre damasken först tas bort enligt beskrivningen i avsnitt 3.

2 Rengör den exponerade delen av drivaxeln för att underlätta demontering av balansvikten (om en sådan finns) och den yttre damasken.

3 Märk ut balansviktens och den yttre damaskens placering på drivaxelns (om en sådan finns). Balansvikten trycks på drivaxeln och idealiskt krävs det en avdragare eller en press för att ta bort den. Om vikten stöttas i ett skruvstäd kan drivaxeln drivas genom det med en mjuk klubba på drivaxelns innerända.

4 Observera placeringen av damaskens båda yttre fästklämmor och lossa dem sedan. Lossa damasken från den yttre drivknuten, för sedan

av den från drivaxelns innerände tillsammans med klämmorna **(se bilder)**. Gräv ut fettet från drivknuten.

5 För på den nya damasken, tillsammans med de nya klämmorna, på drivaxeln tills den är nära den yttre drivknuten.

6 Tryck in den yttre drivknuten med tillräckligt med fett och se till att det kommer in i rullarna ordentligt – många damasksatser levereras med en påse med fett men i annat fall kan din Ford-återförsäljare föreslå en fettyp. Fyll damasken med överflödigt fett, för sedan på damasken helt på dess tidigare observerade placering på drivaxeln och drivknutshuset. Se till att damasken inte vrids eller deformeras.

3.17 Använd specialverktyget för att dra åt damaskklämmorna

7 Sätt provisoriskt in en liten skruvmejsel under damaskens läpp på husänden. Detta gör det möjligt för fångad luft att komma ut.

8 Dra åt damaskens fästklämmor.

9 Om en balansvikt är monterad ska du mäta dess längd och lägga till 125 mm för att fastställa korrekt monteringsposition på drivaxeln. Avståndet måste mätas från drivaxelns innerände till viktens andra kant (mindre diameter) **(se bild)**. Tryck eller driv på vikten på drivaxeln men överskrid inte en kraft på 10 kN om drivaxelns ytterände stöttas upp. I annat fall kan drivknuten skadas.

10 Montera tillbaka den inre damasken enligt beskrivningen i avsnitt 3.

4.4a Ta bort den lilla klämman. . .

4.4b . . . och den stora klämman från den yttre leden . .

4.4c . . . och för av damasken från drivaxelns innerände

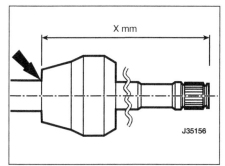

4.9 Balansviktens monteringsposition (x) = viktens längd + 125 mm

5 Drivaxlar – kontroll och byte av drivknut

Observera: *Läs varningen i avsnitt 2 innan du fortsätter.*

1 Om någon av de kontroller som beskrivs i relevant del av kapitel 1 avslöjar uppenbart onormalt slitage eller spel i en drivaxelled tar du först bort hjulkåpan (eller mittkåpan) och kontrollerar att navmuttern (drivaxelns yttre mutter) är åtdragen till angivet moment.

Upprepa denna kontroll på navet på andra sidan bilen.

2 Provkör bilen och lyssna efter metalliska klick från framvagnen när bilen körs långsamt i en cirkel med fullt rattutslag. Om ett klickande ljud hörs indikerar detta slitage i den yttre drivknuten vilket innebär att drivaxeln och drivknuten måste bytas. Det går inte att byta leden separat.

3 Om vibrationer som ökar med hastigheten känns i bilen vid acceleration, kan det vara de inre trebensknutarna som är slitna. För att byta ut en inre trebensknut, ta bort drivaxeln enligt beskrivningen i avsnitt 2, skilj sedan

drivknuten från drivaxeln enligt beskrivningen i avsnitt 3.

4 Om oljud hörs kontinuerligt från den högra drivaxeln, som ökar med hastigheten, kan det tyda på slitage i stödlagret. För att byta ut detta lager, måste drivaxeln och mellanaxeln tas bort (se avsnitt 2), och lagret tas ut med en avdragare.

5 Ta bort lagrets dammkåpa och skaffa en ny.

6 Pressa eller tryck på det nya lagret, med tyngdpunkten på den inre lagerbanan. Pressa eller tryck på den nya dammkåpan på samma sätt.

7 Montera tillbaka drivaxeln och mellanaxeln enligt beskrivningen i avsnitt 2.

Kapitel 9
Bromssystem

Innehåll

ABS-hjulgivare – kontroll, demontering och montering 16
ABS-hydraulenhet – demontering och montering 15
Allmän information och föreskrifter 1
Bakre bromsklossar – byte 5
Bakre bromsok – demontering, renovering och montering 6
Bakre bromsskiva – kontroll, demontering och montering 7
Bromskontroll . . . . se kapitel 1
Bromsljusbrytare – demontering, montering och justering 18
Bromspedal och fäste – demontering och montering 9
Bromspedalbrytaren på servotvärlänken – demontering och
    montering 10
Bromsvätska, byte . . . . se kapitel 1
Elektroniskt stabiliseringssystem (ESP) komponenter –
    demontering och montering 17

Främre bromsklossar – byte 2
Främre bromsok – demontering, renovering och montering 3
Främre bromsskiva – kontroll, demontering och montering 4
Handbroms – justering 21
Handbromsspak – demontering och montering 19
Handbromsvajrar – demontering och montering 20
Huvudcylinder – demontering och montering 8
Hydraulrör och -slangar – kontroll, demontering och
    montering 11
Hydraulsystem – luftning 12
Vakuumservo – kontroll, demontering och montering 13
Vakuumservoslang och backventil – demontering, kontroll och
    återmontering 14

Svårighetsgrad

Enkelt, passar novisen med lite erfarenhet	**Ganska enkelt,** passar nybörjaren med viss erfarenhet	**Ganska svårt,** passar kompetent hemmamekaniker	**Svårt,** passar hemmamekaniker med erfarenhet	**Mycket svårt,** för professionell mekaniker

Specifikationer

Främre bromsar

Typ	Ventilerade skivor, flytande bromsok med enkel kolv
Bromsklossbeläggens minimitjocklek	1,5 mm
Skivdiameter	300,0 mm
Skivtjocklek:	
Ny	24,0 mm
Minimum	22,0 mm
Maximalt kast (monterad)	0,15 mm
Maximal variation i skivtjocklek	0,015 mm
Maximalt kast för framhjulsnavet	0,05 mm

Bakre bromsar

Typ	Solid skiva, flytande bromsok med enkel kolv
Minsta tjocklek för bakre bromsbelägg	1,5 mm
Skivdiameter	280,0 mm
Skivtjocklek:	
Ny	12,0 mm
Minimum	10,2 mm
Maximal variation i skivtjocklek	0,015 mm

Åtdragningsmoment

	Nm
ABS-system hydraulenhet	25
Anslutningsmuttrar till bromsen i linje	17
Baknavets fästbultar	90
Bromsens röranslutningar på huvudcylindern	20
Bromsledningens anslutningsmutter på ABS-systemets hydraulenhet	15
Bromsokets fästbygel:	
Fram	130
Bak (upp till september 2004)	80
Bak (september 2004 och framåt)	66
Bromsokets styrsprintsbultar	30
Bromspedalbrytarens tväraxel	25
Bromspedalfäste	25
Handbromsspaksenhet på golv	20
Hjulmuttrar	85
Huvudcylinder	20
Vakuumservo:	
Fästbygel på kaross	25
Fästmuttrar	20

1 Allmän information och föreskrifter

Bromssystemet är delat på diagonalen och har dubbla kretsar, med ventilerade skivor fram och skivbromsar bak. De främre och bakre bromsoken är av flytande konstruktion med en kolv. Modeller med stålfälgar har standardbromsskivor medan modeller med aluminiumfälgar har antikorrosionsbelagda bromsskivor – detta är avsett att förhindra korrosion mellan skivan och hjulnavet vilket kan göra aluminumhjul svåra att ta bort.

Handbromsen är vajermanövrerad med en kort primär vajer och två bakre huvudvajrar. Till skillnad från tidigare Mondeo-modeller har de senaste modellerna återgått till ett manuellt handbromssystem.

Alla modeller är utrustade med ett lågtrycks låsningsfria bromssystem (ABS) som använder det grundläggande konventionella bromssystemet tillsammans med ABS-systemets hydraulenhet som är monterad mellan huvudcylindern och de fyra hjulbromsarna. Om en hjullåsning upptäcks på ett hjul när bilens hastighet är över 4,8 km/h öppnas ventilen, trycket släpps ut för den aktuella bromsen tills hjulet återfår en rotationshastighet som motsvarar bilens hastighet. Den här cykeln kan upprepas flera gånger i sekunden. Om det uppstår fel i ABS systemet påverkas inte det vanliga bromssystemet. Felsökning av ett fel i ABS-systemet kräver särskild utrustning och ska därför överlåtas till en Ford-verkstad.

Utöver ABS är alla modeller utrustade med nödbromshjälp (EBA). Denna funktion upptäcker när ett nödstopp äger rum genom en vätsketryckgivare och använder ABS för att generera ett ännu högre vätsketryck (eller bromsverkan) utan att det krävs någon ökad ansträngning av föraren på bromspedalen. Detta möjliggör att maximal bromsverkan genereras snabbt av systemet vid behov

men inom de begränsningar som krävs för att undvika låsning av hjulen.

Ett antispinnsystem för bromsen (BTCS) är monterat på en del modeller och det använder sig av de grundläggande ABS-komponenterna med en extra pump och ventiler monterade på hydraulikmanöverdonet. On man upptäcker att hjulen spinner (onormalt högt framhjulsvarvtal) vid en hastighet under 48 km/h öppnas en av ventilerna så att pumpen kan trycksätta den aktuella bromsen tills det spinnande hjulet bromsas till en rotationshastighet som motsvarar bilens hastighet. Detta leder till att vridmoment överförs till det hjul som har mest dragkraft. Samtidigt stängs gasspjällsplattan en aning för att reducera momentet från motorn.

Även med ABS och antispinnsystem kan en bil förlora kontrollen och glida av vägen, i synnerhet vid bromsning och kurvtagning samtidigt. Elektroniskt stabiliseringssystem (ESP) erbjuder en extra säkerhetsfunktion till ABS. Givarna mäter rattens position, trycket i bromshuvudcylindern, girhastigheten (karossens krängning) och sidoacceleration (åt sidan). Med denna information kan systemet jämföra förarens avsikt med bilens rörelse och tillämpa relevant korrigerande åtgärd – detta kan vara att lägga på eller lossa en individuell broms för att styra bilen eller för att reducera motoreffekten via motorstyrningssystemet. Även om ESP kan slås av manuellt återgår den som standard till läget "på" så snart motorn startas. I modeller med ESP arbetar funktionen EBA som beskrivs ovan tillsammans med ESP men EBA-funktionen slås inte av manuellt med ESP-brytaren på instrumentbrädan.

Utöver deras rena bromssystemfunktioner används ABS-hjulsensorerna även för att förse motorstyrningssystemet med en bilhastighetssignal.

Föreskrifter

Bilens bromssystem är en av de viktigaste säkerhetsfunktionerna. Vid arbete på bromsarna finns det ett antal punkter att vara medveten om för att garantera att din hälsa (eller t.o.m. ditt liv) inte utsätts för risker.

Varning: Bromsvätska är giftig. Var försiktig så att vätskan inte kommer i kontakt med huden och framförallt så att den inte kommer i ögonen. Bromsvätskan skadar dessutom lack och plast – tvätta omedelbart bort eventuellt spill med kallt vatten. Slutligen är bromsvätska väldigt lättantändlig och ska hanteras lika försiktigt som bensin.
* *Se till att tändningen är avslagen innan du kopplar ifrån någon av bromssystemets hydraulanslutningar. Slå inte på tändningen igen innan hydraulsystemet har luftats. Underlåtenhet att göra detta kan leda till att det kommer in luft i ABS-systemets hydraulenhet. Om luft kommer in i hydraulenhetens pump kommer det att visa sig vara väldigt svårt (i en del fall) att lufta enheten.*
* *När man underhåller någon del i systemet måste man arbeta försiktigt och metodiskt; var också mycket noggrann med renligheten när du renoverar någon del av hydraulsystemet.*
* *Byt alltid komponenterna i axelsatser om tillämpligt – detta innebär byte av bromsklossar på BÅDA sidorna även om endast en sats är sliten eller om en hjulcylinder läcker (till exempel). Vid ojämnt bromsslitage bör orsaken undersökas och åtgärdas (på frambromsar är kärvande bromsokskolvar ett troligt problem).*
* *Använd endast original Ford-delar eller åtminstone delar som är kända för att ha god kvalitet.*
* *Även om äkta Ford-belägg är asbestfria kan dammet från bromsklossar av andra märken innehålla asbest, vilket utgör en hälsofara. Blås aldrig bort det med tryckluft och andas inte in det.*
* *ANVÄND INTE bensinbaserade lösningsmedel för att rengöra bromskomponenter; använd endast bromsrengöringsmedel eller T-sprit.*
* *LÅT INTE bromsvätska, olja eller fett komma i kontakt med bromsklossarna eller skivorna.*
* *ABS-komponenter är föremål för i det*

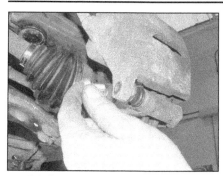

2.3 Skruva loss bromsokets nedre styrsprintsbult

2.4 Ta bort bromsoket från de främre bromsbackarna

2.5 Ta bort bromsklossarna från fästbygeln

närmaste kontinuerlig utveckling och det är lämpligt att endast nya komponenter monteras vid behov. Begagnade delar bör kontrolleras noggrant för att se till att de tillhör samma generation av ABS som den som är monterad på din bil (kontrollera att numren stämmer överens). I annat fall kanske systemet inte fungerar riktigt efter monteringen.

2 Främre bromsklossar – byte

Observera: *Se föreskrifterna i avsnitt 1 innan du fortsätter.*

1 Dra åt handbromsen. Lyft sedan upp framvagnen och ställ den på pallbockar (se *Lyftning och stödpunkter*). Demontera båda framhjulen. Arbeta med en bromsenhet i taget, använd den monterade bromsen som referens vid behov.

2 Tryck in kolven i dess lopp genom att dra bromsoket utåt.

3 Skruva loss och ta bort bromsokets nedre styrsprintsbult med en liten fast nyckel för att förhindra att själva styrstiftet roterar **(se bild)**.

4 Styr bort bromsoket från bromsklossarna och fästbygeln och bind fast dem i fjädringsbenet med en lämplig tråd. Om den övre styrsprintsbulten också tas bort ska du inte låta bromsoket hänga ner i slangen **(se bild)**.

5 Ta bort de två bromsbackarna från bromsokets fästbygel **(se bild)**.

6 Mät först tjockleken på varje bromsbelägg **(se bild)**. Om någon kloss är sliten ner till

angiven minimitjocklek eller under måste alla fyra klossarna bytas. Observera att klossarna är monterade med hörbara varningsfjädrar som är konstruerade att ge ifrån sig ett varningsljud när beläggen har nått sin minimitjocklek. Dessutom ska klossarna bytas ut om de är förorenade med olja eller fett. Observera att det inte finns något bra sätt att avfetta friktionsmaterial när det väl har blivit smutsigt. Vid ojämnt slitage eller vid nedsmutsning med olja eller fett måste orsaken spåras och korrigeras före hopsättningen.

7 Om bromsklossarna fortfarande är användbara, rengör dem noga med en fin stålborste eller liknande, var extra noga med stödplattans kanter och baksida. Rengör spåren i beläggen och ta bort större partiklar som bäddats in om det behövs. Rengör noga bromsklossarnas säten i bromsokets fästbygel.

8 Kontrollera innan klossarna monteras att styrsprintarna löper lätt i bromsokets fästbygel och att styrsprintsdamaskerna är hela. Torka bort damm och smuts från bromsoket och kolven, men andas **inte** in det, eftersom det är skadligt. Skrapa bort eventuell korrosion från skivans kant se till att friktionsytan inte skadas och undersök skivan med avseende på sprickor. Kontrollera att kolvens dammskydd är intakt och om kolven visar spår av oljeläckage, korrosion eller skador. Om någon av dessa komponenter måste åtgärdas, se avsnitt 3 och 4.

9 Bromsokets kolv måste tryckas tillbaka in i bromsoket för att ge plats för nya klossar – detta kan kräva en hel del kraft. Använd antingen en G-klämma, gejdsko (vattenpump) eller lämpliga trästycken som hävarmar **(se bild)**. Eventuell bromsvätska som spills på lack ska tvättas bort

med rent vatten, omedelbart – bromsvätska är också en mycket effektiv lackborttagare.

Varning: Att dra tillbaka kolven leder till ett omvänt flöde av bromsvätska vilket, enligt vad man känner till, får huvudcylinderns gummitätningar att flippa över med påföljden att bromsverkan förloras helt. För att undvika detta fäster du bromsokets böjliga slang och öppnar luftningsskruven – när kolven trycks bakåt kan vätskan ledas till en lämplig behållare med hjälp av en slang som är ansluten till luftningsskruven. Stäng skruven precis innan kolven är helt tillbakatryckt för att se till att ingen luft kommer in i systemet.

10 Om den rekommenderade metoden för öppning av en luftningsskruv innan kolven trycks tillbaka inte används stiger vätskenivån i behållaren. Se till att det finns tillräckligt med utrymme i bromsvätskebehållaren så att den undanträngda vätskan får plats och, vid behov, sug upp lite med en hävert. **Observera:** *Sug inte med munnen, vätskan är giftig; använd en bollspruta eller en gammal testare för frostskyddsmedel.*

11 Bestryk kontaktpunkterna på varje bromskloss med lite bromsfett med hög smältpunkt **(se bild)**.

12 Se till att friktionsmaterialet på respektive bromskloss ligger mot bromsskivan, montera bromsklossarna på bromsokets fästbygel.

13 Placera bromsoket över klossarna, montera sedan styrsprintsbultarna och dra åt dem till angivet moment samtidigt som du håller fast styrsprinten med en fast nyckel.

14 Tryck ner bromspedalen upprepade gånger, tills bromsklossarna pressas tätt mot

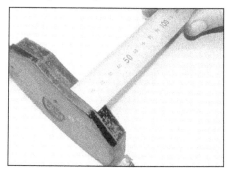

2.6 Mät de främre bromsklossbeläggens tjocklek

2.9 Använd ett specialverktyg för att dra tillbaka bromsokets kolv

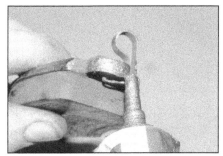

2.11 Applicera lite bromsfett med hög smältpunkt på varje bromskloss kontaktpunkt

bromsskivan och normalt pedaltryck uppstår (utan hjälp).

15 Upprepa ovanstående procedur med det andra främre bromsoket.

16 Sätt på hjulen, sänk ner bilen och dra åt hjulbultarna till angivet moment.

17 Kontrollera hydrauloljenivån enligt beskrivningen i *Veckokontroller*.

 HAYNES TiPS *Nya bromsklossar ger inte full bromseffekt förrän de har körts in. Var beredd på detta och undvik hårda inbromsningar i möjligaste mån i ungefär 160 km efter att bromsklossarna bytts ut.*

3 Främre bromsok –
demontering, renovering och montering

Observera: *Se föreskrifterna i avsnitt 1 innan du fortsätter.*

Demontering

1 Dra åt handbromsen. Lyft sedan upp framvagnen och ställ den på pallbockar (se *Lyftning och stödpunkter*). Demontera relevant framhjul.

2 Montera en bromsslangklämma på den böjliga slang som leder till det främre bromsoket. Detta minimerar bromsvätskespill under följande operationer.

3 Lossa anslutningen på den böjliga bromsslangens bromsoksände. När den har lossats ska du i detta skede inte försöka att skruva loss slangen.

4 Ta bort bromsokets styrsprintsbultar enligt beskrivningen i avsnitt 2.

5 Stöd bromsoket med en hand och hindra hydraulslangen från att vridas med den andra handen. Skruva loss bromsoket från slangen och se till att slangen inte vrids eller belastas i onödan. När bromsoket har lossats pluggar du igen de hydrauliska anslutningarna på bromsoket och slangen för att hålla damm och smuts borta.

6 Klossarna kan tas bort och bromsokets fästbygel kan skruvas loss och tas bort från styrspindeln **(se bild)**.

Översyn

7 Med bromsoket på bänken borstar du bort alla spår av damm och smuts men var försiktig så att du inte andas in damm eftersom det kan vara hälsovådligt.

8 Dra bort den dammskyddande gummitätningen från kolvänden.

9 Blås med lågt lufttryck i vätskeingångsanslutningen för att få ut kolven. Det behövs inget högt tryck, t.ex. från en fot däckpump, för den här åtgärden.

Varning: Kolven kan skjutas ut med rätt hög kraft. Placera en träbit mellan kolven och bromsokskroppen för att förhindra skador på kolvens ändyta, om den skjuts ut plötsligt.

10 Använd ett lämpligt trubbigt verktyg och bänd loss kolvtätningen från spåret i cylinderloppet. Var försiktig så att du inte skadar loppets yta.

11 Rengör kolven och bromsokskroppen med T-sprit och låt den torka. Undersök ytorna på kolven och cylinderloppet och sök efter slitage, skador och korrosion. Om

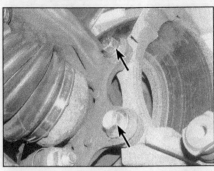

3.6 Fästbultar till det främre bromsokets fäste

cylinderloppet eller kolven inte kan användas måste hela bromsoket bytas. Tätningarna måste bytas, oavsett skicket på de andra komponenterna.

12 Smörj in kolven och tätningarna med ren bromsvätska och för sedan in kolvtätningen i spåret på cylinderloppet.

13 Tryck försiktigt in kolven i sitt hål i rät vinkel.

14 Montera gummitätningen som stänger ute damm på kolven och bromsoket, tryck sedan in kolven helt.

15 Lossa gummidamaskerna som håller damm ute och ta bort styrsprintskomponenterna från fästbygeln. Rengör komponenterna grundligt och undersök dem med avseende på slitage och skador. Byt om det är nödvändigt och montera tillbaka i omvänd ordningsföljd jämfört med demonteringen med hjälp av fett med hög smältpunkt för att smörja styrstiften **(se bilder)**.

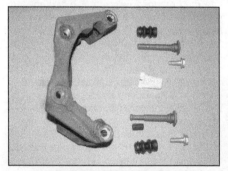

3.15a Fästbygelkomponenter till frambromsens fäste

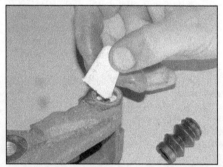

3.15b Applicera fett med hög smältpunkt på fästbygelns hål. . .

3.15c . . . montera dammkåpan av gummi. . .

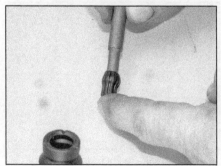

3.15d . . . placera gummibussningen på den nedre styrsprinten. . .

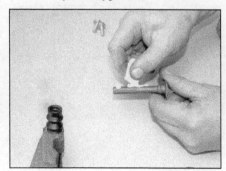

3.15e . . . smörja in styrsprinten. . .

3.15f . . . och montera tillbaka styrsprinten

4.4 Kontrollera den främre bromskivans tjocklek med en mikrometer

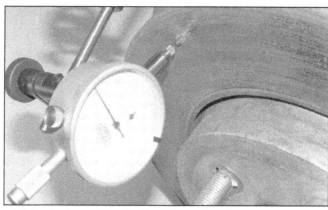

4.5 Använd en mätklocka för att kontrollera bromsskivans kast

Montering

16 Montera bromsoket och i förekommande fall klossarna och fästbygeln, i omvänd ordning mot demonteringen. Se till att bromsslangen inte vrids. Dra åt fästbultarna och hjulmuttrarna till angivet moment.

17 Lufta bromskretsen enligt anvisningarna i avsnitt 12, kom ihåg att ta bort bromsslangklämman från slangen. Se till att det inte förekommer några läckor i slanganslutningarna. Testa bromsarna noggrant innan bilen återtas i normalt bruk.

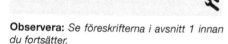

4 Främre bromsskiva – kontroll, demontering och montering

Observera: *Se föreskrifterna i avsnitt 1 innan du fortsätter.*

Kontroll

1 Dra åt handbromsen. Lossa de berörda hjulmuttrarna, lyft sedan upp framvagnen och ställ den på pallbockar. Demontera relevant framhjul.

2 Skruva loss de två bultar som håller fast bromsokets fästbygel på styrspindeln, för sedan av bromsoket och bromsklossarna från bromsskivan. Bind upp bromsoket och fästbygeln i det främre fjädringsbenets spiralfjäder och var försiktig så att inte den böjliga hydraulslangen böjs.

3 Montera tre av hjulmuttrarna provisoriskt med muttrarnas platta sidor mot skivan. Dra åt muttrarna stegvis för att hålla skivan på plats.

4 Skrapa bort eventuell korrosion från skivan. Vrid bromsskivan och undersök om den har djupa repor eller spår. Använd en mikrometer och mät skivans tjocklek på flera ställen **(se bild)**. Den minsta tillåtna tjockleken är stämplad på skivans nav. Lättare slitage och repning är normalt, men om det är för allvarligt måste skivan tas bort och antingen slipas av en specialist eller bytas ut. Om skivan slipas måste anvisningarna om minsta tillåtna tjocklek följas. Om skivan är sprucken ska det naturligtvis bytas.

5 Använd en mätklocka eller ett platt metallblock och bladmått för att kontrollera

att skivans kast inte överstiger den gräns som anges i specifikationerna **(se bild)**. För att göra detta fäster du mätutrustningen och vrider skivan, observerar variationen i mätning när skivan roteras. Skillnaden mellan de uppmätta minimi- och maximivärdena är skivans skevhet.

6 Om skevheten är större än det angivna värdet söker du efter variationer i skivtjockleken enligt följande. Markera skivan på åtta ställen med 45° mellanrum. Använd sedan en mikrometer och mät skivtjockleken på de åtta ställena, 15 mm in från ytterkanten. Om variationen mellan minimi- och maximivärdena är större än det angivna värdet ska skivan bytas.

7 Navets skevhet kan också kontrolleras på ett liknande sätt. Ta först bort skivan enligt beskrivningen längre fram i detta avsnitt. Fäst mätutrustningen och vrid sedan långsamt navet och kontrollera att skevheten inte överstiger värdet som anges i Specifikationer. Om navet är för skevt ska det korrigeras (genom att byta hjullagren – se kapitel 10) innan skivans skevhet kontrolleras igen.

> **HAYNES TIPS** *Om det känns vibrationer genom pedalen vid inbromsning kan detta vara ett tecken på att skivorna är skeva. Om detta emellertid endast förekommer under kraftig inbromsning är detta en normal egenskap för ABS i funktion och antyder inte att skivorna bör bytas.*

4.10a Ta bort specialbrickorna...

Demontering

8 Med hjulet och bromsoket demonterade tar du bort hjulmuttrarna som sattes tillbaka tillfälligt i punkt 3.

9 Om skivan ska sättas tillbaka märker du den i förhållande till navet.

10 Ta bort de två speciella brickorna (om sådana finns) och ta bort skivan över hjulets pinnbultar **(se bilder)**.

Montering

11 Se till att skivans och navets fogytor är rena och sätt sedan på skivan på pinnbultarna. Linjera det markeringar du gjorde tidigare om du återmonterar originalskivan.

12 Montera tillbaka de två specialbrickorna om sådana finns.

13 Sätt tillbaka bromsoket och fästet enligt beskrivningen i avsnitt 3.

14 Montera tillbaka hjulet och sänk ner bilen.

15 Prova bromsarna omsorgsfullt innan du börjar använda bilen normalt igen.

5 Bakre bromsklossar – byte

Observera: *Se föreskrifterna i avsnitt 1 innan du fortsätter.*

1 Arbeta med en bromsenhet i taget, använd den monterade bromsen som referens vid behov. Klossa framhjulen, lossa bakhjulsmuttrarna, lyft sedan upp bilens bakre

4.10b ...och ta bort bromsskivan över hjulbultarna

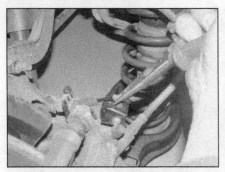

5.2 Lossa handbromsens inre kabel från det bakre bromsokets arm

5.3 Lossa handbromsvajern från bromsoksfästet

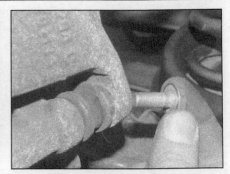

5.4 Ta bort bromsokets nedre styrsprintsbult och vrid bromsoket uppåt

5.5a Ta bort det inre skivbelägget. . .

5.5b . . . följt av det yttre skivbelägget

del och stötta upp den på pallbockar (se *Lyftning och stödpunkter*). Ta bort bakhjulen och lossa handbromsen.

Modeller upp till september 2004

2 För att göra det möjligt för bromsoket att styras uppåt för demontering av klossar måste handbromsvajern lossas från bromsoket. Tryck handbromsspaken framåt, och lossa vajeränden från spaken **(se bild)**.

3 Lossa den yttre handbromsvajern från bromsokets fästbygel och lägg den åt sidan. Om en plastring är monterad på ytterkabeln är det nödvändigt att trycka ihop plastspetsarna

för att lossa den från fästbygeln. Om en fjäderklämma är monterad drar du av den från ytterkabeln **(se bild)**.

4 Skruva loss bromsokets nedre styrsprintsbult **(se bild)**. Vrid bromsoket uppåt, lämna det övre styrstiftet så att det fortfarande går in i bromsokets fästbygel.

5 Ta bort bromsklossarna från fästbygeln, observera hur de är placerade **(se bilder)**. Borsta bort damm och smuts från bromsoket, bromsklossar och skivan, men andas inte in det eftersom det kan vara hälsovådligt. Skrapa bort eventuell korrosion från skivans kant.

6 Kontrollera den bakre bromsskivan enligt beskrivningen i avsnitt 7.

7 Applicera lite kopparbaserat bromsfett på kontaktytorna på klossens stödplåtar **(se bild)**, se till så att det inte kommer något fett på friktionsmaterialet. Montera de nya klossarna på fästbygeln med friktionsmaterialet riktat mot bromsskivan.

8 Den självjusterande kolven måste dras in i bromsoket för att ge plats åt de nya klossarna **(se bild)**. För att göra detta vrider du in kolven helt i bromsoket samtidigt som du lägger på tryck på den med en insexnyckel. I sedan- eller halvkombimodeller vrider du kolven moturs när du arbetar på höger bromsok och medurs på vänster bromsok. I kombimodeller vrider du kolven moturs vid arbete på vänster bromsok bak och medurs vid arbete på höger bromsok bak.

Varning: Att dra tillbaka kolven leder till ett omvänt flöde av bromsvätska vilket, enligt vad man känner till, får huvudcylinderns gummitätningar att flippa över med påföljden att bromsverkan förloras helt. För att undvika detta fäster du bromsokets böjliga slang och öppnar luftningsskruven – när kolven trycks bakåt kan vätskan ledas till en lämplig behållare med hjälp av en slang som är ansluten till luftningsskruven. Stäng skruven precis innan kolven är helt tillbakatryckt för att se till att ingen luft kommer in i systemet.

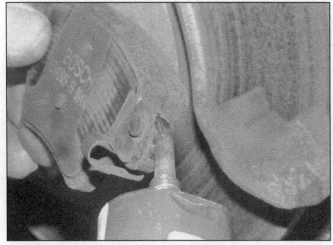

5.7 Applicera lite kopparbaserat bromsfett på kontaktområdena på beläggstödplåtarna

5.8 Den självjusterande kolven måste dras tillbaka in i bromsoket för att ge plats för de nya klossarna

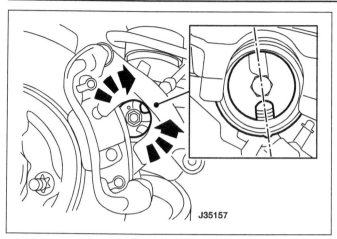

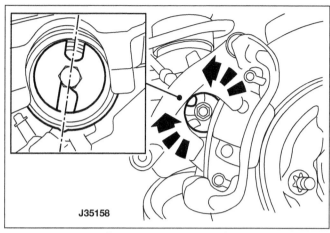

5.9a På vänster bromsok bak måste utskärningen "kort" vara i linje med det upphöjda märket. . .

5.9b . . . men på höger bromsok bak måste den "långa" utskärningen ligga i linje med märket

9 Centralisera korrekt utskärning på kolven med det upphöjda märket på bromsoket på det sätt som visas med kolven helt inskruvad **(se bilder)**. På vänster bromsok bak måste den "korta" utskärningen vara inriktad mot märket medan den "långa" utskärningen måste vara inriktad mot märket på det högra bromsoket bak. Observera att "piggarna" på bromsklossarnas yttre ytor placerar dessa i utskärningar.

10 Vrid ner bromsoket. Lägg på lite låsvätska på den nedre styrsprintsbultens gängor och dra sedan åt den till angivet moment.

11 Montera tillbaka den yttre handbromsvajern på fästbygeln.

12 Tryck handbromsspaken framåt, haka sedan fast den inre kabeln på beslaget och lossa spaken.

Modeller från september 2004

13 Lossa och ta bort det bakre bromsokets styrsprintsbultar och lyft av klossarna och fästbygeln **(se bilder)**. Observera hur handbromsvajern sitter så att bromsoket kan monteras tillbaka korrekt.

14 Den självjusterande kolven måste dras in i bromsoket för att ge plats åt de nya klossarna. För att göra detta vrider du in kolven helt i bromsoket samtidigt som du lägger på tryck på den. Ford-verkstäder

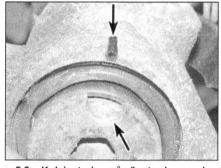

5.9c Kolvjustering på vänster bromsok bak. . .

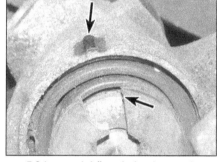

5.9d . . . och höger bakre bromsok

använder ett specialverktyg (206-085) som har två spetsar som ska gå i ingrepp i kolven – om detta verktyg inte är tillgängligt säljer olika verktygsföretag lämpliga ersättningar **(se illustration)**. I och med att kolven måste tryckas tillbaka med en del kraft har erfarenheten visat att användning av en tång sällan fungerar för detta arbete.

15 I sedan- och halvkombimodeller vrider du kolven moturs vid arbeten på höger bromsok bak och medurs vid arbeten på vänster bromsok bak. I kombimodeller vrider du kolven moturs vid arbete på vänster bromsok bak och medurs vid arbete på höger bromsok bak.

Varning: Att dra tillbaka kolven leder till ett omvänt flöde av bromsvätska vilket, enligt vad man känner till, får huvudcylinderns gummitätningar att flippa över med påföljden att bromsverkan förloras helt. För att undvika detta fäster du bromsokets böjliga slang och öppnar luftningsskruven – när kolven trycks bakåt kan vätskan ledas till en lämplig behållare med hjälp av en slang som är ansluten till luftningsskruven. Stäng skruven precis innan kolven är helt tillbakatryckt för att se till att ingen luft kommer in i systemet.

16 När kolven är helt intryckt ställer du kolvens skåror i det mittre vertikala läget i

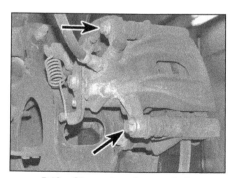

5.13a Skruva loss bromsokets styrsprintsbultar. . .

5.13b . . . och lyft av bromsoket från klossarna

5.14 Vrid in kolven igen i bromsoket med ett verktyg som är utformat för detta ändamål

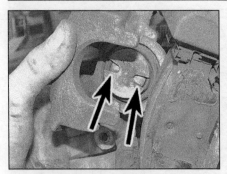

5.16 Bromsokets kolv visas indragen med de två skårorna satta "vertikalt"

5.18a Lossa det yttre. . .

5.18b . . . och det inre bromsbelägget från fästet

förhållande till bromsoket **(se bild)**. Det inre belägget har en upphöjt knast som måste sitta inne i en av kolvens skåror när bromsoket monteras tillbaka.

17 Använd en bit tråd, snöre eller kabelklämmor och häng upp bromsoket så att den böjliga slangen och handbromsvajern inte utsätts för påfrestningar.

18 Observera bromsklossarnas positioner i fästbygeln – den inre klossen har en fasad framkant (framsida) och den yttre klossen har ett mellanlägg (som bör tas bort och återanvändas om ett nytt inte följer med klossarna). Ta bort klossarna från fästbygeln **(se bild)**.

19 Kontrollera de två fäststiften i fästbygeln med klossarna borttagna – de långa spetsarna ska peka bort från skivan. Om så inte är fallet eller om fjädrarna är skadade tar du bort bromsokets fästbygel och korrigerar problemet – dra åt de två fästbyglarna till specificerat åtdragningsmoment när arbetet slutförs.

20 Montera den inre klossen (som har en fasad framsida) i fästbygeln. Observera pilarna som visar rotationsriktningen. Luta dynan mot fästfjäderns långa spets, tryck den sedan neråt och vrid dynan på plats.

21 Ta bort den självhäftande plattan från den yttre dynan och montera den sedan enligt beskrivningen i föregående avsnitt. Rengör och fäst mellanlägget på dynans baksida.

22 Montera tillbaka bromsoket över klossarna och se till att handbromsvajern är dragen som tidigare och inte böjd, vriden eller sträckt. Montera tillbaka styrsprintsbultarna och dra åt till angivet moment.

Alla modeller

23 Upprepa tillvägagångssättet på den återstående bakbromsen, montera sedan tillbaka bakhjulen och sänk ner bilen på marken. Dra åt hjulmuttrarna till angivet moment.

24 Tryck ner bromspedalen kraftigt några gånger för att bromsklossarna ska inta en normal arbetsplacering. Kontrollera bromsvätskenivån i behållaren och fyll på vid behov.

25 Gör en provkörning för att kontrollera att bromsarna fungerar korrekt och för att bädda in de nya beläggen i skivans konturer. Kom ihåg att effektivitet vid inbromsning inte uppnås förrän de nya beläggen har körts in och undvik, om möjligt, kraftig inbromsning under

de första hundra milen ungefär. Kontrollera och justera vid behov handbromsen enligt beskrivningen i avsnitt 21.

6 Bakre bromsok – demontering, renovering och återmontering

Observera: Se föreskrifterna i avsnitt 1 innan du fortsätter.

Demontering

1 Montera en bromsslangklämma på den böjliga slang som leder till det bakre bromsoket. Detta minimerar bromsvätskespill under följande operationer.

2 Lossa anslutningen på bromsoksänden av den böjliga slangen men skruva inte loss den helt på det här.

3 Ta bort bromsoket från fästbygeln enligt beskrivningen i avsnitt 5 – skruva dessutom av den övre styrsprintsbulten i modeller t.o.m. september 2004. Låt inte bromsoket hänga ner utan stöd eftersom bromsslangen utsätts för påfrestningar av detta.

4 Skruva loss bromsoket från hydraulslangen och se till att slangen inte vrids eller sträcks för mycket. Plugga igen de öppna hydrauliska anslutningarna för att hålla damm och smuts borta.

5 Ta bort klossarna och fästbygeln från spindeln om det behövs.

Översyn

6 Det fanns inga tillvägagångssätt för renovering i skrivande stund och därför bör du kontrollera tillgången till reservdelar innan du tar isär bromsoket. I princip gäller den renoveringsinformation som anges för det främre bromsoket med den kommentaren att det är nödvändigt att skruva loss kolven från handbromsmekanismen innan det går att skjuta ut kolven från bromsoket.

7 Tryck in kolven helt i bromsoket vid återmonteringen och skruva tillbaka det på handbromsmekanismen. Försök inte demontera handbromsmekanismen. Om mekanismen är defekt måste hela bromsoket bytas.

8 Lossa gummidamaskerna, och ta loss styrsprintarna från fästbygeln. Rengör styrsprintarna och deras placeringar i fästbyglarna grundligt, undersök sedan

damaskerna med avseende på slitage och skador. Byt damasken om det behövs. Applicera lite kopparfett för höga temperaturer (eller bromsfett) på styrsprintarna och sätt in dem i hållaren. Placera damaskerna på fästbygeln och styrsprintarna.

Montering

9 Montera tillbaka fästbygeln på spindeln och dra åt bultarna till angivet moment. Montera klossarna.

10 Ta bort de temporära pluggarna, skruva sedan på bromsoket helt på slangen.

11 Placera bromsoket på fästbygeln och montera tillbaka den övre styrsprintsbulten. Dra åt bulten till angivet moment.

12 Dra åt den böjliga hydraulslangens anslutning helt och hållet. Kontrollera att slangen inte är vriden. Om det behövs, ta bort bromsoket från fästbygeln och placera den på nytt.

13 Ta bort bromsslangens klämma från den böjliga slangen.

14 Montera tillbaka den nedre styrsprintsbulten enligt beskrivningen i avsnitt 5.

15 Lufta bromskretsen enligt beskrivningen i avsnitt 12. Se till att det inte förekommer några läckor i slanganslutningarna. Testa bromsarna noggrant innan bilen återtas i normalt bruk.

7 Bakre bromsskiva – kontroll, demontering och montering

Se avsnitt 4 (kontroll av främre skiva). När det bakre bromsoket har flyttats enligt beskrivningen i avsnitt 6 är tillvägagångssättet detsamma.

8 Huvudcylinder – demontering och montering

 Varning: Montera inte en standardbromshuvudcylinder i en bil som är utrustad med nödbromshjälp.

Observera: Se föreskrifterna i avsnitt 1 innan du fortsätter.

Demontering

1 Ta bort vakuumet i servon genom att trycka

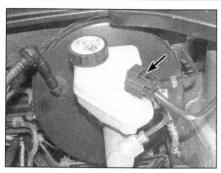

8.3 Multiplugg varningslampa låg
vätskenivå

ner bromspedalen några gånger, med motorn avslagen.

2 Lossa och ta loss vakuumröret från envägs-/backventilen på bromsservoenheten.

3 Lossa multikontakten till varningslampan för låg vätskenivå från vätskebehållaren **(se bild)**. Skruva loss och ta bort påfyllningslocket.

4 Töm ut hydraulvätskan från tanken, använd en gammal batterihydrometer eller en pipett. Om så önskas tömmer du ut vätskan helt enligt beskrivningen i följande avsnitt för att reducera vätskespill.

 Varning: Sifonera inte vätskan med munnen eftersom den är giftig.

5 För att tömma ut hydraulvätskan helt från behållaren är det nödvändigt att ansluta en luftningsslang till respektive främre bromsok i tur och ordning. Dra åt handbromsen. Lyft sedan upp framvagnen och ställ den på pallbockar (se *Lyftning och stödpunkter*). Anslut röret till vänster bromsokets luftningsskruv med ratten låst i vänster läge. Lossa skruven och be en medhjälpare trampa ned fotbromspedalen upprepat tills hydraulvätskan är helt uttömd från behållaren. Dra åt luftningsskruven. Vrid nu styrningen till höger lås och anslut röret till höger bromsokets luftningsskruv. Lossa skruven och be en medhjälpare trampa ned fotbromspedalen upprepat tills hydraulvätskan är helt uttömd från behållaren.

6 På modeller med manuell växellåda, lossa klämman och koppla loss slangen från bromsvätskebehållaren. Tejpa över eller plugga igen slangen och behållarens öppningar.

9.3 Mutter tryckstång på bromspedal
(högerstyrd)

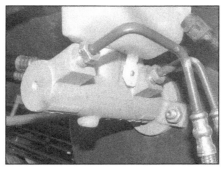

8.8 Bromshuvudcylinder

7 Placera tygtrasor under huvudcylindern för att fånga upp hydraulvätskespill. Identifiera bromsrörens placering på huvudcylindern, skruva sedan av anslutningsmuttrarna och flytta försiktigt rören till ena sidan utan att böja dem för mycket. Om muttrarna sitter hårt ska du hellre använda en polygonnyckel än en fast nyckel. Plugga igen de öppna anslutningarna för att hålla damm och smuts borta.

8 Skruva loss fästmuttrarna och ta bort huvudcylindern tillsammans med vätskebehållaren från tapparna på servoenhetens främre del **(se bild)**. Ta loss packningsringen.

9 Bänd försiktigt upp vätskebehållaren från gummigenomföringarna ovanpå huvudcylindern, böj sedan ut genomföringarna och packningarna.

10 Om huvudcylindern är defekt måste den bytas ut. Det går inte att få tag i nya invändiga tätningar.

Montering

11 Placera gummigenomföringarna och packningarna i huvudcylinderns inloppsöppningar.

12 Applicera lite bromsvätska på genomföringarna, tryck sedan vätskebehållaren helt på plats.

13 Rengör huvudcylindern och servoenhetens kontaktytor noggrant, och placera en ny packningsring.

14 Placera huvudcylindern på pinnbultarna på servoenheten. Sätt dit och dra åt muttrarna till angivet moment.

15 Sätt försiktigt in hydraulledningarna

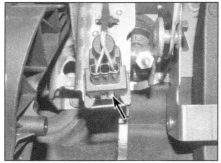

9.4 Bromspedalens lägesbrytare

i huvudcylindern, dra sedan åt anslutningsmuttrarna. Se till att muttrarna hamnar rätt i gängorna.

16 På modeller med manuell växellåda återansluter du kopplingens vätskematarslang och fyller sedan behållaren med ny bromsvätska.

17 Lufta hydraulsystemet enligt beskrivningen i avsnitt 12. I modeller med manuell växellådan, lufta kopplingens hydraulsystem enligt beskrivningen i kapitel 6.

18 Montera tillbaka behållarens påfyllningslock och återanslut multipluggen till varningslampan för låg vätskenivå.

19 Återanslut vakuumröret till envägs-/backventilen på bromsservoenheten.

20 Testa bromsarna omsorgsfullt innan du börjar använda bilen normalt.

9 Bromspedal och fäste – demontering och montering

Demontering

1 I modeller med manuell växellåda monterar du en slangklämma på hydraulvätskematarslangen till kopplingshuvudcylindern på mellanväggen. Lossa alternativt slangen från bromsvätskebehållaren och plugga igen dess ände. Lossa klämmorna och ta bort båda slangar från huvudcylindern.

2 Arbeta inne i bilen, flytta förarsätet helt bakåt för att ge maximalt arbetsutrymme. Ta bort den nedre klädselpanelen från instrumentbrädan på förarsidan som är fäst med fyra skruvar och två klämmor. Om tillämpligt lossar du diagnostikkontaktdonet från panelen och/eller lossar kablaget från klimatkontrollgivaren när panelen tas bort.

3 Skruva loss muttern och lossa tvärlänken (högerstyrd) eller vakuumservons tryckstång (vänsterstyrd) från bromspedalen **(se bild)**.

4 Ta bort bromspedallägesbrytarens fästklämma och kassera den **(se bild)**. En ny en måste användas vid ihopsättningen. Lossa kablaget, vrid brytaren moturs och ta bort den från pedalbygeln.

5 Vrid kopplingspedalens positionsbrytare moturs och ta bort den från pedalbygeln i modeller med manuell växellåda **(se bild)**.

9.5 Kopplingspedalens lägesbrytare
(högerstyrd)

9.7 Gasvajeranslutning på pedalens
överdel (högerstyrd)

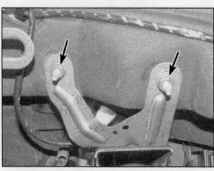

9.8 Pedalbygelns övre fästmuttrar
(högerstyrd)

6 Lossa bromspedal positionsbrytarens kablage från fästet.

7 Haka loss gasvajern från gaspedalen **(se bild)**.

8 Skruva loss pedalbygelns fästmuttrar från mellanväggen inne i bilen endast i högerstyrda modeller och arbeta sedan i motorrummet och skruva loss de två fästskruvarna från mellanväggens motorsida **(se bild)**.

9 Lossa pedalbygelns fästmuttrar från mellanväggen inne i bilen endast i vänsterstyrda modeller **(se bild)**.

10 Ta bort bromspedalen och fästbygeln från bilens insida och ta loss tätningen och distansbrickan.

11 På modeller med manuell växellåda hakar du loss returfjädern från kopplingspedalen, skruvar sedan loss muttern och för av kopplingspedalen från styrbulten.

12 Skruva loss och ta bort styrbulten och ta bort bromspedalen från fästbygeln.

Montering

13 Återmonteringen görs i omvänd ordning jämfört med demonteringen men montera en ny fästklämma till positionsbrytaren på bromspedalen och lufta kopplingens hydraulsystem enligt beskrivningen i kapitel 6.

10 Bromspedal på servotvärlänken – demontering och montering

Observera: *Servotvärlänken är endast monterad i högerstyrda modeller.*

Demontering

1 Lossa batteriets minusledning (se *Koppla loss batteriet* mot slutet av handboken).

2 Ta bort huvudcylindern och vakuumservoenheten enligt beskrivningen i avsnitt 8 och 13.

3 Arbeta inne i bilen, vrid bromspedalens tvärlänk för att lossa spänningen på returfjädern, lossa den sedan och observera hur den är monterad.

4 Skruva loss muttern och lossa tryckstången från bromspedalen.

5 Lossa vakuumservons fästmuttrar.

6 Skruva loss och ta bort bromspedalfästets fästmuttrar.

7 Skruva loss och ta bort tvärlänkfästets fästbultar **(se bild)**.

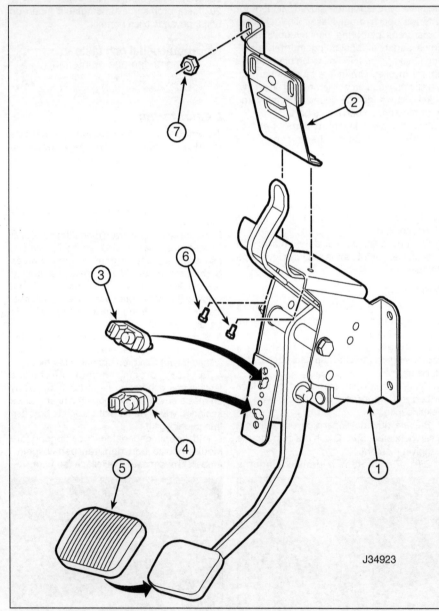

J34923

9.9 Komponenter bromspedal och fästbygel (vänsterstyrd automatväxellåda)

1 *Pedal och fäste*	*inhibitor*	6 *Skruv*
2 *Övre stödfäste*	4 *Bromsljusbrytare*	7 *Mutter*
3 *Hastighetskontroll*	5 *Pedaldyna*	

10.7 **Bromspedal till servotvärlänken**

8 Flytta vakuumservons fästbygel mot motorrummets vänstra sida.

9 Flytta tvärlänken åt höger, dra den sedan framåt och ta bort den från motorrummet.

10 Rengör tvärlänkens komponenter och undersök bussningarna med avseende på slitage. Byt bussningarna om det behövs.

Montering

11 Monteringen utförs i omvänd ordningsföljd mot demonteringen.

11 Hydraulrör och -slangar – kontroll, demontering och montering

Observera: *Se föreskrifterna i avsnitt 1 innan du fortsätter.*

Kontroll

1 Höj fram- och bakvagnen med domkraft och ställ dem på pallbockar.

2 Sök efter tecken på läckage vid röranslutningarna och undersök sedan om slangarna uppvisar tecken på sprickbildning, skavning och fransning.

3 Bromsrören ska undersöka noggrant, sök efter tecken på bucklor, korrosion eller andra skador. Korrosion ska skrapas bort och om punktkorrosionsangreppen är djupa ska rören bytas. Detta är särskilt troligt i de områden under karossen där rören exponeras och är oskyddade.

4 Byt eventuella defekta bromsrör och/eller -slangar.

Demontering

5 Om du ska ta bort en del av ett rör eller en slang kan du minska förlusten av bromsvätska genom att skruva loss påfyllningslocket och täta behållarens överdel helt med plastfolie eller tejp. Alternativt kan behållaren tömmas enligt beskrivningen i avsnitt 8.

6 När du ska ta bort en del av ett rör, håll fast den angränsande slanganslutningsmuttern med en nyckel för att hindra den från att vridas. Skruva sedan loss anslutningsmuttern i rörets ände och lossa det. Upprepa åtgärden i andra änden av röret och lossa sedan röret genom att dra bort klämmorna som fäster det på karossen.

7 Där anslutningsmuttrarna är utsatta för väder och vind kan de sitta mycket hårt. Om du använder en fast nyckel att vanligt att muttrarnas ytor får grader. Av den anledningen är det bättre att använda en polygonnyckel (se bild), som fäster på alla ytorna. Finns ingen sådan nyckel att tillgå kan du använda en självlåsande tång som en sista utväg. De kan skada muttrarna, men om röret ska bytas spelar detta ingen roll.

8 Fäst slangen med en bromsslangklämma eller en självlåsande tång med skyddade käftar för att minimera risken för förlust av vätska när ett nedströms stelt rör lossas från en böjlig bromsslang.

9 När du ska ta bort en slang, rengör först slangändarna och det omgivande området. Skruva sedan loss anslutningsmuttrarna från

slangändarna. Ta bort fjäderklämman och ta bort slangen från det räfflade fästet på stödfästet. I förekommande fall skruvar du loss slangen från bromsoket.

10 Bromsrör med trattformade ändar och anslutningsmuttrar kan fås separat eller i hela uppsättningar från en Ford-verkstad eller en tillbehörsbutik. Röret böjs till rätt form med det gamla röret som modell. Var försiktig så att röret inte vrider sig eller trycks ihop när du böjer det. Använd helst ett riktigt rörböjningsverktyg.

Montering

11 Monteringen av rören och slangarna sker i omvänd ordningsföljd mot demonteringen. Se till att alla bromsrör sitter ordentligt i klämmorna och att slangarna inte har snott sig. Kontrollera också att slangarna inte tar i fjädringsdelar eller underredes detaljer och att de inte heller gör så när fjädringen och styrningen används.

12 Lufta bromsarnas hydraulsystem enligt beskrivningen i avsnitt 12 och, om tillämpligt, kopplingens hydraulsystem enligt beskrivningen i kapitel 6 för att slutföra arbetet.

12 Hydraulsystem – luftning

Observera 1: *Se föreskrifterna i avsnitt 1 innan du fortsätter.*

Observera 2: *Observera att det kan vara nödvändigt att ta bilen till en Ford-verkstad för att uppnå fullständig systemfunktion om systemet luftas när ABS-systemets hydraulenhet har rubbats. Det är uppenbarligen så att om hydraulenheten inte aktiveras med Fords diagnosutrustning WDS2000 förblir enheten förseglad från resten av systemet och luftas därför inte riktigt.*

1 Lossa batteriets minusledning (se *Koppla loss batteriet* mot slutet av handboken).

2 Om huvudcylindern eller ABS-enheten har lossas och återanslutits måste hela systemet (båda kretsarna) luftas. Om en komponent i en krets har hanterats behöver endast den berörda kretsen luftas.

3 Luftningen bör påbörjas på en frambroms, följt av den diagonalt motsatta bakbromsen. Den kvarvarande frambromsen bör då luftas följt av den diagonalt motsatta bakre bromsen.

4 Det finns ett antal gör-det-själv-satser för bromsluftning som är avsedda att användas av en person i motortillbehörsbutiker. Vi rekommenderar att du använder en sådan sats om du kan eftersom de underlättar luftningen av bromsarna betydligt. Följ tillverkarens instruktioner tillsammans med följande procedur.

5 När luftningen pågår får bromsvätskenivån i behållaren inte sjunka under minimimärket. Om nivån blir så låg att luft dras in i måste hela proceduren utföras från början igen. Använd ny bromsvätska när du fyller på, helst från en

nyöppnad behållare. Återanvänd aldrig vätska som har tömts ut från systemet.

6 Innan du börjar kontrollerar du att alla rör och slangar är i gott skick och att alla hydraulanslutningar är åtdragna. Var försiktig så att inte hydraulvätska kommer i kontakt med bilens lack. I annat fall skadas lackens finish allvarligt. Tvätta omedelbart bort allt oljespill med kallt vatten.

7 Om du inte använder en bromsluftningssats, ta fram ett rent kärl, en bit plast- eller gummislang som passar precis på luftningsskruven samt en ny behållare med den angivna bromsvätskan (se *Smörjmedel och vätskor*). Dessutom krävs assistans från en medhjälpare.

8 Rengör området runt luftningsskruven på den främre bromsenheten som ska luftas (det är viktigt att det inte kommer in smuts i hydraulsystemet) och ta bort dammkåpan. Anslut ena änden av röret till luftningsskruven och sänk ned den andra änden i burken som bör vara fylld med tillräckligt med bromsvätska för att hålla slangens ände nedsänkt.

9 Öppna luftningsskruven ett eller två varv och be medhjälparen att trycka ner bromspedalen så långt det går. Dra åt luftningsskruven i den nedåtgående rörelsens ände, låt sedan medhjälparen lossa pedalen. Fortsätt med åtgärden tills du ser att det kommer ren bromsvätska, utan luftbubblor, ner i kärlet. Dra slutligen åt luftningsskruven med pedalen i helt nedtryckt läge.

10 Ta bort slangen och sätt tillbaka dammkåpan. Fyll på huvudcylinderbehållaren om det behövs och upprepa sedan proceduren på motsatt bakbroms.

11 Upprepa tillvägagångssättet på den återstående kretsen och börja med frambromsen följt av den diagonalt motsatta bakbromsen.

12 Kontrollera hur bromspedalen känns – den ska vara fast. Om den är svampig finns det fortfarande luft i systemet och luftningsproceduren måste upprepas.

13 När luftningen är slutförd fyller du på huvudcylinderbehållaren och sätter tillbaka locket.

14 Kontrollera funktionen hos den hydrauliskt manövrerade kopplingen när arbetet slutförs. Om det behövs, lufta kopplingens hydraulsystem enligt beskrivningen i kapitel 6.

15 Återanslut batteriets minusledning (se *Koppla loss batteriet* mot slutet av handboken).

13 Vakuumservo – provning, demontering och montering

 Varning: Montera inte en standardvakuumenhet i en bil som är utrustad med nödbromshjälp.

Observera: *Se föreskrifterna i avsnitt 1 innan du fortsätter.*

Kontroll

1 Testa servoenhetens funktion genom att trycka ner fotbromsen fyra eller fem gånger för att släppa ut vakuumet. Starta sedan motorn

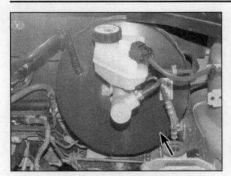

13.3 Vakuumservoenheten

13.7 Vakuumservoenhetens fästmuttrar

6 Monteringen sker i omvänd ordningsföljd mot demonteringen. Om du monterar en ny backventil, se till att den monteras i rätt riktning.

15 ABS-hydraulenhet – demontering och montering

Observera 1: *Se föreskrifterna i avsnitt 1 och kommentarerna i början av avsnitt 12 innan du fortsätter.*
Observera 2: *Om någon del av ABS-systemets hydraulenhet är felaktig, med undantag av ESP:s hydraultryckgivare, måste hela enheten bytas.*
Observera 3: *En annan hydraulenhet monterades i modellerna från och med augusti 2004. Det är mycket viktigt att tidigare och senare komponenter inte blandas för att systemet ska fungera korrekt.*

Demontering

1 Lossa batteriets minusledning (se *Koppla loss batteriet* mot slutet av handboken).
2 Ta bort luftrenaren enligt beskrivningen i relevant del av kapitel 4.
3 Ta bort bromsens vakuumservoenhet enligt beskrivningen i avsnitt 13.
4 Lossa kablaget från ABS-systemets hydraulenhet.
5 Gör en observation av bromsledningens placering på ABS-systemets hydraulenhet och anslutningar på ledningen som en hjälp för återmonteringen **(se bild)**.
6 Skruva loss anslutningsmuttrarna och lossa de tre bromsledningarna från ABS-systemets hydraulenhet vid kopplingarna på ledningarna i modeller t.o.m. augusti 2004.
7 Skruva loss anslutningsmuttrarna och lossa de sex bromsledningarna från ABS-hydraulenheten. Tejpa över eller plugga igen ledningarnas och öppningarnas ändar i enheten för att förhindra att damm och smuts tränger in.
8 Lossa bromsen, kopplingen och bränsleledningarna från mellanväggen.
9 Tryck huvudcylinderns hydraulslang och genomföring från stödfästet över växellådan och placera den på ena sidan i modeller med manuell växellåda.
10 Skruva stegvis loss muttrarna och bultarna och ta bort den övre fästbygeln från motorns högra fäste.
11 Observera isoleringsdynans placering (gummikragar på senare versioner), ta sedan bort sidoklämman och separera hydraulenheten från fästet.

Montering

12 Monteringen sker i omvänd ordningsföljd mot demonteringen. Tänk på följande:
   a) Kontrollera att dämpningskudden är placerad korrekt på hydraulenhetens nederkant eller att gummikragarna är korrekt monterade på fästbygeln efter tillämplighet.
   b) Dra åt alla anslutningsmuttrar ordentligt.
   c) Se avsnitt 13 vid återmonteringen av servoenheten och se den relevanta

---

medan bromspedalen hålls fast nedtryckt. När motorn startar ska pedalen ge efter märkbart medan vakuumet byggs upp. Låt motorn gå i minst två minuter och stäng sedan av den. Om pedalen nu trycks ner igen ska ett väsande ljud höras från servon. Efter 4-5 upprepningar bör inget pysande höras, och pedalen bör kännas hårdare.
2 Innan du antar att det finns ett problem i själva servoenheten ska du undersöka backventilen enligt beskrivningen i nästa avsnitt.

Demontering

3 Se avsnitt 8 och ta bort huvudcylindern **(se bild)**.
4 Lossa plastkåpan från det vänstra främre fjädringsbenets överdel.
5 Skruva loss och ta bort de tre fästmuttrarna från fjäderbenets överdel med bilens vikt på den främre fjädringen.
6 Skruva loss det övre fäststaget från mellanväggen och innerskärmens panel.
7 Skruva loss de två muttrar som håller fast bromsvakuumservon på dess fästbygel på mellanväggens vänstra sida **(se bild)**, ta sedan loss klämman och dra ut det stift som håller fast tvärlänken på vakuumservons stötstång. Be vid behov en medhjälpare att hålla bromspedalen nedtrampad för att öka åtkomsten.
8 Arbeta inne i bilen i vänsterstyrda modeller och skruva loss den mutter som håller fast pedalens svängtapp på servoenhetens tryckstång, skruva sedan loss vakuumservons fästmuttrar från mellanväggens insida.
9 Ta bort bromsservoenheten från motorrummet.
10 Observera att servoenheten inte kan

14.2 Vakuumslangadapter på servoenheten

---

plockas isär för reparation eller renovering och måste bytas om den är defekt.

Montering

11 Monteringen utförs i omvänd ordningsföljd mot demonteringen. Se avsnitt 8 för information om montering av huvudcylindern.

14 Vakuumservoslang och backventil – demontering, kontroll och återmontering

Demontering

1 Med motorn avslagen trycker du ner bromspedalen fyra eller fem gånger för att få bort eventuellt kvarvarande vakuum från servoenheten.
2 Koppla ifrån vakuumslangsadaptern från servoenheten **(se bild)**, genom att dra loss den från gummigenomföringen. Om den är svår att få loss bänder du loss den med hjälp av en skruvmejsel, placera bladet under flänsen.
3 Koppla loss vakuumslangen från insugsrörets anslutningen, tryck in kragen för att lossa flikarna och dra sedan långsamt bort kragen.
4 Om slangen eller fästena är skadade eller i dåligt skick måste de bytas.

Kontroll

5 Undersök backventilen med avseende på skador och tecken på slitage och byt den om det behövs. Ventilen kan testas genom att luft blåses genom den i båda riktningarna. Det ska endast gå att blåsa luft från servoänden mot insugsröret.

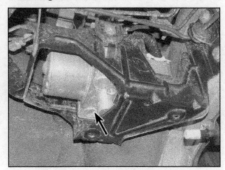

15.5 Placering av ABS-systemets hydraulenhet

delen av kapitel 4 vid återmonteringen av luftrenaren.
d) Lufta hydraulsystemet enligt beskrivningen i avsnitt 12. Om systemet inte luftas på ett tillfredsställande sätt eller om ABS-varningslampan fortsätter att lysa efter slutförande hänvisas till en Ford-verkstad – det kan bli nödvändigt att ställa in systemet med Fords diagnosutrustning WDS2000. Tänk på att luft som har fångats i hydraulenheten kan komma in i huvudbromssystemet vilket leder till en farlig förlust av den normala bromskraften.

16 ABS-hjulgivare – kontroll, demontering och montering

Kontroll

1 Kontrollen av givarna görs före demonteringen genom anslutning av en voltmätare till den sensorns multikontakt. Det är inte praktiskt att använda en analog mätare (rörlig spole) eftersom mätaren inte reagerar snabbt nog. En digital mätare som har en AC-funktion kan användas för att kontrollera att givaren fungerar korrekt.
2 För att göra detta lyfter du upp relevant hjul, lossar sedan kablaget till ABS-givaren och ansluter mätaren till den.
3 Snurra hjulet och kontrollera att utspänningen är mellan 1,5 och 2,0 volt beroende på hur snabbt hjulet roteras.
4 Alternativt kan ett oscilloskop användas för att kontrollera givarens utgående värden – en växelström spåras på skärmen som varierar beroende på det roterande hjulets hastighet.
5 Om givarens utgående värde är lågt eller noll byter du givaren.

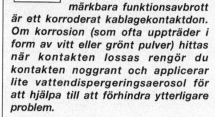

HAYNES TiPS *ABS-hjulsensorn arbetar i en hård miljö och en av de vanligaste orsakerna till märkbara funktionsavbrott är ett korroderat kablagekontaktdon. Om korrosion (som ofta uppträder i form av vitt eller grönt pulver) hittas när kontakten lossas rengör du kontakten noggrant och applicerar lite vattendispergeringsaerosol för att hjälpa till att förhindra ytterligare problem.*

Demontering

Främre hjulsensor

6 Lossa framhjulsmuttrarna. Dra åt handbromsen. Lyft sedan upp framvagnen och ställ den på pallbockar (se *Lyftning och stödpunkter*). Ta bort det berörda hjulet.
7 Lossa kablaget från givaren som sitter på styrspindeln **(se bild)**.
8 Skruva loss fästbulten och ta bort givaren **(se bilder)**.

Bakre hjulsensor

9 Lossa bakhjulsmuttrarna. Klossa

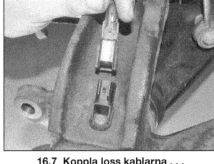

16.7 Koppla loss kablarna . . .   **16.8a . . . skruva sedan loss bulten . . .**

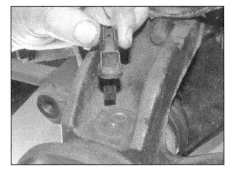

16.8b . . . och ta bort ABS framhjulsensoren   **16.10 Anslutningskontakt bakhjulsgivare (kombimodell visas)**

framhjulen och lägg i ettan (eller P), lyft sedan upp bilens bakre del och stötta upp den på pallbockar (se *Lyftning och stödpunkter*). För att förbättra åtkomsten, ta bort bakhjulet.
10 Lossa kablaget från givaren från navets baksida. Åtkomst genom hålet i den bakre fjädringens länkarm **(se bild)**.
11 Skruva loss fästbulten, och ta bort givaren.

Montering

12 Monteringen sker i omvänd ordningsföljd mot demonteringen. När arbetet är klart monterar du tillbaka det borttagna hjulet (de borttagna hjulen), sänker sedan ner bilen till marken och drar åt hjulbultarna till angivet moment.

17 Elektroniskt stabiliserings-system (ESP) komponenter – demontering och montering

Kursstabilitetsgivaren

⚠️ *Varning: Montera aldrig en skadad givare eftersom bilen kan reagera farligt i en nödsituation. Kursstabilitetsgivaren skadas om den tappas.*

Demontering

1 Lossa batteriets minusledning (se *Koppla loss batteriet* mot slutet av handboken).
2 Lossa och ta bort växelväljarens infattning i klädselpanelen i modeller med automatväxellåda.
3 Lossa och ta bort växelspakens infattning,

ta sedan bort isoleringsdynan i modeller med manuell växellåda.
4 Ta bort mittkonsolens sidoklädselpaneler enligt följande. Skruva loss de främre fästskruvarna, bänd sedan försiktigt ut klädselpanelerna för att lossa fästklämmorna.
5 Lossa kablaget från kursstabilitetsgivaren.
6 Skruva loss och ta bort givarens vänstra fästmutter. Observera att pilen längst upp på givarens yta är riktade mot bilens främre del.
7 Bänd upp växellänksystemets stång från kulleden i modeller med manuell växellåda, vrid sedan länksystemet 90°.
8 Skruva loss och ta bort höger fästmutter, lyft sedan av givaren från vänster placeringstapp, luta den medurs och ta bort den från höger placeringstapp **(se bild)**.

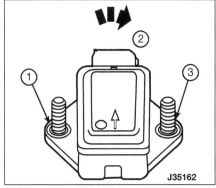

17.8 Demontering av kursstabilitetsgivaren

1 Lyft givaren från vänster tapp. . .
2 . . . luta det medurs . .
3 . . . och ta bort den från höger pinnbult

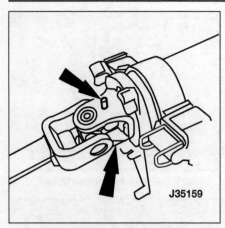

17.12a Drivstift på den övre UJ till rattstångens mellanaxel. . .

Montering

9 Monteringen utförs i omvänd ordningsföljd mot demonteringen men se till att givaren monteras med pilen riktad mot den främre delen av bilen.

Rotationsgivare ratt

⚠️ *Varning: Montera aldrig en skadad rattrotationsgivare eftersom bilen kan reagera farligt i en nödsituation. Använd inte för mycket kraft när du tar bort eller återmonterar givaren.*

Demontering

10 Ta bort rattstången enligt beskrivningen i kapitel 10.
11 Skruva loss de tre skruvarna och dra försiktigt tillbaka givaren från rattstångens nederdel med rattstången på bänken.

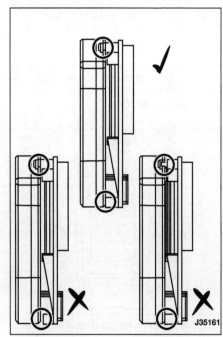

17.13 Kontrollera att givaren är korrekt placerad på basen till rattstångens övre del

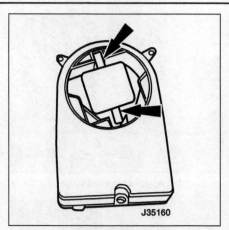

17.12b . . . och motsvarande placeringar i rattens rotationsgivare

12 Kontrollera placeringen av givarens drivstift och stift i givaren med avseende på skador, slitage och glapphet **(se bilder)**. Stiften måste placeras korrekt i givarens nav. Skaffa vid behov en ny givare annars kan bilen reagera farligt vid ett nödfall.

Montering

13 Placera givaren försiktigt över rattstångens nederdel och på basen av rattstångens överdel. Sätt in skruvarna och se till att de är centrerade, dra sedan åt dem ordentligt, skruven på den platta kanten först, sedan de två skruvarna på den böjda kanten. Kontrollera givarens vertikala inriktning på det sätt som visas **(se bild)**.

Hydraultryckgivare

Observera: *Se varningen i avsnitt 1 innan du fortsätter.*

Demontering och montering

14 På modeller med ESP är tryckgivaren en del av hydraulenheten. I modeller utan ESP skruvas hydraultrycksgivaren in i sidan på ABS-systemets hydraulenhet på vänster sida av motorrummet och den kan erhållas separat. Lossa kablaget från givaren.
15 Ha den nya givaren redo för montering, skruva sedan loss den gamla med hjälp av en lämplig tång och skruva in den nya och dra åt den ordentligt omedelbart. Om den nya enheten inte är direkt tillgänglig pluggar du igen hydraulenhetens öppning.
16 Lufta bromsens hydraulkrets enligt beskrivningen i avsnitt 12.

---

18 Bromsljusbrytare –
demontering, återmontering och justering

Demontering

1 Bromsljuset är placerat på pedalbygeln. Brytaren är den nedre av de två brytare som är monterade över bromspedalen. Den övre brytaren är bromspedalens positionsbrytare eller farthållarens inhiberingsbrytare.

2 Ta bort klädselpanelen på den nedre delen av förarsidans instrumentbräda som är fäst med fyra skruvar och två övre klämmor för att förbättra åtkomsten om det behövs. Om tillämpligt lossar du diagnostikkontaktdonet från panelen och/eller lossar kablaget från klimatkontrollgivaren när panelen tas bort.
3 Dra ut brytarens fästklämma och kassera den. En ny en måste användas vid ihopsättningen.
4 Lossa kablaget från brytaren.
5 Vrid brytaren 90° moturs och ta bort den från pedalbygeln.

Montering och justering

6 Montera en ny fästklämma på fästet.
7 Dra ut brytarens tryckkolv helt.
8 Trampa ner bromspedalen och håll den i detta läge när du monterar tillbaka brytaren.
9 Sätt in brytaren i pedalbygeln och vrid den 90° medurs för att låsa den.
10 Lossa bromspedalbrytaren; detta justerar automatiskt brytarens tryckkolv.
11 Återanslut kablaget till brytaren.

---

19 Handbromsspak –
demontering och montering

Demontering

1 Klossa framhjulen, lyft sedan upp bilens bakre del och stötta den på pallbockar (se *Lyftning och stödpunkter*). Lyft dessutom bilens front och stötta upp den på pallbockar för enklare åtkomst till underredet. Släpp handbromsen helt.
2 För att få mer arbetsutrymme är det lämpligt att katalysatorn skruvas loss från det främre avgasröret (se kapitel 4B) och stöttas upp på en pallbock i alla modeller med V6-motorer. Det går dock att nå handbromsspakens undersida med avgassystemet kvar på plats under förutsättning att man är försiktig så att inte katalysatorn eller kablaget skadas vid borttagningen av värmeskydden.
3 Skruva loss det böjliga avsnittet (de böjliga avsnitten) från avgasrörets främre del på 3,0 liters V6-motorer (se kapitel 4A) och stötta upp det främre röret på pallbockar. För att förhindra skador på det böjliga röret är det lämpligt att en sprint fästs på det – två eller tre längder av trä fästa på röret med kabelklämmor räcker.
4 Det är lämpligt att byta alla avgassystemets packningar, tätningsringar och muttrar vid hopsättningen.
5 Stötta upp avgassystemet, lossa sedan de främre och mellersta gummihängarna och sänk ner avgassystemet så mycket som möjligt från underredet. Stöd avgassystemet på pallbockar.
6 Skruva loss specialmuttrarna och ta bort avgassystemets mellersta och bakre värmesköldar från underredet för att komma

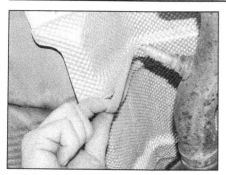

19.6a Lossa katalysatorns kablage från värmeskyddet...

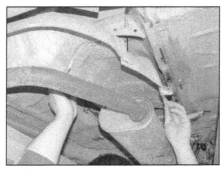

19.6b ... ta sedan bort värmeskydden

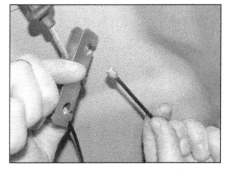

19.7 Lossa handbromsens sekundärkablar från utjämningsstången

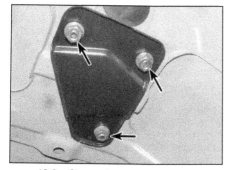

19.8a Skruva loss muttrarna ...

19.8b ... och ta bort plattan

19.10 Lossa kablaget från handbromsvarningslampans kontakt

åt handbromsspakens fästmuttrar **(se bilder)**.
7 Lossa kabeljusterarens primära mutter på den bakre delen av krängningshämmaren och håll fast kabelns sexkantiga del framför stången med en 6 mm skruvnyckel. Lossa båda sekundärkablarna genom att dra dem något framåt och haka loss dem **(se bild)**.
8 Skruva loss muttrarna som håller fast handbromsspaken på golvet/underredet och ta bort plattan **(se bild)**.
9 Arbeta inne i bilen, ta bort mittkonsolen enligt beskrivningen i kapitel 11. Var försiktig så att du lossar handbromsvarningslampans brytare kablage inne i konsolen innan du lyfter upp den.
10 Lossa kablaget från varningslampsbrytaren på handbromsspaksenheten **(se bild)**.
11 Dra bort den primära kabeln och utjämningsstången genom hålet i golvet och ta bort spakenheten från bilens insida **(se bild)**. Be vid behov en medhjälpare att styra stången genom hålet underifrån. Skruva loss skruven och ta bort varningslampans brytare.
12 Undersök alla delar och leta efter tecken på slitage eller skada, och byt om det behövs.

Montering

13 Monteringen sker i omvänd ordningsföljd mot demonteringen. Tänk på följande:
a) *Montera tillbaka mittkonsolen enligt beskrivningen i kapitel 11.*
b) *Dra åt alla fästanordningar till angivet moment, använd nya muttrar, bultar och packningar där det krävs.*
c) *Innan du monterar tillbaka avgassystemets komponenter måste du justera handbromsen enligt beskrivningen i avsnitt 21.*
d) *Se de relevanta delarna i kapitel 4*

vid återmontering av avgassystemets komponenter.

20 Handbromsvajrar – demontering och montering

Demontering

Primär (främre)

1 Ta bort handbromsspaken enligt beskrivningen i avsnitt 19.
2 Lossa och ta bort justeringsmuttern och separera kabeln från krängningshämmaren. Lossa främre delen av kabeln från spaken och ta bort den.

Sekundär (bakre)

3 Se beskrivningen i avsnitt 19, punkt 2–7.
4 Tryck handbromsspaken framåt, haka sedan av den inre kabeln från beslaget vid det bakre bromsoket **(se bild)**.

20.4 Haka loss den inre kabeln från det bakre bromsoks beslag

19.11 Dra primärkabeln och utjämningsstången genom hålet i golvet

5 Lossa handbromsens yttre kabel från bromsokets fäste. Om en plastring är monterad på ytterkabeln är det nödvändigt att trycka ihop plastspetsarna för att lossa den från fästbygeln. Om en fjäderklämma är monterad drar du av klämman från ytterkabeln **(se bild)**.

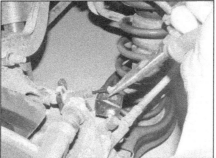

20.5 Dra ut den fjäderklämma som håller fast handbromskabeln på bromsoksfästet

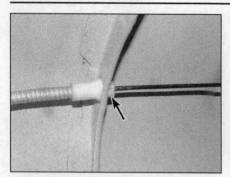

20.6 Tryck ihop plastspetsarna för att lossa den yttre handbromskabeln från stödet

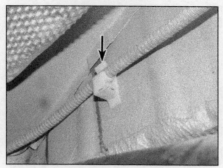

20.7a Handbromsvajerns stödklämma på underredet

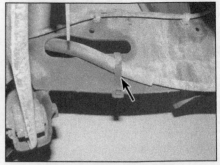

20.7b Buntband som håller fast handbromsvajern på bakhjulsupphängningens länkarm

6 Lossa den yttre kabelns främre ände från stödet på underredet genom att trycka ihop plastspetsarna **(se bild)**.
7 Lossa kabeln från klämmorna och ta bort den underifrån bilen **(se bild)**.

Montering

8 Monteringen utförs i omvänd ordningsföljd mot demonteringen. Avsluta med att justera handbromsen enligt beskrivningen i avsnitt 21.

21 Handbroms – justering

1 Lyft upp bakvagnen och ställ den på pallbockar (se *Lyftning och stödpunkter*).
2 Handbromsens justeringsmutter sitter på baksidan av kabelns utjämningsstång som är placerad under bilen gömd under avgassystemets värmeskydd.
3 Skruva loss specialmuttrarna och ta bort avgassystemets värmesköld från underredet om det är nödvändigt – dra bort neråt försiktigt på avgassystemet för att skapa extra utrymme för sköldarna som ska tas bort runt röret **(se bild)**. För alternativt sköldarna bakåt för att komma åt justeraren om det är möjligt. Var försiktig när sköldarna tas bort så att de inte fastnar i kablaget till lambdasonderna.
4 Se till att handbromsspaken inne i bilen är helt lossad. Se dessutom till att de är korrekt dragna och placerade utan kink eller skarpa böjar om kablarna har bringats i oordning.
5 Använd en 6 mm skiftnyckel på de platta ytor som finns på den främre delen av utjämningsstången för att stoppa kabeln under justering **(se bild)**.
6 Lossa justeringsmuttern (16 mm på vår projektbil) på den bakre delen av krängningshämmaren några få varv. Dra åt

den igen från denna position tills motstånd känns. Fortsätt att dra åt muttern långsamt tills det är ett mellanrum på 1 mm mellan en av det bakre bromsokets handbromsspakar och dess stopp (det motsatta bromsoket bör ha ett spel på 1 mm eller mer) **(se bild)**.
7 Stabilisera nu kablarna genom att dra åt och lossa handbromsen minst fem gånger – det bör höras minst tolv klick från handbromsens spärranordning. Släpp slutligen spaken helt.
8 Upprepa detta tillvägagångssätt för justering som anges i punkt 6. Observera att det spel som uppmäts vid bromsoket inte bör överstiga

1 mm på vardera sidan – om det gör detta när arbetet är slutfört bör vajrarna läggas tillrätta enligt beskrivningen i punkt 7, sedan bör justeringen upprepas en gång till.
9 Avsluta med att montera tillbaka värmeskydden och sänka ner bilen. Kontrollera att handbromsen fungerar korrekt – till exempel genom att köra iväg försiktigt med handbromsen åtdragen. Om handbromsen fungerar dåligt kan denna bro på kärvande, skadade eller dåligt dragna vajrar, delvis kärvande bromsok eller handbromsspakar respektive bakre skivor som är slitna (eller nya som inte har slitits in).

21.3 Ta bort avgassystemets värmeskydd för att komma åt handbromsjusteraren

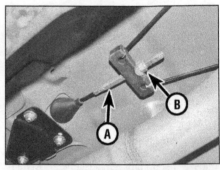

21.5 Handbromsjusterare – håll det platta avsnittet (A) och justera muttern (B)

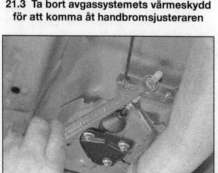

21.6a Justera handbromsen med två sträckare

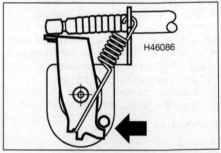

H46086

21.6b Justera tills ett spel på 1 mm uppnås mellan bromsoks arm och dess stopp

Kapitel 10
Fjädring och styrning

Innehåll

Allmän information 1
Bakre fjäderben (sedan/halvkombi) – demontering och montering . . 12
Bakre fjäderben (sedan/halvkombi) – renovering 13
Bakre krängningshämmare och länkar (kombi) –
demontering och montering 21
Bakre krängningshämmare och länkar (sedan/halvkombi) –
demontering och montering 14
Bakre nav och lager – kontroll, demontering och montering 10
Bakre nedre arm (bakre) (kombi) – demontering och montering 23
Bakre nedre arm (fram) och stöd (Kombi) –
demontering och montering 24
Bakre nedre armar (sedan/halvkombi) –
demontering och montering 15
Bakre spindel (sedan/halvkombi) – demontering och montering 11
Bakre spiralfjäder (kombi) – demontering och montering 22
Bakre stötdämpare (kombi) – demontering, kontroll och montering . 20
Bakre tvärbalk (kombi) – demontering och montering 26
Bakre tvärbalk (sedan/halvkombi) – demontering och montering . . . 18
Bakre tvärstag (sedan/halvkombi) – demontering och montering . . . 16
Bakre tvärstag/spindel (kombi) – demontering och montering 19
Bakre övre arm (sedan) – demontering och montering 25

Bussningar bakre tvärbalk (sedan/halvkombi) – byte. 17
Flexibel koppling rattstång – demontering och montering. 29
Främre fjäderben – demontering och montering 4
Främre fjäderben – renovering 5
Främre kryssrambalk – demontering och montering 9
Främre krängningshämmare och länkar –
demontering och montering 6
Främre länkarm – demontering och montering 7
Främre nav och lager – kontroll och byte 3
Hjulinställning och styrvinklar – allmän information 36
Kulled främre länkarm – byte 8
Ratt – demontering och montering. 27
Rattstång – demontering, kontroll och montering 28
Servo oljekylare – demontering och montering 35
Servostyrinrättningens gummidamask – byte 31
Servostyrningens hydraulsystem – luftning och spolning 33
Servostyrningspump – demontering och montering 34
Styrinrättning – demontering och montering 30
Styrspindel och navenhet – demontering och montering 2
Styrstagsände – byte 32

Svårighetsgrad

Enkelt, passar novisen med lite erfarenhet	Ganska enkelt, passar nybörjaren med viss erfarenhet	Ganska svårt, passar kompetent hemmamekaniker	Svårt, passar hemmamekaniker med erfarenhet	Mycket svårt, för professionell mekaniker

Specifikationer

Hjulinställning

Framhjulens toe-inställning:
Utom 3,0-liters V6 modeller:
Kontroll . . . . 0,0 mm ± 2,5 mm (0°00' ± 0°21' eller 0,00° ± 0,35°)
Justering . . . . 0,0 mm ± 1,0 mm (0°00' ± 0°08' eller 0,00° ± 0,14°)
3,0-liters V6 modeller:
Kontroll . . . . 0,0 mm ± 2,8 mm (0°00' ± 0°21' eller 0,00° ± 0,35°)
Justering . . . . 0,0 mm ± 1,1 mm (0°00' ± 0°08' eller 0,00° ± 0,14°)
Toe-in bakhjul:
Utom 3,0-liters V6 modeller:
Kontroll . . . . 2,0 mm toe-in ± 2,5 mm (0°17' ± 0°21' eller 0,28° ± 0,35°)
Justering . . . . 2,0 mm toe-in ± 1,0 mm (0°17' ± 0°08' eller 0,28° ± 0,14°)
3,0-liters V6 modeller:
Kontroll . . . . 2,2 mm toe-in ± 2,8 mm (0°17' ± 0°21' eller 0,28° ± 0,35°)
Justering . . . . 2,2 mm toe-in ± 1,1 mm (0°17' ± 0°08' eller 0,28° ± 0,14°)

Hjul och däck

Hjulstorlek (utom reservhjul) . . . . 16 x 6.5, 17 x 6.5 eller 18 x 7
Däckstorlekar (beroende på modell) . . . . 205/50R16, 205/55R16, 205/50R17 eller 225/40R18
Däcktryck . . . . Se slutet av *Veckokontroller* på sidan 0•18

Åtdragningsmoment

	Nm
Framfjädring	
Bakre motorfästlänk	80
Bromsokets fästbygel till styrspindeln	130
Fjädringsben trycklager fästmutter (mitten)	59
Fjädringsbenets övre fäste på karossen	30
Hjälpramens bakre fästbyglar på underredet	10
Klämbult mellan styrspindel och fjädringsben	83
Klämbult som håller fast länkarmens kulled på styrspindeln	83
Kryssrambalk till underrede	142
Krängningshämmarens klämbultar	48
Krängningshämmarlänk	48
Kylarens fästbygel till hjälpram	25
Kylvätskeslangens stödfäste på hjälpramen	10
Länkarmens bakre bult*:	
Steg 1	90
Steg 2	Vinkeldra ytterligare 60°
Länkarmens främre bult*:	
Steg 1	80
Steg 2	Vinkeldra ytterligare 60°
Länkarmens kulled på länkarmen (servicebyte, bultad)	58
Nav/drivaxelmutter*	290
Styrstagsände till styrarm	40
Tvärbalkens fästbultar	120
Bakfjädring (sedan/halvkombi)	
ABS-givare till nav	7
Benets fästbultar	25
Bromsokets fästbygel till tvärstaget/spindeln:	
Upp till september 2004	80
September 2004 och framåt	66
Fjäderben till spindel	85
Fästmutter fjädringsbenets trycklager	50
Krängningshämmar till tvärbalk	25
Krängningshämmarlänk	48
Länkarm till spindeln	120
Länkarm till tvärbalk	103
Nav på tvärstag/spindel	70
Tvärbalkens bultar på underredet	120
Tvärstag på fästbygel	103
Tvärstag på spindel	103
Tvärstagets fästbygel på underredet	120
Bakfjädring (kombi)	
Observera: *Samma som sedan/halvkombi med undantag av följande.*	
Krängningshämmar fäste	25
Krängningshämmar till bakre nedre arm	48
Länkarm till spindeln	120
Länkarm till tvärbalk	103
Länkarm till tvärstag	120
Länkarm till tvärstag	84
Stötdämparens nedre fästbult	120
Stötdämparens nedre fäste till tvärstag	120
Stötdämparens övre fästbult	84
Stötdämparens övre fäste till tvärbalk	84
Tvärstagets/spindelns främre fästbygel på underredet	120
Tvärstagets/spindelns främre fäste på fästbygeln	103
Övre arm till tvärbalk	84
Styrning (allmän)	
Anslutningsbult styrinrättningsvätska*	23
Böjlig koppling mot styrinrättningens drevaxel*	25
Fästbult mellan rattstång och flexibel koppling*	20
Låsmutter mellan styrstagsände och parallellstag	40
Ratt	45
Rattstångens fästbultar *	24
Styrinrättningens fästbultar *	130
Styrstagsände till styrspindel*	40

Styrning (1,8- och 2,0-liters motorer)

Anslutningsmutter högtrycksutlopp servostyrningspump 65
Servo oljebehållarens pinnbult/bultar. 9
Servostyrningspumpens fästbultar/pinnbultar. 18

Styrning (V6 motor)

Anslutningsmutter högtrycksutlopp servostyrningspump 17
Fästplatta på servostyrningspump:
   Muttrar 10
   Bultar 25
Hjulmuttrar 85
Höger motorfäste. 83
Servostyrningspumpens fästbultar 48
Servostyrningspumpens remskiva. 25
Servostyrningspumpkrök 10
* Använd en ny mutter eller bult

1 Allmän information

Den oberoende framfjädringen har
MacPherson-fjäderben, med spiralfjädrar och
inbyggda teleskopiska stötdämpare och en
krängningshämmare. Fjäderbenen är anslutna
till styrspindlarna i deras nedre ändar och
spindlarna är i sin tur anslutna till länkarmarna
med kulleder. De främre länkarmarnas
bakre bussningar är av hydraulisk typ
och får inte böjas för mycket neråt – alla
tillvägagångssätt som involverar länkarmarna
inkluderar varningar mot att röra på armarna
för mycket (det går inte att byta dessa
bussningar separat). Krängningshämmaren
är gummimonterad på kryssrambalken och
ansluten till de främre fjäderbenen via länkstag
(se bild här bredvid).

I sedan-/halvkombimodeller är den
oberoende bakfjädringen av typen "Quadralink"
och har fyra fästpunkter på varje sida av bilen.
De två länkarmarna är fästa på den bakre
spindeln i deras yttre ändar och på den bakre
tvärbalken i deras inre ändar. Ett tvärstag som är
placerat mellan spindelns nederkant och golvet
motverkar broms- och accelerationskrafterna
på varje sida **(se bild)**.

I kombimodeller är den oberoende
bakhjulsfjädringen av typen "SLA" (kort
och lång arm) utan fjädringspunkter som
sträcker sig in i bagageutrymmet. Det finns
tre sidoarmar på varje sida: en smidd övre
arm och två nedre sidoarmar i pressat stål. Ett
tvärstag på vardera sidan stöttar upp de bakre
spindlarna. Spiralfjädrarna är separerade från
stötdämparna **(se bild)**.

En bakre krängningshämmare finns på alla
modeller. Det finns självreglerande stötdämpare
till kombimodellerna. Alla 3,0 liters ST-modeller

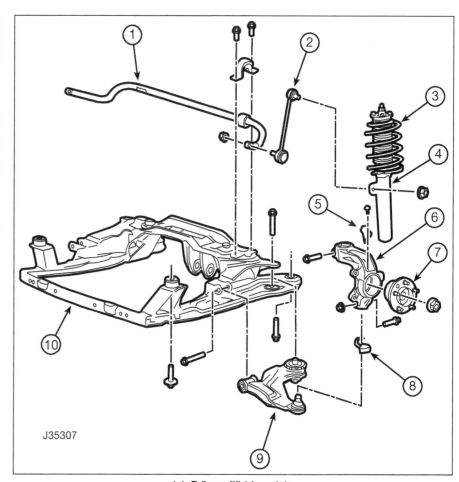

J35307

1.1 Främre fjädringsdelar

1 *Krängningshämmare*	5 *ABS hjulhastighetsgivare*	9 *Länkarm*
2 *Länk*	6 *Spindel*	*framhjulsupphängning*
3 *Främre spiralfjäder*	7 *Nav*	10 *Kryssrambalk*
4 *Fjädringsben fram*	8 *Värmeskydd kulled*	

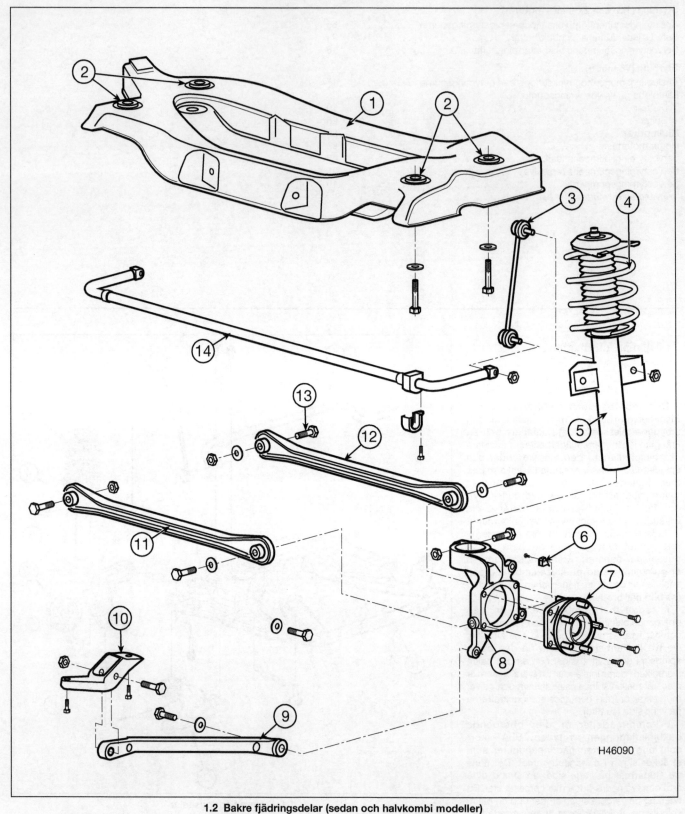

1.2 Bakre fjädringsdelar (sedan och halvkombi modeller)

1 Tvärbalk
2 Placering av tvärbalkens bussningar
8 Krängningshämmarlänk

4 Bakre fjäder
5 Bakre fjäderben/ stötdämpare
6 ABS-hjulsensor

7 Hjulnav/lager
8 Bakre spindel
9 Bakre tvärstag
10 Tvärstagsfäste

11 Främre länkarm
12 Bakre länkarm
13 Excentrisk kambult
14 Krängningshämmare

H46090

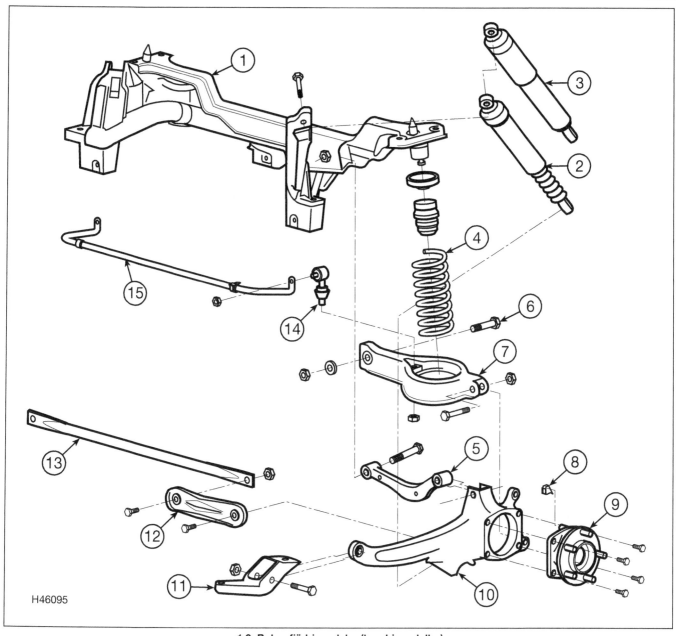

1.3 Bakre fjädringsdelar (kombi modeller)

1 Tvärbalk	4 Bakre fjäder	8 ABS-hjulsensor	12 Främre länkarm
2 Stötdämpare med nivåreglering	5 Övre arm	9 Hjulnav/hjullager	13 Armstöd
3 Konventionell stötdämpare	6 Excentrisk kambult	10 Tvärstag/spindel	14 Krängningshämmarlänk
	7 Bakre länkarm	11 Fästbygel tvärstag	15 Krängningshämmare

har fjädring som är sänkt med 15 mm med kortare fjädrar och hårdare stötdämpare. ST kombi har också uppgraderade bussningar till de främre länkarmarna.

Det finns ett kuggstångsstyrningsdrev med variabelt förhållande tillsammans med en konventionell pelar- och teleskopkoppling med två kardanknutar. Servoassisterad styrning monteras på alla modeller och pumpen drivs av en multirem. En vätskekylare till servosystemet sitter framför kylsystemets kylare på tvärbalken.

2 Styrspindel och navenhet –
demontering och montering

Demontering

1 Ta bort hjulsidan (eller mittkåpan) från hjulet, dra åt handbromsen och lägg i 1:ans växel eller P. Lossa navet/drivaxelns mutter ungefär ett halvt varv.

 Varning: Drivaxelmuttern är mycket hårt åtdragen och det krävs en avsevärd ansträngning för att lossa den. Använd inte verktyg av dålig kvalitet som passar dåligt till denna uppgift på grund av risken för personskador.

2 Arbeta inne i motorrummet och ta bort plastkåpan från det främre fjäderbenets överdel. Fäst fjäderbenets kolv med en insexnyckel, lossa sedan fjäderbenslagrets fästmutter fem fullständiga varv. Ta inte bort muttern helt.

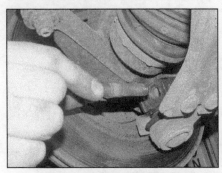

2.12 Ta bort kulledens klämbult

2.14 Ta bort den nedre armens kulled från styrspindeln

fjäderbenet, notera hur den är monterad. Bänd upp klämman med hjälp av ett kilformat verktyg och lossa spindeln från fjäderbenet **(se bilder)**. Knacka spindeln nedåt om det behövs, använd en mjuk klubba för att skilja de båda delarna åt. Ta bort spindeln från bilen.

Montering

3 Lossa framhjulsmuttrarna, lyft sedan upp bilens främre del och stötta upp den på pallbockar (se *Lyftning och stödpunkter*). Ta bort framhjulet, skruva sedan loss och ta bort navmuttern. En ny navmutter måste användas.

4 Lossa kablaget från ABS hjulhastighets-givaren som sitter ovanpå styrspindeln.

5 Lossa muttern till styrstagsändens kulled flera varv, använd sedan ett kulledsdemonteringsverktyg för att lossa kulleden från styrarmen. Använd vid behov en 5 mm insexnyckel för att hålla kulledsspindeln samtidigt som muttern lossas. Skruva loss muttern och lossa kulleden från styrarmen med kulleden lossad. Kassera muttern eftersom en ny måste användas.

6 Skruva loss de två bultar som håller fast bromsokets fästbygel på styrspindeln, för sedan av bromsoket och bromsklossarna från bromsskivan. Bind upp bromsoket och fästbygeln i det främre fjädringsbenets spiralfjäder och var försiktig så att inte den böjliga hydraulslangen töjs.

7 Sätt in och dra åt de skruvar som håller fast det främre stänkunderskyddet på hjälpramen.

8 Stötta upp hjälpramen bredvid relevant länkarm med en garagedomkraft. **Observera:** *Endast ena sidan av hjälpramen behöver sänkas ner för att lossa länkarmens kulled från styrspindeln.*

9 Märk ut hjälpramens position för att säkerställa korrekt återmontering. **Observera:** *Använd Fords speciella inriktningssprintar för att placera hjälpramen korrekt.*

10 Skruva loss och ta bort det bakre fästet för hjälpramen på underredet på den sida

som arbete utförs på. Lossa den återstående fästbygelns bultar endast fem varv.

Varning: Hjälpramen MÅSTE sänkas vid demontering av styrspindeln. I annat fall skadas länkarmens bakre hydro-bussning.

11 Skruva loss och ta bort hjälpramens främre fästbult på den sida som du arbetar på. Lossa den återstående främre fästbulten fem varv.

12 Notera hur länkarmens kulledsklämbult är placerad, skruva sedan loss och ta bort den från spindelenheten **(se bild)**. **Dra inte** ner länkarmen på det här stadiet eftersom hydro-bussningen då skadas.

13 Sänk ned hjälpramen tillräckligt långt för att komma åt länkarmens bakre fästbult på den sida där du arbetar. Detta ger det nödvändiga utrymmet för att lossa länkarmens kulled. Kontrollera att den inre rattstången går att röra fritt genom mellanväggen.

14 Lossa länkarmens kulleder från styrspindlarna och ta bort värmeskydden **(se bild)**. Om den är tät knacka du försiktigt ned armens ytterände med en hammare eller bänder upp spindelklämman med ett kilformat verktyg. Var försiktig så att du inte skadar kulledens gummidamask.

15 Ta bort bromsskivan enligt beskrivningen i kapitel 9.

16 Använd en universalavdragare som placeras på navflänsen för att trycka drivaxelns ytterände genom framnavet och styrspindeln. Det hjälper om spindeln vrids i en vinkel. Håll drivaxelns kulleder så rakt som möjligt. I annat fall kan skador uppstå.

17 Skruva loss och ta bort den klämskruv som håller fast spindelenheten på det främre

fjäderbenet, notera hur den är monterad. Bänd upp klämman med hjälp av ett kilformat verktyg och lossa spindeln från fjäderbenet **(se bilder)**. Knacka spindeln nedåt om det behövs, använd en mjuk klubba för att skilja de båda delarna åt. Ta bort spindeln från bilen.

Montering

18 Rengör fjäderbenets nederände och dess placering i spindeln grundligt. Placera spindeln på benet och över fliken, sätt sedan in klämbulten och dra åt till angivet moment **(se bild)**.

19 Dra ut spindeln och sätt in drivaxelns ände genom framnavet. Sätt tillbaka drivaxel-/navmuttern och dra åt den måttligt på det här stadiet. Mutterns slutliga dragning görs när bilen står på marken.

20 Montera tillbaka bromsskivan enligt beskrivningen i kapitel 9.

21 Placera värmeskölden på spindelns botten, placera sedan spindeln över länkarmens kulled och lyft kulleden tills spindeln är helt inne i klämman. Knacka upp den nedre armens ände för att se till att den har kommit in helt. Sätt in klämbulten från spindelns baksida och dra åt till angivet moment.

22 Lyft hjälpramen mot underredet och placera den korrekt med de märken som gjordes vid demonteringen. Använd Fords speciella inriktningssprintar. Montera tillbaka det bakre fästet, sätt sedan in fästbultarna. Dra åt hela hjälpramen och den bakre fästbygelns bultar till angivet moment. Se till att hjälpramen inte flyttas under åtdragningen av bultarna. Ta bort Fords inriktningssprintar om det är tillämpligt.

23 Sätt in och dra åt de skruvar som håller fast det främre stänkunderskyddet på hjälpramen.

24 Placera bromsoket komplett med fästbygel på styrspindeln samtidigt som bromsklossarna förs över bromsskivan. Sätt i och dra åt skruvarna till angivet åtdragningsmoment.

25 Placera styrstagsändens kulled på styrarmen. Sätt på en ny mutter och dra åt den till angivet moment. Använd vid behov en 5 mm insexnyckel för att hålla kulledsspindeln samtidigt som muttern dras åt.

26 Återanslut kablaget till ABS-hjulhastighetsgivaren på styrspindeln.

27 Låt en medhjälpare trampa ner

2.17a Bänd upp klämman med en kall mejsel. . .

2.17b . . . och lossa spindeln från fjäderbenet

2.18 Placera spindeln över fliken på fjäderbenet

bromspedalen, dra sedan åt navmuttern till en förbelastning inställning på 100 Nm.
28 Montera tillbaka hjulet och sänk ner bilen. Dra åt hjulmuttrarna och sedan navmuttern till angivet moment. Montera tillbaka hjulkåpan (eller mittkåpan) på hjulet.
29 Håll fjäderbenets kolv stilla med en insexnyckel, dra sedan åt muttern till det övre fästets trycklager (mitten) till angivet moment. Muttern kan först dras åt med en ringnyckel samtidigt som kolvstången hålls, sedan kan en momentnyckel användas för den slutliga åtdragningen.
30 Montera tillbaka plastkåpan på det främre fjäderbenets överdel.

3 Främre nav och lager – kontroll och byte

Kontroll

1 De främre hjullagren kan inte justeras och levereras smorda.
2 Dra åt handbromsen, lyft sedan upp bilens främre del och stötta upp den på pallbockar (se *Lyftning och stödpunkter*) för att kontrollera lagren med avseende på onormalt slitage.
3 Ta tag upptill och nertill på framhjulet och försök gunga det. Om det rör sig för mycket kan det bero på att hjullagren är slitna. Blanda inte ihop inte slitage på drivaxelns yttre drivknut eller framfjädringens länkarms kulled med slitage på lagren. Slitage på navlagren märks på ojämnheter eller vibrationer när hjulet snurrar. Det märks även genom att ett mullrande eller brummande ljud när bilen körs.

Byte

Observera: *ABS-hjulhastighetsgivarringen är inbyggd i navlagret.*
4 Ta bort styrspindel- och navenheten enligt beskrivningen i avsnitt 2.
5 Skruva loss skruven och ta bort ABS hjulhastighetsgivaren från spindeln.
6 Navet måste nu tas bort från lagret. Detta görs enklast med en hydraulisk press **(se bild)**, men du kan driva ut navet med hjälp av en bit metallrör med lämplig diameter. En del av den inre banan blir kvar på navet och det återstående lagret blir kvar i spindeln. Lagret

3.6 Använd en press för att ta bort det främre navet från lagren

3.8a Ta bort lagerburen (och oljetätningen) . . .

3.8b . . . använd sedan en avdragare . . .

3.8c . . . för att ta bort den gamla lagerinnerbanan

går inte att reparera när det har tagits bort och får inte återanvändas.
7 Använd en lämplig tång för att ta loss den stora låsring som används för att hålla fast lagret i modeller med automatväxellåda. Om denna låsring är i gott skick kan den återanvändas.
8 Ta bort lagerburen, oljetätningen och den gamla inre lagerbanan genom att stötta banan och trycka ner navet genom den med navet borttaget. Använd alternativt en avdragare för att ta bort banan **(se bilder)**. Använd inte värme för att ta bort banan.
9 Tryck eller driv av lagret från styrspindeln med en bit metallrör med lämplig diameter **(se bild)**.
10 Rengör lagrens anliggningsytor på styrspindeln och navet.
11 Tryck in det nya lagret i spindeln tills det kommer i kontakt med ansatsen **(se bild)** med hjälp av en bit metallrör med en diameter som är något mindre än den yttre banan.

Hjulhastighetsgivarringen kan skadas om lagret drivs på plats och därför är det lämpligt att en press används. Tryck inte på den inre lagerbanan.
Varning: Lagret måste monteras tillsammans med ABS hjulhastighetsgivarring mot hjulhastighetsgivarens ända på spindeln. ABS-hjulhastighetsgivare får inte utsättas för några stötar.
12 I modeller med automatväxellåda monterar du tillbaka den stora låsring som används för att fästa lagret. Se till att låsringen har hakat i sitt spår ordentligt.
13 Stötta upp den inre lagerbanan på en bit metallrör, tryck sedan eller driv in navet helt i lagret **(se bild)**. Stötta alternativt upp navet och tryck på lagrets inre bana på det.
14 Montera tillbaka hjulhastighetsgivaren och dra åt skruven.
15 Sätt tillbaka styrspindel- och navenheten enligt beskrivningen i avsnitt 2.

3.9 Tryck ut det gamla lagret

3.11 Tryck in det nya lagret. . .

3.13 . . . tryck sedan navet igenom den inre banan

4.2 Ta bort hydraulslangens stödfäste från fjäderbenet

4 Främre fjäderben –
demontering och montering

Demontering

1 Lossa framhjulsmuttrarna. Dra åt handbromsen. Lyft sedan upp framvagnen och ställ den på pallbockar (se *Lyftning och stödpunkter*). Ta bort framhjulet.

2 Skruva loss stödfästet till den hydrauliska bromsslangen från fjäderbenet **(se bild)**. Lossa alternativt slangen från fästbygeln.

3 Skruva loss muttern och lossa krängningshämmarlänken från fjäderbenet. Använd vid behov en 5 mm insexnyckel för att hålla spindeln samtidigt som muttern lossas.

4 Skruva loss de två bultar som håller fast bromsokets fästbygel på styrspindeln, för sedan av bromsoket och bromsklossarna från bromsskivan. Bind upp bromsoket och fästbygeln på ena sidan eller stötta det mot en pallbock och se till att den böjliga slangen inte töjs.

5 Skruva loss de skruvar som håller fast det främre stänkunderskyddet på hjälpramen.

6 Stötta upp hjälpramen med en garagedomkraft. **Observera:** *Endast ena sidan av hjälpramen behöver sänkas ner för att lossa länkarmens kulled från styrspindeln.*

7 Märk ut hjälpramens position på underredet noggrant för att säkerställa korrekt återmontering. **Observera:** *Använd Fords speciella inriktningssprintar för att placera hjälpramen korrekt.*

8 Skruva loss och ta bort det bakre fästet för hjälpramen på underredet på den sida som arbete utförs på. Lossa den återstående fästbygelns bultar endast fem varv.

9 Skruva loss och ta bort hjälpramens främre fästbult på den sida som du arbetar på. Lossa den återstående främre fästbulten fem varv.

10 Sänk ner hjälpramen på den sida som du arbetar på för att komma åt den övre delen av länkarmens bakre fästbult. detta ger det nödvändiga utrymmet för att lossa fjäderbenet från spindeln utan att skada hydro-bussningen i länkarmens bakre fäste. Kontrollera att den inre rattstången går att röra fritt genom mellanväggen.

Varning: Hjälpramen MÅSTE sänkas vid demontering av det främre fjäderbenet. I annat fall skadas länkarmens bakre hydro-bussning.

11 Observera hur klämbulten till den främre länkarmens kulled är monterad, skruva sedan loss och ta bort den från spindelenheten.

12 Lossa länkarmens kulled från styrspindeln och ta bort värmeskyddet. Om den är tät knackar du försiktigt ned armens ytterände med en hammare eller bänder upp spindelklämman med ett kilformat verktyg. Var försiktig så att du inte skadar kulledens gummidamask. Tryck inte ned länkarmen för mycket eftersom den bakre hydrobussningen skadas.

13 Skruva loss och ta bort den klämbult som håller fast styrspindeln på det främre fjäderbenet och observera hur det är monterat.

14 Bänd upp klämman med hjälp av ett kilformat verktyg och lossa spindeln från fjäderbenet. Knacka spindeln nedåt om det behövs, använd en mjuk klubba för att skilja de båda delarna åt. Stötta upp spindeln på en pallbock och se till så att drivaxelns kulleder inte böjs för mycket – håll drivaxeln så rakt som möjligt.

15 Arbeta inne i motorrummet och ta bort plastkåpan från det främre fjäderbenets överdel. Pilen och den vita linjen på det övre fästet måste vara riktat mot bilens front **(se bilder)**.

16 Stötta upp benet, och skruva loss de övre fästmuttrar **(se bild)**. Sänk ner fjäderbenet och ta bort det från hjulhusets undersida.

Montering

17 Lyft fjäderbenet på plats, sätt in fjäderbenen genom hålen i karossen och se till att pilen och den vita linjen på det övre fästet är riktade mot bilens främre del. Montera muttrarna och dra åt dem till angivet moment.

18 Montera tillbaka plastkåpan på fjäderbenets överdel.

19 Rengör fjäderbenets nedre ände och dess placering i spindeln grundligt. Placera spindeln på benet, sätt i klämbulten och dra åt till angivet moment.

20 Placera värmeskölden på spindelns nederkant, placera sedan spindeln över länkarmens kulled och lyft kulleden tills spindeln har kommit in helt i klämman. Knacka upp den nedre armens ände för att se till att den har kommit in helt. Sätt in klämbulten från spindelns baksida och dra åt till angivet moment.

21 Lyft hjälpramen mot underredet och placera den korrekt mot de märken som gjorts under demonteringen. Använd Fords speciella inriktningssprintar. Montera tillbaka det bakre fästet, sätt sedan in fästbultarna. Dra åt hela hjälpramen och den bakre fästbygelns bultar till angivet moment. Se till att hjälpramen inte flyttas under åtdragningen av bultarna. Ta bort Fords inriktningssprintar om det är tillämpligt.

22 Sätt in och dra åt de skruvar som håller fast det främre stänkunderskyddet på hjälpramen.

23 Placera bromsoket komplett med fästbygel på styrspindeln samtidigt som du styr bromsklossarna över bromsskivan. Sätt i och dra åt skruvarna till angivet åtdragningsmoment.

24 Montera tillbaka krängningshämmarlänken på fjäderbenet. Montera muttern och dra åt den till angivet moment. Använd vid behov en 5 mm insexnyckel för att hålla spindeln.

25 Montera tillbaka hydraulslangens stödfästbygel på benet, och dra åt muttern ordentligt.

26 Montera tillbaka hjulet och sänk ner bilen. Dra åt hjulmuttrarna till angivet moment.

5 Främre fjäderben –
renovering

⚠ *Varning: Innan du försöker demontera det främre fjäderbenet krävs det en hoptryckare för att hålla spiralfjädern hoptryckt. Använd inte nödlösningar. Om fjädern löser ut av misstag kan det orsaka person- och materialskador.*

4.15a Ta bort plastkåpan från fjäderbenets överdel

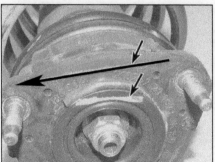

4.15b Pilen och den vita linjen på det övre fästet måste vara riktat mot bilens front

4.16 Skruva loss de övre fästmuttrarna på det främre fjäderbenet

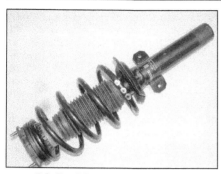

5.2 Det främre fjäderbenet och spiralfjädern borttagna från bilen

5.4 Håll kolven med en insexnyckel samtidigt som du skruvar loss fästmuttern

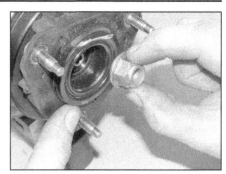

5.5a Ta bort muttern . . .

1 Om de främre fjäderbenen visar tecken på slitage (läckande vätska, förlust av dämpningsförmåga, hängande eller spruckna spiralfjädrar) ska de tas isär och nödvändiga renoveringar göras. Det går inte att utföra service på själva fjäderbenen och de måste bytas om de är felaktiga men fjädrarna och tillhörande komponenter kan bytas. För att behålla balanserade egenskaper på bilens båda sidor ska komponenterna bytas på båda sidor samtidigt.

2 Rengör och ta bort extern smuts, montera sedan fjäderbenet i ett skruvstäd med fjäderbenet demonterat från bilen **(se bild)**.

3 Montera kompressorverktygen för spiralfjädrar (se till att de är helt i ingrepp) och tryck ihop fjädern tills alla spänning släpps från det övre fästet.

4 Håll fjäderbenets kolvstång med en

insexnyckel och skruva loss trycklagrets fästmutter med en ringnyckel **(se bild)**. **Försök inte** lossa denna mutter om inte fjädern är hoptryckt enligt beskrivningen i punkt 3.

5 Ta bort det övre fästet, trycklagret, stoppklacken och det övre fjäderfästet, damasken och spiralfjädern **(se bilder)**.

6 Om du ska montera en ny fjäder måste den ursprungliga fjädern nu försiktigt lossas från kompressorn. Om den ska återanvändas kan fjädern lämnas ihoptryckt.

7 När fjäderbensenheten nu är helt isärtagen, undersök alla delar och sök efter tecken på slitage och skador. Kontrollera att lagret fungerar som det ska. Byt komponenterna om det behövs.

8 Undersök fjäderbenet och leta efter tecken på vätskeläckage. Kontrollera att fjäderbenskolven inte har tecken på

punktkorrosion över hela dess längd och kontrollera att fjäderbenets stomme inte är skadad.

9 Testa fjäderbenets funktion medan det hålls upprätt genom att flytta kolven en hel slaglängd och sedan genom flera korta slag på 50 till 100 mm. I bägge fallen ska motståndet vara jämnt och kontinuerligt. Om motståndet är ryckigt eller ojämnt eller om det finns synligt slitage eller synliga skador på benet, måste benet bytas.

10 Ihopsättningen sker i omvänd ordning mot isärtagningen. Tänk på följande:

a) *Se till att spiralfjäderändarna är korrekt placerade i de övre och nedre sätena innan kompressorn släpps (se bild).*

b) *Kontrollera att trycklagret är korrekt monterat på det övre fästet.*

c) *Dra åt trycklagrets fästmutter till angivet moment.*

5.5b . . . följt av det övre fästet. . .

5.5c . . . trycklager . . .

5.5d . . . stoppklacken och det övre fjädersätet. . .

5.5e . . . damasken . .

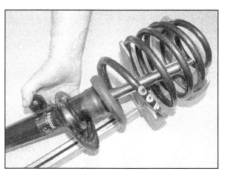

5.5f . . . och spiralfjädern (med kompressorverktyg)

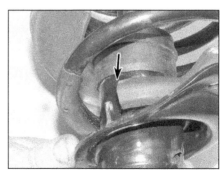

5.10 Kontrollera att spiralfjäderns ändar är placerade mot fjädersätena

6.21 Krängningshämmarens fästklämma

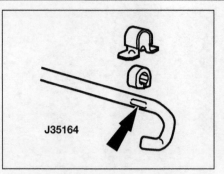

J35164

6.22 Krängningshämmarens fästgummin är placerade på platta ytor

6 Främre krängningshämmare och länkar – demontering och montering

Demontering

1 Lossa framhjulsmuttrarna. Dra åt handbromsen. Lyft sedan upp framvagnen och ställ den på pallbockar (se *Lyftning och stödpunkter*). Vrid ratten så att hjulen pekar rakt framåt. Ta bort de båda framhjulen.

2 Ta bort den nedre klädselpanelen från förarsidans instrumentbräda som är fäst med fyra skruvar och två övre klämmor. Om tillämpligt lossar du diagnostikkontaktdonet från panelen och/eller lossar kablaget från klimatkontrollgivaren när panelen tas bort.

3 Ta bort isoleringsdynan från utrymmet ovanför fotpedalerna om tillämpligt.

4 Skruva loss och ta bort den klämskruv som håller fast den inre rattstången på den flexibla kopplingen på styrinrättningen. Vrid klämplattan medurs och lossa klämman från kopplingen. Observera att kopplingen är triangelformad och att axeln endast får monteras i ett av tre lägen. Kassera bulten eftersom en ny måste användas.

⚠ *Varning: Se till att ratten förblir låst i sitt rakt fram-läge när klämman lossas från den flexibla kopplingen. Underlåtenhet att göra detta kan leda till skador på krockkudden och urfjädern samt efterföljande personskador vid en olycka.*

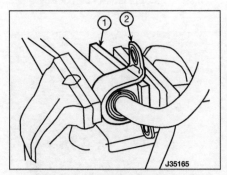

6.23 Tryck fast klämmorna (2) på fästgummina i ett skruvstycke och använd en 10 mm tjock metallstång (1) som distansbricka

5 Håll fast kylaren i de övre fästena med provisoriska saxsprintar insatta genom hålen i de övre placeringssprintarna. Går att komma åt genom öppningarna i den främre tvärbalken.

6 Skruva loss fästskruvarna och ta bort skvalpplåten underifrån kylaren.

7 Skruva loss slangfästbygeln (om en sådan finns) under den främre delen av bilen bredvid vänster kylarstödfäste, skruva sedan bort och ta bort kylarens båda stödfästen.

8 Skruva loss muttrarna och ta bort länkarna från krängningshämmaren. Använd vid behov en 5 mm insexnyckel för att hålla spindlarna medan muttrarna lossas.

9 På 1,8 och 2,0-liters motorer tar du bort avgassystemets böjliga rör från avgassystemets främre del enligt beskrivningen i relevant del av kapitel 4A.

10 På V6 motorer, ta bort avgassystemets främre nedre Y-rör enligt beskrivningen i kapitel 4A.

11 Ta bort det bakre motorfästet i enlighet med relevant del av kapitel 2.

12 Lossa den andra lambdasondens kablage och lossa kablaget från hjälpramen efter tillämplighet.

13 Lossa banden och lossa kabelhärvan till strålkastarnas nivågivare från hjälpramen i modeller med xenonstrålkastare.

14 Lossa kabelhärvan till kylarens kylfläkt från hjälpramen.

15 Stötta upp den främre hjälpramen på en eller två garagedomkrafter. Det kommer att behövas hjälp av en medhjälpare.

16 Markera noggrant den främre hjälpramens placering på underredet för att säkerställa korrekt återmontering. **Observera:** *Använd Fords speciella inriktningssprintar för att placera hjälpramen korrekt.* Skruva loss och ta bort hjälpramens bakre fästbultar, och skruva loss de bakre fästena från hjälpramen.

17 Skruva loss och ta bort hjälpramens främre fästbultar.

18 Sänk ner hjälpramen 150 mm samtidigt som du håller den i plan och ser till att länkarmens bakre hydro-bussningar inte töjs eller skadas.

19 Skruva loss muttrarna och lossa krängningshämmarlänkarna från krängningshämmaren. Använd vid behov en 5 mm insexnyckel för att hålla spindlarna medan muttrarna lossas.

20 Skruva loss styrinrättningen från hjälpramen, använd sedan kabelklämmor för att hänga upp styrinrättningen i underredet.

21 Skruva loss fästklämmornas bultar på båda sidorna **(se bild)**, ta sedan bort krängningshämmaren från hjälpramen och ta bort den från bilens ena sida. Ta bort klämmorna.

22 Märk ut fästgumminas placering och observera hur de är monterade på stångens platta delar med krängningshämmaren på bänken och ta sedan bort dem **(se bild)**. Undersök gummina efter tecken på skada, och byt ut dem om det behövs.

Montering

23 Före återmonteringen av krängningshämmaren måste fästgummina och klämmorna pressas på plats. Fäst krängningshämmaren i ett skruvstäd och använd en 10 mm tjock metallstång som är 30 mm gånger 100 mm som en distansbricka för att pressa på **klämmorna (se bild)**.

24 Återmonteringen sker i omvänd ordning jämfört med demonteringen men dra åt muttrarna och bultarna till angivet moment. Vid återmontering av hjälpramen lyfter du den mot underredet och placerar den noggrant med de märken som gjordes vid demonteringen. Använd Fords speciella inriktningssprintar. Montera tillbaka de bakre fästbyglarna, sätt dit fästbultarna och dra åt dem till angivet moment. Se till att hjälpramen inte flyttas under åtdragningen av bultarna. Montera alltid en ny fästbult till rattstången på den flexibla kopplingen.

25 Kontrollera framhjulsinställningen och ställ in den så fort som möjligt.

26 Om bilen drar åt ena sidan eller om normalt däckslitage observeras efter arbetet måste hjälpramens inriktning kontrolleras av en Ford-verkstad.

7 Främre länkarm – demontering och montering

Demontering

1 Lossa framhjulsmuttrarna. Dra åt handbromsen. Lyft sedan upp framvagnen och ställ den på pallbockar (se *Lyftning och stödpunkter*). Ta bort det berörda hjulet.

2 Skruva loss de skruvar som håller fast det främre stänkunderskyddet på hjälpramen.

3 En strålkastarnivågivare är placerad på vänster länkarm i modeller med xenonstrålkastare. Om du tar bort denna arm tar du bort givaren först genom att lossa kablaget, sedan lossar du vevstaken och skruvar loss givaren.

4 Stötta upp hjälpramen bredvid relevant länkarm med en garagedomkraft. **Observera:** *Endast ena sidan av hjälpramen behöver sänkas ner för att ta bort länkarmen.*

5 Märk ut hjälpramens position för att säkerställa korrekt återmontering. **Observera:** *Använd Fords speciella inriktningssprintar för att placera hjälpramen korrekt.*
6 Skruva loss och ta bort det bakre fästet för hjälpramen på underredet på den sida som arbete utförs på. Lossa den återstående fästbygelns bultar endast fem varv.
7 Skruva loss och ta bort hjälpramens främre fästbult på den sida som du arbetar på. Lossa den återstående främre fästbulten fem varv.
8 Observera hur klämbulten till den främre länkarmens kulled är monterad, skruva sedan loss och ta bort den från spindelenheten. **Dra inte** ner länkarmen på det här stadiet eftersom hydro-bussningen då skadas.
9 Sänk ned hjälpramen tillräckligt långt för att komma åt länkarmens bakre fästbult på den sida du arbetar. detta ger det nödvändiga utrymmet för att lossa länkarmens kulled utan att skada den bakre hydro-bussningen.
Varning: Hjälpramen MÅSTE sänkas vid demontering av den främre länkarmen. I annat fall skadas länkarmens bakre hydro-bussning.
10 Lossa länkarmens kulled från styrspindeln och ta bort värmeskyddet. Om den är tät knackar du försiktigt ned armens ytterände med en hammare eller bänder upp spindelklämman med ett kilformat verktyg. Var försiktig så att du inte skadar kulledens gummidamask.
11 Stötta upp länkarmen, skruva sedan loss den och ta bort den från den främre bulten och den bakre fästmuttern och bulten samt ta bort armen från hjälpramen **(se bilder)**. Var försiktig så att du inte skadar den bakre hydro-bussningen. Kassera bultarna och muttern och använd nya vid återmonteringen.
12 Den främre länkarmen levereras komplett med gummifästena och kulleden och det går inte att erhålla fästena och kulleden separat.

Montering

13 Montera tillbaka den nedre arm på hjälpramen och sätt i nya bultar åtdragna bara med fingrarna på det här stadiet. Mutterns slutliga dragning görs när bilen står på marken.
14 Placera värmeskyddet på längst ner på spindeln, placera sedan spindeln över länkarmens kulled och lyft av kulleden tills spindeln är helt inne i klämman. Knacka upp den nedre armens ände för att se till att den har kommit in helt. Sätt in klämbulten från spindelns baksida och dra åt till angivet moment.
15 Lyft hjälpramen mot underredet och placera den korrekt mot de märken som gjordes under demonteringen. Använd Fords speciella inriktningssprintar. Montera tillbaka det bakre fästet, sätt sedan in fästbultarna. Dra åt hela hjälpramen och den bakre fästbygelns bultar till angivet moment. Se till att hjälpramen inte flyttas under åtdragningen

7.11a Främre fäste främre länkarm...

7.11b ... och bakre fäste

av bultarna. Ta bort Fords inriktningssprintar om det är tillämpligt.
16 Montera tillbaka givaren på länkarmen och dra åt bultarna i modeller med xenonstrålkastare. Återanslut vevstaken och kablaget. **Observera:** *Efter återmonteringen måste strålkastarnas nivåregleringssystem initieras av en Ford-verkstad med ett speciellt inställningsinstrument.*
17 Montera tillbaka hjulet och sänk ner bilen.
18 Dra åt länkarmens främre och bakre bultar till angivet moment med bilens vikt på dess fjädring. Dra åt hjulmuttrarna till angivet moment.
19 Lyft och stötta upp bilens främre del på pallbockar igen.
20 Sätt in och dra åt de skruvar som håller fast det främre stänkunderskyddet på hjälpramen.
21 Sänk ner bilen på marken.
22 Kontrollera framhjulsinställningen och ställ in den så fort som möjligt. I modeller med xenonstrålkastare ska nivåregleringssystemet initieras av en Ford-verkstad.
23 Om bilen drar åt enas sidan eller om onormalt däckslitage observeras måste inriktningen av hjälpramen kontrolleras av en Ford-verkstad.

8 Kulled främre länkarm – byte

Observera: *Om länkarmens nedre kulled är sliten förefaller det i skrivande stund som om*

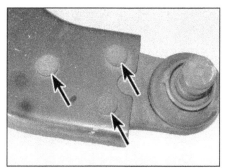

8.2 Kulledsnitar främre länkarm

hela den nedre länkarmen måste bytas (se avsnitt 7) även om kulleden fanns separat på tidigare modeller. Be din Ford-verkstad eller delleverantör om råd för att få reda på om kulleden kan erhållas separat. Om kulleden redan har bytts ska den bultas på plats; om den ursprungliga kulleden byts nitas den på plats. I detta avsnitt beskrivs byte av en fastnitad kulled.
1 Ta bort den främre nedre arm enligt beskrivningen i avsnitt 7. Det är inte lämpligt att kulleden byts med länkarmen på plats på bilen. Den precisa borrning som krävs kanske inte är möjlig och hålen i armen kan förstoras.
2 Använd ett 3 mm borr för att göra ett styrhål genom var och en av de tre nitarna med länkarmen på bänken **(se bild)**. Använd nu ett 9 mm borr för att borra nitarna till ett djup på 12 mm, använd sedan en 7 eller 8 mm drift för att driva ut nitarna ur armen.
3 Ta bort eventuell rost eller smuts från nithålen.
4 Den nya kulleden levereras med en plastkåpa över gummidamasken och tappen och det är lämpligt att denna är kvar tills det är dags att ansluta kulleden till styrspindeln.
5 Montera kulleden på länkarmen och sätt in 3 nya bultar från länkarmens toppsida. Se till att placeringstappen på kulleden går i ingrepp i hålet i länkarmen **(se bild)**, sedan dra åt muttrarna till angivet moment.
6 Montera tillbaka den främre nedre arm enligt beskrivningen i avsnitt 7.

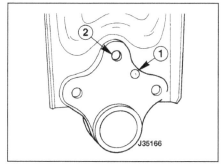

8.5 Styrtapp (1) och bulthål (2) i den främre länkarmensen kulled

9.6a Använd en 5 mm insexnyckel för att hålla spindlarna när muttrarna lossas. . .

9.6b . . . lossa sedan krängningshämmarlänkarna från fjäderbenen

9.7a Ta bort fästbygeln på 1,8 och 2,0-liters motorer . .

9.7b . . . haka loss gummifästena . . .

9.7c . . . ta sedan bort det böjliga röret. . .

9.7d . . . och ta hand om packningen

9 Främre kryssrambalk – demontering och montering

Demontering

1 Lossa framhjulsmuttrarna. Dra åt handbromsen. Lyft sedan upp framvagnen och ställ den på pallbockar (se *Lyftning och stödpunkter*). Vrid ratten så att hjulen pekar rakt framåt. Ta bort de båda framhjulen.
2 Arbeta inne i bilen, skruva loss och ta bort den klämbult som håller fast styrningens inre stång på den flexibla kopplingen på styrinrättningen. Vrid klämplattan medurs och lossa klämman från kopplingen. Kassera bulten eftersom en ny måste användas.

 Varning: Se till att ratten förblir låst i sitt rakt fram-läge när klämman lossas från den flexibla kopplingen.

Underlåtenhet att göra detta kan leda till skador på krockkudden och urfjädern.
3 Håll fast eller bind upp kylaren i de övre fästena – använd vid behov saxsprintar som sätts in genom hålen i kylarens övre placeringsstift. Går att komma åt genom öppningarna i den främre tvärbalken.
4 Skruva loss fästskruvarna och ta bort skvalpplåten underifrån kylaren.
5 Skruva loss slangfästbygeln (om en sådan finns) under den främre delen av bilen bredvid vänster kylarstödfäste, skruva sedan bort och ta bort kylarens båda stödfästen.
6 Skruva loss muttrarna och ta bort länkarna från krängningshämmaren. Använd vid behov en 5 mm insexnyckel för att hålla spindlarna medan muttrarna lossas **(se bilder)**.
7 Ta bort avgassystemets böjliga rör från avgassystemets främre del på 1,8 och 2,0-liters motorer enligt beskrivningen i relevant del av kapitel 4 **(se bilder)**.

8 Montera tillbaka avgassystemets främre nedre Y-rör enligt beskrivningen i kapitel 4A på V6-motorer.
9 Ta bort motorns bakre fäste enligt beskrivningen i relevant del av kapitel 2 **(se bild)**.
10 Lossa den andra lambdasondens kablage och lossa kablaget från hjälpramen efter tillämplighet.
11 I modeller med xenonstrålkastare lossar du kablaget från strålkastarens nivågivare, lossar sedan snörena och lossar kabelhärvan från hjälpramen.
12 Lossa kabelhärvan till kylarens kylfläkt från hjälpramen **(se bild)**.
13 Stötta upp hjälpramen på en eller två garagedomkrafter. Det kommer att behövas hjälp av en medhjälpare **(se bild)**.
14 Markera noggrant den främre hjälpramens placering på underredet för att säkerställa korrekt återmontering. **Observera:** *Använd*

9.9 Ta bort motorns bakre stöd/länk

9.12 Ta bort kablaget till kylarens kylfläkt från hjälpramen

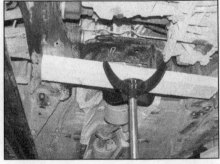

9.13 Stötta upp hjälpramen ordentligt

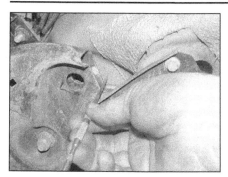

9.14a Märk ut hjälpramens position för att säkerställa korrekt återmontering

9.14b Bakre fästbygel hjälpram

9.14c Använd justeringsverktyget till specialhjälpramen

Fords speciella inriktningssprintar för att placera hjälpramen korrekt. Skruva loss och ta bort hjälpramens bakre fästbultar, och skruva loss de bakre fästena från hjälpramen **(se bilder)**.

15 Skruva loss och ta bort hjälpramens främre fästbultar **(se bild)**.

16 Sänk ner hjälpramen 150 mm samtidigt som du håller den i plan och se till att länkarmens bakre hydro-bussningar inte töjs eller skadas.

17 Notera hur klämbultarna till den främre länkarmens kulled är monterade, skruva sedan loss och ta bort dem från spindelenheterna på båda sidorna **(se bild)**.

18 Lossa länkarmens kulleder från styrspindlarna och ta bort värmeskydden **(se bild)**. Om de sitter hårt knackar du försiktigt ned armarnas ytterändar med en klubba eller bänder upp spindelklämmorna med ett kilformat verktyg. Var försiktig så att du inte skadar kulledens gummidamasker.

19 Skruva loss styrrättningen från hjälpramen, använd sedan kabelklämmor för att hänga upp styranordningen från underredet. Alternativt kan styrinrättningen lämnas på hjälpramen om servostyrningsslangen och röranslutningen lossas först **(se bild)**. Om denna senare metod används monterar du en slangklämma på de böjliga hydraulvätskeslangarna för att reducera vätskeförlusten. Ta loss O-ringstätningarna.

20 Sänk ner hjälpramen på marken.

21 Skruva loss fästklämmans bultar på båda sidorna, ta sedan bort krängningshämmaren från hjälpramen.

22 Ta bort de nedre armarna från hjälpramen enligt beskrivningen i avsnitt 7. Vid behov kan hjälpramens fästbussningar bytas med en lämplig avdragare **(se bild)**.

23 Skruva loss och ta bort ratten från hjälpramen om det är tillämpligt.

Montering

24 Montera tillbaka länkarmarna på hjälpramen enligt beskrivningen i avsnitt 7.

25 Montera tillbaka krängningshämmaren och dra åt fästklämmornas bultar till angivet moment enligt beskrivningen i avsnitt 6.

26 Lyft och stötta hjälpramen till ungefär 150 mm under underredet.

27 Montera tillbaka styrinrättningen och

9.15 Ta bort hjälpramens främre fästbultar

dra åt fästbultarna till angivet moment. Om tillämpligt återmonterar du servostyrningens hydraulrörs anslutning med nya tätningar och drar åt till angivet moment **(se bild)**. Ta bort slangklämman.

9.18 Ta bort den nedre kulledens värmeskydd

9.22 Monteringsbussning hjälpram

9.17 Ta bort klämbultarna till den främre länkarmens kulled

28 Arbeta på varje sida separat och placera värmeskyddet på spindelns nederkant, placera sedan spindeln över länkarmen och lyft av kulleden tills spindeln är helt inne i klämman. Knacka upp den nedre armens

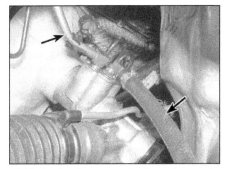

9.19 Anslutning servostyrningsslang och rör på styrinrättningen

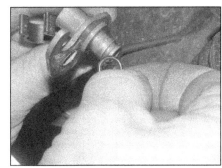

9.27 Montera nya O-ringstätningar på servostyrningens hydraulanslutning

ände för att se till att den har kommit in helt. Sätt in klämbulten från spindelns baksida och dra åt till angivet moment.

29 Lyft upp hjälpramen mot underredet och placera den korrekt mot de märken som gjordes vid demonteringen. Använd Fords speciella inriktningssprintar. Montera tillbaka det bakre fästet, sätt sedan in fästbultarna. Dra åt hela hjälpramen och den bakre fästbygelns bultar till angivet moment. Se till att hjälpramen inte flyttas under åtdragningen av bultarna. Ta bort Fords inriktningssprintar om det är tillämpligt.

30 Använd buntbandet för att fästa kabelhärvan till kylarens kylfläkt på hjälpramen.

31 Återanslut kablaget till strålkastarnivågivaren, använd sedan kabelklämmor för att fästa kabelhärvan på hjälpramen i modeller med xenonstrålkastare.

32 Återanslut den andra lambdasonden och kläm fast kablaget på hjälpramen.

33 Montera tillbaka det bakre motorfästet i enlighet med relevant del av kapitel 2.

34 Montera tillbaka avgassystemets främre nedre Y-rör enligt beskrivningen i kapitel 4A på V6-motorer.

35 Montera tillbaka avgassystemets böjliga rör på avgassystemets främre del enligt beskrivningen i relevant del av kapitel 4 på 1,8 och 2,0-liters motorer.

36 Återanslut krängningshämmarlänkarna till fjäderbenen och dra åt muttrarna till angivet moment. Använd vid behov en 5 mm insexnyckel för att hålla spindlarna medan muttrarna dras åt.

37 Montera tillbaka kylarens stödfästen och slangfästbygel på hjälpramen och dra åt till angivet moment.

38 Sätt in och dra åt de skruvar som håller fast det främre stänkunderskyddet på hjälpramen.

39 Ta bort de provisoriska saxsprintarna från kylarens övre placeringsstift.

40 Montera tillbaka styrningens inre stång på den flexibla kopplingen på styrinrättningen, vrid klämplattan moturs, sätt sedan in en ny fästbult och dra åt till angivet moment.

41 Montera tillbaka framhjulen och sänk ner bilen på marken. Dra åt hjulmuttrarna till angivet moment, montera sedan tillbaka hjulkåpan (eller mittkåpan) på hjulen.

42 Kontrollera framhjulsinställningen och ställ in den så snart som möjligt. I modeller med xenonstrålkastare ska nivåregleringssystemet initieras av en Ford-verkstad.

43 Om bilen drar åt ena sidan eller om onormalt slitage observeras när arbetet slutförs ska en Ford-verkstad kontrollera hjälpramens inställning.

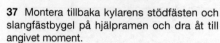

10 Bakre nav och lager – kontroll, demontering och montering

Kontroll

1 De bakre navlagren går inte att justera och de levereras med navet och ABS-hjulsensorn. Det går inte att byta lagren separat från navet.

2 Klossa framhjulen, hissa sedan upp bilens bakre del och stötta upp den på pallbockar

(se *Lyftning och stödpunkter*) för att kontrollera lagren med avseende på onormalt slitage. Lossa handbromsen helt.

3 Ta tag upptill och nertill på bakhjulet och försök gunga det **(se bild)**. Om det rör sig för mycket, eller om hjulet kärvar eller vibrerar när det snurrar, tyder detta på att hjullagren är slitna.

Demontering

4 Ta bort bakhjulet.

5 Lossa handbromsvajern från bromsoket enligt följande. Tryck handbromsspaken framåt, och lossa vajeränden från spaken.

6 Lossa den yttre handbromsvajern från bromsokets fästbygel och placera den på ena sidan. Lossa även kablaget till handbromsvarningslampans brytare från klämman inne i konsolen om tillämpligt.

7 Lossa kablaget från ABS hjulhastighetsgivaren som sitter på navets inre ände. Går att komma åt genom hålet i den bakre länkarmen. Skruva loss fästskruven, och ta bort givaren **(se bilder)**.

8 Ta bort plastkåporna, skruva sedan loss de två bultar som håller fast bromsokets fästbygel på länkarmen och för av bromsoket och bromsklossarna från bromsskivan. Skruva loss bultarna som håller fast fästbygeln vid karossen och sedan ta bort fästbygeln **(se bilder)**. Observera de dämpare/distansbrickor som är placerade under bultarna. Bind upp eller stötta bromsoket och fästbygeln på ena sidan i den mån det är nödvändigt och var försiktig så att inte den böjliga hydraulslangen töjs.

10.3 Bestäm bakhjulslagerspelet

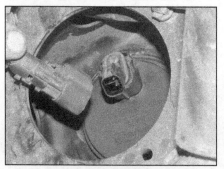

10.7a Lossa kablaget . . .

10.7b . . . skruva sedan loss fästskruven . . .

10.7c . . . och ta bort givaren.

10.8a Skruva loss bromsoket från fästbygeln . . .

10.8b . . . ta sedan bort plastkåporna . . .

10.8c ... skruva loss bultarna och ta bort dämparna/distansbrickorna. . .

9 Ta bort bromsskivan enligt beskrivningen i kapitel 9.

10 Använd en hylsa genom hålen i navets drivfläns, skruva loss de bultar som håller fast navet på länkarmen. Ta bort navet och stödplattan från bilen **(se bilder)**.

Montering

11 Rengör navets och länkarmens kontaktytor, montera sedan tillbaka navet och stödplattan, sätt in bultarna och dra åt dem till angivet moment.

12 Montera tillbaka den bakre bromsskivan enligt beskrivningen i kapitel 9.

13 Montera tillbaka stångens fästbygel (om en sådan finns) och kylarens två stödfästen och dra åt bultarna till angivet moment. Applicera lite låsvätska på gängorna på fästbygelns fästbultar innan de återmonteras **(se bild)**.

14 Montera tillbaka hjulhastighetsgivaren, dra åt bulten och återanslut kablaget.

10.10a Använd en torxhylsa genom hålen i navets drivfläns . .

10.10c ... ta sedan bort navet ...

10.8d ... och ta bort fästet från den nedre armen

15 Montera tillbaka handbromsens ytterkabel på bromsokets fästbygel, återanslut sedan innerkabeln till bromsoksarmens beslag.

16 Sätt tillbaka bakhjulet och sänk ner bilen. Dra åt hjulmuttrarna till angivet moment.

11 Bakre spindel (sedan/ halvkombi) – demontering och montering

Demontering

1 Ta bort baknavet och stödplattan enligt beskrivningen i avsnitt 10.

2 Lossa de främre länkarmarna från den bakre spindeln och flytta dem åt ena sidan.

3 Skruva loss bulten och lossa tvärstagets bakre del neråt från spindelns nederkant.

4 Skruva loss muttrarna och lossa krängningshämmarlänken från krängningshämmaren.

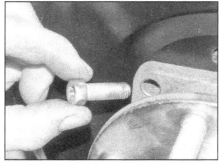

10.10b ... lossa bultarna ...

10.10d ... och stödplattan

5 Stötta spindeln, skruva sedan av och ta bort den fästbult som håller fast spindeln på fjäderbenet.

6 Bänd isär spindelns överdel försiktigt med ett stort verktyg med platt blad och t bort spindeln från fjäderbenet neråt. Knacka vid behov spindeln nedåt med en mjuk klubba. Ta bort spindeln under det bakre hjulhuset.

Montering

7 Placera spindeln helt på fjäderbenet, sätt sedan in fästbulten och dra åt till angivet moment.

8 Återanslut krängningshämmarlänkarna till krängningshämmarna och dra åt muttrarna till angivet moment.

9 Montera tillbaka spindelns tvärstag på spindelns nederkant och sätt in bulten och dra åt den med fingrarna på det här stadiet.

10 Montera tillbaka de främre och bakre länkarmarna på spindeln och sätt in bultarna åtdragna bara med fingrarna på det här stadiet.

11 Montera tillbaka baknavet och stödplattan enligt beskrivningen i avsnitt 10.

12 Dra åt fästbultarna till tvärstaget och länkarmarna helt med bilens vikt på fjädringen.

12 Bakre fjäderben (sedan/ halvkombi) – demontering och montering

Demontering

1 Ta bort den bakre spindeln enligt beskrivningen i avsnitt 11.

2 Skruva loss muttern och lossa krängningshämmarlänkens övre ände från det bakre fjäderbenet.

3 Fjäderbenets nederkant vilar på ett tvärbalksanslag/en stopplack när den är helt utdragen. Använd en garagedomkraft för att lyfta fjäderbenet över anslaget, flytta det utåt och sänk ner det.

4 Sträck in handen i hjulhuset och skruva loss fjäderbenets fästbultar. Sänk ner fjäderbenet och ta bort det från bilens undersida.

Montering

5 Lyft fjäderbenet på plats, sätt in fästbultarna och dra åt dem till angivet moment.

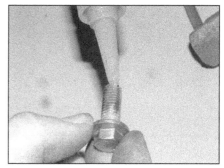

10.13 Applicera låsvätska på fästbygelns gängor

6 Placera garagedomkraften under fjäderbenet, lyft sedan fjäderbenet, flytta det inåt och sänk ner det i tvärbalkens anslag/stoppklack. Stoppklacken är koniskt formad inåt och fjäderbenets fästbygel bör vara fullständigt i ingrepp med den innan domkraften lossas.

7 Återanslut krängningshämmarlänkarna till fjäderbenen och dra åt muttrarna till angivet moment.

8 Montera tillbaka den bakre spindeln enligt beskrivningen i avsnitt 11.

13 Bakre fjäderben (sedan/halvkombi) – renovering

⚠️ *Varning: Innan du försöker demontera det bakre fjäderbenet krävs det en hoptryckare för att hålla spiralfjädern hoptryckt. Använd inte nödlösningar. Om fjädern löser ut av misstag kan det orsaka person- och materialskador.*

1 Om de bakre fjäderbenen visar tecken på slitage (läckande vätska, förlust av dämpningsförmåga, hängande eller spruckna spiralfjädrar) ska de tas isär och nödvändiga renoveringar göras. Det går inte att utföra service på själva fjäderbenen och de måste bytas om de är felaktiga men fjädrarna och tillhörande komponenter kan bytas. För att behålla balanserade egenskaper på bilens båda sidor ska komponenterna bytas på båda sidor samtidigt.

2 Rengör och ta bort extern smuts, montera sedan fjäderbenet i ett skruvstäd med fjäderbenet demonterat från bilen (se bild).

3 Montera kompressorverktygen för spiralfjädrar (se till att de är helt i ingrepp) och tryck ihop fjädern tills alla spänning släpps från det övre fästet.

4 Håll fjäderbenets kolvstång med en insexnyckel och skruva loss det övre fästets/trycklagrets fästmutter med en ringnyckel (se bild). **Försök inte** lossa denna mutter om inte fjädern är hoptryckt enligt beskrivningen i punkt 3.

5 Ta bort fästskålen, det övre fästet, det övre fjädersätet och den övre fjädern följt av damasken och stoppklacken **(se bild)**.

6 Om du ska montera en ny fjäder måste den ursprungliga fjädern nu försiktigt lossas från kompressorn. Om den ska återanvändas kan fjädern lämnas ihoptryckt.

7 När fjäderbensenheten nu är helt isärtagen, undersök alla delar och sök efter tecken på slitage och skador. Kontrollera att lagret fungerar som det ska. Byt komponenterna om det behövs.

8 Undersök fjäderbenet och leta efter tecken på vätskeläckage. Kontrollera att fjäderbenskolven inte har tecken på punktkorrosion över hela dess längd och kontrollera att fjäderbenets stomme inte är skadad.

9 Testa fjäderbenets funktion medan det hålls upprätt genom att flytta kolven en hel slaglängd och sedan genom flera korta slag på 50 till 100 mm. I bägge fallen ska motståndet vara jämnt och kontinuerligt. Om motståndet är ryckigt eller ojämnt eller om det finns synligt slitage eller synliga skador på benet, måste benet bytas.

10 Ihopsättningen sker i omvänd ordning mot isärtagningen. Tänk på följande:

a) *Kontrollera att spiralfjäderändarna är korrekt placerade i det övre sätet och fjäderbenet innan hoptryckaren lossas.*

b) *Dra åt trycklagrets fästmutter till angivet moment.*

14 Bakre krängningshämmare och länkar (sedan/halvkombi) – demontering och montering

Demontering

1 Lossa bakhjulens muttrar och klossa sedan framhjulen. Lyft upp bakvagnen och ställ den på pallbockar (se *Lyftning och stödpunkter*). Ta bort bakhjulet.

2 Skruva loss de muttrar som håller fast krängningshämmarlänkarna på de bakre krängningshämmarna på båda sidorna.

3 Skruva loss de skruvar som håller fast krängningshämmarens fästklämmor på den bakre tvärbalken **(se bild)**, haka sedan loss klämmorna från krängningshämmarstången under bilen. Identifiera stångens vänstra och högra sida för att säkerställa korrekt återmontering.

4 Skruva loss muttrarna och ta bort länkarna från krängningshämmaren.

5 Undersök monteringsklämmornas och länkarnas gummibussningar och byt dem om det behövs. Länkarna finns att tillgå en och en.

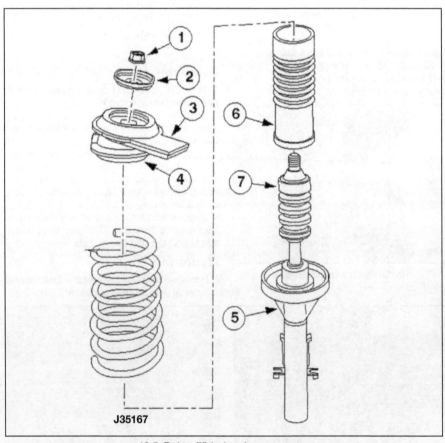

13.5 Bakre fjäderben komponenter

1 *Övre fäst-/lagerfästmutter*	4 *Övre fjädersäte*	6 *Damask*
2 *Fästskål*	5 *Bakre fjädringsben*	7 *Stoppklack*
3 *Övre fäste/ lager*		

14.3 Den bakre krängningshämmarens klämbultar

Montering

6 Placera krängningshämmaren på tvärbalken, haka fast fästklämmorna på plats och sätt in bultarna. Dra åt bultarna till angivet moment.
7 Placera krängningshämmarlänkarna på fjäderbenen och stången. Montera tillbaka muttrarna och dra åt till angivet moment.
8 Sätt tillbaka bakhjulen och sänk ner bilen. Dra åt hjulmuttrarna till angivet moment.

15 Bakre nedre armar (sedan/halvkombi) – demontering och montering

Demontering

1 Lossa bakhjulsmuttrarna. Klossa framhjulen, lyft upp bilens bakre del och ställ den på pallbockar (se *Lyftning och stödpunkter*). Demontera relevant bakhjul.

Främre länkarm

2 En strålkastarnivågivare är placerad på den främre vänstra länkarmen i modeller med xenonstrålkastare. Om du tar bort denna arm tar du bort givaren först genom att lossa kablaget, sedan lossar du vevstaken och skruvar loss givaren.
3 Lossa det gummifäste som stöttar upp den mellersta delen av avgassystemet.
4 Lossa gummifästet som stöttar upp avgassystemet, och sänk ner avgassystemet på pallbockar. I modeller med 2,5-liters V6 motor, lossa båda bakre gummifästena.
5 Märk ut hjälpramens position för att säkerställa korrekt återmontering. **Observera:** *Använd Fords speciella inriktningssprintar för att placera hjälpramen korrekt.*
6 Stötta upp hjälpramen med en garagedomkraft och en träbit.
7 Skruva loss och ta bort hjälpramens fästbultar.
8 Sänk ner hjälpramen tillräckligt mycket så att du kommer åt den främre länkarmens fästmutter och fästbult.
9 Kontrollera märkena på länkarmen för att säkerställa korrekt återmontering.
10 Skruva loss den yttre bulten som håller fast länkarmen i spindeln, skruva sedan loss den inre bult som håller fast länkarmen i hjälpramen. Ta bort armen underifrån bilen.

Bakre länkarm

11 Kontrollera märkena på länkarmen för att säkerställa korrekt återmontering.
12 Skruva loss den yttre bult som håller fast länkarmen på spindeln, skruva sedan loss den inre bult som håller fast länkarmen på hjälpramen. Ta bort armen underifrån bilen.

Montering

13 Monteringen sker i omvänd ordningsföljd mot demonteringen. Tänk på följande:
a) *Armens fästbultar bör till att börja med att dras åt för hand och inte dras åt helt förrän bilen har sänkts ner på marken så att dess vikt ligger på den bakre fjädringen.*
b) *Kontrollera bakhjulens toe-in och ställ in detta så snart som möjligt.*

16 Bakre tvärstag (sedan/halvkombi) – demontering och montering

Demontering

1 Lossa bakhjulsmuttrarna. Klossa framhjulen, lyft upp bilens bakre del och ställ den på pallbockar (se *Lyftning och stödpunkter*). Demontera relevant bakhjul.
2 Skruva loss kåpan över tvärstaget.
3 Haka loss avgassystemets fästgummi från tvärstagets främre fästbygel om tillämpligt.
4 I modeller som är utrustade med xenonstrålkastare är nivågivarens kablage fäst på det vänstra tvärstaget. Lossa kablaget från klämmorna.
5 Lossa handbromsvajern från klämmorna på tvärstaget.
6 Lossa ABS-hjulhastighetsgivaren från tvärstaget.
7 Skruva loss och ta bort den bult som håller fast tvärstaget på spindelns nederdel.
8 Skruva loss och ta bort de två bultar som håller fast fästbygeln på underredet på tvärstagets främre del. Ta bort tvärstaget under bilen.
9 Skruva loss och ta bort den främre styrbulten och ta bort fästbygeln från tvärstaget.
10 Det går inte att byta gummibussningarna – om de är kraftigt slitna ska tvärstaget bytas komplett.

Montering

11 Monteringen sker i omvänd ordningsföljd mot demonteringen. Tänk på följande:
a) *Bultarna fästbygel på underrede bör dras åt helt till angivet moment innan bilen sänks ner.*
b) *De bultar som håller fast tvärstaget i fästbygeln och spindeln ska till att börja med att dras åt för hand och inte dras åt helt förrän bilen har sänkts ner på marken så att bilens vikt ligger på bakfjädringen.*

17 Bussningar bakre tvärbalk (sedan/halvkombi) – byte

Allmän information

1 Den bakre tvärbalken på sedan- och halvkombimodeller är fäst på golvet med fyra bultar. Var och ett av de fyra bulthålen i tvärbalken har en fäst gummibussning monterad. Över tiden kan gummit förstöras och slitas vilket får tvärbalken att lossna från golvet. Om den inte fångas upp i tid kan den ökande rörelsen även orsaka slitage i fjädringsarmens bussningar.
2 Ett antal alternativ finns om din Mondeo lider av detta problem och dessa anges i stora drag i detta avsnitt. I skrivande stund finns det inte något tillvägagångssätt för byte av bussningen från Ford.
3 Det första och enklaste är att ta bilen till

en Ford-verkstad. Detta problem uppstår tillräckligt ofta för att många verkstäder ska utföra detta arbete som ett "utbytesarbete". Verkstaden har en tvärbalk i lager som har nya bussningar monterade och när din bil kommer in tar mekanikern av din kompletta tvärbalk och monterar denna "rekonditionerade" tvärbalk vilket sparar tid och, förhoppningsvis, pengar (din enhet sparas och nya bussningar monteras sedan i tid för nästa kund). I teorin är allt du betalar för borstarna och arbetet att byta en tvärbalk.
4 Kompletta renoverade tvärbalkar kan erhållas från leverantörer av billiga delar (Internet är en bra plats att börja leta på). Om det emellertid inte finns något fel på tvärbalken själv annat än att bussningarna är slitna är allt som undviks genom detta besvär med att ta bort de gamla och montera de nya.
5 Bussningarna själva kan erhållas från Ford-verkstäder, motorspecialister och andra Internet-källor. Vi inser att Fords originalbussningar (och förmodligen de flesta kopior) måste limmas på plats – kontrollera denna punkt med din delleverantör när du köper delen. Limmet kan erhållas hos Ford-verkstäder (räcker precis för att klara uppgiften) för en rimlig summa.
6 En del ägare har valt reservdelsbussningar av polyuretan som verkar hålla bättre än Fords standardartiklar. Eftersom dessa delar i grunden inte är standarddelar måste du se till att få monteringsanvisningar när du köper dem.

Bussningar – byte

7 Även om det innebär mer arbete rekommenderar vi demontering av tvärbalken för montering av nya bussningar, i synnerhet om det krävs limning. Denna metod ger total åtkomst för demontering och montering av bussningen och man kan nog hävda att ett bättre arbete utförs på det hela taget. Demontering och montering av tvärbalken täcks i avsnitt 18.
8 En del ägare rapporterar framgång vid byte av bussningar med tvärbalken på plats. Om bilen är ordentligt stöttad på pallbockar och endast en tvärbalksbult tas bort i sänder kan detta fungera. Det verkar som om den enda verkliga svårigheten är att skära bort hela den gamla bussningen (detta kan uppnås med ett bågfilsblad – tejpa ena änden för att göra ett "handtag"). Den nya bussningen kan tryckas in underifrån med hjälp av ett tjockt träblock och en garagedomkraft.
9 Kom ihåg att originalen inte är identiska innan du tar bort bussningarna – två av dem har en metallkärna med platta sidor medan kärnan på de andra två har en V-form (eller ett "hörn"). Gör en notering om vilka som passar var och även på vilket sätt varje metallkärna ska vara i förhållande till bilen. Bussningarna är koniskt formade och passar endast åt ena hållet.
10 Som nämnts tidigare var de ursprungliga bussningarna fästa (limmade) på plats. Innan du monterar de nya bussningarna bör

deras placering i tvärbalken rengöras med ett lämpligt lösningsmedel och tillåtas torka. Var försiktig så att hålen inte förstoras om bussningarnas placeringar rengörs med någon typ av slipmedel.

11 Om de nya bussningarna måste limmas på plats är det aktuella rådet att limmet appliceras på bussningarna och på tvärbalkens placeringar och att bussningarna sedan monteras direkt. När arbetet är slutfört bör de lämnas under 24 timmar innan tvärbalken återmonteras (eller innan tvärbalksbultarna dras åt helt).

12 Denna sista punkt innebär ett problem om arbetet utförs på plats. Märk ut tvärbalkens position i förhållande till golvet innan du startar, stötta tvärbalken med en garagedomkraft till eller en pallbock i mitten och sätt tillbaka de borttagna bultarna men dra endast åt dem för hand tills limmet har torkat. **Ta inte bort** mer än en bult helt åt gången – att arbeta under bilen med alla fyra bultarna borttagna kan vara farligt liksom det kan vara att ta bort båda bultarna på samma sida.

13 Det kan visa sig vara svårt att trycka bussningarna på plats (se punkt 8 vid arbete på plats). Frestas dock inte att applicera någon typ av olja eller fett på gummibussningar eftersom detta kan leda till ökat slitage. Lite diskmedel kan användas på ett säkert sätt på alla bussningar som inte behöver limmas på plats

14 Om tvärbalken har demonterats kan den nya bussningen tryckas på plats med en kombination av ett gängat stag, två muttrar och ett urval av brickor etc. Om staget kommer igenom tvärbalkens hål och den nya bussningen, med brickor och en mutter på vardera änden, kan muttrarna dras åt så att de drar bussningen på plats. Det går dessutom att använda ett stort skruvstäd för detta arbete.

15 Det finns även bussningsmonteringsverktyg som är specifika för Mondeo men det är osannolikt att de är kostnadseffektiva för hemmamekanikern.

16 Rikta in tvärbalkens märken som gjordes i början innan åtdragningen av bultarna till angivet moment när arbetet slutförs om tillämpligt. Alternativt kan tvärbalken monteras tillbaka enligt beskrivningen i avsnitt 18. **Observera:** *Se till att bussningarna inte dras igenom när bultarna dras åt, i synnerhet om standardbultar inte används.*

18 Bakre tvärbalk (sedan/halvkombi) – demontering och montering

Demontering

1 Lossa bakhjulsmuttrarna. Klossa framhjulen, lyft upp bilens bakre del och ställ den på pallbockar (se *Lyftning och stödpunkter*). Ta bort båda bakhjulen.

2 En strålkastarnivågivare är placerad på vänster länkarm i modeller med xenonstrålkastare. Ta bort givaren genom att först lossa kablaget, lossa sedan vevstaken och skruva loss givaren.

3 Skruva loss muttrarna och lossa katalysatorn från det främre avgasröret. Om tillämpligt måste den främre böjliga sektionen skyddas med en temporär splint (se relevant del av kapitel 4). Det är lämpligt att packningen/ringen och muttrarna byts som en självklarhet.

4 Lossa avgassystemets främre, mittre och bakre gummifästen, sänk sedan ner avgassystemet så mycket som möjligt (se till att lambdasondens kablage inte sträcks om tillämpligt) och stötta upp det på pallbockar.

5 Skruva loss muttrarna och lossa båda krängningshämmarlänkarna från krängningshämmaren.

6 Sträck in handen bakom de bakre naven och lossa kablaget från ABS-hjulhastighetsgivarna på båda sidorna.

7 Tryck handbromsspaken framåt och haka sedan loss kabeln från beslaget vid vart och ett av de bakre bromsoken.

8 Lossa handbromsens yttre kablar från bromsokets fäste. Om en plastring är monterad på ytterkabeln är det nödvändigt att trycka ihop plastspetsarna för att lossa den från fästbygeln.

9 Arbeta på båda sidorna och skruva loss de fästbultar som håller fast bromsokets fästbygel på fjäderbenet och för av bromsoket komplett med klossar från skivorna. Stötta upp bromsoken på ena sidan om pallbockarna och se till så att bromsslangarna inte töjs.

10 Skruva loss bultarna och ta bort den främre och bakre länkarmen från spindlarna på båda sidorna.

11 Skruva loss bultarna och ta bort varje tvärstag från benen.

12 Arbeta på varje sida i tur och ordning och använd en garagedomkraft för att lyfta fjäderbenet och flytta det utåt från anslagen på tvärbalken. Sänk ner domkraften för att lossa spänningen på fjäderbenets spiralfjäder.

13 Stötta upp tvärbalken med två garagedomkrafter. Det är lämpligt att en medhjälpare är tillgänglig för demontering av tvärbalken eftersom den är tung.

14 Markera noggrant tvärbalkens exakta placering på underredet för att säkerställa korrekt återmontering. **Observera:** *Använd Fords speciella inriktningssprintar för att placera hjälpramen korrekt.*

15 Skruva loss fästbultarna (to på varje sida) och sänk ner tvärbalken till marken.

Montering

16 Lyft upp tvärbalken mot underredet och placera den korrekt mot de märken som gjordes under demonteringen. Använd Fords speciella inriktningssprintar. Sätt i och dra åt bultarna till angivet åtdragningsmoment.

17 Använd en garagedomkraft för att lyfta fjäderbenen och placera dem på tvärbalkens anslag. Arbeta på en sida i sänder.

18 Montera tillbaka varje tvärstag längst ner på fjäderbenen och sätt in bultarna och dra åt dem med fingrarna. Alla fjädringsbultar dras åt helt med bilens vikt på fjädringen.

19 Montera tillbaka den främre och bakre länkarmen på spindlarna och dra åt bultarna med bara fingrarna.

20 Montera tillbaka bromsoken tillsammans med klossarna på benen, och dra åt fästbygelns bultar till angivet moment.

21 Montera tillbaka de yttre handbromsvajrarna och haka fast de inre vajrarna på bromsokets spakar.

22 Återanslut kablaget till ABS-hjulhastighetsgivarna på båda sidorna.

23 Återanslut krängningshämmarlänkarna till krängningshämmarna och dra åt muttrarna till angivet moment.

24 Placera om avgassystemet på gummifästena och återanslut det till det främre röret med en ny packning/ny ring och nya muttrar. Se relevant del av kapitel 4 om det behövs och applicera antikärvningsfett på pinnbultarna innan du återmonterar muttrarna. Om tillämpligt tar du bort den temporära splinten från avgassystemets böjliga sektion.

25 Montera tillbaka givaren på länkarmen och dra åt bultarna i modeller med xenonstrålkastare. Återanslut vevstaken och kablaget. **Observera:** *Efter återmonteringen måste strålkastarnas nivåregleringssystem initieras av en Ford-verkstad med ett speciellt inställningsinstrument.*

26 Sätt tillbaka bakhjulen och sänk ner bilen. Dra åt hjulmuttrarna till angivet moment.

27 Dra åt fästskruvarna/fästmuttrarna till den främre och bakre armen till angivet moment.

28 Kontrollera bakhjulens toe-in och ställ in detta så snart som möjligt (se avsnitt 36).

19 Bakre tvärstag/spindel (kombi) – demontering och montering

Demontering

1 Ta bort baknavet enligt beskrivningen i avsnitt 10.

2 En strålkastarnivågivare är placerad på den främre vänstra länkarmen i modeller med xenonstrålkastare. Lossa kablaget från givaren och lossa den från spindeln.

3 Lossa ABS-hjulhastighetsgivaren från tvärstaget/spindeln.

4 Dra handbromsvajern genom öppningen i tvärstaget/spindeln.

5 Skruva loss kåpan från den främre delen av tvärstaget/spindeln.

6 Lossa handbromsvajern från klämman på tvärstaget.

7 Om tillämpligt, haka loss avgassystemets gummifäste från tvärstaget.

8 En lämplig stång eller stav måste nu tillverkas för att hålla den bakre delen av tvärstaget/spindeln på den höjdinställning som de har utformats för. Detta förhindrar skador på gummifästena och gör det möjligt att dra åt fästbultarna till deras angivna moment innan bilen sänks ner till marken. Tillverka en metallstång som är 20 mm gånger 186 mm lång för detta ändamål.

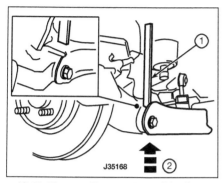

19.11 Placera distansbrickan (1) på det sätt som visas och lyft den bakre nedre armen (2)

9 Använd en hylsa för att skruva ut krängningshämmarens fästmutter genom hålet i den bakre länkarmens nederkant.
10 Se beskrivningen i avsnitt 22 och ta bort spiralfjädern. Använd endast en skräddarsydd spiralfjäderkompressor för att göra detta.
11 Lyft upp den bakre länkarmen med spiralfjädern borttagen och placera stången enligt beskrivningen i punkt 8 på det sätt som visas **(se bild)**.
12 Skruva loss den bakre länkarmen från tvärstaget/spindeln.
13 Skruva loss den övre armen från tvärstaget/spindeln.
14 Skruva loss stötdämparen från tvärstaget/spindeln.
15 Skruva loss den bakre länkarmen från tvärstaget/spindeln.
16 Stötta upp tvärstagets/spindelns vikt, skruva sedan loss den främre fästbygeln från underredet och sänk ner tvärstaget/spindeln på marken.
17 Skruva loss den främre styrbult och skilj fästbygeln från tvärstaget/spindeln.

Montering

18 Återmonteringen sker i omvänd ordningsföljd jämfört med demonteringen men dra åt alla muttrar och bultar till angivet moment. Kontrollera och, om det behövs, justera bakhjulets toe-inställning enligt beskrivningen i avsnitt 36.

20 Bakre stötdämpare (kombi) – demontering, kontroll och montering

Demontering

1 Lossa bakhjulsmuttrarna. Klossa framhjulen, lyft upp bilens bakre del och ställ den på pallbockar (se *Lyftning och stödpunkter*). Demontera relevant bakhjul.
2 Placera en garagedomkraft under spiralfjäderområdet på den bakre länkarmen för att hålla spiralfjädern hoptryckt.
3 Skruva loss och ta bort stötdämparens nedre fästbult **(se bild)**.
4 Skruva loss och ta bort den övre fästbult, och ta bort stötdämparen underifrån bilen. Det

20.3 Ta bort stötdämparens nedre fästbult (kombi)

är svårt att komma åt den övre bulten och en övre hylsdrivning med universalled kan krävas **(se bild)**.

Kontroll

5 Kontrollera gummifästena och sök efter tecken på skador och åldrande. Om de är slitna måste hela stötdämparen bytas.
6 Placera stötdämparen i ett skruvstäd, fäst det i det nedre fästet. Undersök stötdämparen och sök efter tecken på oljeläckage. Kontrollera att stötdämparen fungerar genom att rör den igenom ett helt slag och sedan korta slag på 50 till 100 mm. I bägge fallen ska motståndet vara jämnt och kontinuerligt. Om motståndet är ryckigt eller ojämnt ska stötdämparen bytas.

Montering

7 Monteringen sker i omvänd ordningsföljd jämfört med demonteringen men dra inte åt fästbultarna helt till angivet värde förrän bilens hela vikt vilar på fjädringen. Observera att på modeller som är utrustade med nivåreglerande stötdämpare måste fliken på det övre fästet peka utåt.

21 Bakre krängningshämmare och länkar (kombi) – demontering och montering

Demontering

1 Lossa bakhjulsmuttrarna. Klossa framhjulen, lyft upp bilens bakre del och ställ den på pallbockar (se *Lyftning och stödpunkter*). Ta bort båda bakhjulen.

21.3 Den bakre krängningshämmarens fästklämma

20.4 Det är svårt att komma åt stötdämparens övre bult

2 Skruva loss de muttrar som håller fast krängningshämmarlänkarna på de bakre länkarmarna. Muttrarna går att komma åt genom hålen i armarnas botten.
3 Skruva loss de bultar som håller fast krängningshämmarens fästklämmor på den bakre tvärbalken **(se bild)**. Lossa klämmorna och ta bort krängningshämmaren från bilens undersida.
4 Skruva loss muttrarna och ta bort länkarna från krängningshämmaren **(se bild)**.
5 Undersök monteringsklämmornas och länkarnas gummibussningar och byt dem om det behövs. Länkarna är tillgängliga separat och gummina kan dras av från stångens ändar.

Montering

6 Montera de nya gummina på plats på stången med de platta ytorna uppåt. Montera dessutom tillbaka länkarna på stången och dra åt de övre fästmuttrarna till angivet moment.
7 Sätt krängningshämmaren på den bakre tvärbalken, sätt sedan dit klämmorna och dra åt bultarna till angivet moment.
8 Montera tillbaka krängningshämmarlänkarna på de bakre länkarmar, och dra åt muttrarna till angivet moment, samtidigt som länkarna hålls fast.
9 Sätt tillbaka bakhjulen och sänk ner bilen.

22 Bakre spiralfjäder (kombi) – demontering och montering

Observera: *Innan du försöker ta bort spiralfjädern måste ett verktyg för att*

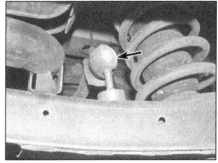

21.4 Krängningshämmarlänkar

22.2 Spiralfjäder bak (kombi)

23.6 Mutter som håller fast krängnings-hämmarlänken på den bakre länkarmen

23.9 Excentrisk bult som håller fast länkarmen på tvärbalken

hålla spiralfjädern hoptryckt anskaffas. Försiktig användning av konventionella spiralfjäderkompressorer är fullt tillräcklig.

Demontering

1 Lossa bakhjulsmuttrarna. Klossa framhjulen, lyft upp bilens bakre del och ställ den på pallbockar (se *Lyftning och stödpunkter*). Demontera relevant bakhjul.

2 Utan vikt på bakfjädringen är stötdämparen helt utsträckt och stöttar upp länkarmen. Markera fjädern; på så vis kan du vara säker på att du sätter tillbaka den på rätt sätt **(se bild)**.

3 Montera kompressorverktygen för spiralfjädrar (se till att de är helt i ingrepp) och tryck ihop spiralfjädern tills all spänning släpps från det övre fästet.

 Varning: Spiralfjädern är under extrem spänning. Se till att kompressorverktygen är korrekt utrustade.

4 Lossa stoppklacken från tvärbalken, ta sedan bort den tillsammans med spiralfjädern under bilen.

5 Om en ny spiralfjäder ska monteras måste den ursprungliga spiralfjädern lossas från kompressorn. Om den ska återanvändas kan fjädern lämnas ihoptryckt.

Montering

6 Monteringen utförs i omvänd ordningsföljd jämfört med demonteringen men se till att stoppklacken placeras korrekt på tvärbalken och att spiralfjäderns ändar är korrekt placerade i tvärbalken och länkarmen innan fjäderspänningen lossas.

24.2 Fästmutter stöd

23 Bakre nedre arm (bakre) (kombi) – demontering och montering

Demontering

1 Lossa bakhjulsmuttrarna. Klossa framhjulen, lyft upp bilens bakre del och ställ den på pallbockar (se *Lyftning och stödpunkter*). Ta bort det berörda hjulet.

2 Den bult som håller fast den bakre länkarmen på tvärbalken har ett excentriskt huvud och en distansbricka som används för att ställa in bakhjulens toe-in. Innan du tar bort denna bult måste du markera dess placering med en ritspets eller ett liknande vasst instrument.

3 Ta bort den bakre spiralfjädern enligt beskrivningen i avsnitt 22.

4 En lämplig stång eller stav måste nu tillverkas för att hålla den bakre delen av tvärstaget/spindeln på den höjdinställning som de har utformats för. Detta förhindrar skador på gummifästena och gör det möjligt att dra åt fästbultarna till deras angivna moment innan bilen sänks ner till marken. Tillverka en metallstång som är 20 mm gånger 186 mm lång för detta ändamål.

5 Lyft upp den bakre länkarmen med spiralfjädern borttagen och placera stången enligt beskrivningen i avsnitt 19 **(se bild 19.11)**.

6 Skruva loss muttern som håller fast

24.4 Yttre fäste främre länkarm

krängningshämmarlänken på den bakre, nedre arm. Muttrarna går att komma åt genom hålen i armarnas botten **(se bild)**.

7 En strålkastarnivågivare är placerad på vänster länkarm i modeller med xenonstrålkastare. Lossa kablaget från givaren och lossa den från länkarmen.

8 Skruva loss och ta bort den bult som håller fast den nedre länkarmen på tvärstagets spindel.

9 Skruva loss bulten och ta bort den nedre arm från tvärbalken **(se bild)**.

Montering

10 Återmonteringen sker i omvänd ordningsföljd jämfört med demonteringen men dra åt alla muttrar och bultar till angivet moment. Kontrollera och, om det behövs, justera bakhjulets toe-inställning enligt beskrivningen i avsnitt 36.

24 Bakre nedre arm (fram) och stöd (Kombi) – demontering och montering

Demontering

1 Lossa bakhjulsmuttrarna. Klossa framhjulen, lyft upp bilens bakre del och ställ den på pallbockar (se *Lyftning och stödpunkter*). Demontera bakhjulen.

2 Staget är monterat över tvärbalken mellan de främre länkarmarnas två inre styrbultar. För att ta bort stödet skruvar du loss de två muttrarna och tar bort stödet från tvärbalken **(se bild)**. Ta inte bort bultarna från tvärbalken.

3 Ta först bort staget, ta sedan bort den inre styrbulten från tvärbalken för att ta bort den främre länkarmen. Observera hur fästbultarna är monterade.

4 Skruva loss och ta bort den yttre styrbulten och ta bort armen från tvärbalken och spindeln **(se bild)**.

Montering

5 Vänta med den fullständiga åtdragningen av fästbultarna till fjädringsarmen tills bilens vikt vilar på bakfjädringen. Observera att bultarna monteras med huvudena riktade framåt.

25 Bakre övre arm (kombi) – demontering och montering

Demontering

1 Lossa bakhjulsmuttrarna. Klossa framhjulen, lyft upp bilens bakre del och ställ den på pallbockar (se *Lyftning och stödpunkter*). Ta bort det berörda hjulet.
2 Använd en garagedomkraft och stöd tvärstaget/spindeln. Observera hur fästbultarna är monterade.
3 Skruva loss och ta bort fästbultarna och ta bort armen från tvärstaget/spindeln och tvärbalken **(se bild)**.

Montering

4 Vänta med den fullständiga åtdragningen av fästbultarna till fjädringsarmen tills bilens vikt vilar på bakfjädringen. Observera att den yttre bulten är monterad med huvudet riktat framåt medan den inre bulten är monterad med sitt huvud bakåt.

26 Bakre tvärbalk (kombi) – demontering och montering

Demontering

1 Ta bort båda de bakre tvärstagen/spindlarna enligt beskrivningen i avsnitt 19.
2 En strålkastarnivågivare är placerad på vänster länkarm i modeller med xenonstrålkastare. Ta bort givaren genom att först lossa kablaget, lossa sedan vevstaken och skruva loss givaren.
3 Arbeta på varje sida i tur och ordning, ta bort bromsoken och fästbyglarna enligt beskrivningen i kapitel 9 men lossa de böjliga slangarna från fästbyglarna på tvärbalken i stället för bromsoken. För att göra detta skruvar du loss den stela bromsledningens anslutningsmuttrar, sedan drar du ut fästklämmorna och tar bort slangarna från tvärbalken. Tejpa över eller plugga igen bromsrören och slangar för att förhindra att damm och smuts tränger in.
4 De bultar som håller fast de bakre länkarmarna på tvärbalken har excentriska huvuden och distansbrickor som används för att justera den bakre toe-in inställningen. Innan du tar bort dessa bultar måste du markera deras placeringar med en ritsspets eller ett liknande vasst instrument.
5 Skruva loss och ta bort de inre styrbultarna och lossa de nedre armarna från tvärbalken.
6 Be en medhjälpare om hjälp och stötta upp den bakre tvärbalken på en eller två garagedomkrafter.
7 Skruva loss de tre fästskruvarna på varje sida, sänk sedan ner tvärbalken till marken försiktigt. Observera att styrsprintarna är inbyggda i tvärbalken för att säkerställa korrekt återmontering.

8 Ta bort fjädringskomponenterna från tvärbalken enligt beskrivningen i relevant avsnitt av detta kapitel om det behövs.

Montering

9 Monteringen sker i omvänd ordningsföljd mot demonteringen. Tänk på följande:
a) Placera styrsprintarna i de hål som finns på underredet, sätt sedan in och dra åt fästbultarna helt när tvärbalken lyfts.
b) Vänta med den fullständiga åtdragningen av fästbultarna till fjädringsarmen tills bilens vikt vilar på bakfjädringen.
c) Dra åt alla bultar till det angivna momentet.
d) Lufta bromshydraulsystemet enligt beskrivningen i kapitel 9.
e) Kontrollera den bakre toe-in-inställningen och justera den om det behövs enligt beskrivningen i avsnitt 36.

27 Ratt – demontering och montering

⚠ **Varning: Alla modeller har krockkuddssystem. Se till att säkerhetsanvisningarna i kapitel 12 följs, för att förhindra personskador.**

Demontering

1 Lossa batteriets minusledning (se *Koppla loss batteriet* mot slutet av handboken).

⚠ **Varning: Vänta minst en minut när du har kopplat loss batteriet innan du fortsätter som en försiktighetsåtgärd så att krockkuddsenheten inte utlöses av misstag. Denna tidsperiod gör att all energi som är lagrad i nödkondensatorn förbrukas. Vi föreslår att du väntar flera minuter.**
2 Vrid ratten så att framhjulen är i rakt fram-läge.
3 Ta loss krockkuddeenheten från ratten enligt beskrivningen i kapitel 12.

⚠ **Varning: Placera krockkuddsmodulen på en säker plats, med krockkudden vänd uppåt som en säkerhetsåtgärd mot oavsiktlig utlösning.**

27.4 Skruva loss rattens fästbult. . .

25.3 Bakfjädringens övre arm (kombi)

4 Se till att rattlåset inte är låst genom att sätta i tändnyckeln. Identifiera rattens överdel för att underlätta återmonteringen (observera att ratten endast kan monteras i tre lägen). Skruva loss fästbulten från ratten **(se bild)**.
5 Ta bort ratten från stångens överdel samtidigt som du matar kablaget till signalhornet och krockkudden genom hålet i rattnavet **(se bild)**.

Montering

6 Se till att framhjulen fortfarande är i rakt fram-läget, placera sedan ratten längst upp på rattstången samtidigt som du för signalhornets och krockkuddens kablage genom mitthålet.
7 Montera tillbaka fästbulten och dra åt den till angivet moment samtidigt som du håller fast ratten. Dra inte åt bulten när rattlåset är aktivt eftersom det kan skada låset.
8 Montera tillbaka krockkudden enligt beskrivningen i kapitel 12.
9 Se till att tändningen är avslagen (ta ut nyckeln). Återanslut batteriets minusledning (se *Koppla loss batteriet* mot slutet av handboken).

28 Rattstång – demontering, kontroll och återmontering

⚠ **Varning: Alla modeller har krockkuddssystem. Se till att säkerhetsanvisningarna i kapitel 12 följs, för att förhindra personskador.**

27.5 . . . och ta bort ratten från rattstångens överdel

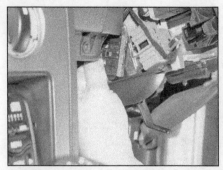

28.8a Lossa tändningsbrytarens kablage.
. .

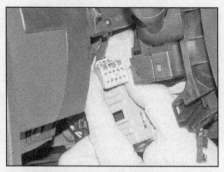

28.8b . . . och bryta kablaget till körriktningsvisarna

28.9a Lossa det passiva stöldskyddssystemets (PATS) kablage. . .

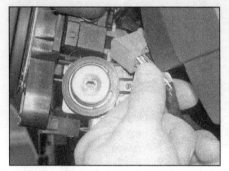

28.9b . . . och bryta kablaget till torkare/spolare

28.10a Skruva loss skruvarna. . .

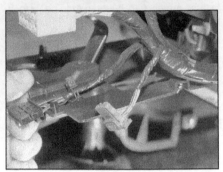

28.10b . . . och ta bort spridarplattan från dess platta under rattstången

Demontering

1 Lossa batteriets minusledning (se *Koppla loss batteriet* mot slutet av handboken).

⚠️ **Varning: Vänta minst en minut när du har kopplat loss batteriet innan du fortsätter som en försiktighetsåtgärd så att krockkuddsenheten inte utlöses av misstag. Denna tidsperiod gör att all energi som är lagrad i nödkondensatorn förbrukas. Vi föreslår att du väntar flera minuter.**

2 Vrid ratten så att framhjulen är i rakt fram-läge. På det här stadiet går det att ta bort ratten enligt beskrivningen i avsnitt 27 eller alternativt lämna den på plats och ta bort den tillsammans med stången.

⚠️ **Varning: Använd tejp för att hålla ratten i rakt fram-läget om den lämnas på plats. Underlåtenhet att göra detta kan leda till skador på krockkudden och urfjädern.**

3 Ta bort den nedre klädselpanelen från instrumentbrädan på förarsidan som är fäst med fyra skruvar och två övre klämmor. Om tillämpligt lossar du diagnostikkontaktdonet från panelen och/eller lossar kablaget från klimatkontrollgivaren när panelen tas bort.
4 Montera tillbaka isoleringsdynan över fotpedalerna om tillämpligt.
5 Ta bort ljudkontrollbrytaren från rattstångens nedre kåpa. Lossa låsspetsen och lossa kablaget från den bakre delen av instrumentbrädan (se bild).
6 Ta bort rattstångens övre kåpa från den nedre kåpan genom att sätta in en smal skruvmejsel mellan klämman på varje sida.
7 Skruva loss skruvarna och ta bort kåpan.
8 Lossa tändningsbrytarens och blinkersbrytarens kontaktdon **(se bilder)**.
9 Lossa kontaktdonen till det passiva stöldskyddssystemets (PATS) sändare/mottagare, torkar-/spolarbrytaren och krockkuddens urfjäder **(se bilder)**.

10 Observera dragningen av kablaget till krockkuddens urfjäder, skruva sedan loss och ta bort spridarplattan under pelaren **(se bilder)**.
11 I modeller med elektroniskt stabilitetssystem (ESP) lossar du kablaget från rattens rotationsgivare längst ner på rattstången.
12 Skruva loss och ta bort den klämskruv som håller fast rattstångens mellanaxel på styrinrättningen. Vrid klämplattan 180° och lossa axeln från kopplingen **(se bilder)**. Observera att kopplingen är triangelformad och att axeln endast får monteras i ett av tre lägen. Kassera klämbulten och ersätt den med en ny.
13 Stötta upp rattstången, skruva sedan loss de fyra fästbultarna med en torx-nyckel. För stången uppåt för att lossa fästfliken från spåret i tvärbalken och sänk sedan ner stången från tvärbalkens fäste på mellanväggen **(se bilder)**. Kassera bultarna och använd nya vid återmonteringen.

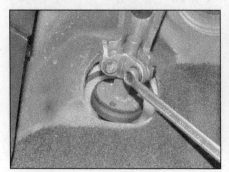

28.12a Skruva loss klämbulten. . .

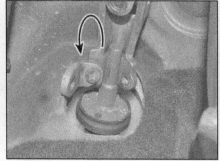

28.12b . . . och vrid fästplattan 180°

28.13a Placering av rattstångens fästbultar

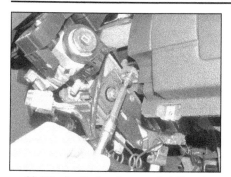

28.13b Använd en torx-nyckel för att skruva loss rattstångens fästbultar

28.13c Sänk ner rattstången från mellanväggen

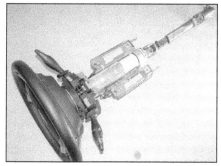

28.13d Rattstången borttagen från bilen

Kontroll

14 Med rattstången borttagen kontrollerar du om universalknutarna är slitna och undersöker om den övre och nedre delen av rattstången uppvisar tecken på slitage eller vridningar. Om det förekommer måste hela rattstången bytas.

15 Undersök höjdjusteringsarmens mekanism, sök efter slitage och skador. Lås mekanismen innan du återmonterar stödet.

16 Vrid den inre rattstången och kontrollera att det övre och nedre lagret löper smidigt med rattlåset lossat. I skrivande stund gick det inte att erhålla pelarlagret separat varför pelarenheten måste bytas komplett om onormalt slitage är uppenbart.

Montering

17 Det inre säkerhetsteleskopröret måste ställas in på 70 mm genom temporär montering av en distansbricka av metall före återmonteringen av rattstången. Applicera först lite silikonfett på det inre röret och dra ut och tryck in stödet flera gånger. Gör nu i ordning distansbrickan och fäst den på det inre stödet med två plastkabelklämmor **(se bild)**.

18 Placera rattstången på dess fästbygel och se till att fliken glider ner i spåret korrekt, sätt sedan in de nya fästbultarna och dra åt dem till angivet moment.

19 Med framhjulen och ratten kvar i rakt fram-läge placerar du rattstången på den flexibla kopplingen, vrider klämplattan moturs, sätter sedan in en ny bult och drar åt den till angivet moment.

20 Ta bort den temporära distansbrickan från den inre stången.

 Varning: Underlåtenhet att ta bort den temporära distansbrickan kan leda till personskador vid en olycka.

21 I modeller med elektroniskt stabilitetssystem (ESP) återansluter du kablaget till rattens rotationsgivare längst ner på rattstången.

22 Kontrollera att urfjäderns kablage är draget inne i spridarplattans fördjupning, montera sedan tillbaka spridarplattan på stången och dra åt fästskruven.

23 Återanslut kontaktdonen till det passiva stöldskyddssystemets (PATS) sändare/mottagare, torkar-/spolarbrytare och krockkuddsurfjädern på rattstångens högra sida.

24 Återanslut tändningsbrytaren och blinkerskontaktdonen under rattstången.

25 Montera tillbaka stångens nedre kåpa och dra åt de tre skruvarna.

26 Lossa den övre kåpan. Tryck ned kåpan för att lägga i klämmorna.

27 Montera tillbaka ljudkontrollbrytaren på ratten om sådan finns och anslut kablaget.

28 Montera tillbaka isoleringsdynan över fotpedalerna om tillämpligt.

29 Montera den nedre klädselpanelen på förarsidans instrumentbräda. Om tillämpligt klämmer du tillbaka diagnostikkontaktdonet på plats och/eller återansluter klimatkontrollgivaren.

30 Om den har tagits bort, montera tillbaka ratten enligt beskrivningen i avsnitt 27.

31 Återanslut batteriets minusledning (se *Koppla loss batteriet* mot slutet av handboken), och initiera fönstermotorerna enligt beskrivningen i kapitel 11.

32 Låt en Ford-verkstad initiera rattens rotationsgivare i modeller med elektroniskt stabilitetssystem (ESP).

29 Flexibel koppling rattstång – demontering och montering

Demontering

1 Lossa framhjulsmuttrarna. Dra åt handbromsen. Lyft sedan upp framvagnen

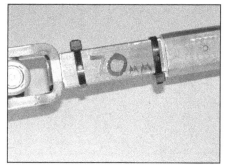

28.17 Distansbricka på 70 mm som är fäst på rattstången med buntband

och ställ den på pallbockar (se *Lyftning och stödpunkter*). Vrid ratten så att hjulen pekar rakt framåt. Ta bort de båda framhjulen.

2 Arbeta i förarsidans fotutrymme, skruva loss de fyra fästskruvarna och lossa den nedre delen av instrumentbrädan under rattstången. Om tillämpligt lossar du diagnostikkontaktdonet från panelen och/eller lossar kablaget från klimatkontrollgivaren när panelen tas bort.

3 Ta bort isoleringsdynan från utrymmet ovanför fotpedalerna om tillämpligt.

4 Skruva loss och ta bort den klämskruv som håller fast den inre rattstången på den flexibla kopplingen på styrinrättningen. Vrid klämplattan medurs och lossa klämman från kopplingen. Observera att kopplingen är triangelformad och att axeln endast får monteras i ett av tre lägen. Kassera bulten eftersom en ny måste användas.

 Varning: Se till att ratten förblir låst i sitt rakt fram-läge när klämman lossas från den flexibla kopplingen. Underlåtenhet att göra detta kan leda till skador på krockkudden och urfjädern samt efterföljande personskador vid en olycka.

5 Håll fast kylaren i de övre fästena med provisoriska saxsprintar insatta genom hålen i de övre placeringssprintarna. Går att komma åt genom öppningarna i den främre tvärbalken.

6 Skruva loss fästskruvarna och ta bort skvalpplåten underifrån kylaren.

7 Skruva loss slangfästbygeln (om en sådan finns) under den främre delen av bilen bredvid vänster kylarstödfäste, skruva sedan bort och ta bort kylarens båda stödfästen.

8 Skruva loss muttrarna och ta bort länkarna från krängningshämmaren. Använd vid behov en 5 mm insexnyckel för att hålla spindlarna medan muttrarna lossas.

9 På 1,8 och 2,0-liters motorer tar du bort avgassystemets böjliga rör från avgassystemets främre del enligt beskrivningen i kapitel 4A.

10 På V6 motorer, ta bort avgassystemets främre nedre Y-rör enligt beskrivningen i kapitel 4A.

11 Ta bort det bakre motorfästet i enlighet med relevant del av kapitel 2.

12 Lossa den andra lambdasondens kablage och lossa kablaget från hjälpramen efter tillämplighet.

13 Lossa banden och lossa kabelhärvan till strålkastarnas nivågivare från hjälpramen i modeller med xenonstrålkastare.

14 Lossa kabelhärvan till kylarens kylfläkt från hjälpramen.

15 Stötta upp den främre hjälpramen på en eller två garagedomkrafter. Det kommer att behövas hjälp av en medhjälpare.

16 Markera noggrant den främre hjälpramens placering på underredet för att säkerställa korrekt återmontering. **Observera:** *Använd Fords speciella inriktningssprintar för att placera hjälpramen korrekt.* Skruva loss och ta bort hjälpramens bakre fästbultar, och skruva loss de bakre fästena från hjälpramen.

17 Skruva loss och ta bort hjälpramens främre fästbultar.

18 Sänk ner hjälpramen 150 mm samtidigt som du håller den i plan och ser till att länkarmens bakre hydro-bussningar inte töjs eller skadas.

19 Märk kopplingen i förhållande till styrinrättningens pinjong för att underlätta återmonteringen, använd sedan en insexnyckel för att skruva loss klämskruven och ta bort kopplingen från räfflorna på pinjongen. Kassera bulten och ersätt den med en ny. I modeller med styrning på höger sida ska dessutom tätningen tas bort från mellanväggen.

Montering

20 Placera tätningen på mellanväggen i modeller med högerstyrning.

21 Placera kopplingen på pinjongens räfflor och se till att fästbultens hål är inriktat mot det ringformade hålet. Sätt i en ny bult, och dra åt till angivet moment.

22 Lyft hjälpramen mot underredet och placera den korrekt med de märken som gjordes vid demonteringen. Använd Fords speciella inriktningssprintar. Montera tillbaka det bakre fästet, sätt sedan in fästbultarna. Dra åt hela hjälpramen och den bakre fästbygelns bultar till angivet moment. Se till att hjälpramen inte flyttas under åtdragningen av bultarna. Ta bort Fords inriktningssprintar om det är tillämpligt.

23 Fäst kabelhärvan till kylarens kylfläkt på hjälpramen med kabelklämmor av plast.

24 I modeller med xenonstrålkastare fäster du kablaget till strålkastarens nivågivare i klämmorna på hjälpramen.

25 Återanslut lambdasondens kablage och fäst den med klämman.

26 Montera tillbaka det bakre motorfästet i enlighet med relevant del av kapitel 2.

27 På 1,8 och 2,0-liters motorer monterar du tillbaka det böjliga röret på avgassystemets främre del enligt beskrivningen i kapitel 4A.

28 På V6-motorer monterar du tillbaka avgassystemets främre nedre Y-rör enligt beskrivningen i kapitel 4A.

29 Återanslut krängningshämmarlänkarna till de främre fjäderbenen och dra åt muttrarna till angivet moment. Använd vid behov en 5 mm insexnyckel för att hålla spindlarna medan muttrarna lossas.

30 Montera tillbaka stångens fästbygel (om en sådan finns) och kylarens två stödfästen och dra åt bultarna till angivet moment.

31 Montera tillbaka stänkskyddet under kylaren och dra åt skruvarna.

32 Ta bort de provisoriska saxsprintarna som håller fast kylaren i dess övre fästen.

33 Applicera lite silikonfett på rattstångens innerrör och dra ut och tryck in stången helt flera gånger. Före återmonteringen av rattstången på den flexibla kopplingen måste det inre säkerhetsteleskopröret ställas på 70,00 mm genom att en distansbricka av metall monters temporärt. Gör i ordning distansbrickan och fäst den på det inre stödet med två plastkabelklämmor (se avsnitt 28 om det behövs).

34 Placera rattstångsaxeln på den flexibla kopplingen, vrid klämplattan moturs och sätt sedan in en ny bult och dra åt till angivet moment.

35 Ta bort den provisoriska distansbrickan från den inre stången.

> ⚠️ **Varning: Underlåtenhet att ta bort den temporära distansbrickan kan leda till personskador vid en olycka.**

36 Montera tillbaka isoleringsdynan över fotpedalerna om tillämpligt.

37 Montera tillbaka den nedre delen av instrumentbrädan under rattstången. Om tillämpligt klämmer du tillbaka diagnostikkontaktdonet på plats och/eller återansluter klimatkontrollgivaren.

38 Montera tillbaka framhjulen, sänk sedan ner bilen till marken. Dra åt hjulmuttrarna till angivet moment.

39 Kontrollera framhjulsinställningen och gör en inställning så snart som möjligt.

40 Om bilen drar åt ena sidan eller om normalt däckslitage observeras efter arbetet måste hjälpramens inriktning kontrolleras av en Ford-verkstad.

30 Styrinrättning – demontering och montering

Demontering

1 Ta bort rattstångens flexibla koppling enligt beskrivningen i avsnitt 29. Detta tillvägagångssätt inkluderar sänkning av den främre hjälpramen med 150 mm.

2 Lossa de muttrar som håller fast styrstagsändarna på spindelns styrarmar på varje sida. Använd en kulledsavdragare för att lossa kullederna från styrarmarna. Skruva loss muttrarna och lossa styrstagsänden från armen. Använd vid behov en 5 mm insexnyckel för att hålla kullederna stilla samtidigt som muttrarna lossas. Kassera muttrarna, eftersom nya måste användas vid återmonteringen.

3 Ta bort mellanväggens tätning från styrinrättningens pinjong **(se bild)**.

4 För att minska förlusten av hydraulvätska från servostyrningskretsen suger du antingen ut vätskan från behållaren eller också sätter du en slangklämma på tillförsel- och returslangen.

5 Lossa servostyrningens hydraulledningar från fästklämmorna på styrinrättningen.

6 Observera placeringen av varje hydraulledning på styrinrättningen, skruva sedan loss anslutningsbulten och dra loss ledningarna en kort bit bort från styrinrättningen. Var beredd på en del spill av hydraulvätska genom att placera ut ett lämpligt kärl under styrinrättningen. Tejpa över eller plugga igen ledningarna och öppningar för att förhindra att damm och smuts tränger in **(se bilder)**. Ta bort och kassera O-ringstätningarna och bulten, och ersätt dem med nya.

30.3 Mellanväggstätning på styrinrättningen

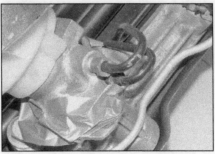

30.6a Hydraulledningar till styrventilen på styrinrättningen (tejp över de öppna ledningarna)

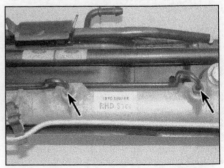

30.6b Hydraulledning till servostyrningens kolv

7 Skruva loss och ta bort styrinrättningens fästbultar. Bultarna är placerade ovanpå styrinrättningen och är svåra att nå. Om den är tillgänglig ska den speciella U-formade Ford-skiftnyckeln användas men det går att nå dem med en vanlig skiftnyckel **(se bilder)**. Kassera bultarna och använd nya vid återmonteringen.

8 Ta försiktigt bort styrinrättningen åt ena sidan och var försiktig så att du inte skadar bromsledningarna och komponenterna på underredet.

Montering

9 Placera styrinrättningen på hjälpramen, och sätt i två **nya** fästbultar. Dra åt bultarna till angivet moment. Observera att om ett speciellt Ford-verktyg används måste verktygets nederdel vridas moturs för att dra åt fästbultarna.

10 Återanslut hydraulledningarna till styrinrättningen och använd nya O-ringstätningar. Sätt i en ny bult, och dra åt till angivet moment. Om tillämpligt, ta bort klämman från matnings- och returslangarna.

11 Fäst hydraulledningarna i fästklämmorna på styrinrättningen.

12 Montera tillbaka mellanväggens tätning på styrinrättningens pinjong.

13 Montera tillbaka styrstagsändens kulleder på styrspindlarna och dra åt de **nya** muttrarna till angivet moment. Använd vid behov en 5 mm insexnyckel för att hålla kullederna stilla samtidigt som muttrarna dras åt.

14 Montera tillbaka rattstångens flexibla koppling enligt beskrivningen i avsnitt 29.

15 Fyll på och lufta servostyrnings hydraulsystem enligt beskrivningen i avsnitt 33.

16 Kontrollera framhjulsinställningen, och justera den vid behov, så snart som möjligt (enligt beskrivningen i avsnitt 36).

17 Låt en Ford-verkstad initiera rattens rotationsgivare i modeller med elektroniskt stabilitetssystem (ESP).

31 Servostyrinrättningens gummidamask – byte

1 Lossa framhjulsmuttrarna. Dra åt handbromsen. Lyft sedan upp framvagnen och ställ den på pallbockar (se *Lyftning och stödpunkter*). Ta bort det berörda hjulet.

2 Ta bort styrstagsänden och dess låsmutter från styrstaget enligt beskrivningen i avsnitt 32. Observera styrstagsändens exakta placering på styrstaget för att återfå framhjulsinställningen vid återmonteringen.

3 Torka rent de yttre ytorna och lossa sedan ventilröret. Observera placeringen av

30.7a Höger fästbult på styrinrättningen. . .   30.7b . . . och vänster fästbult

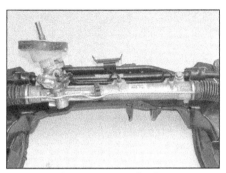

30.7c Styrinrättning på hjälpramen   30.7d Styrinrättningens fästbultar går att komma åt med en vanlig skiftnyckel

ventilrörets tapp för korrekt återmontering. Också rengör parallellstaget.

4 Lossa de inre och yttre fästklämmor som håller fast damasken på styrinrättningen och parallellstaget. Observera damaskens placering på parallellstaget.

5 Lossa damaskens innerände från styrinrättningshuset, dra sedan av ytterände från parallellstaget.

6 Ta bort damaskens klämmor och kassera dem. Nya klämmor följer med den nya damasken.

7 Skrapa bort allt fett från den gamla damasken och applicera det på styrstagets inre kulled. Torka rent sätesområdena på styrväxelhuset och styrstaget.

8 Applicera lite fett på parallellstaget, för sedan den nya genomföringen på plats. Placera innerände på styrväxelhuset

32.2 Styrstagsände

och ytterände på den tidigare noterade placeringen på parallellstaget.

9 Placera ventilrörets tapp längst upp enligt tidigare observation, montera sedan tillbaka och dra åt den inre och yttre fästklämman. Om klämmor av crimp typ följer med drar du åt dem med en kniptång.

10 Återanslut ventilröret.

11 Montera tillbaka styrstagsänden enligt beskrivningen i avsnitt 32.

12 Montera tillbaka hjulet och sänk ner bilen. Dra åt hjulmuttrarna till angivet moment.

13 Kontrollera framhjulsinställningen, och justera den vid behov, så snart som möjligt (enligt beskrivningen i avsnitt 36).

32 Styrstagsände – byte

Demontering

1 Lossa framhjulsmuttrarna. Dra åt handbromsen. Lyft sedan upp framvagnen och ställ den på pallbockar (se *Lyftning och stödpunkter*). Demontera det relevanta framhjulet.

2 Lossa låsmuttern på styrstaget ett kvarts varv **(se bild)**. Håll styrstagsänden stilla med en annan nyckel som du har hakat i ytorna när du lossar låsmuttern.

3 Lossa den mutter som håller fast styrstagsänden på spindelns styrarm. Ta

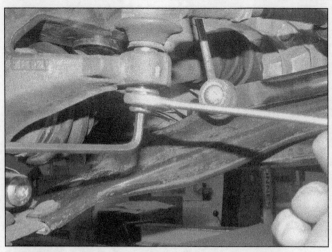

32.3 Lossa (endast) muttern samtidigt som du använder en insexnyckel för att hålla kulledsaxeln. . .

32.4 . . . använd sedan ett kulledsavdragarverktyg för att lossa kulleden från styrarmen

inte bort muttern på det här stadiet eftersom den skyddar kulledens gängor. Använd vid behov en insexnyckel för att hålla kulledsaxeln samtidigt som muttern lossas **(se bild)**.

4 Använd ett kulledsavdragarverktyg för att lossa kulleden från styrarmen **(se bild)**. Var försiktig så att du inte skadar dammkåpan vid användning av delningsverktyget om kulleden ska återanvändas. Skruva loss muttern och lossa styrstagsänden från armen. Använd vid behov en 5 mm insexnyckel för att hålla kulleden samtidigt som muttern lossas. Kassera muttern, eftersom en ny måste användas vid återmonteringen.

5 Räkna antalet synliga gängor på styrstagets inre del och anteckna denna siffra.

6 Skruva loss styrstagsänden från styrstaget, räkna antalet varv som krävs för att ta bort den. Håll styrstaget stilla med en tång om det behövs.

Montering

7 Skruva på styrstagsänden på styrstaget det antal varv som noterades vid demonteringen tills den precis tar i låsmuttern.

8 Haka fast kulledens skaft i styrspindelarmen och sätt tillbaka muttern. Dra åt muttern till angivet moment. Om kulledens skaft vrids när muttern dras åt, använd en insexnyckel (se bild) för att hålla fast skaftet eller trycka upp det mot kulleden. Skaftets sneda kant låser det och hindrar det från att vridas när muttern dras åt.

9 Håll parallellstaget stilla med en skiftnyckel, dra sedan åt parallellstagsändens låsmutter till angivet moment.

10 Montera tillbaka hjulet och sänk ner bilen. Dra åt hjulmuttrarna till angivet moment.

11 Kontrollera, och justera om det behövs, framhjulsinställningen enligt beskrivningen i avsnitt 36.

33 Servostyrningens hydraulsystem – luftning och spolning

1 Efter en åtgärd där servo oljeledningarna har kopplats loss måste servosystemet luftas för att få bort eventuell instängd luft. Om bilen har en lång körsträcka och vätskan är anmärkningsvärt missfärgad eller smutsig måste den gamla vätskan spolas ur och ny vätska fyllas på.

Luftning

2 Kontrollera servo oljenivån i behållaren med framhjulen i rakt fram-läge och tillsätt ny olja tills den når MAX märket om nivån är låg. Håll i vätska långsamt för att det inte ska bildas bubblor och använd endast anvisad vätska (se *Veckokontroller*).

3 Starta motorn och låt den gå på tomgång. Kontrollera att slangarna och anslutningarna inte har några läckor.

4 Stoppa motorn och kontrollera oljenivån igen. Tillsätt mer upp till MAX märket om det behövs.

5 Starta motorn igen och låt den gå på tomgång. Lufta sedan systemet genom att långsamt vrida ratten från sida till sida flera gånger. Då ska systemet luftas helt. Om det ändå finns kvar luft i systemet (märks genom att det låter mycket när man använder styrinrättningen), låt bilen stå över natten och upprepa åtgärden igen nästa dag.

6 Om det fortfarande finns kvar luft i systemet kan du behöva använda Fords luftningsmetod, med en vakuumpump. Vrid ratten åt höger tills det är nära stopp, slå sedan av motorn. Montera vakuumpumpen på vätskebehållaren och lägg på 400 mm-hg vakuum. Bibehåll vakuumet minst 5 minuter och upprepa sedan tillvägagångssättet med ratten vriden åt vänster. Om vakuumet minskar med mer än 50 mm-hg på 5 minuter ska du kontrollera om det finns läckor på slangarna.

7 Håll vätskenivån hög under hela luftningsproceduren. Observera att nivån i behållaren stiger när vätsketemperaturen ökar.

Spolning

Observera: *Detta förfarande inkluderar att dra runt motorn med startmotorn.*

8 Dra åt handbromsen. Lyft sedan upp framvagnen och ställ den på pallbockar (se *Lyftning och stödpunkter*).

9 Demontera motorns övre skyddskåpa.

10 Placera en lämplig behållare under hydraulvätskebehållaren. Ha ett lock redo att montera på behållarens returtapp. Lossa klämman och returslangen, låt sedan vätskan rinna ner i kärlet ut ur behållaren och slangen. Placera locket på behållarens returtapp.

11 Lossa vevaxellägesgivarens kablage från motorns högra ände. Ta vid behov bort den nedre plastkåpan från höger hjulhus för att komma åt givaren.

12 Ta bort tändstiften. Se kapitel 1 om det behövs.

13 Häll i färsk vätska i behållaren upp till MAX märket. Skaka inte vätskan innan du häller den eftersom luft kan komma in i den.

14 Det krävs en medhjälpare för detta tillvägagångssätt. Låt inte vätskenivån sjunka under MIN-markeringen på behållaren.

15 Låt assistenten dra runt motorn med startmotorn under 30 sekunder och vrid ratten långsamt från ändläge till ändläge samtidigt som vätskan leds från returslangen och in i behållaren. **Observera:** *Överskrid inte 30 sekunder eftersom startmotorn kan överhettas vilket kan leda till inre skador. Vänta minst 60 sekunder innan du aktiverar startmotorn igen.*

16 Fyll på vätska till MAX märket på behållaren.

17 Upprepa det tillvägagångssätt som

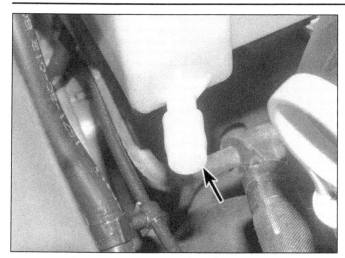

34.5 Montera ett lock på behållarens tapp

34.6 Ta bort plastklämman på hydraulvätskebehållarens baksida

beskrivs i de två sista punkten med 1,0 liter ny vätska. Slå av tändningen.

18 Ta bort locket från vätskebehållaren och anslut returslangen igen omedelbart. Dra åt fästklämman.

19 Montera tillbaka och återanslut de relevanta komponenterna efter tillämplighet och lufta sedan systemet enligt beskrivningen ovan.

34 Servostyrningspump – demontering och montering

Demontering

1,8- och 2,0-liters modeller

Observera: *Nya servostyrningspumpar kan inte levereras till den monterade remskivan. Remskivan är fasttryckt på pumpens drivaxel så att en avdragare och ett monteringsverktyg krävs för att överföra den gamla remskivan till den nya pumpen.*

1 Lossa batteriets minusledning (se *Koppla loss batteriet* mot slutet av handboken).

2 Lossa framhjulsmuttrarna. Dra åt handbromsen. Lyft sedan upp framvagnen och ställ den på pallbockar (se *Lyftning och stödpunkter*). Demontera det högra hjulet.

3 Skruva loss stänkskölden för att komma åt vevaxelns remskiva. Observera multiremmens placering och markera den med en pil för att indikera dess normala (medurs) rotationsriktning. Vrid remsträckaren medurs med en skiftnyckel på mittbulten, för sedan av drivremmen från remskivorna och ta bort den under hjulhuset.

4 På det här stadiet görs demonteringen av servostyrningspumpen enklare om remskivan först tas bort med en lämplig avdragare eftersom detta ger åtkomst till högtrycksledningens anslutning men det går bara att ta bort pumpen utan att lossa anslutningen och lämna remskivan på plats. Följande avsnitt beskriver demontering med remskivan kvar på plats.

5 Sug upp oljan från behållaren. Placera trasor under pumpen, lossa sedan klämman och lossa vätskeutloppsslangen (kylare). Montera ett lock på behållarens tapp, plugga igen slangen, och lägg den åt sidan **(se bild)**. Ta loss tätningarna.

6 Lossa kablaget från hydraulvätskebehållaren, och ta bort plastklämman **(se bild)**.

7 Skruva loss vätskebehållarens fästtappar/fästbultar (en bakre tapp och en främre bult på varje sida), luta sedan behållaren bakåt och ta bort den från pumpen **(se bild)**. Plugga igen behållarens utlopps- och pumpöppning för att förhindra att damm och smuts tränger in. Ta bort O-ringstätningarna från behållaren och kassera dem; använd nya vid återmonteringen. **Observera:** *Behållaren har ett filter som inte får förorenas. Se till att påfyllningslocket är ordentligt åtdraget.*

8 Om remskivan inte har tagits bort går det inte att skruva loss högtrycksutloppsanslutningen och i så fall bör anslutningen på ledningen vid den böjliga slangen till tryckbrytaren nära pumpen skruvas loss. Om remskivan har demonterats skruvar du av utloppets anslutning som håller fast högtrycksröret till pumpen. Tejpa över eller plugga igen ledningen och öppningen.

9 Skruva loss fästmuttern till hydraulledningens stödfäste, lossa kablaget från hydraulledningens tryckbrytare, skruva sedan loss de fyra fästbultarna och pinnbultarna och ta bort servostyrningspumpen från motorn.

34.7a Ta bort den bakre pinnbulten. . .

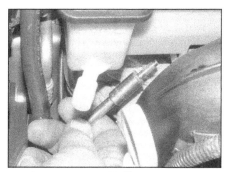

34.7b . . . och sidofästbultarna . . .

34.7c . . . ta sedan bort hydraulvätskebehållaren från servopumpen

34.9a Skruva loss fästmuttern till hydraulledningens stödfäste...

34.9b ... lossa kablaget från tryckbrytaren ..

34.9c ... skruva sedan loss fästbultarna ...

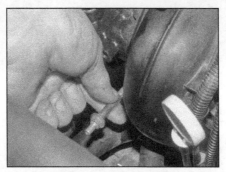

34.9d ... och pinnbultarna

34.9e Servostyrningspump demonterad från motorn (2,0 liter)

Om tillämpligt, skruva loss anslutningsmuttern och lossa ledningen (se bilder).

V6 modeller

10 Lossa batteriets minusledning (se *Koppla loss batteriet* mot slutet av denna handbok).
11 Lossa framhjulsmuttrarna. Dra åt handbromsen. Lyft sedan upp framvagnen och ställ den på pallbockar (se *Lyftning och stödpunkter*). Demontera det högra hjulet.
12 Skruva loss stänkskölden för att komma åt vevaxelns remskiva. Observera multiremmens placering och markera den med en pil för att indikera dess normala (medurs) rotationsriktning. Vrid remssträckaren medurs med en skiftnyckel på mittbulten, för sedan av drivremmen från remskivorna och ta bort den under hjulhuset.
13 Placera en lämplig behållare under servostyrningspumpen, skruva sedan loss anslutningsmuttern som håller fast högtrycksledningen till pumpen. Skruva loss stödfästet och lossa högtrycksledningen för hydraulvätska från pumpen. Låt vätskan tömmas ut, tejpa sedan över eller plugga igen ledningens ände och öppningen i pumpen för att förhindra att damm och smuts tränger in.
14 Sug ut oljan från behållaren eller montera alternativt en slangklämma på behållarens slangledning till pumpen. Lossa klämman och lossa slangen.

15 Skruva loss fästbulten till behållaren från det inre hjulhuset och flytta behållaren åt ena sidan.
16 Skruva loss kylvätskeexpansionskärlets fästskruvar från det inre hjulhuset och flytta tanken åt ena sidan.
17 Lossa tändkablarna och plasthållaren från höger motorfäste.
18 Stötta motorn med en garagedomkraft och en stor träkloss under sumpen. Se till att motorn stöttas säkert.
19 Skruva loss de muttrar som håller fast det högra motorfästet på motorn och skruva dessutom loss de skruvar som håller fast fästet i det inre hjulhuset. Ta bort fästbygeln.
20 Skruva loss drivremskivan från servostyrningspumpen. Vid behov kan remskivan hållas stilla med en 8 mm insexnyckel eller med en skruvmejsel insatt genom ett av hålen i remskivan.
21 Skruva loss fästbygelns fästbult framtill på servostyrningspumpen.
22 Skruva loss de små muttrarna från spännbrickan, skruva sedan loss de två huvudbultarna från spännbrickan.
23 Skruva loss de två fästbultarna, ta sedan bort fästplattan, följt av själva pumpen.
24 Vid montering av en ny pump skruvar du loss kröken och anslutningen från den gamla

pumpen. Kasta O-ringarna och ersätt dem med nya.

Montering

1,8- och 2,0-liters modeller

25 Om det behövs, ska tätningsringen på högtrycksutloppets anslutningsmutter bytas. Helst ska Ford-hylsan användas för att förhindra skador på ringen när den passerar över anslutningsgängorna men ett lämpligt alternativ kan utgöras av plaströr eller genom att lämplig tejp lindas över gängorna. Observera att de nya pumparna levereras med nya anslutningar.
26 Om drivremskivan redan är monterad på pumpen ansluter du högtrycksledningen och skruvar på anslutningen. Dra åt anslutningen till angivet moment.
27 Placera pumpen på motorn, sätt in bultarna och pinnbultarna och dra åt dem till angivet moment.
28 Om drivremskivan inte har monterats på det här stadiet monterar du tillbaka högtrycksröret och drar åt anslutningen till angivet moment.
29 Montera tillbaka hydraulledningens stödfäste och dra åt fästmuttern ordentligt.
30 Montera nya O-ringstätningar på hydraulvätskebehållarens utlopp, montera sedan tillbaka behållaren på pumpen (se

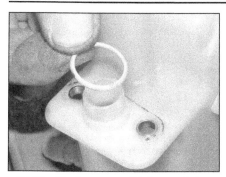

34.30a Montera en ny tätning med stor diameter. . .

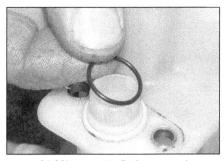

34.30b . . . och tätningen med liten diameter till öppningen på servooljebehållaren. . .

34.30c . . . montera sedan tillbaka behållaren på pumpen

bilder). Sätt i och dra åt bultarna till angivet åtdragningsmoment.

31 Montera tillbaka plastklämman på behållarens bakre del, placera sedan kablaget i den.

32 Återanslut vätskeutloppsslangen (kylare) till behållaren och dra åt klämman.

33 På det här stadiet bör den nya remskivan tryckas på pumpens drivaxel med det speciella Ford-verktyget eller något liknande om en ny pump monteras. Remskivan måste tryckas på i jämnhöjd med axelns ände.

34 Vrid sträckaren medurs, placera sedan drivremmen på remskivorna och lossa sträckaren. Se till att remmens multi-V kuggar hamnar korrekt på remskivorna. Om originalremmen återanvänds, se till att dess riktning är den som har noterats vid demonteringen.

35 Montera tillbaka vevaxelremskivans stänkskydd, montera sedan tillbaka hjulet och sänk ner bilen till marken. Dra åt hjulmuttrarna till angivet moment.

V6 modeller

36 Montera kröken och anslutningen på servostyrningspunkten om tillämpligt, använd nya O-ringstätningar och dra åt skruvarna och anslutningen till angivet moment.

37 Montera tillbaka fästplattan på pumpen och dra åt muttrarna och två huvudbultar till angivet moment.

38 Placera pumpen på motorn, montera tillbaka fästbultarna och dra åt till angivet moment. Montera dessutom tillbaka och dra åt fästbygelns fästbult på pumpens främre del.

39 Montera tillbaka remskivan och dra åt till

angivet moment samtidigt som du håller den stilla som för demontering.

40 Montera tillbaka höger motorfäste och dra åt muttrarna och bultarna till angivet moment. Ta bort garagedomkraften under motorn

41 Montera tillbaka tändstiftens tändkablar och plasthållare på höger motorfäste.

42 Montera tillbaka kylvätskeexpansionskärlet och dra åt fästbultarna.

43 Montera tillbaka behållaren och dra åt fästbulten.

44 Återanslut vätskeslangen till pumpen och dra åt klämman.

45 Om det behövs, ska tätningsringen på högtrycksutloppets anslutningsmutter bytas. Helst ska Ford-hylsan användas för att förhindra skador på ringen när den passerar över anslutningsgängorna men ett lämpligt alternativ kan utgöras av plaströr eller genom att lämplig tejp lindas över gängorna. Observera att de nya pumparna levereras med nya anslutningar.

46 Återanslut högtrycksledningen till pumpen, och dra åt anslutningen till angivet moment. Montera tillbaka stödfästbygelns bult och dra åt den ordentligt.

47 Vrid sträckaren medurs, placera sedan drivremmen på remskivorna och lossa sträckaren. Se till att remmens räfflor hamnar rätt på remskivorna. Om originalremmen återanvänds, se till att dess riktning är den som har noterats vid demonteringen.

48 Montera tillbaka stänkskölden till vevaxelns remskiva och sänk ner bilen på marken. Dra åt hjulmuttrarna till angivet moment.

Alla modeller

49 Återanslut batteriets minusledning (se *Koppla loss batteriet* mot slutet av handboken).

50 Fyll på och servostyrningssystemet enligt beskrivningen i avsnitt 33.

35 Servo oljekylare – demontering och montering

Demontering

1 Lossa batteriets minusledning (jord) (se *Koppla loss batteriet* mot slutet av handboken).

2 Dra åt handbromsen. Lyft upp framvagnen och ställ den på pallbockar (se *Lyftning och stödpunkter*).

3 Vätskeslangarna till och från kylaren måste nu lossas. Anslutningarna vid själva kylaren går inte att komma åt med enheten på plats varför slangarna ska spåras tillbaka från kylaren och lossa dem framtill på hjälpramen. Alternativt kan stötfångaren tas bort enligt beskrivningen i kapitel 11 **(se bild)**. Ha en behållare till hands för uppsamling av utspilld vätska och plugga igen de öppna slangändarna snabbt för att förhindra vätskeförlust och att smuts kommer in.

4 Skruva loss och ta bort kylarens fästskruvar men se till så att inte kylaren (eller luftkonditioneringskondensatorn) skadas. För kylaren (och, om tillämpligt, dess slangar) bort från deras placering **(se bild)**.

35.3 Servooljekylarens slanganslutning

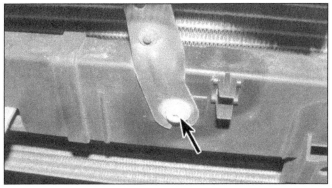

35.4 Servooljekylarens fästskruv

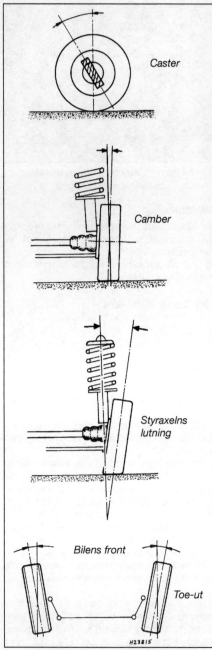

36.2 Hjulinställning och styrningsvinklar

Caster

Camber

Styraxelns lutning

Bilens front

Toe-ut

Hantera enheten försiktigt eftersom kylfenorna skadas lätt.

Montering

5 Montera tillbaka i omvänd ordningsföljd mot demonteringen. Det kan vara lämpligt att byta slangklämmorna av fjädertyp vid återanslutningen av vätskeslangarna. Avsluta med att fylla och lufta servostyrningssystemet enligt beskrivningen i avsnitt 33.

36 Hjulinställning och styrvinklar – allmän information

1 Noggrann framhjulsinställning är viktig för styrningens egenskaper och för att förhindra att däcken slits onormalt mycket. Innan styrningsvinklarna och fjädringen undersöks, kontrollera att däcken har tillräckligt med luft, att framhjulen inte är buckliga och att styrleden och fjädringslederna är i gott skick utan slack eller slitage. Justering av den främre hjälpramen är dessutom kritisk för den främre fjädringens geometri – rådfråga en Ford-verkstad för exakt inställning.

2 Hjulinställningen består av fyra faktorer **(se bild)**:

Cambervinkeln är den vinkel med vilken framhjulen ställs in vertikalt när de ses framifrån bilen. Positiv camber är det värde (i grader) som hjulen lutar utåt från vertikallinjen upptill.

Castervinkeln är vinkeln mellan styraxeln och en vertikal linje sett från sidan av bilen. Positiv caster föreligger om styraxeln lutar bakåt upptill.

Styraxellutningen är vinkeln mellan en vertikal linje och en imaginär linje som dras mellan fjädringsbenets övre fäste och länkarmens kulled.

Toe-in är det värde med vilket avståndet mellan hjulens främre insidor (mätt i navhöjd) skiljer sig från det diametralt motsatta avståndet mellan hjulens bakre insidor.

3 Med undantag för toe-inställningen ställas

alla andra styrvinklar in vid tillverkningen och kan inte efterjusteras. Därför ska alla förinställda styrvinklar vara korrekta, förutsatt att bilen inte har krockskadats. Om du är tveksam, kontakta en Ford-verkstad eftersom det behövs särskilda mätare för att kontrollera styrvinklarna.

4 Det finns två möjliga sätt för hobbymekanikern att kontrollera toe-inställningen. Ett sätt är att använda en mätare och mäta avståndet mellan den främre och den bakre fälgen på insidan av hjulen. Du kan även använda en hasplåt. Båda framhjulen rullas över en rörlig plåt, som känner av däckets eventuella avvikelse, hasning, från det framåtriktade läget. För båda sätten finns ganska billiga verktyg att köpa som tillbehör.

5 Om du kontrollerar toe-inställningen och märker att en justering behövs går du tillväga på följande sätt.

6 Vrid ratten så långt som möjligt åt vänster och räkna antalet gängor som syns på höger styrstagsände. Vrid sedan ratten så långt som möjligt åt höger och räkna antalet gängor som syns på vänster styrstagsände. Om lika mycket av gängorna syns på båda sidor ska efterföljande justeringar göras lika mycket på båda sidor. Om fler gängor syns på endera sidan måste detta kompenseras vid justeringen. Efter justeringen ska du kunna se lika många gängor på båda styrstagen. Detta är mycket viktigt.

7 Lossa låsmuttern på parallellstaget och vrid runt parallellstaget med en självlåsande tång för att ändra toe-in och få önskad inställning. Sett från sidan ökas toe-in om du vrider staget medurs, och toe-ut om du vrider det moturs. Vrid styrstagen ett kvarts varv i taget och kontrollera sedan inställningen igen.

8 Efter justeringen ska låsmuttrarna dras åt. Sätt tillbaka styrväxelns gummidamasker. De rätar ut kablar och dylikt som kan vridas när du vrider styrstagen.

9 Bakhjulens toe-in kan också kontrolleras och justeras men eftersom detta dessutom kräver inställning av framhjulen bör detta överlåtas till en Ford-verkstad eller specialist som har den utrustning som krävs.

Kapitel 11
Kaross och detaljer

Innehåll

Allmän information	1
Bagageluckan – demontering och montering	17
Bagageluckans lås – demontering och montering	18
Baklucka – demontering och montering	19
Bakluckans låskomponenter – demontering och montering	21
Bakluckans stödben – demontering och montering	20
Dörr – demontering och montering	14
Dörrens fönsterhiss och motor – demontering, montering och initiering	12
Dörrens inre klädselpanel – demontering och montering	10
Dörrhandtag och låskomponenter – demontering och montering	13
Dörruta – demontering och montering	11
Glasruta taklucka – demontering, montering och justering	25
Handskfack – demontering och montering	31
Hjulhusfoder – demontering och montering	33
Inre backspegel – demontering och montering	16
Inre klädselpaneler – demontering och montering	28
Instrumentbräda – demontering och montering	32

Kylargrill – demontering och montering	7
Mindre karosskador – reparation	4
Mittkonsol – demontering och montering	29
Motorhuv – demontering, montering och justering	8
Motorhuvens lås – demontering, montering och justering	9
Mugghållare – demontering och montering	35
Sidolister och märken på karossen – demontering och montering	23
Större karosskador – reparation	5
Stötfångare – demontering och montering	6
Säkerhetsbälten – demontering och montering	27
Säten – demontering och montering	26
Takkonsol – demontering och montering	30
Takluckans motor – demontering och montering	24
Tanklocksluckans frigöringskabel – demontering och montering	34
Underhåll – kaross och underrede	2
Underhåll – klädsel och mattor	3
Vindruta och fasta rutor – demontering och montering	22
Yttre backspeglar och spegelglas – demontering och montering	15

Svårighetsgrad

Enkelt, passar novisen med lite erfarenhet	**Ganska enkelt,** passar nybörjaren med viss erfarenhet	**Ganska svårt,** passar kompetent hemmamekaniker	**Svårt,** passar hemmamekaniker med erfarenhet 	**Mycket svårt,** för professionell mekaniker

Specifikationer

Åtdragningsmoment	Nm
Bagageluckans eller bakluckans gångjärn bultar	23
Bakre stötfångare till fästbygel	20
Bakre säkerhetsbälte tapp (Sedan)	55
Baksätets dyna	25
Baksätets ryggstöd (Sedan)	25
Baksätets ryggstöd gångjärnsbultar	55
Baksätets ryggstöd gångjärnssprint i mitten	20
Baksätets ryggstöd lås	30
Baksätets ryggstöd låsplatta i mitten	25
Dörrkontroll rem till dörr	6
Dörrkontroll rem till dörrstolpe	23
Framsätets fästbultar	25
Höjdjusterare säkerhetsbälte fram	25
Låstunga dörr	28
Motorhuvens gångjärn på kaross och motorhuv	25
Motorhuvsspärr	8
Stötfångarfäste på kaross	15
Säkerhetsbältets bältesrullen	38
Säkerhetsbältets fästbultar	38
Tapp och bältessträckare till säkerhetsbältet fram	50
Ytterspegel	2

1 Allmän information

Karossen och ramverket på alla modeller är en svetsad konstruktion helt i stål med progressiva deformationszoner fram och bak och en stabil mittre säkerhetscell.

Mellanväggen bakom motorrummet har krockspår som avgör dess egenskaper när det gäller energiabsorption för att förhindra att framhjulen tränger in i passagerarutrymmet vid en allvarlig olycka. Alla passagerardörrar har sidokrockstag.

Alla korrosionsutsatta metall plåtytor är galvaniserade. Lackeringens grundfärg är mycket lik täckskiktet för att stenskott inte ska synas så tydligt.

Dörrens gångjärn är bultade både på dörren och karossen och låstungsplattorna har inbyggda kontaktbrytare.

De främre och bakre stötfångarna har inbyggda skumelement som sprider krafterna till deformationszonerna i händelse av en olycka. Framsätena har aktiva nackstöd – vid en påkörning bakifrån får tryck mot sätets baksida nackstödet att tryckas framåt och uppåt för att stötta halsen. Framsätena är dessutom av en typ som lyfter upp sätena vid en kollision – vid en allvarlig frontalkrock lyfts sätets framände uppåt när det rör sig framåt för att förhindra att den åkande glider framåt ner i fotutrymmet.

Säkerhetsbälten med bältesrulle är monterade och tapparna till säkerhetsbältet fram är monterade på automatiska sträckare. Vid en allvarlig frontalkrock aktiveras systemet och drar spännet nedåt så att säkerhetsbältet spänns. Det går inte att återställa en sträckare som löst ut. Därför måste den bytas. Sträckarna löser ut med en explosiv laddning liknande den som används för krockkuddar och de aktiveras via krockkuddarnas styrenhet. Ett påminnelsesystem för säkerhetsbältet varnar föraren med en varningslampa och ett varningsljud om säkerhetsbältet inte har spänts fast – detta system kan deaktiveras av en Ford-verkstad om så önskas.

Centrallås med "dubbellåsning" monteras som standard. När bilen låses normalt (enkel låsning) går det fortfarande att använda de invändiga dörrhandtagen för att öppna dörrarna. När den dubbla låsfunktionen används lossas dörrlåsmekanismen vilket gör det omöjligt att öppna någon av dörrarna eller bakrutan/bakluckan från bilens insida. Detta innebär att även om en tjuv krossar en sidoruta så kommer han inte att kunna öppna dörren med innerhandtaget. Vid en allvarlig olycka låser en krockgivare upp alla dörrar om de tidigare var låsta. Centrallåssystemet övervakas och styrs av den centrala elektronikmodulen (GEM) som dessutom synkroniserar dörrarnas låsfunktioner. Om bilen låses upp med fjärrkontrollen utan att någon dörr öppnas och tändningen inte slås på inom 45 sekunder låser GEM bilen igen automatiskt. Alla fönster och takluckan kan stängas genom att man trycker på fjärrkontrollens låsknapp under ungefär 2 sekunder men åtgärden avbryts om ett objekt fastnar. Motorhuven låses upp med tändningsnyckeln när Ford-märket på kylargrillen har svängts moturs.

Många av metoderna i det här kapitlet kräver att batteriet kopplas ur (se *Koppla loss batteriet* mot slutet av handboken).

2 Underhåll – kaross och underrede

Karossens allmänna skick påverkar bilens värde väsentligt. Underhållet är enkelt men måste vara regelbundet. Försummat underhåll, speciellt efter smärre skador, kan snabbt leda till värre skador och dyra reparationer. Det är även viktigt att hålla ett öga på de delar som inte är direkt synliga, exempelvis underredet, under hjulhusen och de nedre delarna av motorrummet.

Tvättning utgör grundläggande underhåll av karossen – helst med stora mängder vatten från en slang. Detta tar bort all lös smuts som har fastnat på bilen. Det är viktigt att smutsen spolas bort på ett sätt som förhindrar att lacken skadas. Hjulhusen och underredet behöver också spolas rent från lera som håller kvar fukt, vilken i sin tur kan leda till rostskador. Paradoxalt nog är det bäst att tvätta av underredet och hjulhuset när det regnar eftersom leran då är blöt och mjuk. Vid körning i mycket våt väderlek spolas vanligen underredet av automatiskt vilket ger ett lämpligt tillfälle för kontroll.

Med undantag för bilar med vaxade underreden är det bra att periodvis rengöra hela undersidan av bilen, inklusive motorrummet, med ångtvätt så att en grundlig kontroll kan utföras för att se vilka åtgärder och mindre reparationer som behövs. Ångtvättar finns att få tag på hos bensinstationer och verkstäder och behövs när man ska ta bort de ansamlingar av oljeblandad smuts som ibland lägger sig tjockt i vissa utrymmen. Om en ångtvätt inte finns tillgänglig finns det ett par utmärkta avfettningsmedel som man stryker på med borste för att sedan spola bort smutsen. Observera att ingen av ovanstående metoder ska användas på bilar med vaxade underreden, eftersom de tar bort vaxet. Bilar med vaxade underreden ska kontrolleras årligen, helst på senhösten. Underredet ska då tvättas av så att skador och vaxbestrykningen kan hittas och åtgärdas. Helst ska ett helt nytt lager vax läggas på. Överväg även att spruta in vaxbaserat skydd i dörrpaneler, trösklar, balkar och liknande som ett extra rostskydd där tillverkaren inte redan åtgärdat den saken.

Torka av lacken med sämskskinn efter tvätten så att den får en fin yta. Ett lager med genomskinligt skyddsvax ger förbättrat skydd mot kemiska föroreningar i luften. Om lacken mattats eller oxiderats kan ett kombinerat rengörings-/polermedel återställa glansen. Detta kräver lite arbete, men sådan mattning orsakas vanligen av slarv med regelbundenheten i tvättningen. Metalliclacker kräver extra försiktighet och speciella slipmedelsfria rengörings-/polermedel krävs för att inte skada ytan. Kontrollera alltid att dräneringshål och rör i dörrar och ventilation är öppna så att vatten kan rinna ut. Kromade ytor ska behandlas på samma sätt som lackerade. Fönster och vindrutor ska hållas fria från fett och smuts med hjälp av fönsterputs. Vax eller andra medel för polering av lack eller krom ska inte användas på glas.

3 Underhåll – klädsel och mattor

Mattorna ska borstas eller dammsugas med jämna mellanrum så att de hålls rena. Om de är svårt nedsmutsade kan de tas ut ur bilen och skrubbas. Se i så fall till att de är helt torra innan de läggs tillbaka i bilen. Säten och klädselpaneler kan torkas rena med fuktig trasa. Om de smutsas ner (syns ofta bäst i ljusa inredningar) kan lite flytande tvättmedel och en mjuk nagelborste användas för att skrubba ut smutsen ur materialet. Glöm inte takets insida. Håll det rent på samma sätt som klädseln. När flytande rengöringsmedel används inne i en bil får de tvättade ytorna inte överfuktas. För mycket fukt kan tränga in i sömmar och stoppning och framkalla fläckar, störande lukter och till och med röta. Om insidan av bilen blir mycket blöt är det mödan värt att torka ur den ordentligt, speciellt mattorna. *Lämna inte olje- eller eldrivna värmare i bilen för detta ändamål.*

4 Mindre karosskador – reparation

Mindre repor

Om en repa är mycket ytlig och inte har trängt ner till karossmetallen är reparationen mycket enkel att utföra. Gnugga det skadade området helt lätt med lackrenoveringsmedel eller en mycket finkornig slippasta så att lös lack tas bort från repan och det omgivande området befrias från vax. Skölj med rent vatten.

Lägg bättringslack på skråman med en fin pensel. Lägg på i många tunna lager till dess att ytan i skråman är i jämnhöjd med den omgivande lacken. Låt den nya lacken härda i minst två veckor och jämna sedan ut den mot omgivande lack genom att gnugga hela området kring repan med lackrenoveringsmedel eller en mycket finkornig slippasta. Avsluta med en vaxpolering.

Om repan gått ner till karossmetallen och

denna börjat rosta krävs en annan teknik. Ta bort lös rost från botten av repan med ett vasst föremål och lägg sedan på rostskyddsfärg så att framtida rostbildning förhindras. Använd sedan ett spackel av gummi eller nylon och fyll upp repan med spackelmassa. Vid behov kan spacklet tunnas ut med thinner så att det blir mycket tunt vilket är idealiskt för smala repor. Innan spacklet härdar, linda ett stycke mjuk bomullstrasa runt en fingertopp. Doppa fingret i cellulosaförtunning och stryk snabbt över fyllningen i repan. Detta ser till att spackelytan blir något ihålig. Lacka sedan över repan enligt tidigare anvisningar.

Bucklor

När en djup buckla uppstått i bilens kaross blir den första uppgiften att räta ut den så att karossen i det närmaste återfår ursprungsformen. Det finns ingen anledning att försöka återställa formen helt eftersom metallen i det skadade området sträckt sig vid skadans uppkomst och aldrig helt kommer att återta sin gamla form. Det är bättre att försöka ta bucklans nivå upp till ca 3 mm under den omgivande karossens nivå. Om bucklan är mycket grund är det inte värt besväret att räta ut den. Om undersidan av bucklan är åtkomlig kan den knackas ut med en träklubba eller plasthammare. När detta görs ska mothåll användas på plåtens utsida så att inte större delar knackas ut.

Skulle bucklan finnas i en del av karossen som har dubbel plåt, eller om den av någon annan anledning är oåtkomlig från insidan, krävs en annan teknik. Borra ett flertal hål genom metallen i bucklan – speciellt i de djupare delarna. Skruva därefter in långa plåtskruvar precis så långt att de får ett fast grepp i metallen. Dra sedan ut bucklan genom att dra i skruvskallarna med en tång.

Nästa steg är att ta bort lacken från det skadade området och ca 3 cm runt den omgivande oskadade plåten. Detta görs enklast med stålborste eller slipskiva monterad på borrmaskin, men det kan även göras för hand med slippapper. Fullborda underarbetet genom att repa den nakna plåten med en skruvmejsel eller filspets, eller genom att borra små hål i det område som ska spacklas. Detta gör att spacklet fäster bättre.

Se avsnittet om spackling och sprutning för att avsluta reparationen.

Rosthål och revor

Ta bort lacken från det drabbade området och ca 30 mm av den omgivande oskadade plåten med en sliptrissa eller stålborste monterad i en borrmaskin. Om sådana verktyg inte finns tillgängliga kan ett antal ark slippapper göra jobbet lika effektivt. När lacken är borttagen kan rostskadans omfattning uppskattas mer exakt och därmed kan man avgöra om hela panelen (om möjligt) ska bytas ut eller om rostskadan ska repareras. Nya plåtdelar är inte så dyra som de flesta tror och

det går ofta snabbare och ger bättre resultat med plåtbyte än att försöka reparera större rostskador.

Ta bort all dekor från det drabbade området, utom den som styr den ursprungliga formen av det drabbade området, exempelvis lyktsarger. Ta sedan bort lös eller rostig metall med plåtsax eller bågfil. Knacka kanterna något inåt så att du får en grop för spacklingsmassan.

Borsta av det drabbade området med en stålborste så att rostdamm tas bort från ytan av kvarvarande metall. Lacka det berörda området med rostskyddsfärg om baksidan på det rostiga området går att komma åt behandlar du även det.

Före spacklingen måste hålet blockeras på något sätt. Detta kan göras med nät av plast eller aluminium eller med aluminiumtejp.

Nät av plast eller aluminium eller glasfiberväv är antagligen det bästa materialet för ett stort hål. Skär ut en bit som är ungefär lika stor som det hål som ska fyllas och placera den i hålet så att kanterna är under nivån för den omgivande plåten. Ett antal klickar spackelmassa runt hålet fäster materialet.

Aluminiumtejp bör användas till små eller mycket smala hål. Dra av en bit tejp från rullen och klipp till den storlek och form som behövs. Dra bort eventuellt skyddspapper och fäst tejpen över hålet. Flera remsor kan läggas bredvid varandra om bredden på en inte räcker till. Tryck ner tejpkanterna med ett skruvmejselhandtag eller liknande så att tejpen fäster ordentligt på metallen.

Spackling och sprutning

Se tidigare anvisningar beträffande reparation av bucklor, repor, rosthål och andra hål innan beskrivningarna i det här avsnittet följs.

Det finns många typer av spackelmassa. Generellt sett är de som består av grundmassa och härdare bäst vid den här typen av reparationer. Ett bred och följsamt spackel av nylon eller gummi är ett ovärderligt verktyg för att skapa en väl formad spackling med fin yta.

Blanda lite massa och härdare på en skiva av exempelvis kartong eller masonit. Följ tillverkarens instruktioner och mät härdaren noga, i annat fall härdar spacklingen för snabbt eller för långsamt. Bred ut massan på det förberedda området med spackeln; dra applikatorn över massans yta för att forma den och göra den jämn. Sluta bearbeta massan så snart den börjar anta rätt form. Om du arbetar för länge kommer massan att bli klibbig och fastna på spackeln. Fortsätt lägga på tunna lager med ca 20 minuters mellanrum till dess att massan är något högre än den omgivande plåten.

När massan härdat kan överskottet tas bort med hyvel eller fil. Börja med nr 40 och avsluta med nr 400 våt- och torrpapper. Linda alltid papperet runt en slipkloss, i annat fall blir inte den slipade ytan plan. Vid slutpoleringen med torr- och våtpapper ska papperet då och då sköljas med vatten. Detta skapar en mycket slät yta på massan i slutskedet.

På det här stadiet bör bucklan vara omgiven av en ring med ren metall, som i sin tur omges av den ruggade kanten av den "friska" lacken. Skölj av reparationsområdet med rent vatten tills allt slipdamm har försvunnit.

Spruta ett tunt lager grundfärg på hela reparationsområdet. Då avslöjas mindre ytfel i spacklingen. Laga dessa med ny spackelmassa eller filler och slipa av ytan igen. Massa kan tunnas ut med thinner så att den blir mer lämpad för riktigt små gropar. Upprepa denna sprutning och reparation till dess att du är nöjd med spackelytan och den ruggade lacken. Rengör reparationsytan med rent vatten och låt den torka helt.

Reparationsytan är nu klar för lackering. Färgsprutning måste utföras i ett varmt, torrt, drag- och dammfritt utrymme. Detta kan åstadkommas inomhus om det finns tillgång till ett större arbetsområde. Om arbetet måste äga rum utomhus är valet av dag av stor betydelse. Om arbetet utförs inomhus kan golvet spolas av med vatten eftersom detta binder damm som annars skulle finnas i luften. Om reparationsområdet begränsas till en karosspanel täcker du över omgivande paneler. Då kommer inte mindre nyansskillnader i lacken att synas lika tydligt. Dekorer och detaljer (kromlister, handtag med mera) ska även de maskeras. Använd riktig maskeringstejp och flera lager tidningspapper för att göra detta.

Före sprutning, skaka burken ordentligt och spruta på en provbit, exempelvis en konservburk, tills tekniken behärskas. Täck reparationsområdet med ett tjockt lager grundfärg. Tjockleken ska byggas upp med flera tunna färglager, inte ett enda tjockt lager. Slipa ner grundfärgen med nr 400 slippapper tills den är riktigt slät. Medan detta utförs ska ytan hållas våt och papperet ska periodvis sköljas i vatten. Låt torka innan mer färg läggs på.

Spruta på färglagret och bygg upp tjockleken med flera tunna lager färg. Börja spruta i ena kanten och arbeta med sidledes rörelser till dess att hela reparationsytan och ca 5 cm av den omgivande lackeringen täckts. Ta bort maskeringen 10 – 15 minuter efter att det sista färglagret sprutats på.

Låt den nya lacken härda i minst två veckor innan den nya lackens kanter jämnas ut mot den gamla med en lackrenoverare eller mycket fin slippasta. Avsluta med en vaxpolering.

Plastdetaljer

Eftersom biltillverkarna använder mer och mer plast i karosskomponenterna (t.ex. i stötfångare, spoilrar och i vissa fall även i de större karosspanelerna), har reparationer av allvarligare skador på sådana komponenter blivit fall för specialister eller så får hela komponenterna bytas ut. Gör-det-självreparationer av sådana skador lönar sig inte på grund av kostnaden för den specialutrustning och de speciella material som krävs. Principen för dessa reparationer är dock att en skåra tas upp längs med skadan med en roterande rasp i en borrmaskin. Den skadade delen svetsas sedan ihop med en varmluftspistol och en plaststav i skåran. Plastöverskott tas bort och ytan slipas ner. Det är viktigt att rätt typ av plastlod används. Plasttypen i karossdelar varierar och kan bestå av exempelvis PCB, ABS eller PPP.

Mindre allvarliga skador (skrapningar, små sprickor etc.) kan lagas av en hemmamekaniker med hjälp av en tvåkomponents epoxymassa. Den blandas i lika delar och används sedan på ungefär samma sätt som spackelmassa på plåt. Epoxyn härdar i regel inom 30 minuter och kan sedan slipas och målas.

Om ägaren har bytt en komponent på egen hand eller reparerat med epoxymassa, återstår svårigheten att hitta en färg som lämpar sig för den aktuella plasten. Tidigare fanns ingen universalfärg som kunde användas, på grund av det breda utbudet av plaster i karossdelar. Generellt sett fastnar inte standardfärger på plast och gummi, men det finns färger och kompletta färgsatser för plast- och gummilackering och att köpa. Numera finns det dock satser för plastlackering att köpa. Dessa består i princip av förprimer, grundfärg och färglager. Kompletta instruktioner finns i satserna, men grundmetoden är att först lägga på förprimern på den aktuella delen och låta den torka i 30 minuter. Sedan ska grundfärgen läggas på och lämnas att torka i ungefär en timme innan det färgade ytlacket läggs på. Resultatet blir en korrekt färgad del där lacken kan röra sig med materialet, något de flesta standardfärger inte klarar.

5 Större karosskador – reparation

Om helt nya paneler måste svetsas fast på grund av större skador eller bristande underhåll, bör arbetet överlåtas till professionella mekaniker. Om det är frågan om en allvarlig krockskada måste en professionell mekaniker med uppriktningsriggar utföra arbetet för att det ska bli framgångsrikt. Förvridna delar kan även orsaka stora belastningar på komponenter i styrning och fjädring och möjligen kraftöverföringen med åtföljande slitage och förtida haveri, i synnerhet då däcken.

6 Stötfångare – demontering och montering

Främre stötfångare

Modeller upp till juli 2003

1 Dra åt handbromsen. Lyft sedan upp framvagnen och ställ den på pallbockar (se *Lyftning och stödpunkter*).

6.7 Skruva loss de skruvar som håller fast hjulhusfodret på den främre stötfångaren. . .

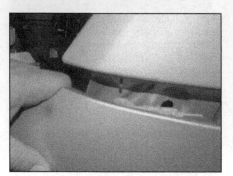
6.9a . . . ta sedan bort den främre stötfångaren . . .

2 Lossa de två klämmorna, ta sedan bort kylargrillen från frontpanelen.
3 Bänd loss strålkastarens brickkåpor från den främre stötfångaren om det är tillämpligt.
4 Skruva loss fästskruvarna och ta bort skvalpplåten underifrån kylaren.
5 Lossa kablaget från indikatorn för låg temperatur på stötfångaren.
6 Lossa kablaget från dimstrålkastarna om det är tillämpligt.
7 Arbeta på båda sidorna, skruva loss de skruvar som håller fast hjulhusfodret på den främre stötfångaren **(se bild)**.
8 Dra ut stötfångarens bakre kant på båda sidorna och skruva loss de tre fästbultarna **(se bild)**.
9 Lyft försiktigt bort den främre stötfångaren från bilen med hjälp av en medhjälpare, observera hur styrstiften går i ingrepp i fästet på den främre kanten **(se bilder)**.

6.14a Ta bort sju skruvar. . .

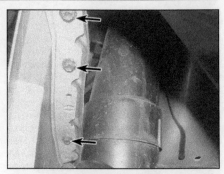
6.8 . . . skruva sedan loss fästbultarna på varje sida . . .

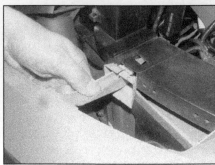
6.9b . . . observera hur placeringsstiften går i ingrepp i fästet

10 Monteringen sker i omvänd ordningsföljd mot demonteringen.

Modeller från juli 2003

11 Ta bort kylargallret enligt beskrivningen i avsnitt 7, och ta bort båda strålkastare enligt beskrivningen i kapitel 12.
12 Bänd loss strålkastarens brickkåpor från den främre stötfångaren om det är tillämpligt.
13 Dra åt handbromsen. Lyft sedan upp framvagnen och ställ den på pallbockar (se *Lyftning och stödpunkter*).
14 Skruva loss totalt sju skruvar och ta bort stänkskyddet av plast under kylaren **(se bilder)**.
15 Lossa kablaget från varningsgivaren för låg temperatur (is/frost) på stötfångaren – anslutningskontakten är placerad över höger dimstrålkastare fram om tillämpligt. Alternativt kan själva givaren lossas från stötfångarens

6.14b . . . och sänk ner stänkskölden under kylaren

6.15a Lossa frost-/isgivarens anslutnings-kontakt över dimstrålkastaren. . .

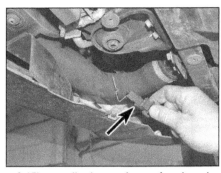

6.15b . . . eller lossa givaren (markerad med pil) från stötfångaren

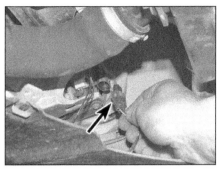

6.16 Lossa anslutningskontakterna till dimstrålkastarna fram

insida genom att den dras bakåt (givaren finns till höger om stötfångarens nedre galler) (se bilder).
16 Lossa kablaget från dimstrålkastarna på varje sida om tillämpligt – åtkomsten till anslutningskontakterna hindras av kylarens nedre slang. Pluggarna har spärrar på vardera sidan som måste dras utåt försiktigt för att lossa dem (se bild).
17 Arbeta på båda sidorna, skruva loss de skruvar som håller fast hjulhusfodret på den främre stötfångaren (se bilder).

18 Dra ut stötfångarens bakre kant på båda sidorna, dra sedan tillbaka hjulhusfodret och skruva av stötfångarens fästskruvar underifrån på den plats där stötfångaren går ihop med framskärmen. Beroende på modell kan det finnas två, tre eller fyra bultar (se bild). Åtkomsten är begränsad – ta bort flera av hjulhusfodrets skruvar eller ta till och med bort fodret helt om det behövs.
19 Lossa stötfångarens två styrstift i varje strålkastaröppning genom att trycka flikarna neråt eller genom att luta stötfångaren uppåt.

Lyft försiktigt upp den främre stötfångaren bort från bilen med hjälp av en medhjälpare (se bilder).
20 Monteringen sker i omvänd ordningsföljd mot demonteringen.

Bakre stötfångare

Modeller upp till juli 2003

21 Klossa framhjulen och lyft sedan upp bilens bakre del och stötta upp den på pallbockar (se Lyftning och stödpunkter).

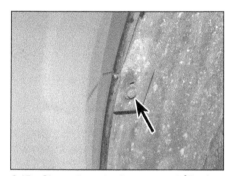

6.17a Skruva loss de skruvar som håller fast hjulhusfodren i den främre stötfångaren. . .

6.17b . . . observera att en av dem monteras underifrån

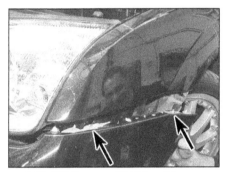

6.18 Stötfångare skild från skärmen, fästbultarnas placering visas (markerad med pil)

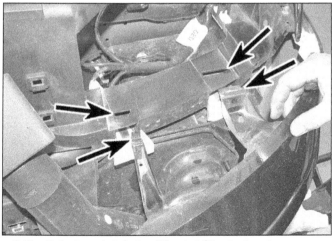

6.19a Haka loss de två styrstiften i strålkastaröppningarna. . .

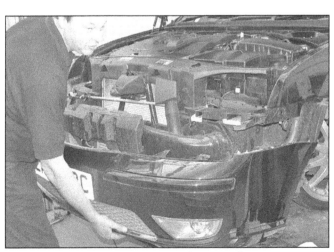

6.19b . . . och ta bort stötfångaren från bilen

6.24 Skruva loss den bakre stötfångarens främre fästbultar. . .

6.25 . . . och de nedre sidoskruvarna . . .

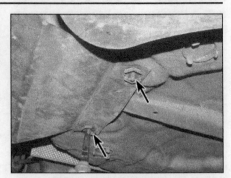

6.26 . . . och muttrarna på reservhjulsbaljan. . .

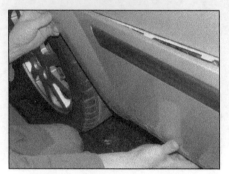

6.28 . . . lyft sedan av den bakre stötfångaren från bilen

6.33a Skruva loss skruvarna till den bakre stötfångaren på hjulhusfodret. . .

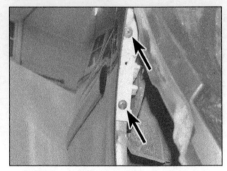

6.33b . . . sträck sedan in handen och skruva loss stötfångarens fästskruvar

22 Öppna den bakrutan eller bakluckan beroende på modell.
23 Skruva loss de två övre fästskruvarna som håller fast den bakre stötfångaren på bakluckans innerpanel på sedanmodeller med fyra dörrar.
24 Arbeta baktill i respektive bakre hjulhus och skruva loss den bakre stötfångarens främre fästbultar. Bultarna sitter på hjulaxlarnas bakkanter (se bild).
25 Skruva loss de nedre skruvarna från stötfångarens sidor (se bild).
26 Arbeta under bilen, skruva loss de muttrar som håller fast stötfångaren på reservhjulsbaljan (se bild).
27 Lossa kablaget från givarna bakom stötfångaren på modeller som är utrustade med parkeringshjälp.

28 Lyft försiktigt upp den främre stötfångaren bort från bilen med hjälp av en medhjälpare (se bild).
29 Monteringen sker i omvänd ordningsföljd mot demonteringen.

Modeller från juli 2003

30 Öppna bakrutan eller bakluckan beroende på modell.
31 Ta bort stötdämparens två övre fästskruvar i hörnen i bakluckans öppning i sedanmodeller.
32 Klossa framhjulen, lyft sedan upp bilens bakre del och stötta upp den på pallbockar (se Lyftning och stödpunkter).
33 Arbeta i de bakre hjulhusen och ta bort de tre skruvar som håller fast hjulhusfodret på stötfångarens kant. Dra tillbaka fodret, sträck dig sedan in och skruva loss de två

fästskruvarna till stötfångaren på varje sida (se bilder).
34 Dra försiktigt stötfångarens sidor utåt för att lossa sidoklämmorna (se bild).
35 Lossa kablaget från givarna bakom stötfångarna i modeller som är utrustade med bakre parkeringshjälp – det ska finnas fyra kontakter totalt som är färgkodade för att undvika förväxling vid återmonteringen (se bild).
36 Arbeta under bilen, skruva loss de muttrar som håller fast stötfångarens nedre kant på reservhjulsbaljan – det finns fyra muttrar på sedan- och halvkombimodeller, endast två på kombimodeller (se bild). På 3,0 liters ST-modeller är stötfångarens nedre kant fäst med en rad med fem skruvar över baksidan.
37 Lyft försiktigt bort den bakre stötfångaren

6.34 Dra stötfångarens ändar utåt för att lossa sidoklämmorna

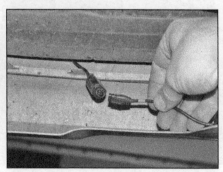

6.35 Lossa parkeringshjälpen vid backning om tillämpligt

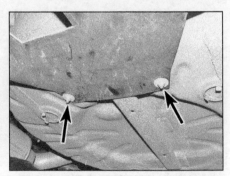

6.36 Skruva loss stötfångarens fästmuttrar under bilen

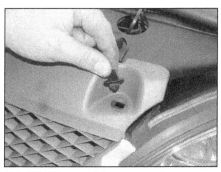

6.37 Ta bort den bakre stötfångaren

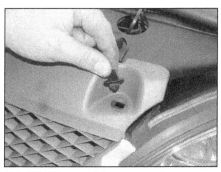

7.2 Vrid fästanordningarna ett kvarts varv
för att ta bort dem

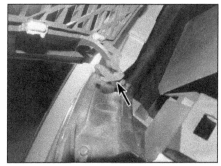

7.3 Haka loss kylargrillen från tvärpanelen

7.5 Vrid fästanordningarna ett kvarts varv
för att ta bort dem

7.6 Dra grillens nederkant framåt. . .

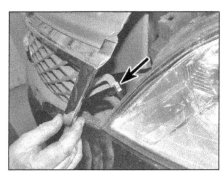

7.7 . . . och haka loss sidotapparna baktill

från bilen med hjälp av en medhjälpare **(se bild)**.
38 Montering sker i omvänd ordningsföljd.

7 Kylargrill – demontering och montering

Demontering

Modeller upp till juli 2003

1 Låt motorhuven vara i öppen.
2 Lossa fästanordningarna på vardera övre hörn på kylargrillen. Vrid fästanordningarna ett kvarts varv för att lossa dem **(se bild)**.
3 Haka loss gallret från dess nedre fästen och ta bort det från bilen **(se bild)**.

Modeller från juli 2003

4 Låt motorhuven vara i öppen.

5 Lossa fästanordningarna på respektive övre hörn på kylargrillen. Vrid fästanordningarna ett kvarts varv för att lossa dem **(se bild)**.
6 Håll tillbaka stötfångaren med en hand och dra försiktigt grillens nederkant framåt för att lossa en rad med små flikar som placerar grillen i stötfångaren **(se bild)**.
7 Grillen har även två sidotappar som hakar fast löst runt strålkastarnas kanter – när grillens nederkant är fri, hakar du loss sidotapparna så att grillen kan tas bort **(se bild)**.

Montering

Modeller upp till juli 2003

8 Monteringen utförs i omvänd ordningsföljd mot demonteringen.

Modeller från juli 2003

9 Passa in grillen löst på plats och haka först fast sidotapparna runt strålkastarna.

10 Se till att grillen är i linje med stötfångarens överdel, tryck sedan den nedre kanten bakåt så att de nedre flikarna går i ingrepp i stötfångaren.
11 Fäst slutligen grillens övre hörn genom att sätta in och vrida de två fästanordningarna.

8 Motorhuv – demontering, återmontering och justering

Demontering

1 Öppna motorhuven. Det krävs hjälp av en medhjälpare när stödbenen lossas.
2 Skruva loss skruvarna och ta bort plast resonatorn från motorhuven **(se bilder)**.
3 Bänd ut klämmorna från isoleringspanelen på motorhuvens undersida för att komma åt vindrutespolare slangarna **(se bild)**. Det är inte nödvändigt att helt ta bort isolatorn.

8.2a Skruva loss skruvarna. . .

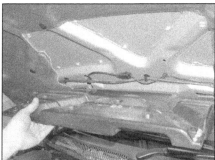

8.2b . . . och ta bort resonatorn av plast
från motorhuvens undersida

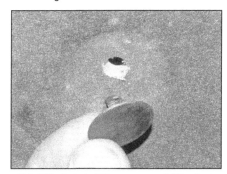

8.3 Bänd ut de klämmor som håller fast
isoleringspanelen på motorhuven

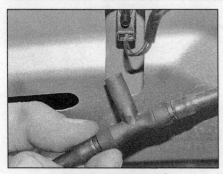

8.4 Lossa slangarna från spolarmunstyckena

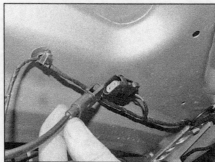

8.5 Lossa kablaget till spolarstrålvärmen

höjd med stoppklacksgummina som skruvas in och ut i frontpanelen om det behövs.
13 När motorhuven är inriktad mot skärmarna och strålkastarna etc. på ett tillfredsställande sätt drar du åt gångjärnsbultarna och monterar tillbaka låset (eller låstungan). Justera låsets (eller låstungans) placering så att låstungan kommer in i låset centrerat. Montera tillbaka eventuella andra demonterade komponenter för att slutföra.

9 Motorhuvens lås – demontering, återmontering och justering

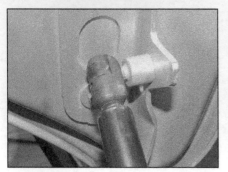

8.7 Stödben och motorhuvens fästbygel

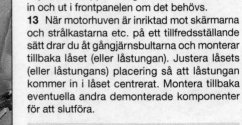

8.8 Skruva loss bultarna motorhuv på gångjärn

Demontering

1 Ta bort kylargrillen enligt beskrivningen i avsnitt 7.
2 Det personliga låsets cylinderenhet är fäst på säkerhetshuset med avdragsbultar och dessa bultar måste borras ur för att komma åt låset **(se bild)**. Använd nya bultar vid återmonteringen.
3 Använd en mjuk blyertspenna för att märka ut placeringen av motorhuvens lås på den främre tvärbalken, skruva sedan loss fästbultarna och ta bort låset **(se bild)**.

Montering och justering

4 Återmonteringen sker i omvänd ordning jämfört med demonteringen men låset ska placeras på det sätt noterats tidigare innan bultarna dras åt. Kontrollera att motorhuvens låstunga kommer in i låset centraliserat. Vid återmontering av cylinderns personliga lås drar du åt de nya avdragsbultarna tills deras huvuden går av. Kontrollera att motorhuvens framkant är i plan med framskärmarna och rikta in motorhuven enligt beskrivningen i avsnitt 8 om det behövs.

10 Dörrens inre klädselpanel – demontering och montering

Demontering

Framdörr

1 Lossa batteriets minusledning (se *Koppla loss batteriet* mot slutet av handboken).

4 Dra försiktigt av slangarna från spolarmunstyckena och lossa dem från fästklämmorna **(se bild)**.
5 Lossa kablaget till spolar munstyckets värmare och lossa det från fästklämmorna **(se bild)**.
6 För att underlätta inpassningen av motorhuven vid monteringen markerar du gångjärnens utsida med en mjuk blyertspenna.
7 Bänd bort fjäderklämmorna och lossa stödbenen samtidigt som en medhjälpare håller motorhuven i helt öppet läge **(se bild)**.
8 Skruva loss de fyra bultarna och lyft av motorhuven från bilen med hjälp av en medhjälpare **(se bild)**.

Montering och justering

9 Monteringen sker i omvänd ordningsföljd mot demonteringen. Om originalmotorhuven monteras tillbaka och gångjärnspositionerna

har noterats noggrant bör det inte finnas något behov att utföra en fullständig justering.
10 Före återmontering av stödbenen stänger du långsamt motorhuven och kontrollerar att låstungan kommer in i låset centrerat **(se bild)**. Kontrollera dessutom att motorhuven är i nivå med framskärmarna och vindrutans torpedplåt. Om justeringen är slutförd återansluter du stödbenen - om inte ställer du in motorhuvens position enligt beskrivningen ovan.
11 Enligt Ford bör motorhuvens lås tas bort före en omfattande justering av motorhuven – detta gör att motorhuven kan stängas helt utan att låset går i ingrepp vilket bör göra justeringen enklare. Ta bort de två skruvar som håller fast låset på den främre panelen enligt beskrivningen i avsnitt 9. Alternativt kan låsgreppet tas bort från motorhuven.
12 Justera motorhuvens placering vid gångjärnsbultarna och justera dess främre

8.10 Motorhuvens låstunga

9.2 Avdragsbultar som håller fast cylinderns personliga lås i huset

9.3 Vy uppifrån av motorhuvens lås

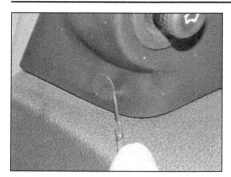

10.2a Bänd ut plastkåpan. . .

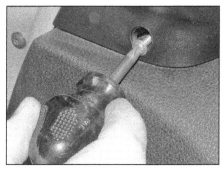

10.2b . . . skruva sedan loss skruven . . .

10.2c . . . och koppla loss ytterspegelns
kablage

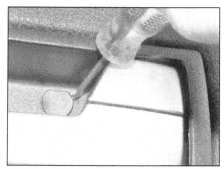

10.3a Bänd ut plastkåpan. . .

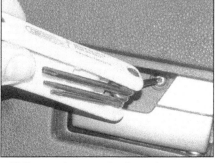

10.3b . . . skruva sedan loss skruven . . .

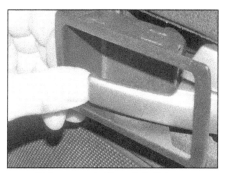

10.3c . . . och för av infattningen

2 Bänd ut plastkåpan, skruva sedan loss den skruv som håller fast ytterspegelns klädselpanel på dörren. Ta bort panelen och lossa kablaget från kontrollbrytaren **(se bilder)**.
3 Bänd ut plastkåpan, använd sedan en insexnyckel för att skruva loss den skruv som håller fast innerhandtagets infattning på dörren. För infattningen till ena sidan över det inre handtaget **(se bilder)**.
4 Bänd försiktigt ut kåpan inifrån dörrens draghandtag, skruva sedan loss de exponerade skruvarna som håller fast klädselpanelen på dörren **(se bilder)**.
5 Ta bort klädselpanelens fästskruvar. Det finns två fram, två bak och två längst ner **(se bild)**.
6 Lyft av klädselpanelen en aning för att lossa

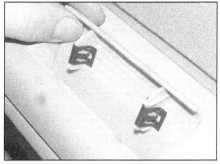

10.4a Bänd ut kåpan. . .

den övre kanten, ta sedan bort panelen från dörren tillräckligt mycket för att lossa kablaget från den elektriska fönstrets brytare **(se bild)**.
7 Om det krävs ytterligare isärtagning av

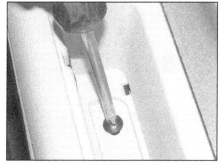

10.4b . . . och skruva loss skruvarna

dörren tar du bort det vattentäta membranet på följande sätt. Bänd ut fästklämman till elfönsterhissarnas kablagehölje, lossa sedan ytterspegelns kablage och för kontaktdonet

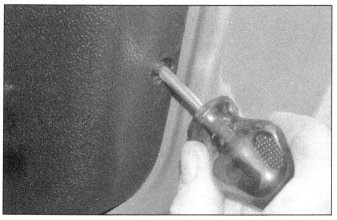

10.5 Ta bort klädselpanelens fästskruvar

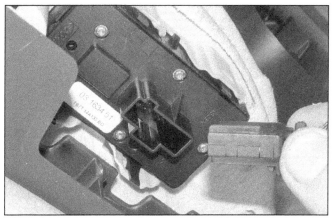

10.6 Lossa kablaget från elfönsterbrytaren

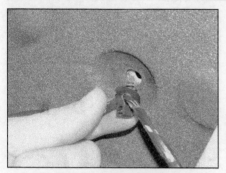

10.7a Bänd ut kablageklämman . . .

10.7b . . . koppla loss ytterspegelns kablage . . .

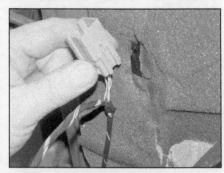

10.7c . . . för kontaktdonet från stödet . .

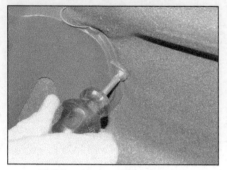

10.7d . . . ta bort högtalaren. . .

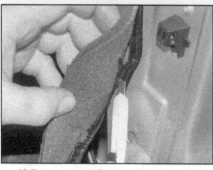

10.7e . . . och skär den självhäftande tejpen med en kniv

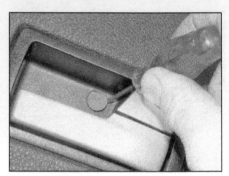

10.10a Bänd ut plastkåpan. . .

från fästet. Skruva loss skruvarna och ta bort högtalaren från dörren, lossa sedan kablaget. Membranet är fäst på den inre dörrpanelen med en sträng av mastix-lim – dra försiktigt tillbaka membranet utan att slita i det samtidigt som du använder en kniv för att skära längs limsträngen **(se bilder)**.

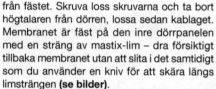

10.10b . . . skruva sedan loss skruven . . .

8 Placera membranet på ena sidan och skydda tejpen från damm och smuts så att den kan användas igen.

Bakdörr

9 Lossa batteriets minusledning (se *Koppla loss batteriet* mot slutet av handboken).

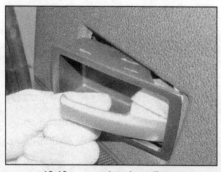

10.10c . . . och ta bort listan

10 Bänd ut plastkåpan, använd sedan en insexnyckel för att skruva loss den skruv som håller fast innerhandtagets infattning på dörren. För infattningen till ena sidan över det inre handtaget **(se bilder)**.

11 Bänd försiktigt ut kåpan från draghandtaget på dörrens insida, lossa sedan den exponerade skruven som håller fast klädselpanelen på dörren **(se bilder)**.

12 I modeller som är utrustade med manuella (dvs. inte elektriska) fönsterhissar stänger du fönstren helt och noterar hissmekanismens position. Lossa fjäderklämman genom att föra in en ren trasa mellan handtaget och dörrklädseln. Utför en "sågande" rörelse mot klämmans öppna ändar för att lossa den och dra samtidigt handtaget från hissaxelns räfflor. Ta bort handtaget (och i förekommande fall distansbrickan) och ta loss klämman.

13 Ta bort klädselpanelens fästskruvar. Det finns två i framänden och två i bakänden **(se bild)**.

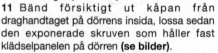

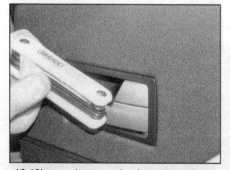

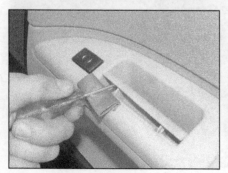

10.11a Bänd ut kåpan . . .

10.11b . . . och skruva loss skruven

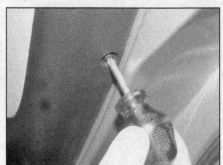

10.13 Ta bort klädselpanelens fästskruvar

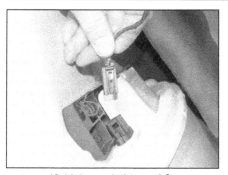

10.14 Lossa kablaget från elfönsterbrytaren

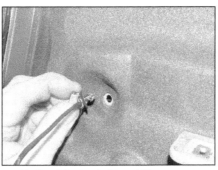

10.15a Bänd ut kablageklämman . . .

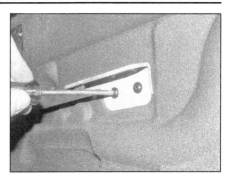

10.15b . . . ta bort stödfästet . . .

14 Lyft av klädselpanelen något för att lossa den övre kanten, ta sedan bort panelen från dörren. I modeller med elektriska fönsterhissarna, lossa kablaget från fönsterbrytaren **(se bild)**.
15 Om det krävs ytterligare isärtagning av dörren tar du bort det vattentäta membranet på följande sätt. Bänd ut fästklämman till elfönsterhissarnas kablagehölje, skruva sedan loss skruvarna och ta bort dörrhandtagets stödfäste. Skruva loss skruvarna och ta bort högtalaren från dörren, lossa sedan kablaget. Membranet är fäst på den inre dörrpanelen med en sträng av mastix-lim – dra försiktigt tillbaka membranet utan att slita i det samtidigt som du använder en kniv för att skära längs limsträngen **(se bilder)**.
16 Placera membranet på ena sidan och skydda tejpen från damm och smuts så att den kan användas igen.

Montering

17 Monteringen sker i omvänd ordningsföljd mot demonteringen.

11 Dörruta –
demontering och montering

Demontering

Framdörr

1 Sänk ner framdörrens fönsterglas 160 mm från dess stängda läge med tändningen temporärt på **(se bild)**.
2 Ta bort dörrens inre klädselpanel och det

10.15c . . . ta bort högtalaren. . .

vattentäta membranet enligt beskrivningen i avsnitt 10 **(se bild)**.
3 Använd en hylsa genom de inre dörrpanelöppningarna, lossa de klämbultar som håller fast fönsterregulatorn i glaset **(se bild)**.

10.15d . . . dra sedan det vattentäta membranet bakåt

4 Bänd försiktigt ut glasrutans inre gummilist från den inre dörrpanelen **(se bild)**.
5 Lyft av glasrutans bakre kant, luta sedan glasrutan framåt och ta bort den uppåt från dörrens utsida **(se bild)**.

11.1 Sänk ner fönsterglaset 160 mm . . .

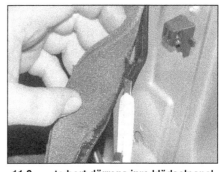

11.2 . . . ta bort dörrens inre klädselpanel och det vattentäta membranet. . .

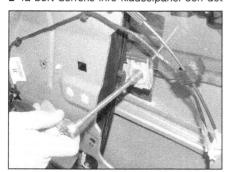

11.3 . . . lossa de fästskruvar som håller fast fönsterregulatorn i rutan. . .

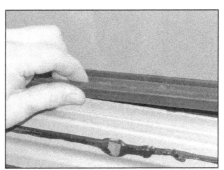

11.4 . . . ta bort rutans inre gummilist. . .

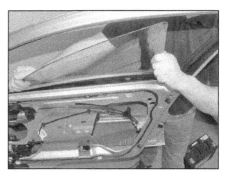

11.5 . . . och lyft rutan från framdörrens utsida

11.6 Sänk ner fönsterglaset 160 mm. . .

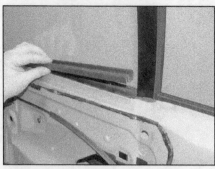

11.8 . . . och ta bort rutans inre gummilist

9 Fönsterglaset är fäst på regulatorn med en stark plastklämma som är ganska svår att komma åt. Sträck dig in i dörren genom öppningarna i den inre dörrpanelen och lossa plastklämman **(se bilder)**.

10 På kombimodeller måste den bakre hörnrutan tas bort från bakdörren innan fönsterglaset tas bort. Det är lämpligt att fönsterregulatorn också tas bort för att ge mer arbetsutrymme. Dra tillbaka fönsterkanalens gummi och ta bort den yttre gummilisten från rutan, lossa sedan det yttre skyddet av plast, lossa fästskruvarna och ta bort den bakre hörnrutan från dörren **(se bilder)**.

11 Luta fönsterglaset framåt och lyft av det försiktigt från dörrens utsida **(se bild)**.

Montering

12 Monteringen görs i omvänd ordning jämfört med demonteringen men de elektriska fönsterhissarna måste initieras enligt beskrivningen i avsnitt 12.

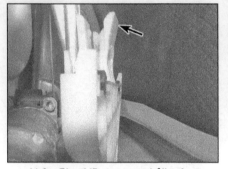

11.9a Plastklämma som håller fast fönsterglaset på regulatorn

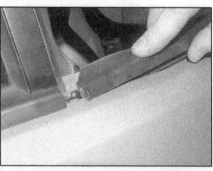

11.9b Sträck dig igenom de två öppningarna för att lossa klämman

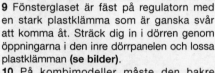

12 Dörrens fönsterhiss och motor – demontering, montering och initiering

Bakdörr

6 Sänk ner bakdörrens fönsterglas 160 mm från det stängda läget **(se bild)**. I modeller med elektriska fönsterhissar är det nödvändigt att temporärt slå på tändningen.

7 Ta bort dörrens inre klädselpanel och det vattentäta membranet enligt beskrivningen i avsnitt 10.

8 Bänd försiktigt ut glasrutans inre gummilist från den inre dörrpanelen **(se bild)**.

Demontering

Framdörr

1 Ta bort framdörrens fönsterglas enligt beskrivningen i avsnitt 11.

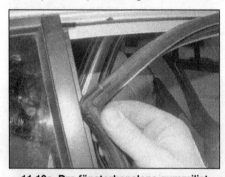

11.10a Dra fönsterkanalens gummilist bakåt. . .

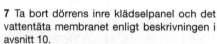

11.10b . . . ta bort rutans yttre gummilist. . .

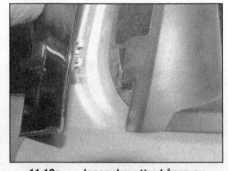

11.10c . . . lossa den yttre kåpan av plast. . .

11.10d . . . skruva loss fästskruvarna . . .

11.10e . . . och ta bort det bakre sidofönstret från bakdörren

11.11 Ta bort fönsterglaset från bakdörren

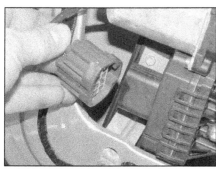

12.2 Lossa fönsterregulator kablage

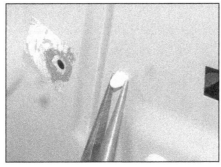

12.3a Lossa plastklämman . . .

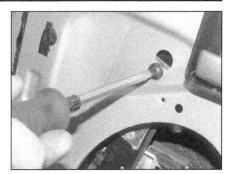

12.3b . . . lossa sedan skruvarna . . .

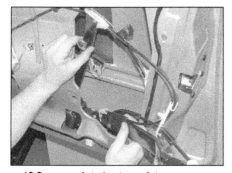

12.3c . . . och ta bort regulatorn genom öppningen i den inre dörrpanelen

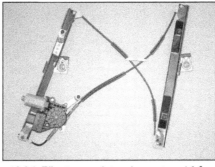

12.3d Fönsterregulator demonterad från framdörren

12.5 Skruva loss den nedre fästbulten. . .

2 Lossa kablaget från fönsterregulatorn **(se bild)**.

3 Lossa slangklämman, lossa (men ta inte bort) regulatorns fem fästskruvar, lyft sedan upp regulatorn och flytta skruvarna genom de större hålen i innerpanelen. Ta försiktigt bort regulatorn från den bakre öppningen i dörren **(se bilder)**.

Bakdörr

4 Ta bort bakdörrens fönsterglas enligt beskrivningen i avsnitt 11.

5 Om regulatorn fortfarande är monterad lossar du (men tar inte bort) regulatorns tre övre fästbultar, skruvar sedan bort och tar

bort den enda nedre fästbulten som håller fast regulatorn på dörrens nederkant **(se bild)**.

6 Lossa kablaget från regulatormotorn, lyft sedan av regulatorn och flytta bultarna genom de större hålen i innerpanelen. Ta försiktigt bort regulatorn från den nedre öppningen i dörren **(se bilder)**.

Återmontering och initiering

7 Monteringen sker i omvänd ordningsföljd mot demonteringen. Dra åt fästbultarna ordentligt och initiera var och en av fönstermotorerna på följande sätt.

8 Se först till att det inte finns något hinder i fönsteröppningen. Tryck på

stängningsknappen tills fönstret är helt stängt med tändningen på och håll sedan knappen i stängt läge ytterligare en sekund. Släpp stängningsknappen, tryck sedan in den igen under en sekund så att systemet "lär sig" det stängda läget.

9 Tryck på öppningsknappen tills fönstret är helt öppet, släpp den sedan. Tryck på öppningsknappen igen i en sekund så att systemet "lär sig" det öppna läget.

10 Kontrollera att fönstret nu öppnas och stängs automatiskt med enbart ett snabbt tryck på brytaren – om inte upprepar du initieringen. Upprepa initieringen för de återstående fönstermotorerna.

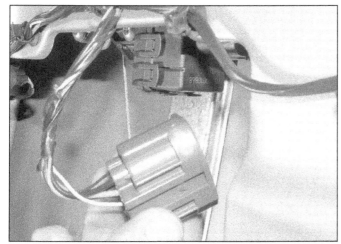

12.6a . . . lossa sedan kablaget . . .

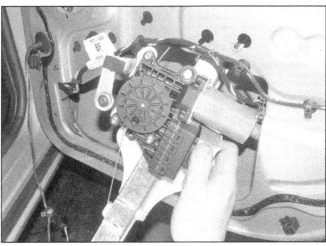

12.6b . . . och ta bort regulatorn från dörrens nedre öppning

13.1a Bänd ut genomföringen . . .

13.1b . . . dra ut ytterhandtaget och lossa fästskruven med en insexnyckel

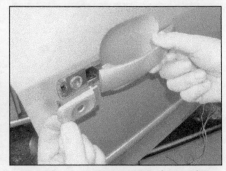

13.2 Ta bort det personliga låsets kåpa från förarsidan

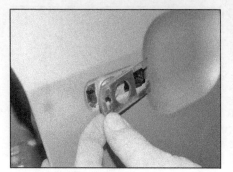

13.3 Ta bort ytterhandtagets gummipackning

13.5a Skruva loss skruven och ta bort distansbrickan . . .

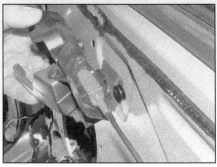

13.5b . . . och lossa handtaget från dörren

13 Dörrhandtag och låskomponenter – demontering och montering

Framdörrens lås och håndtag

Demontering

1 Bänd ut genomföringen från dörrens bakkant med dörren öppen. Dra ut och håll ytterhandtaget, lossa sedan handtagets fästskruv med en insexnyckel **(se bilder)**.

2 Lyft ut kåpan över det personliga låset **(se bild)** på förarsidan.

3 För dörrhandtaget bakåt och ta bort det från dörren. Ta loss gummipackningen **(se bild)**.

4 Ta bort dörrens inre klädselpanel och det vattentäta membranet enligt beskrivningen i avsnitt 10.

5 Skruva loss den skruv som håller fast det inre dörrhandtaget på dörren, ta bort distansbrickan och lossa handtaget från dörren **(se bilder)**.

6 Lossa kablaget från dörrlåsställdon **(se bild)**.

7 Arbeta genom öppningen i den inre dörrpanelen, lossa skruven från förstärkningsplattan (men ta inte bort den helt) **(se bild)**. För plattan mot dörrens framände och lossa låstapparna från spåren i dörren.

8 Skruva loss låsets fästskruvar från bakdörrens bakkant och ta bort låset komplett med innerhandtaget från dörren **(se bilder)**.

9 Lossa skruvarna och ta bort säkerhetsskölden med låsenheten på bänken

(se bild). En del 3,0 liters ST-modeller har ett säkerhetssköld som är nitad.

10 Lossa klämmorna och lossa vevstakarna från låset. Vid behov vrider du staven 90° för att rikta in fliken mot utskärningen.

Lossa dessutom innerhandtagets kabel **(se bilder)**.

11 Lossa justeringsklämman från förstärkningsplattan. **Observera:** *Ford rekommenderar att klämman byts.*

13.6 Lossa kablaget från dörrlåsställdonet

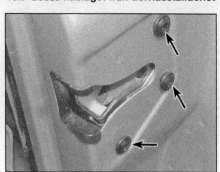

5.57a Skruva loss fästskruvarna. . .

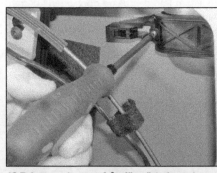

13.7 Lossa skruven från förstärkningsplattan

13.8b . . . och ta bort låset och det inre handtaget från dörren

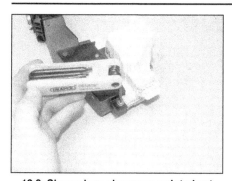

13.9 Skruva loss skruvarna och ta bort skyddskåpan

13.10a Lossa staven. . .

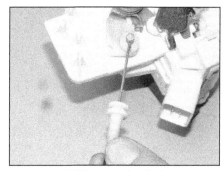

13.10b . . . och kabeln

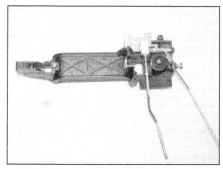

13.10c Personligt lås och säkerhetshus

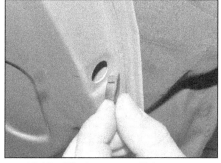

13.15a Bänd ut genomföringen . . .

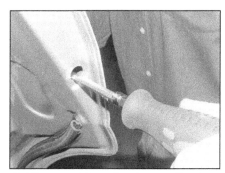

13.15b . . . och lossa handtagets fästskruv

12 Det går att ta bort det personliga låsets cylinder separat.

Montering

13 Monteringen sker i omvänd ordningsföljd mot demonteringen. Justeringsklämman bör monteras så att låset lossas när ytterhandtaget har flyttats ungefär 22,0 mm från sitt stängda läge. Det bör då finnas ungefär 5,6 till 6,0 mm av handtags rörelse när låset har lossats. Vid långsam stängning av dörren måste det höras två hörbara klick när låset går i ingrepp.

Bakre dörrlås och handtag

Demontering

14 Ta bort dörrens inre klädselpanel och det vattentäta membranet enligt beskrivningen i avsnitt 10.

15 Bänd ut genomföringen från dörrens bakände. Dra ut och håll ytterhandtaget, lossa sedan handtagets fästskruv med en insexnyckel **(se bilder)**.
16 För dörrhandtaget bakåt och ta

bort det från dörren.. Ta bort kåpan och gummipackningen **(se bilder)**.
17 Skruva loss den skruv som håller fast det inre dörrhandtaget på dörren, ta bort distansbrickan och lossa handtaget från dörren **(se bilder)**.

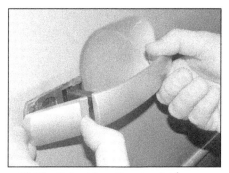

13.16a Ta bort handtaget och kåpa . . .

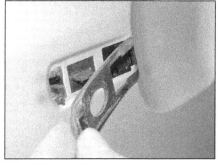

13.16b . . . följt av gummipackningen

13.17a Skruva loss skruven . . .

13.17b . . . ta bort distansbrickan . . .

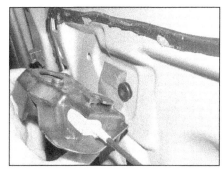

13.17c . . . och lossa handtaget från dörren

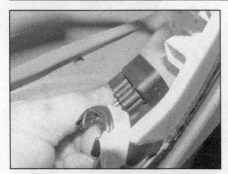

13.18 Lossa kablaget till dörrlåsets manöverdon. . .

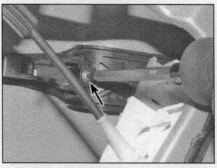

13.19a . . . lossa förstärkningsplattans skruv. . .

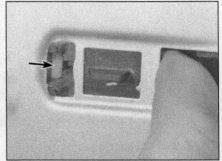

13.19b . . . och för plattan för att lossa låstapparna från dörren

21 Använd en tång för att klämma ihop plastklämman, ta sedan bort förstärkningsplattan från låset med låsenheten på bänken **(se bilder)**.
22 Lossa klämmorna och lossa vevstakarna från låset. Vid behov vrider du staven 90° för att rikta in fliken mot utskärningen. Lossa dessutom innerhandtagets kabel **(se bilder)**.
23 Lossa justeringsklämman från vevstaken. **Observera:** *Ford rekommenderar att klämman byts.*

Montering

13.20a Skruva loss låsets fästskruvar . . .

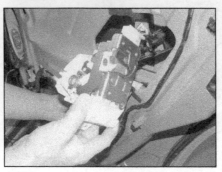

13.20b . . . och ta bort låset komplett med innerhandtaget från dörren

24 Monteringen sker i omvänd ordningsföljd mot demonteringen. Justeringsklämman bör monteras så att låset lossas när ytterhandtaget har flyttats ungefär 22,0 mm från sitt stängda läge **(se bilder)**. Det bör då finnas ungefär 5,6 till 6,0 mm av handtags rörelse när låset har lossats. Vid långsam stängning av dörren måste det höras två hörbara klick när låset går i ingrepp.

18 Lossa kablaget från dörrlåsställdon **(se bild)**.
19 Arbeta genom öppningen i den inre dörrpanelen, lossa (ta inte bort helt) skruven från förstärkningsplattan. För plattan mot

dörrens framände och lossa låstapparna från spåren i dörren **(se bilder)**.
20 Skruva loss låsets fästskruvar från bakdörrens bakkant och ta bort låset komplett med innerhandtaget från dörren **(se bilder)**.

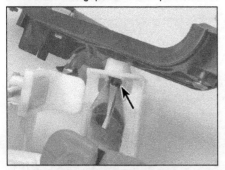

13.21a Tryck ihop plastklämman. . .

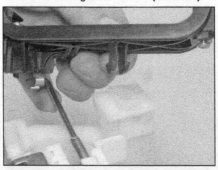

13.21b . . . och lossa förstärkningsplattan från låset

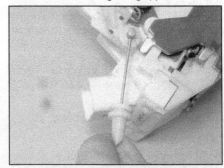

13.22a Lossa kabeln från låset . . .

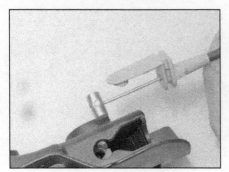

13.22b . . . och handtaget

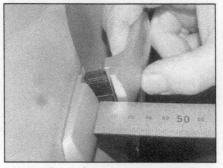

13.24a Låset måste lossas med handtaget 22,0 mm från dess stängda position

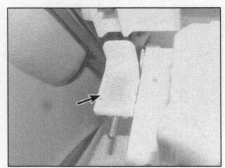

13.24b Låsjusteringsklämman

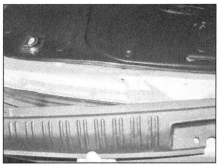

13.25 Framdörrens låstunga på B-stolpen

13.26a Ta bort stänkskyddspanelen. . .

13.26b . . . skruva sedan loss låstungans fästbultar

Låstungor

Demontering

25 För att ta bort en dörrlåstunga markerar du först dess position med en penna för att underlätta återmonteringen. Använd en insexnyckel för att skruva loss fästskruvarna och ta bort låstungan från dörrstolpen (se bild).
26 För att flytta bakluckans låstunga skruvar du först loss skruven och tar bort stänkskyddspanelen. Markera låstungans läge med en penna, skruva loss skruvarna och ta bort den från den bakre kanten (se bilder).

Montering

27 Montering sker i omvänd ordningsföljd. Justera låstungans placering så att den kommer in i låset centrerat. Observera att låstungans placering på kombimodeller kan justeras utan att stänkskyddspanelen tas bort (se bild).

Dörrhållarremmar

Demontering

28 Ta bort dörrens inre klädselpanel enligt beskrivningen i avsnitt 10.
29 Använd en torx-nyckel för att skruva bort den bult som håller fast remmen i dörrstolpen (se bild).
30 Skruva loss fästmuttrarna och ta bort dörrhållarremmen från dörrens insida.

Montering

31 Monteringen sker i omvänd ordningsföljd mot demonteringen.

14 Dörr – demontering och montering

Demontering

1 Lossa batteriets minusledning (se *Koppla loss batteriet* mot slutet av handboken).
2 Använd en torx-nyckel, skruva loss och ta bort dörrhållarremmens fästskruv från dörrstolpen (se bild).
3 Lossa kablagekontaktdonet genom att vrida det moturs (se bild).
4 Ta loss de små låsringarna från de övre och nedre gångjärnssprintarna. Den övre låsringen är placerad ovanpå stiftet medan den nedre

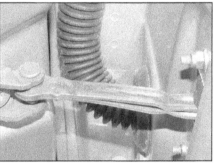

13.27 Låstungan kan justeras med stänkskyddspanelen i position

låsringen är placerad på stiftets nederkant (se bild).
5 Be en medhjälpare stötta upp dörrens vikt, driv sedan gångjärnssprintarna genom gångjärnen med ett litet upprymningsdorn.

14.2 Dörrstängningsremsa

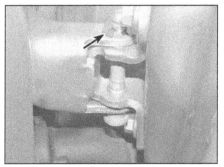

14.4 Liten låsring som håller fast stiftet i gångjärnsfästena

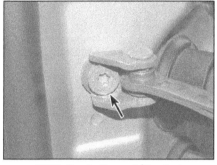

13.29 Torxbult som håller fast dörrstängningsremsa till dörrstolpen

Lyft försiktigt av dörren från gångjärnen.
6 Det går att skruva loss gångjärnens fästbyglar från dörren och stolpen om det behövs (se bild). Åtkomst till den inre bulten kräver att den inre klädselpanelen tas bort.

14.3 Kablage kabelsats på dörrstolpen

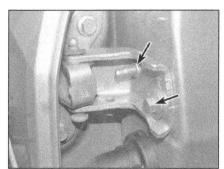

14.6 Bultar som håller fast gångjärnsfästet på dörrstolpen

14.7 Framdörrens låstunga på B-stolpen

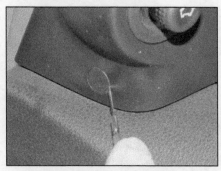

15.1a Bänd ut plastkåpan...

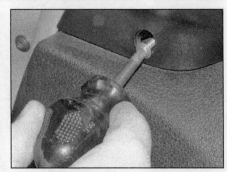

15.1b ... skruva loss skruven...

Montering

7 Monteringen sker i omvänd ordningsföljd jämfört med demonteringen men kontrollera att dörrlåset passerar över låstungan centrerat **(se bild)**. Justera låskolvens läge om det behövs.

15 Yttre backspeglar och spegelglas – demontering och montering

Ytterspegel

Demontering

1 Bänd ut plastkåpan, lossa sedan den skruv som håller fast den inre klädselpanelen och brytaren på dörrpanelen. Lossa kablaget och ta bort klädselpanelen **(se bild)**. Ta bort

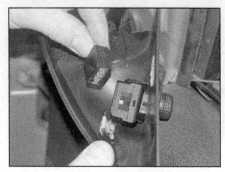

15.1c ... ta sedan bort klädselpanelen och lossa kablaget

dörrens inre klädselpanel enligt beskrivningen i avsnitt 10 och lossa spegelkablaget.
2 Stötta upp ytterspegeln, skruva sedan loss fästskruvarna med en insexnyckel **(se bild)**.

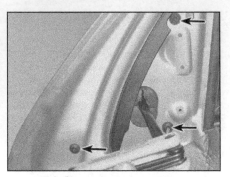

15.2 Skruva loss skruvarna...

3 Ta bort spegeln från dörrens utsida samtidigt som du matar kablaget genom hålet **(se bild)**.

Montering

4 Montering sker i omvänd ordningsföljd.

Utvändigt spegelglas

Demontering

5 Placera glasrutan så att dess yttre kant är riktad mot bilens bakre del.
6 Använd en skruvmejsel och tryck försiktigt in plastflikarna och lossa spegeln och hållaren från den ledade basen **(se bilder)**.

Montering

7 Placera spegeln på basen och tryck försiktigt på spegeln med en vaddering gjord av tyg tills plastflikarna går i ingrepp.

15.3 ... och ta bort ytterspegeln från dörren

15.6a Tryck in plaststiften för att lossa spegeln från sin bas

16 Innerspegel – demontering och montering

Demontering

1 Lossa kablaget från innerspegelns bas om tillämpligt i modeller med automatisk avbländning.
2 Fords mekaniker använder ett speciellt avdragarverktyg för att lossa låsuttaget som håller fast spegelledens hus på fästbygeln på vindrutan. Verktyget dras åt på huset och trycks sedan uppåt för att lossa låsuttaget men försiktig användning av en skruvmejseln lossar uttaget **(se bild)**.
3 Stötta upp innerspegeln, använd sedan en

15.6b Plaststiftet visas med spegeln borttagen

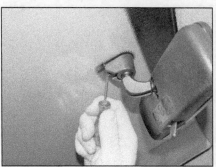

16.2 Lossa stiftet...

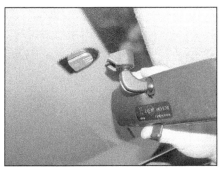

16.3 . . . ta sedan bort innerspegeln

träbit och hammare för att knacka av huset från fästbygeln på vindrutan med låsuttaget lossat **(se bild)**.
Varning: Knacka lätt på fästbygeln för att förhindra skador/brott på vindrutan.

Montering

4 Placera spegelsockelhuset på fästbygeln och tryck det neråt tills det låses på plats. Det kan vara nödvändigt att använda ett träblock och en hammare för att se till att huset är låst på fästbygeln.
5 Återanslut kablaget till den automatiska avbländningen om tillämpligt.

17 Bagageluckan – demontering och montering

Demontering

1 Lossa batteriets minusledning (se *Koppla loss batteriet* mot slutet av handboken), och öppna bakluckan.
2 Låt en medhjälpare stötta upp den öppna bagageluckan, lossa sedan stödbenet från kulan på gångjärnet.
3 Ta bort klädselpanelen från insidan av bagageluckan om sådan finns.
4 Koppla loss kablaget vid kontaktdonen som ses genom bagageluckans inre plåtöppning.
5 Anslut ett starkt snöre vid kablarnas ändar i öppningen för att föra kablarna genom luckan vid monteringen.
6 Ta bort kablaget genom bagageluckans

öppningar. Lossa sladden och lämna den i bagageluckan.
7 Märk ut gångjärnsarmarnas läge med en blyertspenna.
8 Placera trasor under varje hörn av bagageluckan för att förhindra skador på lacken.
9 Ta hjälp av en medhjälpare för att skruva loss fästbultarna och lyfta bort bagageluckan från bilen.

Montering

10 Återmonteringen sker omvänt jämfört med demonteringen men kontrollera att bagageluckan är korrekt inriktad mot den omgivande karossen med lika mycket spel runt dess kant. Justeringen görs genom att man lossar gångjärnens bultar och flyttar bagageluckan i de förlängda fästhålen. Kontrollera att låstungan kommer in i låset centrerat när bagageluckan stängs. Lossa vid behov låstungans fästbultar, sätt tillbaka låstungan och dra sedan åt dem. Om nya komponenter har monterats utför du följande justering.
11 Lossa låstungans tre fästbultar, dra sedan av gummilisten från bagageluckans öppning.
12 Skruva loss och ta bort stoppklackarna från bagageluckan. Låt en medhjälpare stötta upp bagageluckan, bänd sedan ut fjäderklämmorna och ta bort stödbenen.
13 Lossa de bultar som håller fast gångjärnen på karossen, justera gångjärnen mot mitten av de avlånga hålen och dra åt bultarna igen.
14 Lossa de bultar som håller fast gångjärnen på bagageluckan, dra sedan åt dem för hand så att det går att justera bagageluckans placering.
15 Sänk ner bagageluckan och justera dess placering så att det blir lika stort spel på båda sidorna. Det bör vara möjligt att sätta in en 4,0 mm tjock distansbricka mellan bagageluckan och den bakre hörnpanelen på vardera sidan.
16 Öppna bagageluckan försiktigt så att du inte flyttar gångjärnen och dra sedan åt bultarna som håller fast gångjärnen i luckan till angivet moment.
17 Lossa de två bultarna som håller fast gångjärnet i karossen på vardera sidan och dra sedan åt dem för hand. Stäng bagageluckan och placera damasken så att

den är 2,0 mm under de bakre sidopanelerna. Lyft försiktigt bagageluckan, dra sedan åt bultarna till angivet moment.
18 Montera tillbaka stödbenen och gummilisten, kontrollera sedan låstungan enligt beskrivningen i punkt 10 och dra åt fästbultarna.

18 Bagageluckans lås – demontering och montering

Demontering

1 Lossa batteriets minusledning (se *Koppla loss batteriet* mot slutet av handboken).
2 Ta bort den inre klädselpanelen med bagageluckan öppen.
3 Lossa skruvarna och ta bort kåpan från bagageluckans lås.
4 Lossa kablaget och kabeln.
5 Märk ut låsets placering. Använd en torx-nyckel för att skruva loss fästskruvarna och ta bort låset.

Montering

6 Monteringen utförs i omvänd ordningsföljd jämfört med demonteringen men använd de inställningsmärken som gjordes vid demonteringen för att se till att låset placeras korrekt.

19 Baklucka – demontering och montering

Demontering

1 Lossa batteriets minusledning (se *Koppla loss batteriet* mot slutet av handboken).
2 Skruva loss skruvarna och ta bort handtaget med bakluckan öppen **(se bild)**.
3 Använd en skruvmejsel med brett blad, bänd försiktigt bort fönstrets infattning, bänd sedan bort bakluckans klädselpanel på liknande sätt **(se bilder)**. Placera skruvmejseln nära fästklämmorna när du lossar dem.
4 Observera placeringen och dragningen

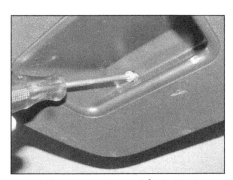

19.2 Ta bort handtaget från bakluckan

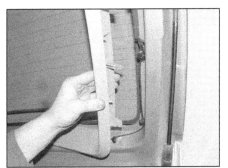

19.3a Ta bort fönsterinfattningens klädselpanel. . .

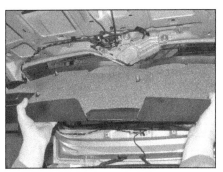

19.3b . . . och bakluckans panel

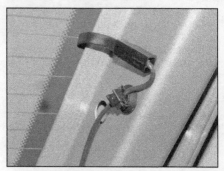

19.4 Kablage till den uppvärmda bakrutan

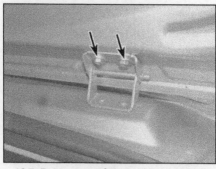

19.7 Bultar som håller fast bakluckan i gångjärnen

20.2 Bänd av den övre fjäderklämman på bakluckans stödben

av kabelhärvan, lossa sedan den från varje komponent i bakluckan inklusive den uppvärmda bakrutan **(se bild)**.

5 Bänd ut kablagets gummidamask från bakluckans övre kant och ta försiktigt bort kabelhärvan. Lossa dessutom och ta bort bakluckans spolarslangar.

6 Be en medhjälpare stötta upp bakluckan. Använd en skruvmejsel för att bända ut fjäderklämmorna och lossa stödbenen från bakluckan. Sänk ner fjäderbenet i det bakre bagageutrymmet.

7 Använd en blyertspenna för att märka ut gångjärnens placering på bakluckan, skruva

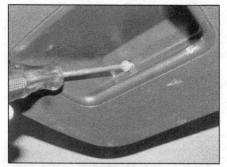

21.1 Ta bort handtaget från bakluckans klädselpanel

sedan loss bultarna och lyft bort bakluckan **(se bild)**.

Montering

8 Monteringen sker i omvänd ordningsföljd mot demonteringen, men kontrollera att bakluckan sitter mitt i plåtens öppning, och att låskolven kommer mitt i låset. Lossa fästmuttrarna och justera bakluckans läge om det behövs.

20 Bakluckans stödben – demontering och montering

Demontering

1 Stötta upp bakluckan i sitt öppna läge.
2 Bänd av den övre fjäderklämman som håller fast benet till bakluckan, dra sedan av hylsan från kulbulten **(se bild)**.
3 Bänd på samma sätt loss den nedre klämman och dra av hylsan från kulbulten. Ta bort stödbenet.

Montering

4 Återmonteringen görs i omvänd ordningsföljd jämfört med demonteringen

men se till att benets smala ände (kolven) är monterad på bakluckan (dvs. uppåt).

21 Bakluckans låskomponenter – demontering och montering

Personligt lås

Demontering

1 Skruva loss klädselpanelens fästskruvar med bakluckan öppen och observera att några är placerade innanför handtagen och några under plastkåpor **(se bild)**.
2 Använd en skruvmejsel med brett blad för att försiktigt bända bort fönstrets infattning i klädselpanelen, bänd sedan bort bakluckans klädselpanel på liknande sätt. Placera skruvmejseln nära fästklämmorna när du lossar dem **(se bilder)**.
3 Lossa kablaget från nummerplatsbelysnings-panelen. Skruva loss fästmuttrarna och ta bort panelen från bakluckan och lossa samtidigt kablaget från nummerplåtsbelysningens lampor. Lossa kablaget och kabeln, skruva loss muttrarna och ta bort låset från bakluckan **(se bilder)**. Det går inte att ta bort låscylindern separat.

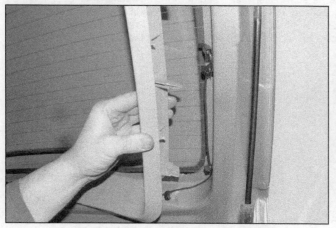

21.2a Ta bort fönsterinfattningens klädselpanel. . .

21.2b . . . och bakluckans panel

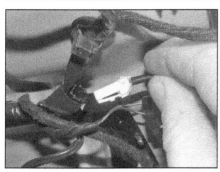

21.3a Lossa kablaget . . .

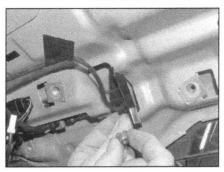

21.3b . . . skruva sedan loss the fästmuttrarna . . .

21.3c . . . ta bort nummerplåtsbelysningens tvärpanel . . .

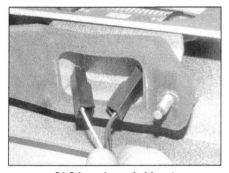

21.3d . . . lossa kablaget

21.3e Skruva loss muttrarna . . .

21.3f . . . och ta bort det personliga låset

Montering

4 Montering sker i omvänd ordningsföljd.

Bakluckans lås

Demontering

5 Skruva loss skruvarna och ta bort handtaget med bakluckan öppen.
6 Använd en skruvmejsel med brett blad för att försiktigt bända bort fönstrets infattning i klädselpanelen, bänd sedan bort bakluckans klädselpanel på liknande sätt. Placera skruvmejseln nära fästklämmorna när du lossar dem.
7 Lossa kablaget och kabeln, skruva sedan loss fästskruvarna och ta bort låset genom öppningen i bakluckans innerpanel (se bilder).

Montering

8 Monteringen sker i omvänd ordningsföljd mot demonteringen.

22 Vindruta och fasta rutor – demontering och montering

1 Vindrutan och bakrutan på alla modeller är fästa på plats med specialkitt liksom sidorutorna på kombimodeller. Specialverktyg behövs för att skära loss de gamla rutorna och montera nya. Dessutom krävs särskilda rengöringsmedel och grundfärg. Därför bör detta arbete överlämnas åt en Fordverkstad eller en specialist på bilglas.
2 Observera att vindrutan bidrar till bilens totala konstruktionsmässiga styrka och därför är det viktigt att den monteras korrekt.

23 Sidolister och märken på karossen – demontering och montering

Demontering

1 Sätt in en bit stark lina (fiskelina är idealisk) bakom den aktuella listen eller det aktuella emblemet. Bryt limningen mellan listen eller emblemet och plåten med en sågande rörelse.
2 Tvätta noggrant bort alla spår av lim från plåten med T-sprit och låt området torka. Vid behov kan tejpresten tas bort med ett kritstrecksborttagningsverktyg som monteras i en elektrisk borrmaskin och de bör kunna erhållas från större motorspecialister eller karossverkstäder.

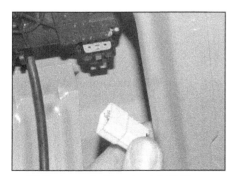

21.7a Lossa kablaget och kabeln . . .

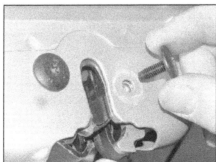

21.7b . . . skruva sedan loss fästskruvarna . . .

21.7c . . . och ta bort låset

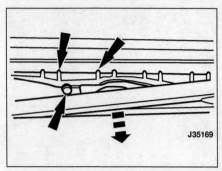

24.6 Tryck in stången och kontrollera att styrsprintarna är i linje

Montering

3 Ta bort skyddspapperet från baksidan av den nya listen eller emblemet. Sätt den försiktigt på plats på plåten, men vidrör inte limmet. När den är i läge trycker du på listen/emblemet med handen en kort stund så att den/det fäster vid plåten.

24 Takluckans motor – demontering och montering

Observera: *Med undantag av takluckans motor och glasruta anses arbete på takluckan inte vara något som lämpar sig för hemmamekanikern eftersom det innebär demontering av takklädsel.*

Demontering

1 Lossa batteriets minusledning (se *Koppla loss batteriet* mot slutet av handboken).
2 Demontera takkonsolen enligt beskrivningen i avsnitt 30.
3 Lossa kablaget från takluckans motor.
4 Skruva loss de tre fästbultar, och ta bort motor.

Montering

5 Ta bort styrarmskåporna i panelen från den främre takluckssöppningen.
6 Kontrollera att vänster och höger kabelstyrsprintar är i linje centralt mellan tapparna på styrningarna **(se bild)**. Tryck in spaken för att se sprintarna.
7 Använd en skruvmejsel för att flytta kabeln i den riktning som krävs om det är nödvändigt att justera styrsprintarna.
8 Montera tillbaka styrarmskåporna i panelen.
9 Stötta upp motorn och återanslut kablaget.
10 Återanslut batteriets minusledare och kontaktdonet för soltakets kontrollbrytare.

Motorinitiering

 Varning: Antispärrsystemet fungerar inte under initieringen. Se till att främmande material, fingrar etc. hålls borta från takluckans öppning.
11 Vid återmontering av originalmotorn

utför du följande initiering för uppdatering av motorn. Om en ny motor monteras fortsätter du till punkt 16.
12 Stäng takluckan, placera sedan en 1,0 till 1,2 mm tjock, 150,0 mm lång distansbricka (en remsa av plast eller kartong bör fungera) mellan takluckspanelens glas och takpanelens öppning med takluckspanelens styrarmskåpor demonterade.
13 Ta hjälp av en medhjälpare och lossa skruvarna och justera glasets bakkant så att det är i jämnhöjd med den bakre takpanelen eller inte mer än 1,0 mm över den. Kontrollera att rutan är centrerad i öppningen, dra sedan åt de bakre fästskruvarna. Justera rutans framkant så att den är i jämnhöjd med eller inte mer än 1,0 mm under takpanelen på liknande sätt.
14 Se till att alla skruvar är åtdragna, montera sedan tillbaka styrarmens kåpor och ta bort brickan.
15 Öppna takluckan och släpp sedan brytaren. Stäng takluckan och håll brytaren intryckt i 30 sekunder tills en liten rörelse på ungefär 2,0 mm görs och motorn stoppar. Lossa brytaren och stäng takluckan omedelbart inom 0,5 sekunder tills panelen stoppar. Detta slutför en initieringscykel.

Inledande

 Varning: Antispärrsystemet fungerar inte under initieringen. Se till att främmande material, fingrar etc. hålls borta från takluckans öppning.
16 Rikta in takluckan enligt beskrivningen i punkt 12 till 14.
17 Stäng takluckan helt, lossa sedan brytaren omedelbart och tryck på stängningsbrytaren igen inom 0,5 sekunder tills panelen stoppar. Detta slutför en initieringscykel.

Radering

Observera: *Detta är nödvändigt endast om motorn har lossats från takluckspanelen och måste även utföras före montering av en tidigare använd motor (dvs. innan den använda motorn tas bort).*
18 Manövrera stängningsbrytaren tills motorn stoppar och släpp den sedan med kablaget anslutet till motorn.
19 Manövrera stängningsbrytaren och håll den intryckt under 30 sekunder. Motorn går runt i en riktning. Lossa brytaren, försök sedan använda den öppna brytaren – om motorn inte går runt har raderingen utförts korrekt. Om motorn går runt upprepar du raderingen.

25 Glasruta taklucka – demontering, montering och justering

Demontering

1 För takluckans solskydd så långt bakåt som möjligt och öppna panelen till lutat läge.

2 Lossa plastkåporna från styrarmen på varje sida av panelen
3 Skruva loss och ta bort de två fästskruvarna från styrarmen på varje sida.
4 Ta bort glasluckan från bilens utsida – lyft av den helt och se till så att den inte skrapar taket.

Montering

5 Montera panelen löst på plats och rikta in fästhålen mot de hål som finns på styrarmarna. Montera två skruvar på varje sida, men dra endast åt dem för hand i detta skede.
6 Stäng taket försiktigt, justera sedan glasrutans position enligt beskrivningen nedan.

Justering

7 Lossa styrarmens plastkåpor på varje sida och lossa båda paren av skruvar som håller fast panelen så att den kan flyttas.
8 Stäng takluckan, placera en 1,0 till 1,2 mm tjock, 150 mm lång distansbricka (en bit plast eller kartong bör fungera) mellan bakkanten på takluckans glasruta och öppningen i takpanelen.
9 Justera rutans bakkant så att den är jäms med eller inte mer än 1,0 mm över den bakre takpanelen med hjälp av en medhjälpare. Kontrollera att rutan är centrerad i öppningen, dra sedan åt de bakre fästskruvarna. Justera rutans framkant så att den är i jämnhöjd med eller inte mer än 1,0 mm under takpanelen på liknande sätt.
10 Se till att alla skruvar är åtdragna, montera sedan tillbaka styrarmarmens kåpor och ta bort distansbrickan.
11 Kontrollera takluckans funktion när arbetet slutförs.

26 Säten – demontering och montering

Framsäte
Demontering

1 Lossa batteriets minusledning (se *Koppla loss batteriet* mot slutet av handboken).

 Varning: Vänta minst en minut som en försiktighetsåtgärd så att sidokrockkudden, som är placerad inne i sätet, inte utlöses av misstag. Denna tidsperiod gör att all energi som är lagrad i nödkondensatorn förbrukas.
2 Flytta sätet så långt bakåt det går.
3 Lossa kablaget under sätet – beroende på modell kan detta vara endast ett stort kablagekontaktdon eller ett stort och

26.3a Skruva loss bulten . . .

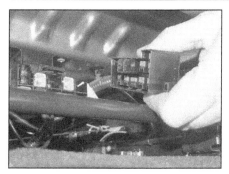
26.3b . . . och ta bort framsätets kontaktdon

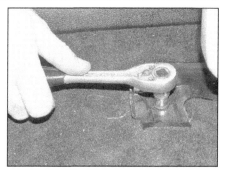
26.4 Ta bort de främre fästbultar

26.6 Skruva loss säkerhetsbältets nedre fäste från framsätet

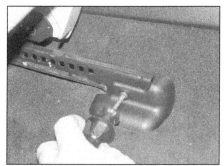
26.7a Skruva loss skruvarna . . .

26.7b . . . och ta bort de bakre fästbultskåporna

flera mindre. Om tillämpligt, skruva loss kontaktdonets fästbult **(se bilder)**.
4 Skruva loss och ta bort sätes främre fästbultar **(se bild)**.
5 Skjut fram sätet så långt det går.
6 Skruva loss säkerhetsbältets nedre fäste från framsätets undersida **(se bild)**.
7 Skruva loss skruvarna och ta bort de bakre fästbultkåpor **(se bilder)**.
8 Skruva loss och ta bort fästbultarna, och ta sedan bort sätet **(se bilder)**.

Montering
9 Monteringen utförs i omvänd ordningsföljd mot demonteringen men dra åt fästbultarna till angivet moment.

Baksäte

Demontering
10 På sedan- och kombimodeller drar du

ut fästklämmorna från sätets framkant, lyfter sedan upp dynan och tar bort den från bilens insida. Ford rekommenderar att klämmorna alltid byts när de tas bort.
11 Dra försiktigt upp sargen bakre kant och lossa den från instrumentbrädan (se bild).
12 Dra ut det mittre säkerhetsbältet till ungefär 200 mm från stopp och se till att det inte kan rullas tillbaka genom att fästa en klämma av något slag runt bältet. Var försiktig så att du inte skadar säkerhetsbältet när du gör detta – det kan gå att linda tejp runt istället för en klämma.
13 Skruva loss det mittre säkerhetsbältets tapp från golvet bak.
14 I sedanmodeller fäller du fram baksätets ryggstöd, skruvar sedan loss de fyra gångjärnsbultarna på varje ryggstöd.
15 I halvkombi- och kombimodeller fäller du fram baksätets ryggstöd, skruvar sedan loss skruven från den mittre låsplattan. Ta bort

fästklämman till ryggstödets yttre gångjärn och ta bort ryggstödet från bilen.

Montering
16 Monteringen utförs i omvänd ordningsföljd mot demonteringen men dra åt fästbultarna till angivet moment.

27 Säkerhetsbälten – demontering och montering

Främre säkerhetsbälte
1 Flytta fram framsätet helt.
2 Skruva loss säkerhetsbältets fäste från sätets bakre undersida.
3 Dra tillbaka gummilisterna från vardera sidan av dörrens B-stolpe för att komma åt säkerhetsbältets axelhöjdjusterare **(se bild)**. Flytta justeraren till den lägsta positionen.

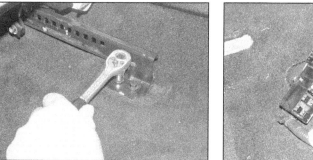
26.8a Ta bort de bakre fästbultar

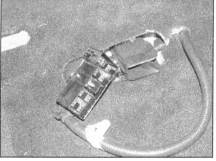
26.8b Framsätets kablagekontaktdon (sätet borttaget)

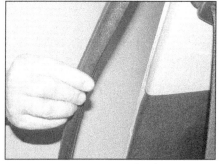
27.3 Dra gummilisten bakåt från B-stolpen

27.5a Bänd bort kåpan. . .

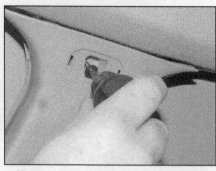

27.5b . . . och skruva loss skruven från B-stolpen

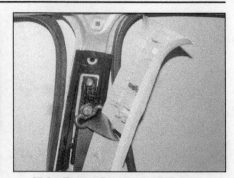

27.6a Ta bort B-stolpens överdel. . .

27.6b . . . och för säkerhetsbältet genom urtaget

27.7a Skruva loss skruvarna . . .

27.7b . . . och ta bort den nedre delen av B-stolpen

4 Dra försiktigt ut (åt sidan) klädselpanelens nederkanter och lossa styrstiften.
5 Bänd bort kåpan, skruva loss skruven

som håller fast panelen på B-stolpen **(se bilder)**.
6 Ta bort den övre sektionen av klädselpanelen

och för samtidigt säkerhetsbältet genom spåret **(se bilder)**.
7 Skruva loss skruvarna, lossa klämmorna och ta bort B-stolpens nedre klädselpanel **(se bilder)**.
8 Skruva loss skruvarna, lossa sedan klämmorna och ta bort den inre tröskelsparkplåten **(se bilder)**.
9 Skruva loss bulten och ta bort säkerhetsbältets övre fäste från axelhöjdsjusteraren **(se bild)**.

⚠️ *Varning: En specialbricka är monterad på skruven för att fästa den på fästplattan. Brickan måste vara kvar på bulten hela tiden med säkerhetsbältet borttaget.*
10 Lossa ledningsslingan från B-stolpen **(se bild)**.

27.8a Ta bort skruvarna. . .

27.8b . . . och ändskruvar . . .

27.8c . . . och ta bort den inre sparkplåten från tröskeln

27.9 Bult som håller fast säkerhetsbältets övre fäste på axelhöjdsjusteraren

27.10 Bult som håller fast säkerhetsbältets styrslinga på B-stolpen

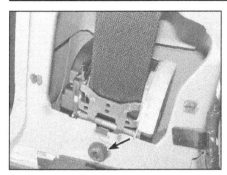

27.11 Bult som håller fast säkerhetsbältets rulle på B-stolpen

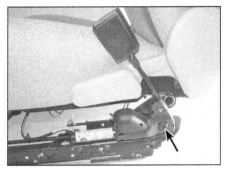

27.16 Bult till baksätets säkerhetsbältesstam

27.19 Golvfäste säkerhetsbälte bak

27.20a Skruva loss skruvarna . . .

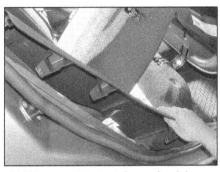

27.20b . . . och ta bort den nedre delen av C-stolpen

27.22a Ta bort hatthyllans sidopanel i kombimodeller . . .

11 Skruva loss bulten och lyft bältesrullen från C-stolpens insida (se bild). Observera placeringsspetsen på rullen.

12 Monteringen utförs i omvänd ordningsföljd mot demonteringen men dra åt alla bultar till angivet moment. Se till att bältesrullens spets är korrekt placerad.

Främre bältets tapp

⚠️ **Varning: Var extremt försiktig när du hanterar säkerhetsbältets försträckarenhet. Den innehåller en lite explosiv laddning (pyroteknisk enhet) och det kan uppstå personskador om enheten utlöses av misstag. När spännaren har löst ut kan den inte återställas utan måste bytas. Notera även att säkerhetsbältet och liknande delar som har utsatts för krock måste bytas.**

13 Ta bort framsäte enligt beskrivningen i avsnitt 26.

14 Lossa kablaget från brytaren till säkerhetsbältets spänne och bältessträckaren.

15 Observera placeringen av försträckarens kabelhärva, och lossa den från forsätets undersida.

16 Skruva loss fästbulten och ta bort tappen från framsätet (se bild).

Varning: Undvik att sondera någon del av kablaget eftersom statisk elektricitet kan aktivera bältessträckaren.

17 Monteringen utförs i omvänd ordningsföljd mot demonteringen men dra åt alla bultar till angivet moment.

Bakre yttre rem
Sedan och halvkombimodeller

18 Dra bakdörrens gummilist från C-stolpen och ta bort baksätesdynan.

19 Använd en torx-nyckel, skruva loss den bult som håller fast det bakre säkerhetsbältet i golvet (se bild).

20 Skruva loss skruvarna och ta bort den inre klädselpanelen från C-stolpen (se bilder).

21 I sedanmodeller bänder du ut plastkåporna, sedan lossar du skruvarna och tar bort den bakre klädselpanelen. För säkerhetsbältet genom urtaget.

22 Ta bort hatthyllans sidopanel i sedanmodeller vid behov, bänd sedan ut plastkåporna och skruva loss de skruvar som håller fast den övre klädselpanelen. Lossa fästklämmorna och ta bort panelen. Vid arbeten på höger säkerhetsbälte lossar du röret till den bakre rutspolaren från panelen. Lossa skruvarna som håller fast den bakre nedre klädselpanelen, lossa sedan klämman och ta bort panelen samtidigt som du matar säkerhetsbältet genom urtaget (se bilder).

27.22b . . . ta bort sedan den bakre övre klädselpanelen . . .

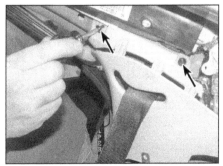

27.22c . . . skruva loss skruvarna . . .

27.22d . . . lossa klämman. . .

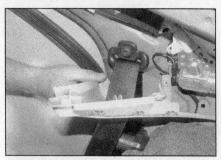

27.22e . . . och ta bort den bakre nedre klädselpanelen samtidigt som du för säkerhetsbältet genom urtaget

27.23 Övre fästbult säkerhetsbälte bak

27.24 Fästbult rulle säkerhetsbälte bak

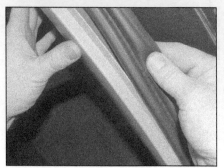

27.26 Dra bort gummilisten. . .

27.27a . . . skruva sedan loss skruven . . .

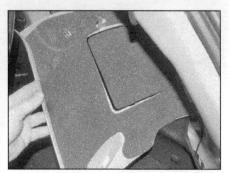

27.27b . . . och ta bort klädselpanel från D-stolpen

23 Skruva loss bulten och ta bort säkerhetsbältets övre fäste från C-stolpen i alla modeller (se bild).
Varning: En specialbricka är monterad på skruven för att fästa den på fästplattan.

Brickan måste vara kvar på bulten hela tiden med säkerhetsbältet borttaget.
24 Skruva loss bulten och lyft rullen från C-stolpens insida (se bild). Observera placeringsspetsen på upprullaren.

25 Monteringen utförs i omvänd ordningsföljd mot demonteringen men dra åt alla bultar till angivet moment. Se till att upprullarspetsen är korrekt placerad.

Kombimodeller

26 Dra bort gummilisten från D-stolpen (se bild) med bakrutan öppen (se bild).
27 Skruva loss skruven och ta bort klädselpanelen från D-stolpen (se bilder). Om du tar bort den högra panelen, koppla loss det bakre spolarröret.
28 Dra bort gummilisten från C-stolpen, skruva sedan loss skruvarna och ta bort lastutrymmets övre klädselpanel under det bakre hörnfönstret. Vid behov lossar du kablaget till den extra 12-voltsförsörjningen (se bilder).
29 Använd en torx-nyckel för att skruva loss säkerhetsbältets nedre fästbult från golvet (se bild).
30 Bänd bort kåpan och skruva loss

27.28a Dra bort gummilisten. . .

27.28b . . . skruva sedan loss skruvarna . . .

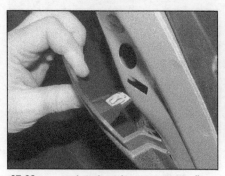

27.28c . . . och ta bort lastutrymmets övre klädselpanel

27.28d Lossa kablaget från reservtillförseln på 12 volt

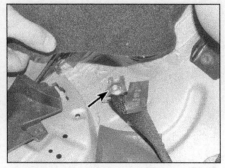

27.29 Bult som håller fast det nedre fästet till säkerhetsbältet bak på golvet

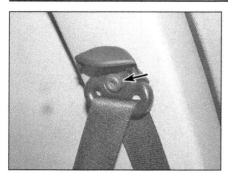

27.30a Bult som håller fast fästbulten till säkerhetsbältet bak på C-stolpen

27.30b Ta bort den övre klädselpanelen

27.31 Fästbult rulle yttre säkerhetsbälte bak (kombi)

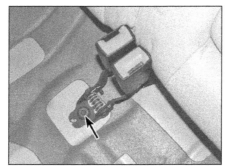

27.32 Fästbult mittapp baksäte (kombi)

39 Ta bort det mittre säkerhetsbältets plaststyrning.
40 Ta bort klädselpanelen till ryggstödets spärregel.
41 Bänd ut plastkåporna, lossa sedan skruvarna och ta bort den bakre hyllan samtidigt som du för säkerhetsbältet genom spåret.
42 Skruva loss fästbulten och ta bort det mittre säkerhetsbältets rulle.
43 Monteringen utförs i omvänd ordningsföljd mot demonteringen men dra åt fästbultarna till angivet moment.

Halvkombi och kombi modeller

44 Ta bort baksätets ryggstöd och lås sedan ryggstödets spärr.
45 Observera placeringen av kabeln till ryggstödets regel och ta sedan bort den från rullen.
46 Använd en kniv för att göra ett hål i mattan över rullens fästbult i ryggstödet. Skruva loss bulten och ta bort rullen samtidigt som du för säkerhetsbältet genom urtaget.
47 Monteringen utförs i omvänd ordningsföljd mot demonteringen men dra åt fästbulten till angivet moment och applicera lämpligt lim på den bakre mattan så att den sitter fast i ryggstödet.

28 Inre klädselpaneler – demontering och montering

Demontering
Solskydd

1 Använd en torx-nyckel för att skruva loss de två skruvar som håller fast solskyddet i taket/takklädseln och ta bort det (se bild).
2 Bänd upp kåpan, skruva loss den inre fästbygelns fästskruvar och ta bort fästbygeln.

Kurvhandtag på passagerarsidan

3 Bänd upp kåporna, skruva sedan loss fästskruvarna och ta bort kurvhandtaget (se bild).

säkerhetsbältets fästbult från C-stolpen. Om det behövs, lossa och ta bort den övre klädselpanelen **(se bilder)**.
Varning: En specialbricka är monterad på skruven för att fästa den på fästplattan. Brickan måste vara kvar på bulten hela tiden med säkerhetsbältet borttaget.
31 Dra tillbaka mattan, skruva sedan loss fästbulten och ta bort bältesrullen från C-stolpen. Observera rullens placeringsspets **(se bild)**.
32 Ta först bort dynan genom att dra ut fästklämmorna, skruva sedan loss fästbulten och ta bort tapparna för att ta bort mittappen **(se bild)**.
33 Monteringen utförs i omvänd ordningsföljd

mot demonteringen men dra åt alla bultar till angivet moment. Se till att bältesrullens spets är korrekt placerad.

Bakre rem i mitten
Sedanmodeller

34 Dra bort bakdörrens gummilist från C-stolpen.
35 Bänd ut plastkåporna, skruva sedan loss plastkåporna och ta bort den nedre klädselpanelen från C-stolpen.
36 Ta bort den bakre sätesdynan.
37 Skruva loss torxbulten och ta bort den mittre tappen från golvet.
38 Fäll ner baksätets ryggstöd.

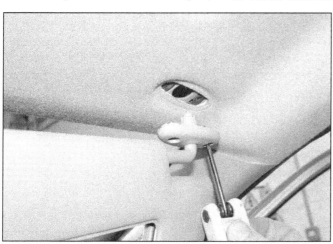

28.1 Ta bort solskyddet

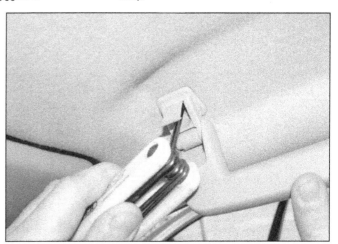

28.3 Ta bort handtaget på passagerarsidan

28.6a Sidokrockgardinens band måste vara korrekt placerat i den gula plasthållaren

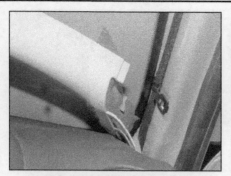

28.6b Lossa klädselpanelens nederkantsände från A-stolpen

28.10 Ta bort C-stolpens klädselpanel (kombi)

Klädselpanel på A-stolpen

4 Observera att i modeller som är utrustade med sidokrockgardiner fästs A-stolpens klädselpanel på A-stolpens överdel med ett speciellt gult band som utgör en del av krockkuddssystemet och håller fast den svarta sladden från krockgardinen. Det är viktigt att detta band inte skadas och att det alltid monteras tillbaka korrekt.
5 Dra bort dörrens gummilist vid klädselpanelen.
6 Dra försiktigt bort klädselpanelens överdel och lossa klämmorna. Om tillämpligt noterar du sidokrockgardinens placering och lossar den sedan från klädselpanelen. Ta bort klädselpanelen **(se bilder)**.

B-stolpen och klädselpanelen

7 Tillvägagångssättet beskrivs i avsnitt 27 som den första delen av demonteringen av det främre säkerhetsbältet.

C-stolpe (halvkombi och kombi)

8 Dra bort bakdörrens gummilist vid klädselpanelen.
9 På kombimodeller, skruva loss säkerhetsbältets övre fäste från C-stolpen enligt beskrivningen i avsnitt 27. I halvkombimodeller bänder du ut kåporna och skruvar loss klädselpanelens skruvar.
10 Lossa fästklämmorna, ta sedan bort C-stolpens klädselpanel framåt och uppåt **(se bild)**.

C-stolpe (sedan)

11 Dra bort bakdörrens gummilist vid klädselpanelen.
12 Lossa den enda skruven och ta bort den nedre klädselpanelen från C-stolpen.
13 Fäll ner baksätets ryggstöd och ta bort regelns skydd.
14 Skruva loss skruvarna och ta bort bagagehyllans klädselpanel.

15 Bänd ut skydden, skruva sedan loss de skruvar som håller fast C-stolpen. Vid behov tar du bort det bakre säkerhetsbältets övre fäste (se avsnitt 27). Ta bort klädselpanelen.

D-stolpen (kombi)

16 Dra bort gummilisten vid klädselpanelen med bakluckan öppen **(se bild)**.
17 Skruva loss skruven som håller fast klädselpanelen på D-stolpen **(se bild)**.
18 Lossa fästklämmorna, ta sedan bort D-stolpens klädselpanel **(se bild)**. Om du tar bort den högra panelen, lossa spolarröret.

Instrumentbrädans nedre panel

19 Lossa och ta bort rattstångens övre och nedre skyddskåpor.
20 Skruva loss fästskruvarna från de övre hörnen och över myntfackets placering och ta bort den nedre delen av instrumentbrädan från instrumentbrädan **(se bilder)**. Om tillämpligt, lossa diagnosuttagets kontakt från panelen.

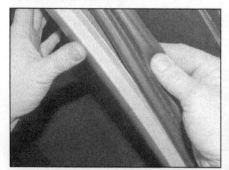

28.16 Dra bort gummilisten. . .

28.17 . . . skruva sedan loss skruven . . .

28.18 . . . och ta bort klädselpanel från D-stolpen (kombi)

28.20a Skruva loss de övre skruvarna . . .

28.20b . . . och de nedre skruvar . . .

28.20c . . . och ta bort instrumentbrädans nedre del från instrumentbrädan

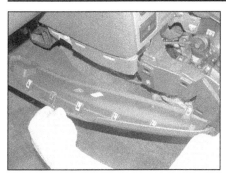

28.21 Ta bort den nedre mittenpanelen

29.2a Ta bort växelspakens
klädselpanel . . .

29.2b . . . ta sedan bort
isoleringsunderlägget (handboken)

Nedre mittenpaneler

21 Lossa skruvarna på vardera sidan och ta bort panelerna från mittkonsolens framsida **(se bild)**.

Montering

22 Monteringen sker i omvänd ordningsföljd mot demonteringen. Om säkerhetsbältets fästen har rörts, dra åt dem till angivet moment.

29 Mittkonsol –
demontering och montering

29.3a Bänd ut kåporna och skruva loss
skruvarna. . .

29.3b . . . lossa sedan golvkonsolens
karosspaneler på sidan

Modeller upp till juli 2003

Demontering

1 Lossa batteriets minusledning (se *Koppla loss batteriet* mot slutet av handboken).
2 Ta bort klädselpanelen runt växelspaken (manuell) eller växelväljaren (automat) enligt beskrivningen i kapitel 7A eller 7B. Ta bort isoleringsdynan under panelen i modeller med manuell växellåda **(se bilder)**. Flytta växelväljaren till läget N i modeller med automatväxellåda.
3 Ta bort golvkonsolens sidopaneler. För att göra detta bänder du ut kåpan och skruvar loss den främre skruven som sitter nära mellanväggen. Lossa sedan försiktigt de fem övre klämmorna och en nedre klämma. Ta bort panelerna **(se bilder)**.
4 Bänd försiktigt ut askkoppen och mugghållaren (om tillämpligt) från mittkonsolen

och lossa kablaget från cigarettändaren **(se bilder)**. Observera att i vissa modeller sitter mugghållaren i värmekontrollens infattning.
5 Skruva loss mittkonsolens fästskruvar och fästbultar – Det finns två framtill, en i mitten

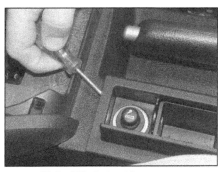

29.4a Bänd ut askkoppen. . .

och tre i förvaringsfacket **(se bilder)**. Ta bort insatsen för att komma åt skruvarna.
6 Dra åt handbromsen helt och flytta växelväljaren till läget P i modeller med automatväxellåda.

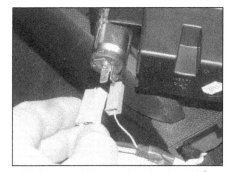

29.4b . . . och koppla loss kablaget från
cigarrettändaren

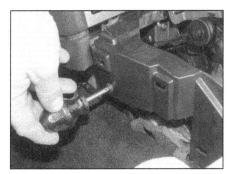

29.5a Mittkonsolen hålls fast med två
främre skruvar. . .

29.5b . . . en skruv i mitten . . .

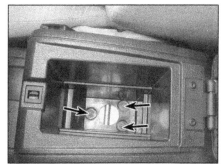

29.5c . . . och tre skruva i förvaringsfacket

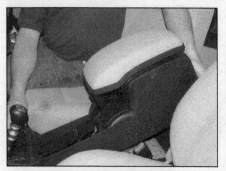

29.7 Ta bort mittkonsolen

29.9a Ta bort frontskruven. . .

29.9b . . . lossa sedan och ta bort mittkonsolens sidopaneler

7 Lyft den bakre delen av mittkonsolen och ta bort den från utrymmet mellan sätena **(se bild)**. Lossa även kablaget till handbromsvarningslampans brytare från klämman inne i konsolen om tillämpligt.

Montering

8 Återmonteringen görs i omvänd ordning jämfört med demonteringen men de elektriska fönsterhissarna måste initieras enligt beskrivningen i avsnitt 12.

Modeller från juli 2003

Demontering

9 Arbeta i fotutrymmet på vardera sidan och ta bort konsolens främre sidopaneler. För att göra detta bänder du ut kåpan och skruvar loss den främre skruven som är placerad nära mellanväggen, sedan lossar du försiktigt de fem övre klämmorna och en nedre klämma. Ta bort panelerna **(se bilder)**.

10 Om tillämpligt lossar du telefon högtalarens kablagekontaktdon framtill på konsolen på förarsidan.

11 I modeller som är utrustade med Fords satellitnavigeringssystem måste displayenheten tas bort från instrumentbrädan. De riktiga demonteringsverktygen från Ford krävs för detta för att undvika skador – de kan ha levererats med bilen när den var ny (och kan finnas i handskfacket). Sätt in verktygen i de fyra hörnen på panelen och observera deras märken (TOP L är övre vänster verktyg) och ta bort panelen ungefär 30 mm. Var försiktig så att du inte spänner kablaget. Det bästa är att ta bort enheten helt.

12 På manuella modeller bänder du upp växelspakens klädselpanel baktill för att lossa klämmorna, sedan drar du den bakåt för att lossa de bakre klämmorna – klämmorna är mycket hårt åtdragna. För att underlätta

arbetet kan damasken dras ut separat så att du kan nå in för att dra upp panelen. Vänd damasken med insidan utåt och för upp panelen längs växelspaken så att den går fritt från arbetsområdet. För att ta bort panelen helt (vilket är praktiskt) sträcker du försiktigt damaskens elastiska överdel uppåt och över växelspaksknoppen **(se bilder)**.

13 Flytta växelväljaren till läget N i modeller med automatväxellåda. Börja med klämman på vardera sidan framtill, lossa och lyft av växelväljarens klädselpanel.

14 Ta bort konsolens övre klädselpanel, som är fäst med fyra skruvar framtill och i mitten, med två (eller möjligen tre) ytterligare på vardera sidan. Sträck dig in bakom den främre brytarpanelen och lossa anslutningskontakterna från ESP-brytaren och brytarna till sätesvärmen (efter tillämplighet) **(se bilder)**.

29.12a Växelspaksdamasken kan lossas separat om så önskas

29.12b Lossa växelspakens klädselpanel, börja bakifrån. . .

29.12c . . . lyft sedan av panelen från växelspaken

29.14a Ta bort de fyra skruvarna. . .

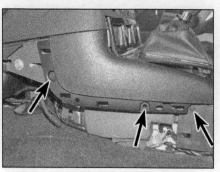

29.14b . . . två (eller tre) till på sidorna. . .

29.14c . . . lossa sedan den övre klädselpanelen . . .

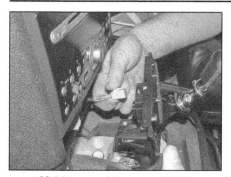

29.14d ... och lossa eventuellt brytarkablage bakifrån

29.15a Lyft ut askkoppen och mugghållaren från mittkonsolen ...

29.15b ... lossa sedan cigarrettändarens anslutningskontakter

15 Bänd försiktigt ut askkoppen och mugghållaren (och telefonhållaren om tillämpligt) från konsolen och lossa cigarrettändarens kablage undertill **(se bilder)**. I modeller med telefonutrustning spårar du kablaget framåt och lossar det i mitten av instrumentbrädan.
16 Använd en liten skruvmejsel för att lossa sidoklämmorna och bänd ut den bakre passagerarunderhållspanelen från

konsolens baksida om tillämpligt. Koppla loss anslutningskontakten.
17 Skruva loss mittkonsolens fästskruvar och fästbultar – det finns en på vardera sidan framtill, en i mitten och tre i förvaringslådan i konsolens bas (ta bort "mattan" i lådan för att komma åt skruvarna) **(se bilder)**.
18 Dra åt handbromsen.
19 Var precis jämte förarsidan av konsolen och lossa anslutningskontakten till brytaren

till varningslampan för handbroms på. Om tillämpligt lossar du även de två anslutningskontakterna till sätesvärmen bak.
20 Lyft mittkonsolens främre del och känn på insidan om det finns återstående kablage som fortfarande kan klämmas fast på den. Ta bort konsolen mellan framsäten **(se bild)**.
Montering
21 Monteringen sker i omvänd ordningsföljd mot demonteringen.

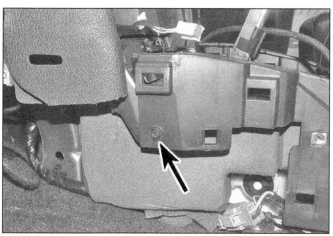

29.17a Ta bort mittkonsolens skruvar ...

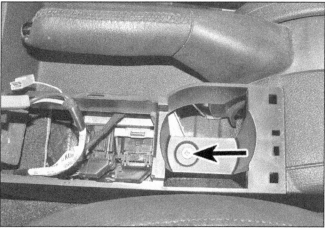

29.17b ... en i mitten ...

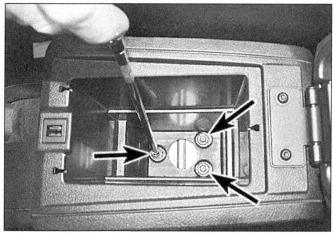

29.17c ... och bak i förvaringslådan

29.20 Ta bort mittkonsolen

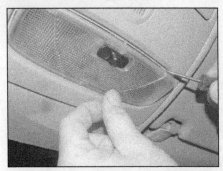

30.2 Ta bort innerlampan från takkonsolen

30.5a Ta bort takkonsolen från takklädseln

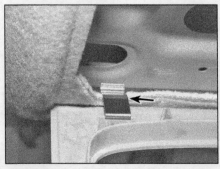

30.5b Främre fästklämma på takkonsolen

30 Takkonsol – demontering och montering

Demontering

1 Lossa batteriets minusledning (se *Koppla loss batteriet* mot slutet av handboken).
2 Använd en skruvmejsel och bänd försiktigt upp innerbelysningen från takkonsolen, lossa sedan kablaget **(se bild)**.
3 Bänd upp kåporna och vrid de främre fästklämmorna 90° på modeller som är utrustade med en taklucka. Sänk ner takkonsolens främre del, flytta den sedan framåt och lossa de bakre fästklämmorna. Lossa kablaget och ta bort takluckans brytare.
4 Öppna förvaringsfacket, dra sedan försiktigt ner fackets bakre del med en skruvmejsel för att lossa fästklämmorna i modeller utan

takluckan. Var försiktig så att du inte skadar facket eller panelen.
5 Bänd försiktigt ned konsolens bakdel, dra den sedan bakåt för att lossa de främre fästklämmorna på alla modeller **(se bild)**.
6 Lossa kardborrbandet och ta bort förvaringsfackets kåpa neråt.
7 Observera mikrofonens placering i modeller med telematik och ta sedan bort den från konsolen på följande sätt. Lossa tejpen från det elektriska kontaktdonet och kabelhärvan. Lossa mikrofonens kablagekontaktdon följt av mikrofonen och skumdynan.

Montering

8 Återmonteringen görs i omvänd ordning jämfört med demonteringen men de elektriska fönsterhissarna måste initieras enligt beskrivningen i avsnitt 12. Montera inte tillbaka Velcro-tejpen förrän förvaringsfacket har monterats tillbaka. tryck upp konsolen och sätt tillbaka tejpen med facket monterat.

31 Handskfack – demontering och montering

Demontering

1 Öppna handskfacket, lossa sedan dämparen från handskfackets utsida – detta lossar åt vänster **(se bild)**.
2 Tryck in båda sidorna av handskfacket för att frigöra stoppen och öppna handskfacket helt **(se bild)**.
3 Lossa de nedre gångjärnen genom att dra handskfackets bas mot dig och ta bort handskfacket från instrumentbrädan **(se bild)**.
4 Lossa först de två fästskruvarna för att ta bort handskfackets lås. Ta bort regeln och lossa belysningens lamphållare. Lossa kablaget vid kontaktdonet **(se bilder)**.

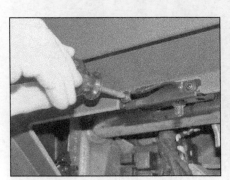

31.1 Lossa dämparen...

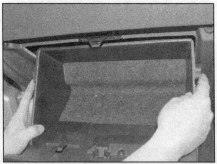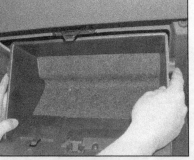

31.2 ... tryck in båda sidorna...

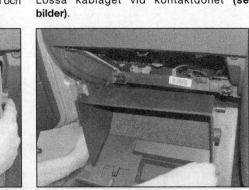

31.3 ... lossa sedan gångjärn och ta bort handskfacket

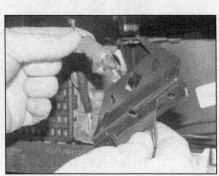

31.4a Skruva loss skruvarna...

31.4b ... och koppla loss lamphållaren...

31.4c ... lossa sedan kablaget och ta bort låset

Montering

5 Montera tillbaka i omvänd ordningsföljd mot demonteringen.

32 Instrumentbräda – demontering och montering

Modeller upp till juli 2003

Demontering

1 Lossa batteriets minusledning (se *Koppla loss batteriet* mot slutet av handboken).
2 Demontera mittkonsolen enligt beskrivningen i avsnitt 29.
3 Ta bort ratten enligt beskrivningen i kapitel 10.
4 Ta bort klädselpanelen på förarsidans nedre fotutrymme på modeller med 2,5-liters motorn.
5 Ta bort klädselpanelen i det nedre fotutrymmet om en sådan finns.
6 Ta bort handskfacket enligt beskrivningen i avsnitt 31.
7 Lossa kablaget, skruva sedan loss och ta bort lampan från instrumentbrädans nederdel på modeller med belysning i fotutrymmet.
8 Lossa datalänkkontaktdonet (DLC) från nedre delen av instrumentbrädan på förarsidan **(se bilder)**.

32.8a Skruva loss skruven . . .

32.8b . . . och ta bort diagnosuttaget

9 Ta bort den interna temperaturgivaren från den nedre instrumentbrädan på förarsidan.
10 Sträck dig in under instrumentbrädan på passagerarsidan och lossa kablaget från passagerarsidans krockkuddemodul.
11 Skruva loss de två skruvar som håller fast passagerarsidans krockkudde på mellanväggens tvärbalk.
Varning: Passagerarkrockkuddemodulens fästbultar får användas maximalt tre gånger. Använd en körnare för att märka bultarna.
12 Ta bort radio-/ljudkassettenheten från instrumentbrädan enligt beskrivningen i kapitel 12.
13 Använd en skruvmejsel för att

försiktigt bända tillbehörsbrytarna från värmeregleringens klädselpanel. Förhindra skador på instrumentbrädan genom att lägga kartong under skruvmejseln. Lossa kablaget från brytarna **(se bilder)**.
14 Skruva loss de skruvar som håller fast värmeregleringens klädselpanel på instrumentbrädan. Det finns två skruvar som är sitter i tillbehörsbrytarens öppningar, två skruvar som sitter i radio-/kassettöppningens övre hörn och två skruvar som sitter längst ner på panelen **(se bilder)**.
15 Lossa de tre övre klämmorna och ta bort värmereglagets klädselpanel från instrumentbrädan. Lossa kablaget till bakrutans frånkopplingskontakt, brytaren till det uppvärmda baksätet, extra klimatbrytare/

32.13a Använd en kartongremsa för att skydda instrumentbrädan samtidigt som du bänder ut tillbehörsbrytarna

32.13b Ta bort brytarna till vindrute-/ bakrutevärmen

32.13c Lossa kablaget från tillbehörsbrytarna

32.14a Skruva loss de skruvar som är placerade i öppningarna för tillbehörsbrytarna. . .

32.14b . . . i radio-/kassettöppningen. . .

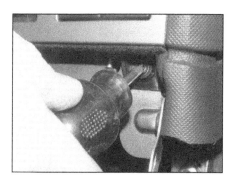

32.14c . . . och på nederkanten av klädselpanelen för värmereglering . .

32.15a ... ta sedan bort panelen ...

32.15b ... och koppla loss kablaget (extra klimatkontrollkontakt)

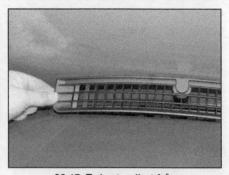

32.17 Ta bort gallret från instrumentbrädans framsida

32.18 Ta bort ett stödfäste från instrumentbrädans mitt

32.19 Skruva loss muttrarna/bultarna som håller fast vardera änden av instrumentbrädan på mellanväggens tvärbalk

värmebrytare och klockan från panelens baksida (se bilder).
16 Ta bort instrumentbrädan enligt beskrivningen i kapitel 12.
Varning: Instrumentbrädan måste hållas

upprätt så att inte silikonvätska läcker ut ur mätarna.
17 På modeller som är utrustade med en antenn till nyckellös öppning bänder du försiktigt ut grillen från instrumentbrädans

front (under vindrutan) och lossar kablaget från givaren (se bild). Givaren syns ovanpå grillen om det nyckellösa öppningssystemet är monterat. I annat fall är det inte nödvändigt att ta bort grillen.
18 Skruva loss skruvarna från instrumentbrädans mitt och ta bort stödfästet. Skruva loss stödfästets fästmutter i mitten även här (se bild).
19 Skruva loss de muttrar/skruvar som håller fast vardera änden av instrumentbrädan på mellanväggens tvärstag (se bild).
20 Ta bort klädselpanelerna från varje A-stolpe enligt beskrivningen i avsnitt 28.
21 Dra A-stolpens gummilister bakåt vid instrumentbrädan, ta sedan bort klädselpanelerna på sidan och skruva loss fästbultarna på instrumentbrädans sida (se bilder).
22 Flytta växelväljaren till läget P på modeller med automatväxellåda.
23 Lyft försiktigt av instrumentbrädan från mellanväggen och dra den bakåt genom ena sidan av bilen med hjälp av en assistent (se bild).

Montering

24 Monteringen utförs i omvänd ordning mot demonteringen men dra åt muttrar och bultar till angivet moment när detta anges i anvisat kapitel. Observera i synnerhet tillvägagångssättet vid återmontering av passagerarkrockkudden, A-stolpen och rattstången. Avsluta med att kontrollera att alla elektriska komponenter fungerar.

Modeller från juli 2003

Demontering

25 Lossa batteriets minusledning (se *Koppla loss batteriet* mot slutet av handboken).
26 Demontera mittkonsolen enligt beskrivningen i avsnitt 29.
27 Ta bort radioenheten från mitten av instrumentbrädan enligt beskrivningen i kapitel 12.
28 Demontera värmereglagepanelen enligt beskrivningen i kapitel 3.
29 Ta bort rattstången enligt beskrivningen i kapitel 10.
30 Lossa de nedre klädselpanelerna på instrumentbrädan över förar- och passagerarsidans fotutrymmen. Om

32.21a Dra tillbaka gummilisterna ...

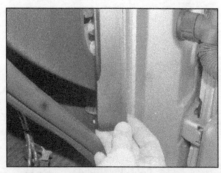

32.21b ... ta bort sidopanelerna ...

32.21c ... och skruva loss instrumentbrädans fästskruvar på sidan

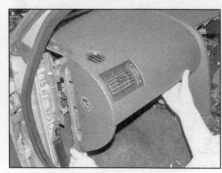

32.23 Ta bort instrumentbrädan

tillämpligt, lossa anslutningskontakterna från fotutrymmeslamporna.

31 Ta bort den skruv som håller fast diagnostikkontaktdonet på förarsidan av instrumentbrädan **(se bilderna 32.8a och 32.8b)**.

32 Ta bort handskfacket enligt beskrivningen i avsnitt 31, lossa sedan handskfacksbelysningens brytare från instrumentbrädan.

33 Ta bort den invändiga temperaturgivaren från instrumentbrädans nedre del på förarsidan.

34 Sträck dig in under instrumentbrädan på passagerarsidan och lossa kablaget från passagerarsidans krockkuddemodul.

35 Skruva loss de två bultar som håller fast passagerarkrockkudden på instrumentbrädans tvärbalk.

Varning: Passagerarkrockkuddemodulens fästbultar får användas maximalt tre gånger. Använd en körnare för att märka bultarna.

36 Ta bort instrumentbrädan från instrumentbrädan enligt beskrivningen i kapitel 12.

Varning: Instrumentbrädan måste hållas upprätt så att inte silikonvätska läcker ut ur mätarna.

37 Bänd försiktigt ut gallret från instrumentbrädans främre del (under vindrutan) och lossa kablaget från givaren i modeller som är utrustade med fjärrstyrt centrallås **(se bild 32.17)**. Givaren syns längst upp på grillen om fjärrlåsning är monterad. I annat fall är det inte nödvändigt att ta bort grillen.

38 Skruva loss de fyra skruvarna och ta bort stödfästet i mitten av instrumentbrädan. Skruva loss stödfästets fästmutter i mitten även här **(se bild 32.18)**.

39 Skruva loss de muttrar/bultar som håller fast varje ände av instrumentbrädan på tvärbalken **(se bild 32.19)**.

40 Ta bort klädselpanelen från varje A-stolpe enligt beskrivningen i avsnitt 28.

41 Dra tillbaka A-stolpens gummilister vid instrumentbrädan, ta sedan bort klädselpanelen och skruva loss instrumentbrädans sidofästskruvar **(se bilderna 32.21a, 32.21b och 32.21c)**.

42 Flytta växelväljaren till läge P i modeller med automatväxellåda.

43 Lyft försiktigt bort instrumentbrädan från

mellanväggen och ta bort den från bilens ena sida med hjälp av en medhjälpare **(se bild 32.23)**.

Montering

44 Monteringen utförs i omvänd ordningsföljd mot demonteringen men dra åt muttrar och bultar till angivet moment när detta anges i relevant kapitel. Observera i synnerhet tillvägagångssättet vid återmontering av passagerarkrockkudden, A-stolpen och rattstången. Avsluta med att kontrollera att alla elektriska komponenter fungerar.

33 Hjulhusfoder –
demontering och montering

Demontering

Fram

1 Dra åt handbromsen. Lyft sedan upp framvagnen och ställ den på pallbockar (se *Lyftning och stödpunkter*). Demontera det relevanta hjulet.

2 Skruva loss fästskruvarna som sitter på hjulhusets yttre kant.

3 Skruva loss de två bultar som är placerade på fodrets bakre nederkant.

4 Ta bort fästanordningarna genom att trycka ut sprintarna.

5 Ta bort hjulhusfodret från bilen samtidigt som du för det runt det främre fjädringsbenet.

Bak

6 Klossa framhjulen, lyft sedan upp bilens bakre del och stötta den på pallbockar (se *Lyftning och stödpunkter*). Demontera det relevanta hjulet.

7 Ta bort de skruvar och klämmor som håller fast hjulhusets yttre kant.

8 Skruva loss och ta bort de skruvar som håller fast fodret på det inre hjulhuset och ta bort fodret under bilen.

Montering

9 Återmonteringen utförs i omvänd ordningsföljd jämfört med demonteringen men dra åt muttrarna till angivet moment.

34 Tanklocksluckans
frigöringskabel – demontering
och montering

Demontering

1 Arbeta i bagageutrymmet och ta bort klädselpanelen från höger sida för att komma åt frigöringskabeln till bränslepåfyllningsluckan.

2 Sträck dig in i den inre panelens öppning och lossa kabeln från frigöringsstiftet **(se bild)**.

3 Bänd ut frigöringsstiftet med åtkomstluckan öppen.

4 Åtkomstluckans vajer är dragen över hjulhuset längs den inre tröskelpanelen till reglaget bredvid förarsätet **(se bild)**. Ta bort klädselpanelerna enligt beskrivningen i avsnitt 28.

5 Lossa kabeln från fästklämmorna och ta bort från bilen.

6 Urtrampningsarmen är fastbultad på den inre tröskelpanelen med två bultar **(se bild)**.

7 Bränsletankens påfyllningsrör hålls fast på karosspanelen av en enda bult.

Montering

8 Monteringen sker i omvänd ordningsföljd mot demonteringen.

35 Mugghållare –
demontering och montering

Demontering

1 Bänd upp växelspakens klädselpanel baktill för att lossa klämmorna i modeller med manuell växellåda, dra den sedan bakåt för att lossa de främre klämmorna – klämmorna sitter ganska hårt. Vänd damasken med insidan utåt och för upp panelen längs växelspaken så att den går fritt från arbetsområdet. För att ta bort panelen helt (vilket är praktiskt) sträcker du försiktigt damaskens elastiska överdel uppåt och över växelspaksknoppen.

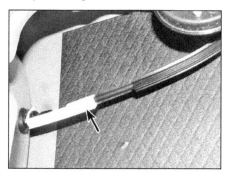

34.2 Frigöringsstift och kabel bränslepåfyllningslucka

34.4 Bränslepåfyllningsluckans frigöringskabel är dragen över det bakre hjulhuset

34.6 Frigöringsspak bränslepåfyllningslucka

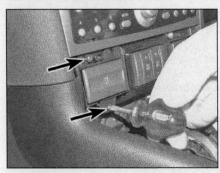

35.3a Ta bort de två skruvarna...

35.3b ... och ta bort mugghållaren från instrumentbrädan

2 Flytta växelväljaren till läget N i modeller med automatväxellåda. Börja med klämman på vardera sidan framtill, lossa och lyft av växelväljarens klädselpanel.

3 Ta bort de två skruvar som håller fast hållaren i instrumentbrädan, ta sedan försiktigt bort den – det är en ganska lång enhet **(se bilder)**.

Montering

4 Montering sker i omvänd ordningsföljd. Mugghållarenheten är monterad med ett skumavsnitt framtill som kan var ganska pillrig att mata på plats – det kan krävas några försök innan den sitter korrekt.

Kapitel 12
Karossens elsystem

Innehåll

Allmän information	1
Bakrutetorkarens motor – demontering och montering	18
Batteri – kontroll, underhåll och laddning	se kapitel 1
Brytare – demontering och montering	4
CD-växlare – demontering och montering	25
Central elektronikmodul – allmän information, kontroll, demontering och montering	19
Cigarrettändare – demontering och montering	13
Elstyrda säten: delar – demontering och montering	36
Elsystem – kontroll	se kapitel 1
Farthållare – allmän information och byte av komponenter	22
Felsökning av elsystemet – allmän information	2
Främre krockgivare – demontering och montering	32
Glödlampor (innerbelysning) – byte	6
Glödlampor (ytterbelysning) – byte	5
Högtalare – demontering och montering	26
Instrumentbräda – demontering och montering	11
Instrumentpanelkomponenter – allmän information	12
Is-/frostvarningsgivare – demontering och montering	34
Klocka – demontering och montering	14
Kontroll vindrute-/bakrutespolare och torkarblad	se kapitel 1
Krockkuddar – demontering och montering	28
Krockkudde sidokrockgivare – demontering och montering	31
Krockkuddekontrollmodul – demontering och montering	29
Parkeringshjälpsystem – allmän information	33
Radio/CD-spelare – demontering och montering	24
Radioantenn och ledning – demontering och montering	27
Satellitnavigeringssystem – allmän information	35
Signalhorn – demontering och montering	15
Strålkastare och främre dimljus – kontroll och inställning	8
Strålkastarnas inställningsgivare – demontering och montering	10
Strålkastarnas inställningsmotor – demontering och montering	9
Stöldskyddssystem – allmän information	21
Säkringar och reläer – kontroll och byte	3
Telematikstyrmodul – allmän information, demontering och montering	20
Torkararmar – demontering och montering	16
Urfjäder krockkudde – demontering och montering	30
Vindrute-/bakrutespolarens delar – demontering och montering	23
Vindrutetorkarkomponenter – demontering och montering	17
Yttre armaturer – demontering och montering	7

Svårighetsgrad

Enkelt, passar novisen med lite erfarenhet		**Ganska enkelt,** passar nybörjaren med viss erfarenhet		**Ganska svårt,** passar kompetent hemmamekaniker		**Svårt,** passar hemmamekaniker med erfarenhet		**Mycket svårt,** för professionell mekaniker	

Specifikationer

Säkringar och reläer .... *Se kopplingsscheman i slutet på det här kapitlet.*

Observera: *Säkringarnas och reläernas kapacitet och kretsar kan ändras från år till år. Konsultera den handbok som följer med bilen eller en Ford-verkstad för att få den senaste informationen.*

Glödlampor	Styrka	Typ
Körriktningsvisare	21	Bajonettfattning, orange
Fotutrymme	5	Insticks fäste
Främre dimljus:		
Standard	55	H11 Halogen
Sportstötfångare	55	H3 halogen
ST modeller	55	H7 Halogen
Handskfack	5	Insticks fäste
Strålkastare:		
Helljus	55	H1 Halogen
Halvljus	55	H7 Halogen
Högt bromsljus (x5)	5	Insticks fäste
Innerbelysning	10	Tvåsocklad rörlampa
Bagageutrymme	10	Slingfäste
Nummerplåtsbelysning	5	Slingfäste
Läslampa	5	Insticks fäste
Bakre dim/bakljus (kombi)	21/4	Bajonettfattning
Bakre dimljus (Sedan)	21	Bajonettfattning
Baklyktor (sedan och halvkombi)	5	Bajonett
Backljus:		
Sedan och halvkombi	21 (special glödlampa)	Bajonettfattning, halogen
Kombi	21	Bajonettfattning
Sidoblinker glödlampa	5	Insticks fäste, Orange
Sidoljus	5	Insticks fäste
Solskydd	5	Insticks fäste

Åtdragningsmoment

	Nm
Främre fjäderbenets övre fäste	30
Främre fjädringsbenets övre fästbygel:	
På torpeden	8
Till innerskärmen	25
Främre krockgivare	8
Förarsidans krockkudde	5
Krockkuddekontrollmodul	7
Muttrar torkararm	15
Passagerarsidans krockkudde	7
Sidokrockgivare	7
Vindrutetorkarmotor till fäste	8
Vindrutetorkarmotorns länksystem/fästbygel på mellanväggen	8
Vindrutetorkarmotorns vevaxel på motoraxel	26

1 Allmän information

 Varning: Innan något arbete utförs på elsystemet, läs föreskrifterna i Säkerheten främst! i början av den här handboken.

Systemet är ett 12 volts elsystem med negativ jordning. Strömmen till lamporna och alla andra elektriska tillbehör kommer från ett bly-kalcium eller bly-syra batteri som laddas av generatorn. Bly-kalciumbatteriet identifieras med bokstäverna "Ca" på informationsdekalen och tillverkarna rekommenderar att ett identiskt batteri monteras vid byte av batteri.

Detta kapitel tar upp reparations- och servicearbeten för de elkomponenter som inte hör till motorn. Information om batteriet, generatorn och startmotorn finns i kapitel 5A. Tändningssystemet beskrivs i kapitel 5B.

Alla modeller är utrustade med en tvåstegs förarkrockkudde som är monterad i ratten och som är utformad för att förhindra att föraren drabbas av allvarliga bröst- och huvudskador vid en frontalkrock (av tillräcklig kraft) inom 30° åt vänster eller höger från bilens mittlinje. En liknande kudde för framsätespassageraren är även monterad i instrumentbrädan. Sidokrockkuddar som är inbyggda i framsätenas sidor och sidokrockgardiner som är placerade på vardera sidan av takklädseln har monterats för att ge bättre passagerarskydd vid en sidokrock. Styrenheten till krockkuddssystemet sitter under mittkonsolen. Den utlöser bältesförsträckarna vid en olycka samt krockkuddarna. En krockgivare är placerad på bilens front och en sidokrockgivare är placerad bakom klädselpanelerna vid B-stolpens bas. En sätespositionsgivare är monterad på förarsätets spår och en passagerargivare är monterad på det främre passagerarsätet **(se bild)**.

Krockkuddsystemets styrenhet (Restraint Control Module) innehåller en back-up kondensator, en krockgivare, en apparat för uppmätning av hastighetsminskning, en säkerhetsgivare, en integrerad krets och en mikroprocessor. Varje krockkudde fylls med gas av en gasgenerator som tvingar ut krockkudden ur kåpan i ratten, sätes sidokudde eller takklädseln – det är nödvändig att vara försiktig så att utlösningen av sidokrockkuddarna inte hindras av sätesklädsel över ryggstöden. På förarkrockkudden (som följer med rattens rörelser) ser en "urfjäder"-kontakt till att god elektrisk kontakt alltid upprätthålls med krockkuddemodulen – när ratten vrids i endera riktningen lindas eller lindas fjädern upp. Det främre passagerarsätets närvarogivare utgör en del av sätesdynan och kan inte bytas separat.

Krockkuddsystemet är bekant som det intelligenta skyddssystemet eftersom det har en adaptiv förmåga – det kan justera skyddsnivån beroende på omständigheterna och beroende på antalet passagerare (eller avsaknaden av dem). Om systemets krockgivare upptäcker en mindre allvarlig krock kanske de främre krockkuddarna endast utlöser sitt första steg medan bältessträckarna (se kapitel 11) faktiskt kan utlösas självständigt – på lägre krocknivåer än krockkuddarna. En sätespositionsgivare är monterad på förarsätets spår för att informera systemet om hur långt framåt sätet har ställts in av föraren. När sätet är nära ratten aktiveras förarkrockkuddens andra utlösningssteg för att förhindra nackskador. Tack vare passagerarsätets närvarogivare vet systemet om en passagerare använder framsätet. När sätet är tomt deaktiveras front- och sidokrockkuddarna – för att visa detta tänds lampan för deaktiverade krockkuddar (om en sådan finns) på instrumentbrädan om passagerarsätet fram är tomt och säkerhetsbältet är fastspänt.

Normalt tänds denna lampa endast kortvarigt (som en funktionskontroll) när tändningen slås på och slocknar sedan. Även om alla krockkuddar är länkade används de separata sidokrocksgivarna för att upptäcka kraftiga sidokollisioner – sidokrockkuddarna och krocks skyddsgardiner utlöses endast om bilen träffas från sidan med "betydande" kraft. Enheten utför kontinuerlig systemdiagnostik. när tändningen slås på tänds krockkuddsvarningslampan i instrumentbrädan kortvarigt (som en funktionskontroll) och slocknar sedan om allt är OK. Om krockkuddsvarningslampan tänds, oavsett om det är intermittent eller kontinuerligt, vid något annat tillfälle (eller om den inte tänds när tändningen slås på) indikerar detta att det finns ett fel som måste kontrolleras så snart som möjligt av en Ford-verkstad.

 Varning: Passagerarkrockkudden kan inte deaktiveras manuellt. Spädbarn och små barn bör aldrig åka i det främre passagerarsätet - i synnerhet inte i bakåtvända bilstolar. Det är en väldigt stor risk för att spädbarnet skadas om krockkudden utlöses. Dessutom bör de aldrig sitta i knät på en person som sitter i sätet.

 Varning: Vid arbete på krockkuddssystemet måste du alltid vänta minst en minut när du har kopplat loss batteriet som en försiktighetsåtgärd mot oavsiktlig utlösning av krockkuddsenheten. Denna tidsperiod gör att all energi som är lagrad i nödkondensatorn förbrukas. Använd inte batteridrivna kodsparare eftersom detta kan göra att krockkudden löses ut med en risk för personskador.

I modeller med xenon halvljusstrålkastare sitter det ett automatiskt nivåregleringssystem. Systemet består av givare som är monterade på fram- och bakaxeln, en styrmodul på vänster strålkastarhus och nivåregleringsmotorer

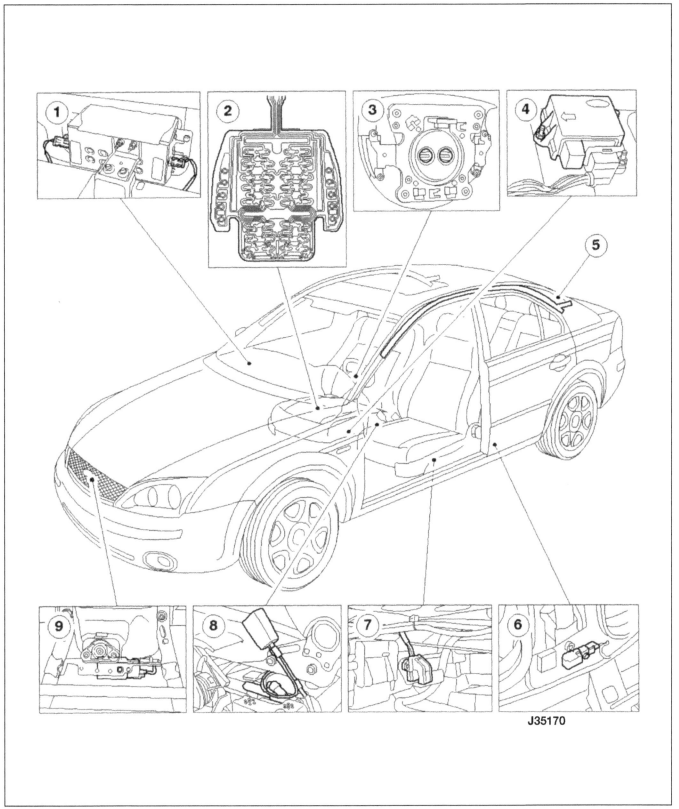

1.3 De kompletterande säkerhetssystemen krockkudde och bältessträckare (SRS)

1 Passagerarens krockkuddemodul
2 Givare passagerarklassning
3 Krockkuddemodul på förarsidan

4 Styrenhet krockkuddar
5 Sidokrockgardinmodul
6 Sidokrockgivare

7 Sätespositionsgivare
8 Bälteslåsbrytare
9 Krockgivare

som är monterade på båda strålkastarhusen. När tändningen slås på justerar systemet automatiskt strålkastaren så att bländning av den mötande trafiken undviks. Observera att systemet måste initieras när en givare tas bort eller när systemets elektriska kablage har lossats. Observera att xenonglödlamporna är utformade för att hålla under bilens livslängd.

Alla modeller är utrustade med ett nivåregleringssystem för helljuset som styrs med hjälp av ett reglage på instrumentbrädan. I läge 0 är strålkastarna i sin basposition (normal position) – härifrån vrids reglaget för att sänka strålkastarnas inställning beroende på den last som transporteras.

Alla modeller är utrustade med ett larmsystem med ett motorlåsningssystem. I sedan- och halvkombimodeller är larmsystemets signalhorn placerat på vänster sida av bagageutrymmet men i kombimodeller sitter den på höger sida.

Observera att när arbete utförs på någon del av elsystemet ska batteriets minusledning kopplas ifrån, för att undvika kortslutning och brandrisk (se *Koppla loss batteriet* mot slutet av handboken).

2 Felsökning av elsystemet – allmän information

Observera: *Se föreskrifterna i Säkerheten främst! och i avsnitt 1 i detta kapitel innan arbetet påbörjas. Följande tester relaterar till huvudkretsen och ska inte användas för att testa känsliga elektroniska kretsar (exempelvis motorstyrsystem och system för låsningsfria bromsar), speciellt där en elektronisk styrenhet (ECM) används.*

Allmänt

En typisk elkrets består av en elektrisk komponent, alla brytare, reläer, motorer, säkringar, smältinsatser eller kretsbrytare som rör den komponenten, samt det kablage och de kontaktdon som länkar komponenten till batteriet och karossen. För att underlätta felsökningen i elkretsarna finns kopplingsscheman i slutet av det här kapitlet.

Studera relevant kopplingsschema för att förstå den aktuella kretsens olika komponenter, innan du försöker diagnostisera ett elfel. De möjliga felkällorna kan reduceras genom att man undersöker om andra komponenter som hör till kretsen fungerar som de ska. Om flera komponenter eller kretsar slutar fungera samtidigt, rör felet antagligen en delad säkring eller jordanslutning.

Elektriska problem har ofta enkla orsaker, som lösa eller korroderade anslutningar, defekta jordanslutningar, trasiga säkringar eller defekta reläer (i avsnitt 3 finns information om hur man testar reläer). Se över skicket på alla säkringar, kablar och anslutningar i en felaktig krets innan komponenterna kontrolleras.

Använd kopplingsscheman för att se vilka kabelanslutningar som behöver testas för att hitta felet.

I den nödvändiga basutrustningen för elektrisk felsökning ingår en kretstestare eller voltmeter (en 12-volts glödlampa med testkablar kan användas till vissa kontroller), en ohmmätare (för att mäta motstånd och kontrollera kontinuitet), ett batteri och en uppsättning testkablar, samt en extrakabel, helst med en kretsbrytare eller säkring, som kan användas till att koppla förbi misstänkta kablar eller elektriska komponenter. Innan felsökning med hjälp av testinstrument påbörjas, använd kopplingsschemat för att bestämma var kopplingarna ska göras.

För att hitta källan till ett periodiskt återkommande kabelfel (vanligen på grund av en felaktig eller smutsig anslutning eller skadad isolering), kan ett vicktest göras på kabeln. Det innebär att man vickar på kabeln för hand för att se om felet uppstår när den rubbas. Det ska därmed vara möjligt att ringa in felet till en speciell kabelsträcka. Denna testmetod kan användas tillsammans med vilken annan testmetod som helst i de följande underavsnitten.

Förutom problem som uppstår på grund av dåliga anslutningar kan två typer av fel uppstå i en elkrets – kretsavbrott eller kortslutning.

Kretsavbrott orsakas av ett brott någonstans i kretsen, vilket hindrar strömflödet. Ett kretsbrott gör att komponenten inte fungerar, men utlöser inte säkringen.

Kortslutningar orsakas av att ledarna går ihop någonstans i kretsen, vilket medför att strömmen tar ett alternativ, lättare väg (med mindre motstånd), vanligtvis till jordningen. Kortslutning orsakas oftast av att isoleringen nötts, varvid en ledare kan komma åt en annan ledare eller jordningen, t.ex. karossen. En kortslutning bränner i regel kretsens säkring.

Hitta ett kretsbrott

Koppla ena ledaren på en kretsprovare eller en voltmeters negativa ledning till antingen batteriets negativa pol eller en annan känd jord för att kontrollera om en krets är bruten.

Anslut den andra ledaren till ett skarvdon i kretsen som ska testas, helst närmast batteriet eller säkringen.

Slå på kretsen, men tänk på att vissa kretsar bara är strömförande med tändningslåset i ett visst läge.

Om spänning ligger på (visas antingen genom att testlampan lyser eller genom ett utslag från voltmetern, beroende på vilket verktyg som används), betyder det att delen mellan kontakten och brytaren är felfri.

Fortsätt kontrollera resten av kretsen på samma sätt.

När en punkt nås där ingen ström finns tillgänglig måste problemet ligga mellan den punkt som nu testas och den föregående med ström. De flesta fel kan härledas till en trasig, korroderad eller lös anslutning.

Hitta en kortslutning

Koppla bort strömförbrukarna från kretsen för att leta efter en eventuell kortslutning (strömförbrukare är delar som drar ström i en krets, t.ex. lampor, motorer och värmeelement).

Ta bort den aktuella säkringen från kretsen och anslut en kretsprovare eller voltmeter till säkringens anslutningar.

Slå på kretsen, men tänk på att vissa kretsar bara är strömförande med tändningslåset i ett visst läge.

Om spänning ligger på (indikerat antingen genom att testlampan lyser eller ett voltmätarutslag, beroende på vad som används), betyder det att en kortslutning föreligger.

Om det inte finns någon spänning vid kontrollen, men säkringarna fortsätter att gå sönder när strömförbrukarna är påkopplade är det ett tecken på ett internt fel i någon av strömförbrukarna.

Hitta ett jordfel

Batteriets minuspol är kopplad till jord – metallen i motorn/växellådan och karossen. Många system är kopplade så att de bara tar emot en positiv matning och strömmen leds tillbaka genom metallen i karossen. Det innebär att komponentfästet och karossen utgör en del av kretsen. Lösa eller korroderade fästen kan därför orsaka flera olika elfel, allt ifrån totalt haveri till svårfångade, partiella fel. Vanligast är att lampor lyser svagt (särskilt när en annan krets som delar samma jordpunkt används samtidigt) och att motorer (t.ex. torkarmotorerna eller kylarens fläktmotor) går långsamt. En krets kan påverka en annan, till synes orelaterad, krets. Observera att på många fordon används särskilda jordningsband mellan vissa komponenter, såsom motorn/växellådan och karossen, vanligtvis där det inte finns någon direkt metallkontakt mellan komponenterna på grund av gummiupphängningar etc.

Koppla bort batteriet och anslut den ena ledaren på en ohmmätare till en känd, god jordpunkt för att kontrollera om en komponent är korrekt jordad. Koppla den andra ledaren till den kabel eller jordkoppling som ska kontrolleras. Resistansen ska vara noll. Om inte kontrollerar du anslutningen enligt följande.

Om en jordanslutning misstänks vara defekt, koppla isär anslutningen och rengör den ner till ren metall både på karossen och kabelanslutningen eller fogytan på komponentens jordanslutning. Se till att ta bort alla spår av rost och smuts och skrapa sedan bort lacken med en kniv för att få fram en ren metallyta. Dra åt kopplingsfästena ordentligt vid monteringen; om en kabelterminal monteras, använd låsbrickor mellan anslutning och karossen för att vara säker på att en ren och säker koppling uppstår. När kopplingen återansluts, rostskydda ytorna med ett lager vaselin,

3.1 Placering av huvudsäkringsdosan och reläerna bakom handskfacket

3.2 Extra säkringsdosa i motorrummet

3.3a Ta bort en säkring

silikonfett eller genom att regelbundet spraya på fuktdrivande aerosol eller vattenavstötande smörjmedel.

3 Säkringar och reläer – kontroll och byte

Säkringar

1 Säkringar är utformade för att bryta en krets när en förbestämd strömstyrka uppnås, för att skydda komponenter och kablar som kan skadas av för hög strömstyrka. För hög strömstyrka beror på fel i kretsen, ofta på kortslutning. Huvudsäkringsdosan, som även innehåller några reläer, sitter inne i bilen bakom handskfacket **(se bild)**; ta bort handskfacket eller lossa helt enkelt dämparen och öppna handskfacket helt enligt beskrivningen i kapitel 11.

2 Den extra säkringsdosan sitter i motorrummet, på vänster sida om batteriet **(se bild)**, man kommer åt den genom att först lossa och ta bort batterikåpan, sedan lossa spärren och lyfta upp säkringsdosans kåpa. Även den extra säkringsdosan innehåller några reläer. Varje krets identifieras på utsidan av det demonterade handskfacket och på insidan av den extra säkringskåpan. En plastpincett är fäst vid den extra säkringsdosan. Den används för att ta bort och sätta tillbaka säkringar och reläer.

3 För att ta bort en säkring använder du den pincett eller tång som följer med för att dra ut

den ur hållaren. För säkringen åt sidan från pincetten. Tråden i säkringen är tydligt synlig och den går sönder när säkringen har utlösts **(se bilder)**.

4 Byt alltid ut en säkring mot en som har samma kapacitet. Byt aldrig ut en säkring mot en med högre kapacitet och gör aldrig tillfälliga lösningar med ståltråd eller metallfolie. Det kan leda till allvarligare skador eller bränder. Säkringens kapacitet är instämplad ovanpå säkringen. Byt aldrig en säkring mer än en gång utan att spåra orsaken till felet.

5 Det finns reservsäkringar med olika strömkapacitet i extrasäkringsdosans kåpa.

Reläer

6 Reläer är elstyrda brytare som används i vissa kretsar. De olika reläerna kan tas bort genom att man försiktigt drar dem ur socklarna.

7 Om en relästyrd komponent går sönder, och du tror att reläet är trasigt, lyssnar du noga på reläet när kretsen sluts. Om reläet fungerar ska det höras ett klick när det får ström. Om så inte är fallet ligger felet i systemets komponenter eller kablage. Om reläet inte aktiveras beror det på att det inte får ström, eller att det är fel på reläet. Förbise inte relähylspolerna vid spårning av fel. Kontrollera reläets funktion tillsammans med en enhet som fungerar, men var försiktig: en del reläer är identiska till utseende och funktion medan andra ser likadana ut men utför andra funktioner.

8 Se först till att tändningsbrytaren är av för att byta ett relä. Det går då att enkelt dra ut reläet från hylsan och trycka in det nya reläet.

4 Brytare – demontering och montering

Tändningsbrytare och lås

1 Lossa batteriets minusledning (jord) (se *Koppla loss batteriet* mot slutet av handboken) **(se bild)**.

⚠ *Varning: Vänta minst en minut när du har kopplat loss batteriet innan du fortsätter som en försiktighetsåtgärd så att krockkuddsenheten inte utlöses av misstag. Denna tidsperiod gör att all energi som är lagrad i nödkondensatorn förbrukas. Vi föreslår att du väntar flera minuter.*

2 Placera framhjulen i rakt fram-läge, ta bort ratten enligt beskrivningen i kapitel 10.
Varning: Se till att krockkuddens urfjäder hålls fast i sitt raka fram-läge med tejp.

3 Ta bort den nedre klädselpanelen som är fäst med fyra skruvar och två övre klämmor från instrumentbrädan på förarsidan. Om tillämpligt lossar du diagnostikkontaktdonet från panelen och/eller lossar kablaget från klimatkontrollgivaren när panelen tas bort.

4 Ta bort ljudkontrollbrytaren, om en sådan finns, från rattstångens nedre kåpa. För att göra detta, använd en skruvmejsel för att lossa låsklämman av plast. Lossa kablaget.

5 Ta bort rattstångens övre kåpa från den nedre kåpan genom att sätta in en smal skruvmejsel mellan klämman på varje sida.

6 Skruva loss skruvarna och ta bort kåpan.

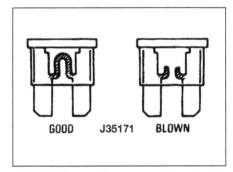

3.3b Säkringarna kan kontrolleras visuellt för att avgöra om de har utlösts

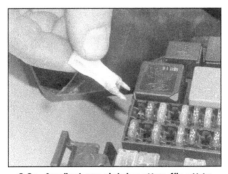

3.3c Använd specialpincetten för att ta bort en säkring

4.1 Koppla loss batteriets jordledning

4.7a Skruva loss skruven...

4.7b ... och ta bort det passiva stöldskyddssystemets (PATS) sändare/mottagare

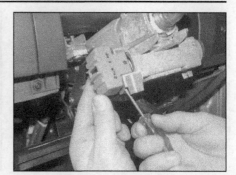

4.8a Lossa klämmorna ...

4.8b ... och ta bort tändningskontakten

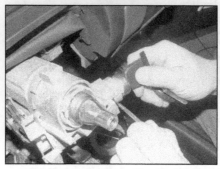

4.9 Ta bort tändningslåscylindern

4.13 Koppla loss kablarna ...

7 Skruva loss skruven och ta bort det passiva stöldskyddssystemets (PATS) sändare/mottagare från tändnings-/rattlåset (se bilder).

8 Använd en skruvmejsel för att lossa klämmorna och ta bort tändningsnyckeln (se bilder). Lossa kablagekontaktdonet.

9 Sätt in tändningsnyckeln och vrid runt den till läge I, använd sedan en liten skruvmejsel, tryck in spärrhaken i låshuset och ta bort låscylindern (se bild).

10 Monteringen utförs i omvänd ordningsföljd mot demonteringen, enligt beskrivningen i kapitel 10 när ratten monteras. Initiera fönstermotorn enligt beskrivningen i kapitel 11.

Torkar-/spolarbrytare

11 Ta bort rattstångens övre kåpa från den nedre kåpan genom att sätta in en smal skruvmejsel mellan klämman på varje sida.

12 Skruva loss skruvarna och ta bort kåpan.

13 Lossa kablaget vid multikontakten (se bild).

14 Använd en skruvmejsel för att lossa klämman och ta bort vindrutetorkar/spolarbrytaren från rattstången (se bilder).

15 Monteringen utförs i omvänd ordningsföljd mot demonteringen.

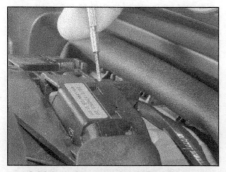

4.14a ... lossa sedan klämman ...

4.14b ... och för multifunktionsreglaget för vindrutetorkare uppåt från rattstången

Ljus och dimstrålkastarbrytare

16 Öppna myntfackets lock. Ta bort den nedre klädselpanelen från instrumentbrädan på förarsidan som är fäst med fyra skruvar och två övre klämmor. Om tillämpligt lossar du diagnostikkontaktdonet från panelen och/eller lossar kablaget från klimatkontrollgivaren när panelen tas bort. Ta bort ventilatorn som sitter ovanför brytarpositionen (se bilder).

17 Sträck upp handen bakom instrumentbrädan och tryck försiktigt

4.16a Demontera den nedre delen av instrumentbrädans panel...

4.16b ... och ventilationsöppningen

4.17 Tryck ut kombinationsbrytaren för helljus och dimstrålkastare från instrumentbrädan. . .

4.18 . . . lossa sedan kablaget

4.20 Bänd loss brytaren från instrumentbrädan. . .

4.21 . . . och koppla loss kablaget

4.23 Bänd ut brytarpanelens övre hörn. . .

4.24 . . . lossa sedan den nedre kanten

ut kombinationsbrytaren (se bild). Fästklämmorna av plast bör lossa men det kan vara nödvändigt att klämma ihop dem.

18 Lossa kablaget från brytarens (se bild).

19 Monteringen utförs i omvänd ordningsföljd mot demonteringen.

Brytare uppvärmd ruta

Modeller upp till juli 2003

20 Använd en liten skruvmejsel mot en dyna av tyg för att förhindra skador på instrumentbrädan för att försiktigt bända upp brytaren från instrumentbrädan (se bild).

21 Lossa anslutningskontakten från brytarens bakdel (se bild).

22 Monteringen utförs i omvänd ordningsföljd mot demonteringen.

Modeller från juli 2003

23 Använd en liten skruvmejsel och se till att skydda de omgivande panelerna från skador när du försiktigt bänder ut brytarens infattning i panelen i de övre hörnen (se bild).

24 Nederkanten av brytarens infattning är

placerad på vardera sidan om klockan, vid basen. Det enda sätt vi har hittat för att lossa dessa klämmor är att föra en skruvmejsel med väldigt tunt blad längs panelens bas, sedan lyfta och bända ut panelen för att lossa klämman på ena sidan (se bild). Det är nödvändigt att vara väldigt försiktig för att undvika att värmekontrollpanelen repas när detta görs.

25 Alternativt ger borttagning av handskfacket enligt beskrivningen i kapitel 11 åtkomst till baksidan av brytarens infattning vilket gör demonteringen enklare.

26 Lossa de tre anslutningskontakterna på baksidan, observera deras placeringar och ta bort panelen helt när den är lossad (se bild).

27 Brytarna är i en enhet som kläms in i panelen baktill (se bild). När väl klämmorna har lossats trycker du ut brytarenheten bakifrån bakom panelen.

28 Monteringen utförs i omvänd ordningsföljd mot demonteringen.

Varningslampans brytare

29 Denna brytare tas bort på samma sätt som brytarna till den uppvärmda rutan som beskrivs tidigare i detta avsnitt.

Brytare sätesvärme och ESP

Modeller upp till juli 2003

30 Använd en smal skruvmejsel och bänd försiktigt upp brytaren från instrumentbrädan med en skruvmejsel mot en tygdyna för att förhindra skador på instrumentbrädan.

31 Lossa anslutningskontakten från brytarens baksida.

32 Monteringen utförs i omvänd ordningsföljd mot demonteringen.

Modeller från juli 2003

33 Se kapitel 11, avsnitt 29 och ta bort växelspakens/växelväljarens klädselpanel och mittkonsolens övre klädselpanel.

34 Lossa klämmorna och tryck ut brytaren ur panelen bakifrån (se bild).

35 Monteringen utförs i omvänd ordningsföljd mot demonteringen.

4.26 Lossa anslutningskontakterna på panelen

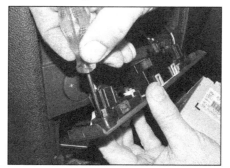

4.27 Lossa klämmorna på baksidan, och tryck ut brytaren

4.34 Tryck ut brytaren för sätesvärme bakifrån klädselpanelen

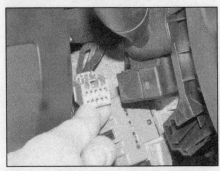

4.43a Lossa kablaget...

4.43b ... lossa sedan klämman ...

4.43c ... och för multifunktionsreglaget
för körriktningsvisare/halvljus uppåt från
rattstången

Ytterbackspegelns reglage

36 Bänd upp plastkåpan från dörrspegelns innerpanel, lossa sedan fästskruven.
37 Ta bort klädselpanelen och lossa kablaget från spegelns kontrollbrytare.
38 Tryck försiktigt bort brytaren från klädselpanelen.
39 Monteringen utförs i omvänd ordningsföljd mot demonteringen.

Körriktningsvisar- och helljus/halvljusbrytare

40 Ta bort ljudkontrollbrytaren, om en sådan finns, från rattstångens nedre kåpa. Lossa låsspetsen och lossa kablaget från den bakre delen av instrumentbrädan (se bild).
41 Ta bort rattstångens övre kåpa från den nedre kåpan genom att sätta in en smal skruvmejsel mellan klämman på varje sida.
42 Skruva loss skruvarna och ta bort kåpan.

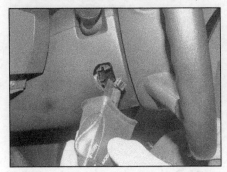

4.50b ... och lyft av kontakten från kåpan

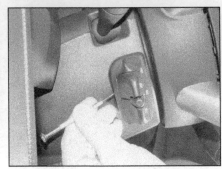

4.50a Lossa låsspetsen...

43 Lossa multipluggen, tryck in fästtappen och ta bort brytarenheten **(se bilder)**.
44 Dra ut riktningsindikatorreläet med brytarenheten demonterad (blinkenhet) om det behövs.
45 Monteringen utförs i omvänd ordningsföljd mot demonteringen.

Signalhornets omställare

46 Ta bort krockkuddenheten från ratten enligt beskrivningen i avsnitt 28.
47 På modeller med farthållare, ta bort brytarkomponenterna enligt beskrivningen i avsnitt 22.
48 Lossa kontaktdonet, (om tillämpligt) ta bort de två fastskruvarna och bänd försiktigt ut brytarenheten.
49 Monteringen utförs i omvänd ordningsföljd mot demonteringen.

Radions satellitreglage

50 Ta bort ljudkontrollbrytaren från

4.58 Ta bort varningsbrytaren Handbroms
på från handbromsspaken

rattstångens nedre kåpa. Använd en liten skruvmejsel för att lossa låsspetsen, och lyft av brytaren från kåpan **(se bilder)**.
51 Lossa kablaget och ta bort brytaren.
52 Monteringen utförs i omvänd ordningsföljd mot demonteringen.

Farthållarens omställare

53 Se avsnitt 22.

Brytare elektriska fönsterhissar

54 Bänd försiktigt ut brytaren från dörrens inre klädselpanel och använd en trasa för att förhindra skador på klädselpanelen.
55 Lossa multikontakten och ta bort brytaren.
56 Monteringen utförs i omvänd ordningsföljd mot demonteringen.

Handbromsens varningsbrytare

57 Ta bort mittkonsolen enligt beskrivningen i kapitel 11.
58 Lossa kablaget, ta bort skruven och ta bort brytaren från handbromsspakens fäste **(se bild)**.
53 Monteringen utförs i omvänd ordningsföljd mot demonteringen.

5 Glödlampor (ytterbelysning) – byte

1 Tänk på följande när en glödlampa ska bytas:
* *Släck alla ytterlampor och tändningen.*
* *Kom ihåg att om ljuset nyligen varit tänt kan lampan vara mycket het.*
* *Kontrollera alltid lampans sockel och kontaktytor. Se till att kontaktytorna mellan lampan och ledaren och lampan och jorden är rena.*
* *Om glödlampor med bajonettfattning monteras måste du se till att kontaktfjädrarna trycker fast mot glödlampans kontakter.*
* *Se alltid till att den nya lampan har rätt specifikationer och att den är helt ren innan den monteras.*
* *Vidrör inte glaset på halogenlampor (strålkastare och främre dimljus) med fingrarna, eftersom det kan göra att lampan snabbt blir svart och att livslängden förkortas. Om du råkar vidröra glaset, rengör lampan med denaturerad sprit.*

⚠ **Varning: Ford rekommenderar användning av skyddshandskar och skyddsglasögon vid byte av glödlampor till xenonstrålkastare. Tänd inte strålkastarna med glödlampan borttagen – det finns hög spänning som kan orsaka personskador.**

Strålkastare (helljus)

2 Demontera strålkastararmaturen enligt beskrivningen i avsnitt 7.
3 Lossa plastklämmorna och ta bort kåpan för att komma åt strålkastarens glödlampa

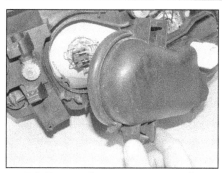

5.3 Ta bort kåpan för att komma åt glödlampan

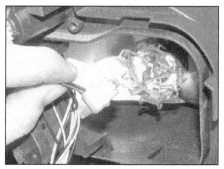

5.4a Koppla ifrån kontaktdonet . . .

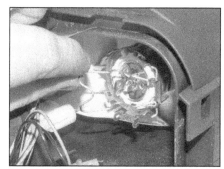

5.4b . . . lossa sedan fjäderklämman . . .

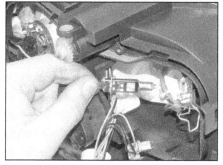

5.4c . . . och ta bort glödlampan för helljus

5.8a Koppla ifrån kontaktdonet . . .

5.8b . . . lossa sedan fjäderklämman . . .

med strålkastarenheten på bänken (se bild). I modeller med xenon glödlampor, skruva loss skruvarna och lossa spärrfliken för att ta bort kåpan.

4 Lossa kablagekontaktdonet från strålkastarens helljusglödlampa (den inre), lossa sedan fjäderklämman, ta bort glödlampan och observera hur den är monterad (se bilder).

5 Montera den nya glödlampan i omvänd ordningsföljd.

Strålkastare (halvljus)

6 Demontera strålkastararmaturen enligt beskrivningen i avsnitt 7.

7 Lossa plastklämmorna och ta bort kåpan för att komma åt strålkastarens glödlampa med strålkastarenheten på bänken. I modeller med xenon glödlampor, skruva loss skruvarna och lossa spärrfliken för att ta bort kåpan.

8 Lossa kablagekontaktdonet från strålkastarens heljus glödlampa (den yttre), lossa sedan fjäderklämman, ta bort glödlampan och observera hur den är monterad (se bilder).

9 Montera den nya glödlampan i omvänd ordningsföljd.

Främre parkeringsljus

10 Demontera strålkastararmaturen enligt beskrivningen i avsnitt 7.

11 Vrid kåpan moturs för att ta bort den med strålkastarenheten på bänken (se bild).

12 Bänd ut lamphållaren, om det behövs med en skruvmejsel (se bild).

13 Dra ut glödlampan (se bild).

14 Montera den nya glödlampan i omvänd ordningsföljd.

5.8c . . . och ta bort glödlampan för halvljus

Främre körriktningsvisare

15 Demontera strålkastararmaturen enligt beskrivningen i avsnitt 7.

16 Vrid lamphållaren moturs för att ta

5.11 Vrid kåpan moturs och ta bort den. . .

5.12 . . . bänd sedan ut lamphållaren . . .

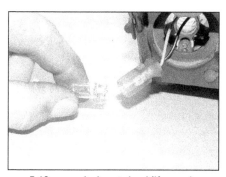

5.13 . . . och dra ut den kilformade glödlampan

5.16 Vrid lamphållaren till den främre körriktningsvisaren moturs för att ta bort den från strålkastarenheten.

5.17 Tryck in och vrid glödlampan för att ta ut den från lamphållaren

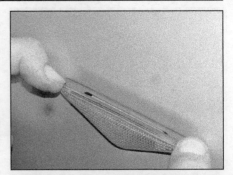

5.19a Tryck ner ändarna på sidoblinkerns glas. . .

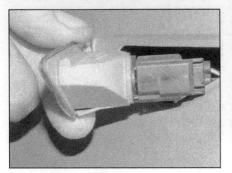

5.19b . . . dra sedan ut det från framskärmen

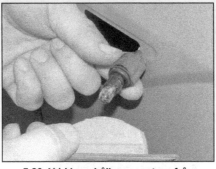

5.20 Vrid lamphållaren moturs från glaset. . .

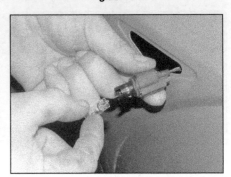

5.21 . . . och dra ut glödlampan

bort den tillsammans med glödlampan från strålkastarenhetens bakre del med strålkastarenheten på bänken (se bild).
17 Tryck in och vrid glödlampan för att ta ut den från lamphållaren (se bild).

5.23 Ta bort dimstrålkastarens infattning. . .

5.25a Lossa kablaget . . .

18 Montera den nya glödlampan i omvänd ordningsföljd mot demonteringen.

Sidoblinker

19 Tryck försiktigt ner ändarna på

5.24 . . . och skruva loss de tre stjärnskruvarna

5.25b . . . vrid lamphållaren moturs och dra ut glödlampan. Observera de tre utskärningarna i huset

körriktningsvisarens glas neråt, dra sedan ut den från framskärmen (se bilder).
20 Tryck in och vrid lamphållaren moturs för att ta ut den från lamphållaren (se bild).
21 Dra ut glödlampan från lamphållaren (se bild).
22 Montera den nya glödlampan i omvänd ordningsföljd.

Främre dimljus upp till juli 2003

Standardstötfångare

23 Använd en skruvmejsel eller ett liknande verktyg för att försiktigt bända upp dimstrålkastarens infattning från den främre stötfångaren (se bild). Var försiktig så att du inte skadar lacken.
24 Skruva loss de tre stjärnskruvarna och ta bort dimstrålkastaren från stötfångaren tillräckligt mycket så att du kommer åt lamphållaren (se bild).
25 Lossa kablaget, vrid sedan lamphållaren moturs och dra ut glödlampan och observera de tre utskärningarna i huset (se bilder).
26 Montera den nya glödlampan i omvänd ordningsföljd.

Sportstötfångare

27 Skruva loss den enda skruven och bänd sedan försiktigt ut dimstrålkastarens infattning.
28 Skruva loss de två stjärnskruvarna och dra ut dimstrålkastaren från den främre stötfångaren.
29 Lossa kablaget, dra sedan ut glödlampan och observera de tre placeringsutskärningarna i huset.

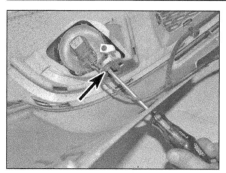

5.31 Ta bort dimstrålkastarens fästskruv genom åtkomsthålet i stötfångaren

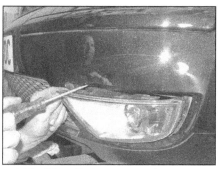

5.32a Bänd försiktigt dimstrålkastaren uppåt på överdelen. . .

5.32b . . . och ta bort den från stötfångaren

5.33 Vrid lamphållaren moturs och ta ut den från lampan

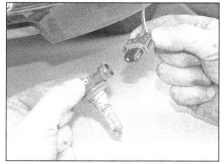

5.34 Koppla loss anslutningskontakten från glödlampan.

5.39 Använd en liten skruvmejsel på det sätt som visas för att lossa närhetslampan

30 Montera den nya glödlampan i omvänd ordningsföljd.

Främre dimljus från juli 2003

Med undantag av runda ljusenheter

31 Ta bort stjärnskruven under ljusenheten, arbeta genom det åtkomsthål som finns i stötdämparens nederkant **(se bild)**.

32 Använd en liten flatbladig skruvmejsel för att lossa de två spärrarna på ljusenheten och bänd den utåt från stötfångaren men var försiktig så att inte stötfångarens lack skadas **(se bilder)**.

33 Tryck in och vrid lamphållaren moturs för att ta ut den från lamphållaren **(se bild)**.

34 Lossa spärrarna på vardera sidan om anslutningskontakten och lossa den från glödlampan **(se bild)**.

35 Montera den nya glödlampan i omvänd ordningsföljd

Runda ljusenheter

36 Ta bort den skruv som håller fast dimstrålkastarens infattning från den främre stötfångaren. Ta bort skruvarna, och dra bort ljusenheten.

37 Lossa spärrarna, dra sedan anslutningskontakten på enhetens baksida neråt för att lossa den. Vrid lamphållaren moturs och ta bort den från ljusenheten. Dra ut glödlampan, notera fästflikens position.

38 Montera den nya glödlampan i omvänd ordningsföljd.

Närhetslampa dörrspegel

39 Använd en liten flatbladig skruvmejsel insatt mellan spegelglasets bas och spegelhuset/spegelskålen, lossa fjäderklämman på lampans yttersida och sväng ner den från spegeln **(se bild)**.

40 Lossa den lilla anslutningskontakten

och ta bort lampan från spegeln **(se bild)**.

41 Glödlampshållaren har en tättsittande gummidamask monterad mellan sig och själva lampan vilket gör det svårare att dra ut lamphållaren. Genom att man försiktigt lyfter gummikanten med en skruvmejsel, lossnar den dock och lamphållaren kan dras ut **(se bild)**.

42 Glödlampan är av typen skjutpassning med kilformad nederdel och är enkel att dra ut från lamphållaren **(se bild)**.

43 Montera den nya glödlampan i omvänd ordningsföljd. Se till att gummidamasken monteras tillbaka korrekt eftersom detta håller vatten borta från lamphållaren. Vid återmontering av ljusenheten lägger du in tapparna på lampans innerände tillsammans med spegelns hölje, sedan svänger du ytteränden uppåt och trycker för att få fjäderklämman att gå i ingrepp.

5.40 Lossa lampans anslutningskontakt

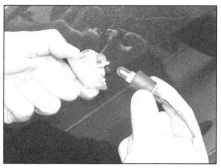

5.41 Lossa lamphållarens gummidamask för att ta bort den

5.42 Dra ut glödlampan med kilformad nederdel

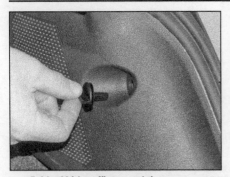

5.44a Vrid av fästanordningarna. . .

5.44b . . . och ta bort bakljuskåpan . .

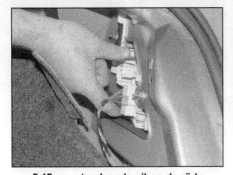

5.45a . . . tryck sedan ihop de röda flikarna . .

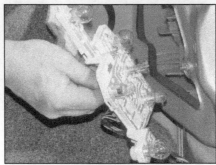

5.45b . . . och ta bort lamphållaren

Bakljusenhet

Sedan och halvkombi

44 Öppna bakluckan och vrid de tre fästanordningarna moturs för att ta bort relevant bakljuskåpa **(se bilder)**.

45 Kläm ihop de två röda flikarna för att skilja lamphållarenheten från lamphuset **(se bilder)**.

46 Tryck in och vrid glödlampan för att ta ut den från lamphållaren **(se bilder)**. Observera att backljusets glödlampa är en halogenglödlampa med en speciell bajonettfattning som endast kan erhållas från en Ford-verkstad.

47 Montera den nya glödlampan i omvänd ordningsföljd

Kombi

48 Ta bort den övre och nedre kåpan för att komma åt vingmuttrarna till bakljusenheten med bakrutan öppen. Den övre kåpan är ett högtalargaller som kan lossas med hjälp av en liten flatbladig skruvmejsel. Den nedre lossas med spännskruvshållaren även om den nedre kåpan fästs med kardborrfäste på en del modeller **(se bilder)**.

49 Stötta upp bakljusenheten utifrån, skruva sedan loss och ta bort de övre och nedre vingmuttrarna från insidan av kåpans öppningar **(se bild)**. Var försiktig så att du inte tappar muttrarna inne i det inre hålet.

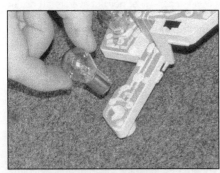

5.46a Ta bort en glödlampa

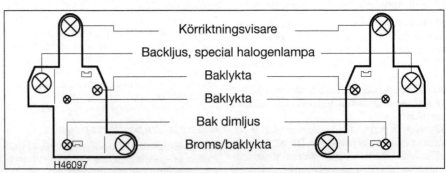

5.46b Placering av bakljusets glödlampor (sedan och halvkombi)

Körriktningsvisare
Backljus, special halogenlampa
Baklykta
Baklykta
Bak dimljus
Broms/baklykta

H46097

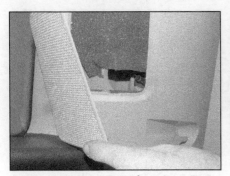

5.48a Ta bort den övre kåpan (som är ett högtalargaller). . .

5.48b . . . och sänk ner kåpan för att komma åt fästmuttrarna (kombi)

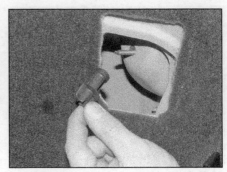

5.49 Skruva loss vingmuttrarna. . .

5.50 ... och ta bort bakljusenheten

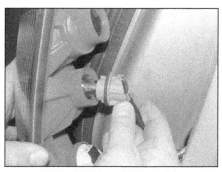

5.551a Vrid lamphållaren från ljusenheten...

5.51b ... tryck sedan in glödlampan och vrid den för att ta ut den

50 Ta bort bakljusenheten **(se bild)**.
51 Vrid lamphållaren moturs från ljusenheten, tryck sedan i glödlampan och ta bort den **(se bilder)**.
52 Montera den nya glödlampan i omvänd ordningsföljd.

Registreringsskyltsbelysning

53 Skruva loss fästskruvarna och nedre nummerplåtsbelysning från bakrutan/bakluckan.
54 Ta bort glödlampan av typen med slingfäste från kontaktfjädrarna.
55 Montera den nya glödlampan i omvänd ordningsföljd. Se till att kontaktfjädrarna är tillräckligt spända för att kunna hålla glödlampan stadigt.

Övre bromsljus

56 Dra försiktigt av kåpan från bilens insida i sedanmodeller.
57 Öppna bakluckan i kombi- och

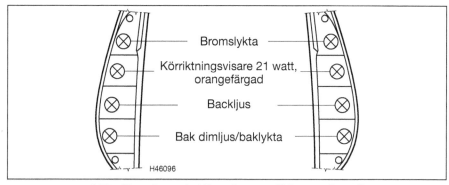

Bromslykta
Körriktningsvisare 21 watt, orangefärgad
Backljus
Bak dimljus/baklykta

H46096

5.51c Placering av bakljusenhetens glödlampor (kombi)

halvkombimodeller. Lossa de två fästskruvarna och ta bort det höga bromsljuset och kåpan **(se bilder)**.
58 Lossa kablagekontaktdonet och bänd ut den höga bromsljusenheten med en

skruvmejsel i alla modeller **(se bilder)**.
59 Tryck in spärrarna och ta bort kåpan, dra sedan ut relevant glödlampa **(se bilder)**.
60 Montera den nya glödlampan i omvänd ordningsföljd.

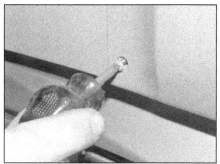

5.57a Skruva loss skruvarna ...

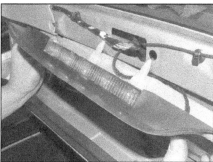

5.57b ... och ta bort det höga bromsljuset och kåpan

5.58a Lossa kablaget ...

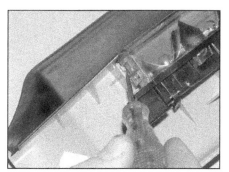

5.58b ... och bänd ut ljusenheten

5.59a Ta bort kåpan ...

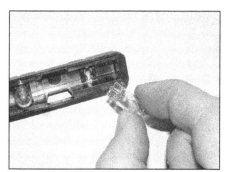

5.59b ... och dra ut glödlampan

6.3 Bänd ut solskyddet/sminkspegelns lampa från takklädseln. . .

6.4 . . . och dra ut glödlampan

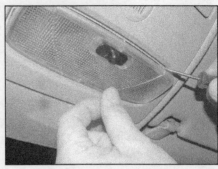

6.6 Bänd ut kartläslampan. . .

6 Glödlampor (innerbelysning) – byte

1 Tänk på följande när en glödlampa ska bytas:
- Släck all innerbelysning.
- Kom ihåg att om ljuset nyligen varit tänt kan lampan vara mycket het.
- Kontrollera alltid lampans sockel och kontaktytor. Se till att kontaktytorna mellan lampan och ledaren och lampan och jorden är rena.
- Om glödlampor med bajonettfattning monteras måste du se till att kontaktfjädrarna trycker fast mot glödlampans kontakter.
- Se alltid till att den nya lampan har rätt specifikationer och att den är helt ren innan den monteras.

Sminkspegelsbelysning
2 Dra ner solskyddet.
3 Bänd ut ljuset från takklädsel (se bild).
4 Dra ut glödlampan från lamphållaren (se bild).
5 Montera den nya glödlampan i omvänd ordningsföljd.

Kartläsningslampa
6 Bänd ut kartläslampan med en liten skruvmejsel insatt i urholkningen mitt emot brytaren (se bild).
7 Dra ut glödlampan från lamphållaren (se bild).
8 Montera den nya glödlampan i omvänd ordningsföljd. Se till att kontaktfjädrarna är tillräckligt spända för att kunna hålla glödlampan stadigt.

Handskfacksbelysning
9 Demontera handskfacket enligt beskrivningen i kapitel 11.

10 Sträck in handen under handskfackets lås och dra ut glödlampan från lamphållaren (se bild).
11 Montera den nya glödlampan i omvänd ordningsföljd.
12 Om lamphållaren lossas från spärren tar du bort den på följande sätt. Skruva loss fästskruvarna och ta bort handskfackets lås och lamphållaren från instrumentbrädan. Tryck in lamphållaren i hålet på låsanordningen, montera sedan tillbaka låsanordningen (se bild).

Bagageutrymmesbelysning
13 Bänd ut lampan från takklädseln med en liten skruvmejsel (se bild).
14 Lossa reflektorn från ljusenheten och lossa kablaget om tillämpligt och ta bort ljusenheten från takklädseln om det behövs (se bilder).

6.7 . . . och lossa glödlampan från kontaktfjädrarna

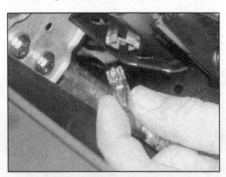

6.10 Ta bort handskfacksbelysningens glödlampa

6.12 Tryck in lamphållaren i överdelen av handskfackets lås

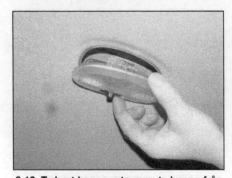

6.13 Ta bort bagageutrymmets lampa från takklädseln

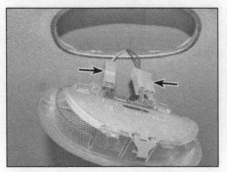

6.14a Lossa kablaget om det behövs. . .

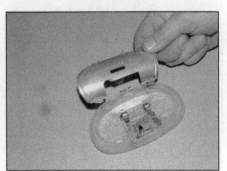

6.14b . . . och lossa reflektorn

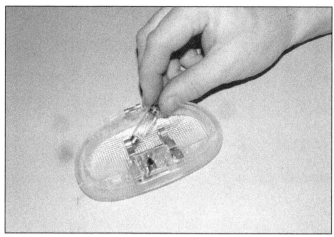

6.15 Ta bort glödlampan med slingfäste från bagageutrymmets lampa

6.21 Ta bort lamphållaren genom att vrida den moturs. . .

15 Dra ut glödlampan från lamphållaren **(se bild)**.
16 Montera den nya glödlampan i omvänd ordningsföljd. Se till att kontaktfjädrarna är tillräckligt spända för att kunna hålla glödlampan stadigt.

Fotutrymmesbelysning

17 Ta bort den nedre klädselpanelen som är fäst med fyra skruvar och två övre klämmor från instrumentbrädan på förarsidan. Om tillämpligt lossar du diagnostikkontaktdonet från panelen och/eller lossar kablaget från klimatkontrollgivaren när panelen tas bort.
18 Dra ut glödlampan ur hållaren.

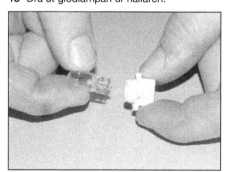

6.22 . . . och dra ut glödlampan

6.25b . . . dra sedan loss lamphållaren från cigarrettändaren

19 Montera den nya glödlampan i omvänd ordningsföljd.

Instrument och varningslampor

20 Ta bort instrumentbrädan enligt beskrivningen i avsnitt 11.
21 Vrid lamphållaren moturs för att ta bort den **(se bild)**.
22 Dra ut glödlampan **(se bild)**. Observera: *Fords glödlampa kan endast erhållas tillsammans med lamphållaren.*
23 Montera den nya glödlampan i omvänd ordningsföljd.

Cigarrettändarbelysning

6.25a Lossa stiftet. . .

6.26 Dra bort den kilformade glödlampan från lamphållaren

24 Bänd försiktigt ut askkoppen och mugghållaren från mittkonsolen och lossa kablaget från cigarettändaren.
25 Använd en skruvmejsel för att lossa fliken, dra sedan lamphållaren från cigarettändarens sida **(se bilder)**.
26 Dra ut glödlampan från lamphållaren **(se bild)**.
27 Montera den nya glödlampan i omvänd ordningsföljd.

Belysning till spak på automatväxellåda

28 Sätt väljaren i läget N, och bänd ut panelen från mittkonsolen.
29 Lossa lamphållaren och dra ut glödlampan.
30 Montera den nya glödlampan i omvänd ordningsföljd.

Belysning värmereglering

31 Värmereglagepanelen kan demonteras enligt beskrivningen i kapitel 3. Det finns dock inga separata glödlampor som går att komma åt när panelen är borttagen.

7 Yttre armaturer – demontering och montering

1 Innan du tar bort en armatur, observera följande:
 • *Se till att ljuset är avstängd.*
 • *Kom ihåg att om belysningen nyligen varit tänd kan lampan och glaset vara mycket hett.*

Strålkastare och indikator

2 Ta bort kylargrillen enligt beskrivningen i kapitel 11. De två fasthållande fästanordningarna är placerade bredvid strålkastarenheterna.
3 Dra upp de två låsbalkarna, ta sedan försiktigt bort strålkastarenheten från bilens främre del. Den inre stången sitter bredvid

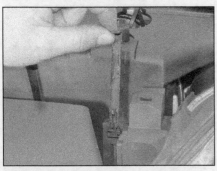

7.3a Dra upp den inre för att ta bort strålkastaren. . .

7.3b . . . och de yttre låsbalkarna . .

7.3c . . . och ta bort strålkastaren

kylargrillens hållarfästbygel och den yttre stången sitter nära skärmpanelen **(se bilder)**.
4 Lossa multipluggen från strålkastarenheten **(se bild)**.
5 Monteringen utförs i omvänd ordningsföljd mot demonteringen. Kontrollera strålkastarinställningen eller ställ in den enligt beskrivningen i nästa avsnitt.

Främre dimljus

6 Demontering av den främre dimstrålkastaren beskrivs i glödlampa byte tillvägagångssättet i avsnitt 5.

Närhetslampa dörrspegel

7 Ta bort närhetslamporna som är monterade på dörrspegelns bas vid bytet av glödlampan i avsnitt 5.

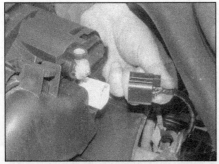

7.4 Lossa kablaget från strålkastarenheten

Bakljusenhet

Sedan och halvkombi

8 Öppna bakluckan och vrid fästanordningarna moturs för att ta bort relevant bakljuskåpa.
9 Kläm ihop de två röda flikarna för att skilja lamphållarenheten från lamphuset.
10 Stötta upp ljusenheten, skruva sedan loss fästskruvarna och ta bort enheten från bilen. Ta loss packningen **(se bilder)**.
11 Monteringen utförs i omvänd ordningsföljd mot demonteringen. Kontrollera packningens tillstånd och byt den vid behov.

Kombi

12 Ta bort den övre och nedre kåpan för att komma åt vingmuttrarna till bakljusenheten med bakrutan öppen. Den övre kåpan är ett högtalargaller som kan lossas med hjälp av en liten flatbladig skruvmejsel. Den nedre lossas

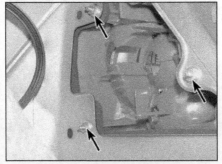

7.10a Skruva loss fästskruvarna . . .

med spännskruvshållaren även om den nedre kåpan fästs med kardborrfäste på en del modeller.
13 Stötta upp bakljusenheten utifrån, skruva sedan loss och ta bort de övre och nedre vingmuttrarna från insidan av kåpans öppningar **(se bild)**. Var försiktig så att du inte tappar muttrarna inne i det inre hålet.
14 Ta bort ljusenheten från utsidan, vrid sedan lamphållarna motors och ta bort dem från enheten **(se bild)**.
15 Monteringen utförs i omvänd ordningsföljd mot demonteringen.

Registreringsskyltsbelysning

16 Skruva loss fästskruvarna och nedre nummerplåtsbelysning från bakrutan/ bakluckan.
17 Lossa kablaget och ta bort nummerplåtsbelysningen.
18 Monteringen utförs i omvänd ordningsföljd mot demonteringen.

Övre bromsljus

19 Dra försiktigt av kåpan från bilens insida i sedanmodeller.
20 Öppna bakluckan i kombi- och halvkombimodeller. Skruva loss fästskruven, och ta bort det höga bromsljuset och kåpan.
21 Lossa kablagekontaktdonet och bänd ut den höga bromsljusenheten med en skruvmejsel i alla modeller.
22 Tryck in spärrarna och ta bort kåpan.
23 Monteringen utförs i omvänd ordningsföljd mot demonteringen.

7.10b . . . och ta bort bakljusenheten (halvkombi)

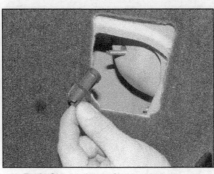

7.13 Skruva loss vingmuttrarna. . .

7.14 . . . och ta bort bakljusenheten

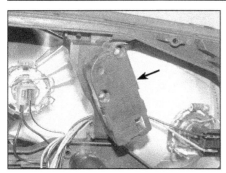

9.3 Motor strålkastarbalansering

8 Strålkastare och främre dimljus – kontroll och inställning

1 Strålkastarens och det främre dimljusets ljusstråle kan bara ställas in exakt med optisk utrustning för strålkastarinställning. Detta arbete bör därför utföras av en Ford-verkstad eller en annan serviceanläggning med den utrustning som krävs.
2 Provisorisk justering enligt följande kan göras som en nödåtgärd om inriktningen är felaktig på grund av en olycksskada.

Strålkastarjustering

3 Parkera bilen (olastad) på en plan yta med korrekt däcktryck. Gunga bilens front några gånger.
4 I modeller som är utrustade med nivåreglerande stötdämpare låter du bilen stå minst en minut så att den stabiliseras.
5 Slå på tändningen och manövrera strålkastarnas nivåregleringssystem flera gånger, ställ det sedan i läget 0. Slå av tändningen.
6 Inställningsutrustningen för inställning av strålkastarna bör helst placeras framför strålkastarna men denna utrustning är vanligtvis inte tillgänglig för den genomsnittlige hemmamekanikern. Placera alternativt bilen 5 meter framför en vägg eller en garagedörr för att göra en temporär justering och gör en horisontell linje på samma höjd som strålkastarnas mitt. Märk denna linje med strålkastarens position som en fokuspunkt för att göra strålkastarinställningen. Gör ytterligare en linje något längre ner.
7 Tänd strålkastarna och välj helljus. Kontrollera att området med koncentrerat ljus centreras på helljusets fokuspunkter som är markerade på väggen.
8 Växla nu till halvljuset och kontrollera att ljuskäglans gränslinje kommer i kontakt med den nedre linjen på väggen så att stigningen på 15° börjar direkt under helljusmärket.
9 Använd en skruvmejsel för att flytta kabeln i den riktning som krävs om det är nödvändigt att justera styrsprintarna. Dessa vrider justeringsvridhjulen på strålkastarenheternas baksida. Observera att de "inre" strålkastarna är helljuset och de "yttre" strålkastarna är halvljuset.

10 Observera att på alla modeller som är utrustade med xenonhalvljus går det att göra en justering för körning på vänster eller höger sida av vägen. Denna justering måste dock utföras av en Ford-verkstad.

Justering av främre dimljus

11 Parkera bilen (olastad) på en plan yta med korrekt tryck i däcken. Gunga bilens front några gånger.
12 På modeller som är utrustade med nivåreglerande stötdämpare låter du bilen stå minst en minut så att den stabiliseras.
13 Inställningsutrustningen för inställning av dimstrålkastarna bör helst placeras framför dimstrålkastarna men denna utrustning är vanligtvis inte tillgänglig för den genomsnittlige hemmamekanikern. Placera alternativt bilen 5 meter framför en vägg eller en garagedörr för att göra en temporär justering och gör en horisontell linje på samma höjd som strålkastarnas mitt. Märk denna linje med dimljusens position som en fokuspunkt för att göra strålkastarinställningen.
14 Bänd försiktigt ut infattningen från dimstrålkastarnas front för att komma åt den enda justeringsskruven.
15 Tänd dimstrålkastarna och kontrollera att ljusstrålens gränslinje träffar den linje på väggen som börjar vid positionsmärket med 15° stigning.
16 Om det behövs, vrid justeringsskruven.

9 Strålkastarnas inställningsmotor – demontering och montering

Demontering

1 Ta bort strålkastaren enligt beskrivningen i avsnitt 7.
2 Lossa plastklämmorna och ta bort den bakre kåpan med strålkastarenheten på bänken.
3 Vrid eller skruva loss skruvarna och lossa tryckstången från hylsan **(se bild)**. Ta bort motorn från strålkastaren.

Montering

4 Monteringen utförs i omvänd ordningsföljd mot demonteringen.

10 Strålkastarnas inställningsgivare – demontering och montering

Observera: *I modeller med xenonstrålkastare är strålkastarnivågivarna monterade på den främre och bakre fjädringen.*

Demontering

1 Lyft upp bilens front och stötta den ordentligt på pallbockar (se *Lyftning och stödpunkter*). Ta bort hjulet.
2 Lossa kablaget från strålkastarenivågivaren. Observera att givaren är ansluten till fjädringsarmen med en kort länk.

3 Lossa länken från givararmen genom att bända ut det från kulbeslaget.
4 Skruva loss fästskruven och ta bort givaren.

Montering

5 Montera tillbaka i omvänd ordningsföljd mot demonteringen. När arbetet är klart, ska nivåregleringssystemet initieras av en Ford-verkstad.

11 Instrumentbräda – demontering och montering

Observera: *Om en ny instrumentbräda monteras måste den befintliga instrumentpanelkonfigurationen först laddas upp så att den nya enheten kan programmeras med samma konfiguration. Detta kan endast utföras av en Ford-verkstad som använder specialutrustning. Observera att Ford har ett program "ny mot gammal" genom vilket den gamla instrumentbrädan kan bytas ut.*

Demontering

1 Lossa batteriets minusledning (se *Koppla loss batteriet* mot slutet av handboken).

⚠ **Varning: Krockkuddsvarningslampan på panelen utgör en del av krockkuddskretsen. Vänta minst en minut när du har kopplat loss batteriet innan du fortsätter som en försiktighetsåtgärd så att krockkudden inte utlöses av misstag. Denna tidsperiod gör att all energi som är lagrad i nödkondensatorn förbrukas. Vi föreslår att du väntar flera minuter.**

2 Ta bort den nedre klädselpanelen som är fäst med fyra skruvar och två övre klämmor från instrumentbrädan på förarsidan. Om tillämpligt lossar du diagnostikkontaktdonet från panelen och/eller lossar kablaget från klimatkontrollgivaren när panelen tas bort.
3 Om en sådan finns, ta bort ljudkontrollbrytaren från rattstången. Lossa låsspetsen och lossa kablaget från den bakre delen av instrumentbrädan (se bild).
4 Lossa rattstångens övre kåpa från den nedre kåpan genom att sätta in en smal skruvmejsel mellan klämman på ena sidan **(se bild)**. Dra ut den övre kåpan och haka loss dess bakre kant för att ta bort den.

11.4 Ta bort rattstångens övre kåpa

11.5a Skruva loss skruvarna . . .

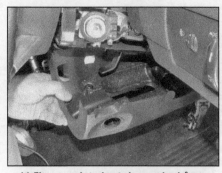

11.5b . . . och ta bort den nedre kåpan

11.6a Skruva loss skruvarna . . .

11.6b . . . och ta bort instrumentbrädans infattning

11.7a Skruva loss skruvarna . . .

5 Skruva loss skruvarna och ta bort kåpan **(se bilder)**.

6 Skruva loss de två nedre skruvar på varje sida, och ta bort instrumentpanelens infattning **(se bilder)**.

7 Lossa den nedre skruven på varje sida och ta bort instrumentbrädan från instrumentbrädan tillräckligt mycket för att komma åt kablaget. Dra ut panelens överdel först innan du tar bort den **(se bilder)**.

8 Lossa låsspetsen och lossa kablaget från den bakre delen av instrumentbrädan **(se bild)**.

9 Ta bort instrumentbrädan från instrumentbrädan och för den till rattens ena sida.

Varning: Håll instrumentsamlingen så upprätt som möjligt när den tas bort. I annat

fall kan den silikonvätska som används för att dämpa mätaren läcka ut.

Montering

10 Monteringen sker i omvänd ordningsföljd mot demonteringen.

12 Instrumentpanelkomponenter – allmän information

Allmän information

1 Instrumentbrädan är ansluten till krockkuddssystemet, drivlinans styrmodul

(PCM), det låsningsfria bromssystemet (ABS), antispinnsystemet (TCS) och det elektroniska stabilitetssystemet (ESP) genom CAN-bussen. När tändningen slås på utförs ett displaytest för att verifiera att alla varnings- och indikatorglödlampor fungerar korrekt.

2 Instrumentbrädan har ett självdiagnosläge. Tryck in trippmätarens återställningsknapp och håll den intryckt. Vrid sedan tändningslåset till läge II. Om TEST visas lossar du trippmätarens återställningsknapp. Självdiagnostestet inleds nu. Tryck på återställningsknappen för att navigera genom eller hoppa över några av alternativen. För att avbryta testet trycker du in återställningsknappen och håller den intryckt i 5 sekunder eller slår av tändningen.

3 Instrumentbrädan är av fast typ utan några delar som kan bytas individuellt. Om den visar sig vara defekt behövs det en ny (eller utbytesenhet) enhet – kontrollera dock först väldigt noggrant att problemet inte beror på en defekt givare (bränsletankens sändarenhet, temperaturgivare etc.).

13 Cigarrettändare – demontering och montering

Demontering

1 Använd en skruvmejsel och bänd

11.7b . . . och ta bort instrumentbrädan

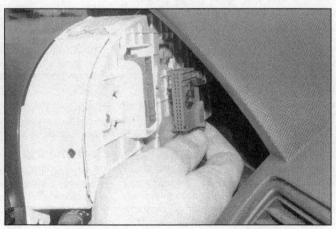

11.8 Lossa kablaget från instrumentbrädan

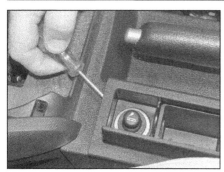

13.1a Bänd ut askkoppen . . .

13.1b . . . och koppla loss kablaget från cigarrettändaren

13.2a Lossa spetsen. . .

13.2b . . . och ta bort cigarrettändarbelysningens lamphållare

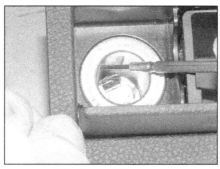

13.3a Lossa klämman. . .

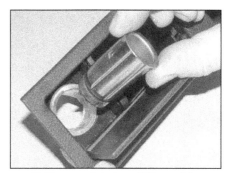

13.3b . . . och ta bort Hållaren från askkoppen

försiktigt ut askkoppen (och mugghållaren om tillämpligt) från mittkonsolen och lossa kablaget från cigarrettändaren (se bilder).

2 Lossa spetsen och ta bort belysningens lamphållare från enhetens bakre del (se bilder).

3 Ta bort cigarrettändarelementet, använd sedan en skruvmejsel för att lossa klämman och ta bort hållaren från askkoppen (se bilder).

4 Lossa klämman och ta bort ringen (se bild).

Montering

5 Monteringen utförs i omvänd ordningsföljd mot demonteringen.

14 Klocka – demontering och montering

Modeller upp till juli 2003

Demontering

1 Lossa batteriets minusledning (se *Koppla loss batteriet* mot slutet av handboken).

2 Ta bort mittkonsolen enligt beskrivningen i kapitel 11. Ta bort radio från instrumentbrädan enligt beskrivningen i avsnitt 24.

3 Använd en skruvmejsel för att försiktigt bända upp tillbehörsbrytarna från värmeaggregatets klädselpanel. Förhindra skador på instrumentbrädan genom att lägga

ett kort under skruvmejseln. Lossa kablaget från brytare.

4 Skruva loss de skruvar som håller fast värmeregleringens klädselpanel på instrumentbrädan. Det finns två skruvar som är placerade i tillbehörsbrytarnas öppningar, två skruvar som är placerade i radio-/kassettöppningens öppning och två skruvar som är placerade på panelens nederdel.

5 Lossa de tre övre klämmorna och ta bort värmereglagets klädselpanel från instrumentbrädan. Lossa kablaget till bakrutans frånkopplingskontakt, brytaren till framsätesvärmen, brytarna till klimat-/värmeregleringen och klockan (se bild).

6 Skruva loss skruvarna och ta bort klockan med värmereglagets klädselpanel på bänken (se bild).

13.4 Ta bort belysningsringen av plast

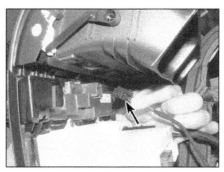

14.5 Lossa klockans kablage

14.6 Fästskruvar klocka

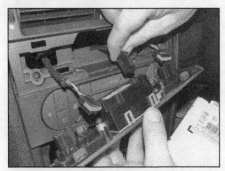
14.8 Lossa klockans anslutningskontakt

14.9 Klockans fästskruvar

15.2 En del modeller har dubbla signalhorn

15.4 Signalhorn och fästbygel

Montering

7 Monteringen utförs i omvänd ordningsföljd mot demonteringen. Avsluta med att ställa in klockan.

Modeller från juli 2003

Demontering

8 Arbeta enligt beskrivningen i avsnitt 4 för demontering av brytare till den uppvärmda rutan, lossa och ta bort brytaren och klockans infattning i panelen samtidigt som du lossar klockans anslutningskontakt när detta görs **(se bild)**.

9 Lossa de två skruvarna och ta bort klockan med infattningspanelen på bänken **(se bild)**.

Montering

10 Monteringen utförs i omvänd ordningsföljd mot demonteringen. Återställ klockan när det är klart genom att trycka på den främre knappen.

15 Signalhorn –
demontering och montering

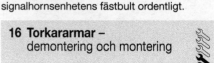

Observera: *Vid försök att diagnosticera ett signalhorn som inte fungerar måste du komma ihåg att krockkuddens urfjäder (avsnitt 30) är en del av signalhornets krets.*

Demontering

1 Dra åt handbromsen. Lyft sedan upp framvagnen och ställ den på pallbockar (se *Lyftning och stödpunkter*).
2 Ta bort underkåpan/stänkskölden för att komma åt signalhornen som är placerade på den främre kanten **(se bild)**.
3 Lossa kablaget från signalhornpolen.
4 Skruva loss fästbultarna och ta bort signalhornet och fästbyglarna från bilens undersida **(se bild)**.

Montering

5 Monteringen utförs i omvänd ordningsföljd mot demonteringen. Dra åt signalhornsenhetens fästbult ordentligt.

16 Torkararmar –
demontering och montering

Demontering

1 Märk ut bladens placering på vindrutan/bakrutan med en vaxkrita eller med remsor av maskeringstejp med torkarna "parkerade" (dvs. i normalt viloläge).
2 Luft upp plastkåpan från torkararmens nederkant och lossa muttern ett eller två varv.
3 Lyft upp torkararmen och lossa den från konen på spindeln genom att skjuta den försiktigt från sida till sida. Använd alternativt en avdragare för att ta bort den **(se bilder)**.
4 Ta bort muttern helt och ta bort torkararmen från spindeln. Om det behövs, ta bort bladen från armen enligt beskrivningen i *Veckokontroller* i början av handboken.

Montering

5 Monteringen utförs i omvänd ordningsföljd mot demonteringen. Se till att armen monteras i det tidigare noterade läget innan du drar åt muttrarna till angivet moment.

16.3a Använd en avdragare för att lossa torkararmen från dess kona

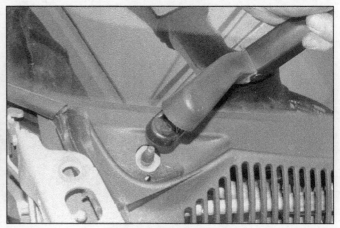
16.3b Ta bort en torkararm

17.4a Skruva loss skruvarna . . .

17.4b . . . ta sedan bort vänster torped . .

17.4c . . . och höger torped

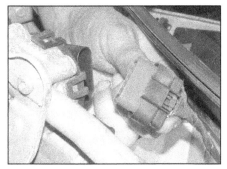
17.5 Koppla loss kablarna . . .

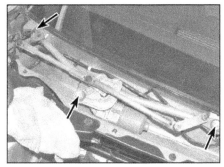
17.6a . . . skruva sedan loss fästbultarna . . .

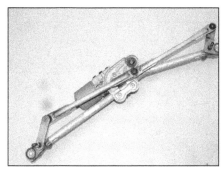
17.6b . . . och ta bort torkarmotorn och länksystemet

17 Vindrutetorkarkomponenter
– demontering och montering

Torkararmar

1 Se avsnitt 16.

Torkarmotor och ram

2 Se till att tändningen är avslagen. Var dock medveten om att det finns en "live wire" i kontaktdonet till vindrutetorkaremotorn, som driver 'park' funktionen. Under förutsättning att kontakten placeras på ena sidan när torkarmotorn tas bort finns det ingen anledning att lossa batteriet.
3 Ta bort torkararmarna enligt beskrivningen i avsnitt 16.
4 Lossa de skruvar som håller fast värmeskölden och plasttorpederna framför vindrutan, lyft sedan torpedens bakre del från fästspåret **(se bilder)**.

5 Lossa kablaget från torkarmotorn **(se bild)**.
6 Skruva loss de tre bultarna och ta bort torkarmotorn från mellanväggen komplett med länksystemet **(se bilder)**. Om tillämpligt lossar du även anslutningskontakten från larmets back-up batterienhet som är fäst på torkarramen.
7 Märk torkarens vevaxel i förhållande till motorfästet för att säkerställa korrekt återmontering, skruva sedan loss fästmuttern och ta bort vevaxeln från motoraxelns räfflor **(se bild)**.
8 Skruva loss fästbultarna och ta bort motorn från fästbygeln.
9 Återmonteringen utförs i omvänd ordningsföljd jämfört med demonteringen men dra åt muttrarna/bultarna till angivet moment. Se till att vevarmen sitter på dess tidigare observerade placering, och att torkarmotorn är i "stoppläget".

Regn/ljussensor

10 Regnsensorn sitter framför innerspegeln på vindrutans insida. Det är en ljuskänslig

enhet som upptäcker närvaro av regndroppar på rutan och signalerar till torkarna att starta automatiskt. Samma givare används för att manövrera strålkastarna på låga nivåer.
11 Styrenheten till systemet sitter till höger om ratten under instrumentbrädan – den bör gå att komma åt efter demontering av instrumentbrädans nedre klädselpanel på förarsidan.
12 I modeller fr.o.m. oktober 2004 kan givarens känslighet justeras med en pelarbrytare med sex lägen som tidigare använts för inställning av intervalltorkens fördröjning. Brickan/ torkarbrytaren är en enhet i ett stycke, vars demontering och montering täcks i avsnitt 4.
13 Lossa först och ta bort båda halvorna av den klädselpanel som är monterad över innerspegelns fäste för att ta bort givaren. Den övre halvan tas bort först – kläm på klädselpanelen på sidorna där halvorna möts och för den uppåt. Den nedre halvan av klädselpanelen lossas neråt i bilen **(se bilder)**.

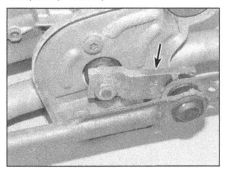
17.7 Torkarmotorns vevarm

17.13a Lossa den övre delen av spegelns klädselpanel uppåt. . .

17.13b . . . den nedre halvan lossas nedåt in i bilen

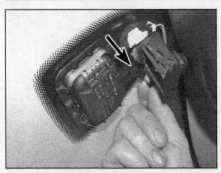

17.14a Lossa givarens anslutningskontakt
. . .

17.14b . . . sväng sedan ned
sidoklämmorna av metall. . .

17.14c . . . lossa givarens sidoklämmor
med en skruvmejsel. . .

17.14d . . . och ta bort sensorn från rutans
fäste

14 Lossa anslutningskontakten och ta sedan bort givaren från fästet. Sensorn har metallklämmor med gångjärn på varje sida som lossas genom att man trycker på spärrarna i hörnen. Sväng ner klämmorna helt, lossa

sedan ytterligare en klämma på varje sida av själva givaren och ta bort den från fästplattan **(se bilder)**. Fästplattan är fäst på vindrutan.
Varning: Vidrör inte givarcellernas övre yta, inte heller insidan av den lins som är

monterad på skärmen eftersom detta kan påverka dess funktion.
15 Vid återmonteringen måste du se till att damm eller smuts inte blir kvar på insidan eftersom detta kan påverka givarens funktion. Se till att givaren är fäst korrekt med fästklämmorna. Systemets funktion kan kontrolleras genom att man sprutar vatten på skärmens utsida nära sensorn.

18 Bakrutetorkarens motor – demontering och montering

Demontering

1 Se till att tändningen är avslagen. Var dock medveten om att det finns en "live wire" i kontaktdonet till bakrutetorkaremotorn, som driver 'park' funktionen. Under förutsättning att kontakten placeras på ena sidan när torkarmotorn tas bort finns det ingen anledning att lossa batteriet.
2 Ta bort bakrutans torkararm enligt beskrivningen i avsnitt 16 **(se bild)**.
3 Öppna bakrutan, lossa sedan klädselpanelens fästskruvar och observera att en del är placerade bakom plastkåpor. I halvkombimodeller, ta först bort låskåpan. I kombimodeller är en del av skruvarna placerade i handgrepps urtag **(se bilder)**.
4 Bänd loss klädselpanelen från bakrutan med en skruvmejsel. Sätt in skruvmejseln bredvid fästklämmorna för att förhindra skador p.g.a. att klämman dras från panelen.
5 Lossa kablaget från torkarmotorn **(se bild)**.

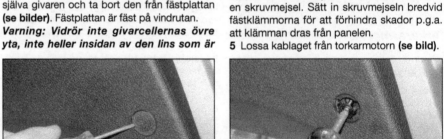

18.2 Ta bort bakrutans torkararm   18.3a Bänd ut plastkåpan vid behov. . .   18.3b . . . för att komma åt skruvarna

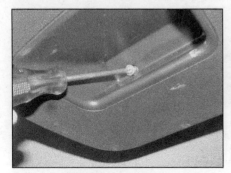

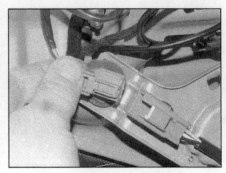

18.3c Fästskruvarna är placerade i handtags urtag på kombimodeller   18.3d Ta bort låskåpan på halvkombimodeller   18.5 Koppla loss kablarna . . .

18.6a ... skruva sedan loss fästskruvarna ...

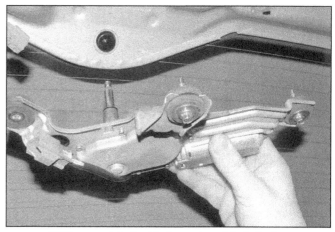

18.6b ... och ta bort torkarmotorn från bakrutan

6 Lossa de tre fästskruvarna och ta bort torkarmotorn från bakrutan samtidigt som du styr spindeln genom gummigenomföringen **(se bilder)**.

7 Ta bort gummigenomföringen från bakrutan om det behövs **(se bild)**.

Montering

8 Monteringen utförs i omvänd ordningsföljd mot demonteringen. Se till att torkarmotorn är i "stoppläget" innan torkararmen monteras.

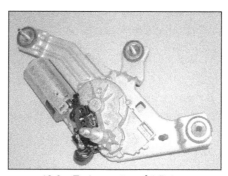

18.6c Torkarmotor på bänken

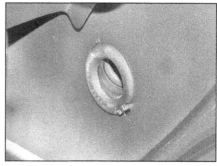

18.7 Torkarmotorns gummigenomföring i bakrutan

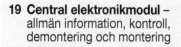

19 Central elektronikmodul – allmän information, kontroll, demontering och montering

Observera: *Den centrala elektronikmodulen är dessutom känd som den centrala tidsenheten.*

Allmän information

1 En central elektronikmodul (GEM) är monterad för att reglera följande funktioner:
- *Reglage körriktningsvisare/ varningsblinkars.*
- *Reglage innerbelysning.*
- *Instrumentbrädans dimmerkontroll.*
- *Uppvärmd vind- och bakruta deaktiveringskontroll.*
- *Reglage torkarintervall och spolare.*
- *Belysningsvarnare.*
- *Dörröppningsvarnare.*
- *Automatväxellåda PRNDL varning.*
- *Generering av varnings- och bekräftelseton.*
- *Batteriskyddsfunktion (släcker innerbelysningen efter en förbestämd fördröjning).*
- *Reglage stängningssystem fönster/ taklucka.*
- *Kontrollerar att dörrarna och bakrutan är stängda och aktiverar en varningssummer.*
- *Stängningsreglage fönsterregulator och skjutbart tak.*

- *Övervakning att bilen står stilla (stöldskyddsvarningssystem).*

2 Den centrala elektronikmodulen aktiverar den bakre torkaren automatiskt om backväxeln läggs i när vindrutetorkarna är på. Arbetssättet är anpassat till vindrutetorkarna. Om vindrutetorkarna är i kontinuerligt läge är den bakre torkaren också i kontinuerligt läge och, på samma sätt, om vindrutetorkarna är i intervalläge är även den bakre torkaren i intervalläge.

3 Det fjärrstyrda centrallåsets antenn är ansluten till den centrala elektronikmodulen och den är placerad i kabelhärvan längs instrumentbrädans hållare.

4 Feldiagnos av GEM kan utföras av en Ford-verkstad med ett WDS diagnosinstrument men det går att utföra en begränsad kontroll av systemet enligt beskrivningen nedan.

5 GEM kan programmeras och har en självdiagnosfunktion. Om en ny enhet monteras måste den programmeras specifikt för bilen eftersom funktioner som annars inte är tillgängliga identifieras som fel och sparas i minnet.

Kontroll

6 GEM: s självdiagnossystem kan aktiveras antingen av en Ford-verkstad med hjälp

av WDS utrustning eller med hjälp av det integrerade serviceläget. För att aktivera det integrerade serviceläget slår du först av tändningen och alla elektriska system, drar åt handbromsen, lägger i neutralläget (eller P i modeller med automatväxellåda) och stänger alla dörrar.

7 Observera att om stöldlarmet ljuder går det inte att aktivera serviceläget. Slå först på tändningen och sedan av den. Tryck och håll bakrutans värmebrytare intryckt, slå sedan på tändningen och lossa bakrutans värmebrytare. Vid detta tillfälle hörs en signal och blinkerslamporna tänds för att indikera att serviceläget har aktiverats.

8 Sätt torkarbrytaren i läget "av" för att testa insignalerna, kontrollera sedan följande komponenter (utan någon särskild ordning). En akustisk signal hörs och körriktningsvisarens lampor blinkar för att indikera mottagning av varje signal som matats in av GEM:
- *Blinkers och varningsblinkers.*
- *Parkeringsljus.*
- *Intervalltork, vindruta.*
- *Spolar-/torkarsystem vindruta.*
- *Bakrutetorkare.*
- *Spolar-/torkarsystem bakruta.*
- *Dörrar öppna/stängde.*
- *Frigöringskontakt i mittkonsolen för bakrutan/bakluckan.*

19.15 Den centrala elektronikenheten (GEM)

- *Lossningsknapp för bakrutan/bakluckan i bakrutan/bakluckan.*
- *Öppna bakrutan/bakluckan med en nyckel.*
- *Låsknapp på fjärrkontrollen (tändningsnyckeln får inte vara i tändningslåset under testet).*
- *Frigöringsknapp på fjärrkontrollen (tändningsnyckeln får inte vara i tändningslåset under testet).*
- *Lossningsknapp för bakrutan/bakluckan på fjärrkontrollen (tändningsnyckeln får inte vara i tändningslåset under testet).*
- *Motorhuv öppen/stängd (modeller med ett stöldskyddssystem).*
- *Uppvärmd bakruta.*
- *Elvärmd vindruta (om en sådan finns).*
- *Tändning på.*
- *Automatväxellåda, växelläge P.*

9 Sätt torkarbrytaren i intervalläget för att testa de utgående signalerna – om du trycker på brytaren för den uppvärmda bakrutan aktiveras eller deaktiveras de utgående signalerna i följande ordning:

a) *Vindrutetorkare (en signal ljuder och körriktningsvisaren blinkar när parkeringsläget har nåtts).*

b) *Uppvärmd bakruta.*

c) *Innerbelysning (brytaren för innerbelysningen måste vara placerad i "dörrkontakt"-infattningen).*

d) *"Dörr öppen" varningslampa på instrumentbrädan.*

e) *Bakrutetorkare.*

f) *Vindrutevärme (endast när motorn är igång).*

10 GEM lämnar serviceläget automatiskt 20 sekunder efter den senaste inmatningen eller om bilen körs. Detta indikeras genom tre akustiska signaler och genom körriktningsvisarlamporna blinkar.

11 Kontrollera först allt kablage med avseende på skador, kontrollera sedan komponenten om ett fel indikeras.

Demontering

Observera: *GEM måste initieras av en Ford-återförsäljare efter återmonteringen.*

12 GEM sitter ovanpå motorstyrningens drivlinestyrmodul (PCM) bakom instrumentbrädans högra sida.

13 Ta bort instrumentbrädans nedre klädselpanel på passagerarsidan i vänsterstyrda modeller. Öppna handskfacket och lossa dämparen, kläm sedan ihop handskfackets överdel och lossa gångjärnen för att flytta handskfacket från instrumentbrädan.

14 Ta bort den nedre klädselpanelen från instrumentbrädan i högerstyrda modeller.

15 Observera de fem kontaktdonens placering, lossa dem sedan från GEM enheten **(se bild)**.

16 Tryck in klämman och för GEM från överdelen av PCM.

Montering

17 Monteringen utförs i omvänd ordningsföljd mot demonteringen men låt en Ford-verkstad initiera GEM så snart som möjligt.

20 Telematikstyrmodul – allmän information, demontering och montering

Allmän information

1 Med telematiksystemet kan föraren välja följande funktioner:
- *Nödrop.*
- *Vägassistans.*
- *Placering av GPS i bilen.*
- *Röstkommunikationer.*
- *Navigationssystem.*
- *Trafikinformation.*
- *Beställning av tjänster (hotell, teater, bilparkering etc.).*

2 Mikrofonen till telematiksystemet är fäst på takkonsolen.

3 Styrmodulen är placerad under instrumentbrädans högra sida och inkluderar en SIM (subscriber identification module - abonnentidentifieringsmodul), GSM-modul, GPS-mottagare och en telematikprocessor.

Demontering

4 Ta bort instrumentbrädans nedre klädselpanel på passagerarsidan. Öppna handskfacket och lossa dämparen, kläm sedan ihop handskfackets överdel och lossa gångjärnen för att flytta handskfacket från instrumentbrädan.

5 Skruva loss fästskruven till telematikstyrmodulens stödfäste.

6 Tryck bort modulens fästbygel från stödfästet för att komma åt den övre fästskruven, skruva sedan loss fästskruvarna och sänk ner styrmodulen.

7 Lossa kablaget från modulen, lossa sedan GPS och GSM antennledningar.

8 Ta bort modulen från bilens innerutrymme.

Montering

9 Monteringen utförs i omvänd ordningsföljd mot demonteringen.

21 Stöldskyddssystem – allmän information

1 Alla modeller är utrustade med ett larmsystem med ett motorlåsningssystem. Systemet aktiveras när bilen låses och har både aktiva och passiva möjligheter. Det aktiva avsnittet omfattar den centrala elektronikmodulen (GEM – beskrivs i avsnitt 19), låsmanöverdon till dörr bagageutrymme, motorhuvens spärrhake, ljudenhet säkerhet och larmets signalhorn. Det passiva avsnittet inkluderar tändningsnyckelns transponder, det passiva stöldskyddssystemets (PATS) sändare/mottagare och lysdiod, startreläet och drivlinestyrmodulen (PCM).

2 Det larm som är monterat på alla modeller har ultraljudsgivare som övervakar bilens insida när de är aktiverade. Detta innebär att en tjuv inte kan komma in genom att slå sönder ett fönster utan att utlösa larmet. Detta innebär också att bilen inte kan lämnas med fönstren öppna eftersom larmet ljuder. Av denna anledning aktiveras ultraljudsövervakningen endast när bilen är dubbellåst.

3 Vissa modeller är utrustade med ett "Cat 1"-larm av högre klass som har extra säkerhetsfunktioner som ett back-up batteri för att hålla larmet aktivt om huvudbatteriet kopplas bort.

4 Vid aktivering av stöldskyddssystemet är det en fördröjning på 20 sekunder då det fortfarande går att öppna bilen utan att utlösa larmet. Efter fördröjningen på 20 sekunder övervakar systemet alla dörrar, motorhuven och bakrutan under förutsättning att de är stängda. Om ett av dessa objekt stängs senare övervakas det av systemet efter fördröjningen på 20 sekunder.

5 Om larmet utlöses ljuder larmsignalhornet under 30 sekunder och körriktningsvisarlamporna blinkar under 5 minuter. Ett försök att starta motorn eller ta bort radion utlöser automatiskt larmsignalhornet.

6 För att deaktivera larmsystemet måste förardörren låsas upp med tändningsnyckeln eller fjärrkontrollen. Bakrutan kan låsas upp med tändningsnyckeln eller fjärrkontrollen med larmsystemet fortfarande aktiverat men larmet återaktiveras när bakrutan stängs.

7 PATS består av en startspärrkrets som gör det omöjligt att starta motorn när systemet är aktiverat. Motorlåsningssystemet deaktiveras av ett transponderchip som är inbyggt i tändningsnyckeln.

8 PATS sändare/mottagare är monterad runt tändningslåset och den "läser av" koden från ett mikrochip i tändningsnyckeln. Detta innebär att eventuella nya nycklar eller kopior måste erhållas genom en Ford-verkstad – en eventuell nyckel som skärs ut lokalt innehåller inte mikrochipet och deaktiverar således inte motorlåsningssystemet.

9 Om ett försök görs att ta bort radioenheten när larmet är aktivt, ljuder larmet.

22 Farthållare – allmän information och byte av komponenter

Allmän information

1 Farthållare finns som tillval på vissa modeller **(se bild)**.

2 Systemet är aktivt vid hastigheter på över 40 km/h.

3 Systemet består av en elektronisk varvtalsstyrenhet med integrerat manöverdon och integrerade brytare, som är monterad i motorrummet, en styrkabel som är ansluten till gasspjällets manöverdon, rattbrytare, broms- och kopplingspedalsbrytare, en varningslampa och hastighetssignalen från ABS-hjulsensorerna.

4 Med rattbrytarna kan föraren styra de olika funktionerna.

5 Bilens hastighetssignal hämtas från ABS-hjulsensorn och skickas till farthållarenheten via ABS ECU.

6 Bromsljusbrytaren och kopplings-pedalsbrytaren används för att deaktivera farthållarsystemet.

7 En varningslampa på instrumentbrädan lyser när systemet är i gång.

Rattens brytare

Demontering

8 Ta bort krockkuddenheten från ratten enligt beskrivningen i avsnitt 28.

9 Koppla ifrån anslutningskontakterna. Observera var alla kontakter sitter och hur kablagen är dragna inför monteringen.

10 Ta bort de två skruvarna som på vardera sidan håller fast reglagen och ta om det behövs bort dem från ratten.

11 Det går att ta bort brytarens kontaktplatta och fjädrar om det behövs (till exempel för att komma åt signalhornskontakten) när de två fästskruvarna har skruvats loss på varje sida.

Montering

12 Monteringen utförs i omvänd ordningsföljd mot demonteringen.

Broms- och kopplingspedalbrytare

Demontering

13 Ta bort den nedre klädselpanelen från instrumentbrädan på förarsidan som är fäst med fyra skruvar och två övre klämmor. Om tillämpligt lossar du diagnostikkontaktdonet från panelen och/eller lossar kablaget från klimatkontrollgivaren när panelen tas bort.

14 Lossa multikontakterna från kopplingsbrytaren, bromspedalbrytaren och bromsljusbrytaren.

15 Vrid kopplings- och bromspedalens brytare medurs för att ta bort dem. För att ta bort bromshjulsbrytaren vrider du den medurs.

Montering

16 Monteringen sker i omvänd ordningsföljd mot demonteringen. För att bromspedalbrytaren ska fungera korrekt, återställ den genom att dra ut dess tryckkolv helt. Trampa ned pedalen helt och håll den i detta läge, kläm sedan fast brytaren ordentligt på plats och släpp pedalen långsamt. På detta sätt ställs brytarens läge in automatiskt.

Farthållarens manöverdon

Demontering

17 Lossa vevhusets ventilationsslang och vakuumslang från klämmorna på motorns övre skyddskåpa. Ta bort den övre kåpan.

18 Ta bort kåpan från det främre vänstra fjädringsbenets fäststag, skruva sedan loss de tre muttrar som håller fast fjäderbenet på karossen och staget.

19 Skruva loss muttrarna från torpedens och innerskärmens panel, ta sedan bort fjäderbenets övre fäststag.

20 Lossa varvtalsstyrningskabeln från gasspjället, lossa sedan styrkabeln från gasspjällhuset.

21 Observera varvtalsstyrkabelns dragning och fastsättning runt luftrenaren och vänster fjädringsben, lossa den sedan.

22 Skruva loss fästbulten till manöverdonet för varvtalsstyrning och ta bort det bakom vänster fjädringsben.

23 Lossa manöverdonet för varvtalsstyrning inåt från fästbygeln, lossa sedan anslutningskontakten.

24 Ta bort ställdonet från motorrummet.

25 Tryck på låsklämman och håll den intryckt och vrid kåpan 90° för att lossa kabeln från manöverdonet. Lossa försiktigt låsfjädern, tryck sedan ut kabeln ur remskivans urtag.

Montering

26 Lägg i innerkabeln i remskivans spår i manöverdonet, dra sedan innerkabeln för att se till att det inte är något fritt spel i kabelns ände.

27 Montera tillbaka kabellocket och vrid den 90°.

28 Placera manöverdonet på mellanväggen och återanslut kablaget.

29 Sätt in och dra åt fästbulten, placera sedan kabeln i klämmorna och återanslut den till gasspjällhuset och länksystemet.

30 Montera tillbaka fjäderbenets övre fäststag och dra åt bultarna till angivet moment.

31 Montera tillbaka de muttrar som håller fast fjäderbenet på fäststaget och dra åt till angivet moment. Montera tillbaka kåpan.

32 Montera tillbaka motorns övre skyddskåpa, placera sedan vevhusets ventilationsslang och vakuumslang i klämmorna.

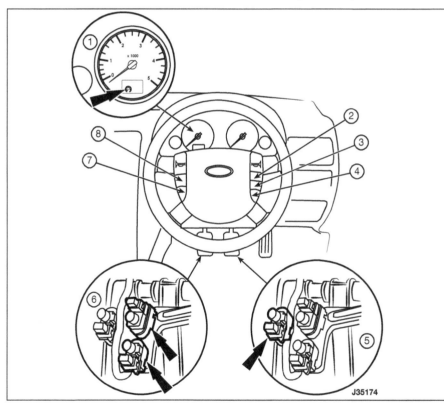

22.1 **Farthållarsystem komponenter**

1 Statusindikator farthållare
2 Återuppta brytare
3 Hastighetskontroll inställnings/ accelerationsbrytare
4 Brytare rullning och sänkning av hastigheten

5 Deaktiverings brytare (kopplingspedal)
6 Deaktiverings brytare (bromspedal)
7 Deaktiverings brytare
8 Aktiveringsbrytare

23.3a Spolarvätskebehållarens främre fästbultar. . .

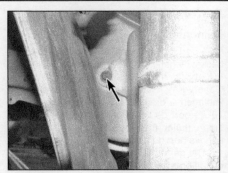

23.3b . . . och bakre fästbulten

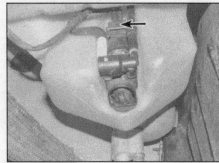

23.4 Spolarpumpens anslutningskontakt

23 Vindrute-/bakrutespolarens delar – demontering och montering

Demontering

Spolarbehållare och pump

1 Dra åt handbromsen och lossa sedan det högra framhjulets muttrar. Lyft upp framvagnen med domkraft och ställ den på pallbockar. Ta bort framhjulet.
2 Skruva loss bultarna, och lossa klämmorna för att ta bort kylarens nedre kåpa. Lossa hjulhusfodrets fästanordningar i den mån det är nödvändigt för att komma åt behållaren.

3 Skruva loss de två fästbultar, och dra bort behållaren en aning **(se bilder)**. Åtkomsten underlättas om den främre stötfångaren tas bort.
4 Lossa multikontakterna till vindrutespolarpumpen och vätskenivågivaren **(se bild)**.
5 Lossa slangarna från vindrutespolarpumpen och från strålkastarspolarpumpen (om tillämpligt). Var beredd på att det kommer att läcka ut vätska. Placera ett kärl under behållaren. Pumpen är fäst på behållarens inneryta.
6 Ta bort behållaren från bilen.
7 Dra nivågivaren, spolarpumpen, och (om tillämpligt) strålkastarspolarpumpen, från behållaren.
8 Ta bort gummitätningarna.

Spolarmunstycke (vindruta)
9 Ta bort skruvarna och mätanordningarna och ta bort den ljuddämpande kåpan och det ljuddämpande materialet från området under spolarmunstyckena. Lossa spolarröret från munstycket **(se bilder)**.
10 Bänd loss munstycket underifrån motorhuven med en skruvmejsel. Koppla om det behövs ifrån kablaget från munstyckets värmeenhet **(se bilder)**.

Spolarmunstycke (bakruta)
11 Med bakluckan öppen, skruva loss de två plastskruvarna och lossa klädselpanelen från bakluckan.
12 Lossa spolarröret från munstycket.
13 Bänd försiktigt ut munstycket från

23.9a Ta bort den ljuddämpande kåpan. . .

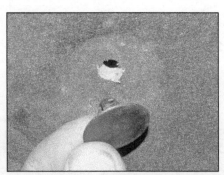

23.9b . . . och material. . .

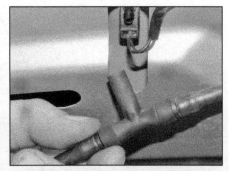

23.9c . . . lossa sedan spolarröret. . .

23.10a . . . lossa kablaget till munstyckets värmeenhet . .

23.10b . . . och bänd ut munstycket

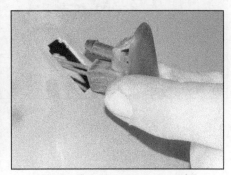

23.10c Ta bort munstycket från motorhuven

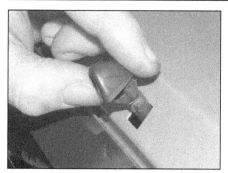

23.13 Ta bort bakrutans spolarmunstycke

24.6 Använd de U-formade stängerna för att ta bort radio-/kassettenheten

24.9a Lossa kablaget . . .

bakrutan **(se bild),** bänd sedan ut gummilisten. Koppla om det behövs ifrån kablaget från munstyckets värmeenhet.

Spolarmunstycke (strålkastare)

14 Ta bort strålkastaren enligt beskrivningen i avsnitt 7.

15 Lossa försiktigt och ta bort den främre kåpan från munstycket.

16 Lossa spolarröret från enheten.

 För att göra det lättare att lossa spolarrören värmer du försiktigt röret på den plats där det ansluts till munstycket med hjälp av en varmluftspistol eller hårtork. Detta gör röret mjukare vilket gör det enklare att bända bort det.

17 Ta bort fästskruvarna och ta bort enheten från bilen.

18 Dra bort munstyckets fästklämma och ta bort munstycket från stötfångaren.

Montering

19 Monteringen sker i omvänd ordningsföljd mot demonteringen. Tänk på följande:

a) *Vindrutans spolarmunstycken monterar du genom att trycka på dem ordentligt tills de är helt inne.*

b) *Bakrutans spolarmunstycke måste vila mot gummitätningen.*

24 Radio/CD-spelare – demontering och montering

Observera: *Det krävs specialverktyg för att ta bort radion – dessa bör ha följt med bilen när den var ny och kan ligga i handskfacket.*

1 Om en Ford Keycode ljudanläggning är monterad och enheten och/eller batteriet kopplas ur, kommer enheten inte fungera igen förrän rätt säkerhetskod har matats in. Detaljerad information om denna procedur ges i bruksanvisningen "Fords ljudsystem" som följer med bilen när den är ny där koden lämnas i ett "radiopass" och/eller i en nyckelkods märkning.

2 Av uppenbara skäl beskrivs inte omkodnings

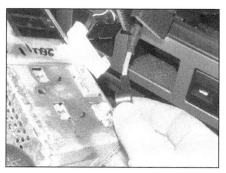

24.9b . . . och antennen från radio/ kassettenheten

metod i den här handboken. Om du inte har tillgång till koden eller korrekt arbetsmetod men har bevis på att du äger bilen och radion och dessutom ett giltigt skäl till att du behöver informationen, kan en återförsäljare hjälpa dig.

3 Observera att man bara har tio försök på sig att mata in rätt kod. Ytterligare försök gör enheten obrukbar tills den har programmerats om av Ford. Först kan man göra tre försök. Om alla tre misslyckas måste man vänta 30 minuter innan man försöker igen. Mellan varje ytterligare försök (maximalt 10) måste man vänta lika länge.

Modeller upp till juli 2003

Demontering

4 Lossa batteriets minusledning (se *Koppla loss batteriet* mot slutet av handboken).

5 Bänd upp kåpan/infattningen från radion/ kassettbandspelarens framsida.

6 För att lossa radions fästklämmor i modeller utan satellitnavigering måste två U-formade stänger sättas in i specialhålen på vardera sidan av radion **(se bild).** Om möjligt är det bäst att få skräddarsydda stavar från en ljudspecialist eftersom de har utskärningar som snäpper in i klämmorna fast så att radion kan dras ut.

7 I modeller med satellitnavigeringssystem krävs det två speciella demonteringsnycklar för att ta bort ljudenheten – dessa är märkta med vänster och höger och det är inte troligt att de går att få tag på någon annanstans än på en Ford-verkstad.

8 Dra ut enheten i rät vinkel från dess

24.13 Ta ut radion med de fyra specialnycklarna

öppning. I annat fall kan den fastna. Om enheten visar sig vara svår att ta bort tar du bort kassettfacket (eller i förekommande fall CD-spelaren) från enhetens undersida, sträcker dig sedan genom öppningen och skjuter ut den bakifrån.

9 Lossa matar-, jord-, antenn- och högtalarledningarna med radion delvis borttagen **(se bilder).** Koppla i förekommande fall loss och ta bort stödfästet av plast från baksidan av enheten.

Montering

10 Monteringen utförs i omvänd ordningsföljd mot demonteringen. Anslut ledningarna till enhetens baksida och tryck den i läge tills du känner att fästklämmorna hakar i. Återaktivera enheten genom att mata in koden enligt tillverkarens instruktioner.

Modeller från juli 2003

Demontering

11 Lossa batteriets minusledning (se *Koppla loss batteriet* mot slutet av handboken).

12 Det krävs fyra speciella demonteringsnycklar för att ta bort enheten (se kommentaren i början av detta avsnitt). Kilarna är positionsmärkta – t.ex., TOP L är kilen längst upp till vänster – och märkena bör vara riktade uppåt när kilen är i position. Om det inte finns några märken bör de platta sidorna på nyckelhandtagen vara riktade mot utsidan. För kilarna på plats tills de klickar.

13 Använd ringarna på demonteringsnycklarna och dra bort enheten från dess öppning i rät vinkel **(se bild).**

14 Lossa antennledningen och kablagets

24.14a Lossa antennledningen

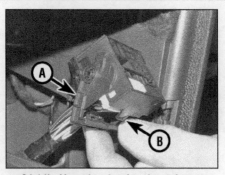

24.14b Huvudanslutningskontaktens
låsarm med gångjärn (A) och fästflik (B)

24.15 Tryck ner sidoklämman och dra ut
demonteringsverktyget

multikontakt med enheten delvis borttagen. Huvudanslutningskontakten har en låsspak i basen som är fäst på en fästflik – lossa spaken och sväng den uppåt för att lossa anslutningskontakten (se bilder). Koppla i förekommande fall loss och ta bort stödfästet av plast från baksidan av enheten.

15 När satsen är fri kan demonteringsnycklarna lossas från den genom att sidoklämmorna trycks ner (se bild).

Montering

16 Monteringen utförs i omvänd ordningsföljd mot demonteringen. Tryck den på plats tills du känner att fästklämmorna går i ingrepp med kablaget återanslutet till enhetens bakre del. Återaktivera enheten genom att mata in korrekt kod (se punkt 1 till 3).

25 CD-växlare – demontering och montering

Observera: De flesta Mondeo-modeller är utrustade med antingen en CD-spelare eller en CD-växlare för sex skivor som är monterad i instrumentbrädan – demonteringen av endera typen är densamma och beskrivs i avsnitt 24. Modeller med satellitnavigering eller video i bilen kan ha en separat CD/DVD-växlare och demonteringen beskrivs nedan.

Modeller upp till juli 2003

CD-spelare

1 Tillvägagångssättet är identiskt med det

som gäller för radion/kassettbandspelaren som beskrivs i avsnitt 24.

Autoväxlare

2 En CD-växlare finns som ett extra tillval till de flesta modeller. Den sitter under det främre passagerarsätet.

3 Lossa batteriets minusledning (se Koppla loss batteriet mot slutet av handboken).

4 Ta bort passagerarsätet enligt beskrivningen i kapitel 11.

5 Lägg passagerarsätet på sitt ryggstöd, skruva sedan loss fästskruvarna från varje sida och ta bort CD-växlaren från fästbygeln.

6 Lossa kablaget och ta bort enheten från bilen.

7 Återmonteringen görs i omvänd ordning jämfört med demonteringen men de elektriska fönsterhissarna måste initieras enligt beskrivningen i kapitel 11.

Modeller från juli 2003

8 En CD-växlare finns som ett extra tillval till de flesta modeller. Enheten är placerad bak i bilen på vänster sida.

9 Lossa batteriets minusledning (se Koppla loss batteriet mot slutet av handboken).

10 På damaskens vänstra sida finns det en kåpa/en förvaringspanel som måste tas bort först som är fäst med fyra skruvar. Ta bort fyra skruvar på insidan på varje sida som håller fast växlaren i sin fästbygel och ta bort den. Lossa anslutningskontakten från enheten, och ta bort den.

11 Monteringen utförs i omvänd ordningsföljd mot demonteringen. Om en ny enhet monteras måste den konfigureras med hjälp av Fords

diagnosverktyg WDS2000 innan den fungerar korrekt.

26 Högtalare – demontering och montering

Demontering

1 Ta först bort dörrens klädselpanel enligt beskrivningen i kapitel 11 för att ta bort de dörrmonterade högtalarna.

2 Skruva loss de fyra krysskruvarna och ta bort högtalaren från den inre panelen (se bild).

3 Lossa kablaget och ta bort högtalaren (se bild).

Montering

4 Monteringen utförs i omvänd ordningsföljd mot demonteringen.

27 Radioantenn och ledning – demontering och montering

Demontering

1 Om endast antennsprötet ska demonteras, kan detta göras genom att den skruvas loss från foten utifrån.

2 Ta först bort takkonsolen enligt beskrivningen i kapitel 11, skruva sedan loss ledningen och ta bort basen från taket för att ta bort antennens bas (se bild).

3 För att ta bort hela antennledningen

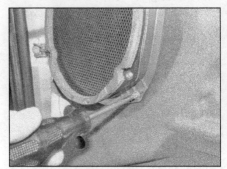

26.2 Skruva loss fästskruvarna och ta bort
högtalaren . . .

26.3 . . . lossa sedan kablaget

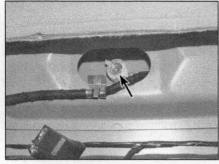

27.2 Antennfästbult på taket

tar du bort radioenheten (avsnitt 24) och takkonsolen (kapitel 11) och skruvar sedan loss antennledningen från antennens bas.

4 Ta bort klädselpanelen från höger A-stolpe och mittkonsolens högra klädselpanel, lyft sedan upp höger framdörrs gummilist och ta bort höger torpeds klädselpanel.

5 Ta bort gummilisten från höger bakdörr, torpedplåt, B-stolpen och ta bort mattan från höger fotutrymme fram.

6 Lossa antennledningen från golvet, fäst sedan en bit snöre på antennledningens takände. Dra ned antennledningen från A-stolpen, lossa strängen och ta bort den från bilens insida.

Montering

7 Monteringen utförs i omvänd ordningsföljd mot demonteringen

28 Krockkuddar – demontering och montering

⚠️ **Varning: Handskas mycket försiktigt med krockkuddarna på grund av olycksrisken. Håll dem alltid med kåpan bort från kroppen. Om du är osäker när det gäller föreslaget arbete som involverar en krockkudde eller dess styrkrets konsulterar du en Ford-verkstad eller en annan kvalificerad specialist. Placera krockkudden med kåpan överst och utsätt den inte för värmekällor som är varmare än 100 °C. Försök inte öppna eller reparera krockkuddarna eller koppla dem till elektrisk ström. Använd inga krockkuddar med synliga skador eller som någon har handskats med. Det är lämpligt att använda skyddsglasögon vid arbeten på krockkuddsenheten.**

Förarsidans krockkudde

1 Lossa batteriets minusledning (se *Koppla loss batteriet* mot slutet av handboken).

⚠️ **Varning: Innan du fortsätter, vänta minst 5 minuter, så att inte krockkuddsenheten löser ut oavsiktligt. Denna tidsperiod gör att all energi som är lagrad i nödkondensatorn förbrukas. Vi föreslår att du väntar flera minuter.**

2 Vrid ratten så att en av krockkuddens fästbulthål (i baksidan av rattens nav) syns över rattstångens övre kåpa. Ta alternativt bort multifunktionsbrytarna enligt beskrivningen i avsnitt 4.

3 Skruva loss och ta bort den första fästbulten, vrid sedan ratten 180° och ta bort den återstående fästbulten **(se bild)**.

4 Ta försiktigt bort krockkuddsenheten från ratten tillräckligt långt för att lossa krockkudden och signalhornets kablage, ta sedan bort den från bilens insida **(se bilder)**.

5 Om en ny krockkuddemodul monteras måste signalhornets brytare flyttas från den gamla enheten. Lossa kablaget från brytaren, lossa sedan kontaktdonen, lossa muttrarna och ta bort brytaren och kontaktplattan från modulen.

28.3 Skruva loss fästbultarna . . .

28.4b . . . och krockkuddens kablage

⚠️ **Varning: Modulen bör endast vändas när brytaren och kontaktplattan tas bort. Placera den med kåpan överst efteråt.**

6 Monteringen sker i omvänd ordningsföljd mot demonteringen. Dra åt fästbultarna till angivet moment.

Passagerarsidans krockkudde

7 Lossa batteriets minusledning (se *Koppla loss batteriet* mot slutet av handboken).

⚠️ **Varning: Innan du fortsätter, vänta minst 5 minuter, så att inte krockkuddsenheten löser ut oavsiktligt. Denna tidsperiod gör att all energi som är lagrad i nödkondensatorn förbrukas. Vi föreslår att du väntar flera minuter.**

8 Ta bort handskfacket enligt beskrivningen i kapitel 11.

9 Lossa kablage från passagerarens

28.9 Lossa kablaget från passagerarsidans krockkudde

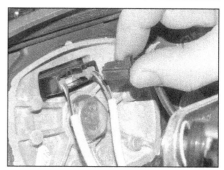

28.4a . . . lossa sedan signalhornets kablage . . .

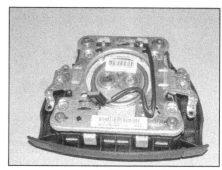

28.4c Förarsidans krockkuddemodul demonterad från ratt

krockkuddemodul **(se bild)**. För att göra detta, för klämmorna från modulen.

10 Skruva loss fästbultarna och ta bort krockkuddemodulen från instrumentbrädans tvärbalk **(se bild)**.

⚠️ **Varning: Fästbultarna får användas maximalt tre gånger. Mittstansa dem för att indikera det antal gånger som de har skruvats loss.**

11 Återmonteringen sker i omvänd ordningsföljd jämfört med demonteringen men dra åt bultarna till angivet moment och initiera de elektriska fönstermotorerna enligt beskrivningen i kapitel 11.

Sidokrockkudde och sidokrockgardin

12 Demontering av sidokrockkudden och sidokrockgardinen kräver arbete som en hemmamekaniker inte anses klara. Bilen bör

28.10 Skruva loss fästbultarna till passagerarens krockkudde

28.12 Sidokrockgardinen är placerad bakom bagageutrymmets sidopanel

lämnas till en Ford-verkstad eller en person med likvärdig kvalifikation för åtgärder **(se bild)**.

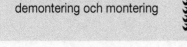

29 Krockkuddekontrollmodul – demontering och montering

Varning: Nya krockkuddemoduler måste konfigureras efter installationen. Detta arbete måste utföras av en Ford-verkstad med hjälp av specialutrustning.

Demontering

1 Lossa batteriets minusledning (se *Koppla loss batteriet* mot slutet av handboken).

 Varning: Innan du fortsätter, vänta minst 5 minuter, så att inte krockkuddsenheten löser ut oavsiktligt. Denna tidsperiod

30.3a Ta bort den stora spiralfjädern

30.8 Lossa kablaget från krockkuddens urfjäder

gör att all energi som är lagrad i nödkondensatorn förbrukas. Vi föreslår att du väntar flera minuter.
2 Ta bort mittkonsolen enligt beskrivningen i kapitel 11.
3 Lossa kablaget från krockkuddemodulen **(se bild)**.
4 Skruva loss muttrarna och ta bort modulen från golvet. Observera den framåtriktade pilen på modulens övre yta.

Montering

5 Återmonteringen utförs i omvänd ordningsföljd jämfört med demonteringen men dra åt muttrarna/bultarna till angivet moment.

30 Urfjäder krockkudde – demontering och montering

Demontering

1 Lossa batteriets minusledning (se *Koppla loss batteriet* mot slutet av handboken).

 Varning: Innan du fortsätter, vänta minst 5 minuter, så att inte krockkuddsenheten löser ut oavsiktligt. Denna tidsperiod gör att all energi som är lagrad i nödkondensatorn förbrukas. Vi föreslår att du väntar flera minuter.
2 Ta bort den nedre klädselpanelen som är

30.3b Använd tejp för att hålla urfjädern i sitt raka framläge

30.9a Använd en skruvmejsel för att lossa låsklämmorna av plast. . .

29.3 Styrenhet krockkudde är placerad under mittkonsolen

fäst med fyra skruvar och två övre klämmor under rattstången.
3 Ta bort ratten enligt beskrivningen i kapitel 10, ta sedan bort den stora spiralfjädern. Kontrollera att framhjulen fortfarande pekar rakt fram. Se till att krockkuddens urfjäder är i rakt fram-läge med hjälp av tejp **(se bilder)**.
4 Ta bort ljudkontrollbrytaren från rattstångens nedre kåpa med en smal skruvmejsel för att lossa låsspetsen. Lossa kablaget.
5 Använd en skruvmejsel, lossa klämmorna och ta bort rattstångens övre kåpa, lossa sedan den nedre kåpan.
6 Ta bort båda brytare från rattstången enligt beskrivningen i avsnitt 4.
7 Lossa skruven och ta bort spridarplattan under rattstången och placera den åt ena sidan. Observera att det går att ta bort urfjädern och lämna kvar plattan i sitt läge.
8 Lossa kablaget från urfjädern **(se bild)**.
9 Använd en skruvmejsel för att försiktigt lossa låsklämmorna och ta bort urfjädern från rattstången **(se bilder)**.

Montering

10 Monteringen utförs i omvänd ordningsföljd mot demonteringen, men kontrollera att kablaget sitter korrekt. Om spridarplattan har tagits bort måste du se till att urfjäderns kablage dras nedför den speciella fördjupningen. *Observera: Urfjädern måste monteras i sin mittre position med de*

30.9b . . . ta sedan bort urfjädern från rattstången

30.10 Pilar för justering av krockkuddens urfjäder

31.6 Fästbult sidokrockgivare krockkudde

speciella inriktningspilarna inriktade (se bild). För att kontrollera denna placering vrider du urfjäderhuset moturs tills motstånd känns, vrid den sedan två och ett halvt varv i motsatt riktning. Framhjulen måste vara kvar i rakt fram-läget innan urfjädern återmonteras.

31 Krockkudde sidokrockgivare – demontering och montering

Demontering

1 Lossa batteriets minusledning (se *Koppla loss batteriet* mot slutet av handboken).

⚠️ **Varning: Innan du fortsätter, vänta minst 5 minuter, så att inte krockkuddsenheten löser ut oavsiktligt. Denna tidsperiod gör att all energi som är lagrad i nödkondensatorn förbrukas. Vi föreslår att du väntar flera minuter.**

2 Dra bort gummilisterna från B-stolpen för att komma åt klädselpanelen med relevanta sidodörrar öppna.
3 Justera säkerhetsbältets höjd till dess lägsta position. Bänd ut kåpan och lossa sedan klädselpanelen från B-stolpen. Skruva loss skruvarna och lossa den nedre klädselpanelen från B-stolpen.

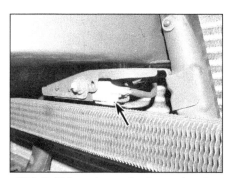

32.3 Kollisionsgivaren är placerad under motorhuvens lås

4 Skruva loss skruvarna och lossa sedan tröskelns inre klädselpanel.
5 Lossa kablaget från sidokrockgivaren som är placerad längst ner på B-stolpen.
6 Skruva loss bulten, och ta bort givaren **(se bild)**.

Montering

7 Monteringen utförs i omvänd ordningsföljd mot demonteringen.

32 Främre krockgivare – demontering och montering

Demontering

1 Lossa batteriets minusledning (se *Koppla loss batteriet* mot slutet av handboken).

⚠️ **Varning: Innan du fortsätter, vänta minst 5 minuter, så att inte krockkuddsenheten löser ut oavsiktligt. Denna tidsperiod gör att all energi som är lagrad i nödkondensatorn förbrukas. Vi föreslår att du väntar flera minuter.**

2 Ta bort kylargrillen enligt beskrivningen i kapitel 11.
3 Lossa kablaget från krockgivaren som sitter under motorhuvslåset **(se bild)**.

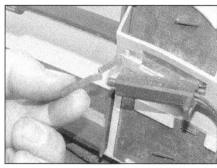

34.2 Lossa varningssändarenheten för is/ frost från stötfångaren

4 Skruva loss bulten, och ta bort givaren.

Montering

5 Monteringen utförs i omvänd ordningsföljd mot demonteringen.

33 Parkeringshjälpsystem – allmän information

Parkeringshjälpsystem finns som tillval och är ett system för närhetsavkänning baserat på ultraljudsteknik som hjälper föraren att undvika kollisioner vid backning.

Systemet består av fyra ultraljudsgivare i den bakre stötfångaren, en display-/summerenhet som är monterad i C-stolpens klädselpanel och ECU som är monterad bakom klädselpanelen på vänster sida i bagageutrymmet.

Systemet fungerar endast när backväxeln är ilagd. Varierande ljud- och ljussignaler varnar föraren om en förestående kollision när bilen backar mot ett hinder.

Givarna i stötfångaren kan tas loss och lossas när den bakre stötfångaren är demonterad och display-/summerenheten kan tas bort efter demonteringen av C-stolpens klädselpanel. Se kapitel 11 för mer information.

ECU-systemet kan kopplas ifrån när bagageutrymmets vänstra klädselpanel har tagits bort.

34 Is-/frostvarningsgivare – demontering och montering

Modeller upp till juli 2003

Demontering

1 Demontera den främre stötfångaren enligt beskrivningen i kapitel 11.
2 Lossa sändarenheten och lossa kablaget **(se bild)**.

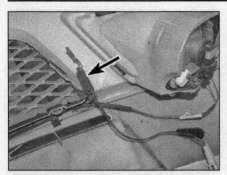

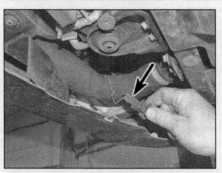

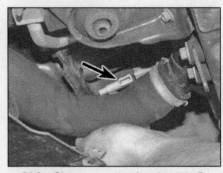

34.6a Givaren finns inuti stötfångaren, till höger om grillen

34.6b Lossa varningsgivaren för is/frost från den främre stötfångaren

34.6c Givarens anslutningskontakt är placerad över höger dimstrålkastare

Montering

3 Monteringen utförs i omvänd ordningsföljd mot demonteringen.

Modeller från juli 2003

Demontering

4 Dra åt handbromsen. Lyft sedan upp framvagnen och ställ den på pallbockar (se *Lyftning och stödpunkter*).
5 Skruva loss totalt sju skruvar och ta bort stänkskölden av plast under kylaren.
6 Givaren är monterad inne i stötfångaren, till höger om den nedre delen av grillen. Dra av sensorn bakom från dess fästtapp, sträck dig sedan över det högra dimljuset och lossa anslutningskontakten **(se bilder)**.

Montering

7 Monteringen utförs i omvänd ordningsföljd mot demonteringen.

35 Satellitnavigeringssystem – allmän information

Satellitnavigeringssystemet använder satelliter i Global Positioning System (GPS) för att spåra bilen mot en digital karta som sparas på skivan. Antennen till AM/FM-radion och telematiksystemen (om tillämpligt) används till satellitnavigeringssystemet. Systemet tar emot insignaler från backljusbrytaren och ABS-systemets hydraulstyrenhet. Backljuskontakten gör det möjligt för systemmodulen fastställa om bilen flyttar sig framåt eller bakåt. ABS-bakhjulsgivaren förser systemet med data om hur långt bilen har kört och en kompass är monterad.

Navigeringsmodulen är systemets hjärta. Den behandlar alla data som tas emot från antennen, hjulgivarna, kompassen och kartskivan samt tillhandahåller instruktioner som visas på systemets displaypanel.

Det finns två system på Mondeo – en grundläggande CD-baserad version som är bekant som Ford Travel Pilot som har en liten svartvit skärm, och ett exklusivt DVD-baserade system med en större färgpekskärm. Båda systemen läser från en kartskiva antingen i en CD-växlare eller i en DVD-spelare som vanligtvis är monterad i bakluckan.

Demontering och montering av enheten som är monterad på instrumentbrädan och autoladdaren beskrivs i avsnitt 24 respektive 25. Om tillämpligt tas DVD-spelaren, som är monterad i bagageutrymmet, bort på liknade sätt som CD-växlaren men den är fäst med två bultar på vardera sidan. I en del modeller kan DVD-enheten vara placerad under det främre passagerarsätet. Demontering och montering av säten täcks i kapitel 11 men det verkar som om sätet måste demonteras för att det ska gå att komma åt enheten vilket gör detta arbete till en uppgift för en Ford-verkstad.

Vid eventuella problem med systemet bör en Ford-verkstad rådfrågas för en diagnos när de vanliga kontrollerna har utförts med avseende på lös eller skadat kablage etc.

36 Elstyrda säten: delar – demontering och montering

Elvärmda säten

1 Om bilen har elvärmda säten finns det värmeelement inbyggda i sittdynan och ryggstödet på både förar- och passagerarsätet. Vissa modeller kan vara utrustade med "klimatkontroll"-säten som har uppvärmningselement och kylfläktar vilket ger de åkande ett "mikroklimat" som de väljer själva.
2 Det går inte att göra några reparationer på uppvärmningselementen eller fläktmotorerna utan isärtagning av sätet och borttagning av sätets tyg – därför bör detta arbete överlåtas åt en Ford-verkstad eller en annan specialist.
3 Det elvärmda sätets brytare tas bort enligt beskrivningen i avsnitt 4.

Sätets inställningskomponenter

4 Det är bara förarsätet som är utrustat med motorer och endast modeller med mycket utrustning har något annat än en höjdjusteringsmotor.
5 För att komma åt motorerna, ta bort förarsätet enligt beskrivningen i kapitel 11.
6 Motorerna är fästa med bultar vid en fästram, som i sin tur är fäst i sätets stomme. Innan du tar bort en motor, följ dess kablage från motorn till anslutningskontakten och koppla loss den.
7 Demontera fästramens bultar eller motorfästets bultar efter tillämplighet och ta bort komponenterna från sätets bas.
8 Monteringen utförs i omvänd ordningsföljd mot demonteringen. Det är mödan värt att regelbundet smörja snäckväxelns delar och sätesskenorna så att systemet fungerar felfritt.
9 För ytterligare felsökning av systemet, se avsnitt 2 och 3 samt kopplingsschemana i slutet av detta kapitel.

Ford Mondeo kopplingsscheman 2000 - 2003

Schema 1

Förklaringar till symboler

Glödlampa

Brytare

Flerkontaktsbrytare (gångad)

Säkring/smältlänk och
strömkapacitet — F5 30A

Motstånd

Variabelt
motstånd

Anslutningskablar

Kontakt och uttag

Artikel nr. — 2

Pump/motor — M

Jordningspunkt
och placering — E12

Mätare

Diod

Kabelskarv eller
lödd anslutning

Solenoid
manöverdon

Lysdiod (LED)

Kabelfärg och kabelstorlek — Br/Sw 4 —
(brun med svart spår, 4 mm²)

Skärmad kabel

En streckad kontur anger del
av ett större objekt som i detta
fall innehåller en elektronisk
enhet eller en halvledarkomponent.
2 – ospecificerat kontaktdon stift 2
182 1 – Kontaktdon C182, stift 1

Jordningspunkter

E1	Batterijord	E8	Höger framdörrströskel
E2	Vänster framdörrströskel	E9	Nederkant höger A-stolpe
E3	Vänster bakskärm	E10	Nederkant vänster A-stolpe
E4	Framtill till vänster i motorutrymmet	E11	Vänster säkringsdosa nära batteriet i motorutrymmet
E5	Framtill till höger i motorutrymmet	E12	Mitten av instrumentbrädan
E6	Nederkant höger A-stolpe	E13	Motor bak till höger
E7	Mitten höger A-stolpe		

Förklaringar till kretsar

Schema 1   Information om kopplingsscheman
Schema 2   Spolare/torkare fram och krockkuddar
Schema 3   Centrallås, ABS, cigarettändare och eluttag bak
Schema 4   Kupébelysning, klocka, signalhorn, ej xenonstrålkastare och strålkastarjustering ej
         xenonstrålkastare
Schema 5   Xenonstrålkastare, strålkastarjustering xenonstrålkastare, bromsljus, backljus och
         nummersplåtsbelysning
Schema 6   Elektriska speglar, parkeringsljus, avbländande backspegel, dimstrålkastare,
         körriktningsvisare och varningsblinkers
Schema 7   Elektriska fönsterhissar, uppvärmda rutor och speglar
Schema 8   Taklucka, radio och motorkylning
Schema 9   Luftkonditionering
Schema 10   Farthållare och automatväxellåda
Schema 11   Belysning instrumentmodul, instrument och brytare

Säkringstabell

Säkringsdosa på batteriet

Säkring	Kapacitet	Circuit
F1	30A	ABS
F2	50A	Tändningsrelä
F3	60A	Värmare dieselmotor
F4	30A	Uppvärmd bakruta
F6	40A	Relä värmefläkt
F7	50A	Huvudström
F8	60A	Motorkylning, relä förglödning
F9	20A	PCM relä
F10	40A	Motorkylning
F11	30A	Uppvärmd vindruta
F13	30A	Uppvärmd vindruta
F15	3A	Uppvärmd vindruta
F16	20A	Vänster xenon strålkastare
	7.5A	Vänster strålkastare utan xenon
F17	10A	Automatväxellåda
F18	20A	Höger xenon strålkastare
	7.5A	Höger strålkastare utan xenon
F20	20A	ABS
F21	15A	Ljusbrytare
F22	20A	Relä strålkastarrengöring
F23	7.5A	Ljud batteribackup
F24	20A	Central timerenhet
F25	15	Central tidsenhet
F26	20A	Signalhorn
F27	15A	Bränslepumprelä, vindrutevärmare
F28	20A	Tändningsbrytare
F29	30A	Startrelä
F30	7.5A	Generator
F31	7.5A	Luftkonditionering
F32	3A	Automatväxellåda, motorstyrenhet
F37	15A	Lambdasonde
F40	7.5A	Motor
F42	10A	Motor

Kabelfärg

Br	Brun	Gr	Grå
Bl	Blå	Or	Orange
Ro	Röd	Pu	Lila
Ge	Gul	Bk	Svart
Gn	Grön	Ws	Vit

Central kopplingsdosa

Säkring	Kapacitet	Circuit
F60	25A	Elektriska fönsterhissar
F61	25A	Elektriska fönsterhissar
F62	15A	Ljusbrytare
F63	7.5A	Körriktningsvisare
F64	7.5A	Körriktningsvisare
F65	7.5A	Luftkonditionering
F66	30A	Elstyrd förarstol
F67	7.5A	Larm
F68	15A	Cigarrettändare
F69	7.5A	Radio, instrumentbräda
F70	15A	Eluttag höger bakZ
F72	20A	Radio
F73	20A	Taklucka
F74	20A	Släpvagn
F75	7.5A	Elektriska speglar
F76	7.5A	Luftkonditionering
F77	7.5A	ABS, antispinnsystem
F78	7.5A	Instrumentbräda, krockkudde
F80	7.5A	Automatväxellåda, backljus
F81	7.5A	Temperaturgivare, automatväxellåda, sätesgivare
F82	7.5A	Luftkonditionering, uppvärmda spolarmunstycken, bränslevärmare, fartpilot
F83	15A	Uppvärmda säten
F84	20A	Ljusbrytare
F85	7.5A	Vänster strålkastare
F86	7.5A	Höger strålkastare
F88	15A	Halvljus relä, ljusbrytare
F89	7.5A	Krockkudde
F90	15A	Bakre torkarmotor
F91	7.5A	Elektriska fönsterhissar, spegel, taklucka
F92	10A	Släpvagn
F93	10A	Strålkastare, bromsljus, värmefläkt
F94	20A	Spolare/torkare
F95	7.5A	Halvljus strålkastare
F97	7.5A	Nummerplåtsbelysning, handskfacksbelysning, central tidsenhet
F98	7.5A	Elektriska speglar, uppvärmda speglar
F99	7.5A	Innerbelysning
F100	7.5A	Multimedia modul
F101	3A	CD-växlare

182

H47272

Teckenförklaring

Schema 2

1 Batteri
2 Säkringsdosa på batteriet
3 Central kopplingsdosa
4 Tändningslås
5 Tändningsrelä
6 Vindrutetorkarrelä
7 Bakre torkarrelä
8 Vindrutetorkarmotor
9 Relä strålkastarrengöring

10 Spolar-/torkarbrytare
11 Central tidsenhet
12 Vänster vindrutespolarvärme
13 Höger vindrutespolarvärme
14 Spolarpump
15 Pump strålkastarspolare
16 Bakre torkarmotor
17 Diagnostikkontaktdon
18 Styrenhet krockkudde

19 Förarens huvudkrockkudde
20 Passagerarsidans huvudkrockkudde
21 Givare passagerarsätet
22 Positionsgivare förarsäte
23 Stötgivare
24 Bältessträckare passagerare säkerhetsbälte
25 Bältessträckare förarens säkerhetsbälte
26 Brytare passagerarsäkerhetsbälte
27 Brytare förarens säkerhetsbälte

28 Vänster sidokrockkuddegivare
29 Givare höger sidokrockkudde
30 Vänster sidokrockkudde
31 Höger sidokrockkudde
32 Passagerarsidans krockkudde
33 Klockfjäder
34 Förarsidans krockkudde
35 Lampa deaktiverad krockkudde

MTS
H47273

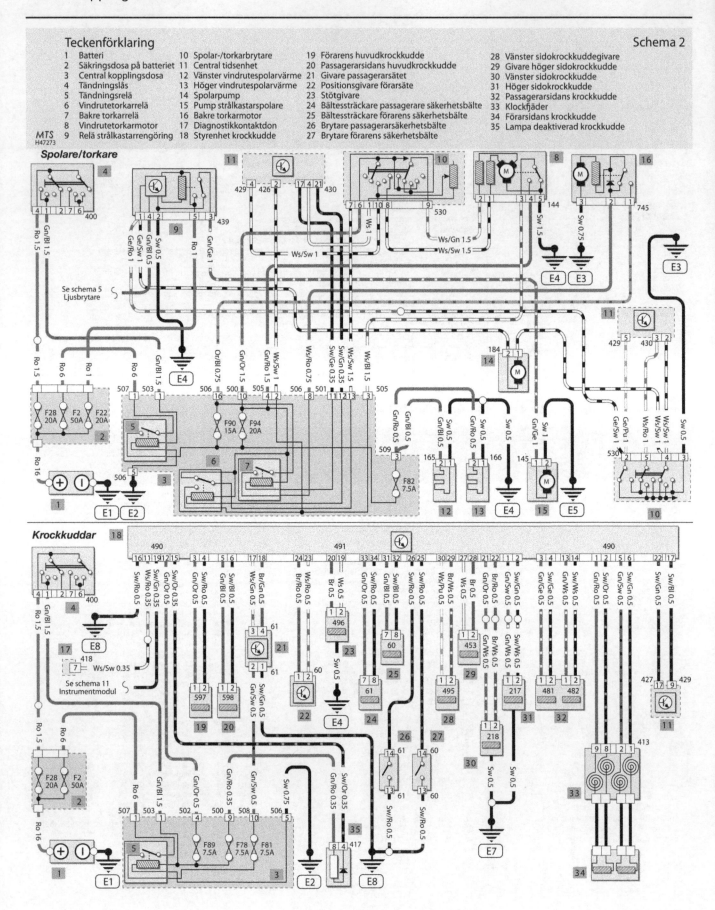

Spolare/torkare

Krockkuddar

Teckenförklaring

1	Batteri	39	Vänster dörrbrytare bak	47	Frånkopplingskontakt på	54	Vänster framhjulsgivare
2	Säkringsdosa på batteriet	40	Antenn		utsidan för bakrutan	55	Vänster bakre hjulgivare
4	Tändningslås	41	Passagerarsidans dörrlås	48	ABS eller stabilitetsmodul	56	Höger framhjulsgivare
11	Central tidsenhet	42	Förarsidans dörrlås	49	Bromsljusbrytare	57	Höger bakre hjulgivare
17	Diagnostikkontaktdon	43	Vänster bakdörrslås	50	Kursstabilitetsgivare	58	Cigarettändare
36	Vänster framdörrsbrytare	44	Höger bakdörrslås	51	Styrpositionsgivare	59	Höger bakre hylsa
37	Höger framdörrsbrytare	45	Motor bakruta	52	Antispinnsystem brytare		
38	Högre bakdörrsbrytare	46	Frånkopplingskontakt påinsidan för bakrutan	53	Bromstryckgivare		

MTS
H47274

* Endast stabilitetskontroll

Centrallås

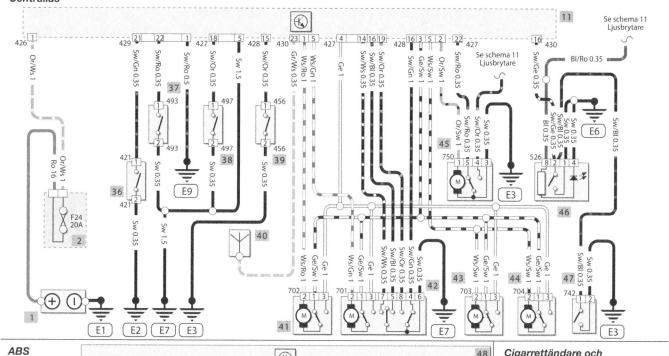

ABS

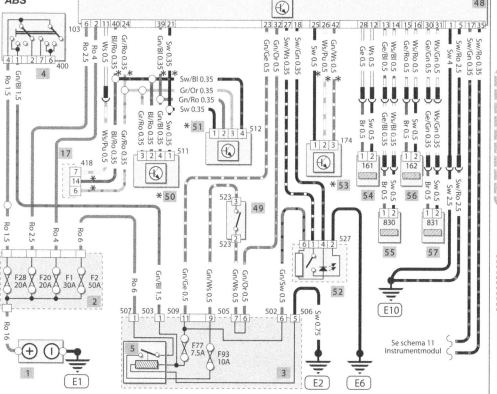

Cigarrettändare och bakre kraftuttag

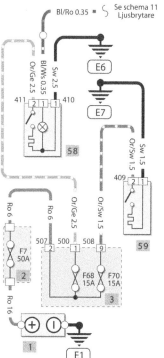

Teckenförklaring

1	Batteri	38	Högre bakdörrsbrytare	65	Bagageutrymmesbelysning	73	Signalhorn med hög tonhöjd	78	Helljusrelä

1 Batteri
2 Säkringsdosa på batteriet
3 Central kopplingsdosa
4 Tändningslås
11 Central tidsenhet
33 Klockfjäder
MTS 36 Vänster framdörrsbrytare
H47275 37 Höger framdörrsbrytare

38 Högre bakdörrsbrytare
39 Vänster dörrbrytare bak
45 Motor bakruta
60 Batterispararrelä
61 Belysning vänster fotutrymme
62 Belysning höger fotutrymme
63 Bakre innerbelysning
64 Främre innerbelysning

65 Bagageutrymmesbelysning
66 Vänster sminkspegelsbelysning
67 Höger sminkspegelsbelysning
68 Ljusbrytare
69 Handskfacksbelysning
70 Brytare handskfacksbelysning
71 Signalhornskontakt
72 Signalhornsrelä

73 Signalhorn med hög tonhöjd
74 Signalhorn med låg tonhöjd
75 Halvljusrelä
76 Vänster strålkastare
  a = halvljus
  b = helljus
77 Höger strålkastare
  (som 76)

78 Helljusrelä
79 Indikatorbrytare
80 Klocka

* Endast kombi
** Endast 4- & 5-dörrars

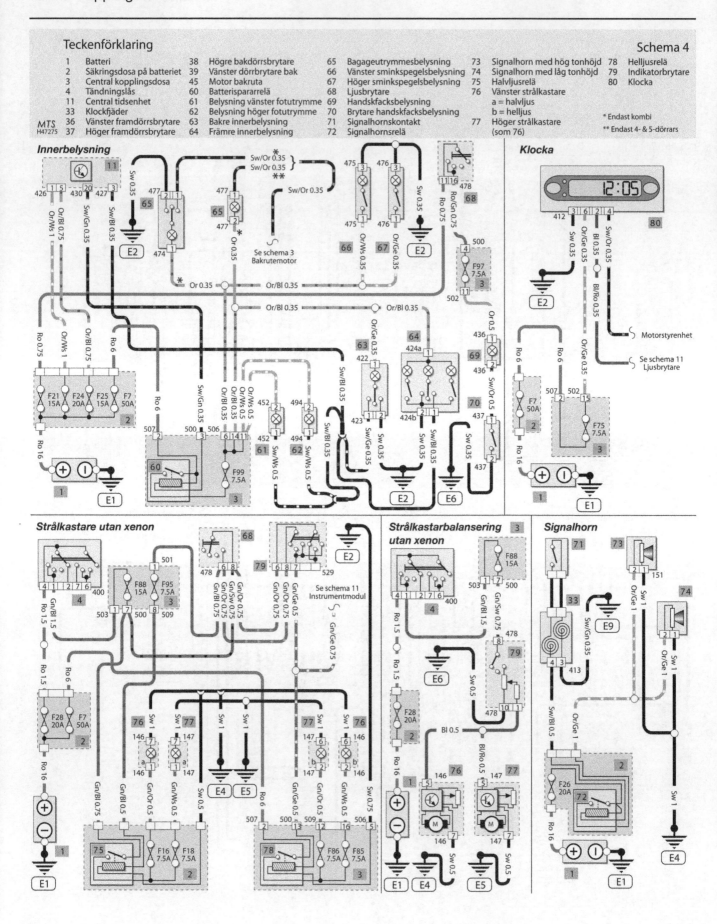

Innerbelysning

Klocka

Strålkastare utan xenon

Strålkastarbalansering utan xenon

Signalhorn

Teckenförklaring

Schema 5

1	Batteri	68	Ljusbrytare	78	Helljusrelä
2	Säkringsdosa på batteriet	75	Halvljusrelä	79	Indikatorbrytare
3	Central kopplingsdosa	76	Vänster strålkastare	81	Relä xenonstrålkastare
4	Tändningslås		a = halvljus	82	Kalibreringskontaktdon
5	Tändningsrelä		b = helljus		xenonstrålkastare
11	Central tidsenhet	77	Höger strålkastare	83	Bakre nivågivare strålkastare
17	Diagnostikkontaktdon		(som 76)	84	Främre nivågivare strålkastare
49	Bromsljusbrytare				

85 Vänster baklykta
a = bromsljus
b = backljus
86 Höger baklykta (som 85)
87 Högt bromsljus
88 Backljusbrytare

89 Höger nummersplåtsbelysning
90 Vänster nummersplåtsbelysning

* Endast 4-dörrars
** Endast 5-dörrars

MTS H47276

Xenon-strålkastare

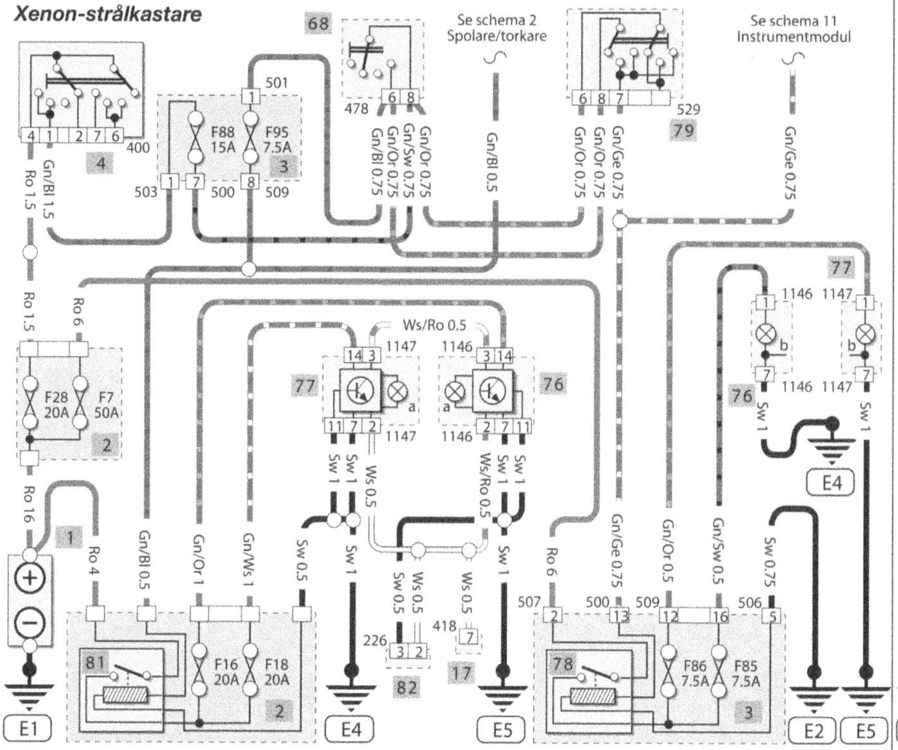

Strålkastarbalansering

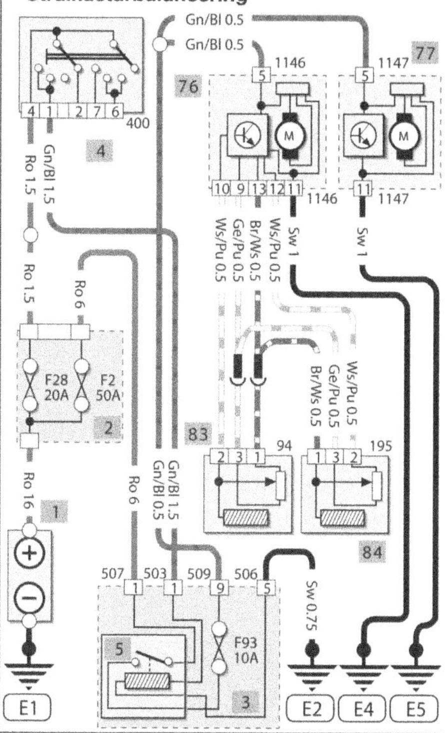

Bromsljus

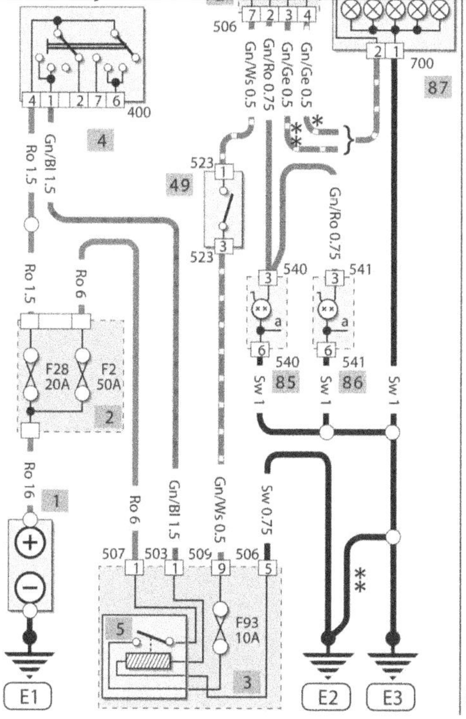

Backljus

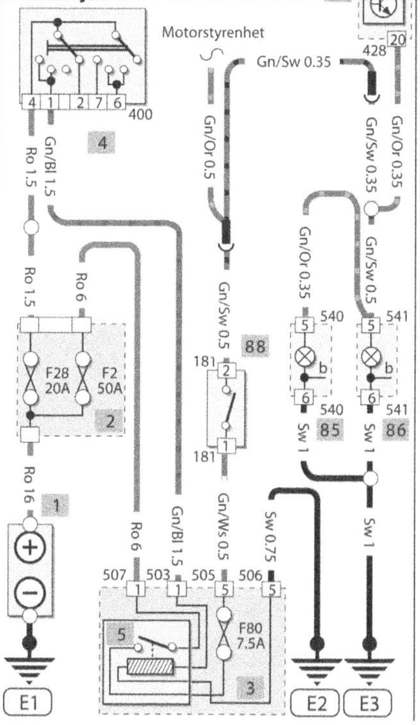

Nummerplåtsbelysning

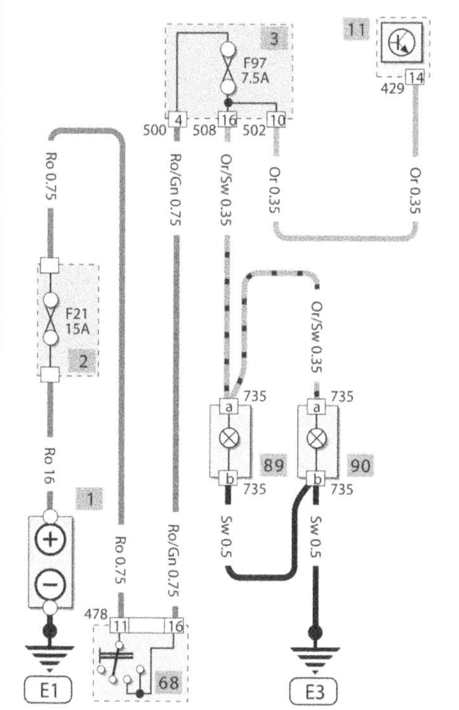

Se schema 2 Spolare/torkare

Se schema 11 Instrumentmodul

Motorstyrenhet

Teckenförklaring

Schema 6

1	Batteri
2	Säkringsdosa på batteriet
3	Central kopplingsdosa
4	Tändningslås
5	Tändningsrelä
11	Central tidsenhet
68	Ljusbrytare

76 Vänster strålkastare
c = sidoljus
d = körriktningsvisare
77 Höger strålkastare
(som 76)
79 Indikatorbrytare
83 Bakre nivågivare strålkastare

84 Främre nivågivare strålkastare
85 Vänster baklykta
c = baklyktor
d = dimstrålkastare
e = körriktningsvisare
86 Höger baklykta
(som 85)

88 Backljusbrytare
91 Vänster dimstrålkastare fram
92 Höger dimstrålkastare fram
93 Vänster körriktningsvisare
94 Höger körriktningsvisare
95 Varningsblinkersbrytare
96 Elektrisk spegelbrytare

97 Vikmodul spegel
98 Förarsidans spegel
99 Passagerarsidans spegel
100 Avbländning backspegel

* utan xenon
** endast xenon

MTS H47277

Sido- och baklyktor

Elektriska speglar

Avbländning backspegel

Blinkers och varningsblinkers

Dimljus

Teckenförklaring

Schema 7

1	Batteri	98	Förarsidans spegel	104	Vindrutevärme brytare	110	Passagerarsidans fönsterbrytare
2	Säkringsdosa på batteriet	99	Passagerarsidans spegel	105	Uppvärmd bakruta relä	110	Passagerarsidans fönstermotor
3	Central kopplingsdosa	100	Avbländning backspegel	106	Uppvärmd bakruta brytare	112	Vänster fönsterbrytare bak
4	Tändningslås	101	Relä vindrutevärme	107	Uppvärmd bakruta	113	Vänster fönstermotor bak
5	Tändningsrelä	102	Vänster vindrutevärme	108	Förarsidans fönsterbrytare	114	Höger fönsterbrytare bak
11	Central tidsenhet	103	Höger vindrutevärme	109	Förarsidans fönstermotor	115	Höger fönstermotor bak

MTS
H47278

Elektriska fönsterhissar

Uppvärmda rutor och backspeglar

Se schema 11
Ljusbrytare

Teckenförklaring

Schema 8

1	Batteri	117	Takluckans modul
2	Säkringsdosa på batteriet	118	Takluckans motor
3	Central kopplingsdosa	119	Radio
4	Tändningslås	120	Vänster högtalare fram
5	Tändningsrelä	121	Höger högtalare fram
11	Central tidsenhet	122	Vänster högtalare bak
116	Takluckans brytare	123	Höger högtalare bak

124	Antenn
125	Fjärrkontrollbrytare
126	Startrelä
127	Startmotor
128	Generator
129	PCM-relä
130	Högfarts fläkts relä

131	Motorkylfläkt relä
132	Kylvätsketemperaturgivare
133	Kylfläkt resistor
134	Kylfläkt motor
135	Kylfläktsmotor 2

MTS
H47279

* Endast 1,8 L & 2,0 L
** Endast diesel

Taklucka

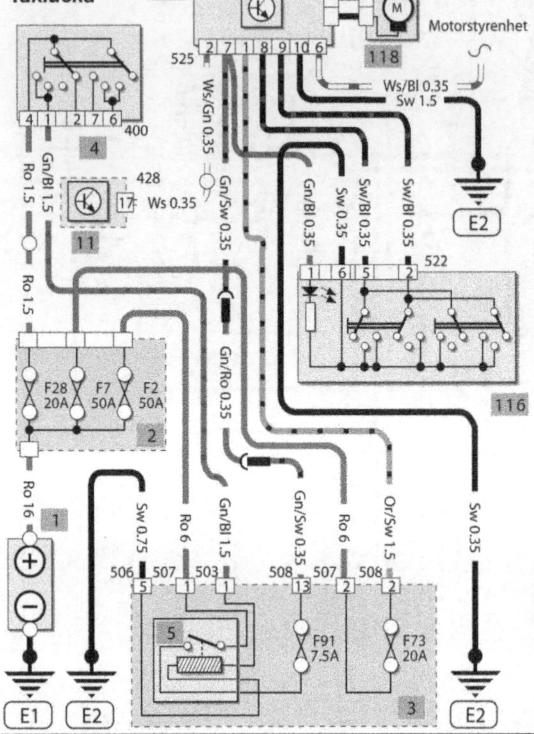

Radio

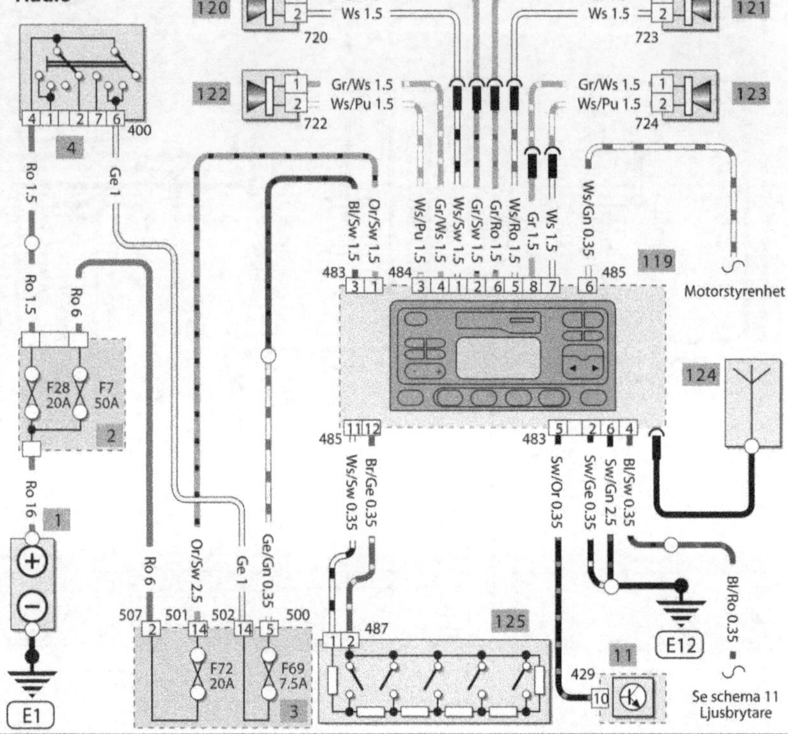

System för start och laddning

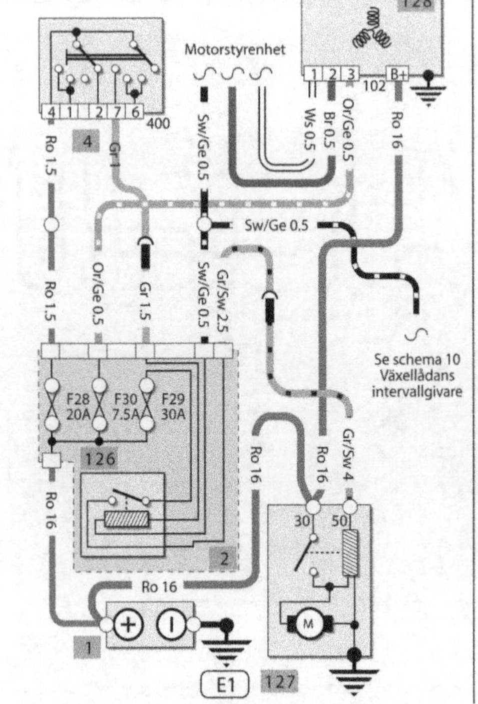

Motorkylning

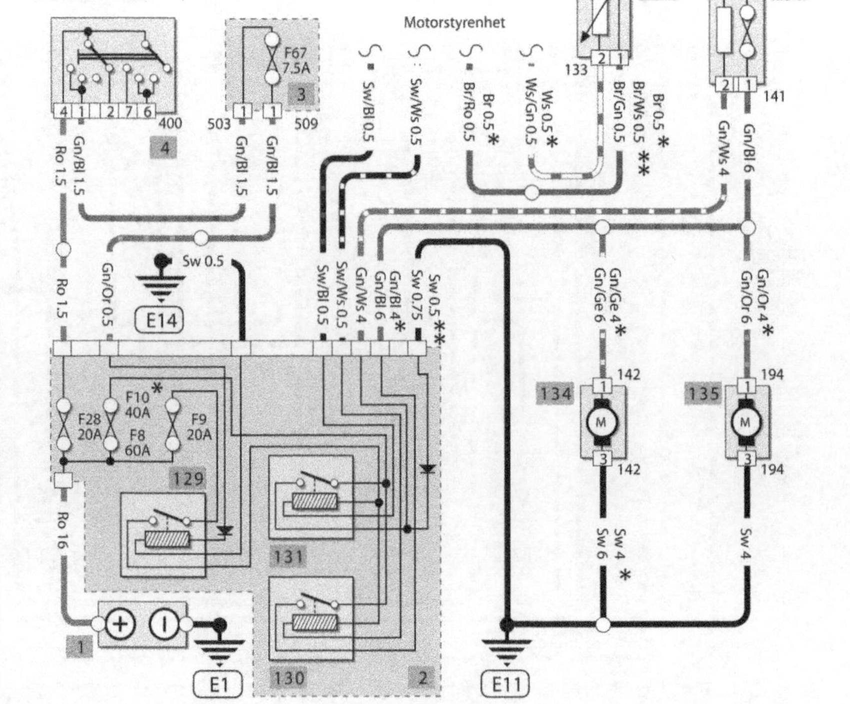

Teckenförklaring

1	Batteri	129	PCM-relä	140	Dubbel tryckbrytare	146	Luftåtercirkulering motor
2	Säkringsdosa på batteriet	136	Luftkonditionering helt öppet	141	Motor värmefläkt	147	Defrostläge manöverdon
3	Central kopplingsdosa		gasspjällsrelä	142	Resistorpaket värmefläkt	148	Panel-/golvläge manöverdon
4	Tändningslås	137	Relä värmefläkt	137	Brytare värmefläkt	149	Lufttemperaturläge manöverdon
5	Tändningsrelä	138	Kopplings solenoid A/C	144	Luftkonditioneringsmodul		
17	Diagnostikkontaktdon	139	Kretsbrytare A/C-kompressor	145	Golvtemperaturgivare		

MTS
H47280

Vanlig luftkonditionering

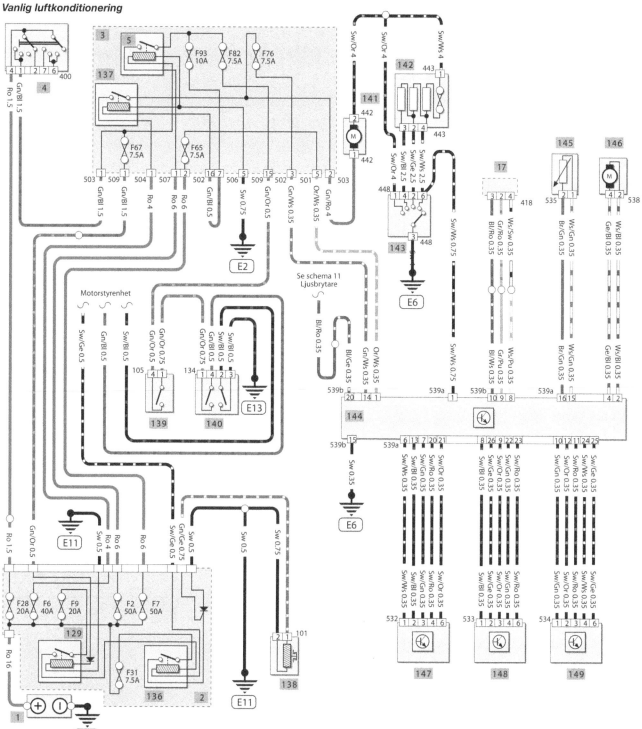

Teckenförklaring

1	Batteri
2	Säkringsdosa på batteriet
3	Central kopplingsdosa
4	Tändningslås
5	Tändningsrelä
17	Diagnostikkontaktdon
33	Klockfjäder
49	Bromsljusbrytare
129	PCM-relä
150	Fartpilotmodul
151	Hastighetsgivare
152	Bromspedalens lägesgivare
153	Kopplingspedalens lägesbrytare
154	Växellåda styrenhet
155	Växellådans intervallgivare
156	Växellåda hardware enhet
157	Bromstryckkontakt
158	Backljusrelä
159	Växelspaksenhet

MTS
H47281

** Endast diesel

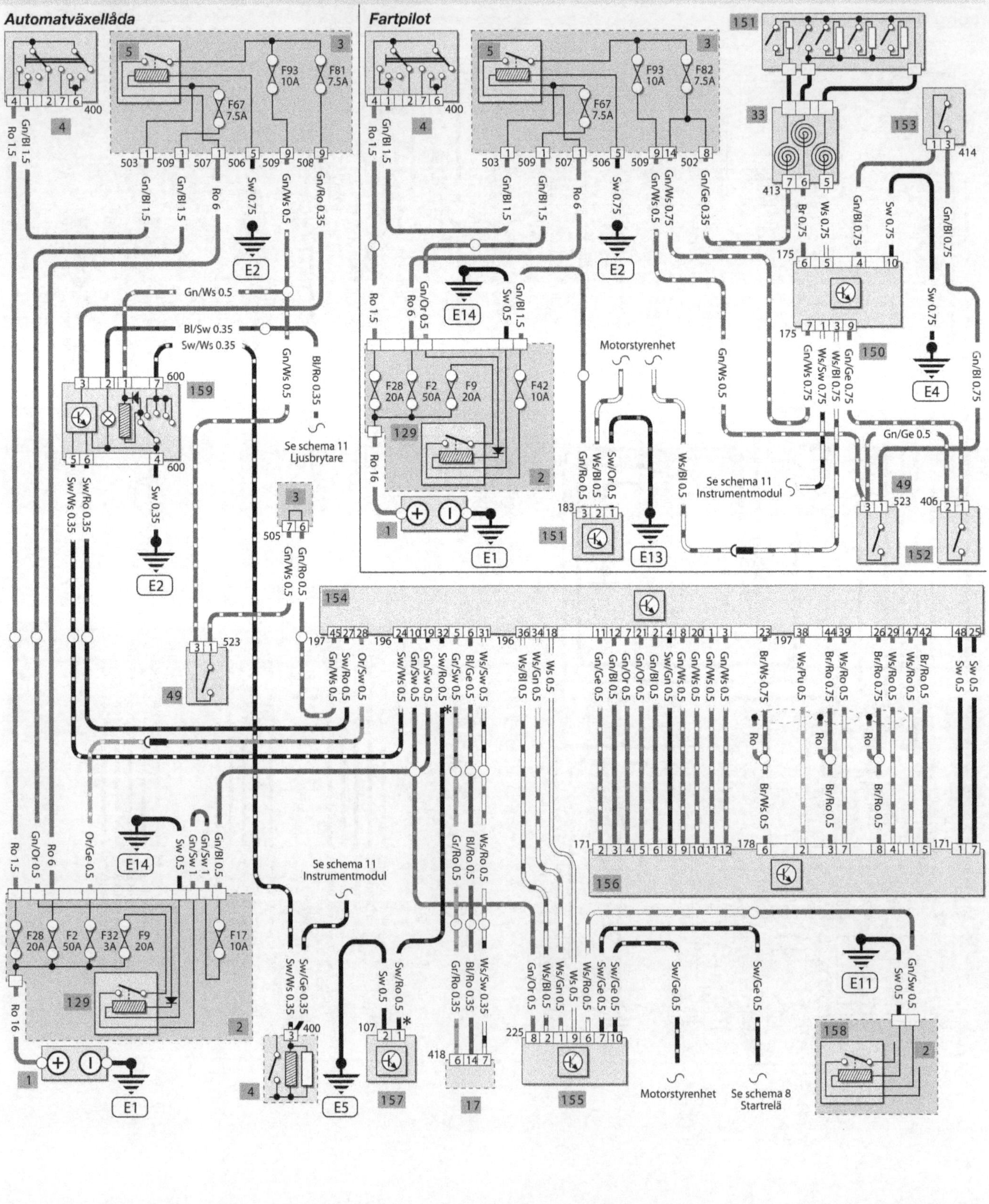

Automatväxellåda

Fartpilot

Teckenförklaring

1	Batteri
2	Säkringsdosa på batteriet
3	Central kopplingsdosa
4	Tändningslås
5	Tändningsrelä
11	Central tidsenhet
17	Diagnostikkontaktdon

68	Ljusbrytare
79	Indikatorbrytare
159	Växelspaksenhet
160	Instrument modell
	a = instrumentbelysning
161	Termostatbrytare
	utomhustemperatur

162	Bränslevärmare
163	Bromsvätskenivåkontakt
164	Handbromskontakt
165	Oljetryckkontakt
166	Bränsletank sändarenhet

Schema 11

MTS
H47282

* Endast diesel
** endast bensin

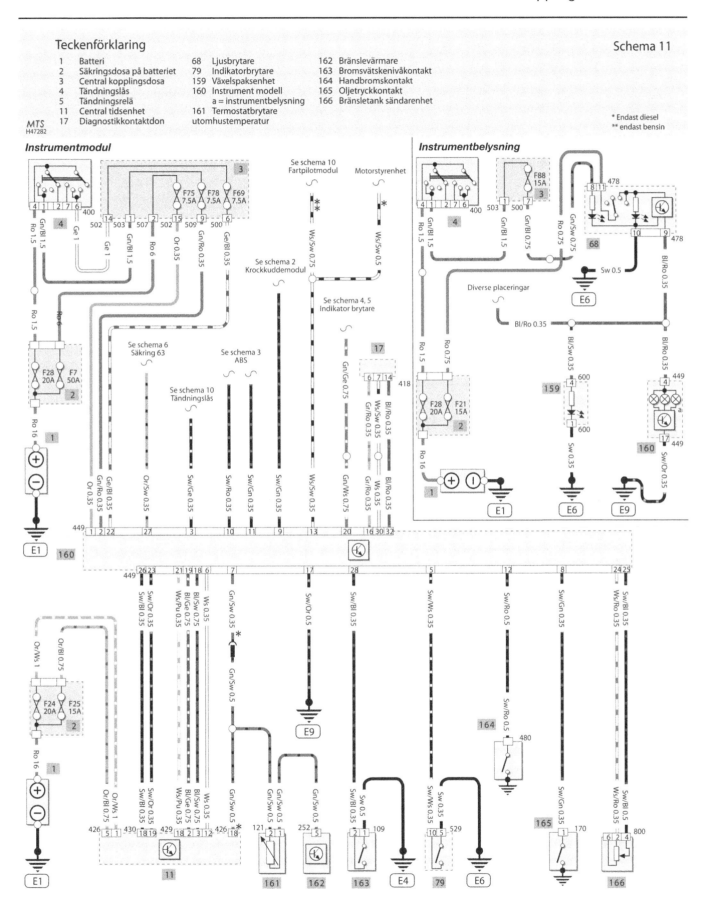

Ford Mondeo kopplingsscheman 2003 >

Schema 1

Motor säkringsdosan 5

Säkring	Kapacitet	Circuit
F1	30A	ABS
F2	50A	Tändningsrelä
F3	60A	Extra kylvätskevärme
F4	30A	Uppvärmd bakruta relä
F5	20A	Tändningsrelä 2
F6	40A	Relä värmefläkt
F7	50A	Huvudförsörjning
F8	60A	Motorkylfläkt, förvärmare
F9	20A	Motorstyrningsrelä
F10	40A	Motorns kylfläkt
F11	30A	Vänster del uppvärmd vindruta
F12	-	Används ej
F13	30A	Höger del uppvärmd vindruta
F14	-	Används ej
F15	3A	Brytare uppvärmd fram-/bakruta
F16	7.5/20 A	Vänster halvljus
F17	10A	Automatväxellåda
F18	7.5/20 A	Höger halvljus
F19	-	Används ej
F20	20A	ABS
F21	15A	Parkeringsljus
F22	20A	Strålkastarspolare
F23	7.5/20A	Larmljud (bensin), bränslevärmare (diesel)
F24	20A	Central elektronikstyrenhet
F25	15	Central elektronikstyrenhet
F26	20A	Signalhorn relä, uppvärmd vindruta relä
F27	15A	Motorstyrning
F28	20A	Tändningsbrytare
F29	30A	Startrelä
F30	7.5A	Generator
F31	7.5A	Luftkonditionering helt öppet gasspjällsrelä
F32	3A	Automatväxellåda
F33	7.5A	Motorstyrningsenhet
F37	15A	Motorstyrning
F38	-	Används ej
F39	-	Används ej
F40	7.5A	Motorstyrning
F41	7.5A	Motorstyrning
F42	10/15A	Motorstyrning

Säkringsdosa passagerarsida 6

Säkring	Kapacitet	Circuit
F60	25A	Elektriska fönsterhissar
F61	25A	Elektriska fönsterhissar
F62	15A	Dimljus
F63	7.5A	Instrumentbräda, sidoljus, varningslampa
F64	7.5A	Parkeringsljus
F65	7.5A	Uppvärmda säten, luftkonditionering
F66	30A	Elektriska säten
F67	7.5A	Motorstyrning, varningsenheter, larm
F68	15A	Instrumentbräda, cigarrettändare
F69	7.5A	ABS, ljudsystem, instrumentbräda, navigering, telefon
F70	15A	Instrumentbräda
F71	10A	Audio-/videosystem, navigering, telefon
F72	20A	Audio-/videosystem, navigering, telefon, diagnosuttag
F73	20A	Taklucka
F74	20A	Yttre ljus
F75	7.5A	Elektriska speglar, klocka, instrumentbräda
F76	7.5A	Värmereglering
F77	7.5A	ABS
F78	7.5A	Instrumentbräda
F79	-	Används ej
F80	7.5A	Backljus
F81	7.5A	Automatväxellåda, uppvärmda säten
F82	7.5A	Uppvärmda spolarmunstycken, luftkonditionering, motorstyrning
F83	15A	Uppvärmda säten, luftkonditionering
F84	-	Används ej
F85	7.5A	Vänster helljus
F86	7.5A	Höger helljus
F87	-	Används ej
F88	15A	Strålkastare
F89	7.5A	SRS-system
F90	15A	Bakre torkar
F91	7.5A	Elektriska fönsterhissar
F92	10A	Bakre dimljus avstängningsbrytare
F93	10A	Bromsljus, värmefläkt
F94	20A	Spolare/torkare
F95	7.5A	Halvljus
F96	-	Används ej
F97	7.5A	Kupébelysning, nummerplåtsbelysning
F98	7.5A	Uppvärmd framruta, uppvärmda speglar
F99	10A	Innerbelysning

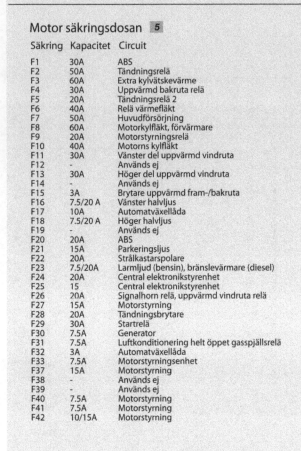

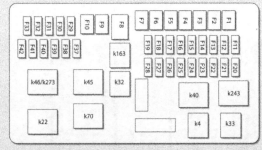

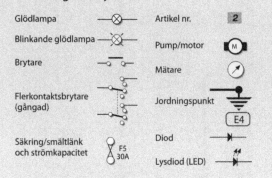

Förklaringar till symboler

Glödlampa	—⊗—	Artikel nr.	2
Blinkande glödlampa	—⊗—	Pump/motor	(M)
Brytare	—o o—	Mätare	(⊘)
Flerkontaktsbrytare (gångad)		Jordningspunkt	E4
Säkring/smältlänk och strömkapacitet	F5 30A	Diod	—▶⊢
		Lysdiod (LED)	—▶⊢

Motstånd

Variabelt motstånd

Variabelt motstånd

Uppvärmningselement

Solenoid manöverdon

Anslutningskablar

Kabelskarv, lödd anslutning eller ospecificerat kontaktdon

Kablage färg (grön med rött spår), fästbygeln betecknar — Gn/Rd alternativt kablage

En streckad kontur anger del av ett större objekt som i detta fall innehåller en elektronisk enhet eller en halvledarkomponent, t.ex. kontaktnummer 429, stift 2,

Kontakt och uttag

c429/2

H47283

Kabelfärg

Bk Svart   **Vt** Violet
Gn Grön   **Rd** Röd
Pk Rosa   **Gy** Grå
Lg Ljusgrön   **Bu** Blå
Bn Brun   **Wh** Vit
Og Orange   **Ye** Gul
Na Naturlig   **Sr** Silver

Teckenförklaring

1 Batteri
2 Startmotor
3 Generator
4 Tändningslås
5 Säkringsdosa motor
  K22 = startrelä
  K33 = signalhornrelä
  K45 = kylfläktsrelä
  K163 = motorstyrningsrelä
6 Säkringsdosa passagerarsida

7 Klocka
8 Generisk elektronisk styrenhet
9 Instrumentkluster
  a = generatorns varningslampa
10 Temperaturgivare kylning
11 Kylfläktmotor
12 Multifunktionsbrytare ratt
  a = signalhornskontakt
13 Urfjädrar ratt
14 Automatväxellåda styrenhet

15 Signalhorn
16 Signalhorn (låg tonhöjd)
17 Signalhorn (hög tonhöjd)
18 Cigarrettändare

Schema 2

H47284

Vanligt system för start och laddning

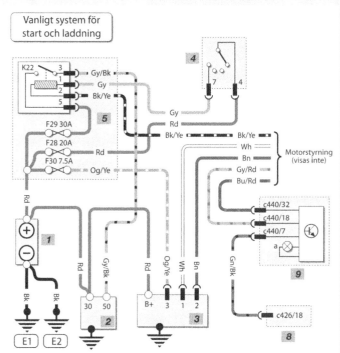

Vanligt signalhorn

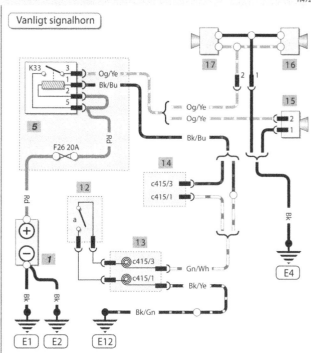

Vanlig motorkylfläkt

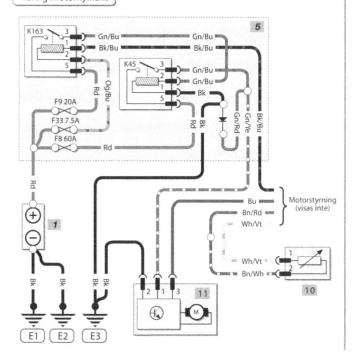

Vanlig ur och cigarrettändare

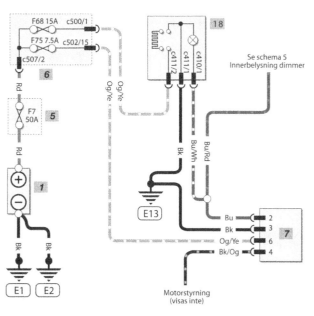

Kabelfärg

Bk	Svart	Vt	Violet
Gn	Grön	Rd	Röd
Pk	Rosa	Gy	Grå
Lg	Ljusgrön	Bu	Blå
Bn	Brun	Wh	Vit
Og	Orange	Ye	Gul
Na	Naturlig	Sr	Silver

* 5-dörrars modeller

Teckenförklaring

1 Batteri
2 Tändningslås
5 Säkringsdosa motor
6 Säkringsdosa passagerarsida
   K41 = tändningsrelä
8 Generisk elektronisk styrenhet
9 Instrumentkluster
   b = varningslampa vänster indikator
   c = varningslampa höger indikator
22 Bromsljusbrytare
23 Bakljuskontakt (manuell)
24 Lägesväljare växellåda (automat)

25 Höger bakljusenhet
   a = stopp-/baklykta
   b = backljus
   c = dimljus
   d = körriktningsvisare
26 Höger bakljusenhet
   (som ovan)
27 Övre bromsljus
28 Ljusbrytare
   a = dimstrålkastare fram/bak
29 Vänster dimstrålkastare fram
30 Höger dimstrålkastare fram

31 Vänster flerfunktionsbrytare
   a = körriktningsvisare
   b = ljudvarning
32 Varningsblinkersbrytare
33 Vänster främre ljusenhet
   a = körriktningsvisare
34 Höger främre ljusenhet
   b = körriktningsvisare
35 Höger sidoblinker
36 Höger sidoblinker fram

Schema 3

H47285

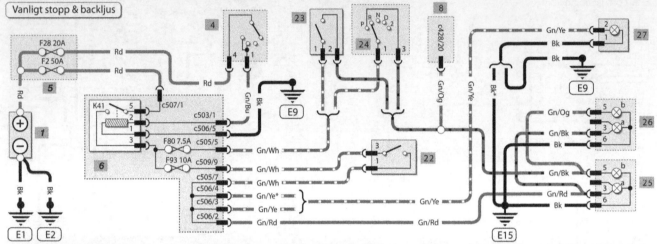

Vanligt stopp & backljus

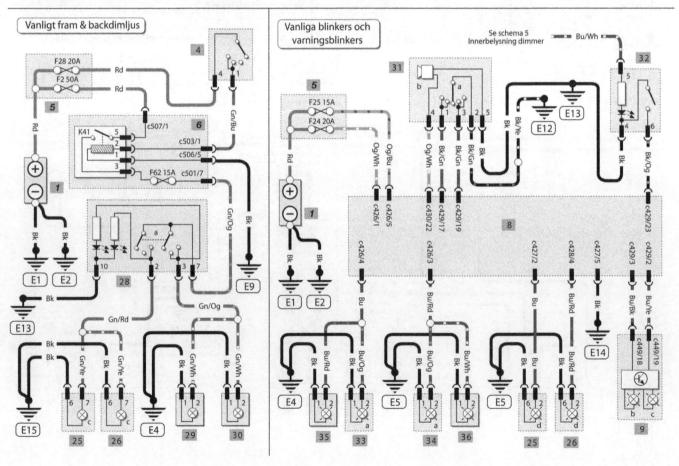

Vanligt fram & backdimljus

Vanliga blinkers och varningsblinkers

Kabelfärg

Bk	Svart	**Vt**	Violet
Gn	Grön	**Rd**	Röd
Pk	Rosa	**Gy**	Grå
Lg	Ljusgrön	**Bu**	Blå
Bn	Brun	**Wh**	Vit
Og	Orange	**Ye**	Gul
Na	Naturlig	**Sr**	Silver

Teckenförklaring

1 Batteri
4 Tändningslås
5 Säkringsdosa motor
   K243 = halvljusrelä
   K244 = helljusrelä
6 Säkringsdosa passagerarsida
8 Generisk elektronisk styrenhet
9 Instrumentkluster
   d = varningslampa sidoljus/strålkastare
   e = varningslampa helljus
25 Höger bakljusenhet
   a = stopp-/baklykta

26 Höger bakljusenhet
   (som ovan)
28 Ljusbrytare
   b = parkerings/sidoljus
31 Vänster flerfunktionsbrytare
   c = sänka/blinka strålkastarna
33 Vänster främre ljusenhet
   b = sidoljus
   c = halvljus
   d = helljus
34 Höger främre ljusenhet
   (som ovan)

40 Höger nummerplåtsbelysning
41 Höger nummerplåtsbelysning

Schema 4

H47286

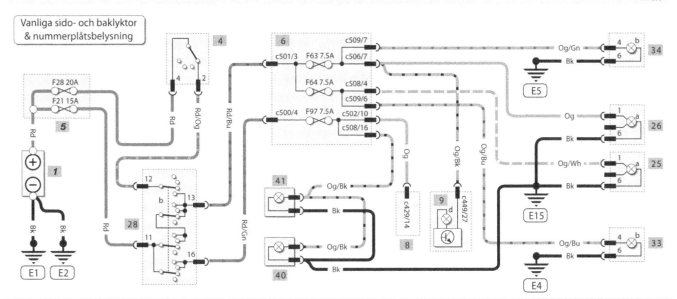

Vanliga sido- och baklyktor & nummerplåtsbelysning

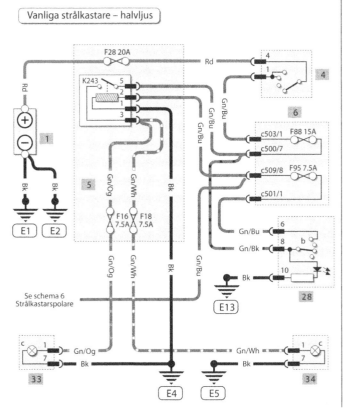

Vanliga strålkastare – halvljus

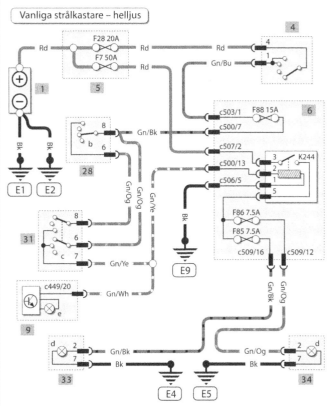

Vanliga strålkastare – helljus

Kabelfärg

Bk	Svart	Vt	Violet
Gn	Grön	Rd	Röd
Pk	Rosa	Gy	Grå
Lg	Ljusgrön	Bu	Blå
Bn	Brun	Wh	Vit
Og	Orange	Ye	Gul
Na	Naturlig	Sr	Silver

Teckenförklaring

1 Batteri
4 Tändningslås
5 Säkringsdosa motor
6 Säkringsdosa passagerarsida
8 Generisk elektronisk styrenhet
28 Ljusbrytare
    b = parkerings/sidoljus
    c = strålkastarjustering
    d = dimmer innerbelysning
33 Vänster främre ljusenhet
    e = strålkastarjustering

34 Höger främre ljusenhet
    (som ovan)
45 Vänster framdörrsbrytare
46 Vänster dörrbrytare bak
47 Höger framdörrsbrytare
48 Högre bakdörrsbrytare
49 Innerbelysning fram
50 Bakre innerbelysning
51 Handskfacksbelysning
52 Handskfackets belysning brytare
53 Vänster sminkspegel

54 Höger sminkspegel
55 Vänster dörrspegelenhet
    a = pölbelysning
56 Höger dörrspegelenhet
    (som ovan)
57 Belysning vänster fotutrymme
58 Belysning höger fotutrymme
59 Bagageutrymmesbelysning (kombi)
60 Bagageutrymmesbelysning (4/5 dörrar)
61 Bakrutans låsmotor

Schema 5

H47287

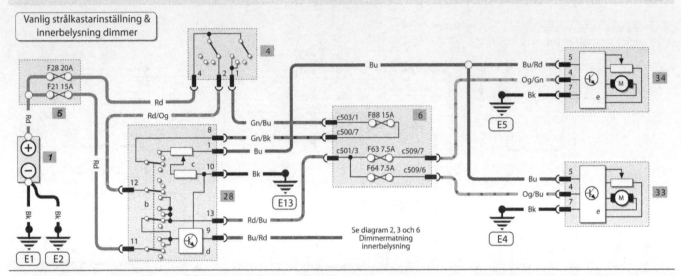

Vanlig strålkastarinställning & innerbelysning dimmer

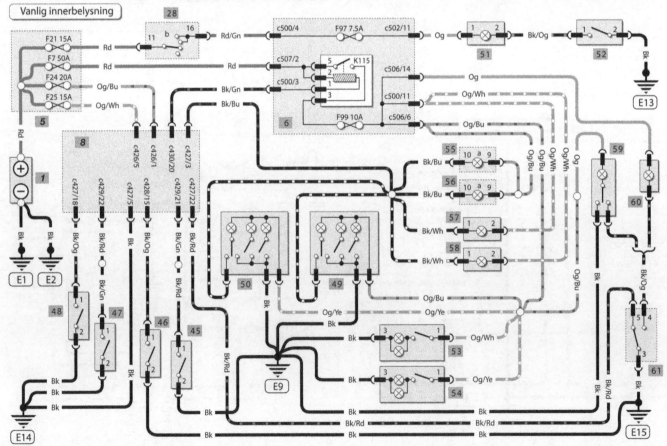

Vanlig innerbelysning

Kabelfärg

Bk Svart   Vt Violet
Gn Grön   Rd Röd
Pk Rosa   Gy Grå
Lg Ljusgrön   Bu Blå
Bn Brun   Wh Vit
Og Orange   Ye Gul
Na Naturlig   Sr Silver

* 4-dörrars modeller

Teckenförklaring

1 Batteri
4 Tändningslås
5 Säkringsdosa motor
  K40 = uppvärmd vindruta relä
6 Säkringsdosa passagerarsida
  K1 = uppvärmd bakruta relä
  K14 = fläktmotor relä
  K41 = tändningsrelä
8 Generisk elektronisk styrenhet
9 Instrumentkluster

55 Vänster dörrspegelenhet
  b = uppvärmningselement
56 Höger dörrspegelenhet
  b = uppvärmningselement
65 Värmefläktens motor
66 Värmefläktens resistorer
67 Brytare värmefläkt
68 Styrenhet värme/luftkonditionering
69 Uppvärmd bakruta
70 Värmeelement vänster framruta

Schema 6

71 Värmeelement höger framruta
72 Brytare uppvärmd fram-/bakruta
  a = brytarbelysning
  b = Uppvärmd bakruta brytare/indikator
  c = brytare/indikator vindruta
73 Spolar-/torkarbrytare
  a = främre spolare
74 Strålkastarspolarrelä
75 Pump strålkastarspolare

H47288

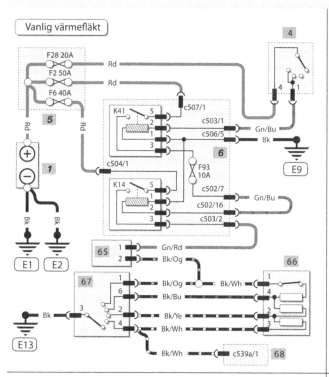
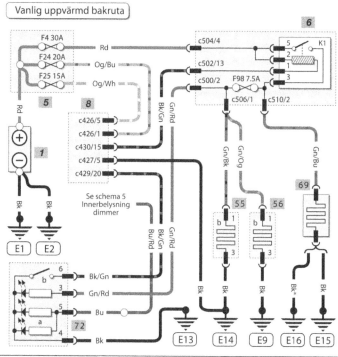
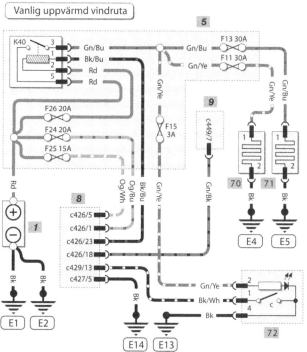
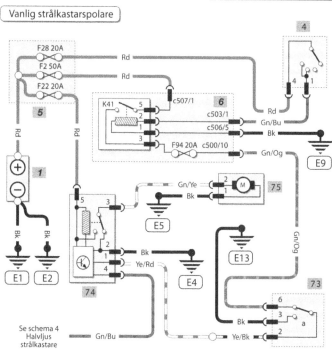

Kabelfärg

Bk	Svart	**Vt**	Violet
Gn	Grön	**Rd**	Röd
Pk	Rosa	**Gy**	Grå
Lg	Ljusgrön	**Bu**	Blå
Bn	Brun	**Wh**	Vit
Og	Orange	**Ye**	Gul
Na	Naturlig	**Sr**	Silver

Teckenförklaring

1 Batteri
4 Tändningslås
5 Säkringsdosa motor
6 Säkringsdosa passagerarsida
  K41 = tändningsrelä
  K64 = torkarrelä
  K162 = torkarrelä
8 Generisk elektronisk styrenhet
55 Vänster dörrspegelenhet
  c = motor spegelinfällning
  d = uppåt-/nedåtmotor
  e = motor vänster/höger

56 Höger dörrspegelenhet
  (som ovan)
73 Spolar-/torkarbrytare
  a = främre spolare
  b = bakre spolare/torkare
  c = främre torkar
74 Strålkastarspolarrelä
14 Främre/bakre spolarpump
79 Främre torkarmotor
80 Bakre torkarmotor
81 Styrenhet spegelinfällning

82 Brytare spegelstyrning
  a = vänster/höger brytare
  b = uppåt-/nedåtbrytare
  c = omkopplingsbrytare

Schema 7

H47289

Vanliga fram & backtorkare

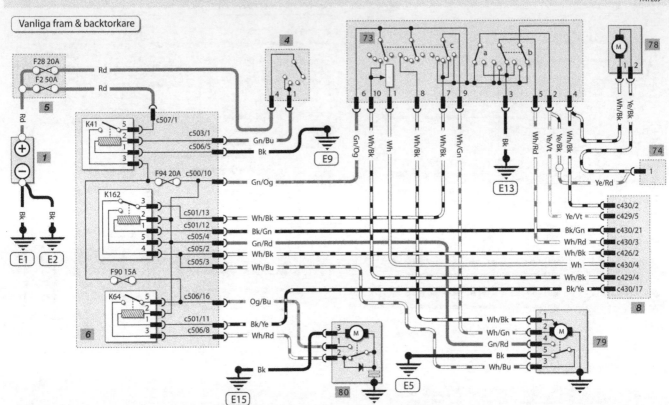

Vanliga elektriska speglar

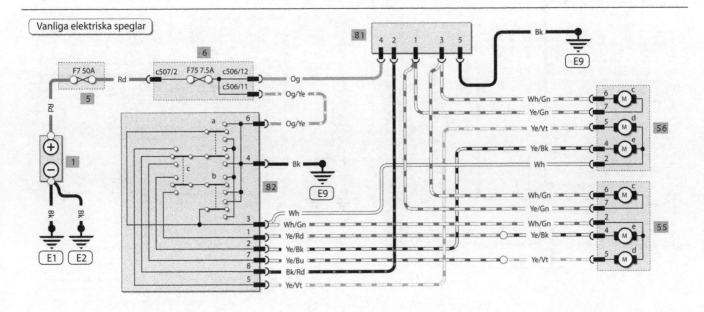

Kabelfärg

Bk Svart **Vt** Violet
Gn Grön **Rd** Röd
Pk Rosa **Gy** Grå
Lg Ljusgrön **Bu** Blå
Bn Brun **Wh** Vit
Og Orange **Ye** Gul
Na Naturlig **Sr** Silver

Teckenförklaring

1 Batteri
5 Säkringsdosa motor
6 Säkringsdosa passagerarsida
  K41 = tändningsrelä
8 Generisk elektronisk styrenhet
9 Instrumentkluster
  f = varningslampa dörr öppen
45 Vänster framdörrsbrytare
46 Vänster dörrbrytare bak

47 Höger framdörrsbrytare
48 Högre bakdörrsbrytare
61 Bakrutans låsmotor
85 Stöldskyddsbrytare baklucka
  (modeller med fyra dörrar)
86 Frånkopplingskontakt ESP/bakruta
87 Frånkopplingskontakt baklykta
88 Vänster dörrlåsenhet bak
89 Höger dörrlåsenhet bak

90 Vänster framdörrslås
91 Höger framdörrslås
92 Vänster fönstermotor fram
93 Vänster fönstermotor fram
94 Vänster fönsterbrytare
95 Höger fönsterbrytare

Schema 8

H47290

Vanligt centrallås

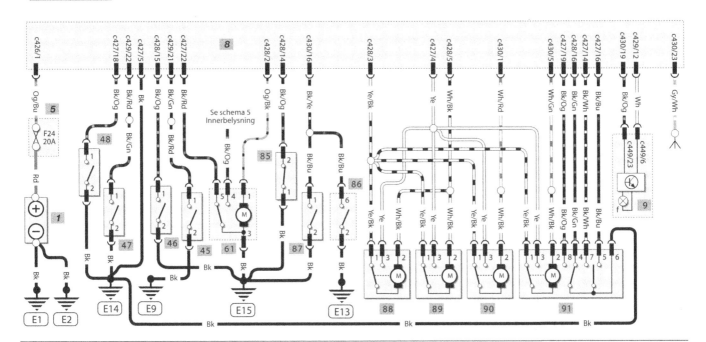

Vanliga elektriska fönsterhissar

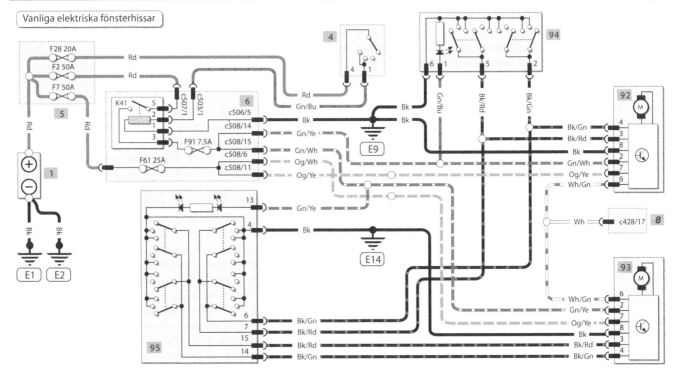

Anteckningar

Mått och vikter . . . . .REF•1
Alternativa bränslen . . . . .REF•2
Inköp av reservdelar. . . . . .REF•3
Identifikationsnummer . . . . .REF•3
Allmänna reparationsanvisningar . . . . .REF•4
Lyftning och stödpunkter . . . . .REF•5

Koppla loss batteriet . . . . .REF•6
Verktyg och arbetsutrymmen . . . . .REF•7
Kontroller inför bilbesiktningen. . . . . .REF•10
Felsökning . . . . .REF•16
Teknisk ordlista. . . . . .REF•26
Sakregister . . . . .REF•31

Mått och vikter

Observera: *Alla siffror är ungefärliga och varierar beroende på modell. Se tillverkarens uppgifter för exakta siffror*

Modeller upp till juli 2003

Dimensioner

Total längd:
Sedan	4731 mm
Halvkombi.	4753 mm
Kombi	4804 mm (4831 mm med karossats)
Total bredd – inklusive speglar	1931 mm

Total höjd – vid fordonets vikt utan förare och last:
Sedan/halvkombi	1429 till 1459 mm
Kombi:	
Inklusive takrelingar	1481 till 1514 mm
Utan takrelingar	1441 till 1474 mm
Axelavstånd	2754 mm
Spårvidd:	
Fram	1522 mm
Rear	1537 mm

Vikter

Fordonets vikt utan förare och last:	Halvkombi	Sedan	Kombi
1,8 (81 kW) bensin	1384 till 1416 kg	1374 till 1404 kg	1432 till 1465 kg
1,8 (92 kW) bensin	1384 till 1440 kg	1373 till 1430 kg	1431 till 1488 kg
2,0 bensin:			
Manuell växellåda	1388 till 1444 kg	1376 till 1433 kg	1435 till 1491 kg
Automatväxellåda	1421 till 1476 kg	1409 till 1465 kg	1467 till 1523 kg
2,5 V6 bensin	1467 till 1518 kg	1458 till 1510 kg	1518 till 1567 kg

Högsta tillåtna belastning på takräcke
Kombi.	100 kg
Alla övriga	75 kg
Maximal bogseringsvikt:	
Halvkombi/Sedan	1875 till 1950 kg
Kombir	2030 till 2105 kg
Viktgräns för släpvagnens främre del.	75 kg

Modeller från juli 2003

Dimensioner

Total längd:
Sedan och halvkombi.	4731 mm (4753 mm med karossats)
Kombi	4804 mm (4831 mm med karossats)
Total bredd – inklusive speglar	1958 mm

Total höjd – vid fordonets vikt utan förare och last:
Sedan/halvkombi	1415 till 1459 mm
Kombi:	
Inklusive takrelingar	1427 till 1514 mm
Utan takrelingar	1427 till 1474 mm
Axelavstånd	2754 mm

Vikter

Fordonets vikt utan förare och last:	Sedan/halvkombi	Kombi
1,8- och 2,0-liters motorer	1360 till 1411 kg	1434 till 1470 kg
V6 motorer	1450 till 1490 kg	1511 till 1552 kg
Maximal taklast	75 kg	

På grund av höga oljepriser, minskande reserver och ökat medvetande om avgasutsläpp har alternativa bränslen kommit i fokus de senaste åren. De tre huvudtyperna av alternativa bränslen i Europa är etanol, biodiesel och gasol (LPG). Etanol och biodiesel används vanligen i blandningar med bensin respektive konventionell diesel. Fordon som kan växla mellan alternativa och konventionella bränslen utan några modifieringar eller återställning från förarens sida kallas FFV (flexible fuel vehicle).

Etanol

Etanol (etylalkohol) är samma ämne som alkoholen i öl, vin och sprit. Precis som sprit framställs den oftast genom jäsning av vegetabiliska råvaror följt av destillation. Efter destillationen avlägsnas vattnet, och alkoholen blandas med bensin i förhållandet upp till 85 % (därför kallas bränslet E85). Blandningar med upp till 5 % etanol (10 % i USA) kan användas till alla bensindrivna fordon utan ändringar och har redan fått stor spridning eftersom etanolen höjer oktantalet. Blandningar med högre andel etanol kan endast användas i specialbyggda fordon.

Det går att göra motorer som går på 100 % etanol men det kräver mekaniska modifieringar och ökade kompressionstal. Sådana fordon finns i princip bara i länder som t.ex. Brasilien där man har beslutat att ersätta bensinen med etanol. I de flesta fall kan dessa fordon inte köras på bensin med gott resultat.

Etanol förgasas inte lika lätt som bensin under kalla förhållanden. Tidiga FFV-fordon var tvungna att ha en separat tank med ren bensin för kallstarter. I länder med kallt klimat som exempelvis Sverige, minskar man andelen etanol i E85-bränslet till 70 % eller 75 % på vintern. Med vinterblandningen måste man dock fortfarande använda motorblocksvärmare vid temperaturer under -10°C. En del insprutningssystem har en uppvärmd bränslefördelarskena för bättre resultat vid kallstart.

En annan nackdel med etanol är att den innehåller betydligt mindre energi än samma mängd bensin och därför ökar bränsleförbrukningen. Ofta vägs det upp av lägre skatt på etanol. Uteffekten påverkas dock inte nämnvärt eftersom motorstyrningssystemet kompenserar med ökad bränslemängd.

Modifiering av motorer

En FFV-motor går lika bra med E85, bensin eller en blandning av dessa. Den har ett motorstyrningssystem som känner av andelen alkohol i bränslet och justerar bränslemängden och tändläget därefter. Komponenter som kolvringar, oljetätningar på ventiler och andra delar som kommer i kontakt med bränsle, med start från bränsletanken, är gjorda av material som är beständiga mot alkoholens korrosiva verkan. Tändstift med högre värmetal kan också krävas.

För de flesta moderna bensinmotorer finns det ombyggnadssatser på eftermarknaden. Det bör dock påpekas att om man endast ändrar motorstyrningens mjukvara ('chipping')

kan det leda till problem om komponenterna i bränslesystemet inte är avsedda för alkohol.

Biodiesel

Biodiesel framställs från grödor som exempelvis raps och från kasserad vegetabilisk olja. Oljan modifieras kemiskt för att få liknande egenskaper som hos vanlig diesel. Allt dieselbränsle som säljs i EU kommer att innehålla 5 % biodiesel under 2010, och alla dieselbilar kommer att kunna använda denna blandning ('B5') utan problem.

En bränsleblandning med 30 % biodiesel ('B30') börjar dyka upp på tankställen även om den inte är allmänt spridd i skrivande stund. Detta bränsle har inte godkänts av alla fordonstillverkare och det är därför klokt att kontrollera med tillverkaren innan användning, särskilt om fordonets garanti fortfarande gäller. Äldre fordon med mekaniskt insprutningssystem påverkas troligen inte negativt. Men common rail-systemen som sitter i moderna fordon är känsliga och kan skadas redan vid mycket små förändringar i bränslets viskositet eller smörjegenskaper.

Det går att göra hemmagjord biodiesel av kasserad olja från restaurangkök; det finns många utrustningar på marknaden för detta

syfte. Bränsle som tillverkats på detta sätt är naturligtvis inte certifierat enligt någon norm och ska användas på egen risk. I en del länder beskattas sådant bränsle.

Ren vegetabilisk olja (SVO) kan inte användas i de flesta dieselmotorer utan modifiering av bränslesystemet.

Modifiering av motorer

Precis som med etanol kan biodiesel angripa gummislangar och packningar i bränslesystemet. Det är därför viktigt att dessa hålls i gott skick och att de är gjorda av rätt material. I övrigt behöver inga större ändringar göras. Det kan dock vara klokt att byta bränslefiltret oftare. Biodiesel är något trögflytande när den är kall, vilket gör att ett smutsigt filter kan vålla problem när det är kallt.

När man använder ren vegetabilisk olja (SVO) måste bränsleledningarna utrustas med en värmeväxlare och ett system för att kunna starta fordonet med konventionellt bränsle. Det finns ombyggnadssatser, men det är något för de verkliga entusiasterna. Precis som med hemmagjord biodiesel, kan användningen vara belagd med skatt.

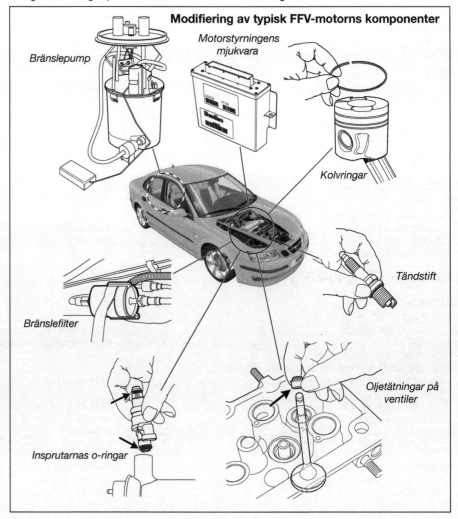

Modifiering av typisk FFV-motorns komponenter

Bränslepump

Motorstyrningens mjukvara

Kolvringar

Tändstift

Oljetätningar på ventiler

Bränslefilter

Insprutarnas o-ringar

Reservdelar finns att köpa från ett antal olika ställen, t.ex. Fordverkstäder, tillbehörsbutiker och motorspecialister. För att säkert få rätt del krävs ibland att bilens chassinummer uppges. Ta om möjligt med den gamla delen för säker identifiering. Många delar, t.ex. startmotor och generator, finns att få som fabriksrenoverade utbytesdelar – delar som returneras ska alltid vara rena.

Våra råd när det gäller inköp av reservdelar är följande.

Auktoriserade märkesverkstäder

Det här är det bästa stället för inköp av reservdelar som är specifika för just din bil och inte allmänt tillgängliga (t.ex. märken, klädsel, vissa karosspaneler etc). Det är även det enda ställe man bör köpa reservdelar från om bilens garanti fortfarande gäller.

Tillbehörsbutiker

Dessa är ofta bra ställen för inköp av underhållsmaterial (olje-, luft- och bränslefilter, glödlampor, drivremmar, fett, bromsklossar, bättringslack etc.). Tillbehör av detta slag som säljs av välkända butiker håller ofta samma standard som de som används av biltillverkaren.

Förutom delar säljer dessa butiker även verktyg och allmänna tillbehör. De har ofta bra öppettider och något lägre priser. Vissa tillbehörsbutiker har reservdelsdiskar där så gott som alla typer av komponenter kan köpas eller beställas.

Grossister

Bra grossister lagerhåller alla viktigare komponenter som slits ut relativt snabbt. De kan ibland också tillhandahålla enskilda komponenter som behövs för renovering av större enheter (t.ex. bromstätningar och hydrauldelar, lagerskålar, kolvar och ventiler). Grossister kan i vissa fall också ta hand om arbeten som omborrning av motorblocket, omslipning av vevaxlar etc.

Specialister på däck och avgassystem

Dessa kan vara oberoende återförsäljare eller ingå i större kedjor. De har ofta bra priser jämfört med märkesverkstäder, men det lönar sig alltid att jämföra priser hos flera försäljare. Kontrollera även vad som ingår vid priskontrollen – ibland ingår t.ex. inte ventiler och balansering vid köp av ett nytt däck.

Andra inköpsställen

Var misstänksam när det gäller delar som säljs på loppmarknader och liknande. De är inte alltid av usel kvalitet, men det blir svårt att reklamera köpet om de är otillfredsställande. Köper man komponenter som är avgörande för säkerheten, som bromsklossar, på ett sådant ställe riskerar man inte bara sina pengar utan även sin egen och andras säkerhet.

Begagnade delar eller delar från en bildemontering kan i vissa fall vara prisvärda, men sådana inköp bör endast göras av en mycket erfaren hemmamekaniker.

Identifikationsnummer

För biltillverkning sker modifieringar av modeller fortlöpande och det är endast de större modelländringarna som publiceras. Reservdelskataloger och listor sammanställs på numerisk bas, så bilens chassinummer är nödvändigt för att få rätt reservdel.

Lämna alltid så mycket information som möjligt vid beställning av reservdelar. Uppge bilmodell, tillverkningsår, relevanta kaross- och motornummer.

Bilens identifikationsplatta är placerad på den högra dörrstolpens nedre del (se bild). Utöver många andra detaljer har den identifikationsnumret (VIN), information om bilens maximala vikt och koder för klädsel- och karossfärger.

Bilens identifikationsnummer (VIN) finns på bilens identifikationsplatta. Det är även stansat på motorrummets mellanvägg och på en dekal på instrumentbrädans vänstra sida så att den går att se genom det nedre vänstra hörnet av vindrutan (se bilder). En symbol på etikett A visar hur många krockkuddar som bilen är utrustad med.

Motornumret är instansat på motorblocket/vevhuset. På 1,8 och 2,0-liters motorer finns det även en dekal som är fäst på kamkedjekåpan. På V6-motorn sitter den framtill i motorrummet och på vänster kamkedjekåpa.

Fordonets identifikationsplatta på höger framdörrstolpe

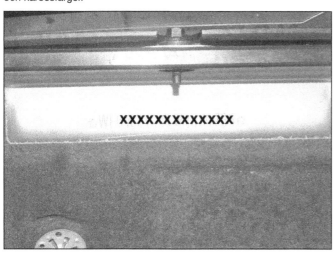

Bilens identifikationsnummer är stansat på motorrummets mellanvägg

Bilens identifikationsnummer är synligt genom det nedre vänstra hörnet av vindrutan

När service, reparationer och renoveringar utförs på en bil eller bildel bör följande beskrivningar och instruktioner följas. Detta för att reparationen ska utföras så effektivt och fackmannamässigt som möjligt.

Tätningsytor och packningar

Vid isärtagande av delar vid deras tätningsytor ska dessa aldrig bändas isär med skruvmejsel eller liknande. Detta kan orsaka allvarliga skador som resulterar i oljeläckage, kylvätskeläckage etc. efter montering. Delarna tas vanligen isär genom att man knackar längs fogen med en mjuk klubba. Lägg dock märke till att denna metod kanske inte är lämplig i de fall styrstift används för exakt placering av delar.

Där en packning används mellan två ytor måste den bytas vid ihopsättning. Såvida inte annat anges i den aktuella arbetsbeskrivningen ska den monteras torr. Se till att tätningsytorna är rena och torra och att alla spår av den gamla packningen är borttagna. Vid rengöring av en tätningsyta ska sådana verktyg användas som inte skadar den. Små grader och repor tas bort med bryne eller en finskuren fil.

Rensa gängade hål med piprensare och håll dem fria från tätningsmedel då sådant används, såvida inte annat direkt specificeras.

Se till att alla öppningar, hål och kanaler är rena och blås ur dem, helst med tryckluft.

Oljetätningar

Oljetätningar kan tas ut genom att de bänds ut med en bred spårskruvmejsel eller liknande. Alternativt kan ett antal självgängande skruvar dras in i tätningen och användas som dragpunkter för en tång, så att den kan dras rakt ut.

När en oljetätning tas bort från sin plats, ensam eller som en del av en enhet, ska den alltid kasseras och bytas ut mot en ny.

Tätningsläpparna är tunna och skadas lätt och de tätar inte annat än om kontaktytan är fullständigt ren och oskadad. Om den ursprungliga tätningsytan på delen inte kan återställas till perfekt skick och tillverkaren inte gett utrymme för en viss omplacering av tätningen på kontaktytan, måste delen i fråga bytas ut. Tätningarna bör alltid bytas ut när de har demonterats.

Skydda tätningsläpparna från ytor som kan skada dem under monteringen. Använd tejp eller konisk hylsa där så är möjligt. Smörj läpparna med olja innan monteringen. Om oljetätningen har dubbla läppar ska utrymmet mellan dessa fyllas med fett.

Såvida inte annat anges ska oljetätningar monteras med tätningsläpparna mot det smörjmedel som de ska täta för.

Använd en rörformad dorn eller en träbit i lämplig storlek till att knacka tätningarna på plats. Om sätet är försedd med skuldra, driv tätningen mot den. Om sätet saknar skuldra bör tätningen monteras så att den går jäms med sätets yta (såvida inte annat uttryckligen anges).

Skruvgängor och infästningar

Muttrar, bultar och skruvar som kärvar är ett vanligt förekommande problem när en komponent har börjat rosta. Bruk av rostupplösningsolja och andra krypsmörjmedel löser ofta detta om man dränker in delen som kärvar en stund innan man försöker lossa den. Slagskruvmejsel kan ibland lossa envist fastsittande infästningar när de används tillsammans med rätt mejselhuvud eller hylsa. Om inget av detta fungerar kan försiktig värmning eller i värsta fall bågfil eller mutterspräckare användas.

Pinnbultar tas vanligen ut genom att två muttrar låses vid varandra på den gängade delen och att en blocknyckel sedan vrider den undre muttern så att pinnbulten kan skruvas ut. Bultar som brutits av under fästytan kan ibland avlägsnas med en lämplig bultutdragare. Se alltid till att gängade bottenhål är helt fria från olja, fett, vatten eller andra vätskor innan bulten monteras. Underlåtenhet att göra detta kan spräcka den del som skruven dras in i, tack vare det hydrauliska tryck som uppstår när en bult dras in i ett vätskefyllt hål

Vid åtdragning av en kronmutter där en saxsprint ska monteras ska muttern dras till specificerat moment om sådant anges, och därefter dras till nästa sprinthål. Lossa inte muttern för att passa in saxsprinten, såvida inte detta förfarande särskilt anges i anvisningarna.

Vid kontroll eller omdragning av mutter eller bult till ett specificerat åtdragningsmoment, ska muttern eller bulten lossas ett kvarts varv och sedan dras åt till angivet moment. Detta ska dock inte göras när vinkelåtdragning använts.

För vissa gängade infästningar, speciellt topplocksbultar/muttrar anges inte åtdragningsmoment för de sista stegen. Istället anges en vinkel för åtdragning. Vanligtvis anges ett relativt lågt åtdragningsmoment för bultar/muttrar som dras i specificerad turordning. Detta följs sedan av ett eller flera steg åtdragning med specificerade vinklar.

Låsmuttrar, låsbleck och brickor

Varje infästning som kommer att rotera mot en komponent eller en kåpa under åtdragningen ska alltid ha en bricka mellan åtdragningsdelen och kontaktytan.

Fjäderbrickor ska alltid bytas ut när de använts till att låsa viktiga delar som

exempelvis lageröverfall. Låsbleck som viks över för att låsa bult eller mutter ska alltid bytas ut vid ihopsättning.

Självlåsande muttrar kan återanvändas på mindre viktiga detaljer, under förutsättning att motstånd känns vid dragning över gängen. Kom dock ihåg att självlåsande muttrar förlorar låseffekt med tiden och därför alltid bör bytas ut som en rutinåtgärd.

Saxsprintar ska alltid bytas mot nya i rätt storlek för hålet.

När gänglåsmedel påträffas på gängor på en komponent som ska återanvändas bör man göra ren den med en stålborste och lösningsmedel. Applicera nytt gänglåsningsmedel vid montering.

Specialverktyg

Vissa arbeten i denna handbok förutsätter användning av specialverktyg som pressar, avdragare, fjäderkompressorer med mera. Där så är möjligt beskrivs lämpliga lättillgängliga alternativ till tillverkarens specialverktyg och hur dessa används. I vissa fall, där inga alternativ finns, har det varit nödvändigt att använda tillverkarens specialverktyg. Detta har gjorts av säkerhetsskäl, likväl som för att reparationerna ska utföras så effektivt och bra som möjligt. Såvida du inte är mycket kunnig och har stora kunskaper om det arbetsmoment som beskrivs, ska du aldrig försöka använda annat än specialverktyg när sådana anges i anvisningarna. Det föreligger inte bara stor risk för personskador, utan kostbara skador kan också uppstå på komponenterna.

Miljöhänsyn

Vid sluthantering av förbrukad motorolja, bromsvätska, frostskydd etc. ska all vederbörlig hänsyn tas för att skydda miljön. Ingen av ovan nämnda vätskor får hällas ut i avloppet eller direkt på marken. Kommunernas avfallshantering har kapacitet för hantering av miljöfarligt avfall liksom vissa verkstäder. Om inga av dessa finns tillgängliga i din närhet, fråga hälsoskyddskontoret i din kommun om råd.

I och med de allt strängare miljöskyddslagarna beträffande utsläpp av miljöfarliga ämnen från motorfordon har alltfler bilar numera justersäkringar monterade på de mest avgörande justeringspunkterna för bränslesystemet. Dessa är i första hand avsedda att förhindra okvalificerade personer från att justera bränsle/luftblandningen och därmed riskerar en ökning av giftiga utsläpp. Om sådana justersäkringar påträffas under service eller reparationsarbete ska de, närhelst möjligt, bytas eller sättas tillbaka i enlighet med tillverkarens rekommendationer eller aktuell lagstiftning.

Domkraften i bilen ska endast användas för hjulbyten – se *Hjulbyte* i början av den här boken. Vid alla andra arbeten ska bilen lyftas med en hydraulisk domkraft (eller garagedomkraft), som alltid ska åtföljas av pallbockar under bilens stödpunkter. Om hjulen inte behöver demonteras, är bilramper ett alternativ – om du så föredrar, går det att placera dem under hjulen när bilen har lyfts upp med en hydraulisk domkraft och därefter sänka ner bilen på ramperna så att den vilar på hjulen.

Bilen måste stå på en fast, plan yta när den lyfts upp. Om marken sluttar det allra minsta måste du noga se till att bilen inte kan komma i rörelse när hjulen lyfts. Att lyfta med domkraft på en ojämn eller grusbelagd yta är inte att rekommendera eftersom fordonets tyngd inte fördelas jämnt och domkraften kan börja glida när bilen lyfts.

Undvik så långt som möjligt att lämna fordonet obevakat när det väl har lyfts upp, särskilt om det finns lekande barn i närheten.

Se till att handbromsen är ordentligt åtdragen innan bilens framvagn lyfts upp. Spärra framhjulen genom att lägga träklossar framför hjulen och lägg i ettans växel (eller P) innan bakvagnen lyfts upp. Placera domkraftens lyftsadel antingen under de främre lyftpunkterna på dörrtröskeln med ett träblock för att förhindra

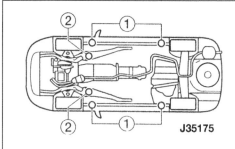

Lyftning och stödpunkter

1 Lyftningspunkter för bilens domkraft vid användning på vägkanten. Kan även användas som stödpunkter med pallbockar

2 Lyftningspunkter för garagedomkraft. Kan användas som extra stödpunkter med pallbockar

skada eller använd de två främre stödpunkterna och lyft bilen jämnt **(se bild)**. Observera att den främre lyftpunkten sitter ungefär 27,0 cm från tröskelns framände. Höjden på denna Haynes handbok är ungefär 27,0 cm.

För att lyfta den bakre delen av bilen klossar du framhjulen och lägger i en växel (eller väljer P). Använd två bakre lyftpunkter på tröskeln med en träbit för att förhindra skador **(se bild)**. De bakre lyftpunkterna är placerade ungefär 10,0 cm från trösklarnas bakände. ungefär en halv sidas bredd i denna Haynes-handbok.

För att lyfta bilens sida förbereder du bilen enligt beskrivningen för lyft fram och bak. Placera domkraftens lyftsadel under relevant punkt. Om en garagedomkraft eller

liknande används på de punkter som finns för bilens egen domkraft gör du i ordning en distanshållare av trä med ett spår inskuret i den som flänsen på underredet går in i så att det inte finns någon risk för att domkraften glider eller bucklar flänsen.

Lyft inte upp bilen med domkraften under någon annan del av tröskeln, sumpen, fotrummet eller direkt under någon av styrningens eller fjädringens komponenter.

Arbeta aldrig under, runt eller nära en upplyft bil om den inte är ordentligt uppstöttad på pallbockar. Lita inte på att bilen kan hållas uppe med bara domkraftens stöd. Även hydrauliska domkrafter kan ge vika under belastning.

Använd den främre lyftpunkten och stödpunkten (med träbitar) för att lyft upp bilens främre del

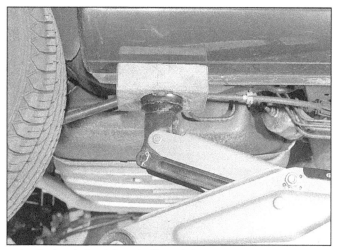

Använd en bakre lyftpunkt för att lyfta upp den bakre delen av bilen

Flera system som är monterade i bilen kräver att batteriströmmen alltid är tillgänglig, antingen för att säkerställa att de fungerar kontinuerligt (t.ex. klockan) eller för att upprätthålla elektroniska minnesinställningar som annars skulle raderas. Tänk på följande varje gång batteriet ska kopplas ur för att undvika oförutsedda konsekvenser:

a) *På bilar med centrallås är det klokt att först ta ut nyckeln ur tändningslåset och ha den på sig så att den inte blir inlåst om centrallåset aktiveras av misstag när batteriet återansluts.*

b) *Bilens styrenhet för kraftöverföring (PCM) förlorar information som sparats i dess minne när batteriet lossas. Detta omfattar tomgångs- och driftvärden och eventuella felkoder som upptäcks – vid felkoder måste bilen tas till en verkstad med lämplig utrustning för avläsning av koderna med hjälp av den speciella diagnosutrustning som krävs för detta om det är troligt att systemet har utvecklat ett fel för vilket motsvarande kod har loggats. När batteriet har kopplats ur måste informationen om tomgångsstyrningen*

och andra funktionsvärden programmeras in i enhetens minne på nytt. ECU:n gör det på egen hand, men tills dess är det möjligt att motorn går ojämnt eller ryckigt, att tomgången blir felaktig, samt att motorns allmänna prestanda försämras. För att ECU:n ska kunna lära om dessa värden, starta motorn och låt den gå så nära tomgångsvarvtalet som möjligt tills den når normal arbetstemperatur. Låt den sedan gå på 1 200 varv/minut i cirka två minuter. Kör därefter bilen så långt som möjligt – cirka 8 km varierad körning räcker oftast – för att slutföra återinlärningen.

c) *Om batteriet kopplas ur när larmsystemet är aktiverat kommer larmet att vara i samma läge när batteriet återansluts. Detsamma gäller för motorlåsningssystemet.*

d) *Om en stöldskyddskodad ljudenhet är monterad och enheten och/eller batteriet lossas fungerar enheten inte igen vid återanslutning förrän korrekt stöldskyddskod matas in. Detaljerad information om denna procedur*

som varierar i enlighet med den monterade enheten och modellen ges i ägarhandboken. Kontrollera att du har rätt kod innan du kopplar ifrån batteriet. Om du inte har tillgång till koden eller anvisningarna men kan uppvisa ägarbevis och ett giltigt skäl till att du behöver informationen kan en återförsäljare hjälpa till.

e) *Om elektriska fönsterhissar med engreppsfunktion är monterade kanske denna funktion inte fungerar korrekt förrän varje fönster har återställts. Detta görs genom att fönstret öppnas helt med knappen intryckt samt genom att knappen hålls intryckt under några sekunder efter öppningen och genom att man sedan trycker upp den en gång till så att systemet kan "lära sig" det helt öppna läget. Stäng fönstret, håll knappen intryckt under några sekunder, tryck sedan på den en gång till.*

 Varning: Använd inte batteridrivna kodsparare eftersom detta kan göra att krockkudden löses ut med en risk för personskador.

Inledning

En uppsättning bra verktyg är ett grundläggande krav för var och en som överväger att underhålla och reparera ett motorfordon. För de ägare som saknar sådana kan inköpet av dessa bli en märkbar utgift, som dock uppvägs till en viss del av de besparingar som görs i och med det egna arbetet. Om de anskaffade verktygen uppfyller grundläggande säkerhets- och kvalitetskrav kommer de att hålla i många år och visa sig vara en värdefull investering.

För att hjälpa bilägaren att avgöra vilka verktyg som behövs för att utföra de arbeten som beskrivs i denna handbok har vi sammanställt tre listor med följande rubriker: *Underhåll och mindre reparationer, Reparation och renovering* samt *Specialverktyg*. Nybörjaren bör starta med det första sortimentet och begränsa sig till enklare arbeten på fordonet. Allt eftersom erfarenhet och självförtroende växer kan man sedan prova svårare uppgifter och köpa fler verktyg när och om det behövs. På detta sätt kan den grundläggande verktygssatsen med tiden utvidgas till en reparations- och renoveringssats utan några större enskilda kontantutlägg. Den erfarne hemmamekanikern har redan en verktygssats som räcker till de flesta reparationer och renoveringar och kommer att välja verktyg från specialkategorin när han känner att utgiften är berättigad för den användning verktyget kan ha.

Underhåll och mindre reparationer

Verktygen i den här listan ska betraktas som ett minimum av vad som behövs för rutinmässigt underhåll, service och mindre reparationsarbeten. Vi rekommenderar att man köper blocknycklar (ring i ena änden och öppen i den andra), även om de är dyrare än de med öppen ände, eftersom man får båda sorternas fördelar.

☐ Blocknycklar - 8, 9, 10, 11, 12, 13, 14, 15, 17 och 19 mm
☐ Skiftnyckel - 35 mm gap (ca.)
☐ Tändstiftsnyckel (med gummifoder)
☐ Verktyg för justering av tändstiftens elektrodavstånd
☐ Sats med bladmått
☐ Nyckel för avluftning av bromsar
☐ Skruvmejslar:
    Spårmejsel - 100 mm lång x 6 mm diameter
    Stjärnmejsel - 100 mm lång x 6 mm diameter
☐ Kombinationstång
☐ Bågfil (liten)
☐ Däckpump
☐ Däcktrycksmätare
☐ Oljekanna
☐ Verktyg för demontering av oljefilter
☐ Fin slipduk
☐ Stålborste (liten)
☐ Tratt (medelstor)

Reparation och renovering

Dessa verktyg är ovärderliga för alla som utför större reparationer på ett motorfordon och tillkommer till de som angivits för *Underhåll och mindre reparationer*. I denna lista ingår en grundläggande sats hylsor. Även om dessa är dyra, är de oumbärliga i och med sin mångsidighet - speciellt om satsen innehåller olika typer av drivenheter. Vi rekommenderar 1/2-tums fattning på hylsorna eftersom de flesta momentnycklar har denna fattning.

Verktygen i denna lista kan ibland behöva kompletteras med verktyg från listan för *Specialverktyg*.

☐ Hylsor, dimensioner enligt föregående lista
☐ Spärrskaft med vändbar riktning (för användning med hylsor) **(se bild)**
☐ Förlängare, 250 mm (för användning med hylsor)
☐ Universalknut (för användning med hylsor)
☐ Momentnyckel (för användning med hylsor)
☐ Självlåsande tänger
☐ Kulhammare
☐ Mjuk klubba (plast/aluminium eller gummi)
☐ Skruvmejslar:
    Spårmejsel - en lång och kraftig, en kort (knubbig) och en smal (elektrikertyp)
    Stjärnmejsel - en lång och kraftig och en kort (knubbig)
☐ Tänger:
    Spetsnostång/plattång
    Sidavbitare (elektrikertyp)
    Låsringstång (inre och yttre)
☐ Huggmejsel - 25 mm
☐ Ritspets
☐ Skrapa
☐ Körnare
☐ Purr
☐ Bågfil
☐ Bromsslangklämma
☐ Avluftningssats för bromsar/koppling
☐ Urval av borrar
☐ Stållinjal
☐ Insexnycklar (inkl Torxtyp/med splines) **(se bild)**

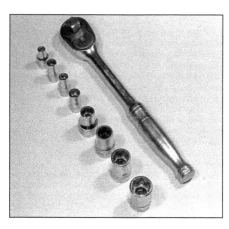

Hylsor och spärrskaft

☐ Sats med filar
☐ Stor stålborste
☐ Pallbockar
☐ Domkraft (garagedomkraft eller stabil pelarmodell)
☐ Arbetslampa med förlängningssladd

Specialverktyg

Verktygen i denna lista är de som inte används regelbundet, är dyra i inköp eller som måste användas enligt tillverkarens anvisningar. Det är bara om du relativt ofta kommer att utföra tämligen svåra jobb som många av dessa verktyg är lönsamma att köpa. Du kan också överväga att gå samman med någon vän (eller gå med i en motorklubb) och göra ett gemensamt inköp, hyra eller låna verktyg om så är möjligt.

Följande lista upptar endast verktyg och instrument som är allmänt tillgängliga och inte sådana som framställs av biltillverkaren speciellt för auktoriserade verkstäder. Ibland nämns dock sådana verktyg i texten. I allmänhet anges en alternativ metod att utföra arbetet utan specialverktyg. Ibland finns emellertid inget alternativ till tillverkarens specialverktyg. När så är fallet och relevant verktyg inte kan köpas, hyras eller lånas har du inget annat val än att lämna bilen till en auktoriserad verkstad.

☐ Ventilfjäderkompressor **(se bild)**
☐ Ventilslipningsverktyg
☐ Kolvringskompressor **(se bild)**
☐ Verktyg för demontering/montering av kolvringar **(se bild)**
☐ Honingsverktyg **(se bild)**
☐ Kulledsavdragare
☐ Spiralfjäderkompressor (där tillämplig)
☐ Nav/lageravdragare, två/tre ben **(se bild)**
☐ Slagskruvmejsel
☐ Mikrometer och/eller skjutmått **(se bilder)**
☐ Indikatorklocka **(se bild)**
☐ Stroboskoplampa
☐ Kamvinkelmätare/varvräknare
☐ Multimeter

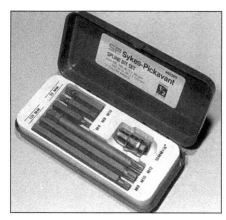

Bits med splines/torx

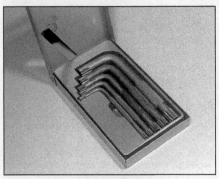

Nycklar med splines/torx

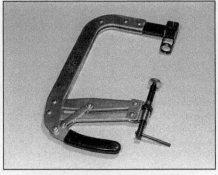

Ventilfjäderkompressor (ventilbåge)

Kolvringskompressor

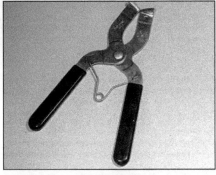

Verktyg för demontering och montering av kolvringar

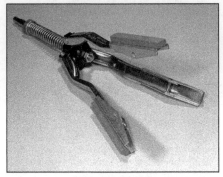

Honingsverktyg

Trebent avdragare för nav och lager

Mikrometerset

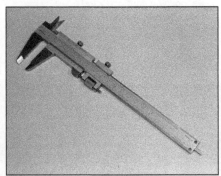

Skjutmått

Indikatorklocka med magnetstativ

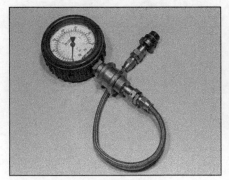

Kompressionsmätare

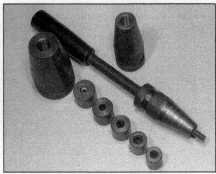

Centreringsverktyg för koppling

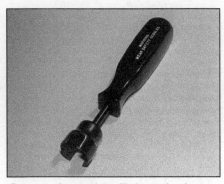

Demonteringsverktyg för bromsbackarnas fjäderskålar

- [ ] *Kompressionsmätare (se bild)*
- [ ] *Handmanövrerad vakuumpump och mätare*
- [ ] *Centreringsverktyg för koppling (se bild)*
- [ ] *Verktyg för demontering av bromsbackarnas fjäderskålar (se bild)*
- [ ] *Sats för montering/demontering av bussningar och lager (se bild)*
- [ ] *Bultutdragare (se bild)*
- [ ] *Gängverktygssats (se bild)*
- [ ] *Lyftblock*
- [ ] *Garagedomkraft*

Inköp av verktyg

När det gäller inköp av verktyg är det i regel bättre att vända sig till en specialist som har ett större sortiment än t ex tillbehörsbutiker och bensinmackar. Tillbehörsbutiker och andra försöljningsställen kan dock erbjuda utmärkta verktyg till låga priser, så det kan löna sig att söka.

Det finns gott om bra verktyg till låga priser, men se till att verktygen uppfyller grundläggande krav på funktion och säkerhet. Fråga gärna någon kunnig person om råd före inköpet.

Vård och underhåll av verktyg

Efter inköp av ett antal verktyg är det nödvändigt att hålla verktygen rena och i fullgott skick. Efter användning, rengör alltid verktygen innan de läggs undan. Låt dem inte ligga framme sedan de använts. En enkel upphängningsanordning på väggen för t ex skruvmejslar och tänger är en bra idé. Nycklar och hylsor bör förvaras i metallådor. Mätinstrument av skilda slag ska förvaras på platser där de inte kan komma till skada eller börja rosta.

Lägg ner lite omsorg på de verktyg som används. Hammarhuvuden får märken och skruvmejslar slits i spetsen med tiden. Lite polering med slippapper eller en fil återställer snabbt sådana verktyg till gott skick igen.

Arbetsutrymmen

När man diskuterar verktyg får man inte glömma själva arbetsplatsen. Om mer än rutinunderhåll ska utföras bör man skaffa en lämplig arbetsplats.

Vi är medvetna om att många ägare/mekaniker av omständigheterna tvingas att lyfta ur motor eller liknande utan tillgång till garage eller verkstad. Men när detta är gjort ska fortsättningen av arbetet göras inomhus.

Närhelst möjligt ska isärtagning ske på en ren, plan arbetsbänk eller ett bord med passande arbetshöjd.

En arbetsbänk behöver ett skruvstycke. En käftöppning om 100 mm räcker väl till för de flesta arbeten. Som tidigare sagts, ett rent och torrt förvaringsutrymme krävs för verktyg liksom för smörjmedel, rengöringsmedel, bättringslack (som också måste förvaras frostfritt) och liknande.

Ett annat verktyg som kan behövas och som har en mycket bred användning är en elektrisk borrmaskin med en chuckstorlek om minst 8 mm. Denna, tillsammans med en sats spiralborrar, är i praktiken oumbärlig för montering av tillbehör.

Sist, men inte minst, ha alltid ett förråd med gamla tidningar och rena luddfria trasor tillgängliga och håll arbetsplatsen så ren som möjligt.

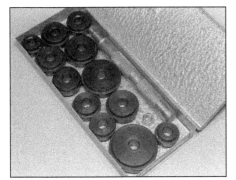

Sats för demontering och montering av lager och bussningar

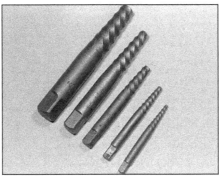

Bultutdragare

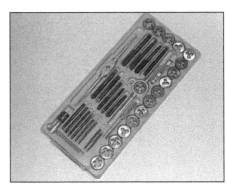

Gängverktygssats

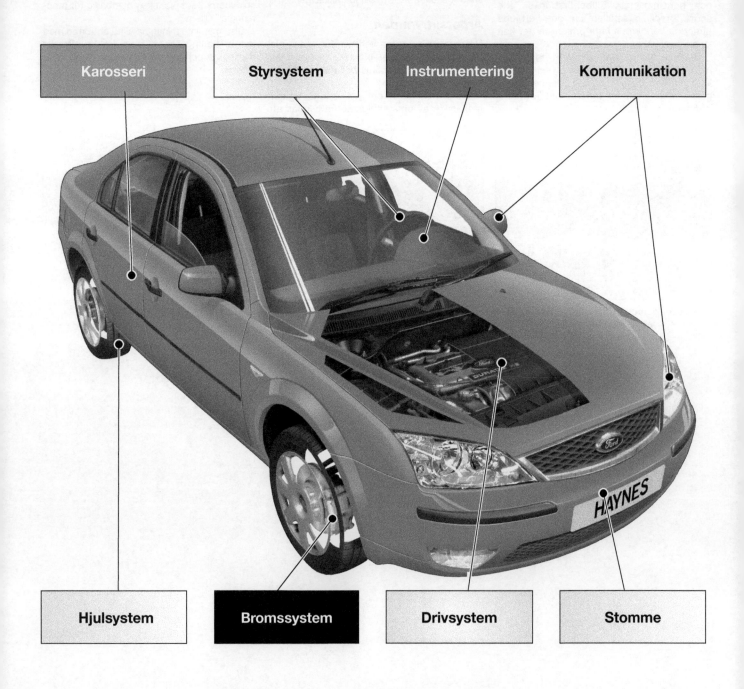

Karosseri

Styrsystem

Instrumentering

Kommunikation

Hjulsystem

Bromssystem

Drivsystem

Stomme

Vanliga personbilar kontrollbesiktigas första gången efter tre år, andra gången två år senare och därefter varje år. Åldern på bilen räknas från det att den tas i bruk, oberoende av årsmodell, och den måste genomgå besiktning inom fem månader.

Tiden på året då fordonet kallas till besiktning bestäms av sista siffran i registreringsnumret, enligt tabellen nedan.

Slutsiffra	Besiktningsperiod
1	*november t.o.m. mars*
2	*december t.o.m. april*
3	*januari t.o.m. maj*
4	*februari t.o.m. juni*
5	*maj t.o.m. september*
6	*juni t.o.m. oktober*
7	*juli t.o.m. november*
8	*augusti t.o.m. december*
9	*september t.o.m. januari*
0	*oktober t.o.m. februari*

Om fordonet har ändrats, byggts om eller om särskild utrustning har monterats eller demonterats, måste du som fordonsägare göra en registreringsbesiktning inom en månad. I vissa fall räcker det med en begränsad registreringsbesiktning, t.ex. för draganordning, taklucka, taxiutrustning etc.

Efter besiktningen

Nedan visas de system och komponenter som kontrolleras och bedöms av besiktaren på Svensk Bilprovning. Efter besiktningen erhåller du ett protokoll där eventuella anmärkningar noterats.

Har du fått en 2x i protokollet (man kan ha max 3 st 2x) behöver du inte ombesiktiga bilen, men är skyldig att själv åtgärda felet snarast möjligt. Om du inte åtgärdar felen utan återkommer till Svensk Bilprovning året därpå med samma fel, blir dessa automatiskt 2:or som då måste ombesiktigas. Har du en eller flera 2x som ej är åtgärdade och du blir intagen i en flygande besiktning av polisen, blir dessa automatiskt 2:or som måste ombesiktigas. I detta läge får du även böta.

Om du har fått en tvåa i protokollet är fordonet alltså inte godkänt. Felet ska åtgärdas och bilen ombesiktigas inom en månad.

En trea innebär att fordonet har så stora brister att det anses mycket trafikfarligt. Körförbud inträder omedelbart.

Karosseri

- Dörr
- Skärm
- Vindruta
- Säkerhetsbälten
- Lastutrymme
- Övrigt

Vanliga anmärkningar:
Skadad vindruta
Vassa kanter
Glappa gångjärn

Styrsystem

- Styrled
- Styrväxel
- Hjälpstyrarm
- Övrigt

Vanliga anmärkningar:
Glapp i styrleder
Skadade styrväxeldamasker

Instrumentering

- Hastighetsmätare
- Taxameter
- Varningslampor
- Övrigt

Kommunikation

- Vindrutetorkare
- Vindrutespolare
- Backspegel
- Strålkastarinställning
- Strålkastare
- Signalhorn
- Sidoblinkers
- Parkeringsljus fram
                          bak
- Blinkers
- Bromsljus
- Reflex
- Nummerplåts-belysning
- Övrigt

Vanliga anmärkningar:
Felaktig ljusbild
Skadad strålkastare
Ej fungerande parkeringsljus
Ej fungerande bromsljus

Hjulsystem

- Däck
- Stötdämpare
- Hjullager
- Spindelleder
- Länkarm fram
               bak
- Fjäder
- Fjädersäte
- Övrigt

Vanliga anmärkningar:
Glapp i spindelleder
Utslitna däck
Dåliga stötdämpare
Rostskadade fjädersäten
Brustna fjädrar
Rostskadade länkarms-infästningar

Bromssystem

- Fotbroms fram
             bak
             rörelseres.
- Bromsrör
- Bromsslang
- Handbroms
- Övrigt

Vanliga anmärkningar:
Otillräcklig bromsverkan på handbromsen
Ojämn bromsverkan på fotbromsen
Anliggande bromsar på fotbromsen
Rostskadade bromsrör
Skadade bromsslangar

Drivsystem

- Avgasrening, EGR-system (-88)
- Avgasrening
- Bränslesystem
- Avgassystem
- Avgaser (CO, HC)
- Kraftöverföring
- Drivknut
- Elförsörjning
- Batteri
- Övrigt

Vanliga anmärkningar:
Höga halter av CO
Höga halter av HC
Läckage i avgassystemet
Ej fungerande EGR-ventil
Skadade drivknutsdamasker
Löst batteri

Stomme

- Sidobalk
- Tvärbalk
- Golv
- Hjulhus
- Övrigt

Vanliga anmärkningar:
Rostskador i sidobalkar, golv och hjulhus

1 Kontroller som utförs från förarsätet

Handbroms

☐ Kontrollera att handbromsen fungerar ordentligt utan för stort spel i spaken. För stort spel tyder på att bromsen eller bromsvajern är felaktigt justerad.
☐ Kontrollera att handbromsen inte kan läggas ur genom att spaken förs åt sidan. Kontrollera även att handbromsspaken är ordentligt monterad.

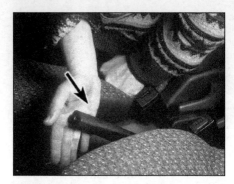

Fotbroms

☐ Tryck ner bromspedalen och håll den nedtryckt i ca 30 sek. Kontrollera att den inte sjunker ner mot golvet, vilket tyder på fel på huvudcylindern. Släpp pedalen, vänta ett par sekunder och tryck sedan ner den igen. Om pedalen tar långt ner måste broms-arna justeras eller repareras. Om pedalens rörelse känns "svampig" finns det luft i bromssystemet som då måste luftas.

☐ Kontrollera att bromspedalen sitter fast ordentligt och att den är i bra skick. Kontrollera även om det finns tecken på oljeläckage på bromspedalen, golvet eller mattan eftersom det kan betyda att packningen i huvudcylindern är trasig.
☐ Om bilen har bromsservo kontrolleras denna genom att man upprepade gånger trycker ner bromspedalen och sedan startar motorn med pedalen nertryckt. När motorn startar skall pedalen sjunka något. Om inte kan vakuumslangen eller själva servoenheten vara trasig.

Ratt och rattstäng

☐ Känn efter att ratten sitter fast. Undersök om det finns några sprickor i ratten eller om några delar på den sitter löst.

☐ Rör på ratten uppåt, nedåt och i sidled. Fortsätt att röra på ratten samtidigt som du vrider lite på den från vänster till höger.
☐ Kontrollera att ratten sitter fast ordentligt på rattstången, vilket annars kan tyda på slitage eller att fästmuttern sitter löst. Om ratten går att röra onaturligt kan det tyda på att rattstångens bärlager eller kopplingar är slitna.

Rutor och backspeglar

☐ Vindrutan måste vara fri från sprickor och andra skador som kan vara irriterande eller hindra sikten i förarens synfält. Sikten får inte heller hindras av t.ex. ett färgat eller reflekterande skikt. Samma regler gäller även för de främre sidorutorna.
☐ Backspeglarna måste sitta fast ordentligt och vara hela och ställbara.

Säkerhetsbälten och säten

Observera: Kom ihåg att alla säkerhetsbälten måste kontrolleras - både fram och bak.
☐ Kontrollera att säkerhetsbältena inte är slitna, fransiga eller trasiga i väven och att alla låsmekanismer och rullmekanismer fungerar obehindrat. Se även till att alla infästningar till säkerhetsbältena sitter säkert.

☐ Framsätena måste vara ordentligt fastsatta och om de är fällbara måste de vara låsbara i uppfällt läge.

Dörrar

☐ Framdörrarna måste gå att öppna och stänga från både ut- och insidan och de måste gå ordentligt i lås när de är stängda. Gångjärnen ska sitta säkert och inte glappa eller kärva onormalt.

2 Kontroller som utförs med bilen på marken

Registreringsskyltar

☐ Registreringsskyltarna måste vara väl synliga och lätta att läsa av, d v s om bilen är mycket smutsig kan det ge en anmärkning.

Elektrisk utrustning

☐ Slå på tändningen och kontrollera att signalhornet fungerar och att det avger en jämn ton.
☐ Kontrollera vindrutetorkarna och vindrutespolningen. Svephastigheten får inte vara extremt låg, svepytan får inte vara för liten och torkarnas viloläge ska inte vara inom förarens synfält. Byt ut gamla och skadade torkarblad.

☐ Kontrollera att strålkastarna fungerar och att de är rätt inställda. Reflektorerna får inte vara skadade, lampglasen måste vara hela och lamporna måste vara ordentligt fastsatta. Kontrollera även att bromsljusen fungerar och att det inte krävs högt pedaltryck för att tända dem. (Om du inte har någon medhjälpare kan du kontrollera bromsljusen genom att backa upp bilen mot en garageport, vägg eller liknande reflekterande yta.)
☐ Kontrollera att blinkers och varningsblinkers fungerar och att de blinkar i normal hastighet. Parkeringsljus och bromsljus får inte påverkas av blinkers. Om de påverkas beror detta oftast på jordfel. Se också till att alla övriga lampor på bilen är hela och fungerar som de ska och att t.ex. extraljus inte är placerade så att de skymmer föreskriven belysning.
☐ Se även till att batteri, elledningar, reläer och liknande sitter fast ordentligt och att det inte föreligger någon risk för kortslutning

Fotbroms

☐ Undersök huvudbromscylindern, bromsrören och servoenheten. Leta efter läckage, rost och andra skador.

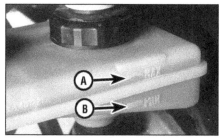

☐ Bromsvätskebehållaren måste sitta fast ordentligt och vätskenivån skall vara mellan max- (A) och min- (B) markeringarna.

☐ Undersök båda främre bromsslangarna efter sprickor och förslitningar. Vrid på ratten till fullt rattutslag och se till att bromsslangarna inte tar i någon del av styrningen eller upphängningen. Tryck sedan ner bromspedalen och se till att det inte finns några läckor eller blåsor på slangarna under tryck.

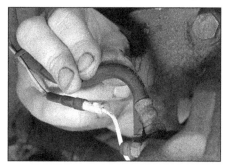

Styrning

☐ Be någon vrida på ratten så att hjulen vrids något. Kontrollera att det inte är för stort spel mellan rattutslaget och styrväxeln vilket kan tyda på att rattstångslederna, kopplingen mellan rattstången och styrväxeln eller själva styrväxeln är sliten eller glappar.

☐ Vrid sedan ratten kraftfullt åt båda hållen så att hjulen vrids något. Undersök då alla damasker, styrleder, länksystem, rörkopplingar och anslutningar/fästen. Byt ut alla delar som verkar utslitna eller skadade. På bilar med servostyrning skall servopumpen, drivremmen och slangarna kontrolleras.

Stötdämpare

☐ Tryck ned hörnen på bilen i tur och ordning och släpp upp. Bilen skall gunga upp och sedan gå tillbaka till ursprungsläget. Om bilen

fortsätter att gunga är stötdämparna dåliga. Stötdämpare som kärvar påtagligt gör också att bilen inte klarar besiktningen. (Observera att stötdämpare kan saknas på vissa fjädersystem.)

☐ Kontrollera också att bilen står rakt och ungefär i rätt höjd.

Avgassystem

☐ Starta motorn medan någon håller en trasa över avgasröret och kontrollera sedan att avgassystemet inte läcker. Reparera eller byt ut de delar som läcker.

Kaross

☐ Skador eller korrosion/rost som utgörs av vassa eller i övrigt farliga kanter med risk för personskada medför vanligtvis att bilen måste repareras och ombesiktas. Det får inte heller finnas delar som sitter påtagligt löst.

☐ Det är inte tillåtet att ha utskjutande detaljer och anordningar med olämplig utformning eller placering (prydnadsföremål, antennfästen, viltfångare och liknande).

☐ Kontrollera att huvlås och säkerhetsspärr fungerar och att gångjärnen inte sitter löst eller på något vis är skadade.

☐ Se också till att stänkskydden täcker hela däckets bredd.

3 Kontroller som utförs med bilen upphissad och med fria hjul

Lyft upp både fram- och bakvagnen och ställ bilen på pallbockar. Placera pallbockarna så att de inte tar i fjäderupphängningen. Se till att hjulen inte tar i marken och att de går att vrida till fullt rattutslag. Om du har begränsad utrustning går det naturligtvis bra att lyfta upp en ände i taget.

Styrsystem

☐ Be någon vrida på ratten till fullt rattutslag. Kontrollera att alla delar i styrningen går mjukt och att ingen del av styrsystemet tar i någonstans.

☐ Undersök kuggstångsdamaskerna så att de inte är skadade eller att metallklämmorna glappar. Om bilen är utrustad med servostyrning ska slangar, rör och kopplingar kontrolleras så att de inte är skadade eller

läcker. Kontrollera också att styrningen inte är onormalt trög eller kärvar. Undersök länkarmar, krängningshämmare, styrstag och styrleder och leta efter glapp och rost.

☐ Se även till att ingen saxpinne eller liknande låsmekanism saknas och att det inte finns gravrost i närheten av någon av styrmekanismens fästpunkter.

Upphängning och hjullager

☐ Börja vid höger framhjul. Ta tag på sidorna av hjulet och skaka det kraftigt. Se till att det inte glappar vid hjullager, spindelleder eller vid upphängningens infästningar och leder.

☐ Ta nu tag upptill och nedtill på hjulet och upprepa ovanstående. Snurra på hjulet och undersök hjullagret angående missljud och glapp.

☐ Om du misstänker att det är för stort spel vid en komponents led kan man kontrollera detta genom att använda en stor skruvmejsel eller liknande och bända mellan infästningen och komponentens fäste. Detta visar om det är bussningen, fästskruven eller själva infästningen som är sliten (bulthålen kan ofta bli uttänjda).

☐ Kontrollera alla fyra hjulen.

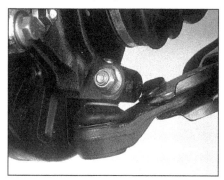

Fjädrar och stötdämpare

☐ Undersök fjäderbenen (där så är tillämpligt) angående större läckor, korrosion eller skador i godset. Kontrollera också att fästena sitter säkert.

☐ Om bilen har spiralfjädrar, kontrollera att dessa sitter korrekt i fjädersätena och att de inte är utmattade, rostiga, spruckna eller av.

☐ Om bilen har bladfjädrar, kontrollera att alla bladen är hela, att axeln är ordentligt fastsatt mot fjädrarna och att fjäderöglorna, bussningarna och upphängningarna inte är slitna.

☐ Liknande kontroll utförs på bilar som har annan typ av upphängning såsom torsionfjädrar, hydraulisk fjädring etc. Se till att alla infästningar och anslutningar är säkra och inte utslitna, rostiga eller skadade och att den hydrauliska fjädringen inte läcker olja eller på annat sätt är skadad.

☐ Kontrollera att stötdämparna inte läcker och att de är hela och oskadade i övrigt samt se till att bussningar och fästen inte är utslitna.

Drivning

☐ Snurra på varje hjul i tur och ordning. Kontrollera att driv-/kardanknutar inte är lösa, glappa, spruckna eller skadade. Kontrollera också att skyddsbälgarna är intakta och att driv-/kardanaxlar är ordentligt fastsatta, raka och oskadade. Se även till att inga andra detaljer i kraftöverföringen är glappa, lösa, skadade eller slitna.

Bromssystem

☐ Om det är möjligt utan isärtagning, kontrollera hur bromsklossar och bromsskivor ser ut. Se till att friktionsmaterialet på bromsbeläggen (A) inte är slitet under 2 mm och att bromsskivorna (B) inte är spruckna, gropiga, repiga eller utslitna.

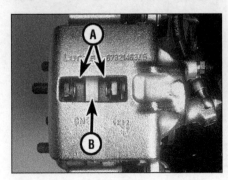

☐ Undersök alla bromsrör under bilen och bromsslangarna bak. Leta efter rost, skavning och övriga skador på ledningarna och efter tecken på blåsor under tryck, skavning, sprickor och förslitning på slangarna. (Det kan vara enklare att upptäcka eventuella sprickor på en slang om den böjs något.)

☐ Leta efter tecken på läckage vid bromsoken och på bromssköldarna. Reparera eller byt ut delar som läcker.

☐ Snurra sakta på varje hjul medan någon trycker ned och släpper upp bromspedalen. Se till att bromsen fungerar och inte ligger an när pedalen inte är nedtryckt.

☐ Undersök handbromsmekanismen och kontrollera att vajern inte har fransat sig, är av eller väldigt rostig eller att länksystemet är utslitet eller glappar. Se till att handbromsen fungerar på båda hjulen och inte ligger an när den läggs ur.

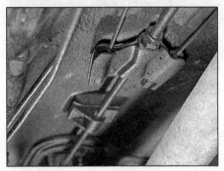

☐ Det är inte möjligt att prova bromsverkan utan specialutrustning, men man kan göra ett körtest och prova att bilen inte drar åt något håll vid en kraftig inbromsning.

Bränsle- och avgassystem

☐ Undersök bränsletanken (inklusive tanklock och påfyllningshals), fastsättning, bränsleledningar, slangar och anslutningar. Alla delar måste sitta fast ordentligt och får inte läcka.

☐ Granska avgassystemet i hela dess längd beträffande skadade, avbrutna eller saknade upphängningar. Kontrollera systemets skick beträffande rost och se till att rörklämmorna är säkert monterade. Svarta sotavlagringar på avgassystemet tyder på ett annalkande läckage.

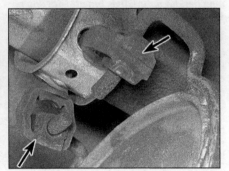

Hjul och däck

☐ Undersök i tur och ordning däcksidorna och slitbanorna på alla däcken. Kontrollera att det inte finns några skärskador, revor eller bulor och att korden inte syns p g a utslitning eller skador. Kontrollera att däcket är korrekt monterat på fälgen och att hjulet inte är deformerat eller skadat.

☐ Se till att det är rätt storlek på däcken för bilen, att det är samma storlek och däcktyp på samma axel och att det är rätt lufttryck i däcken. Se också till att inte ha dubbade och odubbade däck blandat. (Dubbade däck får användas under vinterhalvåret, från 1 oktober till första måndagen efter påsk.)

☐ Kontrollera mönsterdjupet på däcken – minsta tillåtna mönsterdjup är 1,6 mm. Onormalt däckslitage kan tyda på felaktig framhjulsinställning.

Korrosion

☐ Undersök alla bilens bärande delar efter rost. (Bärande delar innefattar underrede, tröskellådor, tvärbalkar, stolpar och all upphängning, styrsystemet, bromssystemet samt bältesinfästningarna.) Rost som avsevärt har reducerat tjockleken på en bärande yta medför troligtvis en tvåa i besiktningsprotokollet. Sådana skador kan ofta vara svåra att reparera själv.

☐ Var extra noga med att kontrollera att inte rost har gjort det möjligt för avgaser att tränga in i kupén. Om så är fallet kommer fordonet ovillkorligen inte att klara besiktningen och dessutom utgör det en stor trafik- och hälsofara för dig och dina passagerare.

4 Kontroller som utförs på bilens avgassystem

Bensindrivna modeller

☐ Starta motorn och låt den bli varm. Se till att tändningen är rätt inställd, att luftfiltret är rent och att motorn går bra i övrigt.

☐ Varva först upp motorn till ca 2500 varv/min och håll den där i ca 20 sekunder. Låt den sedan gå ner till tomgång och iaktta avgasutsläppen från avgasröret. Om tomgången är onaturligt hög eller om tät blå eller klart synlig svart rök kommer ut med avgaserna i mer än 5 sekunder så kommer bilen antagligen inte att klara besiktningen. I regel tyder blå rök på att motorn är sliten och förbränner olja medan svart rök tyder på att motorn inte förbränner bränslet ordentligt (smutsigt luftfilter eller annat förgasar- eller bränslesystemfel).

☐ Vad som då behövs är ett instrument som kan mäta koloxid (CO) och kolväten (HC). Om du inte har möjlighet att låna eller hyra ett dylikt instrument kan du få hjälp med det på en verkstad för en mindre kostnad.

CO- och HC-utsläpp

☐ För närvarande är högsta tillåtna gränsvärde för CO- och HC-utsläpp för bilar av årsmodell 1989 och senare (d v s bilar med katalysator enligt lag) 0,5% CO och 100 ppm HC.

På tidigare årsmodeller testas endast CO-halten och följande gränsvärden gäller:

årsmodell 1985-88	3,5% CO
årsmodell 1971-84	4,5% CO
årsmodell -1970	5,5% CO.

Bilar av årsmodell 1987-88 med frivilligt monterad katalysator bedöms enligt 1989 års komponentkrav men 1985 års utsläppskrav.

☐ Om CO-halten inte kan reduceras tillräckligt för att klara besiktningen (och bränsle- och tändningssystemet är i bra skick i övrigt) ligger problemet antagligen hos förgasaren/bränsleinsprutningsystemet eller katalysatorn (om monterad).

☐ Höga halter av HC kan orsakas av att motorn förbränner olja men troligare är att motorn inte förbränner bränslet ordentligt.

Dieseldrivna modeller

☐ Det enda testet för avgasutsläpp på dieseldrivna bilar är att man mäter röktätheten. Testet innebär att man varvar motorn kraftigt upprepade gånger.

Observera: *Det är oerhört viktigt att motorn är rätt inställd innan provet genomförs.*

☐ Mycket rök kan orsakas av ett smutsigt luftfilter. Om luftfiltret inte är smutsigt men bilen ändå avger mycket rök kan det vara nödvändigt att söka experthjälp för att hitta orsaken.

5 Körtest

☐ Slutligen, provkör bilen. Var extra uppmärksam på eventuella missljud, vibrationer och liknande.

☐ Om bilen har automatväxellåda, kontrollera att den endast går att starta i lägena P och N. Om bilen går att starta i andra växellägen måste växelväljarmekanismen justeras.

☐ Kontrollera också att hastighetsmätaren fungerar och inte är missvisande.

☐ Se till att ingen extrautrustning i kupén, t ex biltelefon och liknande, är placerad så att den vid en eventuell kollision innebär ökad risk för personskada.

☐ Bilen får inte dra åt något håll vid normal körning. Gör också en hastig inbromsning och kontrollera att bilen inte då drar åt något håll. Om kraftiga vibrationer känns vid inbromsning kan det tyda på att bromsskivorna är skeva och bör bytas eller fräsas om. (Inte att förväxlas med de låsningsfria bromsarnas karakteristiska vibrationer.)

☐ Om vibrationer känns vid acceleration, hastighetsminskning, vid vissa hastigheter eller hela tiden, kan det tyda på att drivknutar eller drivaxlar är slitna eller defekta, att hjulen eller däcken är felaktiga eller skadade, att hjulen är obalanserade eller att styrleder, upphängningens leder, bussningar eller andra komponenter är slitna.

Motor

- [ ] Motorn går inte runt vid startförsök
- [ ] Motorn går runt, men startar inte
- [ ] Motorn är svårstartad när den är kall
- [ ] Motorn är svårstartad när den är varm
- [ ] Startmotorn ger i från sig oljud eller kärvar
- [ ] Motorn startar, men stannar omedelbart
- [ ] Ojämn tomgång
- [ ] Motorn feltänder vid tomgång
- [ ] Motorn feltänder vid alla varvtal
- [ ] Långsam acceleration
- [ ] Överstegring av motorn
- [ ] Låg motorkapacitet
- [ ] Motorn misständer
- [ ] Oljetryckvarningslampan lyser när motorn är igång
- [ ] Glödtändning
- [ ] Motorljud

Kylsystem

- [ ] Överhettning
- [ ] Alltför stark avkylning
- [ ] Yttre kylvätskeläckage
- [ ] Inre kylvätskeläckage
- [ ] Korrosion

Bränsle- och avgassystem

- [ ] Överdriven bränsleförbrukning
- [ ] Bränsleläckage och/eller bränslelukt
- [ ] Störande oljud eller för mycket avgaser från avgassystemet

Koppling

- [ ] Pedalen går i golvet – inget tryck eller mycket lite motstånd
- [ ] Kopplingen tar inte (det går inte att lägga i växlar)
- [ ] Kopplingen slirar (motorvarvtalet ökar utan att hastigheten ökar)
- [ ] Skakningar vid frikoppling
- [ ] Missljud när kopplingspedalen trycks ner eller släpps upp

Manuell växellåda

- [ ] Missljud i friläge när motorn går
- [ ] Missljud när en speciell växel ligger
- [ ] Svårt att lägga i växlar
- [ ] Växeln hoppar ur
- [ ] Vibrationer
- [ ] Smörjmedelsläckage

Automatväxellåda

- [ ] Oljeläckage
- [ ] Växellådsoljan är brun eller luktar bränt
- [ ] Allmänna problem med växlingen
- [ ] Växellådan växlar inte ner (kickdown) när gaspedalen är helt nedtryckt
- [ ] Motorn startar inte på någon växel, eller startar på andra växlar än Park eller Neutral
- [ ] Växellådan slirar, växlar trögt, låter illa eller är utan drift i framväxlarna eller backen

Drivaxlar

- [ ] Vibrationer vid acceleration eller inbromsning
- [ ] Klickande eller knackande ljud vid svängar (i låg fart med fullt rattutslag)

Bromssystem

- [ ] Bilen drar åt ena sidan vid inbromsning
- [ ] Oljud (slipljud eller högt gnisslande) vid inbromsning
- [ ] Överdriven pedalväg
- [ ] Bromspedalen känns svampig vid nedtryckning
- [ ] Överdriven pedalkraft krävs för att stanna bilen
- [ ] Skakningar i bromspedal eller ratt vid inbromsning
- [ ] Bromsarna kärvar
- [ ] Bakhjulen låser sig vid normal inbromsning
- [ ] ABS-varningslampan fortsätter att lysa

Fjädring och styrning

- [ ] Bilen drar åt ena sidan
- [ ] Hjulen vinglar och skakar
- [ ] Kraftiga nigningar och/eller krängningar runt hörn eller vid inbromsning
- [ ] Vandrande eller allmän instabilitet
- [ ] Överdrivet stel styrning
- [ ] Överdrivet spel i styrningen
- [ ] Bristande servoeffekt
- [ ] Betydande däckslitage

Elsystem

- [ ] Batteriet laddar ur på bara ett par dagar
- [ ] Tändningslampan fortsätter lysa när motorn går
- [ ] Tändningslampan tänds inte
- [ ] Ljusen fungerar inte
- [ ] Instrumentavläsningarna missvisande eller ryckiga
- [ ] Signalhornet fungerar dåligt eller inte alls
- [ ] Vindrutetorkarna fungerar dåligt eller inte alls
- [ ] Vindrutespolarna fungerar dåligt eller inte alls
- [ ] De elektriska fönsterhissarna fungerar dåligt eller inte alls
- [ ] Centrallåset fungerar dåligt eller inte alls

Inledning

De fordonsägare som underhåller sina bilar med rekommenderad regelbundenhet kommer inte att behöva använda den här delen av handboken ofta. Idag är bilens delar så pålitliga att om de inspekteras eller byts med rekommenderade mellanrum är plötsliga haverier tämligen sällsynta. Fel uppstår vanligen inte plötsligt, de utvecklas med tiden. Speciellt större mekaniska haverier föregås vanligen av karakteristiska symptom under hundra- eller tusentals kilometer. De komponenter som ibland går sönder utan varning är ofta små och transporteras lätt i bilen.

Vid all felsökning är det första steget att bestämma var man ska börja söka. Ibland är detta uppenbart, men ibland behövs lite detektivarbete. En bilägare som gör ett halvdussin slumpvisa justeringar eller komponentbyten kan lyckas åtgärda ett fel (eller dess symptom), men han eller hon kommer inte veta vad felet beror på om det uppstår igen. Till sist kommer bilägaren att ha lagt ner mer tid eller pengar än vad som var nödvändigt. Ett lugnt och metodiskt tillvägagångssätt är bättre i det långa loppet. Försök alltid tänka på vilka varningstecken eller avvikelser från det normala som förekommit tiden före felet – strömförlust, höga eller låga mätaravläsningar, ovanliga lukter etc. Kom ihåg att defekta komponenter som säkringar eller tändstift kanske bara är tecken på ett bakomliggande fel.

Följande sidor fungerar som en enkel guide till de vanligaste problemen som kan uppstå med bilen. Problemen och deras möjliga orsaker grupperas under rubriker för olika komponenter eller system som Motorn, Kylsystemet etc. Kapitel och/eller avsnitt som tar upp detta problem visas inom parentes. Se den aktuella delen i kapitlet för systemspecifik information. Oavsett fel finns vissa grundläggande principer. Dessa är:

Bekräfta felet. Detta görs helt enkelt för att kontrollera att symptomen är kända innan arbetet påbörjas. Detta är extra viktigt om du undersöker ett fel åt någon annan som kanske inte har beskrivit problemet korrekt.

Förbise inte det självklara. Om bilen t.ex. inte startar, finns det verkligen bensin i tanken? (Ta inte någon annans ord för givet på denna punkt och lita inte heller på bränslemätaren!) Om ett elektriskt fel indikeras, leta efter lösa eller brutna ledningar innan testutrustningen tas fram.

Bota sjukdomen, inte symptomen. Att byta ett urladdat batteri mot ett fulladdat tar dig från vägkanten, men om orsaken inte åtgärdas kommer det nya batteriet snart att vara urladdat. Byts nedoljade tändstift ut mot nya rullar bilen, men orsaken till nedsmutsningen måste fortfarande fastställas och åtgärdas (om den inte berodde att tändstiften hade fel värmetal).

Ta inte någonting för givet. Glöm inte att även "nya" delar kan vara defekta (särskilt om de skakat runt i bagageutrymmet månader i sträck). Utelämna inte några komponenter vid en felsökning bara för att de är nya eller nymonterade. När felet slutligen upptäcks inser du antagligen att det fanns tecken på felet från början.

Tänk över om några åtgärder utförts nyligen, och i så fall vilka. Många fel uppstår på grund av slarvigt eller hastigt utförda arbeten. Om något arbete utförts under motorhuven kanske en del av kablaget lossnat eller dragits felaktigt, eller kanske en slang har hamnat i kläm? Har alla hållare dragits åt ordentligt? Användes nya originaldelar och nya packningar? Det krävs ofta en del detektivarbete för att komma tillrätta med problemet eftersom en till synes ovidkommande åtgärd kan få stora konsekvenser.

Motor

Motorn går inte runt vid startförsök

☐ Batterianslutningarna sitter löst eller är korroderade (se *Veckokontroller*)
☐ Batteriet urladdat eller defekt (kapitel 5A)
☐ Brutna, lösa eller urkopplade ledningar i startmotorkretsen (kapitel 5A)
☐ Defekt solenoid eller tändningslås (kapitel 5A eller 12)
☐ Defekt startmotor (kapitel 5A)
☐ Lösa eller skadade kuggar på startdrevet eller svänghjulets krondrev (kapitel 2 eller 5A)
☐ Motorns jordfläta trasig eller losskopplad (kapitel 5A)
☐ Motorn lider av "hydraulisk låsning" (t.ex. på grund av att vatten trängt in efter körning på översvämmade vägar eller på grund av en allvarlig kylvätskeläcka i motorn) – tala med en Ford-verkstad
☐ Automatväxellådan står inte i läge P eller N (kapitel 7B)

Motorn går runt, men startar inte

☐ Bränsleavstängningsbrytaren är aktiverad (kapitel 4A)
☐ Bränsletanken tom
☐ Batteriet urladdat (motorn roterar långsamt) (kapitel 5A)
☐ Batterianslutningarna sitter löst eller är korroderade (se *Veckokontroller*)
☐ Tändningskomponenterna fuktiga eller skadade (kapitel 1 eller 5B)
☐ Motorlåsningssystemet defekt, eller tändningsnyckeln som används är inte kodad (kapitel 12 eller *Reparationer vid vägkanten*)
☐ Vevaxelgivaren defekt (kapitel 4A)
☐ Trasiga, lösa eller urkopplade kablar i tändningskretsen (kapitel 1 eller 5B)
☐ Utslitna, defekta eller felaktigt inställda tändstift (kapitel 1)
☐ Bränsleinsprutningssystemet defekt (kapitel 4A)
☐ Större mekaniskt fel (t.ex. brott på kamremmen) (kapitel 2A eller 2B)

Motorn är svårstartad när den är kall

☐ Batteriet urladdat (kapitel 5A)
☐ Batterianslutningarna sitter löst eller är korroderade (se *Veckokontroller*)
☐ Utslitna, defekta eller felaktigt inställda tändstift (kapitel 1)
☐ Annat fel på tändsystemet (kapitel 1 eller 5B)
☐ Bränsleinsprutningssystemet defekt (kapitel 4A)
☐ Motoroljan som används har fel viskositetsklass (*Veckokontroller*, kapitel 1)
☐ Låg cylinderkompression (kapitel 2A eller 2B)

Motorn svårstartad när den är varm

☐ Smutsigt eller igensatt luftfilter (kapitel 1)
☐ Bränsleinsprutningssystemet defekt (kapitel 4A)
☐ Låg cylinderkompression (kapitel 2A eller 2B)

Startmotorn ger oljud ifrån sig eller går väldigt ojämnt

☐ Lösa eller skadade kuggar på startdrevet eller svänghjulets krondrev (kapitel 2 eller 5A)
☐ Startmotorns fästbultar lösa eller saknas (kapitel 5A)
☐ Startmotorns inre delar slitna eller skadade (kapitel 5A)

Motor startar, men stannar omedelbart

☐ Lösa eller defekta anslutningar i tändningskretsen (kapitel 1 eller 5B)
☐ Vakuumläckage i gasspjällshuset eller insugsröret (kapitel 4A)
☐ Igensatta insprutningsventiler/bränsleinsprutningssystemet defekt (kapitel 4A)

Motor (forts.)

Ojämn tomgång

- [ ] Igensatt luftfilter (kapitel 1)
- [ ] Vakuumläckage i gasspjällshuset, insugsröret eller tillhörande slangar (kapitel 4A)
- [ ] Utslitna, defekta eller felaktigt inställda tändstift (kapitel 1)
- [ ] Felaktigt ventilspel (kapitel 2A eller 2B)
- [ ] Ojämn eller låg cylinderkompression (kapitel 2A eller 2B)
- [ ] Kamloberna slitna (kapitel 2A eller 2B)
- [ ] Igensatta insprutningsventiler/bränsleinsprutningssystemet defekt (kapitel 4A)

Feltändning vid tomgång

- [ ] Utslitna, defekta eller felaktigt inställda tändstift (kapitel 1)
- [ ] Felaktiga tändkablar till tändstiften eller tändspole (kapitel 1 eller 5B)
- [ ] Vakuumläckage i gasspjällshuset, insugsröret eller tillhörande slangar (kapitel 4A)
- [ ] Igensatta insprutningsventiler/bränsleinsprutningssystemet defekt (kapitel 4A)
- [ ] Ojämn eller låg cylinderkompression (kapitel 2A eller 2B)
- [ ] Lösa, läckande eller trasiga slangar i vevhusventilationen (kapitel 4B)

Feltändning vid alla varvtal

- [ ] Igentäppt bränslefilter (kapitel 1)
- [ ] Defekt bränslepump eller lågt tillförseltryck (kapitel 4A)
- [ ] Blockerad bränsletanksventilation eller delvis igentäppta bränslerör (kapitel 4A)
- [ ] Vakuumläckage i gasspjällshuset, insugsröret eller tillhörande slangar (kapitel 4A)
- [ ] Utslitna, defekta eller felaktigt inställda tändstift (kapitel 1)
- [ ] Felaktiga tändkablar till tändstiften eller tändspole (kapitel 1 eller 5B)
- [ ] Ojämn eller låg cylinderkompression (kapitel 2A eller 2B)
- [ ] Igensatt insprutningsventil/bränsleinsprutningssystemet defekt (kapitel 4A)
- [ ] Igentäppt katalysator (kapitel 4A)
- [ ] Motorn överhettad (kapitel 3)

Långsam acceleration

- [ ] Utslitna, defekta eller felaktigt inställda tändstift (kapitel 1)
- [ ] Vakuumläckage i gasspjällshuset, insugsröret eller tillhörande slangar (kapitel 4A)
- [ ] Igensatta insprutningsventiler/bränsleinsprutningssystemet defekt (kapitel 4A)
- [ ] Kopplingspedalens brytare defekt (kapitel 4A)

Överstegring av motorn

- [ ] Vakuumläckage i gasspjällshuset, insugsröret eller tillhörande slangar (kapitel 4A)
- [ ] Igentäppt bränslefilter (kapitel 1)
- [ ] Defekt bränslepump eller lågt tillförseltryck (kapitel 4A)
- [ ] Blockerad bränsletanksventilation eller delvis igentäppta bränslerör (kapitel 4A)
- [ ] Igensatta insprutningsventiler/bränsleinsprutningssystemet defekt (kapitel 4A)

Låg motorkapacitet

- [ ] Igensatt luftfilter (kapitel 1)
- [ ] Igentäppt bränslefilter (kapitel 1)
- [ ] Bränslerören helt eller delvis igentäppta (kapitel 4A)
- [ ] Felaktigt ventilspel (kapitel 2A eller 2B)
- [ ] Utslitna, defekta eller felaktigt inställda tändstift (kapitel 1)
- [ ] Motorn överhettad (kapitel 4A)
- [ ] Problem med gasvajern (kapitel 4A)
- [ ] Vakuumläckage i gasspjällshuset, insugsröret eller tillhörande slangar (kapitel 4A)

- [ ] Igensatta insprutningsventiler/bränsleinsprutningssystemet defekt (kapitel 4A)
- [ ] Defekt bränslepump eller lågt tillförseltryck (kapitel 4A)
- [ ] Ojämn eller låg cylinderkompression (kapitel 2A eller 2B)
- [ ] Bromsarna kärvar (kapitel 1 eller 9)
- [ ] Kopplingen slirar (kapitel 6)

Motorn misständer

- [ ] Vakuumläckage i gasspjällshuset, insugsröret eller tillhörande slangar (kapitel 4A)
- [ ] Igensatta insprutningsventiler/bränsleinsprutningssystemet defekt (kapitel 4A)
- [ ] Tändkablarna felaktigt monterade (kapitel 1 eller 5B)
- [ ] Defekt tändspole (kapitel 5B)

Oljetryckvarningslampan för lyser när motorn är igång

- [ ] Låg oljenivå eller felaktigt oljekvalitet (se *Veckokontroller*)
- [ ] Defekt oljetryckgivare eller skadat kablage (kapitel 5A)
- [ ] Slitna motorlager och/eller sliten oljepump (kapitel 2A, 2B eller 2C)
- [ ] Motorns arbetstemperatur hög (kapitel 3)
- [ ] Oljetrycksventilen defekt (kapitel 2A eller 2B)
- [ ] Oljesilen igensatt (kapitel 2A eller 2B)

Glödtändning

- [ ] För mycket sotavlagringar i motorn (kapitel 2)
- [ ] Motorns arbetstemperatur hög (kapitel 3)
- [ ] Bränsleinsprutningssystemet defekt (kapitel 4A)

Motorljud

Förtändning (spikning) eller knackning under acceleration eller belastning

- [ ] Tändningsinställningen felaktig/tändsystemet defekt (kapitel 1 eller 5B)
- [ ] **Fel typ av tändstift (kapitel 1)**
- [ ] Fel bränslekvalitet (kapitel 4)
- [ ] Knacksensorn defekt – vissa modeller (kapitel 4A)
- [ ] Vakuumläckage i gasspjällshuset, insugsröret eller tillhörande slangar (kapitel 4A)
- [ ] För mycket sotavlagringar i motorn (kapitel 2A, 2B eller 2C)
- [ ] Igensatt insprutningsventil/bränsleinsprutningssystemet defekt (kapitel 4A)

Visslande eller väsande ljud

- [ ] Läckage i insugsrörets eller gasspjällshusets packning (kapitel 4A)
- [ ] Läckande avgasgrenrörspackning eller skarv mellan rör och grenrör (kapitel 4A)
- [ ] Läckande vakuumslang (kapitel 4, 5 eller 9)
- [ ] Läckande topplockspackning (kapitel 2A eller 2B)
- [ ] Delvis igensatt eller läckande vevhusventilationssystem (kapitel 4B)

Knackande eller skallrande ljud

- [ ] Felaktigt ventilspel (kapitel 2A eller 2B)
- [ ] Sliten ventilreglering eller kamaxel (kapitel 2A eller 2B)
- [ ] Defekt hjälpaggregat (kylvätskepump, generator etc.) (kapitel 3, 5A etc.)

Knackande ljud eller slag

- [ ] Slitna vevstakslager (regelbundna hårda knackningar som eventuellt minskar vid belastning) (kapitel 2C)
- [ ] Slitna ramlager (buller och knackningar som eventuellt tilltar vid belastning) (kapitel 2C)
- [ ] Kolvslammer – mest märkbart när motorn är kall, orsakat av slitna kolvar/cylinderlopp (kapitel 2C)
- [ ] Defekt hjälpaggregat (kylvätskepump, generator etc.) (kapitel 3, 5A etc.)
- [ ] Slitna eller defekta motorfästen (kapitel 2A eller 2B)
- [ ] Slitna komponenter i framfjädringen eller styrningen (kapitel 10)

Kylsystem

Överhettning

- [ ] För lite kylvätska i systemet (se *Veckokontroller*)
- [ ] Defekt termostat (kapitel 3)
- [ ] Igensatt kylare eller grill (kapitel 3)
- [ ] Defekt kylfläkt eller fel på resistorpaketet på modeller med dubbelfläkt (kapitel 3)
- [ ] Topplockets temperaturgivare visar felaktiga värden (kapitel 3 eller 4A)
- [ ] Luftbubbla i kylsystemet (kapitel 3)
- [ ] Defekt expansionskärlslock (kapitel 3)
- [ ] Fel på motorstyrningssystemet (kapitel 4A)

För stark avkylning

- [ ] Defekt termostat (kapitel 3)
- [ ] Topplockets temperaturgivare visar felaktiga värden (kapitel 3, 4A)
- [ ] Defekt kylfläkt (kapitel 3)
- [ ] Fel på motorstyrningssystemet (kapitel 4A)

Yttre kylvätskeläckage

- [ ] Åldrade eller skadade slangar eller slangklämmor (kapitel 1)
- [ ] Läckage i kylare eller värmepaket (kapitel 3)
- [ ] Defekt expansionskärlslock (kapitel 3)
- [ ] Kylvätskepumpens inre tätning läcker (kapitel 3)
- [ ] Kylvätskepumpens packning läcker (kapitel 3)
- [ ] Kokning på grund av överhettning (kapitel 3)
- [ ] Motorblockets hylsplugg läcker (kapitel 2C)

Inre kylvätskeläckage

- [ ] Läckande topplockspackning (kapitel 2A eller 2B)
- [ ] Sprucket topplock eller motorblock (kapitel 2A, 2B eller 2C)

Korrosion

- [ ] Alltför sällan utförd avtappning och spolning (kapitel 1)
- [ ] Felaktig kylvätskeblandning eller fel typ av kylvätska (se *Veckokontroller*)

Bränsle- och avgassystem

Överdriven bränsleförbrukning

- [ ] Smutsigt eller igensatt luftfilter (kapitel 1)
- [ ] Bränsleinsprutningssystemet defekt (kapitel 4A)
- [ ] Fel på motorstyrningssystemet (kapitel 4A)
- [ ] Vevhusventilationssystemet igensatt (kapitel 4B)
- [ ] För lite luft i däcken (se *Veckokontroller*)
- [ ] Bromsarna kärvar (kapitel 1 eller 9)
- [ ] Bränsleläckage som orsakar skenbart hög förbrukning (kapitel 1 eller 4A)

Bränsleläckage och/eller bränslelukt

- [ ] Bränsletank, -rör eller -anslutningar skadade eller korroderade (kapitel 4A)
- [ ] Defekt avdunstningsregleringssystem (kapitel 4B)

Överdriven ljudnivå eller för mycket avgaser från avgassystemet

- [ ] Läckande avgassystem eller grenrörsskarvar (kapitel 1 eller 4A)
- [ ] Läckande, korroderade eller skadade ljuddämpare eller avgasrör (kapitel 1 eller 4A)
- [ ] Trasiga fästen som orsakar kontakt med kaross eller fjädring (kapitel 1)

Koppling

Pedalen går i golvet – inget tryck eller mycket lite motstånd

☐ Luft i hydraulsystemet/defekt huvud- eller slavcylinder (kapitel 6)
☐ Det hydrauliska urkopplingssystemet är defekt (kapitel 6)
☐ Kopplingspedalens returfjäder losskopplad eller trasig (kapitel 6)
☐ Defekt urtrampningslager eller -gaffel (kapitel 6)
☐ Trasig tallriksfjäder i kopplingens tryckplatta (kapitel 6)

Frikopplar inte (går ej att lägga i växlar)

☐ Luft i hydraulsystemet/defekt huvud- eller slavcylinder (kapitel 6)
☐ Det hydrauliska urkopplingssystemet är defekt (kapitel 6)
☐ Lamellen har fastnat på räfflorna på växellådans ingående axel (kapitel 6)
☐ Lamellen har fastnat på svänghjulet eller tryckplattan (kapitel 6)
☐ Defekt tryckplatta (kapitel 6)
☐ Urkopplingsmekanismen sliten eller felaktigt ihopsatt (kapitel 6)

Kopplingen slirar (motorns varvtal ökar men inte bilens hastighet)

☐ Det hydrauliska urkopplingssystemet är defekt (kapitel 6)
☐ Lamellbeläggen är mycket slitna (kapitel 6)

☐ Lamellbeläggen förorenade med olja eller fett (kapitel 6)
☐ Defekt tryckplatta eller svag tallriksfjäder (kapitel 6)

Skakningar vid frikoppling

☐ Lamellbeläggen förorenade med olja eller fett (kapitel 6)
☐ Lamellbeläggen är mycket slitna (kapitel 6)
☐ Defekt eller skev tryckplatta eller tallriksfjäder (kapitel 6).
☐ Slitna eller lösa fästen till motor eller växellåda (kapitel 2A eller 2B)
☐ Lamellnavet eller räfflorna på växellådans ingående axel slitna (kapitel 6)
☐ Felaktigt dubbelt svänghjul, om tillämpligt (kapitel 2A eller 2B)

Missljud när kopplingspedalen trycks ner eller släpps upp

☐ Slitet urtrampningslager (kapitel 6)
☐ Slitna eller torra kopplingspedalbussningar (kapitel 6)
☐ Sliten eller torr kolv i kopplingens huvudcylinder (kapitel 6)
☐ Defekt tryckplatta (kapitel 6)
☐ Tryckplattans tallriksfjäder trasig (kapitel 6)
☐ Lamellens dämpfjädrar trasiga (kapitel 6)
☐ Felaktigt dubbelt svänghjul, om tillämpligt (kapitel 2A eller 2B)

Manuell växellåda

Missljud i friläge när motorn går

☐ För lite olja (kapitel 1)
☐ Ingående axelns lager slitna (tydliga missljud när kopplingspedalen släpps upp, men inte när den trycks ner) (kapitel 7A)*
☐ Slitet urkopplingslager (missljud med nedtryckt pedal som möjligen minskar när pedalen släpps upp) (kapitel 6)

Missljud när en specifik växel ligger i

☐ Slitna eller skadade kuggar på växellådsdreven (kapitel 7A)*

Svårt att lägga i växlar

☐ Kopplingen defekt (kapitel 6)
☐ Slitna, skadade eller dåligt justerade växelvajrar (kapitel 7A)
☐ För lite olja (kapitel 1)
☐ Slitna synkroniseringsdon (kapitel 7A)*

Växeln hoppar ur

☐ Slitna, skadade eller dåligt justerade växelvajrar (kapitel 7A)
☐ Slitna synkroniseringsdon (kapitel 7A)*
☐ Slitna väljargafflar (kapitel 7A)*

Vibrationer

☐ För lite olja (kapitel 1)
☐ Slitna lager (kapitel 7A)*

Smörjmedelsläckage

☐ Läckande oljetätning till drivaxel eller växlingsarm (kapitel 7A)
☐ Läckande fog i huset (kapitel 7A)*
☐ Läckage i ingående axelns oljetätning (kapitel 7A)*

Även om de åtgärder som krävs för att åtgärda symptomen är för svåra för en hemmamekaniker kan den ovanstående informationen vara till hjälp när orsaken till felet ska fastställas, så att ägaren kan uttrycka sig klart vid samråd med en professionell mekaniker.

Automatväxellåda

Observera: *På grund av automatväxellådans komplicerade sammansättning är det svårt för hemmamekanikerna att ställa riktiga diagnoser och serva enheten. Om andra problem än följande uppstår ska bilen tas till en verkstad eller till en specialist på automatväxellådor. Var inte för snabb med att demontera växellådan om ett fel misstänks, eftersom de flesta tester ska utföras med växellådan monterad. Tänk på att det – utöver de givare som särskilt gäller för växellådan – är många av motorstyrningssystemets givare som beskrivits i kapitel 4A som har stor betydelse för att växellådan ska fungera på rätt sätt.*

Oljeläckage

- [ ] Automatväxellådsolja är ofta mörkt röd till färgen. Vätskeläckage ska inte blandas ihop med motorolja, som lätt kan stänka på växellådan av luftflödet.
- [ ] För att hitta läckan, använd avfettningsmedel eller en ångtvätt och rengör växelhuset och områdena runt omkring från smuts och avlagringar. Kör bilen med låg hastighet så att luftflödet inte blåser läckaget långt bort från källan. Lyft och stötta upp bilen och ta reda på var läckan kommer ifrån. Läckor uppstår ofta i följande områden:
  - a) Vätsketråg
  - b) Oljemätstickans rör – endast 4-växlad växellåda (kapitel 1)
  - c) Anslutningarna mellan växellådan och oljekylaren (kapitel 7B)

Växellådsoljan är brun eller luktar bränt

- [ ] Låg oljenivå i växellådan (kapitel 1)

Allmänna problem med att växla

- [ ] I kapitel 7B behandlas kontroll av växelvajern på automatväxellådor. Följande är vanliga problem som kan orsakas av en defekt växelvajer eller växelväljarlägesgivare:

a) Motorn startar i andra växlar än Park eller Neutral.
b) Indikatorpanelen anger en annan växel än den som faktiskt används.
c) Bilen rör sig när växlarna Park eller Neutral ligger i.
d) Dålig eller felaktig utväxling.

Växellådan växlar inte ner (kickdown) när gaspedalen är helt nedtryckt

- [ ] Låg oljenivå i växellådan (kapitel 1)
- [ ] Fel på motorstyrningssystemet (kapitel 4A)
- [ ] Fel på växellådans givare eller kablage (kapitel 7B)
- [ ] Felaktig justering av växelvajern (kapitel 7B)

Motorn startar inte i någon växel, eller startar i andra växlar än Park eller Neutral

- [ ] Fel på växellådans givare eller kablage (kapitel 7B)
- [ ] Fel på motorstyrningssystemet (kapitel 4A)
- [ ] Felaktig justering av växelvajern (kapitel 7B)

Växellådan slirar, växlar trögt, låter illa eller är utan drift i framväxlarna eller backen

- [ ] Låg oljenivå i växellådan (kapitel 1)
- [ ] Fel på växellådans givare eller kablage (kapitel 7B)
- [ ] Fel på motorstyrningssystemet (kapitel 4A)

Observera: *Det finns många troliga orsaker till ovanstående problem, men felsökning och åtgärdande av dem ligger utanför den här handbokens område. Om vätskenivån och alla kablar har kontrollerats så långt det är möjligt och problemet kvarstår ska en verkstad eller växellådsspecialist kontaktas.*

Drivaxlar

Vibrationer vid acceleration eller inbromsning

- [ ] Sliten inre drivknut (kapitel 8)
- [ ] Böjd eller skev drivaxel (kapitel 8)
- [ ] Slitet mellanlager (kapitel 8)

Klickande eller knackande ljud vid svängar (i låg fart med fullt rattutslag)

- [ ] Sliten yttre drivknut (kapitel 8)
- [ ] För lite smörjmedel i drivknuten, eventuellt på grund av skadad damask (kapitel 8)
- [ ] Slitet mellanlager (kapitel 8)

Bromssystem

Observera: *Kontrollera att däckens skick och lufttryck är korrekt, att framvagnens inställning är korrekt samt att bilen inte är ojämnt belastad innan bromsarna antas vara defekta. Alla åtgärder på ABS-systemet, utom kontroll av rör- och slanganslutningar, ska utföras av en Ford-verkstad.*

Bilen drar åt ena sidan vid inbromsning

- [ ] Slitna, defekta, skadade eller förorenade bromsbelägg/-backar på ena sidan (kapitel 1 eller 9)
- [ ] Skuren eller delvis skuren bromsokskolv (kapitel 1 eller 9)
- [ ] Olika bromsklossmaterial på sidorna (kapitel 1 eller 9)
- [ ] Bromsokets fästbultar lösa (kapitel 9)
- [ ] Slitna eller skadade komponenter i styrning eller fjädring (kapitel 1 eller 10)

Oljud (slipljud eller högt gnisslande) vid inbromsning

- [ ] Friktionsmaterialet på bromsklossarna nedslitet till stödplattan (kapitel 1 eller 9)
- [ ] Kraftig korrosion på bromsskiva – kan uppstå när bilen stått oanvänd en tid (kapitel 1 eller 9)
- [ ] Främmande föremål (grus etc.) fastklämt mellan bromsskiva och bromssköld (kapitel 1 eller 9)

Överdriven pedalväg

- [ ] Defekt huvudcylinder (kapitel 9)
- [ ] Luft i hydraulsystemet (kapitel 1, 6 eller 9)
- [ ] Defekt vakuumservo (kapitel 9)

Bromspedalen känns svampig vid nedtryckning

- [ ] Luft i hydraulsystemet (kapitel 1, 6 eller 9)
- [ ] Åldrade bromsslangar (kapitel 1 eller 9)
- [ ] Huvudcylinderns fästmuttrar lösa (kapitel 9)
- [ ] Defekt huvudcylinder (kapitel 9)

Överdriven pedalkraft krävs för att stanna bilen

- [ ] Defekt vakuumservo (kapitel 9)
- [ ] Bromsservots vakuumslang urkopplad, skadad eller sitter löst (kapitel 9)

- [ ] Defekt primär- eller sekundärkrets (kapitel 9)
- [ ] Anfrätt bromsokskolv (kapitel 9)
- [ ] Bromsklossarna felmonterade (kapitel 9)
- [ ] Fel typ av klossar monterade (kapitel 9)
- [ ] Bromsklossarna är nedsmutsade (kapitel 1 eller 9)

Skakningar i bromspedal eller ratt vid inbromsning

Observera: *Vid kraftig bromsning på modeller med ABS-system kan vibrationer kännas i bromspedalen. Det här är normalt vid användning av ABS-systemet och är inte ett fel*

- [ ] Kraftigt skeva eller ojämna skivor (kapitel 1 eller 9)
- [ ] Slitna bromsklossar (kapitel 1 eller 9)
- [ ] Bromsokets fästbultar lösa (kapitel 9)
- [ ] Slitage i fjädringens eller styrningens komponenter eller fästen (kapitel 1 eller 10)
- [ ] Obalanserade framhjul (se *Veckokontroller*)

Bromsarna kärvar

- [ ] Anfrätt bromsokskolv (kapitel 9)
- [ ] Feljusterad handbromsmekanism (kapitel 9)
- [ ] Defekt huvudcylinder (kapitel 9)

Bakhjulen låser sig vid normal inbromsning

- [ ] Bromsklossarna är nedsmutsade eller skadade (kapitel 1 eller 9)
- [ ] Bakbromsarnas skivor/trummor skeva (kapitel 1 eller 9)
- [ ] ABS-fel (kapitel 9)

ABS-varningslampan fortsätter att lysa

- [ ] Hjulsensorns anslutningskontakt korroderad eller också är kablaget skadat (kapitel 9)
- [ ] Kabelfel – kontrollera ABS-systemets hydraulenhet i motorrummet (kapitel 9)
- [ ] Trasig ABS-säkring (kapitel 12)
- [ ] Låg bromsvätskenivå, möjligen på grund av läckage, eller också behöver systemet luftas (kapitel 1 eller 9)
- [ ] Inkompatibla "nya" delar monterade eller också kräver systemet installation med Ford WDS2000 (kapitel 9)

Fjädring och styrning

Observera: *Kontrollera att felet inte beror på fel lufttryck i däcken, blandade däcktyper eller kärvande bromsar innan fjädringen eller styrningen diagnosticeras som defekta.*

Bilen drar åt ena sidan

- [ ] Defekt däck (se *Veckokontroller*)
- [ ] Överdrivet slitage i fjädringens eller styrningens komponenter (kapitel 1 eller 10)
- [ ] Felaktig framhjulsinställning (kapitel 10)
- [ ] Skadade styrnings- eller fjädringskomponenter efter olycka (kapitel 1)

Hjulen vinglar och skakar

- [ ] Framhjulen obalanserade (vibrationer känns huvudsakligen i ratten) (se *Veckokontroller*)
- [ ] Bakhjulen obalanserade (vibrationer känns i hela bilen) (se *Veckokontroller*)
- [ ] Hjulen skadade eller skeva (se *Veckokontroller*)
- [ ] Defekt eller skadat däck (se *Veckokontroller*)
- [ ] Slitage i styrning eller fjädring (kapitel 1 eller 10)
- [ ] Lösa hjulmuttrar (kapitel 1)

Kraftiga skakningar och/eller krängningar vid kurvtagning eller inbromsning

- [ ] Defekta stötdämpare (kapitel 1 eller 10)
- [ ] Trasig eller svag fjäder/fjädringskomponent (kapitel 1 eller 10)
- [ ] Slitage eller skada på krängningshämmare eller fästen (kapitel 1 eller 10)

Vandrande eller allmän instabilitet

- [ ] Felaktig framhjulsinställning (kapitel 10)
- [ ] Slitage i styrning eller fjädring (kapitel 1 eller 10)
- [ ] Hjulen obalanserade (se *Veckokontroller*)
- [ ] Defekt eller skadat däck (se *Veckokontroller*)
- [ ] Lösa hjulmuttrar (kapitel 1)
- [ ] Defekta stötdämpare (kapitel 1 eller 10)
- [ ] Bakre tvärbalksbussningar slitna – sedan- och halvkombimodeller (kapitel 10)

Överdrivet stel styrning

- [ ] Fastkärvad spindelled i styrning eller fjädring (kapitel 1 eller 10)
- [ ] Multiremmen sliten eller slirar (kapitel 1)
- [ ] Felaktig framhjulsinställning (kapitel 10)
- [ ] Defekt kuggstång (kapitel 10)

Överdrivet spel i styrningen

- [ ] Slitna leder i rattstången/mellanaxeln (kapitel 10)
- [ ] Styrstagens spindelleder slitna (kapitel 1 eller 10)
- [ ] Sliten kuggstång (kapitel 10)
- [ ] Slitage i styrning eller fjädring (kapitel 1 eller 10)

Bristande servoeffekt

- [ ] Multiremmen sliten eller slirar (kapitel 1)
- [ ] För hög eller låg nivå av servoolja (se *Veckokontroller*)
- [ ] Servostyrningens slangar igensatta (kapitel 1)
- [ ] Defekt servostyrningspump (kapitel 10)
- [ ] Defekt kuggstång (kapitel 10)

Överdrivet däckslitage

Däcken slitna på inner- eller ytterkanten

- [ ] För lite luft i däcken (slitage på båda kanterna) (se *Veckokontroller*)
- [ ] Felaktiga camber- eller castervinklar (slitage på en kant) (kapitel 10)
- [ ] Slitage i styrning eller fjädring (kapitel 1 eller 10)
- [ ] Överdrivet hård kurvtagning eller inbromsning
- [ ] Skada efter olycka

Däckmönster har fransiga kanter

- [ ] Felaktig toe-in (kapitel 10)

Slitage i mitten av däckmönstret

- [ ] För mycket luft i däcken (se *Veckokontroller*)

Däcken slitna på inner- och ytterkanten

- [ ] För lite luft i däcken (se *Veckokontroller*)

Ojämnt däckslitage

- [ ] Obalanserade hjul (se *Veckokontroller*)
- [ ] Hjulen eller däcken skeva
- [ ] Slitna stötdämpare (kapitel 1 eller 10)
- [ ] Defekt däck (se *Veckokontroller*)

Elsystem

Observera: *Vid problem med startsystemet, se felen under* **Motor** *tidigare i detta avsnitt.*

Batteriet laddar ur på bara ett par dagar
☐ Batteriet defekt invändigt (kapitel 5A)
☐ Batterianslutningarna sitter löst eller är korroderade (se *Veckokontroller*)
☐ Multiremmen sliten eller slirar (kapitel 1)
☐ Generatorn laddar inte vid korrekt effekt (kapitel 5A)
☐ Generatorn eller spänningsregulatorn defekt (kapitel 5A)
☐ Kortslutning ger kontinuerlig urladdning av batteriet (kapitel 5A eller 12)

Tändningslampan fortsätter att lysa när motorn går
☐ Multiremmen är trasig, sliten eller slirar (kapitel 1)
☐ Internt fel i generatorn eller spänningsregulatorn (kapitel 5A)
☐ Trasigt, bortkopplat eller löst sittande kablage i laddningskretsen (kapitel 5A eller 12)

Tändningslampan tänds inte
☐ Varningslampans glödlampa trasig (kapitel 12)
☐ Trasigt, bortkopplat eller löst sittande kablage i varningslamans krets (kapitel 5A eller 12)
☐ Defekt växelströmsgenerator (kapitel 5A)

Ljusen fungerar inte
☐ Trasig glödlampa (kapitel 12)
☐ Korroderad glödlampa eller sockel (kapitel 12)
☐ Trasig säkring (kapitel 12)
☐ Defekt relä (kapitel 12)
☐ Trasigt, löst eller urkopplat kablage (kapitel 12)
☐ Defekt brytare (kapitel 12)

De automatiska strålkastarna fungerar inte korrekt
☐ Vindrutan smutsig eller skadad vid regn-/ljussensorn
☐ Vindrutetorkarbrytare defekt (kapitel 12)
☐ Regnsensor felaktig – möjligen på grund av att smuts eller kondens fastnat (kapitel 12)
☐ Fel i den centrala elektronikmodulen (kapitel 12)

Instrumentavläsningarna missvisande eller ryckiga

Instrumentavläsningarna stiger med motorvarvtalet
☐ Defekt spänningsregulator till instrumentbräda (kapitel 12)

Bränsle- eller temperaturmätaren ger inget utslag
☐ Defekt givarenhet (kapitel 3, 4A)
☐ Kretsavbrott (kapitel 12)
☐ Defekt mätare (kapitel 12)

Bränsle- eller temperaturmätaren ger kontinuerligt maximalt utslag
☐ Defekt givarenhet (kapitel 3, 4A)
☐ Kortslutning (kapitel 12)
☐ Defekt mätare (kapitel 12)

Signalhornet fungerar dåligt eller inte alls

Signalhornet tjuter hela tiden
☐ Signalhornets tryckplatta är antingen jordad eller har fastnat (kapitel 12)
☐ Kabeln till signalhornets tryckplatta jordad (kapitel 12)

Signalhornet fungerar inte
☐ Trasig säkring (kapitel 12)
☐ Kabel eller anslutningar lösa, trasiga eller urkopplade (kapitel 12)
☐ Defekt signalhorn (kapitel 12)

Signalhornet avger ryckigt eller otillfredsställande ljud
☐ Lösa kabelanslutningar (kapitel 12)
☐ Signalhornets fästen sitter löst (kapitel 12)
☐ Defekt signalhorn (kapitel 12)

Vindrutetorkarna fungerar dåligt eller inte alls

Torkarna fungerar inte eller går mycket långsamt
☐ Torkarbladen fastnar vid rutan, eller länksystemet har skurit ihop eller kärvar (kapitel 12)
☐ Trasig säkring (kapitel 12)
☐ Batteriet urladdat (kapitel 5A)
☐ Kabel eller anslutningar lösa, trasiga eller urkopplade (kapitel 12)
☐ Defekt relä (kapitel 12)
☐ Defekt torkarmotor (kapitel 12)

De automatiska vindrutetorkarna fungerar inte korrekt
☐ Vindrutan smutsig eller skadad vid regn-/ljussensorn
☐ Vindrutetorkarbrytare defekt (kapitel 12)
☐ Regnsensor felaktig – möjligen på grund av att smuts eller kondens fastnat (kapitel 12)
☐ Fel i den centrala elektronikmodulen (kapitel 12)

Torkarbladen sveper över för stor eller för liten yta av rutan
☐ Torkarblad är felmonterade eller har fel storlek (se *veckokontroller*)
☐ Torkararmarna felaktigt placerade på spindlarna (kapitel 12)
☐ Kraftigt slitage i torkarnas länksystem (kapitel 12)
☐ Torkarmotorns eller länksystemets fästen sitter löst (kapitel 12)

Torkarbladen rengör inte rutan effektivt
☐ Torkarbladens gummi är smutsigt, slitet eller saknas (se *Veckokontroller*)
☐ Torkarblad är felmonterade eller har fel storlek (se *Veckokontroller*)
☐ Trasig torkarfjäder eller skurna armtappar (kapitel 12)
☐ Spolarvätskan har för låg koncentration för att beläggningen ska kunna tvättas bort (se *Veckokontroller*)

Elsystem (forts.)

Vindrutespolarna fungerar dåligt eller inte alls

Ett eller flera spolarmunstycken sprutar inte

☐ Blockerat (eller fruset) **spolarmunstycke**
☐ Losskopplad, veckad eller igensatt spolarslang (kapitel 12)
☐ För lite spolarvätska i spolarbehållaren (se *Veckokontroller*)

Spolarpumpen fungerar inte

☐ Trasiga eller lösa kablar eller anslutningar (kapitel 12)
☐ Trasig säkring (kapitel 12)
☐ Defekt spolarbrytare (kapitel 12)
☐ Defekt spolarpump (kapitel 12)

Spolarpumpen går ett tag innan vätskan sprutas ut från munstyckena

☐ Defekt envägsventil i vätskematarslangen (kapitel 12)
☐ Vätskematarslang läcker (kontrollera under eller inne i bilen) eller partiellt blockerad (kapitel 12)

De elektriska fönsterhissarna fungerar dåligt eller inte alls

Fönsterrutan rör sig bara i en riktning

☐ Defekt brytare (kapitel 12)

Fönsterrutan rör sig långsamt

☐ Batteriet urladdat (kapitel 5A)
☐ Fönsterhissen har kärvat fast, är skadad, eller behöver smörjas (kapitel 11)
☐ Dörrens inre komponenter eller klädsel hindrar fönsterhissen (kapitel 11)
☐ Defekt motor (kapitel 11)

Fönsterrutan rör sig inte

☐ Trasig säkring (kapitel 12)
☐ Defekt relä (kapitel 12)
☐ Trasiga eller lösa kablar eller anslutningar (kapitel 12)
☐ Defekt motor (kapitel 11)

"One-touch" funktionen fungerar inte

☐ Brytaren måste återställas när batteriet har kopplats loss (se *Koppla loss batteriet*)

Centrallåset fungerar dåligt eller inte alls

Totalt systemhaveri

☐ Fjärrkontrollens batteri är urladdat, där sådant finns
☐ Trasig säkring (kapitel 12)
☐ Defekt relä (kapitel 12)
☐ Trasiga eller lösa kablar eller anslutningar (kapitel 12)
☐ Defekt motor (kapitel 11)

Regeln låser men låser inte upp, eller låser upp men låser inte

☐ Fjärrkontrollens batteri är urladdat, där sådant finns
☐ Defekt huvudbrytare (kapitel 12)
☐ Regelns reglagespakar eller reglagestag är trasiga eller losskopplad (kapitel 11)
☐ Defekt relä (kapitel 12)
☐ Defekt motor (kapitel 11)

En solenoid/motor arbetar inte

☐ Trasiga eller lösa kablar eller anslutningar (kapitel 12)
☐ Defekt manöverenhet (kapitel 11)
☐ Regelns reglagespakar eller reglagestag kärvar, är trasiga eller urkopplade (kapitel 11)
☐ Defekt dörregel (kapitel 11)

A

ABS (Anti-lock brake system) Låsningsfria bromsar. Ett system, vanligen elektroniskt styrt, som känner av påbörjande låsning av hjul vid inbromsning och lättar på hydraultrycket på hjul som ska till att låsa.
Air bag (krockkudde) En uppblåsbar kudde dold i ratten (på förarsidan) eller instrumentbrädan eller handskfacket (på passagerarsidan) Vid kollision blåses kuddarna upp vilket hindrar att förare och framsätespassagerare kastas in i ratt eller vindruta.
Ampere (A) En måttenhet för elektrisk ström. 1 A är den ström som produceras av 1 volt gående genom ett motstånd om 1 ohm.
Anaerobisk tätning En massa som används som gänglås. Anaerobisk innebär att den inte kräver syre för att fungera.
Antikärvningsmedel En pasta som minskar risk för kärvning i infästningar som utsätts för höga temperaturer, som t.ex. skruvar och muttrar till avgasrenrör. Kallas även gängskydd.

Antikärvningsmedel

Asbest Ett naturligt fibröst material med stor värmetolerans som vanligen används i bromsbelägg. Asbest är en hälsorisk och damm som alstras i bromsar ska aldrig inandas eller sväljas.
Avgasgrenrör En del med flera passager genom vilka avgaserna lämnar förbränningskamrarna och går in i avgasröret.

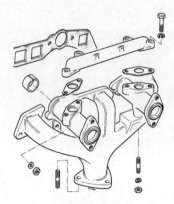
Avgasgrenrör

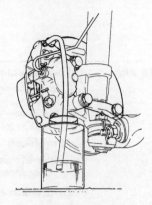
Avluftning av bromsarna

Avluftning av bromsar Avlägsnande av luft från hydrauliskt bromssystem.
Avluftningsnippel En ventil på ett bromsok, hydraulcylinder eller annan hydraulisk del som öppnas för att tappa ur luften i systemet.
Axel En stång som ett hjul roterar på, eller som roterar inuti ett hjul. Även en massiv balk som håller samman två hjul i bilens ena ände. En axel som även överför kraft till hjul kallas drivaxel.
Axialspel Rörelse i längdled mellan två delar. För vevaxeln är det den distans den kan röra sig framåt och bakåt i motorblocket.

B

Belastningskänslig fördelningsventil En styrventil i bromshydrauliken som fördelar bromseffekten, med hänsyn till bakaxelbelastningen.
Bladmått Ett tunt blad av härdat stål, slipat till exakt tjocklek, som används till att mäta spel mellan delar.

Bladmått

Bromsback Halvmåneformad hållare med fastsatt bromsbelägg som tvingar ut beläggen i kontakt med den roterande bromstrumman under inbromsning.
Bromsbelägg Det friktionsmaterial som kommer i kontakt med bromsskiva eller bromstrumma för att minska bilens hastighet. Beläggen är limmade eller nitade på bromsklossar eller bromsbackar.
Bromsklossar Utbytbara friktionsklossar som nyper i bromsskivan när pedalen trycks ned. Bromsklossar består av bromsbelägg som limmats eller nitats på en styv bottenplatta.

Bromsok Den icke roterande delen av en skivbromsanordning. Det grenslar skivan och håller bromsklossarna. Oket innehåller även de hydrauliska delar som tvingar klossarna att nypa skivan när pedalen trycks ned.
Bromsskiva Den del i en skivbromsanordning som roterar med hjulet.
Bromstrumma Den del i en trumbromsanordning som roterar med hjulet.

C

Caster I samband med hjulinställning, lutningen framåt eller bakåt av styrningens axialled. Caster är positiv när styrningens axialled lutar bakåt i överkanten.
CV-knut En typ av universalknut som upphäver vibrationer orsakade av att drivkraft förmedlas genom en vinkel.

D

Diagnostikkod Kodsiffror som kan tas fram genom att gå till diagnosläget i motorstyrningens centralenhet. Koden kan användas till att bestämma i vilken del av systemet en felfunktion kan förekomma.
Draghammare Ett speciellt verktyg som skruvas in i eller på annat sätt fästes vid en del som ska dras ut, exempelvis en axel. Ett tungt glidande handtag dras utmed verktygsaxeln mot ett stopp i änden vilket rycker avsedd del fri.
Drivaxel En roterande axel på endera sidan differentialen som ger kraft från slutväxeln till drivhjulen. Även varje axel som används att överföra rörelse.
Drivrem(mar) Rem(mar) som används till att driva tillbehörsutrustning som generator, vattenpump, servostyrning, luftkonditioneringskompressor mm, från vevaxelns remskiva.

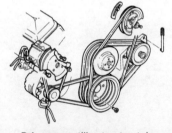
Drivremmar till extrautrustning

Dubbla överliggande kamaxlar (DOHC) En motor försedd med två överliggande kamaxlar, vanligen en för insugsventilerna och en för avgasventilerna.

E

EGR-ventil Avgasåtercirkulationsventil. En ventil som för in avgaser i insugsluften.
Elektrodavstånd Den distans en gnista har att överbrygga från centrumelektroden till sidoelektroden i ett tändstift.

Justering av elektrodavståndet

Elektronisk bränsleinsprutning (EFI) Ett datorstyrt system som fördelar bränsle till förbränningskamrarna via insprutare i varje insugsport i motorn.

Elektronisk styrenhet En dator som exempelvis styr tändning, bränsleinsprutning eller låsningsfria bromsar.

F

Finjustering En process där noggranna justeringar och byten av delar optimerar en motors prestanda.

Fjäderben Se MacPherson-ben.

Fläktkoppling En viskös drivkoppling som medger variabel kylarfläkthastighet i förhållande till motorhastigheten.

Frostplugg En skiv- eller koppformad metallbricka som monterats i ett hål i en gjutning där kärnan avlägsnats.

Frostskydd Ett ämne, vanligen etylenglykol, som blandas med vatten och fylls i bilens kylsystem för att förhindra att kylvätskan fryser vintertid. Frostskyddet innehåller även kemikalier som förhindrar korrosion och rost och andra avlagringar som skulle kunna blockera kylare och kylkanaler och därmed minska effektiviteten.

Fördelningsventil En hydraulisk styrventil som begränsar trycket till bakbromsarna vid panikbromsning så att hjulen inte låser sig.

Förgasare En enhet som blandar bränsle med luft till korrekta proportioner för önskad effekt från en gnistantänd förbränningsmotor.

G

Generator En del i det elektriska systemet som förvandlar mekanisk energi från drivremmen till elektrisk energi som laddar batteriet, som i sin tur driver startsystem, tändning och elektrisk utrustning.

Glidlager Den krökta ytan på en axel eller i ett lopp, eller den del monterad i endera, som medger rörelse mellan dem med ett minimum av slitage och friktion.

Gängskydd Ett täckmedel som minskar risken för gängskärning i bultförband som utsätts för stor hetta, exempelvis grenrörets bultar och muttrar. Kallas även antikärvningsmedel.

H

Handbroms Ett bromssystem som är oberoende av huvudbromsarnas hydraulikkrets. Kan användas till att stoppa bilen om huvudbromsarna slås ut, eller till att hålla bilen stilla utan att bromspedalen trycks ned. Den består vanligen av en spak som aktiverar främre eller bakre bromsar mekaniskt via vajrar och länkar. Kallas även parkeringsbroms.

Harmonibalanserare En enhet avsedd att minska fjädring eller vridande vibrationer i vevaxeln. Kan vara integrerad i vevaxelns remskiva. Även kallad vibrationsdämpare.

Hjälpstart Start av motorn på en bil med urladdat eller svagt batteri genom koppling av startkablar mellan det svaga batteriet och ett laddat hjälpbatteri.

Honare Ett slipverktyg för korrigering av smärre ojämnheter eller diameterskillnader i ett cylinderlopp.

Hydraulisk ventiltryckare En mekanism som använder hydrauliskt tryck från motorns smörjsystem till att upprätthålla noll ventilspel (konstant kontakt med både kamlob och ventilskaft). Justeras automatiskt för variation i ventilskaftslängder. Minskar även ventilljudet.

I

Insexnyckel En sexkantig nyckel som passar i ett försänkt sexkantigt hål.

Insugsrör Rör eller kåpa med kanaler genom vilka bränsle/luftblandningen leds till insugsportarna.

K

Kamaxel En roterande axel på vilken en serie lober trycker ned ventilerna. En kamaxel kan drivas med drev, kedja eller tandrem med kugghjul.

Kamkedja En kedja som driver kamaxeln.

Kamrem En tandrem som driver kamaxeln. Allvarliga motorskador kan uppstå om kamremmen brister vid körning.

Kanister En behållare i avdunstningsbegränsningen, innehåller aktivt kol för att fånga upp bensinångor från bränslesystemet.

Kanister

Kardanaxel Ett långt rör med universalknutar i bägge ändar som överför kraft från växellådan till differentialen på bilar med motorn fram och drivande bakhjul.

Kast Hur mycket ett hjul eller drev slår i sidled vid rotering. Det spel en axel roterar med. Orundhet i en roterande del.

Katalysator En ljuddämparliknande enhet i avgassystemet som omvandlar vissa föroreningar till mindre hälsovådliga substanser.

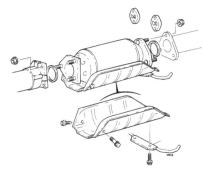

Katalysator

Kompression Minskning i volym och ökning av tryck och värme hos en gas, orsakas av att den kläms in i ett mindre utrymme.

Kompressionsförhållande Skillnaden i cylinderns volymer mellan kolvens ändlägen.

Kopplingsschema En ritning över komponenter och ledningar i ett fordons elsystem som använder standardiserade symboler.

Krockkudde (Airbag) En uppblåsbar kudde dold i ratten (på förarsidan) eller instrumentbrädan eller handskfacket (på passagerarsidan) Vid kollision blåses kuddarna upp vilket hindrar att förare och framsätespassagerare kastas in i ratt eller vindruta.

Krokodilklämma Ett långkäftat fjäderbelastat clips med ingreppande tänder som används till tillfälliga elektriska kopplingar.

Kronmutter En mutter som vagt liknar kreneleringen på en slottsmur. Används tillsammans med saxsprint för att låsa bultförband extra väl.

Krysskruv Se Phillips-skruv

Kronmutter

Kugghjul Ett hjul med tänder eller utskott på omkretsen, formade för att greppa in i en kedja eller rem.

Kuggstångsstyrning Ett styrsystem där en pinjong i rattstångens ände går i ingrepp med en kuggstång. När ratten vrids, vrids även pinjongen vilket flyttar kuggstången till höger eller vänster. Denna rörelse överförs via styrstagen till hjulets styrleder.

Kullager Ett friktionsmotverkande lager som består av härdade inner- och ytterbanor och har härdade stålkulor mellan banorna.

Kylare En värmeväxlare som använder flytande kylmedium, kylt av fartvinden/fläkten till att minska temperaturen på kylvätskan i en förbränningsmotors kylsystem.

Kylmedia Varje substans som används till värmeöverföring i en anläggning för luftkonditionering. R-12 har länge varit det huvudsakliga kylmediet men tillverkare har nyligen börjat använda R-134a, en CFC-fri substans som anses vara mindre skadlig för ozonet i den övre atmosfären.

L

Lager Den böjda ytan på en axel eller i ett lopp, eller den del som monterad i någon av dessa tillåter rörelse mellan dem med minimal slitage och friktion.

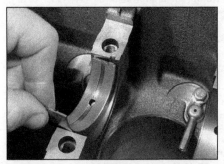
Lager

Lambdasond En enhet i motorns grenrör som känner av syrehalten i avgaserna och omvandlar denna information till elektricitet som bär information till styrelektroniken. Även kalla syresensor.

Luftfilter Filtret i luftrenaren, vanligen tillverkat av veckat papper. Kräver byte med regelbundna intervaller.

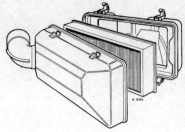
Luftfilter

Luftrenare En käpa av plast eller metall, innehållande ett filter som tar undan damm och smuts från luft som sugs in i motorn.

Låsbricka En typ av bricka konstruerad för att förhindra att en ansluten mutter lossnar.

Låsmutter En mutter som låser en justermutter, eller annan gängad del, på plats. Exempelvis används låsmutter till att hålla justermuttern på vipparmen i läge.

Låsring Ett ringformat clips som förhindrar längsgående rörelser av cylindriska delar och axlar. En invändig låsring monteras i en skåra i ett hölje, en yttre låsring monteras i en utvändig skåra på en cylindrisk del som exempelvis en axel eller tapp.

M

MacPherson-ben Ett system för framhjulsfjädring uppfunnet av Earle MacPherson vid Ford i England. I sin ursprungliga version skapas den nedre bärarmen av en enkel lateral länk till krängningshämmaren. Ett fjäderben - en integrerad spiralfjäder och stötdämpare - finns monterad mellan karossen och styrknogen. Många moderna MacPherson-ben använder en vanlig nedre A-arm och inte krängningshämmaren som nedre fäste.

Markör En remsa med en andra färg i en ledningsisolering för att skilja ledningar åt.

Motor med överliggande kamaxel (OHC) En motor där kamaxeln finns i topplocket.

Motorstyrning Ett datorstyrt system som integrerat styr bränsle och tändning.

Multimätare Ett elektriskt testinstrument som mäter spänning, strömstyrka och motstånd.

Mätare En instrumentpanelvisare som används till att ange motortillstånd. En mätare med en rörlig pekare på en tavla eller skala är analog. En mätare som visar siffror är digital.

N

NOx Kväveoxider. En vanlig giftig förorening utsläppt av förbränningsmotorer vid högre temperaturer.

O

O-ring En typ av tätningsring gjord av ett speciellt gummiliknande material. O-ringen fungerar så att den trycks ihop i en skåra och därmed utgör tätningen.

O-ring

Ohm Enhet för elektriskt motstånd. 1 volt genom ett motstånd av 1 ohm ger en strömstyrka om 1 ampere.

Ohmmätare Ett instrument för uppmätning av elektriskt motstånd.

P

Packning Mjukt material - vanligen kork, papp, asbest eller mjuk metall - som monteras mellan två metallytor för att erhålla god tätning. Exempelvis tätar topplockspackningen fogen mellan motorblocket och topplocket.

Packning

Phillips-skruv En typ av skruv med ett korsspår, istället för ett rakt, för motsvarande skruvmejsel. Vanligen kallad kryssskruv.

Plastigage En tunn plasttråd, tillgänglig i olika storlekar, som används till att mäta toleranser. Exempelvis så läggs en remsa Plastigage tvärs över en lagertapp. Delarna sätts ihop och tas isär. Bredden på den klämda remsan anger spelrummet mellan lager och tapp.

Plastigage

R

Rotor I en fördelare, den roterande enhet inuti fördelardosan som kopplar samman centrumelektroden med de yttre kontakterna vartefter den roterar, så att högspänningen från tändspolens sekundärlindning leds till rätt tändstift. Även den del av generatorn som roterar inuti statorn. Även de roterande delarna av ett turboaggregat, inkluderande kompressorhjulet, axeln och turbinhjulet.

S

Sealed-beam strålkastare En äldre typ av strålkastare som integrerar reflektor, lins och glödtrådar till en hermetiskt försluten enhet. När glödtråden går av eller linsen spricker byts hela enheten.

Shims Tunn distansbricka, vanligen använd till att justera inbördes lägen mellan två delar. Exempelvis sticks shims in i eller under ventiltryckarhylsor för att justera ventilspelet. Spelet justeras genom byte till shims av annan tjocklek.

Skivbroms En bromskonstruktion med en roterande skiva som kläms mellan bromsklossar. Den friktion som uppstår omvandlar bilens rörelseenergi till värme.

Skjutmått Ett precisionsmätinstrument som mäter inre och yttre dimensioner. Inte riktigt lika exakt som en mikrometer men lättare att använda.

Smältsäkring Ett kretsskydd som består av en ledare omgiven av värmetålig isolering. Ledaren är tunnare än den ledning den skyddar och är därmed den svagaste länken i kretsen. Till skillnad från en bränd säkring måste vanligen en smältsäkring skäras bort från ledningen vid byte.

Spel Den sträcka en del färdas innan något inträffar. "Luften" i ett länksystem eller ett montage mellan första ansatsen av kraft och verklig rörelse. Exempel, den sträcka bromspedalen färdas innan kolvarna i huvudcylindern rör på sig. Även utrymmet mellan två delar, exempelvis kolv och cylinderlopp.

Spiralfjäder En spiral av elastiskt stål som förekommer i olika storlekar på många platser i en bil, bland annat i fjädringen och ventilerna i topplocket.

Startspärr På bilar med automatväxellåda förhindrar denna kontakt att motorn startas annat än om växelväljaren är i N eller P.

Storändslager Lagret i den ände av vevstaken som är kopplad till vevaxeln.

Svetsning Olika processer som används för att sammanfoga metallföremål genom att hetta upp dem till smältning och sammanföra dem.

Svänghjul Ett tungt roterande hjul vars energi tas upp och sparas via moment. På bilar finns svänghjulet monterat på vevaxeln för att utjämna kraftpulserna från arbetstakterna.

Syresensor En enhet i motorns grenrör som känner av syrehalten i avgaserna och omvandlar denna information till elektricitet som bär information till styrelektroniken. Även kalla Lambdasond.

Säkring En elektrisk enhet som skyddar en krets mot överbelastning. En typisk säkring innehåller en mjuk metallbit kalibrerad att smälta vid en förbestämd strömstyrka, angiven i ampere, och därmed bryta kretsen.

T

Termostat En värmestyrd ventil som reglerar kylvätskans flöde mellan blocket och kylaren vilket håller motorn vid optimal arbetstemperatur. En termostat används även i vissa luftrenare där temperaturen är reglerad.

Toe-in Den distans som framhjulens framkanter är närmare varandra än bak-kanterna. På bakhjulsdrivna bilar specificeras vanligen ett litet toe-in för att hålla framhjulen parallella på vägen, genom att motverka de krafter som annars tenderar att vilja isär framhjulen.

Toe-ut Den distans som framhjulens bakkanter är närmare varandra än framkanterna. På bilar med framhjulsdrift specificeras vanligen ett litet toe-ut.

Toppventilsmotor (OHV) En motortyp där ventilerna finns i topplocket medan kamaxeln finns i motorblocket.

Torpedplåten Den isolerade avbalkningen mellan motorn och passagerarutrymmet.

Trumbroms En bromsanordning där en trumformad metallcylinder monteras inuti ett hjul. När bromspedalen trycks ned pressas böjda bromsbackar försedda med bromsbelägg mot trummans insida så att bilen saktar in eller stannar.

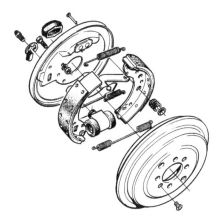

Trumbroms, montage

Turboaggregat En roterande enhet, driven av avgastrycket, som komprimerar insugsluften. Används vanligen till att öka motoreffekten från en given cylindervolym, men kan även primäranvändas till att minska avgasutsläpp.

Tändföljd Turordning i vilken cylindrarnas arbetstakter sker, börjar med nr 1.

Tändläge Det ögonblick då tändstiftet ger gnista. Anges vanligen som antalet vevaxelgrader för kolvens övre dödpunkt.

Tätningsmassa Vätska eller pasta som används att täta fogar. Används ibland tillsammans med en packning.

U

Universalknut En koppling med dubbla pivåer som överför kraft från en drivande till en driven axel genom en vinkel. En universalknut består av två Y-formade ok och en korsformig del kallad spindeln.

Urtrampningslager Det lager i kopplingen som flyttas inåt till frigöringsarmen när kopplingspedalen trycks ned för frikoppling.

V

Ventil En enhet som startar, stoppar eller styr ett flöde av vätska, gas, vakuum eller löst material via en rörlig del som öppnas, stängs eller delvis maskerar en eller flera portar eller kanaler. En ventil är även den rörliga delen av en sådan anordning.

Ventilspel Spelet mellan ventilskaftets övre ände och ventiltryckaren. Spelet mäts med stängd ventil.

Ventiltryckare En cylindrisk del som överför rörelsen från kammen till ventilskaftet, antingen direkt eller via stötstång och vipparm. Även kallad kamsläpa eller kamföljare.

Vevaxel Den roterande axel som går längs med vevhuset och är försedd med utstickande vevtappar på vilka vevstakarna är monterade.

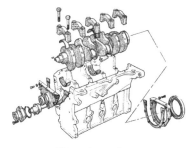

Vevaxel, montage

Vevhus Den nedre delen av ett motorblock där vevaxeln roterar.

Vibrationsdämpare En enhet som är avsedd att minska fjädring eller vridande vibrationer i vevaxeln. Enheten kan vara integrerad i vevaxelns remskiva. Kallas även harmonibalanserare.

Vipparm En arm som gungar på en axel eller tapp. I en toppventilsmotor överför vipparmen stötstångens uppåtgående rörelse till en nedåtgående rörelse som öppnar ventilen.

Viskositet Tjockleken av en vätska eller dess flödesmotstånd.

Volt Enhet för elektrisk spänning i en krets 1 volt genom ett motstånd av 1 ohm ger en strömstyrka om 1 ampere.

Observera: *Hänvisningarna i sakregistret är i formen "Kapitelnummer" • "Sidnummer".*

A

ABS
  hydraulenhet – 9•13
  hjulsensorer – 4A•10, 9•13
Alarmsystem – 12•23
Antenn och ledning – 12•26
Arbetsutrymmen – REF•7
Asbest – 0•6
Automatväxellåda – 7B•1 *och framåt*
  felsökning – 7B•2, REF•21
  fästen – 2A•20, 2B•25
  givare – 4A•10
  styrmodul – 7B•7
  vätskekylare – 7B•7
  växellådsolja – 0•18, 1•16, 1•19
  växelspak belysning – 12•15
Avfuktare – 3•13
Avgasgrenrör – 2A•7, 2B•9, 2C•18
Avgasreningssystem – 4B•1 *och framåt*
Avgassystem – 1•13, 4A•17, 4B•11
Avstängningsbrytare – 4A•8
Avstängningsbrytare – 4A•8

B

Backljusbrytare – 7A•5
Bagageutrymmesbelysning – 12•14
Bakljusenhet – 12•11, 12•15
Baklucka – 11•18
  fjäderben – 11•19
  lås – 11•19
  spolarsystem komponenter – 12•24
  torkarmotorenhet – 12•21
Batteri – 0•6, 0•16, 1•9, 5A•2, REF•6
Bogsering – 0•10
Borstar (generator) – 5A•4
Bromsledning – 1•13, 9•11, 9•12

Bromsljus – 12•13, 12•16
  brytare – 9•15
Bromsok – 9•4, 9•8
Bromspedal – 9•9
  brytare farthållarsystem – 12•24
  lägesbrytare – 4B•5
Bromssystem – 1•14, 1•15, 9•1 *och framåt*
  felsökning – REF•22
  luftning – 9•11
Bromsvätska – 0•15, 0•18, 1•20
Brytare – 12•5
  backljus – 7A•5
  bromsljus – 9•15
  elektriska fönsterhissar – 12•8
  oljetryckvarningslampa – 2A•19, 2B•24
  ratt (farthållarsystem) – 12•24
  uppvärmd ruta – 12•7
Bränsle- och avgassystem – 4A•1 *och framåt*
Bränslefilter – 1•21
Bränslefördelarskena – 4A•14
Bränsleinjektorer – 4A•14
Bränsleinsprutningssystem – 4A•8, 4A•12
Bränsleledningar – 1•13, 4A•2
Bränslematning – 4A•8
Bränslemätargivare – 4A•6
Bränslepump – 4A•6
Bränsletank – 4A•7
Bränsletryck
  kontroll – 4A•6
  regulator – 4A•16
Bucklor – 11•3

C

CD
  autoväxlare – 12•26
  spelare – 12•25
Central styrenhet – 12•22
Cigarrettändare – 12•18
  belysning – 12•14

Observera: *Hänvisningarna i sakregistret är i formen "Kapitelnummer" • "Sidnummer".*

D

Damasker
drivaxlar – 1•13, 8•5, 8•7
servons styrväxel – 10•25
Differential oljetätningar – 7A•4, 7B•5
Dimstrålkastare – 12•10, 12•15
brytare – 12•6
strålkastarinställning – 12•16
Drivaxlar – 8•1 *och framåt*
damask – 1•13, 8•5, 8•7
felsökning – REF•22
Drivknut – 1•13
Drivlina – 1•15
Drivlina styrmodul – 4A•10, 4A•11, 4A•12
Drivplatta – 2A•20, 2B•24
Drivrem – 1•9, 1•22
D-stolpens panel – 11•26
Däck
skick och tryck – 0•14
tryck – 0•18
Dörr – 11•16
fönsterglas – 11•10
fönsterhiss och motor – 11•12
handtag och låskomponenter – 11•12
inre klädselpanel – 11•8
kontroll och smörjning – 1•14
närhetslampa spegel – 12•11, 12•15
spegelreglage – 12•7

E

Elektriska säteskomponenter – 12•30
Elektroniskt stabiliseringssystem (ESP) – 9•14
brytare – 12•7
Elstötar – 0•6
Elsystem – 0•17, 1•10, 1•15
felsökning – 12•4, REF•24, REF•25
Expansionskärl – 3•6

F

Farthållarsystem – 12•23
Fasta rutor – 11•20

Felsökning – REF•16 *och framåt*
automatväxellåda – 7B•2, REF•21
bromssystem – REF•22
Bränsle- och avgassystem – 4A•11, 4A•12, REF•20
drivaxlar REF•22
elsystem – 12•4, REF•24, REF•25
fjädring och styrning – REF•23
koppling REF•20
kylsystem REF•19
manuell växellåda REF•21
motor – 5B•2, REF•17, REF•18, REF•19
tändning system – 5B•2
Filter
bränsle – 1•21
luft – 1•18, 4A•3
olja – 1•7
pollen – 1•14
Fjäderben
baklucka – 11•19
fjädring – 10•7, 10•8, 10•15, 10•16
Fjädrar – 10•19
Fjädring och styrning – 1•12, 1•15, 10•1 *och framåt*
felsökning – REF•23
Fläktar – 3•4
Fläktmotor – 3•8
Fotutrymmesbelysning– 12•14
Frigöringskabel till tanklocksluckan – 11•31
Frostskyddsmedel – 0•13, 0•18, 1•11, 1•20
Frostvarningsgivare – 12•29
Fästen – 2A•20, 2B•25
Fönster – 11•20
brytare – 12•8
glas – 11•10
regulator och motor – 11•12
Första start efter renovering – 2C•16
Förångarhus – 3•13, 3•14

G

Gasförgiftning – 0•6
Gaspedal – 4A•6
Gasspjällets lägesgivare – 4A•14
Gasspjällhus – 4A•14
Gasspjällspotentiometer – 4A•10, 4A•11
Gasvajer – 4A•5
Generator – 5A•3, 5A•4

Observera: *Hänvisningarna i sakregistret är i formen "Kapitelnummer" • "Sidnummer".*

Giftiga eller irriterande ämnen – 0•6
Girsensor (ESP) – 9•14
Glas
  fönster – 11•10
  speglar – 11•17
  taklucka – 11•21
Glödlampor – 12•8, 12•13
Grenrör – 2A•6, 2A•7
Grill – 11•6

H

Handbroms – 1•14, 9•15, 9•16, 9•17
  varningslampbrytare – 12•8
Handskfack – 11•29
  ljus – 12•14
Handtag – 11•26
Handtag
  dörr – 11•12
  grepp – 11•26
Hastighetsgivare – 7B•4
  oljetätningar – 7B•5
Hastighetsmätarens drev – 7A•4
Helljus/halvljusbrytare – 12•7
Hjul – 1•13
Hjulen
  byte – 0•9
  givare – 4A•10, 9•13
  inställning – 10•30
  lager – 10•5, 10•7, 10•14
Hjulhusfoder – 11•31
Huvudcylinder
  broms – 9•8
  koppling – 6•2
Hydrauliska ventillyftare – 2B•16
Hydraulrör och slangar – 9•11
Hydraultryckgivare (ESP) – 9•15
Högt bromsljus – 12•13, 12•16
Högtalare – 12•26
Högtryck avstängningsbrytare – 3•14

I

Identifikationsnummer – REF•3
Ingående axel oljetätning – 7A•5
Indikeringar – 12•9, 12•10, 12•15
  reglage – 12•7
Insprutningsventiler – 4A•14
Instrumentbräda – 11•30
Instrumentbrädans nedre panel – 11•27
Instrument – 1•15, 12•17, 12•18
  belysning – 12•14
Insugsgrenrör – 2A•6, 2B•6
Insugsgrenrör fördelningskontroll manöverdon – 4A•10, 4A•11, 4A•16
Insugsgrenrörets inställningsventil – 4A•10, 4A•11, 4A•16
Insugslufttemperaturgivare – 4A•10, 4A•11, 4A•14
Intags resonator – 4A•4
Intagsrör – 4A•5
Isvarningsgivare – 12•29

J

Jordfel – 12•4

K

Kablage motorrum – 1•11
Kamaxlar – 2A•11, 2B•16
  kåpa – 2A•5
  lägesgivare – 4A•10, 4A•11, 4A•13
  oljetätning – 2B•16
Kamkedja – 2A•10, 2B•13
  kåpa – 2A•9, 2B•11
Kaross och detaljer – 11•1 *och framåt*
Karossens elsystem – 12•1 *och framåt*
Kartläsningslampa – 12•13
Katalysator – 4B•7, 4B•8
Klocka – 12•18

Observera: Hänvisningarna i sakregistret är i formen "Kapitelnummer" • "Sidnummer".

Klädsel – 11•2
Klädsel – 11•2, 11•8, 11•20, 11•26
Knackgivare – 5B•3
Kolfilter – 4B•3
Kollisionsgivare – 12•29
Kolvar – 2C•9, 2C•15
Kolvringar – 2C•14
Kompressionstest – 2A•4, 2B•3
Kompressor – 3•13
Kondensator – 3•12
Konsol – 11•27, 11•29
Kontrollpunkter i motorrummet – 0•11, 0•12
Koppla loss batteriet – REF•6
Koppling – 6•1 *och framåt*
  felsökning REF•20
  pedal – 6•3
  pedalbrytare farthållarsystem – 12•24
  vätska – 0•15, 0•18
Kopplingsscheman – 12•31 *och framåt*
Kortslutning – 12•4
Kretsavbrott – 12•4
Krockkuddar – 0•6, 12•27
  sidokrockgivare – 12•29
  styrmodul – 12•28
  urfjäder – 12•28
Krockkuddegardin – 12•27
Kryssrambalk – 10•12
Krängningshämmar – 10•10, 10•16, 10•19
Kyl-, värme- och luftkonditionerings system –
  3•1 *och framåt*
  felsökning REF•19
  slangar – 3•2
Kylare – 1•20, 3•6
  grill – 11•6
Kylfläkt(ar) – 3•4
Kylvätska – 0•13, 0•18, 1•11, 1•20
  pump – 3•7
  temperaturgivare – 3•6, 4A•10
Köpa reservdelar – REF•3
Körriktningsvisare – 12•9, 12•10, 12•15

L

Laddning – 1•9, 5A•2, 5A•3
Lambdasonde – 4A•10, 4B•5
Landsvägsprov – 1•15
Ljus – 12•15
  brytare – 12•6
  givare – 12•20
  helljus/halvljusbrytare – 12•7
Ljusomkopplare – 12•7
Luftfickor – 1•21
Luftfilter – 1•18, 4A•3
Luftflödesgivare – 4A•10, 4A•11, 4A•13
Luftinduktion – 4A•8
Luftintagskomponenter – 4A•4, 4A•5
Luftkonditioneringssystem – 1•11, 3•2, 3•11, 3•12, 4A•10
  reglage – 3•10
Luftning
  bromsar – 9•11
  koppling – 6•5
  servostyrningssystem – 10•26
Luftstyrventil – 4A•10, 4A•11, 4A•16
Lufttemperaturgivare – 4A•10, 4A•11, 4A•14
Lyftning och stödpunkter – REF•5
Lågtryck avstängningsbrytare – 3•14
Lås
  baklucka – 11•18
  dörr – 11•12
  motorhuv – 11•7
  tändning – 12•5
Låstungor (dörr) – 11•16
Läckor – 0•10, 1•10
Länkarm – 10•10, 10•11, 10•17, 10•20

M

Manuell växellåda – 7A•1 *och framåt*
  felsökning – REF•21
  fästen – 2A•20, 2B•25
  olja – 0•18, 1•19, 7A•7
Manöverdon hastighetsreglering (farthållarsystem) – 12•24

Observera: *Hänvisningarna i sakregistret är i formen "Kapitelnummer" • "Sidnummer".*

Mattor – 11•2
Mittenpanelen – 11•27
Mittkonsol – 11•27
Motor – demontering och reparationer – 2C•1 *och framåt*
Motorblock – 2C•12
Motorfelsökning – REF•17, REF•18, REF•19
Motorhuv – 11•6
    kontroll och smörjning – 1•14
    lås – 11•7
Motorolja – 0•12, 0•18, 1•7
Motorspecialister – REF•3
Mugghållare – 11•31
Multirem – 1•9, 1•22
Mått – REF•1
Märken – 11•20

N

Nav och lager – 10•5, 10•7, 10•14
Nedre mittenpaneler – 11•27
Nummerplåtsbelysning – 12•13, 12•16

O

Olja
    manuell växellåda – 0•18, 1•19, 7A•7
    motor – 0•12, 0•18, 1•7
Oljeavskiljare – 4B•4
Oljefilter – 1•7
Oljekylare – 2B•24
Oljepump – 2A•18, 2A•19, 2B•22
Oljetryckvarningslampa brytare – 2A•19, 2B•24
Oljetätningar – 7A•4, 7B•5, REF•4
    kamaxel – 2B•16, 2C•11
    vevaxel – 2A•19, 2B•24, 2C•16
Omlackering – 11•3

P

Parkeringshjälpsystem – 12•29

PCV
    slang(ar) – 4B•5
    ventil – 4B•4
Pedaler
    broms – 9•9, 9•10
    broms farthållarsystembrytare – 12•24
    gaspedal – 4A•6
    koppling – 6•3
    kopplingsbrytare farthållarsystem – 12•24
Plastdetaljer – 11•4
Pollenfilter – 1•14
Punktvis reparation – 0•9

R

Radio – 12•25
    antenn och ledning – 12•26
    fjärrkontrollbrytare – 12•8
Ramlager – 2C•13
reglage – 12•7
Regn/ljussensor – 12•20
Regulator
    generator – 5A•4
    fönster – 11•12
Reläer – 12•5
Reparationer med motorn kvar i bilen
    1,8- och 2,0-liters – 2A•1 *och framåt*
    V6 – 2B•1 *och framåt*
Reparationer vid vägkanten – 0•7 *och framåt*
Repor – 11•3
Reservdelar – REF•3
Rosthål – 11•3
Rutinunderhåll – kaross och underrede – 11•2
Rutinunderhåll – klädsel och mattor – 11•2
Rutinunderhåll och service – 1•1 *och framåt*
Rör – 9•11

S

Satellitnavigeringssystem – 12•20
Servo – 9•11, 9•12
    tvärlänk – 9•10

Observera: Hänvisningarna i sakregistret är i formen "Kapitelnummer" • "Sidnummer".

Servostyrning
drev – 10•24, 10•25
gummidamask drev – 10•25
hydraulsystem luftning och spolning – 10•26
pump – 10•27
tryckkontakt – 4A•10, 4A•11, 4A•14
vätska – 0•15, 0•18
vätskekylare – 10•30
Sidoblinker – 12•10
Sidoklädselpanel torped – 11•26
Sidokrockgivare – 12•29
Sidokrockkudde – 12•27
Sidoljus – 12•9
Signalhorn – 12•19
brytare – 12•8
Skivor – 9•5, 9•8
Slangar – 1•10, 3•2, 9•11, 9•12
Slavcylinder (koppling) – 6•4
Sminkspegelsbelysning – 12•13
Smörjmedel och vätskor – 0•18
Snapsa bränslesystemet – 4B•3
Solskydd – 11•26
ljus – 12•13
Speglar – 11•17
ljus – 12•13
styrkontakt – 12•7
Spiral (fjäder) – 10•19
Spolarbehållare och pump – 12•24
Spolarbrytare – 12•6
Spolarmunstycke bakruta – 12•25
Spolarmunstycke
bakruta – 12•25
strålkastare – 12•25
vindruta – 12•24
Spolarsystem komponenter – 12•24
Spolarvätska – 0•13
Spole (tändning) – 5B•2
Spänningsregulator – 5A•4
Start- och laddningssystem – 5A•1 *och framåt*
Starthjälp – 0•8
Startmotor – 5A•5, 5A•6
Strålkastarbalansering
givare – 12•17
motor – 12•16

Strålkastare – 12•15
halvljus – 12•9
helljus – 12•8
spolarmunstycke – 12•25
strålkastarinställning – 12•16
Sträckare – 2A•10, 2B•13
Styrning – 1•12, 1•15
drev – 10•24, 10•25
flexibel koppling rattstång– 10•23
hjul – 10•21
hjulbrytare (farthållarsystem) – 12•24
hjulsensor (ESP) – 9•14
spindel – 10•5
vinklar – 10•30
Styrstagsände – 10•25
Stödpunkter – REF•5
Stöldskyddslarmsystem – 12•23
Stötdämpare – 1•12, 10•19
Stötfångare – 11•4
Sump – 2A•16, 2B•21
Svänghjul – 2A•20, 2B•24
Säkerheten främst! – 0•6
Säkerhetsbälten – 1•11, 11•22
Säkringar – 12•5
Säten – 11•21, 12•30

T

Takkonsol – 11•29
Taklucka
fönsterglas – 11•21
motor – 11•20
Telematikmodul – 12•24
Temperaturgivare – 3•6, 4A•10, 4A•11, 4A•14
Termostat – 3•3
T-MAP givare – 4A•10, 4A•11, 4A•13
Tomgångsluftstyrventil – 4A•10, 4A•11, 4A•16
Tomgångsvarvtal och bränsleblandning – 4A•12
Topplock – 2A•14, 2B•19, 2C•6, 2C•7, 2C•8
kåpa – 2B•4
Torkararmar – 12•19
Torkarblad – 0•16
Torkarbrytare – 12•6

Observera: *Hänvisningarna i sakregistret är i formen "Kapitelnummer" • "Sidnummer".*

Torkarmotor och ram – 12•19, 12•21
Trycksänkning bränslesystem – 4A•2
Tvärbalk – 10•17, 10•18, 10•21
Tvärstag – 10•17, 10•18
Tändkablar – 5B•2
Tändstift – 1•17
Tändsystem – 5B•1 *och framåt*
   brytare – 12•5
   felsökning – 5B•2
   lås – 12•5
   modul – 5B•3
   spole – 5B•2
   tidsinställning – 5B•3

U

Underrede – 11•2
Underrede – 1•13
Uppvärmda säten – 12•30
   reglage – 12•7
Urkopplingslager (koppling) – 6•4
Utsläppskontroll vevhus – 4B•2, 4B•4

V

Vajrar
   gaspedal – 4A•5
   handbroms – 9•16
   lossa tanklocksluckan – 11•31
   växelväljare – 7B•2
   växling – 7A•2, 7A•3
Vakuumservo – 9•11, 9•12
Varningsblinker brytare – 12•7
Varningslampor – 12•14
Vattenpump – 3•7
Veckokontroller – 0•11 *och framåt*
Ventilationssystem – 3•2, 3•8

Ventiler – 2C•7, 2C•8
Ventillyftare – 2A•11, 2B•16
Ventilspel – 2A•14
Vevaxel – 2C•11, 2C•14
   hastighets-/lägesgivare – 4A•10, 4A•11, 4A•13
   oljetätningar – 2A•19, 2B•24
   remskiva – 2A•8, 2B•10
Vevhus – 2C•12
Vevstakar – 2C•9, 2C•15
Vevstakslager – 2C•13
Vikter – REF•1
Vindruta – 11•20
   spolarmunstycke – 12•24
   spolarsystem komponenter – 12•24
   torkarkomponenter – 12•19
Vipparmar – 2B•16
Värmare – 3•2, 3•8
   belysningsstyrning – 12•15
   fläktmotor – 3•8
   hus – 3•10, 3•13, 3•14
   reglage – 3•10
   värmepaket – 3•9
Vätskekylare
   automatväxellåda – 7B•7
   servostyrning – 10•30
Växling
   spak – 7A•2
   vajrar – 7A•2, 7A•3

Å

Åtdragningskontroll hjul – 1•15

Ö

Övre arm – 10•21
Övre dödpunkt för cylinderkolv nr 1 – placering – 2A•4, 2B•4